2015 中国林业信息化发展报告

Annual Report on Forestry Informatization Development in China

■《中国林业信息化发展报告2015》编委会　编

中国林业出版社

图书在版编目（CIP）数据

中国林业信息化发展报告．2015 / 《中国林业信息化发展报告》编委会编. 一 北京 ：中国林业出版社, 2015.9

ISBN 978-7-5038-8207-4

Ⅰ. ①中… Ⅱ. ①中… Ⅲ. ①林业－信息化－研究报告－中国－2015

Ⅳ. ①F326.2-39

中国版本图书馆CIP数据核字(2015)第274258号

出　版：中国林业出版社（100009 北京西城区德内大街刘海胡同7号）

网　址：http://lycb.forestry.gov.cn

E-mail：cfybook@163.com　　　电　话：83143666

发　行：中国林业出版社

印　刷：北京中科印刷有限公司

版　次：2015年9月第1版

印　次：2015年9月第1次

开　本：787mm×1092mm 1/16

印　张：31.25

字　数：640千字

定　价：89.00元

《中国林业信息化发展报告2015》编委会

Annual Report

on Forestry Informatization Development in China

《中国林业信息化发展报告2015》编写组

前言

2014年是智慧林业全面推进的元年，各级林业部门认真贯彻落实第三届全国林业信息化工作会议精神和《2014年林业信息化工作要点》总体要求，以应用需求为导向，以融合创新为动力，以重点工程为抓手，以新一代信息技术为支撑，全面开展智慧林业建设，信息化工作呈现出全面提升的良好态势，为发展生态林业和民生林业、推进林业治理体系和治理能力现代化做出了积极贡献。2014年，中国林业网已打造成基于大数据分析的智慧政府门户，在中国政府网站绩效评估中位列第二名，并获得新媒体融合发展领先奖、政务微博卓越奖等奖项，再次取得历史性突破。顶层设计进一步完善，28个省（区、市）完成本级智慧林业规划编制。“金林工程”项目取得重大进展，林业云计算平台、林业物联网示范、高清视频会议系统、北斗示范应用等项目建设和林业电子商务试点积极推进。开展第二批全国林业信息化示范市、县和首批示范基地建设，示范单位达138个。建立OA系统群，推广应用电子签章，内网访问量达到300万人次。国家卫星遥感林业平台、网络安全等级保护项目建设完成，建成全国林业系统信息安全等级保护体系。林业信息化标准规范、机构队伍建设进一步加强，信息化服务能力大幅提升。

今后一个时期，全国林业信息化工作将深入贯彻习近平总书记系列讲话精神和国务院关于加快信息化建设的系列决策部署，把握互联网时代、拓展互联网思维，全面深入推进智慧林业建设，努力提升智慧感知、智慧决策、智慧管理和智慧服务能力，为主动适应新常态、实现林业新发展，推动生态林业民生林业治理体系和治理能力现代化、建设美丽中国和生态文明做出新贡献。

2010年起，国家林业局每年组织编纂《中国林业信息化发展报告》，获得了业内人士和社会各界的好评，今后我们将一如既往秉承加快林业信息化发展的理念，做好年度报告的编纂工作，为推动各地林业建设提供重要参考。

不妥之处，请批评指正。

编者

2015年9月

目录

CONTENTS

地方篇

借鉴篇

评测篇

图表专栏

Annual Report

On Forestry Informatization Development in China

第一章　综合规划

2014年是智慧林业全面推进的第一年，按照2014年全国林业厅局长会议和《2014年林业信息化工作要点》部署，围绕生态林业、民生林业中心工作，进一步深化顶层设计，以“四个服务”为宗旨，林业信息化工作扎实推进，成效显著，为主动适应新常态、实现林业新发展做出了积极贡献。

第一节　年度综述

一、建设进展

中国林业网完成第四次重大改版，打造成基于大数据分析的中国林业智慧政府门户，实现“一览无余、一网打尽、一站服务”，网站群规模达3000多个，日发布信息1000多条，日访问量100多万人次，中国林业网在2014年中国政府网站绩效评估中位列第二名，并获得新媒体融合发展领先奖、政务微博卓越奖等奖项，再次取得历史性突破，为提升林业行业社会影响力和林业治理现代化做出了重要贡献。

（一）推进顶层设计，深化引领指导。一是深入推进顶层设计。启动林业信息化“十三五”规划编制工作。积极开展智慧林业顶层设计解读、宣传和培训工作。编制《中国林业云框架设计》、《中国林业物联网框架设计》，基本形成国家层面的林业云计算和物联网顶层设计。推动28个省（区、市）完成智慧林业规划编制，加快全国智慧林业发展。二是策划组织开展一系列活动。组织召开全国林业信息办主任会议暨智慧林业培训班，发布2013年全国林业信息化发展水平评测、网站绩效评估结果，总结信息办成立5周年以来林业信息化建设取得的成就与经验，深入解读《中国智慧林业发展指导意见》，安排部署下一阶段林业信息化的工作任务。三是编辑出版林业信息化丛书。编辑出版《中国林业信息化政策解读》、《中国林业信息化标准规范》、《中国林业信息化示范建设》、《中国林业信息化绩效评估》、《中国林业信息化政策研究》等第二套林业信息化丛书，系统总结和全面梳理林业信息化快速推进5年以来的各项工作和建设成果，为全国林业信息化建设提供有益借鉴。

（二）突出重点工程，加快项目建设。一是“金林工程”等推进工作取得重大进展。完成“金林工程”项目需求评审、建议书编制、等保备案等工作，确定内蒙古、辽宁、福建、江西、湖南、广东、广西、重庆、四川、贵州、甘肃等13个试点省（区、市）。二是加强在建项目建设和管理。完成国家卫星林业遥感数据应用平台建设项目和国家林业局等级保护建设项目终验。推进全国林业一张图、网络博览会、国家苗木信息网、物联网示范项目建设。强化云计算、物联网、大数据、移动互联等新一代信息技术在项目建设中的推广和应用。辽宁、吉林、黑龙江、江西、湖南、广东、广西、四川、甘肃、内蒙古森工积极参与北斗示范项目建设。三是推进重要项目立项。积极推进局云计算平台、林业生态建设与保护北斗示范应用系统、林农林权服务平台、“濒管办”联网审批系统、全国植物检疫审批管理信息系统立项。局高清视频会议系统获得批复。向国家发展改革委员会（以下简称“发改委”）提交全国林业电子商务试点工作汇报，加快林业电子商务发展。四是加强示范建设。开展第二批全国林业信息化示范市、县、基地建设，形成由12个示范省、36个示范市、65个示范县、25个示范基地组成的全国林业信息化示范体系。湖南、辽宁、湖北、江西、北京等示范省成为取经学艺的热点，发挥了良好的传、帮、带作用。贵阳生态云计算平台、四川江油大数据动态监测、北京大东流智慧苗圃、安徽舒城智慧育苗、青海湖智慧生态旅游、山东昌邑智慧管理平台等一大批示范成果涌现出来，展示出示范建设全面铺开、示范成果向全国辐射、示范领域向基层深入、示范技术向智慧迈进的良好发展态势。五是打造林业大数据。扩展中国林业数据库等系统的数据内容，参与空间地理信息资源库建设，丰富和完善遥感信息资源，加强数据挖掘和分析，积极推进大数据技术应用工作。四川成立林业大数据研究中心。

（三）打造智慧网站，提升服务能力。一是开展网站智慧化提升建设。开展中国林业网智慧决策系统建设，完成中国林业网第四次重大改版，打造成基于大数据分析的中国林业智慧门户。网站绩效排名在72个部委中位列第二名，再次取得历史性突破。新版网站增加了“走进林业”板块，建设了涵盖官方微博、微信、微视、移动客户端的“林业新媒体”，构建了“纵向到底、横向到边、特色突出”的站群体系，立足“服务大局、服务司局、服务基层、服务群众”4个维度，全面提升服务能力，实现林业全周期“一站式”在线服务。北京、辽宁、黑龙江、重庆、陕西等整合了在线审批事项，完善了网站在线审批功能，在线服务能力明显提升。二是加强网站内容建设和管理。通过采编、制作、购买和转载等方式多渠道采集信息资源，丰富网站内容、提高信息质量，提升网站服务能力。三是进一步扩大林业站群规模。加强网站群建设培训、指导与管理，积极推进国外林业子站、市（县）级网站群、森林公园、国有林场、种苗基地、自然保护区、主要树种子站等网站群建设，累计新上线子站1500多个。中国林业网子站已达3000多个，位居国内前列。河北、江西、山东、湖北、湖南、广东、青海、宁夏、贵州、青海、内蒙古森工、吉林森工等完成网站升级改版，河北、辽宁、吉林、山东、湖南、广东、海南、四川等深入推进网站群建设。四是全力做好综合办公服务。优化OA系统，建设OA系统群，在全局范围内推广电子签章，开展综合办公系统应用服务。天津、吉林、江苏、云南、新疆、吉林森工等地启动OA系统新建和优化工作。五是积极开展“三微”工作。创新林业信息展现形式，改版升级中国林业网微博发布厅和微信，增设了热点发布、政策引导、在线办事等功能，提高了“中国林业发布”微博和“中国林业网”微信社会影响力。开通中国林业网微视账号，将拍摄的短视频分享到微信、QQ空间、微博等。北京、吉林、上海、浙江、湖北、湖南、四川、云南、西藏等相继开发建成微博、微信，扩大政府与公众的互动交流渠道，成为展示林业形象的新平台。

（四）强化网络安全，做好服务保障。一是加强林业信息安全等级保护管理体系建设。建立全国林业系统信息安全等级保护联络员制度，完成局信息安全等级保护项目建设，全面推进等级保护管理体系工作。安徽、山东、青海、海南等积极开展安全等级保护，河北、四川、广西、大兴安岭等建立等级保护联席制度。二是开展网络信息安全检查。组织开展网络及系统安全、商用密码和保密工作大检查，完善了安全检查制度，增强了干部职工的保密安全意识。三是加强网络基础设施建设。扩容网络带宽，保证网站运行和互联网使用需求。加强局内外网、专网管理。推进涉密网建设立项，为涉密数据及应用提供网络保障。大力支持林区网络设施建设。安徽、福建等新建中心机房，河南、海南等实施机房改造工程，湖南、江苏、陕西等进行网络改造，北京、安徽、龙江森工、等建设视频会议系统。四是全力做好服务保障。完成机房设备及系统日常运行维护工作，实现365天连续安全运行无事故。制定《国家林业局使用正版软件规范》，积极推进软件正版化工作。北京、海南等积极开展网络安全渗透测试，确保网络安全运行，整合运维服务技术队伍，形成统一运维体系，服务能力大幅提升。

（五）开展技术培训，深化合作交流。一是举办两期“绿色大讲堂”。邀请有关专家作了《大数据等信息技术发展现状与趋势》及《云计算、大数据和物联网的发展与挑战》专题报告。二是大力开展林业信息化技术培训。在北京大学举办第二届林业CIO高级研修班，与知名专家深入探讨智慧林业建设。多次举办信息化培训班和专题讲座，加强对各地信息化培训工作的指导，推进了信息技术在实际工作中的应用。内蒙古、贵州、吉林、北京、湖南、福建等结合本地实际，举办各类专题培训班，累计培训人员数千人次。三是加快推进标准建设。推进已立项标准的制、修订工作，编制完成3项林业物联网国家标准和1项行业标准。颁布实施《林业信息术语》等7项行业标准，使林业信息化正式发布标准达到30项。继续推进标准研究，积极争取标准化项目，不断完善标准项目储备。四是广泛开展合作交流。积极与有关高校、科研单位、国家部委和IT企业开展互动交流，增进彼此了解，促进共同进步。湖南、广东、甘肃、青海、吉林森工等地分别与当地电信、教学科研单位、知名IT企业、媒体单位建立了良好的合作关系，助推智慧林业建设发展。

（六）加强综合管理，强化自身建设。一是加强制度建设。深入贯彻落实中央关于会议、培训、出差等管理办法，对现有内部制度进行全面梳理和修改完善，及时开展制度解读工作。规范机关运作程序，提高工作效率和工作质量。二是加强林业信息化机构与干部队伍建设。完成全国林业信息化机构和从业人员摸底调查，建立基础信息库。省级林业信息化机构进一步加强，独立机构已达34家，管理人员不断充实，队伍不断壮大。辽宁、湖南、青海等省还成立了市（县）级林业信息化独立机构。三是完成综合办公系统的修改完善及上线运行工作，进一步规范工作流程，提高管理水平，提升工作效率。四是积极开展网络生态文化建设。开展“信息化推动林业现代化”5周年征文活动，出版《美丽生态佳作选》等书籍，开展了第二届美丽中国大赛，大力弘扬生态文化。北京、河北、吉林、黑龙江、浙江、甘肃等组织开展丰富多彩的网络文化活动。

二、发展展望

2015年是完成“十二五”规划各项任务的收官之年，做好林业信息化各项工作意义重大。根据党的十八大、十八届四中全会和全国林业厅局长会议精神，结合当前工作实际，2015年林业信息化工作思路是：深入贯彻落实党的十八大、十八届四中全会精神和国务院关于加快信息化建设的系列决策部署，全面深入推进智慧林业建设，努力提升林业智慧感知能力、智慧决策能力、智慧管理能力和智慧服务能力，为推动林业治理体系和治理能力现代化、建设生态文明和美丽中国做出新贡献。重点抓好以下几项工作。

（一）加强综合规划。一是组织召开第四届全国林业信息化工作会议，深入贯彻落实党的十八大、十八届四中全会精神和国务院关于加快信息化建设的系列决策部署，全面总结分析“十二五”林业信息化发展情况，研究部署“十三五”林业信息化工作。二是制定林业信息化“十三五”发展规划。科学分析林业信息化工作面临的新形势，进一步理清思路、明确方向，研究制定科学完善的林业信息化“十三五”发展规划，全面推进智慧林业建设。三是积极争取林业信息化建设投资政策。加大与计财司、发改委、财政部的沟通协调力度，积极争取林业信息化建设投资的政策支持。

（二）抓好项目建设。一是推进重点工程项目建设。积极落实国家“十二五”重大信息化工程规划，实施“金林工程”项目建设。推进国家自然资源和地理空间基础信息库林业数据分中心建设二期工程、局云计算平台、林业生态建设与保护北斗示范应用系统、濒管办联网审批系统、全国植物检疫审批管理信息系统等重点项目建设。二是做好系统应用推广。做好国家卫星林业遥感数据应用平台项目培训和应用推广。加强国家自然资源和地理空间基础信息库林业数据分中心、中国林业数据库、数字图书馆、博览会等一批已建项目的平台运维、内容扩充与管理。三是加强示范市、县建设。推进第二批全国林业信息化示范市、县、基地的建设工作，组织开展示范建设成果展示和经验交流。支持基层林业电子政务体系、信息化基础平台和核心业务应用系统建设，推进新技术在示范建设中的应用。

（三）提升网站水平。一是持续提升智慧化水平。在中国林业网4.0版本的基础上，进一步优化网站应用，推进政务协同，提高行政效率，改善公共服务，增强用户体验，提升智慧水平，保持中国林业网领先水平。二是加强网站管理。修订《中国林业网管理办法》，加强网站信息发布和内容建设。制定《全国林业网站建设管理及技术规范》，指导全国林业网站规范化建设和管理。开展年度信息化发展水平评测和网站绩效评估，推动网站和信息化整体水平不断提高。三是扩建林业站群。继续推进国外林业、市县级林业、森林公园、国有林场、种苗基地、自然保护区、主要树种、珍稀动物、重点花卉等网站群的扩建工作，新建湿地公园、沙漠公园站群。中国林业网站群规模达到5000个以上，建成全国最大的网站群。四是开展林业网大数据分析。依托中国林业网，启动大数据应用示范，开展网站大数据分析，提升服务能力。五是依托中国林业网，开展网络文化建设，举办美丽林业微视频或美丽中国大赛等形式多样的主题活动。

（四）做好服务保障。一是做好网络、网站、各应用系统的网络安全和运行维护工作，强化运维管理，提升运维服务水平。二是做好信息安全和等级保护工作。继续推进行业信息安全等级保护体系建设，指导行业等级保护测评和整改。发布行业等级保护定级指导意见及指南。完成新上线系统的等级测评工作。加强重点领域信息安全检查工作，强化信息安全意识。三是加强网络基础设施建设，做好办公自动化系统应用服务保障，提高服务保障能力和水平。

（五）深化交流合作。一是加快推进标准建设。积极推进林业信息化标准制定、修订工作，按期完成制定、修订任务。有序开展复杂重大林业信息化标准的预研究工作。加强国内信息化相关标准的梳理、汇编，做好标准宣贯、标准项目储备等工作。二是加大信息化培训力度。举办林业CIO高级研修班、林业信息化应用和标准宣贯培训班，指导各省林业信息化培训，积极争取国（境）外信息化培训机会。三是深化对外交流合作。加强与国家部委、教育科研单位和知名IT企业等的交流合作。联合央视网、新华网、新浪网等单位，充分利用微博、微信、微视等新媒体平台，扩大林业社会影响力。举办林业信息化学术研讨会，改选全国林业信息化专家咨询委员会委员。

第二节 重要会议

一、第三届全国林业信息办主任会议暨智慧林业培训班

2014年1月14日，第三届全国林业信息办主任会议暨智慧林业培训班在陕西省西安市召开。会议深入学习贯彻了党的十八大、十八届三中全会和全国林业厅局长会议精神，总结了信息办成立五周年以来林业信息化建设取得的成就与经验，发布了2013年林业信息化发展水平评测、网站绩效评估结果，研究讨论了2014年工作，深入解读了《中国智慧林业发展指导意见》，学习了信息化前沿技术，开展了技术交流与研讨。国家林业局信息办主任李世东出席会议并讲话（专栏1-1）。

专栏1-1

凝聚智慧　成就梦想

——在第三届全国林业信息办主任会上的讲话

李世东

（2014年1月4日）

今天是林业信息化全面推进五周年的重要日子。五年前的2009年1月，《全国林业信息化建设纲要》颁布实施，国家林业局信息办公室正式成立，掀开了林业信息化全面推进的新篇章。五年后的今天，我们满怀自豪地回顾一起走过的峥嵘岁月，共同展望令人向往的美好明天。

过去的五年，是充满艰辛和汗水的五年，是共享成功和喜悦的五年，是值得每一位林业信息人引以为荣的五年。五年激情岁月，我们共同走过；五年创业诗篇，我们共同谱写；五年辉煌成就，我们共同拥有！五年来，我们怀着光荣与梦想，在迎接挑战中奋进，在克服困难中成长，取得了“五大跨越”的骄人业绩，在林业现代化征程上谱写出精彩华章！

五年来，我们实现了从被动落后到部委领先的跨越。五年前，林业信息化默默无闻，鲜为人知，部委排序几十名以后，大家都在摸着石头过河，跌跌撞撞前行。五年来，我们先后印发了《建设纲要》、《技术指南》、《指导意见》等多个纲领性文件，连续召开了三届工作会议和三届主任会议，从上到下领导小组全面建立，专职机构日趋健全，标准制度接连出台，重点项目纷纷上马。尤其是我们打造了纵向到底、横向到边，集数千个子站于一体的中国林

业网站群，2011年首次进入部委网站前十名，2012年首次进入部委网站前五名，2013年首次进入部委网站前三名，在发展水平上实现了从落后到领先的跨越，前来调研学习者络绎不绝，演讲台上林业人频频登场。

五年来，我们实现了从分散无序到集约统一的跨越。五年前，林业信息化网出多路、机房散乱，“烟囱”林立、各自为政，“信息孤岛”遍布、共享“堪比登天”，数出多门、更新缓慢，运行维护无序、难以保障安全。五年来，我们始终坚持“五个统一”，贯通内外、扬弃结合，以示范省建设和全国林业一张图建设为抓手，强力推进信息资源整合，大力完善信息基础设施，信息高速公路不断延伸，国家和省级统一平台成效显著，“平台上移、应用下移”、“统一开发、分级部署”等理念日益深入人心，互联互通局面显著改观，集中运维体系不断完善，信息化规模优势日益凸显，在建设方式上实现了整体加快推进、节约集约发展。

五年来，我们实现了从外围低端到核心高端的跨越。五年前，林业信息人的工作被认为是查网线、装电脑、搞维修，从事的主要是信息基础建设和服务，应用也是以日常办公的文字处理为主，对管理和决策的显性支撑作用很小，可以说都是一些边边角角的工作。五年来，我们的工作重点转向了摸需求、搞设计、做系统、定标准、建制度上来，人才优势得到了充分发挥，信息人的地位明显提高，信息技术广泛渗透到各业务环节，森林、湿地、荒漠、野生动植物资源监管和营造林管理系统、林业灾害监测防控系统、林权管理系统等支撑林业核心业务的信息系统纷纷建成上线，信息化与林业核心业务实现了深度融合，服务功能得到了充分发挥，奏响了信息服务林业、信息支撑林业、信息改变林业的主旋律。

五年来，我们实现了从电子政务到“三位一体”的跨越。五年前，林业信息化仅仅局限于电子政务的部分零星应用，电子商务、电子林区只是一个模糊概念。五年来，我们在大力推进电子政务的同时，通过政策引导和资金扶持，林业电子商务实现了从无到有、从弱到强，涌现出了南方等林权交易市场、“义乌购”等林产品交易平台，信息技术应用已逐步拓展到林业种植养殖、林产品加工、林产品检疫追溯、森林旅游等产业领域。同时，在各级政府的支持下，电子林区建设取得了重要进展，也带动了相关产业的发展。在工作领域上，林业信息化实现了电子政务、电子商务、电子林区“三位一体”全面发展的新局面。

五年来，我们实现了从数字林业到智慧林业的跨越。五年前，数字化是林业信息化的建设主题，技术基础主要是计算机、互联网、数据库等现代信息技术。五年来，我们先后启动了智能林业物联网应用示范、云计算平台建设试点、电子标签等物联网应用、林木测土配方移动应用、移动办公系统、移动客户端、微博微信、在线植树、智慧果园、智慧花木、智慧旅游、中国信息林、中国林业数据库等项目建设，云计算、物联网、移动互联网、大数据、智慧城市等新一代信息技术广泛应用，显著改变着人们的思维方式和工作模式。以《中国智慧林业发展指导意见》发布和第三届工作会议召开为标志，林业信息化由“数字林业”步入“智慧林业”发展新阶段。

伟大的事业孕育伟大的精神，伟大的精神推动伟大的事业。林业信息化是破解林业发展难题、创新林业发展平台、转变林业发展方式、提升林业质量效益的突破口，没有林业信息化，就没有林业现代化。在推进林业信息化进程中，我们历尽艰辛，众志成城，凝聚了“雷厉风行，甘于奉献，坚持不懈，敢为人先，追求卓越”的林业信息化“五大精神”。

雷厉风行是我们实现五大跨越之要。五年前，林业信息化沉寂角落，群龙无首，百业待举，有限的条件能否突破困境？能否扭转乾坤？能否开创新局？这一切都是未知数。五年来，我们丢掉拖泥带水的陋习，树立立说立行的新风，完成了一个又一个看似无法完成的任务。我们不会忘记，用不到一年的时间，筹划、建设、培训、启用了OA系统，开创了林业无纸化办公新时代；用不到一月的时间，成功筹备、组织召开了首届工作会议，开启了林业信息化建设新阶段；用不到一周的时间，构思、制作、演出了《2020》精彩剧目，打造了一道靓丽的新风景。雷厉风行作风的历练与养成，使我们具备了强大的执行力，使我们用5年时间走完了通常需要10年甚至20年的征程，提前跨入了“三步走”战略的第二阶段。

甘于奉献是我们实现五大跨越之源。林业信息化服务性强、技术性高、涉及面广、协调难度大，工作任务十分繁重，人手却普遍严重不足。五年来，我们默默承受、无私奉献、甘于寂寞、勇于担当，才撑起了这片蔚蓝的天空。我们不会忘记，夜晚长明的孤灯；我们不会忘记，假期加班的独影；我们不会忘记，家人心疼的抱怨；我们不会忘记，孩子期盼的目光。一路走来，我们对家人有太多的亏欠，对朋友有太多的愧疚，但为了信息大树的茁壮成长，我们义无反顾，无怨无悔。

坚持不懈是我们实现五大跨越之基。林业信息化的道路布满了荆棘和坎坷，如同登山探险，一山放过一山拦，一山更比一山高。五年来，我们经历了无数的困难，遭遇了无数的挫折，同时也清晰地认识到林业信息化巨大的发展潜力。正是这种对美好梦想的期待，对光辉未来的憧憬，对国家事业的责任，使我们始终坚信“沉舟侧畔千帆过，病树前头万木春”；正是我们坚持不懈的努力，百折不挠的开拓，持之以恒的奋进，才成就了今天的辉煌。

敢为人先是我们实现五大跨越之本。激情是创新的源泉，创新是发展的源泉。没有激情和创新，就不会有信息化。林业信息化是一个多学科交叉的领域，是一项极富开拓性的工作，激情无时不需、无人不需，创新无处不在、无时不在。五年来的实践证明，正是我们不断地唤醒每个人心底的创业激情，不断地激发每个人敢为人先的潜能，想别人没有想过的理，做别人没有做过的事，走别人没有走过的路，激情致力于创新驱动，才取得了几十项突破，获得了几十项第一。

追求卓越是我们实现五大跨越之魂。质量就是生命，细节决定成败，这是千百年来人类实践悟出的哲理。五年来，我们坚持“向质量要任务，向质量要效益”，把精益求精的理念深植于每人的心中，努力做到“凡事有章可循、凡事有人负责、凡事有人监督、凡事有据可查”，既实现了精品迭出，又培养了复合型人才。正是精益求精、质量至上、追求卓越，才使我们先后荣获了上百项殊荣，先后涌现出辽宁、北京、湖南、广东、浙江、江西、福建、湖北、四川、吉林、上海、河南、山东、内蒙古、甘肃等“全国林业信息化建设十佳单位”，福建、北京、上海、四川、湖北、江苏、广东、辽宁、湖南、浙江、河南、江西、甘肃、黑龙江、河北等“全国林业十佳网站”，以及众多单项荣誉，立起了林业信息化座座丰碑！

林业信息化“五大精神”，是以自强不息为核心的民族精神和以改革创新为核心的时代精神的有机融合和生动体现，是新中国成立以来几代务林人艰苦奋斗的政治本色和价值取向，是我们五年来披荆斩棘形成的最为宝贵的精神财富，是我们召之即来、来之能战、战之能胜的重要法宝，是我们继往开来、取之不尽、用之不竭的最大内生动力！

放眼21世纪的全球发展，一个不争的事实是：信息化是新世纪的主要特征，是推动经济社会变革的主要力量，是国家间竞争的主要阵地，是行业发展的强大动力。纵观“五个层面”的发展形势，信息革命已成为时代的最强音，信息化已成为时髦的代名词，信息人已成为时尚的领跑者，信息引领未来的趋势锐不可挡。

从全球层面看，人类已经进入信息社会。继原始社会、农业社会、工业社会之后，在信息革命的强力推动下，人类已进入充满希望的信息社会。在信息社会，信息资源正成为推动社会发展的第一资源，信息技术正成为促进社会进步的第一技术，信息产业正成为支撑社会成长的第一产业，信息文化正成为引领社会进步的第一文化，信息生产力正成为带动社会前进的第一生产力，信息工作者正成为担当社会繁荣的第一群体。抢占信息高地，建设信息社会，是时代的呼唤，人类的共鸣，历史的必然。

从全国层面看，信息化已成为核心发展路径。党的十八大做出了“新四化”、“五位一体”、“两个百年”的重大决策，把“信息化水平大幅提升”上升为国家战略。信息化是“四化同步”的节拍器，是“五位一体”的融合器，是实现“两个百年”目标的加速器，更是生态文明建设的金钥匙。加快推进信息化，是国家和民族的复兴之路，是实现中国梦的必由之路。

从行业层面看，信息化已成为林业“三大支柱”之一。当前，林业正处在加快发展方式转变、破除体制机制深层次矛盾、实现林业现代化的关键时期。信息化、科学化、机械化已成为林业发展的三大支柱，信息化又是切入点和突破口，如何正确理解信息化要义、科学把握信息化规律，是关系林业科学发展、加快发展、率先发展，尽早实现林业现代化的大问题。改善生态，我们必须加快信息化；改善民生，我们必须强化信息化；建设生态文明，我们必须依靠信息化。

从信息化层面看，现在已进入第六次信息革命新时代。回望历史，以语言产生为代表的第一次信息革命，以文字发明为代表的第二次信息革命，以造纸印刷术为代表的第三次信息革命，以电报电话电视为代表的第四次信息革命，以计算机和互联网为代表的第五次信息革命，先后推动了人类文明大踏步前进。今天，以“云物移大智”为代表的新一代信息技术，正以前所未有的力量推动全球进入大融合、大发展、大变革的新时期，形成第六次信息革命，“智慧”离我们已经越来越近、触手可及。

从自身层面看，林业信息化已进入智慧林业新阶段。云计算、物联网、移动化等智慧技术已经在林业多个领域得到应用，体系化、规模化、集成化的发展趋势不可阻挡。第三届工作会议发布的《中国智慧林业发展指导意见》，吹响了智慧林业建设的号角，智慧林业建设犹如离弦之箭。我们只有牢牢抓住这一战略机遇，求真务实，埋头苦干，不畏艰难，开拓创新，才能立足于不败之地，才能无愧于时代使命。

“雄关漫道真如铁，而今迈步从头越”。五年后的今天，智慧林业的大门已经打开，绚丽多彩的明天正向我们招手。今后五年，我们要紧紧围绕生态林业和民生林业，坚持“五个统一”，应用“五大技术”，建设“五大体系”，把握“五个环节”，突出“五项重点”，为建设生态文明和美丽中国，实现中华民族伟大复兴的中国梦做出新贡献。

在发展理念上，我们要坚持“五个统一”，形成强大发展合力。统一规划、统一标准、统一制式、统一平台、统一管理是林业信息化建设的基本原则，必须深刻认识，长期坚持，认真执行。一要坚持统一规划。突出共性、兼顾个性，构建有机衔接的规划体系，奠定全国一盘棋的根基。二要坚持统一标准。突出抓好标准立项，加快标准编制进程，搞好标准验收把关，加强标准宣贯施行。三要坚持统一制式。强化共性软件的统一开发与分级部署，减少重复建设，消除信息孤岛，增进业务协同。四要坚持统一平台。大力推进信息资源整合，着力打造国家和省级统一平台。五要坚持统一管理。努力完善体制机制，逐步推行CIO制度，着力构建权责对称、运转协调、激励有效、惩罚有力的运行机制。

在建设实践上，我们要应用“五大技术”，支撑智慧林业大厦。云计算、物联网、移动互联网、大数据、智慧城市是新一代信息技术的“杰出代表”，是智慧林业建设的“重要支柱”，必须充分应用，融会贯通。一要创新应用云计算技术。推进云管端建设，构建虚拟化、高可靠性、高可扩展性的林业信息基础设施和弹性服务模式。二要创新应用物联网技术。以“神经末梢”建设为重点，提高林业感知化、实时化、可视化、智能化水平。三要创新应用移动互联网技术。以服务对象为中心，促进林业业务流程再造和资源优化配置。四要创新应用大数据技术。充分发挥其“方法集”和“工具箱”的独特作用，挖掘林业数据“金矿”，推动林业管理决策科学化、精细化。五要创新应用智慧城市技术。加强集成创新应用，建立林业“智慧之魂”。

在重点任务上，我们要建设“五大体系”，实现完美转型升级。智慧林业具有物联化、智能化、一体化、生态化等特征，是数字林业的升级版，必须以人性化的设计理念，在继承中构筑新的体系聚合体。一要建设智慧感知体系。统筹天、空、地、人资源，加快天、地、人、林四网建设，着力提高立体化的感知能力。二要建设智慧协同体系。推进林业云、网站群和智慧管理决策平台建设，着力提升一体化的管理服务水平。三要建设智慧生态体系。建立完善林业资源监管、营造林管理等核心业务系统，着力保护和改善生态。四要建设智慧民生体系。深化“两化”融合，扶持电子商务，建设智慧林区，着力发展绿色低碳经济。五要建设智慧保障体系。加强综合保障能力建设，着力消除不平衡、不协调、不可持续的发展顽疾。

在方法步骤上，我们要把握“五个环节”，开启新的文明之旅。从数字林业到智慧林业，是一场深刻的思想变革、技术变革和实践变革，是一轮新的信息文明之旅，必须抓好关键环节。一要抓好顶层设计。各省（区、市）要贯彻《中国智慧林业发展指导意见》，尽快出台本地智慧林业发展规划或指导意见，挖掘潜力、调动智力、激发活力，为掀起新一轮建设高潮做好顶层设计。二要抓好动员部署。各省（区、市）要积极筹备，尽快召开全省（区、市）林业信息化工作会议，对智慧林业建设进行全面动员部署。三要抓好机构队伍。路线确定之后，干部是决定性因素。各省（区、市）要按照《国家林业局关于进一步加快林业信息化发展的指导意见》，健全决策管理机构，配足配强工作人员，提高组织协调和综合服务能力。四要抓好项目建设。争取“金林工程”等重大项目尽早批复启动。各地在推进在建项目的同时，也要积极争取新的建设项目。五要抓好制度保障。要按照简洁实用、相互配套的原则，不断完善、着力构建适应智慧林业发展要求的制度体系。

在近期工作上，我们要突出“五项重点”，夯实科学发展基础。2014年是全面推进智慧林业建设的开局之年，贯彻全国林业厅局长会和第三届全国林业信息化工作会要求，除以上总体工作外，还要重点抓好五项工作。一要抓落实。加强调研，摸清实情，接地气、沾泥土，感受基层味道，倾听群众呼声。加强政策解读，细化工作安排，加强督促指导，确保工作落实。二要抓网站。实施中国林业网站群扩建和智慧化提升工程，努力打造规模最大、效率最高、影响最强的一流政府网站。三要抓示范。第一批示范省要巩固建设成果，推广成功经验，攀登新的高峰。第二批示范省和第一批示范市、示范县，要加快建设进度，争取早见成效。适时启动第二批示范市县和示范基地建设。四要抓培训。各省（区、市）要尽快全面完成各级各类林业网站群培训，迅速扩大网站群规模。举办第二届林业CIO高级研修班，专题研讨智慧林业推进方略。举办第二届林业信息化学术研讨会，促进产学研用有机结合。五要抓安全。开展信息安全检查，加强安全应急演练。出台安全定级指导意见，开展信息系统定级备案。落实安全风险评估制度，推进容灾备份能力建设。推进等保分保建设，确保信息网络安全。

五年的光阴，1800多个日夜，时光带走了我们的稚嫩，岁月磨砺了我们的意志，年华增强了我们的信心。五年的故事，留下难忘的美好记忆；五年的历程，定格动容的精彩瞬间；五年的积累，奠定坚实的发展基础。

光荣已属过去，梦想催人奋进。今天，我们共同选择了智慧林业发展道路，站在新的历史起点，我们的事业崇高而神圣，我们的责任重大而光荣，我们的理想远大而明确。让我们在党的十八大精神指引下，紧紧围绕生态林业民生林业，抢抓机遇，凝聚智慧，真抓实干，奋勇前进，努力开创林业信息化更加灿烂的明天，铸就无愧于时代的新的辉煌！

二、全国林业网站建设及网络安全培训班

2015年1月20～21日，全国林业网站建设及网络安全培训班在福建省厦门市召开。会议对2014年林业信息化工作进行了全面总结，发布了2014年林业网站绩效评估结果，宣布了第二批林业信息化示范市、县和首批林业信息化示范基地名单，组织了网站建设和网络安全技术培训，对2015年工作进行了安排部署。国家林业局信息办主任李世东出席会议并讲话（专栏1-2），各有关省级及各计划单列市林业信息化主管部门负责人和部分全国林业信息化示范市（县）和示范基地负责同志参加了培训。

专栏1-2

把握互联网时代　拓展互联网思维

——在全国林业网站建设及网络安全培训班上的讲话

李世东

（2015年1月20日）

值此2015年到来之际，我们在此共同学习研讨，主要任务是：深入学习领会习近平总书记系列重要讲话精神和国务院推进信息化建设系列决策部署，总结交流2014年林业信息化工作，科学分析新形势，研究部署2015年工作，把握互联网时代，拓展互联网思维，助推林业信息化快速发展，开创林业信息化新局面，为主动适应新常态、实现林业新发展、改善生态改善民生做出新贡献。

一、乘借互联网之势，实现信息化突破

2014年，是中国全功能接入国际互联网20周年、中国林业网上线运行15周年，在互联网发展史上具有特殊意义。这一年，在国家林业局党组正确领导和各地各单位辛勤努力下，我们深入贯彻党中央、国务院关于加快信息化建设的系列决策部署，全面落实第三届全国林业信息化工作会议精神，围绕生态林业民生林业大局，乘借互联网时代之势，不断融入互联网元素，持续释放互联网能量，以互联网思维审视发展路径，以互联网技术打造开放平台，以互联网精神实现创新突破，林业信息化的引领、支撑、辐射作用逐步加强，助力林业治理现代化，推动林业发展智慧化，开创了智慧林业全面推进的元年。

（一）顶层设计深入推进，服务能力不断提升。一是推进顶层设计，深化引领指导。编制《中国林业云框架设计》、《中国林业物联网框架设计》，基本形成了林业云计算和物联网顶层设计。召开全国林业信息办主任会议暨智慧林业培训班，全面总结林业信息化快速发展成就与经验，深入解读《中国智慧林业发展指导意见》。各地积极组织力量研究制定智慧

林业发展规划，目前已有28个省（区、市）完成规划编制。二是完善管理机制，提高管理水平。制定、修订网站、机房、安全等15项运维管理制度，不断加强对各级林业信息化制度建设等工作的指导。编辑出版《中国林业信息化政策解读》、《中国林业信息化标准规范》、《中国林业信息化示范建设》、《中国林业信息化绩效评估》、《中国林业信息化政策研究》等第二套林业信息化丛书和《中国林业信息化发展报告2014》，为推进林业信息化建设提供了政策、制度和技术支撑。三是健全机构队伍，提升服务能力。开展全国林业信息化现有机构和从业人员摸底调查，建立了基础信息库。省级林业信息化机构进一步加强，独立机构已达34家，管理人员不断充实，队伍不断壮大。青海、湖南、辽宁等省还成立了市、县级林业信息化独立机构。四是开展基层调研，把握发展脉搏。围绕林业信息化机构队伍、资金保障等内容，先后开展专题调研，深入了解发展状况，研究探讨重点问题，为林业信息化决策提供了重要参考。

（二）网站建设实现突破，服务能力大幅提升。中国林业网完成第四次重大改版，打造成基于大数据分析的中国林业智慧门户，位列中国政府网站第二名，再次取得历史性突破。一是国际化，网站群体系全面建成。建成“国际范”的中国林业网4.0版，形成“纵向到底、横向到边、特色突出”的林业站群体系，纵向站群包括世界林业、国家林业、省级林业、市级林业、县级林业等网站群，横向站群包括森林公园、国有林场、种苗基地、自然保护区、主要树种、珍稀动物、重点花卉等网站群，特色站群包括美丽中国网、中国植树网、中国信息林网、中国林业数据库、中国林业图片库、中国林业视频库等，总数已达3000多个，将全国甚至全球林业“一网打尽”。河北、湖北、湖南、贵州、青海等完成网站升级改版，黑龙江、河南、四川、山东、吉林、广西等深入推进网站群建设。二是智慧化，新媒体技术创新网站多元发展。充分运用新媒体技术，使新增的“林业新媒体”涵盖了中国林业网官方微博、微信、微视、移动客户端和微博发布厅，并覆盖全终端、全系统，努力走向“全媒体”新阶段，建成了“中林智搜”，方便公众随时随地了解林业信息，享受在线服务。北京、上海、海南、青岛等相继开发建成微博、微信，扩大政府与公众的互动交流渠道。三是服务化，在线服务能力显著增强。立足四个维度，全面提升中国林业网服务能力：精选林业信息为国家林业局领导提供决策支持，服务林业大局；建设子站提供展示平台，服务国家林业局各司局单位；让省、市、县三级网站群走到前台，服务林业基层单位；整合上百项国家、地方审批事项和便民服务，结合场景式模拟，为基层群众提供林业“全周期”、“一站式”在线服务。日访问量达100万人次，总访问量达14亿人次。北京参与建设“一证通工程”，安徽开发林下经济产品交易网，上海开发生态园林移动App，陕西建设林木种苗网。四是艺术化，生态文化建设成效突出。围绕林业重点业务和行业热点，充分利用网络平台，打造网络生态文化阵地，在全社会产生了巨大影响。开展信息化十件大事评选和第二届美丽中国征文大赛，组织策划“唱响绿色旋律，奏出生态强音”司局长专题访谈，精心建设“生态红线保护行动”、“国家公园建设”等专题。吉林、黑龙江、浙江、甘肃等组织开展丰富多彩的网络

文化活动。

（三）重点工程有序推进，示范建设形成体系。一是着力推进“金林工程”等重大项目。编制完成金林工程需求分析报告、项目建议书，确定内蒙古、辽宁、福建、江西、湖南、广东、广西、重庆、四川、贵州、甘肃等11个试点省。加快推进云计算平台、物联网示范、北斗示范应用、高清视频会议、自然空间信息库、林业OA群等项目建设。辽宁、吉林、黑龙江、江西、湖南、广东、广西、四川、甘肃、内蒙古森工积极参与北斗示范项目建设，河南荣获中国地理信息产业优秀工程银奖，河北、青海启动物联网应用项目，陕西启动黄帝陵林区监管云项目，湖南打造林业展示中心，江苏、云南、青海、西藏、青岛加强信息系统和数据库建设，上海建设绿化市容综合监管平台。二是共建共享数据平台。开展生态旅游等大数据服务平台建设，整合数据资源，建设中国林业数据库。加强卫星遥感数据分析利用，完成国产卫星遥感平台建设。北京积极打造林业大数据，福建搭建统一共享应用平台，海南打造林业综合信息平台，四川成立林业大数据研究中心，浙江加快推进电子商务建设。三是示范建设全面展开。启动第二批全国林业信息化示范市、县及首批示范基地建设，形成由12个示范省、36个示范市、65个示范县、25个示范基地组成的全国林业信息化示范体系。湖南、辽宁、湖北、江西、北京等示范省成为取经学艺的热点，发挥了良好的传帮带作用。贵阳生态云计算平台、四川江油大数据动态监测、北京大东流智慧苗圃、安徽舒城智慧育苗、青海湖智慧生态旅游、山东昌邑智慧管理平台等一大批示范成果涌现出来，展示出示范建设全面铺开、示范成果向全国辐射、示范领域向基层深入、示范技术向智慧迈进的良好发展态势。

（四）网络安全全面加强，保障水平明显提高。一是基础设施服务能力明显提升。联通国家电子政务外网，开通资源卫星中心专线，扩展互联网出口带宽，增加互联网出口备用线路，提高互联网线路性能和可靠性。安徽、福建等新建中心机房，河南、海南等实施机房改造工程，湖南、江苏、陕西等进行网络改造，龙江森工、安徽、北京等建设视频会议系统。二是等级保护体系建设深入推进。完成国家林业局信息系统安全等级保护项目建设，大幅提升安全性。制定林业信息安全等级保护联络员制度，修订印发有关管理办法。安徽、山东、青海、海南等积极开展安全等级保护，河北、四川、广西、大兴安岭等建立等级保护联席制度，北京、湖南、吉林森工、黑龙江、河北、四川、广西等新增多种网络安全软硬件。三是安全测评与运维管理不断加强。完成国家林业中心机房安全渗透性测试，及时采取措施并进行加固。完善新上线网站和系统安全测评机制，确保上线前必须经过安全测评加固。完成500余个市、县林业网站渗透测试，部署链接网站排查系统，加强网站链接管理。北京、海南等积极开展网络安全渗透测试，确保网络安全运行。整合运维服务技术队伍，形成统一运维体系，服务能力大幅提升。

（五）标准体系不断健全，培训交流效果日益凸显。一是加快推进标准建设。联合行业内外有关单位，开展18项标准研制，完成4项林业物联网国家标准审查上报。新颁布7项林业行业标准，使2009年以来林业信息化标准累计颁布30项。推进重大复杂标准预研究，深入开展标准化需求调研，不断完善标准项目储备库和核心专家库。部省联动，多渠道争取标准化项目，共同提高标准编制质量。二是大力开展技术培训。以国家林业局“绿色大讲堂”为平台，邀请有关领导和专家举办两期信息化专题讲座。在北京大学举办第二届林业CIO高级研修班，深入研讨智慧林业建设之道。举办全国林业网站群、信息员、标准解读等专题培训班，着力提升从业人员业务素质。内蒙古、贵州、吉林、北京、湖南、福建等结合本地实际，举办各类专题培训班，累计培训人员数千人次。三是广泛开展合作交流。与中国科学院、复旦大学、中国电信等单位合作，加快推进物联网示范工程建设。与北京大学等单位合作，深入开展“金林工程”前期研究。与新华网、人民网、央视网等主流媒体建立稳定的合作关系，不断提升林业社会影响力。不断健全各级信息化专家咨询团队，为合作交流注入新活力。

二、把握互联网时代，引领信息化发展

在中国全功能接入互联网20周年，有3件大事不同寻常，其影响范围远远超出了中国，让整个世界为之震动。一是中央电视台10集大型纪录片《互联网时代》播出后引起了巨大反响，该片站在人类社会的高度，以宏观的视角、全景式的描绘，呈现了互联网产生、发展、繁荣的进程，探讨了互联网未来发展的方向。二是阿里巴巴在纽约成功上市，创造了全球最大IPO，成为中国乃至世界最具影响力的互联网企业，一举成为互联网领域的2014奇迹。三是首届世界互联网大会在乌镇成功举办，习近平总书记致贺词，李克强总理与会，100个国家的1000多名嘉宾共同探讨了“互联互通，共享共治”这一主题。3件互联网领域的大事接连发生，像一双无形的大手，把身处古老国度的中国人猛然推到时代前沿。从这一刻起，中国人才真正认识到我们所处的这个时代，互联网已经改变了所有领域，成为时代列车勇往直前的最强动力。

（一）创生——互联网开创伟大时代。互联网的诞生似天方夜谭似的神话，以不可思议的发展方式迅速改变了整个世界，它那无与伦比的力量让世人惊叹，一个伟大的新时代自此到来。1969年阿帕网诞生，1983年TCP/IP成为人类共同遵循的网络协议，1986年Internet正式诞生，1991年万维网公共服务首次亮相， 1994年中国成为与互联网全功能连接的第77个国家。现在，互联网已经进入Web3.0时代，智能化和个性化成为主题，移动互联网和物联网飞速发展，一个万物互联的时代到来了，它以互联开放、自由平等、快速海量、共享协作、融合创新的特征引领着这个时代的潮流，创造出一个高速发展的信息社会。

互联开放。互联开放是互联网的基本特征，是网络共享的基本保证。互联网这张神奇的大网让地球上的人与人、人与物连接在了一起。按照“六度分隔”理论，网络因大而小，处于大网中的所有人将彼此熟悉，不再陌生。互联网是一个开放的网络，它对用户开放、对信息服务提供者开放、对网络提供者开放、对未来开放，对所有事物开放。互联网技术的神奇力量，打破了各种阻碍、打通了各种边界。正是互联网的这种开放精神，让网络连接的广度逐渐加大，互联网的发展日新月异，呈现出生机勃勃的发展景象。

自由平等。自由平等是互联网最为根本的特征，是非常重要的基本原则。互联网的全球性和水平存在方式为我们创造了一个自由平等的世界，它激发了个人的能量，传达了对自由平等的追求，冲破了体制的束缚，贯通了各个层级，使“世界是平的”。正是这种自由平等的特征，使人和人可以超越传统社会的种种限制，爆发出空前的热情，使得每个人共同参与、平等地改变着这个世界，个人与个人力量的汇聚，释放出空前的创造力，形成“人人时代”。

快速海量。快速海量是互联网最为直观的特征，是互联网巨大能量的直接体现。互联网的超时空性，打破原有时间和空间的界限，人与人之间的交流，只需一次单击，即可完成沟通了解。在全球互联这张大网中，点对点、面对面的交流均可轻易实现。信息的快速传递产生的结果是海量。在人类历史漫漫长河中，知识的积累和智慧的凝聚产生了浩如烟海的宝贵遗产，但是当人类触网后，结果是惊人的：IDC研究结果表明，2013年全球产生的数据量为4ZB（1ZB=1024EB=100万PB），2020年将达到40ZB。这是一个什么概念？到目前为止，人类生产的所有印刷材料的数据量是200PB，全人类历史上说过的所有话的数据量大约是5EB。可以说，互联网以快速海量的特点，推动人类社会进入“大数据时代”。

共享协作。共享协作是互联网原初性和目的性的特征，是互联网得以高速发展的原动力。翻开互联网的发展历史，我们可以发现，共享应用推动了互联网的发展，最初互联网产生，Youtube等的建立，无不诠释着共享精神的作用。然而，在共享推动发展的同时，协作的力量也不容忽视，维基百科、品客薯片的成功，由全世界不同公司生产零件最后组装的波音飞机都完美体现了协作精神的真谛，检验了“认知盈余”理论，互联网连接了世界，作为互联网的每一个神经元，个体的力量在互联网中得到了凸显，它创造的这种实时互动和协作加速了社会的发展。

融合创新。融合创新是互联网的重要特征，是互联网发展的核心动力。纵观以互联网为核心的信息技术的发展历程，正是与各行各业的业务需求相融合、与人们提高生活质量的美好愿景相契合，才使其快速形成和始终保持旺盛的生命力。同时，互联网技术融合应用的发展史也是一部创新史，层出不穷的理念创新、技术创新、应用创新和体制创新，使得互联网破壳而出，以前所未有的凌厉之势快速渗透到政治经济社会的各个领域，在短短几十年的时间内，深刻改变了人们的思维方式和生产生活方式。互联网的发展证明，融合创新是一项技术、一个行业、一个国家的核心竞争力。

（二）机遇——互联网提供无限可能。互联网不仅仅是一场技术革命，它全方位引发了世界政治、经济、社会、文化、生态文明建设等领域的深刻变革，引领人类步入一个全新的时代。

在政治领域，互联网为民主政治建设带来战略机遇。互联网拉近了人与人的距离，放大了每一个普通人的潜在能量，深刻影响了各国政府的执政理念和施政方式。网络空间的平等性、便捷性、互动性和低约束性，能够提高公民参与政治活动的兴趣，提供参政议政的途径，使公民的政治需求得以有效释放。通过政府信息公开、网上举报、网络监督等方式促进了权力监督机制的不断完善，以互联网为基础的信息技术使得政府公共决策民主化，成为推进民主政治的重要方式。互联网创造的网络空间已成为新的公共领域，在网络公共领域的生活有利于促进公民社会的发育成长。

在经济领域，互联网为新常态下经济增长带来战略机遇。当前我国经济已经进入新常态，从10%左右的高速增长转向7%的中高速增长，产生了经济增速放缓，就业压力凸显，传统产业快速收缩，新的动力难以形成等问题，互联网无疑是解决这些问题的关键。互联网产业总体经济规模增长迅速，对实体经济的拉动作用明显，互联网上市企业市值突破4万亿人民币，阿里巴巴、腾讯、百度、京东4家企业进入全球互联网公司10强，2014年中国互联网经济规模超过2万亿美元，并且还将以每年30%的速度增长，成为提升国家经济总量的有力保障。互联网技术已经广泛应用于工业产品设计、研发、生产控制、供应链管理、市场营销等各个环节，通过信息交付和网络协同，改变生产方式、管理方式和营销方式，大大优化了资源组合，推动了以经济生产、绿色制造为方向的工业转移升级。互联网促进了传统行业向现代行业的转变，电子商务、互联网金融等经济模式带来的巨大能力和发展潜力，为传统的物流、金融等行业注入新鲜活力。互联网可加快实体经济与信息技术的高度融合，云计算、物联网、移动互联网、大数据等不断催生新的商务模式和业态，培育出新的经济增长点。

在社会领域，互联网为和谐社会关系带来战略机遇。在互联网时代，一个社会的边界，早已跨越出了城市、国家的概念，全球公众通过网络形成了新的社会——网络社会。互联网促进社会结构发生变化，社会的组成不再只是现实中的家庭、单位、公司等，虚拟化网络产生了无数的虚拟社区，社交网络成为社会新的组成部分。互联网使社会关系发生变化，传统的关系在互联网上不再明显，所有的人都是网络社交圈子中的一份子，每个人的身份都发生着变化。互联网改变公众交流方式，互联网技术让人与人之间的交流变得更加多元、丰富和有效，传统的电话、电视、广播不再是主流，新兴的电子邮件、社交网络、移动通信、可视化等技术让公众交流更加方便快捷。

在文化领域，互联网为优秀文化传播带来战略机遇。互联网的开放性、交互性、自主性等特点，大大改变了文化形成、传播和接受方式。通过互联网平台，利用互联网技术，提高文化产业规模化、集约化、专业化水平，提升国家软实力，增强文化整体实力和竞争力。通过网络数字媒体和云存储等方式，将优秀文化作品以电子书、网络电视等形式向公众传播，丰富公众精神文化生活。通过微博、微信、微视等“新新媒介”，传播正能量，培育出自尊自信、理性平和、积极向上的社会心态，提高公民道德素质。

在生态领域，互联网为生态文明建设带来战略机遇。信息革命是生态文明的金钥匙。3S集成技术与北斗卫星导航系统为生态环境的远程、实时、动态感知创造了条件，人工智能技术为生态文明建设的科学决策提供了有效技术保障，云计算突出的虚拟和动态存储计算能力为生态文明建设搭建了信息化平台，物联网技术实现了生态文明各主体要素和各环节的充分、实时感知，下一代互联网为生态文明各主体要素的信息交流营造了更加便捷的空间，移动通信技术进一步缩短了生态文明建设中人与人、人与物之间的距离，虚拟现实与可视化技术促进了数字世界和自然世界的融合，为生态文明建设提供了基础保障。

纵观历史，从未有一种技术能如此深刻地改变人们的生产生活，并有力地推动社会发展；从未有一种浪潮让国际社会变成你中有我、我中有你的命运共同体；从未有一种成果能够让全世界共同分享。互联网以其互联开放、快速海量、协作共享等特点，广泛覆盖政治、经济、社会、文化、生态等各个领域，全面渗透于人们工作生活的方方面面。互联网时代的来临，使信息化由“边缘”进入“中心”、由“四旁”进入“大堂”、由“副业”变成“主业”，功能空前凸显，作用空前凸显，地位空前凸显，信息化的春天已真正来临！放眼世界，信息化发展日新月异；着眼当前，宝贵机遇稍纵即逝。在信息化发展的滚滚浪潮中，我们如逆水行舟，不进则退，只有迎难而上，乘势而为，才能牢牢抓住千载难逢的历史机遇，争取更大更好之作为，不辜负时代赋予我们的历史使命。

（三）挑战——互联网引发广泛思考。互联网时代在带给我们工作生活便利的同时，也提出了许多新的挑战，需要探索新的管理规则与方式，进行科学、必要、合理的治理和应对。

信息安全。技术是中性的，但人性有善恶，互联网在带给广大公众跨越时空、快速便捷和互动交流的同时，它的能量同样让人性恶的一面放大。1958年世界首例计算机犯罪在美国发生，1988年第一个“蠕虫”病毒席卷全球，从僵尸网络“要塞”网上盗窃，到斯诺登棱镜门监听事件，网络安全问题正以互联网发展的速度增长。据360公司监测，一年时间发现了800多万个“木马”后门，一天之内监测到86万次的黑客入侵，高峰时刻每小时捕获的恶意软件达到6.8万个。信息泄漏、信息篡改、窥探隐私、网络犯罪、网络攻击等一系列安全问题是我们面临的共同挑战。当前，网络空间与物理空间并重，信息安全成为国家安全的重要组成部分，成为事关社会稳定的重要因素。习近平总书记指出，“没有网络安全就没有国家安全”。完善政策措施，加快健全网络安全防护和管理体系，提升信息安全保障水平和治理能力，已成当务之急。

网络舆情。互联网作为新型媒体，其最大的特点就是快捷与互动，这是报纸、电视和广播等传统媒体所无法比拟的。一方面，互联网已成为公众获取信息的主渠道，政府需要顺应互联网发展要求，将网下管理与网上管理相结合，做到第一时间发布信息，推动政府信息公开，及时回应网上各类诉求，敏感、快速而有效地积极引导网上舆情，“用好主阵地、唱响主旋律、传播正能量”，共同营造清朗文明的网络空间。另一方面，互联网已进入“人人时代”，在信息制造、传播手段越来越多、越来越便捷的自媒体时代，公众的言论发表更加自由、更加民主、更加平等，这也使得网络上充斥着各种无效信息、垃圾信息和负面信息，通过网络平台可以进行快速传播、放大、催化，这就给政府管理带来新课题，提出新要求。

能力建设。面对迅猛发展、日新月异的互联网时代，作为信息化从业者，是否已经做好准备？是否已经改变传统的思维方式和管理模式？是否具备熟练运用互联网思维从事信息化工作的能力？是否具备乐于奉献、敢于担当、勇闯“无人区”的勇气和胆识？我们必须承认，目前还有一部分人生活在过往经验塑造的旧大陆中，成为“数字难民”，还有一部分人正处于艰难学习向网络新大陆迁徙过程中，成为“数字移民”。加大互联网人才培育和引进力度，掌握互联网核心技术，提高互联网应用能力，善于应用互联网思维跟上互联网时代步伐，是我们当前面临的最为紧迫的挑战。

（四）策略——互联网助推林业信息化。互联网时代，就要充分领会互联网本质特征，灵活运用互联网思维方式，用新的策略助推林业信息化建设，开启智慧林业的新篇章。

以协作思维统筹林业信息化力量。互联网时代是群体智慧的时代，协作是这个时代的基本特征，林业信息化必须统筹各方力量，按照“共建共享、互联互通”的原则，加强协作，众包众筹，共同推进。一是全球协作。以全球视野，广泛开展国际合作，推动人才交流、技术交流、业务合作和共同创业。二是行业协作。加强信息化部门与业务部门之间、上级部门与下级部门之间、不同区域之间的协作，充分发挥各方面积极性，共同推进林业信息化发展壮大。三是专业协作。优化林业信息化队伍的人才结构，做到IT专业人才、林业业务人才和其他人才三分天下，促进不同专长人才间的协作。四是领域协作。加强与高校、科研院所、其他政府部门之间的交流协作，充分利用行业内外优势资源，借力用力、互利共赢，开创广泛协作新局面。

以融合思维加快林业信息化进程。融合是互联网时代的大趋势，是事业发展的内在要求和迫切需要，我们必须密切关注信息化发展趋势和林业应用需求，以融合思维加快林业信息化进程。一是信息融合。围绕核心业务，规范业务管理、统一业务标准，整合森林、湿地、荒漠化、生物多样性等信息资源数据，促进信息资源共建共享，避免出现业务数据不相容的问题。二是技术融合。深化信息技术在林业生产、管理、服务等环节中的应用，提高林业信息化水平，推动林业结构转型升级。三是管理融合。实行林业信息化建设的统一管理，做到集中决策，统一部署，分工负责，优化资源配置，建立智慧林业管理决策等平台。

以创新思维引领林业信息化发展。创新是互联网时代的显著特征，林业信息化工作必须着力培育创新精神、培植创新土壤、培养创新人才，以创新思维引领林业信息化发展。一是理念创新。创新源于认识和理念的创新，要善于运用问题意识、需求意识、市场意识、求新意识、求变意识、竞争意识等思考问题，创造性谋划发展思路。二是应用创新。深入分析林业需求，推动云计算、物联网、移动互联网、大数据等新一代信息技术在林业中的广泛应用，创造新的应用形式和应用方法。三是技术创新。紧跟世界信息化发展趋势，持续深入开展信息技术研究，加快信息技术自主创新速度。四是管理创新。要从体制和机制入手，推动林业信息化管理创新，健全林业信息化组织机构，创新林业信息化目标管理、考评激励、安全保障、技术培训等管理机制，完善相应制度，以制度促管理，以管理促发展。

以用户思维强化林业信息化服务。服务是信息化工作的核心内容，用户是林业信息化的服务对象，做好服务工作必须围绕用户做文章。一是用户第一。要树立用户至上的服务理念，强化用户意识，坚持以用户为中心，明确用户需求，提供用心服务。二是明确对象。根据服务对象的特点，提供有针对性的服务。为领导提供决策信息支持服务，为司局提供核心业务技术支持服务，为基层提供政策与应用支持服务，为林农和公众提供公共信息服务。三是用户参与。针对用户的特定需求，打造特定服务产品，同时加强用户沟通，注重用户体验，鼓励用户参与，提升服务质量。

以大数据思维增强林业信息化能力。信息化正从IT时代发展到DT时代，我们要以林业大数据为智慧感知、服务、管理和决策提供有力支撑。一是地理空间大数据。建设以基础地理信息、空间遥感信息为基础的地理空间大数据，实现对全国林业地理空间数据的有效整合、共享、管理及使用，消除"信息孤岛"，避免重复投资。二是林业生态大数据。建设以森林、湿地、荒漠三大生态系统和生物多样性为一体的全国林业一张图，满足各级林业部门和公众对优美生态的共享需求。三是林业产业大数据。建设林业产业大数据，实现林业产业信息共享，提高各级林业部门的服务质量，提高林业产业发展的研究水平，提高对林企、林农的服务能力，为林业宏观管理决策提供科学依据。

以快速思维体现林业信息化效率。快速是互联网时代的基本特征，林业信息化工作应快速响应、雷厉风行、保证效率。一是快速传播。通过多渠道、多形式及时收集、整理挖掘林业信息，并于第一时间发布，建立林业信息化快速传播机制。二是快速迭代。从细微需求出发，快速做出判断，快速更新信息产品，建立林业信息化快速迭代机制。三是快速服务。及时了解和掌握服务需求，快速做出响应，提供优质解决方案，建立林业信息化快速服务机制。

以极致思维提升林业信息化水平。这是一个"信息过剩"的时代，也是一个"注意力稀缺"的时代，在"无限的信息"中攫取"有限的注意力"，要求我们的服务必须能够"一击即中"，达到极致。一是追求第一。互联网时代的竞争，只有第一，没有第二，要用"匠人精神"提供精细的信息产品和服务，把用户体验做到极致。二是注重简约。要有"少即是多"的思维，用专注的力量把信息化重点工作做到极致，为用户提供看起来简洁、用起来简化、说起来简要的信息产品和服务。三是深挖需求。开展业务需求调研，着力解决林业信息化最紧迫的问题，分析挖掘潜在需求，为行业应用提供超越预期的信息产品和服务。

以平台思维实现林业信息化共赢。借鉴互联网平台思维，建立统一、完善的林业信息化制度体系、技术平台，规范管理，降低成本，提高效率，增强行业竞争力。一是共建平台。按照平台上移，服务下移，促进信息共享，提高服务能力的思路，加快林业信息化平台整合，打造国家级林业云中心和省级分中心，形成完善的中国林业云服务体系。二是完善机制。制定完善的林业信息化规划、制度和标准，建设统一的管理平台，为林业信息化建设应用提供保障。三是资源共享。发挥平台优势，充分整合数据、软件、硬件等服务资源，促进行业内外共用共享，达到应用效率最大化。四是互惠互赢。以信息化平台为核心，满足各方需求，建立研发、应用、服务一体的林业信息化生态圈，达到互惠互赢。

三、拓展互联网思维，开启信息化新局

2015年是"十二五"规划的收官之年，做好林业信息化工作意义重大。我们要把握互联网时代脉搏，以协作思维聚力量，以创新思维谋思路，以融合思维促发展，以用户思维强服务，以大数据思维增智慧，以快速思维提效率，以极致思维提水平，以平台思维促多赢，全面推进林业信息化快速发展，开创林业全面拓展互联网思维元年。总体工作思路是：深入贯彻习近平总书记系列讲话精神和国务院关于加快信息化建设的系列决策部署，把握互联网时代、拓展互联网思维，全面推进智慧林业建设，努力提升智慧感知、智慧决策、智慧管理和智慧服务能力，为主动适应新常态、实现林业新发展，推动生态林业民生林业治理体系和治理能力现代化、建设美丽中国和生态文明作出新贡献。重点抓好以下几项工作。

（一）理清思路，明确方向，深化顶层设计。要应用互联网思维，从战略高度和全局角度，不断深化顶层设计，增强林业信息化发展的科学性、系统性和协调性。一是编制林业信息化“十三五”发展规划。认真贯彻落实《全国林业信息化建设纲要》、《中国智慧林业发展指导意见》，科学分析当前林业信息化面临的新形势新任务，进一步完善发展思路，研究制定林业信息化“十三五”发展规划，全面推进智慧林业建设。地方各级林业部门要依据国家级规划，结合本地实际，制定本地“十三五”规划或实施方案。二是出台专项规划。加大对云计算、物联网、移动互联网、大数据等智慧林业新技术的研究力度，尽快出台相关专项规划，不断深化新一代信息技术的应用，全面提升林业信息化发展水平。三是召开第四届全国林业信息化工作会议。全面总结“十二五”工作，研究部署“十三五”工作，对全国林业信息化进行新一轮动员部署，做好两个五年计划的衔接，确保全国步调一致，协作融合，同频共振，加快信息化整体推进步伐。

（二）集约建设，智慧提升，创新网站记录。加强集约型网站建设，积极应用新媒体技术，使中国林业网成为部委领先、规模第一的智慧门户网站。一是推进网站群建设。加快市县级林业网站群建设，扩大站群规模，将纵向站群延伸到乡镇，横向站群扩展到沙漠公园，力争2015年年底子站数量达到5000个，成为全国最大规模网站群。二是提升网站智慧水平。加强网站新技术新媒体应用，开通微博、微信，有条件的可以开通微视，与“中国林业发布”微博、微信、微视相呼应，让林业之音传播互联网的各个渠道和平台，方便广大公众了解林业、热爱林业、投身林业。建设中国林业网智慧决策系统、中国林业网绩效评估系统，对中国林业网所有子站实时监管，及时获取绩效评估数据，提升网站综合管理能力，打造最智慧网站。三是加大网站管理力度。用wiki模式推进网站群内容建设，尝试对公众开放数据发布权限，进一步丰富网站内容。完善网站信息采集、审核、发布机制，丰富信息展现形式，形成重要信息中国林业网主站发布，各子站同步转发的全站群信息发布机制。尽快修订《中国林业网管理办法》，研究制定《全国林业网站建设管理技术规范》。各地要对照《办法》和《规范》，结合本地实际，修改和制定相应办法和规范。

（三）创新应用，共建共享，推进项目建设。一是以提高治理能力为核心，建设数据工程。开展林业大数据战略研究，注重林业大数据建设和整合，尽快理清林业治理的基础数据体系，建设林业大数据工程，建立一体化大数据分析平台和决策平台，实现“用数据说话、用数据管理、用数据决策”。二是以促进融合共享为核心，建设服务工程。积极推进“金林工程”，强化共用共享，形成覆盖林业主体业务、贯穿上下的政务信息化体系和规范的资源管理流程。建设林业办公网升级工程、林业电子商务建设工程等。以整合为突破口，对现有资源进行集中管理，服务林业核心业务，提高资源使用效率，避免出现新的“数据烟囱”和“信息孤岛”。三是以实现技术创新为核心，建设智慧体系。通过云物移大智等项目实施，积极推进智慧林业立体感知体系、管理协同体系、生态价值体系、民生服务体系、标准及综合管理体系建设，全面提高林业支撑国家宏观决策、协同业务部门、服务社会和林农的能力。

（四）强化示范，全面推广，发挥引领作用。加强质量提升和品牌培育，提炼典型案例，推广典型经验，形成典型示范，扩大示范覆盖面，努力在“三个强化”上下工夫，力争形成“三大效应”。一是强化培育，形成品牌效应。积极推进林业信息化示范省、市、县、基地建设，要在政策落实、项目建设、资金投入等方面加大支持力度，探索建立示范建设长效机制，打造示范品牌。二是强化提升，形成智慧效应。结合一系列智慧示范主题，充分利用新一代信息技术，推进智慧苗圃、智慧林场、智慧公园、智慧林区、智能果园、智慧树木园等建设。三是强化推广，形成引领效应。加强首批75个示范市、县验收工作，开展示范单位经验推广，充分发挥示范单位的引领带动作用，形成示范范围面广、示范主题丰富、示范效果显著，多层次、多方位的示范建设体系。

（五）增强意识，多措并举，强化网络安全。一是加强网络基础设施建设。按照共建共享、互联互通的原则，加快推动网络基础设施建设，尽快与国家电子政务内外网对接。以协作方式，充分利用电子政务云平台等资源，建立林业云数据备份中心。加快推进林区无线网络建设。二是加强安全检查和测评。出台网站、信息系统性能和安全标准，完善林业软件准入制度。开展安全检查和测评，定期进行安全渗透测试、风险评估，提高防篡改、防病毒、防攻击、防瘫痪、防泄密能力。三是推进等保体系建设。通过完善制度、加强管理、优化策略、部署安全软硬件等手段，提升信息安全防护能力。四是提升运维管理水平。建立统一运维平台，制定网络安全应急预案，完善网络安全策略，提升运维自动化程度，规范网络安全管理，实现由被动管理向主动流程化管理的转变。

（六）内挖潜力，外引动力，做好支撑保障。一是加大培训力度。进行多层次、多形式、多渠道、多领域、多对象、系统化培训，举办林业CIO高级研修班、智慧林业新技术应用培训班、网站群建设保障能力培训班、智慧林业建设培训班、标准宣贯培训班等。二是加强标准建设。加快已立项标准的制修订工作，加强重大复杂标准的预研究，动态更新标准项目储备库，积极争取新标准立项，组织开展标准应用示范，积极推进林业信息化标委会改选。三是优化发展环境。通过组织策划各种活动，提升林业信息化社会影响力；完善政策体系，加大解读力度，用足用好政策红利；拓展国内外交流合作渠道，大力引进和使用高水平人才；充分发挥高等院校、科研机构等的独特作用，为智慧林业建设提供有力支持。四是加大投资力度。努力将林业信息化建设资金纳入各级政府信息化建设专项，形成长期稳定的投资渠道。积极吸纳社会资本，不断探索合作渠道，推进投资主体多元化，为社会资本参与林业信息化建设营造良好的投资环境。

互联网时代的到来，开创了一个全新文明的崭新篇章，以改变一切的力量，正上演一场影响世界政治、经济、文化、社会、生态发展的深刻变革。让我们顺应时代潮流，紧紧抓住历史机遇，以更加科学的态度、更加振奋的精神、更加务实的作风，凝心聚力，开拓创新，大力提升林业信息化能力，努力开创林业信息化发展新局面，为主动适应新常态，推动林业新发展，实现林业治理能力现代化做出新贡献！

第三节　重要文件

2014年，围绕全国林业信息化工作，国家林业局出台了一系列重要文件，加快了智慧林业建设步伐。

一、关于加强网站建设和管理工作的通知

2014年2月25日，国家林业局印发了《国家林业局关于加强网站建设和管理工作的通知》（专栏1-3）。

专栏1-3

国家林业局关于加强网站建设和管理工作的通知

林信发〔2014〕21号

各省、自治区、直辖市林业厅（局）、内蒙古、吉林、龙江、大兴安岭森工（林业）集团公司，新疆生产建设兵团林业局，各计划单列市林业局，国家林业局各司局、各直属单位：

为深入贯彻《国务院办公厅关于进一步加强政府信息公开回应社会关切提升政府公信力的意见》（国办发〔2013〕100号）精神，充分发挥政府网站在信息公开中的平台作用，着力建设基于新媒体的政务信息发布和互动交流新渠道，提升政府公信力，提高为民办事效率，降低政府管理成本，为公众提供优质的服务，促进生态林业民生林业建设，现就加强林业系统政府网站建设和管理工作通知如下：

一、充分认识办好林业网站的重要意义

党的十八大明确提出建设“服务型政府”。《中华人民共和国国民经济和社会发展第十二个五年规划纲要》明确提出，未来5年要大力推进国家电子政务网络建设，整合提升政府

公共服务和管理能力。政府网站作为电子政务的前台和门户，是各级政府履行职能、提供服务、信息发布的重要平台和窗口，是构建服务型政府的重要手段和渠道，是提高工作效率的重要方式，更是一项政府管理和服务方式的创新，办好林业网站意义重大。

二、建立健全林业网站领先发展体系

（一）网站集群体系。要深入推进“中国林业智慧网站群”建设模式，丰富网站内容，增强网站功能，把网站建成各级林业主管部门利用信息技术履行职能的重要途径。

1．创新建设理念。按照网站群建设思路，树立“信息化引领、一体化集成、智慧化创新”的理念，全面融合各领域、各渠道的服务资源，扩充功能，完善系统，构建中国林业智慧门户网站群。

2．强化顶层设计。按照智慧林业门户网站的目标要求，结合国家、行业信息化发展现状、发展趋势与用户需求，进行全面、综合、长远规划，统一开发共享共用的网站集群软硬件资源，将各站点连为一体，通过统一平台，实现主站与子站的互联互通、信息共享。

3．加强板块建设。顺应国内外政府网站发展趋势，借鉴先进政府网站建设经验，主动听取用户意见，有效组织栏目资源，突出重点内容，加强逻辑关联，提高服务易用性，使主站与子站、子站与子站之间形成一个有机整体，增强板块设置的人性化。

4．创新技术应用。加强网站移动性、宽带化和视频化等创新应用，集成云计算、移动互联网、无障碍访问等先进技术，加快平台优化改造，拓宽网站访问渠道和访问人群。

5．逐步优化升级。深化网站管理，提升网站服务，对网站内容、功能等进行定期诊断并及时作出有针对性的调整，使网站栏目架构更为合理、逻辑更为清晰，提升网站服务能力和影响力。不断优化网站页面风格、颜色搭配、版面布局、文字图片等方面的设计，改善用户体验。

（二）信息发布体系。从社会公众需求出发，建立健全网上信息公开内容框架体系和保障机制，有效满足社会公众需求。

1．加大公开力度。加强政府信息上网发布工作，梳理相关专题，充实公开内容，拓展公开深度和广度，对办事指南、统计数据、人事任免、财政预算、政策解读、政府采购和项目投资等信息要增加发布深度，增强信息公开性、原创性、时效性、准确性、连续性、权威性。

2．加强信息协同。各级林业网站要以子站为支撑，分解任务，明晰责任，协同共建，形成内容保障的合力。建立健全网站内容保障工作机制，畅通信息报送渠道。加强所属子站管理，建立主站与子站间的联系反馈机制，避免出现无效链接。

3．丰富公开形式。综合采用数字、图表、音频、视频等方式，增强网站亲和力。对社会关注度高、涉及群众切身利益的政府重大决策和重要举措，开展多种形式的政策解读，深化公开内容。针对突发公共事件处置，建立回应社会关注热点的栏目，及时主动发布权威信息，建立信息发布的快速反应机制。

4．做好信息整合。认真梳理政务信息，合理划分栏目设置。加强政府网站数据库建设，方便公众查询。加大信息汇聚程度，完善信息公开目录，形成信息公开目录体系。

（三）在线服务体系。深入推进网上政务服务建设，提升在线服务能力，满足社会公众的行政办事和民生服务需求。

1. 建立“一站式”服务。从公众需求角度梳理业务，制定在线办事目录体系，全面提供用户所需服务。突破常规行政办事空间、时间的束缚，提供深度、集成服务，使用户可以随时、随地查询需要的办事资料、便民服务信息，下载相应表格，实现在线申请、在线办理，并获得相应结果信息。

2. 加强公共服务。不断拓展服务形式和服务渠道，明确服务主题，充分展示林业核心业务、重点业务，增加公共服务资源比重，为社会公众提供更加广泛、深入的服务。

3. 做好共享服务。加强资源整合，实现网站群之间的资源共享和有效互动，在办事结果反馈、网络问政等方面做到快速、及时，使公众咨询、投诉或留言得到及时有效的受理和反馈。

4. 注重创新服务。在拓宽信息采集渠道、创新信息采集方式的基础上，建立统一的资源目录体系，进行统一数据库建设，增加决策支持系统的信息量，提高信息分析能力，提供智能化信息服务。

（四）互动交流体系。以提高行政效能为目标，搭建政民互动交流平台，构建服务型网站，通过互动渠道的多样化和服务形式的多元化，满足公众需要。

1. 做好栏目建设。对目前各站点互动交流栏目进行梳理，对一些公众参与度不高、互动性不强的栏目及时调整。围绕政府重要决策和与公众利益密切相关的事项，设置热点解答、网上咨询等栏目。各子站每年至少开展一次在线调查活动，做好政策宣传和舆论引导。

2. 建立联动机制。采取主站与子站联动机制，逐步实现在线访谈制度化、形式多样化、服务对象多元化，吸引社会公众广泛参与。建立“统一受理、及时转办督办、统一答复公开”的公众咨询平台，按照“谁主管、谁负责”的原则，使领导信箱、公众问题答复工作常态化。

3. 搭建交流渠道。积极搭建政民互动的新平台，根据业务发展需求增设部门信箱、政务微博、微信等新的互动交流渠道，及时发布各类权威政务信息，统一管理互动交流渠道平台。

4. 加强主题策划。围绕林业重点工作和公众关注热点，加强互动主题策划和互动反馈，广泛征集公众的意见和建议，为决策提供参考，提升互动交流效果，提高科学民主决策水平。

（五）生态文化体系。加强网站生态文化建设和管理，唱响网上思想文化主旋律，推进生态文明建设，发展健康向上的网络生态文化，使之成为传播生态文化的新途径、提供公共文化服务的新平台、丰富人们文化生活的新空间。

1. 构建绿色网络环境。以弘扬生态文化、倡导绿色生活为宗旨，提升生态文明的参与度，增强珍惜自然资源、建设生态民生林业的社会影响力，提高传播能力，占领网上舆论制高点。

2．开展网络主题活动。大力开展网络生态文化公益活动，为人们提供丰富多样的生态文化服务，开展全国生态作品大赛及征文大赛，鼓励创作格调健康、形式多样、质量上乘的网络文化作品。

3．引领网络舆论导向。充分利用移动互联等技术，发展运用微博微信等新媒体，弘扬时代主旋律，把握网上舆论方向，运用“网言网语”，在交流沟通中凝聚共识。对一些错误的声音，也要“网来网去”，形成正能量、主舆论。

4．扩大网络交流合作。利用互联网的开放特点，采取跨行业、跨部门的横向合作及林业网站群间的纵向协作，密切配合，建立多层次、多渠道的合作机制，逐步形成广泛参与、普遍受益的网络生态文化新格局。

三、建立健全林业网站良性运行机制

要进一步建立健全智慧林业网站运行管理机制，加强对网站工作的领导，协调解决网站建设工作中的难题，建立起有效的支撑保障手段，确保服务能力实现持续提升。

（一）组织队伍保障机制。各级林业主管部门要把林业网站建设和管理作为转变工作作风、提高行政效能的一项重要措施，列入重要议事日程，主要领导要亲自过问，分管领导抓好落实。要搞好统筹协调，把网站建设管理工作纳入本级电子政务发展规划，加强指导和监督，及时研究解决出现的问题。

1．完善管理机制。围绕网站服务能力建设，完善管理机制，合理配备人员，明确运行维护单位、内容保障单位。进一步健全网站工作机制，设立网站编辑委员会，落实工作职责。积极探索委托管理、服务外包等多元化的保障工作机制，促进网站建设。

2．建立信息主管制度。全面推进电子政务建设，迫切需要建立信息主管制度。要培养具有领导能力、规划远见能力、综合协调能力和项目执行能力，能够在技术、制度和组织等方面把握发展方向的林业网站优秀管理者。

3．加强队伍建设。把人员队伍培养放在第一位，依托林业信息化教育培训基地，开展多种形式的业务培训，提高网站工作人员的政治素养和业务水平，培养建立一支政治素质高、业务能力强、具有创新意识的网站策划、技术支撑和内容保障队伍。

（二）制度标准保障机制。制度标准保障是网站服务能力建设的基础性保障，网站制度标准的建立健全对林业网站的建设起着统筹作用，是保障网站持续发展的动力，要不断完善林业网站各项管理制度。

1．内容保障制度。明确各部门和单位的内容保障要求，明确上网信息范围、信息采集规范、信息编辑规范、信息发布规范、相关人员职责等。建立健全信息采集报送制度、信息审核发布制度，扩大信息数量，提高信息质量，丰富网站内容。

2．绩效评估制度。对林业网站的建设、运行、维护等情况进行检查、通报，将绩效评估与工作业绩挂钩，增强网站建设管理人员的积极性、主动性、创造性。

3．标准建设制度。按照网站资源标准化、规范化等方面的要求，加快信息公开类、办事服务类、交流互动类标准体系建设，不断规范服务，提高服务质量。

（三）资金投入保障机制。加大各级林业网站经费投入，将运行维护经费纳入相关部门综合预算。各级林业主管部门要统筹解决网站建设和管理经费，确保网站高效运转。

1．进行统一管理。加大现有林业建设项目中信息建设资金的投入力度，统筹安排，专款专用，将林业网站管理经费和运维经费纳入预算管理。

2．实行分级保障。要根据工作需要，将网站建设纳入本级财政预算。其中中国林业网由国家林业局信息中心统一规划网站建设资金，各地网站由本级信息中心统筹规划建设资金。

3．投入共建资金。中国林业网由国家林业局统一投入建设和运维资金，对各省（区、市）林业网站建设给予适当支持，用于网站建设管理、人才培训等，以更好地共建林业系统网站。

（四）信息安全保障机制。要提高信息安全意识，研究构建完整的信息安全保障体系，严格执行网站管理的各项规章制度，加强信息发布管理工作，提高网站信息安全水平，确保林业网站系统的安全稳定运行。

1．严格审核制度。根据“谁主管谁负责、谁运行谁负责、谁使用谁负责”和“谁提供谁负责”、“谁发布谁负责”的原则，加强信息审核工作。指定专人负责网站管理维护、内容更新、审核发布等工作，上网信息需经保密审查并保存审查记录，子站管理员账户要设置复杂程度较高的密码并定期更换。

2．加强日常监测。加强对网站信息的日常检查，实时对网站进行扫描，检查潜在的运行风险，确保网站信息安全。运行维护单位按期提供网站日常运维情况报告。要建设人工防范和智能扫描相结合的网站纠错平台，及时发现和纠正错误、虚假信息，防止网站被非法链接和恶意修改。

3．强化监督检查。定期对系统进行自查，及时升级系统和安装软件补丁，杜绝安全隐患。对自行建设维护网站的单位，各系统上线前必须报国家林业局信息中心进行安全检测，未通过安全检测的系统一律不得上线运行。

国家林业局

2014年2月25日

二、关于印发《2014年林业信息化工作要点》的通知

2014年3月10日，国家林业局印发了《国家林业局关于印发〈2014年林业信息化工作要点〉的通知》（专栏1-4）。

专栏1-4

国家林业局关于印发《2014年林业信息化工作要点》的通知

林信发〔2014〕33号

各省、自治区、直辖市林业厅（局），内蒙古、吉林、龙江、大兴安岭森工（林业）集团公司，新疆生产建设兵团林业局，各计划单列市林业局，国家林业局各司局、各直属单位：

为全面贯彻落实党的十八大、十八届三中全会、中央网络安全和信息化领导小组第一次会议，以及全国林业厅局长会议精神、根据第三届全国林业信息化工作会议总体部署，我局研究制定了《2014年林业信息化工作要点》，现印发给你们，请结合工作实际，认真贯彻执行。

国家林业局

2014年3月10日

2014年林业信息化工作要点

2014年，林业信息化工作的总体要求是：以邓小平理论、“三个代表”重要思想、科学发展观和习近平总书记重要讲话为指导，深入贯彻落实党的十八大、十八届三中全会精神、中央网络安全和信息化领导小组第一次会议和国务院关于加快信息化建设的系列决策部署，以应用需求为导向，以融合创新为动力，以重点工程为抓手，以新一代信息技术为支撑，全面提升林业信息化水平，为发展生态林业和民生林业、推进生态文明和建设美丽中国做出新贡献。重点抓好以下五方面工作。

一、综合工作方面

（一）深入推进顶层设计。深入贯彻落实《国家林业局关于进一步加快林业信息化发展的指导意见》、《中国智慧林业发展指导意见》精神，推进各省（区、市）和示范市、县编制智慧林业发展规划。做好智慧林业解读、宣传、培训工作。推进中国林业云示范建设，印发《中国林业云框架设计》。推进林业物联网示范项目，印发《中国林业物联网框架设计》。组织召开全国林业信息办主任会议，对各地林业信息化工作进行指导。加大各省（区、市）林业信息化建设成果交流合作。（责任单位：信息办、计财司及各司局、各直属单位，各地林业主管部门）

（二）推动林业信息化机构队伍建设。推动各地各单位加快林业信息化机构队伍建设。完成全国林业信息化现有机构和从业人员摸底调查工作，建立基础信息库。积极与有关部门协调沟通，做好干部队伍建设工作。（责任单位：人事司、信息办及有关司局、有关直属单

位，各地林业主管部门）

（三）争取林业信息化资金政策突破。加大协调力度，力争在林业信息化资金投入方面有所突破。按照《林业信息网络资金管理办法》的要求，做好国家林业局林业信息网络项目预算申报统一审核工作。加强现有资金的规范管理，保证资金安全。多渠道争取资金，在政策和项目建设中为各地各单位信息化建设提供支持。（责任单位：计财司、信息办及有关司局、直属单位，各地林业主管部门）

（四）加强林业信息化制度建设。认真贯彻执行中央关于信息化现有政策制度，对林业信息化相关制度进行全面梳理修订，根据工作需要制定新的管理制度、工作制度和技术规范，切实加强信息网络安全管理。（责任单位：信息办及各司局、各直属单位，各地林业主管部门）

（五）提高林业信息化综合服务能力。正式上线运行国家林业局信息办综合管理平台，进一步改善基础条件，提升服务能力，提高综合管理能力。完成《中国林业信息化发展报告》等编印工作，引导林业信息化发展。（责任单位：信息办及有关司局、有关直属单位，各地林业主管部门）

二、项目建设方面

（六）推进信息化重点工程建设。积极落实国家“十二五”重大信息化工程规划，组织做好“金林工程”项目文本的编制工作，做好交流沟通，推进项目取得重要进展，带动全国林业信息化快速发展。加快推进国家林业局云计算平台建设项目、国家卫星遥感平台、北斗应用、林农林权服务平台、全国林业一张图、濒管办联网审批系统、全国植物检疫审批管理信息系统等建设，进一步提升林业部门服务能力。启动智慧营造林、智慧资源监管、智慧野生动植物保护、智慧重点工程监管等平台建设。组织实施国家智能林业物联网应用示范工程，督促指导相关单位，完成江西井冈山和吉林长白山两个示范点的智能林业物联网应用示范工程建设。（责任单位：计财司、信息办、造林司、资源司、保护司、林改司、治沙办、湿地办、规划院及有关司局、有关直属单位，各地林业主管部门）

（七）扩建中国林业网站群。扩建森林公园、国有林场、种苗基地、自然保护区、主要树种、珍稀动物、国外林业、重点花卉和市县级林业网站群，启动林业单位、湿地公园、沙漠公园等网站群建设工作，推动省级林业网站改版升级，努力打造全国领先的网站群。扩充内外网平台的功能，建设网站群管理、交流、培训平台，加强站群培训管理工作。吸引社会力量，逐步丰富网站群功能，共同建设网站群，扩大网站群规模和影响力。（责任单位：信息办、造林司、保护司、场圃总站、治沙办、湿地办、花协及有关司局、有关直属单位，各地林业主管部门）

（八）打造林业大数据。扩展中国林业数据库等系统的数据内容，加强数据挖掘和分析，为各司局各单位管理提供林业基础数据支持和保障。进一步丰富和完善遥感信息资源，加强卫星遥感数据的分析利用，为林业遥感监测、应急管理提供数据支持，实现中国林业数据量从TB级到PB级的增长。积极参与空间地理信息资源库的建设，保证林业分中心的运行。

（责任单位：信息办、规划院及有关司局、有关直属单位，各地林业主管部门）

（九）提供多层次服务。全面构建林业信息化服务体系，为林业大局服务。充分了解各地各单位对信息化的需求，针对需求提出解决方案。加强各地林业信息化项目建设工作的指导，启动第二批全国林业信息化示范市县和示范基地建设工作。按照“五个统一”的原则，做好各地信息化项目的建设指导，强化云计算、物联网、大数据、移动互联等新一代信息技术在项目建设中的推广和应用。用信息化手段为林业重点企业和林农做好服务。积极与有关部门沟通协调，推进林业电子商务建设试点工作，引导支持企业建设林业电子商务公共平台，促进林业电子商务发展。（责任单位：信息办、计财司、规划院及各司局、各直属单位，各地林业主管部门）

三、网站建设方面

（十）保持中国林业网领先优势。深入推进中国林业网建设，强化政府网站的平台作用，大力推进网上政务公开。按照政府网站指标体系要求，对中国林业网进行深入研究，分析现状、查找问题、提出对策、逐项解决，持续提升网站的社会影响力，保持领先优势。（责任单位：信息办及有关司局、有关直属单位，各地林业主管部门）

（十一）加强网站集群化管理。加强对各级网站群信息发布管理，强化对市县网站群、国有林场等网站群、主要树种网站群、珍稀动物网站群、重点发达国家网站群、花卉网站群等一批新上线网站信息员的培训工作。加强中国林业网站群智慧化升级改造，完成网站群用户需求、用户体验分析，增强可见性，提高互联网影响力。加强林业网站绩效评估，引导林业网站健康发展。（责任单位：信息办、造林司、保护司、场圃总站、治沙办、湿地办、花协及有关司局、有关直属单位，各地林业主管部门）

（十二）提升网站服务能力。加强网站在线办事、互动交流服务能力优化，开展中国林业网内容优化促进工作，探索专题性服务资源建设，提升网站服务实用化水平。开展行政办事服务资源优化改造，结合用户需求，深入整合服务资源，完善服务功能。持续深化新技术应用，加强林业服务平台智能化，建设无障碍服务，深化移动客户端应用及升级改造。开展中国林业网页面优化建设，调整网站版本功能，整体布局站群结构。持续推动网络生态文化建设。（责任单位：信息办及有关司局、有关直属单位，各地林业主管部门）

（十三）加强林业内网建设。加强各级林业内部办公网工作平台、信息平台、学习平台、生活平台、交流平台的建设和应用。积极听取意见、改进方法、强化措施，增强信息更新的及时性和针对性，优化相关板块和栏目，提高内网应用人员的使用率和关注度。（责任单位：信息办及有关司局、有关直属单位，各地林业主管部门）

四、网络安全方面

（十四）完善网络基础设施。加强国家林业局内外网、专网管理，做好专网与各地林业专网的互通工作，推进各地内外网建设，提高数据交换能力。推进国家林业局涉密网建设立项，为业务应用提供涉密数据及应用的网络保障。大力支持林区网络设施建设。加强对林业信息化资产的统一管理。对全国林业信息化基础设施进行全面调查，并充分运用新一代信息技术，实现资源共享，确保各类资产发挥最大效用。（责任单位：计财司、信息办、规划院及有关司局、有关直属单位，各地林业主管部门）

（十五）加强林业软件测评管理。贯彻落实行业信息安全相关标准和政策，完善林业软件测评管理体制机制，实现应用软件上线前准入、安全测试等。做好域名解析和管理工作，加强二级域名及互联网出口地址管理。加强软件正版化工作。（责任单位：信息办及各司局、各直属单位，各地林业主管部门）

（十六）提升林业网络中心服务能力。完成国家林业局信息安全等级保护项目建设。推进高清视频会议、灾备中心等项目建设。在灾备中心没有建立之前，进一步加大关键数据的备份和保存力度，做到重要数据多重备份，多处保存。（责任单位：计财司、信息办及有关司局、有关直属单位，各地林业主管部门）

（十七）建立林业信息安全等级保护管理体系。提高网络安全防护及管理能力，出台安全定级指导意见，建设国家、省、市、县四级安全管理机构，修订人员管理、网络及系统建设、运行维护的安全管理制度。做好网络、网站、应用系统的运行维护工作。加强运维管理，提升运维服务水平。开展行业信息安全等级保护检查及调研，推进行业信息安全等级保护建设。（责任单位：信息办、规划院及有关司局、有关直属单位，各地林业主管部门）

五、技术合作方面

（十八）加快林业信息化标准建设。加大现有标准宣贯力度，积极推进已立项标准的编制工作，加强技术规范建设。着力推进林业物联网标准体系研究。对重大复杂的林业信息化标准开展预研究，提高标准编制质量。加强已发布标准的绩效追踪和评估工作，促进标准的及时科学修订。建立林业信息化标准专家库，助力标准建设。加强沟通协作，积极争取或参与物联网、云计算、电子商务等方面的标准项目。推动全国林业信息数据标委会换届改选工作。（责任单位：科技司、信息办、规划院及有关司局、有关直属单位，各地林业主管部门）

（十九）做好林业微博、微信工作。联合央视网、新华网、人民网、新浪网、腾讯网等有关单位，围绕生态林业民生林业建设，策划丰富多彩的专题活动，加强信息发布、政策解读和舆论引导，提高中国林业网微博微信的社会影响力。（责任单位：信息办及有关司局、有关直属单位，各地林业主管部门）

（二十）加强林业信息化培训交流。举办林业CIO高级研修班、网站群及标准宣贯等专题培训班。充分利用网络资源，开设“林业信息化大讲堂”。中国林科院、国家林业局管理干部学院、北京林业大学等，要充分发挥科研培训、人才培养基地的作用。指导各地林业信息化主管部门开展信息化培训。（责任单位：人事司、信息办、林科院、林干院及有关司局、有关直属单位，各地林业主管部门配合）

（二十一）做好办公自动化系统优化服务。继续推进办公自动化系统的优化升级，完成林业OA群建设。在国家林业局推广电子签章。开展移动办公系统巡检工作，促进移动办公系统的应用。（责任单位：信息办及有关司局、有关直属单位）

三、关于建立林业行业信息安全等级保护联络员制度的通知

2014年3月17日，全国林业信息化工作领导小组办公室印发了《全国林业信息化工作领导小组办公室关于建立林业行业信息安全等级保护联络员制度的通知》（专栏1-5）。

专栏1-5

全国林业信息化工作领导小组办公室关于建立林业行业信息安全等级保护联络员制度的通知

林信办发〔2014〕3号

各省、自治区、直辖市林业厅（局），内蒙古、吉林、龙江、大兴安岭森工（林业）集团公司，新疆生产建设兵团林业局，各计划单列市林业局，国家林业局各司局、各直属单位：

为落实信息安全等级保护工作制度，切实加强信息安全保护工作的协调组织，密切各部门间的工作联系，建立常态化的林业等级保护工作机制，经研究决定在林业行业建立信息安全等级保护联络员制度，现将有关事项通知如下：

一、工作机制

通过定期召开联络员会议、业务培训、通报工作等方式，加强部门间的学习交流和业务指导，推动信息安全等级保护工作的深入开展。

二、职责任务

联络员主要负责与领导小组办公室及各地等级保护工作机构的日常联系。

三、相关要求

请各地各单位确定一名相关同志（副处级以上）作为联络员，并填写信息安全等级保护联络员推荐表，于3月30日前传真反馈至领导小组办公室。

各省（自治区、直辖市）林业厅（局），内蒙古、吉林、龙江、大兴安岭森工（林业）集团公司，新疆生产建设兵团林业局，应建立省、市、县三级信息安全联络员制度，并将制度建设情况于4月20日前反馈至领导小组办公室。

国家林业局信息办

2014年3月17日

四、关于举办第二届林业CIO高级研修班的通知

2014年6月19日，国家林业局信息办印发了《国家林业局信息办关于举办第二届林业CIO高级研修班的通知》（专栏1-6）。

专栏1-6

国家林业局信息办关于举办第二届林业CIO高级研修班的通知

信技发〔2014〕37号

各省、自治区、直辖市林业厅（局），内蒙古、吉林、龙江、大兴安岭森工（林业）集团公司，新疆生产建设兵团林业局，各计划单列市林业局：

为深入贯彻落实中央网络安全和信息化领导小组会议、全国林业厅局长会议和全国林业信息化工作会议精神，切实提高林业信息化主管人员的政策水平和管理能力，务实高效地推进智慧林业建设，根据《国家林业局办公室关于印发2014年度面向地方林业部门业务培训班计划的通知》（办人字〔2014〕22号），我办定于近期举办第二届林业CIO高级研修班，现将有关事宜通知如下：

一、主承办单位

（一）主办单位。国家林业局信息办。

（二）承办单位。北京大学电子政务研究院。

二、时间地点

（一）时间。2014年7月9～12日，7月8日全天报到。

（二）地点。北京大学。

三、参加人员

（一）各省（区、市）林业厅（局），内蒙古、吉林、龙江、大兴安岭森工（林业）集团，新疆生产建设兵团林业局，各计划单列市林业局信息办（中心）主任（如有特殊情况，可请副主任参加），每单位一人。

（二）国家林业局信息办有关人员。

四、主要内容

（一）国内外信息化发展形势讲座；

（二）国家重大信息化政策解读；

（三）云计算、物联网、新媒体等前沿信息技术讲座；

（四）智慧林业建设经验交流和策略研讨。

国家林业局信息办

2014年6月19日

五、关于举办第二届美丽中国大赛的通知

2014年7月2日，国家林业局信息办印发了《中国林业网、国家生态网、美丽中国网举办第二届美丽中国大赛的通知》（专栏1-7）。

专栏1-7

中国林业网、国家生态网、美丽中国网举办第二届美丽中国大赛的通知

信站发〔2014〕40号

各省、自治区、直辖市林业厅（局），内蒙古、吉林、龙江、大兴安岭森工（林业）集团公司,新疆生产建设兵团林业局，各计划单列市林业局，国家林业局各司局、各直属单位：

为弘扬生态文化，建设美丽中国，中国林业网、国家生态网、美丽中国网决定在首届美丽中国征文大赛成功举办的基础上，开展第二届美丽中国大赛。现将有关事项通知如下：

一、大赛主题

弘扬生态文化 共建美丽中国

二、组织机构

该活动由中国林业网、国家生态网（http://www.forestry.gov.cn）、美丽中国网（http://www.mlzg.gov.cn）主办，吉林省林业厅网站承办，共同负责活动组织、作品征集和展示评奖等工作。

三、时间安排

作品征集时间：2014年7月1日～10月31日。

作品初评时间：2014年11月1日～11月30日。

作品复评时间：2014年12月1日～12月20日。

四、作品要求

（一）内容要求。作品应围绕森林、湿地、荒漠和生物多样性等，充分展示我国优美的自然景观、丰富的动植物资源、多彩的人文风貌，体现贴近自然、向往绿色的生态文化。

（二）格式要求。1. 摄影作品：作品电子文件大小在3～5MB，谢绝电脑合成照片。2. 文学作品（中文稿）：体裁以散文为主，诗歌等其他形式亦可，字数1000～5000字均可。

（三）所有参赛选手需填写《第二届美丽中国大赛参赛作品登记表》，个人签名必须为本人手写签名，并将登记表扫描件与参赛作品一起通过电子邮件发送。

五、参赛要求

（一）参赛者不受年龄、地域、国籍等限制，个人、单位、团体均可参加。

（二）各参赛作品需自拟标题，字数不超过20个汉字。如标题明显与作品内容不符，主办方有权取消其参赛资格。

（三）参赛作品必须为自己独立完成或牵头完成的作品，不得侵犯他人著作权，如有侵

权现象将取消参赛资格，并由参赛者承担所有法律责任。参赛作品的版权归作者和主办单位所有。

（四）主办单位对以上条款拥有解释权，凡参赛者均视为接受本条款。

六、奖项设置

文学作品奖项设置为一等奖3名，二等奖7名，三等奖10名，优秀奖若干。

摄影作品奖项设置为特别奖1名，一等奖1名，二等奖5名，三等奖10名，优秀奖若干。

获奖作品由主办方颁发证书，并予以适当物质奖励。

七、作品提交方式及要求

作品采用网络投稿，参赛作品投稿截止日期为2014年10月31日，以电子邮件发送日期为准，对延期送达的作品主办方不予接收。文学作品通过电子邮件方式投稿，摄影作品投稿采用在线提交。

国家林业局信息办

2014年7月2日

六、关于举办林业信息化标准宣贯培训班的通知

2014年10月15日，国家林业局信息办印发了《国家林业局信息办关于举办林业信息化标准宣贯培训班的通知》（专栏1-8）。

专栏1-8

国家林业局信息办关于举办林业信息化标准宣贯培训班的通知

信技发〔2014〕62号

各省、自治区、直辖市林业厅（局），内蒙古、吉林、龙江、大兴安岭森工（林业）集团公司，新疆生产建设兵团林业局，各计划单列市林业局信息中心（信息办），国家林业局有关直属单位：

最近，国家林业局新发布了林业信息术语、林业信息资源目录体系、交换体系、数据库、物联网等8项林业信息化行业标准，为大力推进林业信息化标准建设与应用，不断提高林业信息化科学发展水平，经研究，决定举办林业信息化标准宣贯培训班，现将有关事项通知如下：

一、培训内容

（一）林业信息化标准体系解读；

（二）国家林业局近期公布的8项林业信息化标准解读；

（三）GB/T 1.1—2009和4项林业物联网标准解读。

二、培训时间和地点

（一）培训时间。2014年10月27～28日，26日报到。

（二）培训地点。国家林业局管理干部学院。（地址：北京市大兴区林校北路8号，总机：010-69259091）。

三、培训对象

（一）各省、自治区、直辖市林业厅（局），内蒙古、吉林、龙江、大兴安岭森工（林业）集团公司，新疆生产建设兵团林业局，各计划单列市林业局信息中心（信息办）业务骨干。各单位选派一人参加培训。

（二）国家林业局有关直属单位信息化处室业务骨干。各单位选派一人参加培训。

国家林业局信息办

2014年10月15日

七、关于开展2014年全国林业网站绩效评估的通知

2014年10月17日，国家林业局信息办印发了《国家林业局信息办关于开展2014年全国林业网站绩效评估的通知》（专栏1-9）。

专栏1-9

国家林业局信息办关于开展2014年全国林业网站绩效评估的通知

信站发〔2014〕65号

各省、自治区、直辖市林业厅（局），内蒙古、吉林、龙江、大兴安岭森工（林业）集团公司，新疆生产建设兵团林业局，各计划单列市林业局，国家林业局各司局、各直属单位：

为准确把握2014年全国林业网站建设情况，科学评估网站建设管理水平，按照《2014年林业信息化工作要点》要求，经研究，决定开展2014年全国林业网站绩效评估工作。现将有关事项通知如下：

一、目的意义

深入贯彻落实2014年全国推进林业改革座谈会和全国林业信息化工作会议精神，全面了解和掌握全国林业网站建设管理情况，进一步发挥政府网站在生态林业民生林业建设中的重

要作用，加快推进智慧林业建设步伐。

二、技术标准

在继承历年标准的基础上，依据国办和中央网信办相关文件精神，结合互联网发展趋势和用户需求，对评估标准进行了调整，形成《2014年全国林业网站绩效评估标准》。

三、对象范围

各省、自治区、直辖市林业厅（局），内蒙古、吉林、龙江、大兴安岭森工（林业）集团公司，新疆生产兵团林业局，各计划单列市林业局政府网站及其所属部分市、县级林业局网站，森林公园、种苗基地、国有林场、自然保护区和花卉专题子站，国家林业局各司局、各直属单位网站。

四、方式方法

本次评估采取调查得分、专家评分和模拟用户体验等相结合的方法进行综合评估。

五、时间安排

2014年10月至12月。

六、其他事项

（一）请各地各单位认真填写《2014年全国林业网站绩效评估信息调查表》，于11月15日前报送国家林业局信息办。

（二）全国林业网站绩效评估范围内的市、县级林业网站，由各省级林业厅局负责通知，信息调查表由省级林业厅局统一收集后一并上报。

特此通知。

国家林业局信息办

2014年10月17日

八、关于举办林业网站群建设培训班的通知

2014年11月6日，国家林业局信息办印发了《国家林业局信息办关于举办林业网站群建设培训班的通知》（专栏1-10）。

专栏1-10

国家林业局信息办关于举办林业网站群建设培训班的通知

信网发〔2014〕67号

河北省、山西省、江苏省、浙江省、安徽省、福建省、江西省、山东省、广西壮族自治区林业厅(局)，内蒙古、吉林、龙江、大兴安岭森工（林业）集团公司：

按照信息化服务基层的宗旨，我办启动了全国林业网站群建设工作，建设了全国林业网站群云服务平台，为全国市（县）级林业局、森林公园、国有林场、种苗基地、自然保护区提供建站服务。为进一步做好网站建设的有关具体工作，经研究，定于2014年11月在北京举办全国林业网站群建设培训班。现将有关事项通知如下：

一、培训内容

本次培训根据全国市（县）级林业局、森林公园、国有林场、种苗基地、自然保护区网站的功能特点进行培训，使网站管理人员能熟练掌握相关工作内容。具体包括：

（一）网站建设。培训网站建站模式、建站方法等。

（二）网站维护。详细讲解网站维护方法，包括栏目设置、网站模板风格管理、后台管理等。

（三）信息发布。对网站内容发布、审核等进行培训，包括文字、图片、视频等信息加载方法。

二、培训时间地点

（一）时间：一班2014年11月24～25日，11月23日下午报到。

二班2014年11月27～28日，11月26日下午报到。

（二）地点：国家林业局管理干部学院（北京市大兴区林校北路8号）。

三、参加人员

河北省、山西省、江苏省、浙江省、安徽省、福建省、江西省、山东省、广西壮族自治区、吉林森工集团、龙江森工所属市（县）林业局、森林公园、国有林场、种苗基地、自然保护区拟新建网站维护人员代表。

国家林业局信息办

2014年11月6日

九、关于印发《国家林业中心机房管理细则》和《国家林业局信息网络和计算机安全管理办法》的通知

2014年11月27日，国家林业局信息办印发了《国家林业局信息办关于印发〈国家林业中心机房管理细则〉和〈国家林业局信息网络和计算机安全管理办法〉的通知》（专栏1-11）。

专栏1-11

国家林业局信息办关于印发《国家林业中心机房管理细则》和《国家林业局信息网络和计算机安全管理办法》的通知

信网发〔2014〕74号

各省、自治区、直辖市林业厅（局），内蒙古、吉林、龙江、大兴安岭森工（林业）集团公司，新疆生产建设兵团林业局，各计划单列市林业局，国家林业局各司局、各直属单位：

为适应信息化发展新形势，进一步完善国家林业局网络信息安全管理制度，加强国家林业中心机房、办公计算机、信息网络系统等的安全使用管理，明确各方职责，提高运行维护和应急管理能力，按照信息安全等级保护等相关要求，经认真研究，我办对原《办公计算机安全管理办法》等8项制度(林信函2010年27号)、《国家林业中心机房第三方和外包人员安全管理办法》等7项制度（信网发2012年70号）进行了修订，制订了《国家林业局信息网络和计算机安全管理办法》、《国家林业中心机房管理细则》等2项信息安全管理办法。现印发给你们，请结合工作实际，认真贯彻执行。

附件：1. 国家林业中心机房管理细则

2. 国家林业局信息网络和计算机安全管理办法

国家林业局信息办

2014年11月27日

附件1

国家林业中心机房管理细则

第一章　总　则

第一条　为明确国家林业中心机房运维及信息安全准则，规范运维管理，统一介质管

理，保障动力、消防、配电系统安全，明确中心机房管理的各方职责，根据国家有关法律法规和国家林业局有关规章制度等，结合林业信息化实际情况，制定本细则。

第二条 本细则适用于国家林业中心机房内人员行为责任及软硬件设备、业务系统、网络和数据等日常监控管理。

第三条 国家林业局信息化管理办公室（信息中心）负责国家林业中心机房建设管理。

第二章 运维人员工作管理

第四条 机房运维人员必须坚守值班岗位，认真完成相关作业计划、严格执行操作规程，及时、准确、完整地填写值班日志和各种规定的记录文档。对值班期间发生的各项业务须做详细操作记录并有存档记录。

第五条 严格遵守故障处理流程，发现异常须准确、迅速处理，并立即上报。发生重大故障时，机房运维人员有权按照应急预案先行紧急处理，之后上报局信息办网络安全与运维管理处（以下简称局信息办网络处）。任何人不得以任何理由和借口推诿故障处理工作、拖延故障处理时间，严禁关闭告警信号和删除告警。

第六条 严格遵守故障等级和上报制度，迅速处理故障，不得隐瞒事实真相，积极联络、配合相关故障处理。

第七条 严格按照机房操作流程，流程需要变更时须事先进行详细安排，书面报局信息办网络处批准、签字后方可执行，所有操作变更必须有存档记录。

第八条 机房运维人员须定期对机房内设备及线路进行检查和维护。定期检查监控系统、供电电压、机房电源、UPS电源、停电应急灯、空调等设备的工作状态，以及房屋门窗、窗帘等重点部位的安全状态，认真填写值班检查日志。如发现异常，须立即上报，并迅速采取措施并协同有关技术人员妥善解决，不得拖延。

第九条 机房运维人员必须熟练掌握停电、防火、防盗、防静电、防雷击等基本应急程序。

（一）遇外部供电网停电，及时了解停电时间长度，然后根据UPS电池组的逆变能量合理分配机房用电负荷，确保核心设备的正常运行。恢复供电后，及时开启机房空调，保持机房适合的温度和湿度。

（二）机房运维人员应掌握消防设备的使用方法。若发现火情隐患，尽快采取措施加以消除。如遇火情，及时扑救，并立即上报，不得延误时间。

（三）如发现机房设备被盗，须立即报告局信息办网络处和保卫部门，并保护好现场，积极配合现场取证与案件侦破。

（四）保证机房防静电地板和接地地线的良好状态，每年雷雨季节到来之前都要对其仔细检查。如遇雷击，立即关闭总电源，以免对机房设备造成损害。

第十条 保持机房（包括供电房）及其设备的清洁卫生。除定期对机房内外环境大扫除外，还要对设备电源的通风口、散热风扇等部位除尘。严禁在机房内烹煮食物和使用带强磁场、微波辐射等与机房工作无关的电器。

第十一条 机房运维人员必须熟练掌握国家林业局内、外网各应用系统的操作方法以及应急处理流程。

第三章 外部人员安全管理

第十二条 外部人员是指所有的非国家林业局工作人员。

第十三条 陪同人员是指陪同、指导、检查、监督外部人员行为的国家林业局工作人员。

第十四条 外部人员的信息安全责任实行“谁接待，谁负责；谁引入，谁负责”的原则。外部人员在机房工作或访问期间的一切行为，对口部门或对口人员对其外部人员的行为、影响和后果负有全部责任。

第十五条 所有进入机房的外部人员都必须申请临时身份识别卡并佩戴，才能进入机房物理安全区域内。临时身份识别卡只作为进出机房物理区域人员的身份识别标志，不得用于其他目的；不得将其转借给他人使用；如丢失，须及时通知相关人员或直接通知局信息办网络处。局信息办网络处负责临时身份卡领取、使用和回收管理。

第十六条 外部人员访问机房等重要物理安全区域必须登记，登记内容必须包括进入及离开物理安全区域的日期与时间、访问事由、陪同人员签名等信息。当有实施操作时，还需按照相关运维流程进行操作申请，并完成相关运维表单的填写。

第十七条 外部人员在国家林业局工作期间，必须遵守国家林业局的相关规定。未经许可，不允许访问国家林业局信息系统。因工作需要使用国家林业局相关文档资料，须根据文档资料的敏感级别由相关对口部门进行审批并登记备案，所借文档资料未经许可不得复制或带离国家林业局。

第十八条 涉及敏感信息的人员，须签署保密协议。对口部门负责保密协议签署工作，局信息办网络处负责保密协议保管工作。

第十九条 局信息办网络处保留随时对外部人员信息安全状况检查的权力，外部人员必须给予配合和协助。

第二十条 外部人员为完成其工作，需要访问互联网或国家林业局内部信息系统时，由对口部门为其申请账户或权限（包括系统账户和应用账户），并全程负责检查监督其对该账户的使用情况。外部人员在使用完账户后，通知陪同人员，由对口部门收回该外部人员使用的全部访问权限。

第二十一条 外部人员为完成其工作进行远程访问时，必须严格按其工作计划与工作方案进行工作，对口部门或对口人员全程负责检查监督其工作。完成远程访问工作后，立即通知局信息办网络处收回该外部人员的远程访问权限。

第四章 值班人员交接班管理

第二十二条 机房值班人员交接班时间分为早8：00和晚6：00，值班人员须准时交班，接班人员不准迟到，未完成交接，交班人员不得早退。

第二十三条 交接班人员将交接内容逐项检查核实并确认无误，双方在交接班日志上签字后，交班人员方可离岗。交班人员发现问题应及时处理，不得将问题积压。对当班时未处理的问题与接班人员做好交接，并及时关注问题处理进度。

第二十四条 机房值班人员应在当班期间处理完值班期间的问题与故障，对于未能处理的问题，报接班人员处理，同时交班人员须将故障发生各项详细资料及处理进展状况交给接班人员，接班人员接手后须及时处理，处理完毕立即告知局信息办网络处和交班人员。

第二十五条 因漏交或错交而产生的问题由交班人员承担责任，因漏接或错接而产生的问题由接班人员承担责任，交接双方均未发现的问题由双方共同承担责任。

第二十六条 因机房值班人员个人原因，导致交班时间变更，交班人员应与接班人员协商交班时间，并在值班报告中注明时间变更原因及具体交班时间。

第二十七条 每天早班与晚班交接班时由交班人员打扫机房内卫生，待机房运维主管确认后方能离岗。

第五章 设备运行维护管理

第二十八条 机房运维人员有权对任何危害机房及其设备安全的行为制止和处理。

第二十九条 机房内的设备、工具、资料（光盘、软盘、参考书、说明书等）未经局信息办网络处批准，不得私自带出机房。

第三十条 机房运维人员负责机房内各类记录、介质的保管、收集，信息载体必须安全存放、保管，防止丢失或损坏。

第三十一条 因工作需要携带机房内设备（包括软件）离开机房时，须局信息办网络处书面同意并做好记录后方可离开。

第三十二条 机房设备、仪表、工具、器材、用具应按指定位置有序存放，不得拿出机房范围外使用，外单位借用须经局信息办网络处批准，办理借、还手续后方可使用。

第三十三条 定期对机房内所有设备巡检、除尘处理。

第三十四条 带存储功能硬件设备送外部维修时，必须经局信息办网络处书面同意，并将废旧的设备收回。

第三十五条 未经局信息办网络处同意，不得带外单位人员参观机房、拍照、录像。

第三十六条 所有软、硬件设备进入机房，须得到局信息办网络处书面授权。

第六章 安全保密与数据备份管理

第三十七条 机房运维人员必须加强关键设备（核心路由器、交换机、防火墙、服务器等）操作入口的安全保密工作，严格执行口令管理规定。

第三十八条 机房所有运维人员必须严守职业道德和职业纪律，遵守保密制度；不得将任何设备的口令、账号、保密信息等资料告诉他人；不得擅自泄露信息资料与数据；不得私自拷贝信息资料与数据。如确因工作需要拷贝带出，须上报局信息办网络处审查备案。

第三十九条 严禁将内网机器接入外网，严禁将移动存储介质在内、外网之间交叉使用。

第四十条　机房运维人员不得访问不明网站，不得在监控机下载、安装与工作无关的软件。

第四十一条　每周进行病毒查杀、漏洞扫描，对系统、应用软件补丁扫描，如有新补丁，在测试服务器测试，测试通过后再对服务器、工作站进行补丁、漏洞升级。

第四十二条　机房各门钥匙由指定的专人保管，个人门禁卡须妥善保管，不得转借他人，发生丢失要及时通知局信息办网络处。

第四十三条　服务器、网络设备、用户资料、系统资料、相关操作程序和口令等实行专人管理，同时承担保密责任。

第四十四条　机房运维人员按值班管理制度对内、外网各系统的运行情况须监控、检查、记录，保障网络、系统及信息安全。

第四十五条　重要网络设备、安全设备、服务器、操作系统、中间件、数据库和应用系统，须建立正式的备份策略，按照指定的策略备份检查。

第四十六条　所有的备份数据存储介质须妥善保管，避免由于管理不善造成数据损坏、信息泄露等事故，对备份数据定期恢复测试，验证备份效果，并对恢复测试记录。备份数据的恢复能力应满足业务要求。

第四十七条　机房运维人员在晚班与早班交班前，必须严格按照流程检查内、外网各系统备份是否成功，若备份不成功，须手动备份。

第四十八条　机房运维人员每季度末对内、外网所有数据刻盘备份并提交局信息办网络处保管。

第四十九条　需对计算机或设备软件安装、系统升级或更改配置时，应对系统、数据、设备参数完全备份。应用系统更新后，对原系统及其数据的完全备份资料保存十年以上。

第五十条　备份数据必须指定专人进行检查、保管。

第七章　介质管理

第五十一条　国家林业中心机房内所有移动介质的使用必须审批、登记。

第五十二条　机房存储介质、电脑必须有专人妥善保管。日常使用由使用人保管，暂停使用的交由局信息办网络处保管。

第五十三条　严禁将私人电脑、移动存储介质带入机房内使用。

第五十四条　严禁将机房专用移动存储介质作为废品丢弃。专用电脑硬盘、移动存储介质不得擅自销毁，须交局信息办统一销毁。为保证信息安全，介质报废前必须确保擦除有关敏感信息。

第八章　动力系统维护管理

第五十五条　局信息办网络处负责中心机房以下工作：

（一）负责机房内所有动力配电系统的接入、规划、运维。

（二）负责机房消防系统的安全检查、管理。

（三）负责机房内视频监控系统的建设、规划、管理、维护。

第五十六条 机房运维人员及时检查动力设备运行状况，对异常情况须上报局信息办网络处，设备故障须通知厂家人员维修。

第五十七条 机房运维人员须定时检查消防气体是否在有效期内。

第五十八条 对有计划的市电停电，机房运维人员须及时将停电时间与时长等信息报知局信息办网络处，停电期间全程监控UPS各项参数。

第五十九条 机房运维人员须定期检查新风机运行状况并进行新风机室外机除尘。

第六十条 机房运维人员须定期检查精密空调运行状况，定期对精密空调室内机防尘网除尘，室外机冷凝器除尘。

第六十一条 机房运维人员须定期检查动力环境检测软件数据显示与实际手工测试显示是否一致，设备运行是否正常。

第九章 系统监控管理

第六十二条 监控点是指各系统有可能出现故障的隐患点，包括硬件、软件以及支持系统运行的基础环境。

第六十三条 根据关键系统的监控对象可分如下监控对象：

（一）机房环境监控：包括机房温度、机房湿度、监控视频、门禁、市电输入等。

（二）设备硬件监控：包括CPU利用率、内存使用率、硬盘使用率，各硬件之间的I/O吞吐情况、空调运行情况、UPS运行情况等。

（三）程序及进程监控：包括前端运行程序，后台服务程序或进程、数据库系统以及中间件程序等。

第六十四条 根据监控系统所发挥的监控作用分为：

（一）状态监控：指对监控点是否处在运行状态的监控。

（二）容量监控：指对监控点的性能和容量是否满足设定指标要求的监控。

第六十五条 系统监控应遵循以下原则：

（一）有效性原则，即根据系统的特点和所关注的信息系统整体所发挥的作用制定监控策略，确保监控功能发挥作用。

（二）可靠性原则，即监控策略，对关键功能点的监控策略应采用软件与硬件相结合、自动与人工相结合等方式，使监控影响或可能影响服务的事件准确及时响应。

（三）可行性原则，即制定的监控策略能通过工具、巡查有效执行。

（四）开放性原则，即监控策略应具有较好的兼容性和可扩充性，可根据系统的增减和变化不断完善。

第六十六条 监控策略指定时，充分考虑被监控系统的分类：

（一）监控对象分类，根据系统特点和在信息系统中发挥的作用，确定相应的监控点和监控策略。

（二）监控作用分类，即单一状态监控、单一容量监控、或两者同时监控。

（三）在技术条件许可的前提下，应采用自动监控策略，如没有技术监控条件，应人工监控。

第六十七条 根据机房环境的监控要求，对机房的温度湿度进行有效监控，要求对主机房的温度湿度监控作出如下要求：

（一）监控时间：每日应24小时对机房的温度湿度探测监控。机房内部应保持一定的温度和相对湿度，夏季温度须在22±4℃，冬季温度须在20±4℃，相对湿度45%～65%，避免因过分干燥产生静电，从而造成设备的意外损坏。

（二）监控要求：监控超出规定范围时能够通过报警声和短信相结合的方式预警，如不能自动报警须人员24小时值守。

第六十八条 机房人员进出须执行规范管理，具体要求如下：

（一）监控时间：每日应24小时对机房执行门禁管理、录像监控、保安值班和人员物品出入登记。

（二）监控记录频次：实时记录。

（三）监控要求：在机房设置视频监控系统，在机房各出入口，须配备门禁系统，经过授权的人员才能通过门禁系统进出机房，门禁监控系统应记录人员进出情况。

第六十九条 对机房的火灾隐患进行有效监控，对机房采用烟感监控，具体要求如下：

（一）监控时间：每日应24小时对机房执行烟感探测，每次探测监控间隔不小于20秒。

（二）监控记录频次：实时记录。

（三）监控要求：机房内应每20平方米配备至少一个烟感探测设备，烟感探测设备与机房环境监控系统相连。能够通过报警声及短信方式预警。

（四）视频监控数据要求至少保留20天。

第七十条 对机房的市电输入情况执行有效监控，对机房采用专用设备监控，具体要求如下：

（一）监控时间：每日应24小时对机房市电输入监控，采用持续探测监控。

（二）监控记录频次：实时记录。

（三）监控要求：对市电输入交流电压监测(按三相考虑)、负载分配交流电流监测(按三相考虑)、直流电压输出配电监测。

第七十一条 根据设备硬件的监控要求，按照关键业务的优先级别，对支持关键业务系统运行的程序、进程、后台数据库、队列等运行情况采用技术手段重点监控。

（一）通过技术手段对设备的CPU利用率监控，如有多个CPU或多内核CPU的，应对所有CPU或内核监控。CPU利用率设定的监控阀值应不超过75%。

（二）通过技术手段对设备的内存使用率监控，监控物理内存的总量、已用量、余量以及虚拟内存的使用情况。内存使用率设定的监控阀值应不超过80%。

（三）通过技术手段对设备的硬盘使用率监控，监控硬盘存储空间的总量、已用量、余量的使用情况。硬盘使用率设定的监控阀值应不超过80%。

（四）通过技术手段对诸如采用磁盘阵列技术、磁盘柜以及各板卡间的I/O吞吐情况监控。

（五）以上监控内容的监控间隔应控制在30秒以内，并通过技术手段对其24小时不间断监控，其监控报警至少包含有声音和短信方式。

第七十二条 机房的空调系统作为重要的硬件设备，须对其重点监控，监控的要求如下：

（一）监控时间：每日应24小时对机房空调运行的情况监控。机房每次探测监控间隔不小于60分钟。

（二）监控要求：监控超出规定范围时通过报警声和短信相结合的方式预警，具体监控范围包括机房空调制冷量、送风量、空调异常故障、空调断电自启动情况等。

（三）如无自动监控条件可采用人工巡查方式实现空调系统监控。

第七十三条 机房的UPS后备电源系统，作为重要的硬件设备，须重点监控，对其监控的要求如下：

（一）监控时间：每日应24小时对机房UPS的运行的情况监控。机房每次探测监控间隔不小于60分钟。

（二）监控要求：监控超出规定范围时能够通过报警声和短信相结合的方式预警，具体监控范围包括市电输入端电压电流变化情况、UPS负载情况、UPS输出电压电流变化情况、UPS电池供电情况、UPS旁路工作状态以及UPS的异常故障及报警状态等。

（三）无自动监控条件可采用人工巡查方式实现UPS系统监控。

第七十四条 对程序和进程的运行个数、系统服务监控有效监控。对重要应用系统密切相关的程序，须重点监控，防止重要程序或进程意外关闭或终止。

第七十五条 数据库须每天24小时监控，保证数据库正常运行。

第七十六条 网络安全设备须重点监控，具体包括以下内容：

（一）网络及安全设备的运行日志。

（二）网络及安全设备的性能监控和阀值预警。

（三）网络各链路通断状态、各端口运行情况的监控。

（四）通信链路实时流量、连接质量、中断情况的监控和阀值预警。

（五）网络异常行为和网络安全设备异常行为监控。

（六）对关键网络及安全设备的性能数据进行连续采样、记录、阀值预警和趋势分析。

第七十七条 网络及安全设备的性能监控，包括机房关键防火墙设备、核心路由器设备、核心交换机设备的CPU利用率监控，各设备的CPU利用率监控阀值应小于80%。

第十章 附 则

第七十八条 本细则由国家林业局信息办负责解释。

第七十九条 本细则自印发之日起执行。2012年9月14日印发的《国家林业中心机房运维人员工作制度》、《国家林业中心机房第三方和外包人员安全管理办法》、《国家林业中心机房值班人员交接班制度》、《国家林业中心机房设备运行维护管理制度》、《国家林业中心机房安全保密与数据备份管理制度》、《国家林业中心机房介质管理制度》、《国家林业中心机房动力系统维护制度》等7项管理制度（信网发〔2012〕70号），2010年11月8日印发的《系统监控管理办法》（信网发〔2010〕27号）同时废止。

附件2

国家林业局信息网络和计算机安全管理办法

第一章　总　则

第一条　为加强国家林业局信息网络和计算机安全管理，保证办公计算机规范、安全使用，保障关键信息系统安全运行，规范信息系统访问控制机制，统一计算机病毒防范策略，保障信息安全事件得到及时跟踪、控制和处理，加强电子邮件的安全管理使用，根据国家有关法律法规和国家林业局有关规章制度，结合林业信息化实际情况，制订本办法。

第二条　本办法适用于国家林业局信息网络、信息系统、办公计算机等的使用管理。

第三条　国家林业局信息化管理办公室（信息中心）是国家林业局信息网络和计算机安全主管部门。

第二章　办公计算机安全管理

第四条　办公计算机包括工作所用的台式计算机及便携式计算机。

第五条　非涉密计算机严禁处理及存储涉密信息。存有涉密信息的计算机，严禁接入非涉密网络。

第六条　计算机在使用前，应安装正版的操作系统、办公软件、杀毒软件等，确保操作系统已安装最新的补丁，并将系统更新设置为自动更新。在使用过程中，应按照系统提示积极完成自动更新工作。

第七条　使用者在使用计算机的过程中应妥善保管，不得对其硬件进行破坏，计算机如发生故障时，必要时由系统维护人员提供技术支持。

第八条　严禁在国家林业局网络环境中的办公计算机上安装各种游戏及其他与工作无关的软件。

第九条　计算机中资料的信息安全以“谁使用，谁负责”为原则，使用者负责计算机内相关资料的信息安全工作。使用者不得将敏感信息保留在计算机上。

第十条　禁止使用办公计算机制造任何形式的恶意代码。

第十一条　除非属于工作职责范围，禁止使用办公计算机扫描网络，进行网络嗅探。

第十二条　使用者禁止未经授权者访问办公计算机。未经部门领导和办公计算机使用者的同意，禁止使用他人计算机。未经允许不得将计算机转借他人使用。

第十三条　需要携带便携式计算机外出工作的职工，应妥善加以保管，避免丢失。如需使用网络，应确保接入网络安全。

第十四条　使用完计算机后，及时对相关文件资料和信息进行备份、转存和删除。因个人原因导致计算机中文件丢失、损坏和泄露的，使用者承担相应责任。

第三章　账号与口令安全管理

第十五条　用户账号是计算机信息系统通过一定的身份验证机制识别各类操作人员在系统中身份的一种标识。特权账号是指对系统/网络/数据库等拥有超级权限的人员账号，包含但不限于系统管理员、网络管理员、数据库服务器管理员及数据库管理员等。权限是指系统对用户能够执行的功能操作所设立的额外限制，用于进一步约束用户能操作的系统功能和内容访问范围。

第十六条　所有用户账号应通过正式的账号申请审批过程，账号使用者提出并填写《国家林业局办公网数字身份证书申请表》，遵循本办法第六章《访问控制安全管理》中的有关规定审批。

第十七条　在对系统账号申请的过程中，做到系统账号与责任人一一对应，确保每个账号都有负责人。系统运行维护管理人员在开通账号前，应依据《国家林业局办公网数字身份证书申请表》内容检查申请人是否在该系统中拥有其他账号。若没有，可为用户创建账号并分配相应的权限。原则上每个用户只能拥有唯一的账号，不得重复申请账号，只能由本人使用，不得交由他人使用，不得多人共用一个账号（特殊系统账号除外）。

第十八条　用户账号口令的选择和使用须与口令保护策略相符合，系统运行维护管理员须保存用户账号分配申请记录。

第十九条　服务器本地管理员账号由系统管理员保管，并在信息办制定管理部门备案，禁用匿名账号。

第二十条　在应用系统账号使用过程中，账号权限发生变化、增加系统权限，须对增加权限的原因进行详细描述并重新申请填写《国家林业局办公网数字身份证书撤销/停用、恢复、更新申请表》。

第二十一条　系统权限变更时，系统管理人员依据《国家林业局办公网数字身份证书撤销/停用、恢复、更新申请表》内容检查申请人是否存有不再需要的其他账号或权限。

第二十二条　在系统账号权限变更授权过程中，权限变更内容以及变更原因应详细记录，以备以后查看。

第二十三条　账号使用人员由于离职、调职等原因不需要使用原有的账号或者权限时，须将数字身份证书交回局信息办，并对其系统账号或权限进行消除。

第二十四条　所有账号不得使用系统默认口令，不得使用账号创建时的初始口令。用户首次使用账号时，应立即更改默认口令，口令必须由数字、字符和特殊字符组成。

第二十五条　操作系统必须设定口令，使用者要保护操作系统口令的保密性，不得将口令告诉他人。计算机须设置屏幕保护，在恢复屏幕保护时需要提供口令。使用者在短时间离开计算机时，如必要应对计算机的屏幕进行锁屏。如果长时间不使用，应对计算机进行关机操作。

第二十六条 设置的口令长度不能少于6个字符，口令更换周期不得多于60天。

第二十七条 用户不得将口令包含在自动登录程序上，不得将写有口令的纸条贴在显示器或者座位上，不允许在计算机系统上以无保护的形式存储口令。

第二十八条 所有系统特权均采取控制措施来限制特殊权限的分配及使用。任何信息系统，只能由所有者或授权管理者控制该系统的特权账号密码，包括关键主机、网络设备和安全设备等所用的密码。系统管理员对特权账号的口令妥善的保管，并以纸质形式密封，交局信息办指定管理部门备案。

第二十九条 所有申请特权用户账号的行为必须经系统主管部门同意，不得将特权用户密码交给系统管理员以外的人员。

第三十条 用户发现口令或系统遭到滥用的迹象，须立即更改口令。

第三十一条 应定期对所有信息系统用户访问权限检查，包括重要应用系统管理员账号、路由器、防火墙、交换机、其他专用设备的管理员账号、有专门特权的其他系统账号等。定期清理多余的用户账号和权限。

第三十二条 任何用户须对其使用账号和密码产生的相关活动承担责任或可能的纪律和/或法律责任。同样，用户也禁止使用其他用户的账号从事活动。

第四章　病毒防御管理

第三十三条 国家林业局内部人员在根据工作需要访问互联网时，应采取病毒防范措施，防止病毒事件。对从互联网上下载的文件须病毒检查。

第三十四条 在采用存储介质文件交换时，须对存储设备病毒检查。存储设备包括软盘、光盘、U盘等。

第三十五条 网络系统维护人员须定期对服务器、终端设备进行病毒扫描。办公计算机使用者应定期对所分配使用的计算机进行病毒扫描。

第三十六条 办公计算机必须安装国家林业局派发的防病毒软件。须经常对防病毒软件病毒库进行更新。在操作系统启动的同时启动防病毒软件的防火墙或实时监控程序。

第三十七条 在不影响正常使用的前提下，服务器操作系统、中间件、数据库及应用系统必须安装最新版本补丁，系统补丁的部署过程须遵守变更管理流程的规定。

第三十八条 发现办公计算机或服务器感染病毒时，应断开与网络的连接，同时采取必要的措施对病毒进行清除，必要时由系统维护人员提供技术支持。

第五章　电子邮件安全管理

第三十九条 国家林业局电子邮件系统的管理者为局信息办。

第四十条 国家林业局电子邮件系统分为内网电子邮件系统和外网电子邮件系统。工作人员使用电子邮件系统处理业务工作时，应使用国家林业局电子邮件系统。

第四十一条 局信息办系统维护人员负责国家林业局电子邮件系统的日常运行维护，履行以下职责：

（一）负责国家林业局电子邮件日常运行维护工作，保证电子邮件服务的可用性。

（二）布署电子邮件系统病毒防范措施，及时检测、清除电子邮件中所含的恶意代码。

（三）制定并布署电子邮件过滤策略，防范垃圾邮件和内部人员通过电子邮件泄密。

（四）根据电子邮件系统的处理能力，制定电子邮件容量策略，规定用户邮箱的总容量和每封邮件的最大容量。

（五）遵守有关法律法规，维护国家林业局电子邮件系统的信息安全。

第四十二条 国家林业局电子邮件账号的使用者须承担使用该电子邮件账号所产生的相关责任与后果。电子邮件仅限于国家林业局工作人员使用，工作人员离职后须注销电子邮件账号。

第四十三条 国家林业局电子邮件账号的管理应遵循本办法第三章《账号与口令安全管理》的规定。

第四十四条 系统管理员确认某个电子邮件账号的活动可能会威胁到国家林业局信息安全时，须立即暂停该账号使用，并通知相关用户。

第四十五条 使用电子邮件的人员不得利用电子邮件从事以下活动：

（一）利用电子邮件传输任何骚扰性的、中伤他人的、恐吓性的、庸俗的、淫秽的以及其他违反法律法规和国家林业局规定的内容。

（二）利用电子邮件发送与工作无关的邮件。

（三）利用电子邮件散布电脑病毒、木马软件、间谍软件等恶意软件，干扰他人或破坏网络系统的正常运行。

第四十六条 电子邮件操作安全规定如下：

（一）未经授权任何人不得尝试以他人账号和口令登录电子邮件系统，不得阅读、下载、保存、编辑、公开或透露他人的电子邮件。

（二）用户必须严格保密其登录电子邮件系统的密码，不得泄露，如借与他人使用，由此造成的一切后果由电子邮件账号所有人承担。

（三）用户若发现任何电子邮件系统的漏洞，或任何非法使用电子邮件系统的情况，须及时报告局信息办。

（四）用户不要阅读和传播来历不明的电子邮件及其附件，提高对电子邮件病毒的防范意识，避免传播电子邮件病毒。

（五）电子邮件系统禁止存储、处理、发送涉密信息。

第四十七条 所有的电子邮件都需要进行保存和归档，存放在服务器端的电子邮件通过数据备份形式统一进行保存归档，下载到本地的电子邮件由使用者个人进行保存和归档，电子邮件至少离线保留1年。

第六章　访问控制安全管理

第四十八条　本规定适用于国家林业局所有信息系统的访问控制管理，包括但不限于如下方面：

（一）根据业务和安全需求控制对信息系统的访问。

（二）防止擅自访问网络、计算机和信息系统中保存的信息。

（三）防止未授权的用户访问。

（四）查找未授权的活动。

第四十九条　在网络环境下，使用内网网络服务和外网网络服务时，应遵守以下规定：

（一）在使用网络服务时，所有人员应遵守国家的法律、法规，不得从事非法活动。

（二）所有用户应只能访问自己获得授权的网络服务，严禁对网络服务进行非授权访问。

（三）严禁通过使用网络服务将管理数据、业务资料、技术资料等信息私自泄露给第三方。

（四）禁止非法侵入计算机信息系统或者破坏计算机信息系统功能、数据和应用程序。

第五十条　制定访问控制策略应遵循以下方针：

（一）最小授权原则。仅授予运维用户开展业务活动所必需的最小访问权限，对除明确规定允许之外的所有权限必须禁止。

（二）需要时获取。所有运维用户由于开展业务活动涉及资源使用时，应遵循需要时获取的原则，即不获取和自己工作无关的任何资源。

（三）在设定访问控制权限时，应进行必要的职责分离，以降低非授权、无意识修改、不当使用等对系统造成的危害。

第五十一条　访问控制策略应至少考虑下列内容：

（一）应用系统所运行业务的重要性。

（二）各个业务应用系统的安全要求。

（三）不同系统和网络的访问控制策略和信息价值之间的一致性。

（四）访问请求的正式授权和取消。

（五）定期评审访问控制。

第五十二条　逻辑上通过使用MAC地址与IP地址绑定等方式对网络上的设备进行标识，物理上使用信息资产标签的方式进行设备标识。

第五十三条　应保证网络跨边界的访问安全。边界使用防火墙规则、VLAN或路由器访问控制列表等，阻止未授权IP地址的访问。防火墙策略的设计要遵守“默认全部拒绝”原则，根据业务要求，只允许必需的信息流通过网络。

第五十四条　所有操作系统的登录要进行必要的控制，防止操作系统的非授权访问，在系统安全登录控制中可以考虑如下措施：

（一）用户在操作系统的登录过程中泄露最少系统相关信息。

（二）通过记录不成功的尝试、达到登录的最大尝试次数锁定等手段，达到对非授权访问登录的控制。

（三）在成功登录完成后，显示前一次成功登录的日期和时间等信息。

第五十五条 所有系统应确保该系统中用户有唯一的、专供其个人使用的标识符，应选择一种适当的鉴别技术证实用户的身份。

第五十六条 任何人不得私自安装非法软件。非工作需要不得安装以下类型的工具：

（一）网络系统管理与监控工具。

（二）漏洞扫描、渗透测试等工具。

（三）网络嗅探、口令破解等工具。

第五十七条 所有系统应设定超时不活动时限，超时后应清空会话屏幕、关闭应用和网络会话。超过一定时间用户没有操作，自动注销该用户登录。

第五十八条 访问控制应基于用户的工作角色、业务要求或工作需要。只有获得管理部门授权的人员才具有访问和管理服务器、网络设备、应用系统、数据库等的权限。

第七章 通信与操作安全管理

第五十九条 与通信和操作相关的信息安全活动应形成固定流程，重要的流程须形成文件。

第六十条 所有与通信和操作有关的变更须管理和控制。

（一）变更前填写《变更申请单》。变更的内容与过程都应详细记录，并存档。

（二）变更申请时，申请人员应制定详细的变更计划，变更计划中包含变更时间、变更人员、变更详细实施步骤、变更风险及影响、变更回退步骤等内容。

（三）变更执行前须测试，以保证变更实施时对系统产生影响降到最小。

（四）变更实施时严格按照变更计划执行，在变更执行以后，须判断变更后服务是否工作正常，如工作不正常则根据变更回退计划的内容执行回退步骤。

第六十一条 非业务需要严禁使用移动代码。移动代码是指通过一定的途径，可在软件系统之间转移，并没有明确的安装提示下在代码接收人本地系统上执行的代码。如工作需要必须要执行移动代码，应考虑使用如下控制手段：

（一）在逻辑上隔离的环境中执行移动代码。

（二）使用技术措施确保移动代码只在特定系统中可用。

（三）控制移动代码的资源访问。

（四）使用密码控制，对移动代码进行认证。

第六十二条 网络管理人员使用网管系统监测网络设备和链路的运行情况，并采取相应措施来保障网络服务的安全性：

（一）所有允许互联网用户访问的内部系统，必须置于防火墙后，防火墙策略默认为禁止。

（二）使用VLAN划分开不同安全级别的内部信息系统。

（三）网络设备及主机中的网管关键字要取消“Public”、“Private”等的默认设置。

第六十三条 关键网络安全事件和关键服务器安全事件应记录在事件日志中。必要时须进行查看分析系统操作系统、故障日志等内容，所有日志应妥善保管，在没有管理人员的授权下，严禁私自删除或更改系统日志。

第六十四条 对信息安全事件处理参照《国家林业局网络信息安全应急处置预案》。

第八章 附 则

第六十五条 本办法由国家林业局信息办负责解释。

第六十六条 本办法自印发之日起执行。2010年11月8日印发的《办公计算机安全管理办法》、《账号与口令管理办法》、《病毒防御管理办法》、《电子邮件安全管理办法》、《访问控制安全管理规范》、《通信与操作安全管理规范》、《信息安全事件管理规范》等7项信息安全管理办法（信网发〔2010〕27号）同时废止。

十、全国林业信息化领导小组办公室关于中国林业网2014年建设保障情况的通报

2014年12月31日，全国林业信息化领导小组办公室印发了《全国林业信息化领导小组办公室关于中国林业网2014年建设保障情况的通报》（专栏1-12）。

专栏1-12

全国林业信息化领导小组办公室关于中国林业网2014年建设保障情况的通报

林信字〔2014〕6号

各省、自治区、直辖市林业厅（局），内蒙古、吉林、龙江、大兴安岭森工（林业）集团公司，新疆生产建设兵团林业局，各计划单列市林业局，国家林业局各司局、各直属单位：

在国家林业局党组的高度重视和各地各单位的共同努力下，中国林业网（国家林业局政府网）2014年建设保障工作取得了显著成效，受到了社会各界广泛关注和好评。特别是2014年12月3日，中国林业网（国家林业局政府网）荣获中国政府网站绩效评估第二名的好成绩，在2013年排名第三的基础上，再次取得历史性突破。现将中国林业网（国家林业局政府网）2014年建设保障情况通报如下：

一、关于中国林业网信息采用情况

对照2014年上半年信息发布情况，各地林业主管部门和国家林业局各司局、各直属单位积极提高信息采编质量，拓宽信息采集渠道，努力增加信息报送数量，上下齐抓共管，共

同保证了下半年中国林业网信息的高水平发布。2014年下半年，中国林业网主站共采用信息20510条，其中采用地方信息12368条，采用局内单位信息8142条。各地林业部门2014年下半年累计得分前10名的分别是：四川、江西、云南、湖北、湖南、山东、辽宁、北京、黑龙江、内蒙古。国家林业局各司局、各直属单位2014年下半年累计得分前10名的分别是：绿色时报社、信息办、政法司、林科院、国际司、公安局、造林司、规划院、宣传办、治沙办。

各地林业部门2014年综合排名前10名的单位是：四川、湖北、江西、云南、山东、湖南、辽宁、北京、黑龙江、内蒙古。国家林业局各司局、各直属单位2014年综合排名前10名的单位是：政法司、公安局、报社、信息办、林科院、退耕办、国际司、治沙办、办公室、规划院。

二、关于中国林业网站群建设情况

2014年，中国林业网站群建设成效显著。中国林业网4.0版形成了"纵向到底、横向到边、特色突出"的站群体系。截至2014年年底，中国林业网站群共上线子站3000多个。其中，森林公园站群256个，国有林场站群756个，种苗基地站群267个，自然保护区站群274个，市级林业站群258个，县级林业站群849个。同时，还建设了世界林业、主要树种、珍稀动物、重点花卉网站群和特色网站群等。网站上线率排前10名的分别是：黑龙江、海南、福建、内蒙古森工、湖南、湖北、河南、甘肃、大兴安岭、青海。

河北、贵州、宁夏等34个省（区、市）组织参加了森林公园等网站群建设培训班。福建、广东、四川等30个省（区、市）组织参加了市、县级林业网站群建设培训班。

三、关于中国林业网优秀信息和优秀信息报送单位

2014年中国林业网进一步加强信息报送的制度化和规范化，以提高信息质量为重点，以增加信息展现形式为亮点，以突出信息原创性为要点，综合全年各季度信息采用情况，按照中国林业网年度优秀信息和优秀报送单位有关要求，请相关单位报送以下材料。

报送优秀信息。请各单位于2015年1月10日前，优选5条在中国林业网主站2014年登载的原创信息报送国家林业局信息办，报送时请注明信息名称、作者姓名、联系电话、发布时间和信息链接。中国林业网将组织相关专家评出年度优秀信息20条。

报送优秀信息员。依据2014年全年信息采用情况，选出各地林业部门和国家林业局各司局各直属单位综合得分前10名的单位为优秀报送单位，相应单位负责信息报送的信息员为优秀信息员。请2014年优秀报送单位将信息员姓名、工作单位、联系电话于2015年1月10日前报送国家林业局信息办。

希望各地各单位认真贯彻落实《国务院办公厅关于加强政府网站信息内容建设的意见》（国办发〔2014〕57号）、全国林业厅局长会议和第三届全国林业信息化工作会议精神，全面总结2014年网站建设保障工作，查找不足，进一步提升网站建设保障水平，确保2015年网站建设保障工作顺利开展，为发展生态林业民生林业做出新贡献。

国家林业局信息办

2014年12月31日

十一、关于启动第二批全国林业信息化示范市、县和全国林业信息化示范基地建设工作的通知

2015年1月8日，国家林业局印发了《国家林业局关于启动第二批全国林业信息化示范市（县）和全国林业信息化示范基地建设工作的通知》（专栏1-13）。

专栏1-13

国家林业局关于启动第二批全国林业信息化示范市、县和全国林业信息化示范基地建设工作的通知

林信发〔2015〕3号

各省、自治区、直辖市林业厅（局），内蒙古、吉林、龙江、大兴安岭森工（林业）集团公司，新疆生产建设兵团林业局，各计划单列市林业局：

为深入贯彻落实全国林业厅局长会议和第三届全国林业信息化工作会议精神，充分发挥林业信息化服务生态林业民生林业的作用，经各地申报和我局认真研究，确定内蒙古呼伦贝尔市等10个单位为第二批全国林业信息化示范市（见附件1），辽宁省昌图县等15个单位为第二批全国林业信息化示范县（见附件2），北京市大东流苗圃等25个单位为首批全国林业信息化示范基地（见附件3）。现就做好第二批全国林业信息化示范市、县和首批全国林业信息化示范基地建设工作通知如下：

一、建立健全领导机构

各示范市、县、基地要成立由实施单位主要负责同志任组长、有关部门负责同志参加的林业信息化示范市、县、基地建设工作领导小组，统一领导本地本单位林业信息化示范建设，为示范工作提供组织保障。

二、切实加强指导和管理

各有关省级林业主管部门要切实加强对所属示范市、县、基地的指导和管理，积极帮助研究解决示范建设中的相关问题，充分运用新一代信息技术提升建设水平和能力，努力推进和完善本地林业信息化工作。

三、加快示范建设进度

各示范市、县、基地要充分认识示范建设的重要意义，注重建设中技术的先进性和实用性，认真组织编制实施方案，明确示范范围、示范内容和保障措施，提高建设效率，切实加快建设进度，确保示范建设工作按期完成。

四、提升支持保障力度

各示范市、县、基地要在原有工作的基础上，不断创新环境和条件，进一步在资金、政策、技术、人才等方面加大投入，为示范建设顺利进行提供保障。

五、及时总结示范经验

各示范市、县、基地要及时将工作中积累的好经验、好做法认真整理，报有关省级林业主管部门审核。有关省级林业主管部门要将审核后的经验材料定期报送我局，以便以点带面、指导全国，真正起到引领示范作用，为实现智慧林业全面健康发展，更好地服务生态林业和民生林业建设做出贡献。

附件：1．第二批全国林业信息化示范市名单

2．第二批全国林业信息化示范县名单

3．全国林业信息化示范基地名单

国家林业局

2015年1月7日

附件1

第二批全国林业信息化示范市名单

单位名称	示范主题
内蒙古呼伦贝尔市	智能林业服务平台建设示范
黑龙江黑河市	数据共享云平台应用示范
山东淄博市	互联共享信息服务体系建设示范
湖北咸宁市	森林防火视频智能分析平台建设示范
湖南衡阳市	卫星遥感防火指挥系统建设示范
广东广州市	智慧绿化平台建设示范
广西梧州市	综合办公云平台建设示范
四川广安市	智能应急指挥系统建设示范
贵州贵阳市	生态云计算平台建设示范
甘肃武威市	地理信息大数据处理系统建设示范

附件2

第二批全国林业信息化示范县名单

单位名称	示范主题
内蒙古多伦县	智慧林业建设示范
辽宁昌图县	林业智能服务体系建设示范
吉林蛟河市	森林资源大数据管理建设示范
吉林抚松县	智能植物检疫信息平台建设示范
山东昌邑市	智慧管理平台建设示范
山东利津县	林业智能管理系统建设示范
湖北南漳县	森林资源智慧管理应用示范
湖北老河口市	数据开放平台建设示范
湖南洞口县	林农智能服务平台应用示范
湖南衡东县	病虫害自动诊断信息系统建设示范
广西百色市右江区	智慧林政管理应用示范
四川江油市	森林资源大数据动态监测示范
四川宝兴县	生态智能监管平台建设示范
龙江森工集团东方红林业局	野生动物保护监测物联网应用示范
龙江森工集团迎春林业局	智能林火监控系统应用示范

附件3

全国林业信息化示范基地名单

单位名称	示范主题
北京大东流苗圃	智慧苗圃建设示范
河北木兰围场国有林场	华北智慧林场建设示范
内蒙古贺兰山国家级自然保护区	自然保护区智慧管理建设示范
安徽舒城金桥农林科技有限公司	智慧育苗应用示范

（续表）

单位名称	示范主题
福建金森林业股份有限公司	智慧林业一体化应用示范
山东日照市国有大沙洼林场	智慧林区建设示范
河南二仙坡绿色果业有限公司	智能果园物联网建设示范
湖北太子山林场	智慧网络服务平台建设示范
湖北荆门市十里牌林场	华中智慧林场建设示范
湖南张家界国家森林公园	智慧森林公园建设示范
湖南林业种苗中心	林木种苗电子商务平台建设示范
广东湛江红树林国家级自然保护区	红树林生态智能监管建设示范
广东车八岭国家级自然保护区	智慧感知平台建设示范
广西国有高峰林场	华南智慧林场建设示范
广西南宁树木园	智慧树木园建设示范
四川卧龙国家级自然保护区	智慧卧龙建设示范
四川唐家河国家级自然保护区	空天地一体智慧保护建设示范
四川攀枝花苏铁国家级自然保护区	智能生态系统建设示范
云南昆明市海口林场	智能监控系统建设示范
甘肃莲花山国家级自然保护区	森林资源智能监测预警建设示范
青海西宁野生动物园	智慧旅游景区示范
青海青海湖国家级自然保护区	智慧生态旅游建设示范
青海三江源国家级自然保护区	智慧自然保护区建设示范
宁夏中宁国际枸杞交易中心	智能商务平台建设示范
吉林森工集团露水河国家森林公园	物联网与移动互联应用示范

十二、关于印发《2014年全国林业网站绩效评估报告》的通知

2015年1月16日，国家林业局办公室印发了《国家林业局办公室关于印发〈2014年全国林业网站绩效评估报告〉的通知》（专栏1-14）。

专栏1-14

国家林业局办公室关于印发《2014年全国林业网站绩效评估报告》的通知

办公字〔2015〕7号

各省、自治区、直辖市林业厅（局），内蒙古、吉林、龙江、大兴安岭森工（林业）集团公司，新疆生产建设兵团林业局,各计划单列市林业局，国家林业局各司局、各直属单位：

为深入贯彻落实全国林业厅局长会议和第三届全国林业信息化工作会议精神，全面总结分析全国林业网站建设管理情况，经研究，我局组织开展了2014年全国林业网站绩效评估工作，形成了《2014年全国林业网站绩效评估报告》，现印发给你们，请结合本地本单位实际，采取有效措施，不断完善网站建设，全面提高网站水平，为主动适应新常态、实现林业新发展、建设生态林业民生林业做出新贡献。

特此通知。

国家林业局办公室

2015年1月16日

第二章　网站建设

2014年，中国林业网积极进取、开拓创新，运用互联网思维，采用先进的理念和信息技术，加大信息发布力度，丰富为民服务资源，拓展政民互动渠道，展示林业建设成果，网站影响力和社会知名度不断提高,为推动智慧林业建设，提升林业治理能力起到了积极的作用。

第一节　外网建设

中国林业网4.0版顺应国际主流趋势，紧跟当前政府网站发展形势，充分利用大数据技术对中国林业网3.0版进行热力图数据分析、用户访问行为分析、网站用户需求分析，借鉴国内外优秀网站建设经验，根据林业发展实际情况，以用户需求为导向，以主动服务为根本，建成了新一代中国林业智慧政府网站。中国林业网的影响力和社会知名度不断提高，访问量突破14亿人次， 在第十三届中国政府网站绩效评估结果发布会上，中国林业网综合排名列70多个部委网站第二名，再次取得历史性突破，并获得2014年中国政务网站领先奖、2014年度中国最具影响力政务网站和2014年政务微博卓越奖，如图2-1所示。

图2-1　2014年中国林业网所获奖项

一、网站建设管理

（一）中国林业网4.0版正式上线。新版中国林业网构建了“纵向到底、横向到边、特色突出”的站群体系，将全国乃至全球林业“一网打尽”。纵向站群建设了世界、国家、省级、市级、县级林业等各层级网站，横向站群覆盖了森林公园、国有林场、种苗基地、自然保护区和主要树种、珍稀动物、重点花卉、湿地公园等林业各领域网站，特色站群突出了美丽中国网、中国植树网、中国信息林、网络图书馆、博物馆、博览会、数据库、图片库、视频库等网站（图2-2）。江西、山东、湖北、广东、青海、宁夏、内蒙古森工、吉林森工等完成网站升级改版，对网站原有栏目进行了整理，重点提高了网站在线服务能力。河北、辽宁、吉林、山东、湖南、广东、海南、四川、贵州、青海、宁夏、大兴安岭等深入推进网站群建设，部分省（区）建设了省、市、县三级林业网站群和森林公园、自然保护区等业务站群，显著扩大了中国林业网站群规模。目前，中国林业网子站已达3000个，位居国内前列，大大提升了林业影响力。

（二）网站功能优化。中国林业网充分借鉴发达国家政府网站和国内领先政府网站的优点，结合目前流行的扁平化和简约化设计风格，以蓝白灰和体现林业的绿色为主色调，突出优势栏目、推出重点栏目、整合边缘栏目，图文动静结合，在保留了“信息发布、在线服务、互动交流”三大政府网站传统板块的基础上，根据林业特色设计增加了“走进林业”板块。陆续在新浪、人民、新华等五大主流门户开通“中国林业发布”官方微博，建立了中国林业微博发布厅，集成了全国40多个各级林业部门的官方微博，发布微博7000多条，粉丝数达50多万。开通了“中国林业网”官方微信，关注人数达3500多人，方便更多的人了解林业、关注林业、参与林业。开通了“中国林业发布”官方微视，通过微视频方式建起与公众沟通的桥梁。建成了“中林智搜”，通过资讯、政策法规、核心业务、实用

图2-2　中国林业网4.0版

技术、相关搜索、热点搜索、猜您关心、图片、视频、数据、应用、最近热点等12种分类维度进行检索，最终构建出统一的智能搜索平台提供检索服务，方便公众随时随地了解林业信息，享受在线服务。吉林、浙江、湖北、湖南、四川、云南、西藏等积极开设微博微信账号，传播林业建设发展正能量，显著扩大林业影响力。北京、辽宁、黑龙江、重庆、陕西、青岛、深圳等整合了在线审批事项，完善了网站在线审批功能，在线服务能力明显提升。

（三）网站保障管理。中国林业网第二届编辑委员会2014年11月4日正式成立。编委会明确了中国林业网各分组人员、职责及工作要求，进一步加强了中国林业网的组织管理，为中国林业网与各单位的沟通和联系提供了畅通渠道。定期召开加强日常网站建设管理工作会议，坚持多渠道采集信息，利用文字、视频、图片、访谈等多种形式发布信息。加强子站建设管理，开展森林公园、国有林场、种苗基地、自然保护区网站群等子站信息采编培训工作。举办首届中国林业网信息员能力提升培训班，针对网站建设的相关要求，对来自全国各省级林业主管部门和计划单列市、国家林业局各司局和直属单位的110名信息员就做好信息发布工作及提高信息写作能力等进行了系统培训。加强信息报送的制度化和规范化管理，按季度整理通报信息采用情况，并对全年优秀信息报送单位、优秀信息员、优秀信息进行评定。加强评测和评估管理，《2014年全国林业网站绩效报告》评估发布工作。举办全国林业信息化十件大事评选，评选出“2014年全国林业信息化十件大事”。四川印发了《四川省林业厅关于加强网站建设和管理工作的通知》，贵州制定了《贵州省林业厅门户网站管理暂行办法》，江苏印发了《江苏林业网信息发布审核制度》，进一步加强了网站信息内容建设，提升了网站权威性和影响力。

二、网站内容保障

（一）政务信息主动发布。中国林业网充分发挥网络问政的平台作用，将社会公众密切关注的各类政务信息做到主动公开、及时公开。以文字、图片、视频等多种方式，主站共发布信息88006条，其中视频信息261条，图片信息192条，网友留言599条、回复97条，征求意见13次，大大增强了中国林业网的互联网影响力，网站访问量突破14亿人次；应对突发事件，发布森林火灾信息242次，陆生野生动物疫源疫病监测紧急通知2次，重大外来林业有害生物灾害公告、警示通报7次，沙尘暴监测与灾情评估3次；策划信息服务，为林农解决实际困难，按照领导批示，通过在网站、移动客户端和微博、微信发布信息等方式，呼吁企业和个人帮助鲁甸地震灾区解决花椒滞销问题。

（二）热点信息及时发布。聚集发布热点专题。全年共修改和制作专题13个，其中新建专题9个，修改升级专题4个。新建世界防治荒漠化与干旱日、第二届美丽中国作品大赛、全国林业网站建设及网络安全培训班、国家储备林划定成果、国家公园建设、生态红线保护行动、三北工程黄土高原综合治理林业示范建设现场会、国家森林公园风光博览和森林旅游公益宣传活动、纪念我国签署《联合国防治荒漠化公约》二十周年等专题8个。修改升级了“3·12”中国植树节、生态文明、林业信息化、集体林权制度改革等4个专题。同时，搜集整理发布来自各大网站、报纸等媒体的信息，以撰写信息、转载信息、信息推介等多种方式，扩大专题的网络宣传效果。北京发布了“园林交响诗——第九届中国（北京）国际园林博览会”等9个专题，河北上线了“向塞罕坝机械林场先进群体学习”、“河北省农村面貌改造提升行动”等专题，吉林森工开展了“企业文化——绿色宣言”等6个专题，大连制作了“大连市集体林权制度改革”等专题，山东增设了“寻找山东最美森林”等专题，众多精彩专题发布，营造了网站的生态文化氛围，突出了网站的生态文化底蕴。

及时制作热点信息。全年共制作发布23个热点信息，分别为纪念我国签署《联合国防治荒漠化公约》二十周年、创建北京市健康生活方式行动示范单位、国家森林公园宣传活动、生态红线专题、互联网时代、国家公园建设、国家储备林划定成果、中央国家机关践行社会主义核心价值观先进典型展示、绿色中国行动、世界防治荒漠化与干旱日、中央国家机关“创建文明机关争做人民满意公务员”活动先进集体评选、森林公安重走长征路宣誓、国家苗木信息网、国家林业局关于举行湿地保护条例（草案）听证会的公告、知识产权宣传、加强行业自律规范树木移植、森林公安“感动瞬间”随手拍摄影比赛启事、2014林木采伐管理征文启事、2013年中国国土绿化状况公报、森林资源清查结果专题、国家林业局行政审批事项公开目录、全国林业信息化十件大事评选结果揭晓等。

（三）访谈直播互动发布。2014年，在在线访谈制度化建设取得成效的基础上，制订了《中国林业网2014年在线访谈录制计划》，下发了《国家林业局信息办关于开展中国林业网2014年厅局长在线访谈的通知》和《中国林业网关于开展“唱响绿色旋律，奏出生态强音”司局长专题访谈的通知》，安排部署全年访谈录制工作，共完成在线访谈和直播19次。吉林、江苏、福建、江西等累计开展在线访谈和在线直播50多次。

第二节　内网建设

2014年，国家林业局办公网以加强重点信息发布，提高网站信息内容质量为重点，全面加强网站建设，为机关广大干部职工提供了及时、全面、高质量的信息服务。

一、重点信息发布

根据工作需要，国家林业局办公网信息平台设置了领导讲话、内部信息、内部文件及会议、内部简报等栏目。2014年，共发布各类信息44478条，其中公文信息6387条，其他政府信息37794条，为广大干部职工及时了解和学习我局重要工作、重要会议和重要文件精神，提供了一个便捷的平台。同时，信息平台还设置了统计分析、林业标准、共享数据、网络民意动态、国研观点和内参报告等栏目，发布和购买了大量与林业相关的资料供广大干部职工学习和参考。

二、栏目补充梳理

2014年，对内网交流平台司局专区各单位栏目进行了梳理，为部分单位增加了领导讲话、正式文件、调研报告、计划与总结、公共信息等多个通用性栏目，为单位内部工作交流提供了便利。

三、电子数据更新

为丰富和提高内网信息质量，提高数据使用效率。2014年，根据有关单位和人员的建议，购买了时政类、林业类、财经类、文学类、信息化类、综合类等各类信息和学术期刊、学位论文等资料数据237456条，大大丰富了内网的信息内容，增加了内网的访问量，较好地满足了工作和学习需要。

四、出国人员公示

按照有关要求，配合国际司公示出国人员信息。2014年，共发布20多个司局和直属单位的出国人员信息297条。

第三节　网络大赛

为弘扬生态文化、建设美丽中国，中国林业网、国家生态网、美丽中国网在首届美丽中国征文大赛成功举办的基础上，开展了第二届美丽中国大赛。大赛得到全国各地广大网民的热烈响应，取得圆满成功。

本届征文大赛由中国林业网、国家生态网、美丽中国网主办，吉林省人民政府网站、吉林省林业厅网站（吉林林业网）、新华网吉林频道、吉林省新闻摄影学会共同负责组织及评选工作，历时4个月，共经过启动征稿、网络评选、专家评分和座谈评议等4个阶段。大赛征集了众多优秀作品，按照网络评选和专家打分结果，最后由所有专家座谈评议后产生最终获奖名单。

一、大赛特点

（一）数量众多。本次大赛得到了广大公众的热情参与，共收到作品2600余件。不少单位都是集体组织干部职工报送参赛作品，有些作者不仅自己投送10多篇参赛作品，还鼓励周围同事一起参赛，并且取得了优异成绩。其中，黑龙江省林业厅举办了第二届“大美龙江”征文和摄影比赛，将评选出的60篇文学作品和54件摄影作品作为参赛作品上报至第二届“美丽中国”大赛。

（二）内容丰富。相比第一届大赛，本次征集的作品内容更加丰富。不仅有游览祖国风景名胜、名山大川的游记，也有对故土人情、乡村风光的描述；不仅有对林业野外作业的生动记录，也有对野生动物保护的深情呐喊；不仅有自然事物的膜拜向往，也有对人文精神的深邃探索。

（三）体裁多样。汉赋唐诗宋词，小说散文评论，山歌小调美曲，作为一年一度的文化盛宴，全国各地生态爱好者你方唱罢我登场，展示文采，弘扬生态，共谱美丽中国时代华章。

二、大赛影响及收获

（一）扩大了中国林业网影响力。2014年中国林业网在全国部委网站排名中位居第二名，再次取得重大突破。中国林业网浓厚的网络生态文化氛围成为取得好名次的重要基础，第二届美丽中国大赛的成功举办让中国林业网、国家生态网、美丽中国网三网合一，共同打造网站生态文化大平台，吸引了更多网民关注中国林业网、关注中国林业，成为了公众了解林业、热爱林业、参与林业建设的主要渠道。

（二）展示了美丽中国网文化平台。美丽中国网作为唯一的以美丽中国为主题的政府网站，集中向展示了我国茂密的森林、秀丽的湿地、梦幻的沙漠、丰富的动植物资源、深邃悠久的历史文化以及炫彩缤纷的世界美景，是公众深入认识“美丽中国”核心内涵，是共同交流抒发对大自然美好向往的重要平台，也是我国网络生态文化的重要阵地。

（三）推动了网络生态文化发展。网络生态文化是生态文明发展的重要组成部分，本次大赛三网合一，充分利用移动互联网技术，在微博、微信、微视和移动客户端上充分展示大赛作品，充分发挥了网络平台的优势作用，让网络生态文化之风吹到每一个关心林业、热爱林业、渴望参与林业建设的网友面前，形成了浓厚的网络生态文化氛围。

三、大赛获奖名单

（一）文学类

一等奖：《野性之王》、《魂牵梦萦威虎山》、《大兴安岭啊，我永恒的新娘》。

二等奖：《大岭月歌》、《爱树说》、《子午岭是一首深奥的诗》、《老倔头的承诺》、《那曲的树》、《黄河故道边，我捡起几片最新鲜的绿》、《调查路上》。

三等奖：《家乡的香樟树》、《回归的绿色》、《山神》、《生态东至我的家》、《古风新韵向海系列诗词》、《与树有关的诗》、《山林深处》、《偏桥赋》、《一棵树，跨过山川岁月》、《猛洞河》。

优秀奖：《中国槐乡赋》、《十里畅游雁窝岛》、《高原仙鸟黑颈鹤》、《到大熊山看杜鹃》、《在这块墨绿如歌土地上的记忆》、《悲情河西》、《黄山归来不看松》、《35载问树不了情》、《秦岭最美是商洛》、《林业赋》、《花儿与小少女》、《最后的圣洁和尊严》、《倾听自然的声息》、《敬畏古树》、《佛光有约》、《绿林寨赋》、《内蒙古风情》、《走过西藏》、《天上草原》、《乡间的童年》、《大熊猫“四调”闲作》、《绿色诗行》、《家乡的古柏》、《五谷之首的另一种美学》、《洞刹探奇》、《金色的大山》、《风雅越王都，诗画白塔湖》、《明月梅花之杭州》、《香炉山记》、《不仅仅是条柔美的河》。

（二）摄影类

特别奖：《鸟类天堂莫莫格》。

一等奖：《王者归来组图》。

二等奖：《水墨普达措组图》、《阿斯哈图石林》、《中华秋沙鸭组图》、《草原冬韵组图》、《疑似银河落九天》。

三等奖：《金山倒映神仙湾》、《冰雪严寒兴安岭》、《云蒸霞蔚》、《家庭舞会》、《钱江源秋色》、《哺育》、《生命赞歌》、《大马哈洄游》、《念湖》、《有凤来仪》。

优秀奖：《西山韶月全景》、《哈尼梯田》、《湖光曲》、《高山流水》、《赢者生存》、《彩带串珠》、《湿地之歌》、《沙海驼影》、《鹗》、《湿地晚霞》、《壮美湿地》、《金秋坝上》、《白鹭群飞图》、《镜·静·境》、《梅里雪山》、《金秋的胡杨》、《和睦》、《仙境家园》、《孤独的守望者》、《普氏原羚》。

同时，内蒙古大兴安岭森林公安局的杨波、吉林省向海国家级自然保护区管理局的刘伟被评为特别贡献奖，黑龙江省林业厅信息中心、国家林业局森林公安局被评为优秀组织奖。

第三章　网络运维

2014年全面加强网络安全建设，保障水平明显提高，基础设施服务能力显著提升。多地林业部门联通国家电子政务外网，开通资源卫星中心专线，扩展互联网出口带宽，增加互联网出口备用线路，新建中心机房，进行网络改造，建设视频会议系统，深入推进等级保护体系建设，安全测评与运维管理不断加强。

第一节　信息安全

一、加强信息安全组织管理

从维护国家安全大局出发，充分认识加强信息安全工作的重要性和紧迫性，切实加强组织领导，强化领导责任，严格责任追究。不断加强内部信息化工作人员管理，狠抓落实岗位信息安全责任人制度，切实明确信息安全重要性，注重强化信息从业人员安全意识，深入开展信息化安全培训工作。认真贯彻落实第三届全国林业信息化工作会议精神，按照国家林业局和省里有关信息化建设的工作部署，以“融合、协同、共享”为目标，以统一平台为基础、统管共建机制为抓手，推动业务应用系统融合升级改造，取得了良好成效。福建、广西、贵州、青海成立林业网络安全与信息化建设领导小组，加强信息安全建设；山西省加强信息安全制度落实，明确责任，落实到人，增强工作人员安全意识，把好信息安全工作的第一道关，完善技术保障体系建设，提高防范能力。

二、提高信息安全预防和应急能力

2014年全国各地林业部门加强信息安全事件应急预案，根据实际情况结合信息安全发展需求，开展网络与信息安全出现突发事件的应急响应机制，不断修改和完善信息安全事件应急预案。

（一）加强门户网站及应用安全管理。全国各地林业部门加强网站安全管理，能够积极响应并按照国家有关文件和国家林业局下发的文件执行。全国各地林业部门高度重视政府网站安全建设，对本单位网站发现的各个安全漏洞及时采取了修补和防御措施，相继出台有关管理制度，不断完善网络安全管理。吉林森工、大兴安岭森工、黑龙江等地对原有安全设备进行了升级改造，增加了防火墙、IPS、网页防篡改、安全网关等安全设备，实现了对政务网络的杀毒、防攻击、防篡改、VPN拨入、流量监控等功能，进一步增强政务网络平台及门户网站抵御病毒、恶意攻击及非法入侵及篡改能力，确保系统可靠、连续正常地运行。

（二）提升安全事件应急能力。随着全球互联网技术发展水平逐步提升，互联网信息安全成为国家重中之重，对国家主权、安全、发展利益提出了新的挑战，必须认真应对。全国各地林业部门积极开展互联网网络安全应急演练，通过演练，进一步提高了应对大规模网络攻击、域名劫持、系统瘫痪和网页篡改等突发事件的实战能力。重庆、上海、黑龙江等地启动了信息系统与信息安全事件应急预案的制订工作。

三、开展信息安全监督检查

（一）加强网络安全检查。党中央高度重视网络安全，习近平总书记做出了“没有网络安全就没有国家安全”的重要指示。中央为此专门成立了中央网络安全和信息化领导小组，做出了一系列重要部署。吉林、北京、甘肃等地通过开展检查，以查促建、以查促管、以查促改、以查促防，巩固深化信息安全保密意识，落实安全责任，深入分析安全风险，系统评估安全状况，全面排查安全隐患，进一步健全安全管理制度，完善安全防护措施，提升自主可控水平和安全防护能力，预防和减少网络安全事件的发生，切实保障重要网络与信息系统的安全稳定运行。陕西、黑龙江深入开展网络信息安全检查，开展网络信息安全及计算机系统保密培训工作，提升干部职工的信息安全意识。江苏邀请省信息安全测评中心对信息安全工作进行了全面排查，并针对检查中发现的问题及时进行整改。

（二）推进软件正版化检查。加强软件知识产权保护、推进软件正版化工作，是国家信息安全战略中的重要组成部分，是确保国家信息安全、维护国家利益的重要保障。国家林业局高度重视软件正版化工作，在以往工作的基础上，进一步采取有效措施，加大工作力度，创新工作方式，切实做好软件正版化工作，各方面均取得积极成效。龙江森工、大兴安岭森工、内蒙古、山西等地通过多形式、多手段，提高干部职工对软件正版化工作重要性的认识，督促各部门使用正版软件，为网络信息安全奠定良好基础。辽宁、内蒙古森工、浙江、宁夏、甘肃等地积极筹备资金购置正版软件。

四、信息安全等级保护项目圆满完成

国家林业局内外网信息系统安全等级保护建设项目经历了招投标阶段、设计阶段、实施阶段、完成信息系统等级保护建设软硬件集成的基础软硬件设备的采购和集成、信息系统等级保护咨询服务及测评的系统定级、差距分析、体系咨询规划、整改方案设计及实施指导以及等级测评，于2014年 12月1 日完成验收，项目全面竣工。该项目以服务林业信息化和提升林业信息系统安全为目标，通过构建全面的安全加固系统、一体化安全服务联动机制，提升了国家林业局内、外网平台安全防护能力。安徽、海南、湖南、青海、山东、浙江、广西、江苏、大兴安岭等地按照国家林业局信息系统安全定级指导意见，积极开展林业信息系统安全定级工作。

第二节　运行维护

随着林业信息化工作的逐步推进，保障各个信息系统安全稳定运行，为用户提供良好的应用服务，及时解决出现的问题和故障，是林业信息化正常开展的重要保障，也是信息化效益的重要体现。

一、强化运维基础设施

各省林业主管部门购置加强网络安全防护能力的产品。黑龙江、河北、四川、广西等地增加Web应用防护系统、运维安全审计设施，更新无修复价值的漏洞扫描、网络综合审计等安全设备及信息安全检查工具。湖南、北京等地增加和整合安全监控应用系统，实现网络、应用、安全及运行维护的统一监控，有针对性地开展应急实际演练。

云南在原有外网线路的基础上，新增了备用线路，加强了网络保障能力。龙江森工增加了视频会议终端、MCU、各条战线的专线网络，全部整合到中心机房，统一管理、统一调度。江西、海南对机房进行了改造，实现了机房温湿度、电源等环境参数的实时监控。

二、保障日常运维工作

随着信息化的发展水平不断提高，要不断加强日常管理，确保各信息系统和各环节稳定运行。长期做好基本设备的运维与管理工作。结合安全生产隐患大排查和在其他敏感时间对安全隐患的排查工作，采取季度性维护、现场巡查、应急演练等多项举措保证网络安全顺畅。

山东视频会议进入试运行阶段，形成了省、市两级实时、即时的上传下达网络。江苏对视频会议系统进行了升级改造，将标原有系统提升为高清视频终端。广西将办公网络由20M升为50M，提升了网络带宽。湖北实现全省143个林业专网节点接入，建成了覆盖省、市、县（区）三级的林业专网，实现了农村网格化系统对接，将网络延伸到乡村。

三、完善维护管理

通过建立完善的运行维护服务体系，更好地树立并落实以用户为中心的服务理念。通过对运维体系内的各种人力与设备资源的优化组织，制定出分等级的服务质量标准制度，从能力和管理制度两个方面提升具备相关业务实施的条件，针对客户差异化的服务要求，提供差异化的服务。因此服务集成商通过集成各服务提供商的服务，为林业系统提供专业化的运维服务，才能保障各林业系统的可用性和持续性。

北京应用虚拟化云平台，对现有服务器与冗余数据磁盘阵列资源进行了有效整合，搭建了稳定安全的虚拟服务器集群，有效解决了服务器的增长需要。

四、积极完善系统运维工作制度化

为适应信息化发展需求，2014年11月国家林业局信息办对原有的机房和计算机管理制度进行了修改完善和补充，经过整合后印发了《国家林业中心机房管理细则》、《国家林业局信息网络和计算机安全管理办法》。该细则的制订，使国家林业中心机房的运维管理更加规范，职责更加明确，办公计算机的使用更加规范和安全，通过制度的有效落实，能够保障关键信息系统安全、稳定运行，同时能够使信息安全事件得到及时跟踪、控制和处理。

山东先后制定完善了16项工作制度，逐步建立健全了林业信息系统工作的长效、动态管理体制。内蒙古、大兴安岭、河南、海南等地纷纷出台多项运维及安全管理办法，为信息化的健康持续发展提供了制度保障。

第四章　项目建设

2014年，按照“服务大局、服务司局、服务基层、服务林农”的要求，加强应用系统建设，深入挖掘数据资源，提升服务水平，开展第二批林业信息化示范市、示范县和首批示范基地建设，带动林业信息化建设再上新台阶。

第一节　网站群建设

国家林业局立足当前、着眼长远，2014年完成10000个域名的编制、解析和管理工作；举办了第二期网站群培训班，共有523人参加培训，指导各省（区、市）建设市、县级网站群、森林公园、国有林场、种苗基地、自然保护区等培训工作。2014年累计新上线子站1197个。吉林、四川、安徽、甘肃、辽宁、山东等地积极开展林业网站群扩建工作（见表4-1）。

表4-1　2014年新上线子站

序号	子站名称	子站类型
1	南岸区长生林场国家杉木马尾松良种基地	种苗基地
2	新疆泽普县国有林场国家枣树良种基地（新疆维吾尔族自治区）	种苗基地
3	新疆哈密林场国家落叶松良种基地（新疆维吾尔自治区）	种苗基地
4	新疆青河县林管站国家大果沙棘良种基地（新疆维吾尔自治区）	种苗基地
5	新疆尼勒克林场国家天山云杉良种基地（新疆维吾尔自治区）	种苗基地
6	内蒙古黑里河林场国家油松良种基地（内蒙古自治区）	种苗基地
7	甘肃省天水市麦积区码头苗圃国家杨树良种基地（甘肃省）	种苗基地
8	重庆市南岸区长生林场国家杉木马尾松良种基地（重庆市）	种苗基地
9	广东省韶关市曲江区小坑林场国家杉木、油茶良种基地（广东省）	种苗基地

（续）

序号	子站名称	子站类型
10	四川省高县来复森林经营所国家马尾松良种基地（四川省）	种苗基地
11	福建省上杭县白砂林场国家马尾松、杉木良种基地（福建省）	种苗基地
12	海南省林科所苗圃（海南省）	种苗基地
13	河北省威县国有苗圃国家杨树良种基地（河北省）	种苗基地
14	河北省平泉县七沟林场国家油松良种基地（河北省）	种苗基地
15	河北衡水市中心苗圃场国家白蜡良种基地（河北省）	种苗基地
⋮	⋮	⋮
1197	河南三门峡黄河湿地国家级自然保护区	自然保护区

第二节　应用系统建设

一、大数据应用建设

（一）***发展战略研究***。为充分利用大数据理念和技术进一步加快林业信息化建设，提升林业管理能力和服务水平，国家林业局信息办于2014年启动了《中国林业大数据发展战略研究》的编制工作，其主要内容包括发展道路剖析、研究概述、战略地位与作用、战略重点及现状、战略设计、安全研究、风险分析、规划及保障、发展评测。

1．发展道路剖析。全面介绍了大数据的产生背景、定义、特征、处理流程、分析方法等，论述了国内外大数据战略研究发展情况，提出了林业大数据的发展路径及现状，分析了各领域的大数据典型应用，谋划了林业大数据发展趋势。

2．研究概述。通过对林业大数据本质认识的研究，提出了林业大数据是生态变迁的“信息收集器”，是生态发展的“本质显示器”，是生态治理的“数据指南针”，是生态治理与经济发展的“变速箱”。结合林业业务、信息资源与应用等特色论述林业大数据的研究内涵。提出了林业大数据发展战略的研究目标及应用领域，提出了详细的研究内容和方法。

3．战略地位与作用。论述了我国林业信息化和林业现代化的关系，即林业现代化是林业信息化建设的根本目标，林业信息化是实现现代林业的重要手段和保障，林业大数据是林业信息化发展的必经阶段。通过对林业大数据建设的重要战略地位的研究，表明开展大数据战略研究的重要作用。

4．战略重点及现状。分析当前林业大数据业务应用现状，提出林业大数据发展的需求，包括生态安全需求、技术发展需求、管理决策需求等方面。规划了林业大数据发展应建立的重点工程，包括生态大数据监测采集体系、生态安全监测评价体系、生态红线动态保护体系、“三个系统一个多样性”动态决策体系、生态应急服务体系、生态安全信息发布体系。

5．战略设计。提出了林业大数据建设需遵循的基本原则，即总体设计、分步实施，统一规划，资源整合，问题导向、需求牵引，突出应用、狠抓关键，急用先上、循序渐进，强化服务、面向应用，稳妥试点、逐步推广。提出了林业大数据建设的关键应用技术、技术架构设计、信息资源设计、应用架构设计、部署模式设计。

6．安全研究。制定了林业大数据安全政策研究、安全管理机制研究、安全防护技术研究策略，明确大数据的重点数据保护对象，构建大数据价值等级，加快完成大数据信息安全体系的建设。提出了信息资源保存数据分级制度研究、大数据动态存储机制研究、数据加密技术研究、大数据网络层安全研究的研究方案。

7．风险分析。制订了林业大数据设计风险及应对方案，包括林业大数据发展设计阶段的风险分析和应对方案。重点提出了林业大数据建设风险及应对方案，包括林业大数据建设阶段的风险分析和应对方案，编制了林业大数据应用风险及应对方案，包括林业大数据应用阶段的风险分析和应对方案。

8．战略规划及保障。制定了林业大数据战略规划思路和策略，包括正确处理六大关系和努力实现六大转变。分析了林业大数据战略规划推进路线，提出了林业大数据战略规划保障措施，包括政策法规保障、机制保障、人员保障、技术保障、资金保障。

9．发展评测。分析了国内外大数据发展评测的方法和典型案例，提出了林业大数据评测的思路方法，包括指导思想、评测目标、评测原则、组织管理、评测方法、评测流程等。制定了林业大数据评测指标体系，包括评测指标体系设计原则和林业大数据发展水平评测指标体系。

（二）“明天去哪儿”大数据服务平台建设。“明天去哪儿”充分运用大数据关键技术，构建生态旅游智慧化生态旅游服务平台。利用生态旅游相关的数据信息（游客流量、门票信息等）以及外部的关联信息（天气、景区活动、交通、酒店等）挖掘生态旅游产业的数据价值，为游客推荐出行计划、线路规划及周边服务，为游客介绍生态旅游产品，服务林业，服务社会。

“明天去哪儿”生态旅游平台的建设内容分为数据采集、业务逻辑、可视化呈现3部分（见图4-1）。

数据采集通过开发采集接口实现对林业数据源、公共数据源和互联网数据源的数据抽

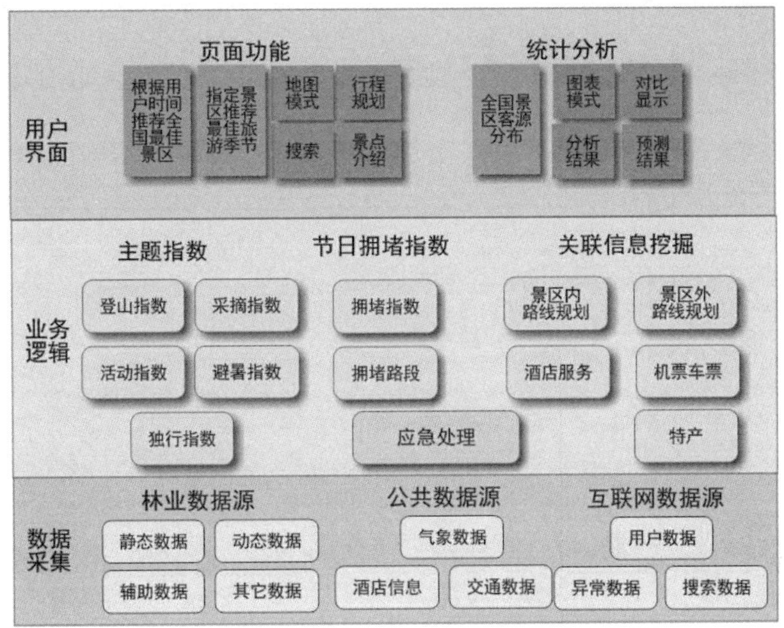

图4-1 "明天去哪儿"生态旅游服务平台建设内容

取、噪声清洗、数据归一化等操作，完成数据的采集、存储、加载，为大数据分析做好准备工作。

业务逻辑主要包括主体指数、节假日拥堵指数、关联信息挖掘、应急处理等。平台使用大数据分析引擎，根据算法库提供的模型，使用分布式调度框架，获得用户和企业需要的分析结果。

可视化呈现采用地图模式直观地显示推荐给用户的生态旅游行程规划，以报表模式显示数据挖掘的统计分析结果。

（三）"果子熟了"大数据服务平台建设。平台建设运用互联网思维，广泛收集采摘生态园的林果数据信息和天气、用户评价等外部关联信息，对大数据应用于林业领域进行有效的探索和尝试，运用大数据的关键技术，实现林业信息数据的挖掘、处理及分析，构建智慧化大数据预测平台，为用户提供生态园选择、线路规划、交通信息、酒店选择的一站式配套服务，为林业企业提供果实采摘推荐服务、用户需求分析等预测模型。同时，通过开展林业大数据应用示范试点，为后续林业大数据的深入拓展及广泛应用积累建设经验，奠定基础。

1．建设内容。"果子熟了"生态采摘服务平台的建设内容分为数据采集、业务逻辑、用户界面3个层面（见图4-2）。

通过采集林业数据、公共数据和互联网数据等，建立用户需求和果实成熟模型，为用

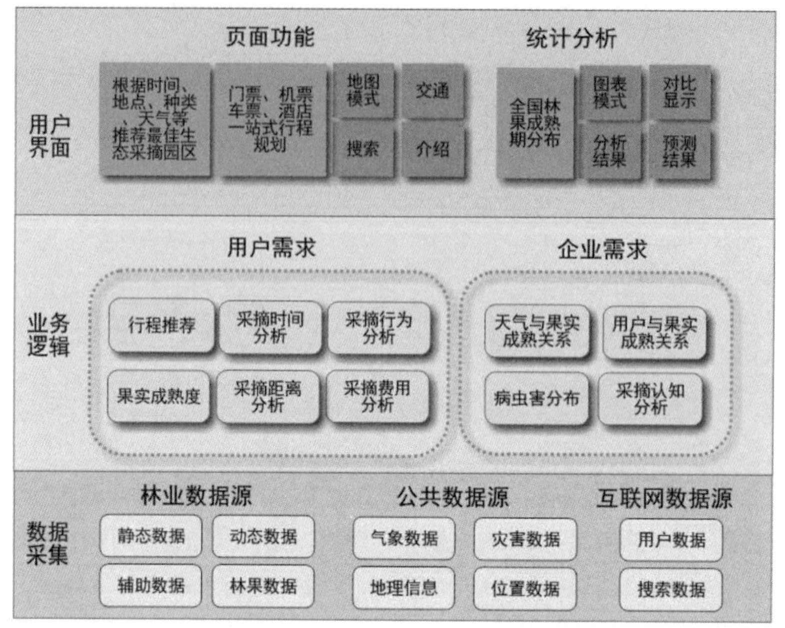

图4-2 “果子熟了”平台建设内容

户和企业提供果实成熟预测分析结果，为游客提供全国范围内当前最佳采摘的林果报告，根据用户登录平台后的选择，用户浏览的历史数据，结合林业大数据，为用户推荐适合用户采摘的果实，当前最近的生态园，提供配套的交通、酒店等行程路线规划。用户可根据系统的交互界面，选择自己的旅游线路。同时，通过综合评价分析，可以深入挖掘与林业果实相关联的因素（用户需求、用户行为、天气、降水、病虫害等）来分析“果子熟了”应用示范采集数据存在的规律和趋势。

2．界面展示。展示方式以“结构清晰、逻辑严密、操作简单、层次分明”为指导原则，按照多种分类直观显示。可提供标签图、气泡图、雷达图、热力图、树形图、辐射图、趋势图等各种可视化方式，将数据分析结果以最佳的方式进行展现。

首页。采用地图模式直观显示全国林果生态园区分布，可根据用户地理位置显示附近的生态采摘园区（见图4-3）。

主界面。用户可从地图上直观地看到当前成熟的果实分布，为用户推荐果实成熟度最佳的生态园，选择生态园还可以显示更详细的信息，为用户制订行程计划等（见图4-4）。

3．效益分析。平台建设可极大地丰富林业园区的管理手段和营销手段，为现代新旅游、新传播、新行为、新市场、新模式提供高科技服务，使其成为一种新的科技旅游，提升园区的品牌形象和社会形象。有利于优化旅游环境，提高各生态园区管理服务水平，确保生态效益、经济效益和社会效益三者之间的统筹协调发展。

图4-3 全国林果生态园区分布图

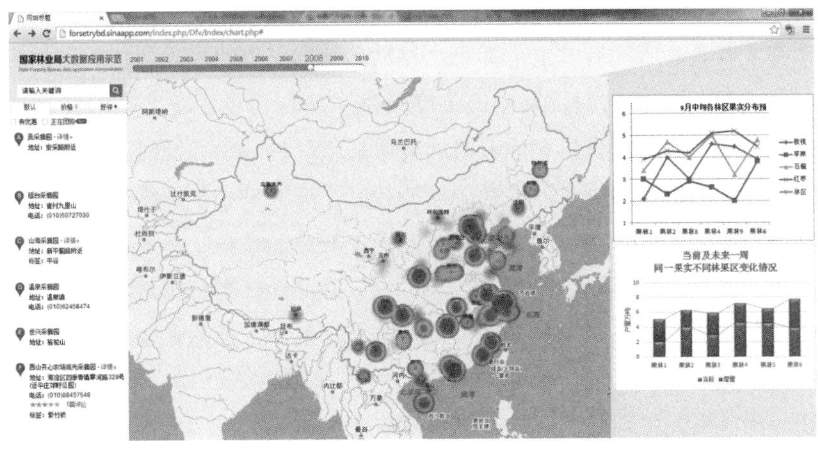

图4-4 林果成熟度分布

二、物联网示范

（一）概述。2011年8月，国家发展改革委、财政部确定国家林业局为智能林业物联网应用示范工程建设单位，示范内容包括两个方面：一是在江西井冈山开展森林旅游安全监管与服务物联网应用示范；二是在吉林长白山开展森林资源安全监管与服务物联网应用示范。2013年5月，国家发展改革委将建设单位分别调整为中国电信集团和吉林森工集团，明确国家林业局主要负责业务指导和行业监督等工作。目前，中国电信集团已完成工程建设总量的85%左右，吉林森工集团已完成工程建设总量的90%左右。

（二）吉林长白山森林资源安全监管与服务物联网应用示范工程。该工程基于下一代互联网、智能传感、宽带无线、卫星导航等领域的先进技术和产品，在示范区松江河林业局构建天网、地网、人网和林网一体化感知体系，对接智能林业平台，形成性价比高、具有重大实用价值的森林资源安全监管与服务系统，全面、实时和系统监控严重威胁我国生态安全的森林火灾、乱砍滥伐等重大问题，提高森林资源安全监管与服务的整体水平。

截至2014年年底，关键技术及设备研发取得重大成果，研发了“森林眼”森林防火监测与预警系统并在示范区投入应用，“森林眼”系统先后获得10余项自主知识产权，研发了RFID木材追踪系统，待进行软硬件系统测试后即可正式部署应用。同时，示范工程建设取得了明显成效，完成了“森林眼”森林防火监测预警系统建设；该系统经两年多试运行，已达到保护森林资源安全和维护林区和谐稳定的预期目标；开展了RFID木材追踪系统试用工作，并与视频监控系统、电子货票系统以及森工集团经济运行监测系统进行了对接，实现了木材采伐、运送、抽检、储存、出库等的全流程监管。

（三）江西井冈山森林旅游安全监管与服务物联网应用示范工程。该工程由“天、地、人、林四网和智慧森林一平台”构成。其中，天网系统主要是利用通信卫星，遥感卫星，导航卫星的通信、感知、定位功能，传输音视频数据、获取遥感影像和实时位置信息。地网系统主要是利用现有的电信宽带、移动通信网络以及本项目拟建设的由主干监测网络和局域监测网络组成的两层架构的传感网络，实现对景区游客、车辆、林火等的实时监控和气象、水文、空气质量、地表温湿度等的实时感知，并及时、准确传输数据。人网系统主要是利用智能定位胸卡、移动多功能智能手持终端和车载终端，对游客、工作人员、旅游车辆等的位置进行实时跟踪。林网系统主要是通过科学部署森林坐标设备，实现对游客、工作人员和旅游车辆等的实时准确定位。智慧森林平台则是通过对天网、地网、人网、林网等渠道获取信息的综合分析和智能数据挖掘，支持森林旅游和自然资源的可视化安全监管与服务。

截至2014年年底，关键技术及设备研发基本完成，关键组网技术及设备研发，待示范区小范围组网测试后即可全面开工建设；完成了温湿度传感器等配套设备研发，目前在示范区边测试边建设；完成了手持式智能终端研发，并已具备批量供货能力；完成了游客定位胸卡、地面坐标设备、整车扫卡设备、闸机扫卡设备等研发，目前正开展产品定型和生产；完成了IPv6物联网协议测试仪表研发，经实地测试表明仪表已达到设计要求。同时，示范工程建设取得了明显成效，开展了示范区统一机房和网络基础设施建设，对现有多个机房及应用系统进行迁移，计划于2015年5月全面投入应用。林火视频监控系统升级扩建工作正在进行，即将正式投入使用。完成了野外勘察设计，示范区无线组网施工即将全面启动，具备系统上线联调条件。软件开发紧张有序进行，基本完成了全部软件开发任务。

三、移动互联网建设

（一）概述。充分运用新媒体技术，实现主动推送服务，新增的“林业新媒体”涵盖了中国林业网官方微博、微博发布厅、微信号、移动客户端，努力走向“全媒体”、“一站通”新阶段，方便公众随时随地了解林业行业信息、享受在线服务，建成了基于新媒体的政务信息发布和互动交流新渠道。

（二）微博。“中国林业发布”微博是中国林业网官方微博，自2012年3月开通以来，反响良好，影响力日益扩大。2014年是“中国林业发布”微博硕果累累的一年，这一年与中央电视台、新华网、人民网、新浪网、腾讯网五大媒体合作，秉持“及时性、真实性、权威性”的原则，做到内容和形式多样，直播与互动结合，面向广大公众发布林业重大政策及活动信息，有效地发挥了信息公开、舆论引导、倾听民声、反馈民需的重要作用，粉丝数达到50多万人，获得了“2014年政务微博卓越奖”等多个奖项和荣誉。

（三）微信。“中国林业网”微信是中国林业网官方微信，自2013年年底开通以来，受到广泛关注。2014年是“中国林业网”微信内容、形式突破的一年，这一年微信在林业重大活动、政策文件等信息发布的基础上，增加了图文并茂的林业知识普及、美图欣赏、政策图解等内容，加强了感官效果，受到了广泛好评，截至2014年年底，关注人数达到9000多人。

（四）移动客户端。中国林业网移动客户端可用于安卓和iOS两种系统，分为走进林业、信息发布、在线服务、互动交流、热点专题等五大版块，将中国林业网主要内容在客户端展示，同时基于地理信息服务，全新打造省级林业主管部门和森林公园旅游两大新栏目，让移动客户端成为公众移动林业终端。

四、地方应用系统建设

2014年，各地各单位进一步加强林业信息化建设，充分运用新一代信息技术，以应用系统建设为契机，纷纷建立各类智慧化业务信息系统，为发展智慧林业，建设生态林业民生林业做出贡献。

（一）业务服务类信息系统

1．辽宁省智慧林业系统。开展了辽宁青山工程动态监测平台和辽宁省人工造林信息管理系统建设，其中辽宁青山工程动态监测平台建设，采用省、市、县三级架构，提供基于网络的、统一的、标准的公共基础技术服务和系统运行环境，充分利用现有辽宁林业信息化建设成果，首次将辽宁省青山工程的复杂业务和海量数据与计算机网络、遥感、地理信息、空间定位、信息管理等技术及林业基础信息资源整合，构建了全省青山工程立体化的动态信息监测模式，实现了青山工程信息的一体化服务，为政府的决策、实施、监督提供现代化信息手段，提高了青山管理行政办事效率和科学管理水平。辽宁省人工造林信息管理系统是以管理辽宁省人工造林信息为基础，为了满足辽宁省造林用户，对区内信息管理与查询的需求而建设的满足辽宁省造林信息的更新、查询、统计与规范管理的信息管理平台。

2．宁夏回族自治区智慧林业。信息化资源整合逐步推进，森林公安局初步完成宁夏森林防火指挥体系和宁夏森林防火信息指挥系统，正在建设综合通信保障系统。已开通了宁夏公安网“警务综合应用平台”、森林公安软件视频会议系统、森林公安网络IP电话，开发了宁夏森林公安“警官信息”和网上公文签阅下载系统。实现了网络问案。“宁夏网络森林医院”在森防部门和森林经营者之间搭建了快捷、经济、高效的现代化网络公共服务平台。完成了林地保护利用规划，并将林地落界成果计算机矢量数字化，建立了标准统一的林地数据库。全区及22个县（市、区）林地保护利用规划全面完成。对全区林地、森林、湿地、自然保护区、森林公园、国有林场等建立了基础地理信息系统，林地资源实现了“一张图”管理的目标。启动了宁夏林木种苗管理总站门户网站和信息化管理系统。在山区8个县试点并推广使用了天然林资源保护工程管理信息系统。对林业厅信息化及网络安全进行全面检查，排查隐患，风险抵御能力得到了有效提升。

3．北京市园林绿化局国有林场苗圃信息系统。在2013年场圃信息系统建设基础上，申报、建设国有林场苗圃信息服务平台，进一步推进国有林场苗圃的信息化应用。根据前期试点情况，通过调研市级相关部门及场圃应用现状、应用需求及存在问题，增加了八达岭林场、温泉苗圃等试点的应用推广工作，在使用中不断调整完善，不断总结。截至目前，完成了项目公开招投标工作，经过多次调研与确认，完成了场圃二期项目建设内容、建设方案、项目需求分析说明书，以及系统原型、系统开发部署等工作。

4．江苏森林公安装备管理系统。该系统基于公安金盾网，以省森林公安装备管理业务需求为导向，以“系统灵活部署、数据高效采集、信息智能分析”为设计理念，对装备进行分类管理，针对不同类别订制不同表单；实现装备日常管理，如采购、领用、借用、归还、转移等；实现装备维护管理，如维修、盘点、折旧、报废等；实现装备信息的管理，如装备自身信息和维护信息等；根据实际需求实现相关查询和统计功能。实现集森林公安统计元数据管理、森林公安统计体系定义、数据采集填报、数据审核汇总、数据查询、决策分析等功能为一体的高效、智能的业务报表系统。构建了规范、高效的森林公安装备管理体系。

5．安徽省森林防火信息指挥系统。经过两年时间建设，安徽省森林防火信息指挥系统（含视频会议主会场）完成了系统集成和调试，开始试运行。该系统是一个集多种通信技术、视频监控流处理、电子计算机技术、多媒体技术、数据信息管理、软件开发、3S技术应用等综合技术的工程。作为防火工作基础通信和办公互动平台，满足了安徽省对各市实现实时火险等级预报预警的要求；火灾发生时可以借助各种系统内通信资源完成指挥中心与远程火场前指、后方指挥总部、一线扑火队等终端互联，完成火场现场信息、遥感图像的接收和采集，为中心指挥人员提供充分的现场数据，以便进行数据的综合分析处理，为上级部门的防、扑火决策提供全面科学的依据，最终实现防火扑火工作的科学指挥和调度。

（二）资源监测类信息系统

1．江西省森林资源管理信息系统。森林资源管理信息系统是数字林业建设最基础的重要业务应用系统，主要完成系统开发和森林资源数据库建设两大任务。资源管理系统完成了信息发布、公益林管理、林木采伐管理、林地管理、数据管理和数据更新等6个子系统的功能开发，并在省林业规划院及上饶市万年县、婺源县、赣州市会昌县、吉安市安福县等地进行了试运行。系统在省厅数据中心部署完成，进行项目验收并正式使用。资源数据库建设已完成全省6184幅80坐标系地形图和真、假彩色遥感影像3套数据的整理与切片、全省林业基础地理信息数据的采集与入库、国家林地年度变更调查试点全省170.1万个小（细）班的数据标准化入库、全省112个县级调查单位中86个单位的森林资源补充调查数据审核与入库、信江乐安河林区林分生长模型研建，11月全面完成全省森林资源补充调查数据的图表审核、数据完善与标准化改造入库及资源专题数据库切片、其他林业专题应用数据库的数据采集和入库工作，完成全省林分生长模型的研建。

2．西藏森林资源林政管理系统。西藏森林资源林政管理信息系统涉及全区7个地市、30个有林县，20个木材检查站，系统的建成将实现森林资源管理系统、生态公益林管理系统、征占用林地管理系统、林木采伐管理系统、木材运输管理系统、木材加工台账管理系统等六大系统数据数字化：还对森林资源数据调用、浏览、查询、管理更加方便快捷；生态公益林数据、档案更加细化、翔实；征占用林地办证手续流程更加清晰；木材采伐、运输手续及通行证签发更加规范；可实现对全区20个木材检查站远程实时监控。

在该系统建设前有一套针对全区6个木材检查站的一套监控系统，现已废弃；在林规院有林地保护利用规划数据库、公益林数据库以及重点区域造林数据库，但这些数据库并没有与厅中心机房对接，数据库利用率较低且浏览、查询、调动不方便。所以此次林政管理系统建设在硬件选择上和中心数据库开发上预留了接入端口，以便提高数据库利用率和便捷程度。

3．大连市林业局森林管护信息系统平台。为进一步加强全市森林防火和农村专职护林员队伍建设和管理，结合正在进行的护林员专职化改革工作，经过与市移动公司沟通协商，由市移动公司为全市森林管护工作提供专业化服务，通过定期收取管理服务费，保障信息传输流量需求的方式，专门研发建设森林管护信息系统平台，并为全市农村专职护林员或森林消防队员及分级管理人员无偿配备手持GPS终端设备。管理人员通过此平台可随时随地掌握护林员的位置、巡护轨迹等相关信息，为加强护林及森林消防队伍考核管理提供了有力保障，也可以通过手持终端进行拍照、录像，及时将现场情况上传到平台和管理终端，供管理人员作出合理的处置方案及指挥调度决策，此平台也是智慧林业建设的重要内容之一。

（三）民生服务类信息系统

1．海南林权信息管理服务系统。海南省林业厅增加投入400万元建设的“海南林权信息管理服务系统”已于2014年建成，该系统在原林权信息管理网络系统基础上升级扩建，系统共分为3个部分：一是“海南省林权交易网站（林权网上交易系统）”，主要进行林权流转信息网上发布、报价和拍卖；二是“海南省林权地理信息系统”，主要是建设全省林权地理信息空间数据库；三是“海南省林权管理电子政务系统”，主要是连接省、市（县）、乡镇三级网络，承担林权证申请、报批、打证、变更、注销，林业贷款、森林保险的申报、办理等。目前该服务系统已经建设完成，正在组织验收工作，明年将围绕该系统着力开展林权办事点和业务员的培训。

2．内蒙古森工电子商务平台。集团电子商务平台由统一的信息化管理系统、电子商务应用系统、安全管理和系统管理、决策支持系统构成，主要承担各类产品网上销售等关键业务，是集团面向全国、面向市场的信息门户。集团公司多次与国际国内顶尖的咨询管理机构磋商项目有关业务，并编制完成了两版电子商务项目建设方案草案，对集团公司建设电子商务平台进行了一定技术储备和初步探索，将建设电子商务的主题确定为“绿色碳汇、健康生活”。目前，集团公司电子商务平台的需求调研工作基本完成，框架已经形成。电子商务的第一阶段网络营销系统建设已经筹备完毕，前期初步技术储备已经开始，即将正式启动。集团下属各企业通过电子商务平台可以形成整体销售模型，把全集团的优质产品进行打包、整合，在平台上进行捆绑销售。各产品之间可以对销售互相促进，各产品互相支撑、互相推动，以点带面、最终使集团各下属企业的产品实现整体销量提升。

第三节　数据库建设

一、林业数据库二期项目

2014年，主要建设中国林业数据库二期项目，即林业数据采集整合分析软件开发。中国林业数据库系统建设依据全国林业信息化“四横两纵”的总体框架，结合林业数据库系统的需求，基于SOA框架体系，采用云计算技术、大数据技术、在线分析处理技术以及数据中心和数据仓库技术，以林业数据库为核心，以互联网和林业专网为依托，进行林业数据库系统构建。

（一）数据架构。针对扩充的数据内容，采用横纵分明的数据架构（见图4-5）。横向业务角度划分为森林资源数据库、荒漠化和沙化数据库、湿地数据库、野生动植物资源数据库、重点工程数据库、林业灾害监控数据库以及林业产业数据库，纵向级别角度分为世界级、国家级、省级、市级以及县级，在横纵两条线的基础上，又包括分析类数据、综合类数据、监测类数据、服务类数据、信息类数据（多媒体宣传信息等）、规划类数据以及

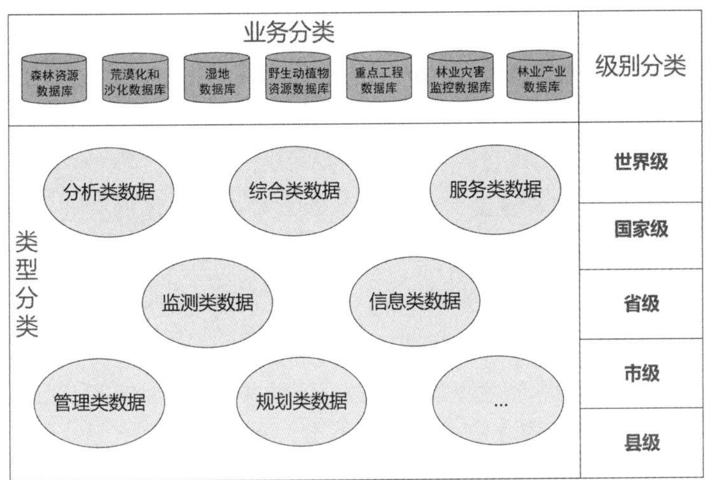

图4-5 数据库架构设计

管理类数据等，不同的类别针对不同的业务专题库以及不同的级别，根据数据的实际情况进行划分归类。

（二）建设内容。中国林业数据库门户系统。中国林业数据库门户系统建设是基于林业数据库，面向内网、外网用户提供各类林业数据库查询、统计与数据展示系统门户，是整个中国林业数据库的入口，是链接各类林业数据库的桥梁和枢纽，是中国林业数据库的集散中心、分析统计中心和管理维护中心，负责林业各类数据库的共享。其主要包括网站首页、林业分类数据库、数据查询、数据统计图、数据统计、专题展现、数据分析等栏目（见图4-6）。

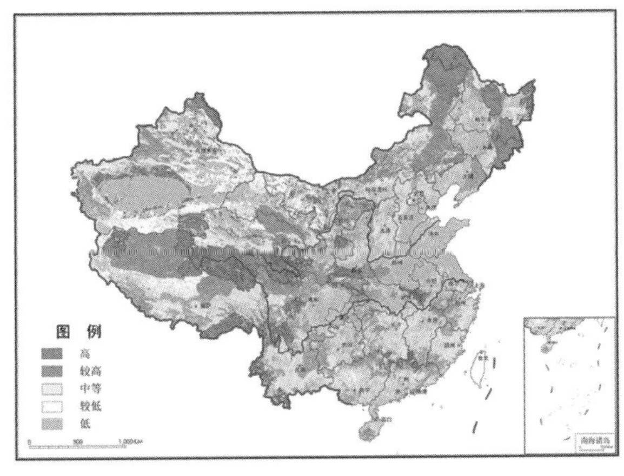

图4-6 数据库门户专题示意图

中国林业数据库管理系统。数据库管理系统包括用户管理、角色权限管理、林业数据库资源编目管理等功能。

数据采集订制系统。针对各类林业业务数据，定义数据结构，创建数据表，订制结构化信息的采集工具，实现数据采集更新维护。

二、地方数据建设

（一）北京市林业数据库建设。2014年，北京市园林绿化局开展了数据资源目录梳理、数据检查、整理、更新等工作，完成了北京中心城区绿地、城市绿线、二道绿化隔离地区、平原造林等数据的矢量化、整理入库、较正、发布等工作，共新增了15088条记录。在现有资源目录建设的基础上，初步完成了网格系统空间数据的梳理，编制了数据资源共享机制及管理办法，从机制和制度上理顺了数据资源共享建设的各项工作。开发建设了绿化资源监管小助手系统，将园林绿化资源管理核心指标、数据、图件、政策等在小助手上进行高效安全的管理，加强了现场办公、移动办公能力建设，形成了一张图管理模式，为管理部门开展空间管理和应急决策等提供支撑。部署实施了北京市园林绿化局卫星遥感数据库，实现了多年度、多时相、多精度全市卫星遥感数据的实时查看与分析，进一步丰富了园林绿化局的数据资源，为全市园林绿化系统的业务管理提供了有力的数据支持与服务。完成了报表系统相关部门的需求调研及表格整理与设计，形成了100多张基础表和分析表，实现了与国家林业局系统的对接，扩充完善了局各项业务报表数据的采集方式，形成了具有统一标准、多种手段、科学扩展等特性的长效数据采集机制。

（二）贵州省林业工作信息库。在贵州省林业厅办公系统（内网）上，建立了贵州省林业工作信息库（包括林业工作主要问题、各省森林资源数据和省林业厅各部门常用数据等内容），并纳入2015年省级目标考核内容。林业工作主要问题信息库的建立，为厅领导和厅机关各部门全面掌握了解林业工作情况，有效指导基层林业工作提供依据。据统计，2014年厅机关各部门帮助基层解决林业工作问题632个，促进了各地林业生产的发展和管理水平的提高。

（三）四川省林业数据库建设。2014年，四川省林业厅已建成的数据库7个，分别为：四川省森林资源信息管理系统数据库、四川省林业有害生物监测预警综合信息系统数据库、四川省森林防火视频指挥调度系统数据库、林火监测和预警系统数据库、木材运输系统数据库、林业行政权力公开数据库、电子政务内网门户网站数据库及四川林业网站群系统数据库。服务于12个系统，涵盖森林资源监管、森林防火应急管理、信息管理发布等方面，经过应用实践、对动植物保护、防火应急，防疫检疫支撑作用巨大，各数据库已得到充分运用。正在建设四川省林业厅办公自动化信息系统数据库，整合新增四川省林权数据库，并建设相应应用服务系统。进一步涵盖新形成的电子政务数据以及林权改革数据，并以此为基础，按照国家标准化建设方案，统一形成四川林业数据中心。新中心将整合原有数据库接口，优化数据格式，扩大数据关联。为进一步开展数据挖掘，加强数据应用提供原始数据。

第四节 示范建设

为深入贯彻落实全国林业厅局长会议和第三届全国林业信息化工作会议精神，进一步发挥先进典型的示范引领作用，不断深化新一代信息技术在林业中的应用，全面提升林业信息化发展水平，有效推进林业治理现代化。2014年启动了第二批全国林业信息化示范市、示范县（以下简称示范市、县）和全国林业信息化示范基地（以下简称示范基地）建设工作。

一、广州市绿化平台建设

广州市绿化平台项目在广州市科信局的支持下，突破了林业园林信息采集建库与动态更新、多尺度数据分析处理与决策、信息共享服务与信息平台集成等关键技术，建立了覆盖全市11区的专题数据中心及1个信息共享平台与14个业务子系统，构建了集林业园林核心业务信息采集、传输与汇集、动态更新、分析与决策为一体的“大数据、大服务”等多尺度综合信息平台，形成了绿化资源“天上看、地上管、网上查”三位一体的立体监管新模式（见图4-7）。

（一）建设历程。广州绿化平台建设项目于2010年12月下旬正式启动，2011年3月完成建设方案的专家论证。2012年7月，数字绿化平台共完成14个业务子系统的建设，进入试运行阶段。2014年4月，项目顺利通过广州市科技和信息局组织的专家组验收。

（二）建设内容。一是基础平台建设。建立了涵盖全市森林资源、园林绿化、生态保护、公园景区社会治安等业务的统一业务平台。二是业务系统开发。开发建设了森林资源

图4-7 广州市绿化平台

管理系统、园林绿化管理系统等14个业务易用系统。三是资源数据采集。建成了园林绿化专题数据库，完成了园林绿化精品工程三维精模数据采集和建模工作；采集完成营造林、林政、园林绿化、公园景区等各类业务数据800万条。四是标准规范。建立健全数据更新管理与系统管理、应用等方面的多项标准规范、制度措施和机制保障。

（三）创新成果。一是基于业务订制平台实现多源异构信息集成。运用“微内核＋插件＋单点登录”的业务订制平台集成技术，构建了全用户、全业务、一站式的政务门户和业务信息平台。二是传统精确定位技术与现代移动采集终端的集成。研究开发了传统全站仪与现代移动设备（如IPAD、安卓平板等）相结合的数据采集新模式，真正实现数据的动态更新。三是多源异构数据的集成整合技术。研究了多源异构数据集成体系结构、模式映射、模式冲突、查询处理、数据集成及数据管理等相关问题。建设成覆盖城市绿地、公园、古树名木等11类专题的广州数字绿化“一张图”。四是二三维数据一体化集成。基于高精度的二维测绘成果（DEM、DOM、DLG），构建了面向广州市林业园林绿化管理的广州“数字绿化”二三维一体化地理空间信息框架。

二、贵阳市信息化示范建设

（一）健全机构，科学规划。一是健全组织机构。成立了以局长为组长的信息化建设领导小组，设立了贵阳市林业信息中心，配备专职技术人员5名。二是科学编制规划。编制了《贵阳市林业信息化建设规划（2013～2020年）》。从标准规范建设、数据库建设、应用系统建设、支撑系统建设、基础设施建设、安全体系建设、运行维护体系建设、人才队伍建设等方面为贵阳市林业信息化建设提供科学规划和依据。三是有序制订方案。以规划为指导，先后完成了《贵阳市森林资源管理信息系统（一期）项目实施方案》等一系列信息化建设方案、贵阳市森林重点火险区综合治理（二期）工程项目林火远程视频监控系统技术方案和林业信息化（二期）项目建议书的编制，确保了林业信息化建设稳步推进（见图4-8）。

（二）整合资源，推进建设。充分整合资源，多方筹集资金用于林业信息化建设，自2011年以来累计投入资金超过1300万元。目前，已完成中心机房、数据中心和展示平台等基础设施建设；开发了森林防火和资源管理信息系统等综合性信息系统，其中森林资源管理信息系统包括森林资源调查管理、林地管理、林权管理、生态公益林管理、森林采伐利用管理、林业行政执法管理、木材经营加工管理、林木种苗管理等；开通了贵阳市生态文明建设委员会官方门户网站、贵阳市森林资源信息网、贵阳苗木花卉网。

（三）立足服务，突出运用。一是立足服务。贵阳市森林资源信息网设置了网上办事大厅、森林资源展示、网上调查、下载中心、森林资源概况、行业动态等功能板块，向市民提供政务信息发布、专业数据查询、信息依法公开、申请表格下载、业务在线受理和反馈、在线咨询投诉等服务，提高了行政管理效率，方便了办事群众。二是突出运用。森林

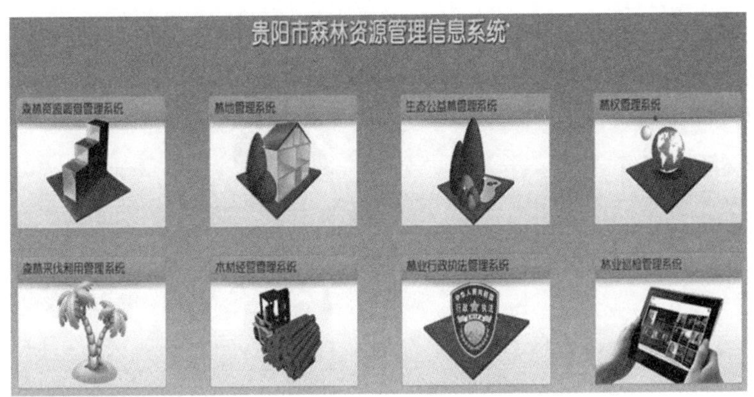

图4-8　贵阳市森林资源管理信息系统

资源管理信息系统在乌当等5个综合业务量大的区（县）以及市野生动植物管理站、市森林资源管理站等市直属单位先期试点运行后，在全市推广应用，共培训基层技术人员达180余人。

（四）建章立制，规范管理。一是制定管理制度。制定了机房管理制度、森林资源管理信息系统使用及安全管理制度、数据上报更新管理制度等。二是建立运维档案。所有硬件设备、应用系统均建立了运行维护档案和操作规程，设备维修和报废执行信息安全审查。三是开展日常巡查。对系统软硬件进行定期与远程巡查，确保故障得到及时处理。四是注重系统安全。对涉密内网进行物理隔离，对非涉密网络通过防火墙进行保护。对信息系统面临的安全风险进行全面评估，确定信息系统安全保护等级，并实施相应保护措施。

三、山东昌邑智慧林业管理平台

山东省昌邑市林业局开展“智慧林业”管理平台建设，开发了林业有害生物检疫预警信息管理系统、业务信息管理系统等8个系统，有5个系统已经建成并投入使用。山东省新闻联播在2013年8月29日对昌邑“智慧林业”给予综合报道，同年10月份全省林业信息宣传政务现场会在昌邑市举行，将其典型经验向全省推广，得到了各级领导的充分肯定，为现代林业建设奠定了坚实基础。

（一）业务信息管理系统。本系统将办证申请材料扫描上传，各相关科室、分管局长逐一在网上审核，特有的限时办结功能，随时提醒工作人员办证时限，办证效率大大提高。

（二）林业有害生物检疫测报信息管理系统。利用现代信息技术，及时收集、分析、发布林业有害生物发生信息，确保各级领导和广大林农能够及时收到当天的测报信息，为有效预防和处理疫情灾害提供了可靠的决策依据，使得林业有害生物的防早防小成为现实，为全市的林业有害生物防控节约大量的物力财力。

（三）林木资源管护感知系统。该平台通过手机定位系统统一服务热线，统一调度各镇街护林员，统一调度林业局各科室、各镇街林业站，发挥平台优势，强化统一管理，达到加快处理问题速度和对护林员远程管理的目的。护林员负责森林资源保护工作，自己所辖区域内一旦发生火情、虫情、破坏森林资源情况发生，护林员通过手持终端第一时间上报情况，市林业局指挥平台迅速做出应急反应，调集人员处理。

（四）林农信息服务平台。平台集中全市林农和苗木企业联系方式，向他们发布林业科技知识，或在有灾害天气等其他不利情况时用群发短信的方式告诉他们，并提醒他们加以防范。苗木企业和林农有问题想咨询时，可在平台上发布，林业局工作人员解答后反馈给他们。

（五）中国绿色交易网。结合绿博会的召开和中国（昌邑）北方花木城的建设，通过企业化运营，搭建起能真正实现网上实体苗木交易的电子商务平台，并与正筹划建设的中国北方绿色物流园形成“一网、一会、一城、一园”的苗木产业发展体系，使昌邑成为江北地区最大的苗木集散中心、信息交流中心、价格形成中心、技术推广中心（图4-9）。

图4-9　中国绿色交易网

四、四川江油市大数据探索

江油市开展以大数据为基础的森林资源监管体系建设，具体内容包括森林资源数据整合、森林资源精细化动态监测、森林资源突发事件监管、森林资源经营决策、森林资源历史变迁、具有生命的森林资源一张图等，实现了森林资源智慧感知。

（一）建立森林资源共享平台。对多维度森林资源数据按照大数据的管理思想进行重新组织和梳理，重点整合了4类数据：一是按时态分，包括历史资源数据、变化资源数据和现实资源数据；二是按格式分，包括栅格数据、矢量数据、属性数据、多媒体数据和电子档案数据；三是按业务分，包括服务类数据、管理类数据、业务专题数据和基础数据；四是按内容分，包括基础地理、林业地理和森林资源。通过建立森林资源数据共享平台，实现了信息共享，为精细化业务办理、宏观数据管理、便捷化信息服务奠定了坚实基础。

（二）开展森林资源精细化动态监测。一是利用大数据挖掘和分析技术，智能优化和调整自然生长模型，结合业务活动开展实现森林资源动态更新；二是利用GIS空间分析技术，以二类调查数据为基础,便捷高效完成森林资源监测工作；三是开发智能作业设计系统，提高林木采伐、林地征收占用、营造林造林等作业设计效率（图4-10）。

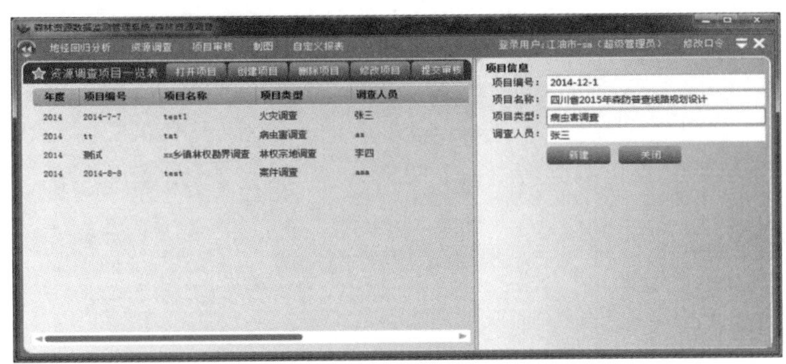

图4-10 江油市森林资源监管系统

（三）建立突发事件监管体系。建立以大数据和智能监测技术为基础的突发事件监管体系。利用大数据技术分析重点资源和案发热区的分布，为高效林政执法提供参考；利用监控摄像头、无线网络等物联网技术覆盖重点林区实现智能化监控；利用智能移动终端开展案件调查、灾损评估、现场处罚，建立了可追溯的森林案件档案；利用大数据技术进行森林火险分析预警，利用火灾蔓延分析技术实现火灾有效扑救；建立了林业有害生物监测网络和监测预警体系，建立预测预报模型，对林业有害生物发生期、发生量、发生范围进行了有效预测。

（四）建立森林资源经营决策和林产交易系统。利用大数据技术分析林业产业发展趋势、市场经济效益，建立森林资源经营决策和林产交易系统，为林下种植、林下养殖、野生动物经营等促进林业特色经济发展提供决策。

（五）建立林业资源一张图。江油市林业资源一张图是森林资源利用现状、遥感监测、林地变更调查以及基础地理等多源信息的集合，与森林资源的规划、审批、补充、开发、执法等行政监管行为叠加，共同构建成统一的综合监管平台，进行森林资源“网上管、地上查”，实现资源动态监管的目标。利用大数据技术结合3S技术再现了森林资源的历史、变更、现状及预测，让“死图”变“活图”，精准化感知森林资源的“脉搏”。

五、湖南张家界智慧公园建设

张家界国家森林公园自2000年开始探索智慧景区建设。2009年，张家界国家森林公园管理处与湖南国防科技大学合作，编制了《张家界国家森林公园智慧景区建设规划2011～2015》。目前，主要完成以下几项工作。

（一）基础设施基本完备。一是完成了内部局域网建设，铺设了104公里内部光纤网络，实现了内部互联互通，建立了内部办公文件的共享机制；二是实现统一外网端口，提高了网络安全性和可控性；三是建设中心机房和数据中心；四是开通景区门户网站（见图4-11）。

图4-11　张家界国家森林公园门户网站

（二）信息系统逐步完善。一是运行全国首个指纹IC卡身份识别自动化门禁系统。解决了张家界景区5个门票站口一人两天多站口多次反复入园有效识别的管理难题。二是建立了景区防火监控系统。先后在景区的五大管委会设置了景区防火监控摄像头，便于及时发现火灾苗头，快速做出响应，防范于未然。三是建设了景区平安技防安全保卫系统。公园在生活区建设了景区平安技防监控系统，可对23个监控点随时查看，极大地改善了公园的治安状况，有效保护了居民及游客生命财产安全。四是建设了景区信息发布系统。LED多媒体彩色大屏设置在景区门票站入口处，可动态发布图片、视频、文字、资讯等实时信息。黄石寨景区广播信息发布系统可以实时发布语音信息。五是开通“一诚通”电子商务平台。开发网络售票网站，与全市“一诚通”网络售票管理系统合并，实现景区门票网上购买，门票站验证取票，后台结算的电子商务应用。六是建设并运行了内部OA办公系统。公园已实现无纸化办公，改变了以往办公的方式，极大改善了办事效率，节约了纸张和费用。

（三）探索创新电商模式。一是开辟了“游戏+旅游”的新型网络营销新模式。启动“3D虚拟旅游+游戏社区平台”即“懒游网”合作项目，打造全国首款以张家界旅游景区为原型的网络游戏，构建一了个“可盈利游戏+网络营销”的平台。二是利用数字标牌信息查询系统实现增值服务电商应用。数字标牌信息查询机可查询景点介绍、吃住行购信息、游客公告、法规宣传、图片欣赏等八大板块实时信息。将开发相关的增值服务，实现景区旅游六要素的预定和支付，让游客通过平台消费，实现电子商务应用。

六、福建金森物联网示范建设

福建金森林业股份有限公司于2012年6月在深交所上市，是全国首家纯林业种植型上市公司，是中国生态环境建设十大贡献企业和福建省农业产业化龙头企业，也是国家发展改革委授牌4G智慧林业首个应用示范单位。福建金森公司充分运用林业物联网技术，全面提升了森林资源管理能力，开启了智慧林业建设的新阶段。

（一）森林气象监测。在火险监控区域内布置野外气象监测点，对林区风速、风向、雨量、空气湿度、相对湿度、土壤温度、大气压力、日照辐射等多个气象要素进行全天候现场监测采集。实时将前端现场气象数据和视频图像传输到指挥中心，由计算机自动计算出当时的森林火险等级，及时地发出火险预警，有效地预防森林火灾的发生。

（二）林区智能烟火识别。在经营区内安装高清可见光和红外摄像仪，全天候监测森林火情，一旦发现疑似烟火，通过后台火情预警分析系统，可实现林火自动检测、识别和报警，并通过系统为指挥中心及时提供现场信息，使值守人员在第一时间做出相关的应急处理。

（三）北斗系统应用。运用移动互联网和北斗卫星定位系统等信息技术，通过集成设计，实现了对护林员的多媒体可视化集群调度指挥、位置跟踪、轨迹回放、“三防”取证(防火、防病虫害、防盗伐盗猎)、巡检巡视、移动办公等多种应用功能。提高了林业管理运营的精准度，降低了消耗，提高了效率，增强了安全，降低了风险。为公司决策、管理、监督提供了一手客观依据。

（四）苗圃智能化管理。一是对紫薇园进行实时图像与视频监控，监控紫薇园苗木的

图4-12　福建金森智慧苗圃

墒情、营养状况，观察苗木的生长长势等。二是利用传感器对苗圃进行全面有效监管。根据传感器获取的紫薇生长环境信息，以直观的图表和曲线的方式动态显示所有监测点的信息，并根据以上各类信息的反馈对苗木进行自动灌溉。智慧苗圃能实现苗木生长环境状况的实时、动态监测和管理，对苗木的生长情况进行预测和模拟，从而达到科学的培育苗木资源的目的（图4-12）。

（五）无人飞行器森林资源航拍系统。运用无人飞行器，通过北斗卫星精确定位，进行360°无“死角”高清航拍，消除了过去人工调查无法直视的“盲区与死角”，实现了地空双控立体成像，提高了调查精度，使森林资源资产并购、伐区木材产销更具直观性和真实性。

第五章　技术合作

加强标准建设、扩大合作交流、强化人员培训是全面推进智慧林业建设的重要抓手，是大幅提升林业信息化发展水平的战略抉择。2014年，各级林业主管部门围绕智慧林业的发展目标，坚持问题导向、需求牵引，脚踏实地、开拓进取，取得了诸多亮点和成绩。

第一节　标准建设

标准是林业信息化建设的重要遵循，是消除信息孤岛、规避低水平建设、实现又好又快发展的不二法宝。2014年国家林业局和各级林业主管部门在标准建设方面迈出了一大步，为科学发展提供了重要保障力量。

一、行业标准建设

2014年国家林业局正式立项了4个林业信息化行业标准，其中工业和信息化部电子工业标准化研究院承担的1个标准已正式发布，北京苍穹数码测绘有限公司承担的1个标准已报批，待正式发布，其余2个标准正在修改完善。各标准的具体名称、承担单位及工作进度见表5-1。

表5-1　2014年立项林业信息化标准进展一览表

序号	立项年度	标准类型	标准名称	承担单位	工作进度
1	2014	行标	林业物联网标识与解析技术规范	工业和信息化部 电子工业标准化研究院	正修改完善
2	2014	行标	林业物联网　第三部分 信息安全通用要求	工业和信息化部 电子工业标准化研究院	2015 年发布

（续）

序号	立项年度	标准类型	标准名称	承担单位	工作进度
3	2014	行标	林业信息产品分类规则	北京大学电子政务研究院	正修改完善
4	2014	行标	林业数据整合改造技术规范	北京苍穹数码测绘有限公司	已报批，待正式发布

10月24日，《林业物联网　第四部分　手持式智能终端通用规范》等3项林业物联网国家标准和1项行业标准在标准审查会上审定通过。全国林业信息数据标准化技术委员会副主任委员、国家林业局信息办主任李世东主持会议，近20名专家委员出席了会议。

8月21日，国家林业局公告第12号发布了183项林业行业标准，其中包括《林业信息术语》等7项林业信息化标准，自2014年12月1日起正式实施。

2015年1月27日，国家林业局公告第6号发布了90项林业行业标准，其中包括《林业物联网　第三部分　信息安全通用要求》1项林业信息化标准，自2015年5月1日起正式实施。

2015年2月15日，国家林业局科技司在北京主持召开专家审查会，《林业数据整合改造技术规范》等3项林业信息化行业标准在标准审查会上审定通过（见图5-1）。

图5-1　林业信息化行业标准审查会现场

二、地方标准建设

各省级林业信息化主管部门积极参照执行相关信息化标准，努力提高建设、应用和管理水平，同时结合本地区实际，也制定了一些信息化标准，为规范数据库和应用系统建设、推进信息安全工作等发挥了积极作用。如黑龙江省林业厅正在组织构建林业信息化标准体系，补充制定一系列林业信息化地方标准。

第二节 合作交流

2014年国家林业局和各级林业部门不断扩大和深化交流合作，充分借鉴先进国家、先进行业、先进单位的成功经验与做法，取得了明显成效，成为紧跟时代潮流、有效汇聚和充分利用各类资源的重要抓手。

一、国家林业局合作交流

作为全国林业信息化的主管部门，国家林业局信息办高度重视合作交流工作。林业信息化在对内搞活、对外开放的道路上又迈出了坚实的一步，为科学推进全国林业信息化建设提供了有力支撑。

（一）积极与国家部委间开展交流合作。2014年，国家林业局信息办与多个部委进行了信息化交流，增进了相互了解与学习。

5月12日，国家林业局“绿色大讲堂——大数据时代”专题讲座在北京举行，国家林业局信息办邀请工业和信息化部副部长杨学山作专题报告。国家林业局领导及各司局、各直属单位有关人员出席专题讲座（见图5-2）。

8月19日，国家林业局“绿色大讲堂——云计算、大数据和物联网的发展与挑战”专题讲座在北京举行，国家林业局信息办邀请中国电信集团公司科技委主任韦乐平作专题报告。国家林业局领导及各司局、各直属单位有关人员出席专题讲座（见图5-3）。

图5-2　国家林业局“绿色大讲堂”举办大数据时代专题讲座

图5-3　国家林业局“绿色大讲堂”举办云计算、大数据和物联网的发展与挑战专题讲座

5月，国务院办公厅电子政务处一行到国家林业局调研政务信息化工作，重点就国家林业局电子政务及OA建设情况等有关问题进行了交流研讨。

12月，中编办电子政务中心一行到国家林业局调研政务信息化工作，重点就国家林业局信息系统建设等有关问题进行了交流研讨。

在国内有关会议上，国家林业局信息办与工信部、农业部、环保部、国标委等部委就政府网站建设、新一代信息技术应用、网络信息安全、信息化标准建设等进行了广泛交流。

（二）积极与教学科研单位、知名IT企业及媒体间开展交流合作。2014年，国家林业局信息办先后到国家林业局管理干部学院、北京林业大学、中国林业科学研究院、华为、中国电信等教学科研单位和IT企业进行了调研交流，并采取多种举措，充分发挥有关专家和业务骨干的作用，促进信息化科研成果尽快转化为现实生产力。

2014年，国家林业局信息办进一步推进与教育、培训基地的合作，先后向国家林业局管理干部学院、北京林业大学、中国林业科学研究院等3个单位赠送有关书籍共约2000本，并派有关处室负责人赴基地开展专题讲座，同时 2次邀请北京林业大学教授到国家林业局信息办开展专题讲座。

2014年，国家林业局信息办继续联手中国电信集团、神州数码网络有限公司、苍穹数码测绘有限公司、工信部电子工业标准化研究院、中国电子信息产业发展研究院、吉林森工集团等单位，共同推进国家智能林业物联网应用示范工程建设。7月，国家林业局信息办在北京召开了国家智能林业物联网应用示范工程建设推进会暨中国林业物联网建设研讨会，就林业物联网发展进行了总结和部署，中国林业物联网建设取得重要进展（见图5-4）。

2014年是“中国林业发布”官方微博和“中国林业网”官方微信硕果累累的一年，国家林业局信息办与央视网、新华网、人民网、新浪网、腾讯网、中新网等媒体单位进一步深化合作，面向广大公众发布林业重大政策和活动信息及图解，有效地发挥了信息公开、

图5-4 中国林业物联网建设研讨会现场

舆论引导、倾听民声、反馈民需的重要作用，获得了“2014年政务微博卓越奖”等多个奖项和荣誉。

二、地方林业部门合作交流

2014年，国家林业局信息办加强对各省林业信息化建设指导，制订了《2014年林业信息化专题调研工作方案》，围绕林业信息化机构队伍、资金保障、信息安全、项目建设等内容，分派7个小组先后到贵州、甘肃、四川等十多个省份开展调研指导工作，深入分析当前主要问题，研究提出有效对策措施，切实解决信息化建设中遇到的困难和问题。同时积极推动地方林业部门之间相互交流学习，北京、浙江等林业信息化发展较好的省份，都接待了多批次其他省级林业主管部门的信息化考察团，例如福建省林业厅由厅分管领导带队组织赴湖南、广东等地开展林业信息化考察学习。另一方面，积极推动各省开展林业信息化现状调研工作，例如黑龙江、江苏等省林业厅，赴本省多个市、县调研，摸清基层单位需求，为全省林业信息化建设打好基础。

甘肃、广东等省林业厅与当地的电信、移动、联通签署战略合作协议，充分发挥公司的技术、设备、人才、服务等优势，加快林业信息化建设进程。例如，中国电信甘肃分公司、中国移动甘肃分公司为甘肃省林业厅建立了全省林业信息短信发布平台为林业信息化工作提供全方位的支撑。

青海、吉林森工、湖南等省林业厅与教学科研单位、知名IT企业、媒体单位建立了良好的合作关系，助推智慧林业建设发展。例如，青海省林业厅与中科院计算机信息所积极合作，在三江源国家级自然保护区开展物联网试点工作，实现对藏羚羊、雪豹、鸟类等野生动物的视频监测，已建立野生动物野外监测点11处；吉林森工与新浪网深度合作，利用新媒体的网络影响力，开通了“新浪·吉林森工频道”，设《吉森文化》、《聚焦吉森》、

《财富吉森》、《乐享吉森》4个栏目，成为集团信息发布、产品推介、形象展示、文化传播的重要平台。

第三节　人员培训

人才是第一资源，高新技术密集的信息化领域更是如此。加强信息化培训，对提升林业信息化建设和应用水平至关重要。2014年国家林业局和各级林业信息化主管部门克服重重困难，多方式、多层次、多角度推进人员培训，为事业发展提供了良好的人才支撑。

一、国家林业局培训

（一）林业CIO高级研修班。2014年7月9～12日在北京大学举办了第二届全国林业CIO高级研修班，培训对象为各省（区、市）林业厅（局）信息化主管部门的负责同志以及信息办的领导和各处室负责人，共50人参加了培训（见图5-5）。培训内容为：一是国家信息化发展宏观政策、战略、形势等讲座；二是云计算、大数据等前沿信息技术讲座；三是3S技术（RS、GIS、GPS）、移动互联网、“三微”（微博、微信、微视）等的行业应用经验介绍；四是智慧林业建设理论与实践讲座。通过培训，使学员了解了国家信息化发展的方针政策，把握了信息技术发展应用的前沿，提高了对林业信息化发展思路的认识，开阔了视野、更新了知识、促进了交流，达到了预期的培训目标。

图5-5　林业CIO高级研修班现场

（二）林业网站群建设培训班。2014年9月1～5日、11月23～29日在国家林业局林干院举办了两期林业网站群建设培训班，培训对象为有关省（区、市）林业厅（局）信息化主管部门技术负责人及所属森林公园、国有林场、种苗基地、自然保护区、市县林业局信息中心（信息办）网站维护人员，共522人参加了培训（见图5-6）。培训内容为：一是网站建设及信息发布讲解与操作演示；二是建站和信息加载操作演示及技术交流；三是图片、视频应用栏目的使用讲解；四是网站模板风格管理等栏目讲解。通过培训，使学员提高了对网站群建设意义的认识，明确了下一步的工作重点，掌握了网站群建设、管理和维护的各项技能，为保障各单位网站安全稳定高效运行奠定了基础。

图5-6　林业网站群建设培训班现场

（三）林业信息化标准宣贯培训班。2014年10月27～28日在国家林业局林干院举办了林业信息化标准宣贯培训班，培训对象为各省（区、市）林业厅（局）信息化主管部门、国家林业局有关直属单位信息化处室的业务骨干，共56人参加了培训（见图5-7）。培训内容为：一是林业信息化标准体系解读；二是国家林业局公告2014年第12号和第13号公布的8项林业信息化标准解读；三是GB/T 1.1—2009和4项林业物联网标准解读。通过培训，使学员们对近期发布的林业信息化标准有了深入认识，对主要技术规定有了较好把握，增强了

图5-7　林业信息化标准宣贯培训班现场

贯彻落实“统一标准”原则的自觉性。

二、地方林业部门培训

地方各级林业部门高度重视林业信息化培训工作，结合建设项目和实际应用需求，开展了多形式的培训工作，有效提高了林业干部职工的信息化水平和业务素质，为发展生态林业、民生林业提供了重要的人才支撑。

吉林省林业厅组织了吉林林业网站管理员和信息联络员培训，聘请省内知名专家进行了新闻信息写作、新闻摄影和新闻视频专题讲座，有针对性地对吉林林业网站群操作使用规范进行讲解，120余名工作人员参加了培训，提高了网站工作人员的整体能力和水平。

湖北省林业厅举办了全省林业电子公文传输、系统管理员和林业门户网站信息报送与信息安全培训等六期培训班，全省各市（州）、县（区）林业局、国家级自然保护区管理局、国家湿地公园管理局、厅直单位等1000多人参加了培训。湖南省林业厅举办了全省林业网络管理员培训班8期。各市（州）、县（市、区）林业局和厅直单位网络管理员120多人参加了培训。培训班采取老师讲课和上机操作相结合的方式，使学员既学到了理论知识，又掌握了操作运用。

广西壮族自治区林业厅举办了信息安全、智慧林业、信息资源规划、网站群建设等多期专题培训班，累计培训人数达1300多人次，并且以在线学习的方式，组织全区林业系统干部职工学习信息安全课程，并完成职称课程考试。

大兴安岭林业集团积极开展了林业信息化应用培训，结合网站群建设、信息加载、信息系统应用等内容，先后举办了多期培训班，培训林业系统干部职工近200人，全面提升了全省林业干部职工的信息化应用能力。

第六章　办公自动化

2014年，是全国林业办公自动化工作快速发展的一年。各级林业主管部门按照《中共中央国务院关于印发〈党政机关厉行节约反对浪费条例〉的通知》（中发〔2013〕13号）精神，积极落实"利用信息化手段，推行无纸化办公"要求，高度重视办公自动化工作，在OA系统的新建、优化、推广等多方面做了大量工作，成效显著。

第一节　全国林业OA群建设

一、积极启动OA系统新建工作

2014年，天津市林业局、吉林省林业厅、云南省林业厅、吉林森工集团先后启动了OA系统的新建工作，各单位通过前期调研、软件开发、应用部署等工作，大幅推进了OA系统建设进度，为系统的全面上线和无纸化办公的推广打下了坚实的基础。

二、大力加强OA系统优化升级

江苏省林业局（见图6-1）、新疆维吾尔自治区林业厅、厦门市林业局针对用户使用中存在的问题，对本单位OA系统进行了优化升级，完善了如行政监察、法制监督、即时通信、电子公告、统计管理等功能，提升了用户对系统的满意度，提高了系统使用效率。

三、不断提升OA系统应用水平

为深化OA系统应用，山西省林业厅、黑龙江省林业厅、浙江省林业厅、江西省林业厅、湖南省林业厅（见图6-2）、新疆生产建设兵团等多家单位进行了OA系统应用推广，通过举办操作培训班、召开用户座谈会、加大宣传力度等，多措并举提升OA系统应用水平，均取得了良好收效。其中，青岛市林业局在推广OA系统应用的同时，部署完成了移动办公系统，为处室、站局负责人提供移动办公服务，显著提高了工作效率。

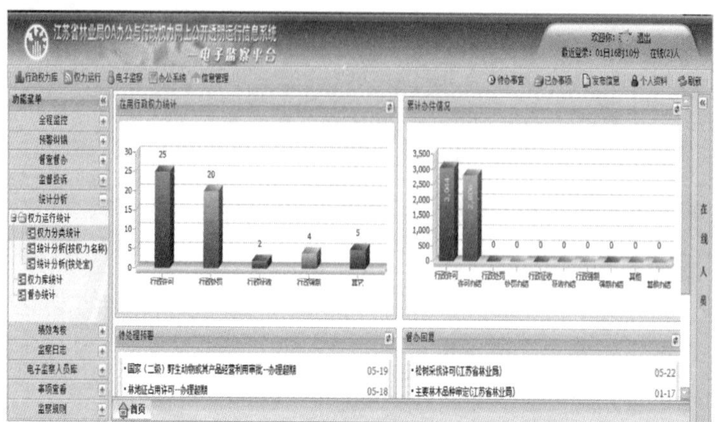

图6-1　江苏省林业局OA办公与行政权力网上公开透明运行信息系统

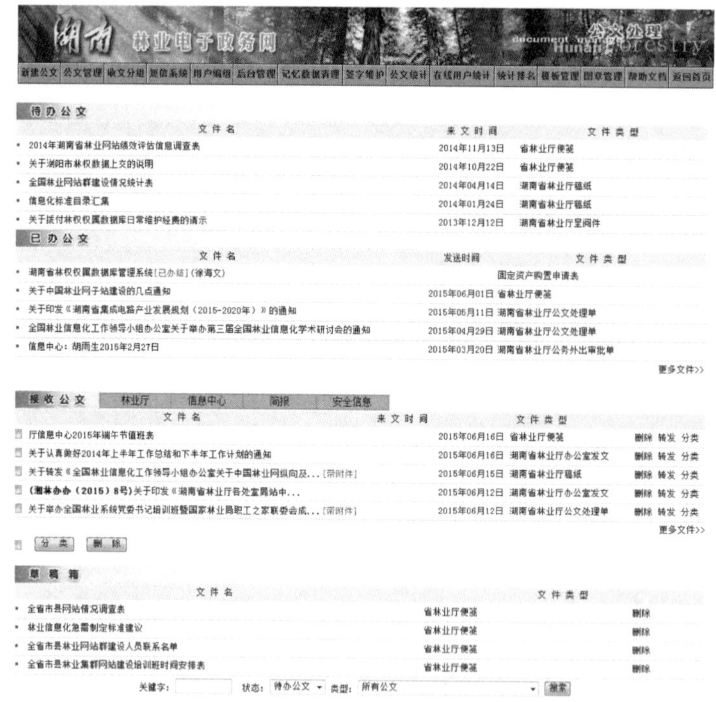

图6-2　湖南林业电子政府网

第二节　国家林业局OA建设情况

一、国家林业局直属单位OA群建设工作

为推广综合办公系统建设成果，避免各直属单位重复投资，国家林业局于2013年启动了“全国林业OA群”建设工作，建设共分两期进行。第一期建设对象包括了15家国家林业局各派驻森林资源监督机构，已于2013年完成建设工作，共新增了300余个用户。

2013年年底，国家林业局信息办印发了《关于就国家林业局部分直属单位开通综合办公系统进行需求调研工作的通知》（信自函〔2013〕23号），全国林业OA群（第二期）建设工作正式启动。全国林业局OA群（第二期）建设共包括17个京内外直属单位，分别为：三北局、林科院、规划院、设计院、林干院、出版社、竹藤中心、亚太中心、林学会、森防总站、北方航站、南方航站、南京警院、华东院、中南院、西北院、昆明院。2014年，根据各单位调研反馈情况，对各单位的办公自动化需求进行了集中整理。通过梳理各单位网络建设情况、信息系统建设情况、公文办理情况等，整理出了用户单位的建设需求，并结合国家林业局综合办公系统的建设经验，制订了全国林业OA群（第二期）建设方案。方案重点设计了收文管理、发文管理、签报管理、简报办理、意见征求办理等日常办公中的重点环节，并兼具领导专区、会议办理、事务办理、综合管理等辅助功能，设计出了一套适合直属单位办公需求的综合办公系统。结合需求调研情况和设计方案，为各单位进行了表单定制、流程定制、模版定制和印章定制，并为单位办公人员进行人员新增、岗位设置等，共计新增用户350个。

二、综合办公系统优化

2014年是系统正式运行的第五年，为保证系统安全稳定，做好运维服务工作，安排专职技术人员进行5天×8小时的技术服务，通过电话支持、上门服务的方式，对用户日常使用中的问题进行及时响应，解决日常调整、业务变动等方面问题。2014年综合办公系统服务对象已经增加至14个司局、40个直属单位的1800余位用户。全年共提供上门服务2470多次，电话支持3700多个，人员的新增、调整、删除共275人次。

2014年全年综合办公系统文件处理量前十单位分别是：计财司、办公室、科技中心、资源司、宣传办、信息办、保护司、造林司、科技司、人事司。

2014年针对运行维护过程中用户反馈的问题，对综合办公系统进行了多次优化，其中

重要的优化事项有：征求意见模块调整，工资查询调整，领导日程安排调整，待阅公文调整，绿委办发文调整，优化查询功能，建议提案发文调整，其他功能优化。

三、电子签名应用情况

为增加国家林业局OA系统个人签名的可靠性，增加系统真实感，2013年底启动了电子签名功能的建设工作，并于2014年6月建设完成。为做好电子签名应用工作，新增了电子签名认证系统，迁移了2000余条身份数据，扫描、制作、上传了1200多个手写签名，修改了20多个文种稿签页面，进行了历史意见兼容调整，调整了公文处理单显示方式，并进行了档案系统兼容性调整等工作。

四、移动办公系统运维服务

截至2014年年底，移动办公系统共进行了145次文件办理，及时、高效地为局领导、局办领导解决了紧急文件的办理问题，提升了国家林业局公文流转速度，提高了机关办事效率。2014年5月，启动了移动办公系统的巡检和优化工作。巡检通过为局领导、司局长配发移动办公系统操作手册和现场培训的方式，解答了局领导、司局长操作中遇到的问题，提升了移动办公系统的服务水平。针对巡检中发现的问题，制订了移动办公系统优化升级方案，将通过升级通信信道、手机APP来进一步提升移动办公系统的服务水平。

五、OA系统综合保障工作

（一）加强综合办公系统数据安全。2014年6月联合办公室制订了直属单位电子档案系统建设方案，在国家林业局办公网的统一平台下，建设直属单位电子档案系统，将各单位电子文件进行统一归档，保障数据安全。

（二）加强OA系统操作培训。2014年组织了多次综合办公系统用户培训，共计培训300余人次。组织了全局综合办公系统应用培训；组织了局机关新录用人员初任培训班中的综合办公系统培训；组织了局长秘书综合办公系统、移动办公系统培训；组织了司局专题培训等。

（三）加强建管经验的交流学习。2014年多家单位来国家林业局信息办就国家林业局办公自动化建设管理经验进行了深度交流学习。来访单位包括九三学社、中央机关办公厅、中编办电子政务中心、黑龙江森工集团、北方航空护林总站、内蒙古林业厅等。通过与各单位办公自动化工作者的座谈交流，沟通了彼此的建设管理经验，剖析了各方遇到的问题，学习了各方的优秀做法，为各单位办公自动化的发展积累了宝贵经验。

地方篇

Annual Report

On Forestry Informatization Development in China

第七章　华北地区林业信息化进展

华北地区林业信息化发展趋势在全国处于中等水平。北京市继续保持领先发展优势，在基础设施和项目建设方面成效突出，位于全国前列。天津市建立局内全覆盖的WiFi网络。河北省在创新应用方面取得显著成绩。山西省加快发展步伐，2014年在基础设施建设、信息资源整合和项目建设等方面均取得较大突破。内蒙古自治区作为全国林业信息化示范省，持续发挥着示范带动作用。

第一节　北京市

2014年，北京市园林绿化局坚持积极利用、科学发展、依法管理、确保安全的工作方针，以新一代信息技术为支撑，以大项目带动大转型，整合基础设施资源，进一步加强园林绿化信息资源的开发和利用，有效地提升了信息技术支撑能力和公共服务水平。

一、编制智慧林业顶层设计

2014年，北京市园林绿化局紧密围绕构建科学发展新机制，编制智慧林业发展规划。设计业务架构、数据架构、应用架构和技术架构，理清各组成部分之间的关系，明确信息化建设内容与管理业务的关联，在林业信息化规划和总体建设思路的基础上进一步延伸，提出适应林业工作需要、与管理业务紧密融合的信息化总体布局，形成指导今后林业信息化建设实践的总体设计，并在建设过程中紧紧围绕智慧林业顶层设计进行部署、实施。

二、加大资源整合力度

（一）有效整合服务器资源。随着园林绿化业务应用系统的不断增加，提供园林绿化信息化计算的核心服务器也不断增多，使日常检查维护工作量日益加大，机房能耗不断增加。为改变现状，运用虚拟化云平台，对现有服务器资源进行了有效整合。平台基于VMware的vsphere虚拟化技术，整合了12台高性能服务器与32TB容量的冗余数据磁盘阵列，搭建了稳定、动态、坚固、安全的虚拟服务器集群，最多可虚拟100台虚拟服务器，提高了服务器管理和使用效率，有效解决了服务器增长需求。

（二）加强信息资源整合利用，打造林业大数据。一是开展网格系统数据检查、整理、更新等工作。完成北京中心城区绿地、城市绿线、二道绿化隔离地区、平原造林等数据的矢量化、整理入库、校正、发布等工作，新增15088条记录。在现有资源目录建设的基础上，初步完成网格系统空间数据的梳理和方案的设计、修改与完善。编制信息资源整合利用的信息共享机制及管理办法，规范信息资源的开发、共享。二是开展云数据采集。基于激光点云三维扫描成像技术，对园博园中的北京园245个站点进行点云数据采集，建立三维实景模型。为今后北京园建设成果的数字化保存、学术研究和展示奠定基础。三是部署北京市园林绿化局卫星遥感数据库。进一步丰富园林绿化局数据资源，为全市园林绿化系统的业务管理提供有力的数据支撑与服务。主要包括自2006年以来的历史卫星遥感数据和每年4期1～2.5米分辨率的实时数据，以及基于卫星遥感照片提取的55种地类如苗圃、果园、砂石坑等数据。

（三）完善数据采集机制。北京市园林绿化局报表系统建设时间较早，技术落后，不支持与其他业务系统对接和数据共享。采用久其公司报表平台对该系统进行升级。完成报表系统相关部门的需求调研及表格整理与设计，形成100多张基础表和分析表；完成计财处、花卉处、产业处、区县园林绿化局等相关部门的用户使用培训工作以及全市林业季报采集与汇总工作。实现与国家林业局系统的对接，扩充完善局各项业务报表数据的采集方式，形成具有统一标准、多种手段、科学扩展等特性的长效数据采集机制。

三、拓展项目建设

（一）扎实做好园林绿化资源动态监管系统建设。为提高资源动态监管水平，扎实开展资源动态监管系统项目建设。一是广泛开展业务需求调研。完成4个区、8个核心业务单位以及10个公园及绿地管理部门的业务需求调研，明确各单位的业务需求和业务流程。二是积极推动方案评审。《园林绿化资源动态监管系统设计方案》于9月初通过了市发改委评审。三是完成基本设备的购置及部署。按照项目实施方案及总体进度要求优先搭建基础平台，先后完成硬件基础平台设备（服务器、存储、点云设备、交换机、安全审计监控及显示器）的验收、安装、调试及资产登记等工作。四是完成需求规格说明书、概要设计、详细设计的编制和审核。对系统页面进行设计和确认，完成重要系统的原型设计工作，搭建系统的测试环境、生产环境，系统进入编码开发阶段。

（二）稳步推进国有林场苗圃信息系统二期建设。在原有系统建设基础上，继续建设国有林场苗圃信息服务平台，进一步推进国有林场苗圃信息化应用。根据前期试点情况，通过广泛调研相关部门及场圃，摸清应用现状、应用需求和存在的问题，增加八达岭林场、温泉苗圃等试点应用，在使用中不断调整完善，不断总结。截至2014年年底，完成项目公开招投标，经多次确认，完成场圃二期项目建设内容、建设方案、项目需求分析说明书以及系统原型、系统开发部署等工作。

（三）开发园林绿化资源移动监管小助手系统。为适应移动应用发展新形势，实现北京市园林绿化资源信息在移动终端的实时查询，提供数据支撑和形象的图形化展示，为业务管理与决策服务，开发绿化资源监管小助手系统。实现园林绿化资源管理核心指标、数据、图件、政策等信息在小助手上的管理和发布，主要包括11类空间数据和政策法规的快速查询与定位等功能，为领导和业务人员之间政务交流、业务管理和决策分析提供便捷安全的信息服务。

四、加强首都园林绿化政务网站建设

2014年，北京市园林绿化局进一步加强首都园林绿化政务网站内容建设，不断提升公共服务水平。一是先后发布6个特色专题。发布“园林交响诗——第九届中国（北京）国际园林博览会”专题，重点展示北京园博园尤其是北京园的建设成果；发布“科技创新——引领首都园林绿化科学发展”专题，全面介绍北京园林绿化科技创新行动计划、科技创新团队、科技创新示范区及科普教育基地情况；发布“北京绿道”专题，向公众介绍城市绿道规划、推进“北京绿道”建设的过程以及建设成果；发布“北京集体林权制度改革在行动”专题，全面解读北京市集体林权制度改革及林权抵押贷款政策。二是加强信息更新和报送。对网站政务信息、公示公告、行业动态、地方标准、建设动态、党建工作、森林火险等级预报等栏目及市级政府信息公开系统的信息更新和信息报送工作及时更新和发布。截至2014年12月底，网站更新信息2897条；累计给国家林业局报送视频信息183个，政务信息1235条；累计给首都之窗报送信息538条。三是提升网站运行效能和管理水平。按照国家林业局、北京市经济和信息化委员会的要求，为进一步提升首都园林绿化政务网服务运行效能和管理水平，促进网站建设运维向智慧化、科学化方向发展，完成了“首都园林绿化政务网访问行为分析”项目，制订了网站信息服务和公共服务优化方案。四是增强网上互动交流。围绕核心业务及网站改版等开展了2次网上民意征集活动。围绕《北京市公园条例》的修订，开展了关于公园管理情况的网上调查，回收问卷400余份；围绕政务网站的改版方案策划，进行了改版方案网上调查，回收问卷200余份。另外，局领导及相关人员2次走进首都之窗直播间就“落实党风廉政建设责任主体”及“北京市平原造林工程情况”进行了在线交流。

五、完成网上审批系统“一证通工程”入口改造

为进一步加快推进法人网上数字身份的统一管理，有效支撑政府网上办事的持续深

化，北京市园林绿化局作为“一证通工程”建设单位之一，按照总体方案要求承担了设备采购、安装、系统集成等工作。完成了北京市园林绿化局网上审批系统的证书应用改造以及与法人一证通管理平台的接入。完成了基于全市审批入口的单点登录整合、企业法人数据共享整合以及办理基本信息共享。安装、部署了数字签名系统，提升了用户信息的安全管理水平。实现了树木移植许可、树木砍伐许可、临时占用绿地许可、改变其他绿地性质和用途审核等4个系统的改造及统一接入。

六、建设北京市园林绿化局视频会议系统

依托现有政务外网，建设了北京市园林绿化局视频会议系统，与即时通信系统进行整合，支撑工作会议、应急指挥调度等各种视频会议，系统覆盖23个处室、36个直属单位以及16个区（县），通过视频会议系统召开会议28次，节约了时间、空间成本，提高了办事效率。通过视频会议系统对北京市园林绿化局主办的“森林文化推进研讨会”、“第五届北京森林论坛”、“首届生态文化北京论坛”进行了网络现场直播，受到领导和用户的好评。

七、提升网络安全保障水平

采取一系列有效措施，进一步提升网络安全保障水平。一是加强中心机房设备的规范化管理，完成机房设备资产清查工作。对2014年新建服务器云平台建设项目中设备物理位置摆放、网络安全区域合理划分，做到底数清、责任明。二是完成局中心机房内电路系统改造及UPS电池更换工作，以确保中心机房内电路系统的稳定性和持续性。认真做好局机关及站院终端设备的网络接入、故障处理，以及各区（县）和林场苗圃的网络接入保障工作。三是深入挖掘现有设备的性能，通过优化核心交换机与防火墙等互联网出口设备的配置，实现了两条国际互联网出口互为备份，提高了国际互联网出口的容错能力与灾难恢复能力，增强了网络的可靠性。四是对全局网络IP地址进行梳理和合理分配，提高网络管理的能力，增强网络安全性。五是开展网络安全的渗透性测试，对发现的问题及时采取措施进行加固，保证网络安全运行。

第二节 天津市

天津市林业局全面开展智慧林业建设，扎实推进各项工作，为发展生态林业和民生林业、推进林业治理体系和治理能力现代化做出了贡献。

一、加强信息化队伍的建设

天津市林业局成立了由分管局长为组长的信息化工作领导小组和由各部门主要负责同志组成的应急、保障小组，10个区（县）相应成立了信息化工作专门机构，明确了负责同志，稳定的机构队伍为天津市林业信息化工作的开展奠定了坚实的基础。

二、健全信息安全管理制度

在计算机及网络设备管理、数据资料和信息管理、网络管理、网站内容管理、网站维护责任、内网保密、密码保护、计算机安全管理等方面建立了较为完善的制度，结合2014年信息化工作的实际制定了《天津市林业局涉密信息要求》、《天津市林业局信息安全联络员制度》、《天津市林业局移动存储介质管理暂行规定》等制度。同时，在日常工作中抓好制度落实，进一步规范全局信息化管理工作，保障信息安全。

三、完善信息发布体系

天津市林业局门户网站基于国家林业局网站群系统进行建设，集资源共享、便民服务、互动交流、网络教育为一体，设有“信息公开”、“林业资讯”、“工作动态”、“在线互动”等版块，全方位、多视角展示天津市林业发展现状。由天津市林业局机关各处室、各直属单位及10个区（县）林业局派专人组成信息化建设宣传小组，负责信息资源的提供，既增加了信息发布量，又注重信息覆盖的全方位、多元化。

四、加强基础设施建设

进一步加大基础设施建设投入力度，对原有设备进行更新升级。目前投入使用的有用于信息发布的公网系统、连接国家林业局的专网系统、连接天津市电子政务的内网系统、用于局内办公的办公自动化系统、独立的电子邮箱系统。建有中心机房和视频会议室。外网出口带宽提升至100M，建成了局内全覆盖的WiFi网络，满足了日常办公、公文传输、视频会议及各种应用运行的基本要求。

五、加强业务应用系统建设

进一步加强正在使用的信息化应用系统的建设，具体包括《天津市林业局办公自动化系统》、《移动存储管理系统》、《森林病虫害检疫信息系统》、《森林病虫害防治信息系统》、《森林防火地理信息系统》、《林业资源地理信息系统》、《国家濒管办野生动植物进出口证明管理系统》、《农业科技成果转化与推广项目管理信息系统》、《天津市古树名木查询系统》等。

第三节　河北省

2014年，河北省林业厅认真贯彻落实国家林业局关于加快林业信息化发展的总要求，统一思想、融合创新、深化应用，启动智慧林业建设，全面提升信息化建设水平，在门户网站建设、网络办公一体化平台建设、网络信息安全、林业物联网应用等方面取得了显著进展，为发展生态林业民生林业做出了新贡献。

一、加强顶层设计和基础设施建设

一是印发《河北省林业厅关于智慧林业建设的指导意见》，进一步明确了河北省智慧林业建设总体思路、基本原则和建设目标，提出智慧林业资源数据中心、智慧林业立体化感知体系、智慧林业门户管理体系、智慧林业核心业务应用等4大建设重点，成为引领河北省林业信息化发展的纲领性文件。二是加快建设完善林业专网。专网延伸至洪崖山国有林场管理局，实现了省厅、区（市）、直属单位专网全覆盖。三是启动森林公安执法专网建设前期工作。

二、提速省级林业网站群建设

一是加速推进省级林业网站群建设。按照资源整合、共建共享的思路，以河北林业网站为主站，主站与子站统一域名，垂直管理，实现资源整合及服务统一，提升林业政务管理效率及便捷度。各子站年内上传各类资讯4000余条，信息总量超过8GB。二是完成河北林业网绩效提升。从信息发布、表现形式、后台管理、网站功能等多方面对主站进行调整完善。进一步强化网站各项规章制度的执行力，信息更新数量和质量实现双提高。全年信息存储总量达24GB，更新量达到5000条，访问量达120万人次，同比增长13%。“绿荫驿站”互动发帖活跃，访问量高达50万人次；河北林业网腾讯微博播发信息650多条，社会关注度持续提升。三是积极拓展网站服务平台。紧密结合中心工作，及时上线“向塞罕坝机械林场先进群体学习”、“河北省农村面貌改造提升行动”等各类专题和应用，进一步完善网上服务体系。

三、建成网络办公一体化平台

深入推进网络协同办公，厅机关23个直属单位全部接入文件流转系统，建成省级林业部门网络办公一体化平台。根据公文流转的需要，对内部文件流转系统进行升级改造，进行设置优化和系统功能定制。开展应用培训13场次，上线用户由140多人增加到700多人，点对点通信、文件传输、信息共享、群发公告等功能得到有效利用，办公效率大幅提升。

四、进一步完善重点业务系统

一是新建洪崖山林管局视频分节点，林业视频会议系统分节点增加至16个，实现了省、市、驻外直属单位全覆盖。历时2个月完成对全省林业视频会议系统16个节点的全面巡查和督导整改，现场培训管理、技术人员50多人次。全年召开视频会议11次，无一疏漏。二是根据区划调整完善河北省林权管理系统。全省征占用林地管理信息系统研建项目通过专家鉴定，科研成果达到国内领先水平。三是完成行政许可审批系统的接入，实现审批项目100%网上申报、审批。

五、启动新一代信息技术应用研究

按照智慧林业建设的总体要求，开展云计算、物联网应用研究。围绕生态林业、民生林业的建设目标，以强化果品质量安全为切入点，编制完成《河北省果品质量安全追溯系统建设示范研究》项目申请书，为提高信息技术对林业发展的贡献率打下基础。

六、网络和信息安全工作持续加强

一是购置硬件防火墙，配备上网行为管理软件，调整网络信息安全策略，从技术和应用层面切实保障厅机关局域网内信息安全。二是开展网络安全大检查，对厅机关局域网200多个终端用户进行信息安全、网络防护等方面的检查。三是定期对服务器进行杀毒软件升级、系统补丁更新，检查访问日志等日常维护工作，强化安全管理。定期检测网络和重要信息系统运行情况并做好安全记录，拟定网络和信息安全演练计划，提高信息安全突发事件的处置能力，切实保障网络和信息系统的安全运行。四是做好社会网络舆情监控工作，专人承办“中国河北”咨询投诉专栏和省委“河北省网络问政平台”涉林舆情，对舆情热点进行监控、收集、分析，及时反馈相关情况和结果。

第四节　山西省

2014年，山西省林业厅按照“五个统一”基本原则，服务全局，稳中求进，在基础设施建设、资源整合、业务应用、无纸化办公、信息安全保障、软件正版化等方面都取得新的突破，林业信息化建设不断向纵深发展，呈现出良好的发展态势，为发展生态林业、民生林业做出积极贡献。

一、启动信息资源整合

山西省林业厅高度重视信息资源整合工作，组织相关单位召开信息资源整合协调会议，成立信息资源整合协调领导组和信息资源整合专家咨询组，出台《关于实施信息资源整合加快林业信息化的意见》（晋林办〔2014〕42号），制定信息资源整合的总体思路和整合原则，提出整合目标和具体任务，为山西省林业信息化建设指明方向。目前，资源整合各项具体工作正按《意见》要求的时间进度稳步推进。通过信息资源整合，加快山西林业信息化发展进程，推动全省林业信息化工作形成布局科学、高效便捷的新格局。

二、加强基础设施建设

（一）完成数据中心建设。数据中心建设是2014年山西林业信息化建设的一项重点工作。在2013年标准化新机房建成的基础上，2014年又投入180万元，配备高端网络设备、服务器、存储、虚拟化软件以及安全设备，将出口带宽提速至200M。精心设计方案，合理调配资源，建成山西省林业厅数据中心。数据中心的建成，对信息资源整合起到积极的促进作用，为全省林业系统提供高效优质快捷的服务。

（二）完善林业内网建设。启动实施山西省林业厅内网全覆盖工程，对厅直系统的省造林局、林管局、规划院、林科院、种苗站、推广站、林干校、森林公安局等26个单位的政务内网进行重新改造布设，实现全省林业系统内网的互联互通，为推进资源整合以及各项业务应用奠定基础。

三、积极探索网站建设管理新模式

以山西林业网为平台，设计了厅机关处室、驻并单位、省直林局3套子站模板，利用后台统一管理、数据集中存储的办法，为没有网站的单位新建子网站（页）38个，有效利用资源，减少各单位网站建、管成本，实现全厅各处室、单位网站（页）的全覆盖。积极探索“共同建设、共同管理”的新型管理模式，提高各单位信息发布与报送的积极性。全年共发布图片新闻（视频）9921条，动态信息4777条，专题报道506条，信息公开1282条，供求信息765条，完成在线咨询、互动交流1103条，访问量超过300万人次。依托山西林业网平台，举办了“美丽山西”网络摄影大赛，共收到摄影作品320余幅。

四、大力推进无纸化办公

继续加大OA系统应用推广力度，全年厅机关内部通过OA系统共处理文件500多份，基本做到所有厅机关发文都通过该系统流转到文印室，发文方式和习惯逐步向电子化、网络化转变。举办全省林业电子公文传输系统培训班，对11个市林业局以及厅直各单位的相关技术人员进行了收、发文培训并制作电子公章，全省电子公文传输系统试运行工作正式启动，实现省厅与11个市及45个厅直单位之间的公文无纸化网络传输。

五、全力保障网络与信息安全

将信息安全作为全年信息化工作的一件大事来抓，从制度和技术两方面入手，构建信息安全防护体系。按照省网信办有关信息安全的要求，加强制度落实，明确责任，落实到人，增强工作人员的安全意识，把好信息安全工作的第一道关。同时，购买安装了IPS、Web防火墙等，继续完善技术保障体系建设，提高防范能力。10月，按照省网信办《2014年全省网络安全检查工作方案》（晋网办发文〔2014〕2号）要求，对厅网络安全工作进行全方位的自查，对自查中发现的隐患、问题，及时有针对性地进行整改，提升安全可控能力，保障网络安全。

六、编制完成《山西智慧林业发展规划》

按照《中国智慧林业发展指导意见》要求，编写《山西智慧林业发展规划》。提出山西省智慧林业建设的思路、目标、原则，全面规划到2025年山西省智慧林业建设的主要任务，为山西省智慧林业建设指明方向。

七、加大业务系统开发应用

（一）继续完善统一平台建设。省林业信息化统一平台部署到林业厅新机房，通过单点登录、数据共享交换、SOA等技术为厅机关和驻并单位的信息资源实现互联互通，提高信息资源和业务应用的共享程度。平台实行统一用户登录和权限管理，为公共基础数据、林业基础数据、林业专题数据等资源数据的整合共享以及办公自动化和各类业务应用系统的有效集成提供统一的平台支撑。

（二）开发完成资产管理系统。开发资产管理系统，实现对国有资产的集中管理，实时掌握各单位国有资产实际使用情况。财政及主管部门通过系统提供的动态查询及资产购置审批辅助决策功能，及时掌握各级单位资产存量、资产使用状况，包括闲置资产情况。通过资产调剂管理功能实现各单位之间资产合理调配，提高国有资产利用率，减少资产闲置状况。通过加强对单位资产配置、预算的管理，使资产申购、预算更为合理，为预算审批提供科学依据。

（三）开发完成森林资源管护GPS巡检系统。系统与平台建设已基本完成，正在开展市、县应用推广工作，省直林局正在逐步进行更新换代。森林管护GPS巡检系统围绕“简便、实用、快捷、高效”的理念进行研发建设，使森林火灾、林业有害生物灾害、偷砍盗伐、非法占用林地等事件得到及时反馈，保障管护人员的人身安全，强化对管护员工作的监管。森林资源管护指挥系统暨GPS管理运行平台通过GPRS将GPS数据自动回传到数据平台，具备实时监控、实时定位、管护工作线路查询等功能。

八、有序推进软件正版化工作

印发《山西省林业厅关于进一步做好2014年机关软件正版化工作的通知》，对厅机关2014年度正版软件使用工作进行安排部署。同时，加强自我监管工作，在厅直系统组织开展软件正版化自查，对自查中出现的问题及时整改，建立软件正版化工作长效机制，确保软件正版化工作落到实处。

第五节　内蒙古自治区

2014年，内蒙古自治区林业厅积极开展信息化基础建设等各项工作，以示范省（区）建设为着力点，以实现林业现代化为建设目标，推动林业信息化建设快速发展。

一、科学编制建设规划

组织编制《内蒙古自治区生态环境保护（林业）信息化工程实施方案》，指导自治区林业信息化建设。撰写《内蒙古自治区林业信息化基础平台建设项目可行性研究报告》，积极向自治区发改委申请立项。

二、示范建设取得突破

完成自治区林业信息化示范省建设项目一期工程的全部建设内容，包括内外网机房建设、视频会议设备采购、服务器等设备采购及应用开发平台建设。完成林业信息化示范省建设项目二期工程的招标采购、厅机关大楼综合布线工作，加快推进内网、专网建设，实现内部自动化办公、视频会议、公文传输等功能。推进鄂尔多斯市、东胜区和林西县开展全国林业信息化示范市、县建设。根据《国家林业局办公室关于报送林业信息化示范单位建设材料的通知》要求，积极向国家林业局信息办报送第二批全国林业信息化示范单位建议名单及相关材料，自治区林业厅被列为第二批全国林业信息化示范单位。

三、加强网站建设

一是深度推进信息公开。厅门户网站信息公开更加及时、透明、全面，全年发布林业信息5600多条，及时更新《内蒙古自治区林业厅负责实施的行政许可项目》和《内蒙古自治区林业厅行政许可流程图及服务指南》等栏目。二是大力举办网站培训。配合国家林业局举办自治区市县林业局、自然保护区、森林公园、国有林场、种苗基地网站建设培训班，有效推进自治区林业网站建设，提高网站运行、维护管理水平。

四、加强信息报送

向国家林业局网站上报林业信息1200多条，采用900多条；向自治区政府网站上报林业信息300多条，采用200多条。通过林业信息的公开不断提高林业工作的透明度和影响力。自治区林业厅在国家林业局网站和自治区政府网站的信息采用量排名不断提升，对自治区林业工作起到积极宣传作用。加强工程建设领域项目信息公开力度，2014年共上传工程建设领域项目信息506条。

五、加强管理制度建设

编制《林业厅网络信息安全应急处置预案》、《全区林业专网管理办法》、《办公计算机安全管理办法》、《病毒防御管理办法》、《使用正版软件工作制度》等规章制度，适应林业信息化迅速发展的需求，进一步加强信息化管理制度建设。起草《林业厅内网管理制度》，为规范化、制度化、科学化地开展林业信息化工作提供依据和保障。

第六节　内蒙古森工集团

2014年，内蒙古森工集团加强信息化建设，促进了集团决策科学化、办公规范化、监督透明化、服务便捷化，推动内蒙古森工集团的快速发展。

一、强化林业信息化组织体系

重新调整内蒙古森工集团信息化建设工作领导小组组成人员，由主要领导任组长，相关领导及部门负责人为成员，统筹规划、统一领导集团信息化建设。集团下属各企事业单位成立相应的领导小组，明确信息化实施部门和负责人，切实承担起集团信息化建设的具体职责。

组织各子分公司进行信息化发展水平调研，掌握各单位信息化发展情况，有针对性地制定了各单位的信息化发展思路。

二、修编信息化规划，完善发展战略

结合集团近年来林业信息化发展实际，以《全国林业信息化建设纲要》、《全国林业信息化建设技术指南》和《全国林业信息化发展“十二五”规划（2011～2015年）》为指导，对《内蒙古森工集团信息化“十二五”规划》进行修编，进一步明确集团信息化总体框架、目标体系、建设任务和保障措施，并以此为依据完善了集团信息化管理制度，为集团林业信息化的可持续发展提供保障。

三、基础设施建设取得新进展

编制完成集团中心机房系统建设方案，按照国家A级标准进行设计，计划建设一个消防、供电设施齐备，保密性高、管理标准高，维护便利、节能环保，能够7×24小时连续、安全、稳定运行的绿色机房。成为全集团三网融合的汇聚点和中心枢纽，满足未来电子商务、物联网等平台的数据集中、管理集中的需求，为未来全集团信息化建设各项工作奠定基础。

四、启动电子商务平台建设

顺应木材整合销售趋势，加快建设网络营销平台，多次与国际国内顶尖的咨询管理机构磋商项目有关业务，对建设电子商务平台进行探索，编制完成电子商务项目建设方案，确定“绿色碳汇、健康生活”的建设主题。现已完成电子商务平台需求调研，制定建设框架，第一阶段网络营销系统建设筹备工作已经完成。平台建成后，可形成整体销售模型，把全集团的优质产品进行打包、整合，在平台上进行捆绑销售。互相促进、互相支撑、互相推动，以点带面，使集团各下属企业的产品实现整体销量提升。

五、建设企业专网及视频会议系统

由集团公司投资，与各成员单位搭建企业专网及视频会议系统，专网可支撑集团视频会议、公文传输系统、电子商务平台、财务与人力资源报表系统的正常运行，视频会议系统覆盖机关和下属林业局共21个节点单位。

六、升级改版集团门户网站

对集团门户网站进行全面升级改版。新版网站对集团定位、网站功能等进行全面优化和升级，设有“学习贯彻习近平总书记系列讲话精神、学习贯彻十八届四中全会精神、党的群众路线教育实践活动、社会主义核心价值观、视频新闻”等5个主版块、10余个子版块，设计更美观、内容更丰富、功能更强大、特色更突出。同时进一步加强信息安全保障，完善信息发布审核制度，提高信息发布的权威性与准确性。

七、建设资源监管和森林防火项目

成立森林防火与资源监管物联网应用示范项目组，大力推进国家物联网应用示范工程建设。一是建设森林资源监管系统。以国家林业资源监管系统软件为基础，结合内蒙古森工集团的实际需求，进行定制开发，保证与国家系统之间的无缝衔接。二是建设森林防火监测与预警系统。完成天网系统、人网系统、智慧森林平台相关的需求分析、方案设计、可研报告和评审工作。

第八章　东北地区林业信息化进展

东北地区林业信息化发展快速水平，特别是辽宁、吉林和吉林森工的信息化发展继续保持领先水平，在全国具有重要的引领作用。

第一节　辽宁省

2014年，辽宁省林业厅紧跟技术创新步伐，全面开启智慧林业建设，扎实推进各项工作，逐步建立起功能齐备、互通共享、高效便捷、稳定安全的林业信息化体系。

一、抓好信息应用服务

（一）开发全省青山工程动态监测信息管理系统。认真贯彻落实《辽宁省青山保护条例》，逐步建立青山保护动态监督管理机制，为全省青山保护评估提供支撑。相继开发完成全省青山工程动态监测数据库软件平台，全省青山工程动态监测应用平台，全面完成省、市、县三级应用。应用平台能够提供数据采集、数据管理、电子表单、统计分析、二维三维GIS引擎、动态监测、预测预报、决策分析、数据访问和数据上报等功能。平台建设充分利用辽宁林业信息化建设现有成果，将青山工程的复杂业务和海量数据与计算机网络、遥感、地理信息、空间定位、信息管理等技术及林业基础信息资源进行整合，构建全省青山工程立体化的动态监测模式，科学评估青山保护情况，及时提供决策参考，保障青山工程顺利实施，促进全省生态文明建设。

（二）开展重点业务系统安全等级保护。根据信息化系统等级保护安全要求，针对重点业务应用系统，制定安全保障体系架构，构建信息安全技术体系、安全管理体系和安全运维体系。统一建设必备的网络安全防护手段，划分安全区域，在统一边界的基础上，实现重点防护和隔离，利用防火墙、入侵检测等技术实现网络安全的有效防护。增加DDOS和IDS等防入侵检测设备，升级网站防篡改安全策略，建设多层次、立体化安全防护体系。完善安全策略，建立安全管理制度。

（三）优化信息质量，坚持服务基层。利用服务呼叫响应、文字信息动态监测等技术方法，加强网站监管，增强网站信息内容公信力，提升网站页面在搜索引擎中的收录比例和搜索效果。以服务林业、方便群众为原则，利用用网站平台及时发布林业重要会议、活动和相关政策。调整网站栏目，完善信息公开、办事大厅、在线服务等栏目内容。林业商务平台投入使用，为林农提供林产品供产销一体服务，引领林业产业积极健康发展，注册的组织、企业和个人用户已达100家，覆盖全省80%的县，成为促进林产品流通的重要平台。林业门户网站群建立较完善的信息采集、审核体系，推行统一的数据标准，采用公用模块的方式，实现一站式发布、全系统共享，提升林业系统信息资源开发和共享水平。门户网站共发布省厅行政审批事项办理指南10类122条、公布年度公开受理结果600余条，实现林木采伐与运输证件全部在线办理，应急与安全预报内容及时全面发布。围绕省厅“千万亩经济林工程”、“造林绿化”、“森林防火”等重点工作做好信息服务，制作头版头条31个、专题专栏9个，新增专家库专家58位，转载媒体报导318条。各市县积极利用网站发布工作动态、公示重点项目进展、上传新闻视频、宣传生态旅游等，形成省、市、县多层次林业信息服务的合力，树立辽宁林业的良好形象。

（四）深入开展信息化应用，提高信息化协同服务水平。全力拓展信息化建设成果应用领域，加强对林木采伐管理系统、木材运输管理系统、林权证办理系统等设备的安全管理、技术支持，确保相关系统顺利运行。省、市、县三级林业协同办公自动化系统为近130个单位提供服务，包括厅领导办公子系统、行政事业单位办公子系统和市（县）级办公子系统，实现省、市、县三级公文一键发送、同步到达，用户数量增加至2000余人，全面推进无纸化办公，大大提高公文流转效率，节省人力成本。完成省市两级林业视频会议系统升级改造工作，更新系统平台、中心会场设备和会议终端，建立起覆盖省、市两级的视频会议交互应用系统，解决原有设备陈旧、线路饱和、运行不稳等问题，实现高清数据的传输。全年召开各级各类视频会议20余次，使用频率呈逐年递增态势。这些系统的建设应用显著提高了林业办公自动化、管理现代化和协同服务水平。

二、开展辽宁省智慧林业建设

辽宁省林业厅高度重视林业信息化，充分认识到新时期智慧林业建设的重要意义，积极开展智慧林业建设相关工作。研究制定辽宁林业信息化发展“十三五”规划和智慧林业建设规划。向各市、县林业局及直属单位宣讲信息化建设及智慧林业建设的重要性，为智慧林业建设的顺利开展打好基础。按照国家林业局加快推进“金林工程”建设工作要求，编制辽宁生态环境保护（林业）信息化工程建设方案，积极争取项目立项。力争通过持续的技术创新，紧密跟踪行业发展，为林业信息化提供全面、有效整体解决方案。

三、全面推进信息化示范建设工作

为充分发挥先进典型的示范引领作用，全面加快全省林业信息化建设步伐，继沈阳市、本溪市、阜新市、桓仁县、本溪县等首批全国林业信息化示范市、县后，辽宁省林业厅积极开展第二批林业信息化示范单位建设工作。及时下发文件，安排部署示范市县建设申报工作，在全省开展林业信息化示范市、县创建活动，制订林业信息化示范市、县建设检查验收方案。沈阳市林业局信息化建设以“三级建站”、“四级联网”为重点，按照“统筹规划、互联互通、复合应用、分步建设”的原则，建成省、市、区县（市）、乡四级网络平台。桓仁县林业局紧紧围绕林业信息化建设主题，加强硬件和软件建设，初步建成“一个中心、一个平台、两个系统、三个网站”共同协作的信息化格局。

四、加强林业信息化人才队伍建设

一是加强自身队伍建设。先后组织人员参加由国家局信息办举办的第二届CIO高级培训班、生态环境保护（林业）信息化工程项目建设方案研究座谈会和全国林业信息化标准宣贯培训班，不断提高整体业务素养。二是加强基层队伍建设。7月份在大连举办全省市、县网站建设信息宣传培训班，培训技术人员近100人；10月在湾甸子实验林场举办全省智慧林业建设培训班，对全省智慧林业建设进行部署，针对智慧林业建设和国家信息化战略进行讲解，共培训领导干部和技术人员70余人。

五、拓宽林业信息化发展资金渠道

林业信息化建设是一项复杂的系统工程，为确保各项工作顺利开展，需要从政策、资金、组织及机制等方面提供有力保障。随着信息化建设的不断深入，应用系统的不断增加，加强信息化资金投入，开拓多种方式的资金扶持渠道，特别是加强运维资金投入。辽宁省林业厅在没有专项建设资金投入的情况下，积极争取财政、经信委等部门支持，开展多种模式的资金保障工作，探索开发适合林业信息化发展需要的融资模式。

第二节 吉林省

2014年，吉林省林业厅按照《加快吉林省林业信息化发展的实施意见》要求，采取五项举措不断加强信息系统应用推广，稳步推进全省林业信息化发展。

一、启动林业大办公平台建设

按照全省林业大办公平台建设架构和省厅“启动并全面应用综合办公系统”的统一安排，以林业厅本级为重点加速林业办公自动化进程。4月1日正式启用林业厅综合办公OA平台，实现厅本级办公OA应用普及，为推进全省林业大办公平台奠定坚实的基础。健全政务公开网络服务机制，多次组织林业厅综合办公OA平台应用培训和工作流程优化演练，有效提高综合办公平台业务办理能力。全年实现发文500件、收文2200件、协同办公220件，切实提高了全厅政务办公效率和质量。

二、稳步实施规划项目

（一）加快移动办公平台建设。组织开展林业厅移动办公系统需求调研和分析工作，组织行业专家和厅相关处室对项目设计方案进行比对分析和论证，形成吉林省林业厅移动办公项目实施方案，10月10日通过省政府采购中心完成“林业厅移动办公系统”招标工作。移动办公平台建成后，将使厅机关工作人员摆脱对固定办公环境、时间、电脑设备和网络的依赖，将信息无缝延展到每个人手中。

（二）全面启动林业云数据中心建设。按照国家加快电子政务内网体系的要求，采用模块化设计理念和虚拟化技术，开展林业云数据中心建设，实现政务内网的动态、平滑、快速扩展，做到业务需求与政务内网支撑能力精确匹配。项目于10月20日完成招标工作，建成后将实现数据高效交换、集中保存、及时更新、协同处理，满足全省林业业务应用和信息资源共享需求。

三、全面优化吉林林业网网站群

按照国家和吉林省有关网站建设要求，不断提高网站建设质量和水平。截至2014年年底，已建成吉林林业网子站89家，基本实现市、县级网站全覆盖。林业子站群加载信息量超过10万条。林业厅门户网站2014年发布信息近7000条，其中图片4000多张，视频110分钟；网站日平均浏览量4.3 万人次，平均访问量8.4万人次，最高浏览量16.7 万人次，最高日访问量25.6 万人次。

（一）全面优化网站功能。按照可延续、可扩展的原则，对网站进行全面优化，进一步增强网站可读性、规范性和科学性，提升网站服务功能。新增“网络问政”、“林业应用”栏目。优化“办事大厅”、“林业在线”、“林业视频”、“生态文明”、“林业机构”等栏目，按照栏目属性对部分栏目进行介绍说明和内容调整。共制作20期“林业走基层”基层采访和18期“访谈专栏”专访信息。配合省政府网站组织林业访谈一次，政策解读一篇。

（二）开展吉林省自然保护标识网上征集活动。活动历时半年，收录各具特色的标识设计138件（套），链接展示8个专题页面和网站，营造全社会参与保护建设的良好氛围，有力地宣传推介了全省林业自然保护工作。

（三）承办第二届全国生态摄影大赛暨第四届“人·自然·生态”摄影大赛。大赛通过冠名方式广泛推介吉林省莫莫格自然保护区。大赛共收录作品1914幅，是历届大赛收录作品数量最多的一年，有力推动了生态文化建设。

（四）全面推进处室子站应用。完成29个处室子站栏目优化和内容保障工作，半数子站已实现处室自主应用，网站内容能够及时更新，为推动林业厅政务公开迈出坚实的一步。

（五）做好微博、微信平台管理。认真做好吉林林业厅政务微博和微信平台管理，共发布微博、微信500余条，快速传播林业建设发展正面信息，起到积极的舆论导向作用。

（六）加大人员培训。本着高标准、严要求的培训原则，于8月26～29日组织吉林林业网站管理员和信息联络员培训，聘请省内知名专业专家进行新闻信息写作、新闻摄影和新闻视频制作等专题讲座，有针对性地对吉林林业网站群操作使用规范进行专门讲解，120余名工作人员参加了培训，提高了网站工作人员整体能力和水平。

四、做好系统应用推广，提高系统服务质量

一是公文传输、视频会议等系统在全省林业系统得到广泛应用。2014年利用视频会议系统成功召开国家治荒会议、林业厅群众路线教育实践活动总结大会等会议11次；通过公文传输系统全厅发文28800件、收文24500件，提高了工作效率和质量，提升了林业信息化应用水平，节省了大量办公经费。二是按照国家和省政府推进电子商务平台建设的总体部署和兰宏良厅长关于“将林权交易、林产品销售、木材竞价销售等内容作为调研重点和突破口，大力推进吉林省林业电子商务工作”的要求，依托专业公司，为吉林省林业电子商务平台开辟了淘宝网上营销渠道，建成吉林林产品旗舰店，取得良好效果。三是按照《吉林省促进信息消费推动信息化建设实施方案》的要求，进一步完善吉林龙湾国家级自然保护区生态旅游信息查询系统，采用地理信息技术和虚拟现实技术相结合方式，使浏览者身临其境地参观了解保护区自然环境和生物信息，提高龙湾保护区的知名度和对外合作机调。

五、进一步做好全国林业信息化示范工作

从2011年开展林业信息化示范工作以来，吉林省共确定了4个全国示范单位6个省级示范单位，各单位以示范项目建设为突破口，重点加强信息基础设施建设，起到了良好的示范作用。2014年，按照第二批全国林业信息化示范单位建设工作要求，积极组织推荐通化市林业局为全国林业信息化示范市，蛟河市林业局、抚松县林业局、镇赉县林业局为全国林业信息化示范县，莫莫格保护区、吉林林业技师学院为全国林业信息化示范基地。

第三节　黑龙江省

2014年，黑龙江省林业厅在门户网站建设、项目建设、OA应用及网络生态文化传播等方面开展了大量工作，取得了一些成效。

一、加强门户网站建设

以新版网站为基础，进一步优化网站栏目，及时更新各板块内容，加大政务公开力度，配合相关部门推进网上行政审批工作，开展政务公开、保密安全等政务综合工作检查，利用门户网站和专项子站开展政务信息公开条例和保密法宣传活动。强化在线服务功能，通过“厅长信箱”、“投诉建议”、“专家咨询”等栏目，及时回复群众问题。在网上办事大厅设置了“办事指南”、“在线办事”、“表格下载”、“结果反馈”等栏目，方便群众办理相关事项。继续推进林业网站群建设，加大建设力度，全省已建成林业子站458个。其中，市级子站9个，县级子站59个，国营林场、自然保护区、森林公园和种苗基地子站360个，厅机关各处室和直属各单位子站30个。

二、推进项目建设工作

推进北斗应用系统项目建设，积极报送项目建设方案和地方配套资金承诺函，按照国家林业局信息办的要求，及时做好相关工作。

三、成功举办第二届“大美龙江”征文和摄影比赛

为积极响应国家林业局提出的为建设生态文明和美丽中国贡献力量的号召，推进“大美龙江”建设，省林业厅于7～10月举办了第二届“大美龙江”征文和摄影比赛。共收到75篇有效征文，187件有效摄影作品。经过大赛评审委员会初评、复评，征文评选出3篇一等奖、5篇二等奖、10篇三等奖、15篇优秀奖和27篇提名奖，共60篇作品；摄影评选出1件特等奖、1件一等奖、5件二等奖、10件三等奖、15件优秀奖和22件提名奖，共54件作品。上述作品同时报送到由中国林业网举办的“第二届美丽中国”征文大赛组委会参赛。

四、拓展OA系统，加大培训力度

在厅机关使用省林业厅OA系统的基础上，于1月1日起在全省市县林业主管部门、各直属单位、国家级自然保护区全面推广应用OA系统，提高文件传输效率，节约办公成本，从

根本上解决“急件迟到”和基层单位收“过期文件”的问题。截至12月9日，通过OA系统共处理公文4287件。

通过远程培训、在线交流等方式，对市、县林业行政主管部门进行OA系统应用培训和指导。开展厅直机关政务、保密工作综合检查，派出3个检查调研组，分别对31个处室、8个直属单位开展督促检查和调研指导，通过实地检查指导、座谈等方式，面对面解决厅机关各处室和基层各单位实际问题。11月14日，举办厅直机关政务培训班，就机关公文制发规范、省林业厅OA系统操作与应用、政务信息报送及注意事项、政务公开有关工作、厅门户网站相关栏目更新维护等内容进行了专题培训，培训内容充实，具有极强的操作性和针对性，厅机关各处室、直属各单位文书及信息员共计60人参加培训，取得良好效果。

第四节　吉林森工

2014年，吉林森工集团紧紧围绕 “加快林业信息化，带动林业现代化”的战略部署，加大工作力度，以服务集团公司发展为宗旨，采取一系列有力措施，抓管理、抓制度、抓机制、抓项目，逐步建立起覆盖全集团各级部门、功能齐全、互通共享、高效便捷、稳定安全的吉林森工信息化体系，实现信息化建设工作科学、规范、快速发展。

一、加强机构队伍建设，提升组织保障能力

按照建设“一把手”工程的要求，根据公司组织机构设置，重新调整吉林森工集团信息化建设工作领导小组成员。组建信息化建设委员会，统筹规划集团信息化建设。经集团公司批准，进一步明确集团公司信息中心的职能和编制，根据业务需要，成立新闻采编处、网站编辑处、微平台管理处、技术保障处等处室，进一步明确职能、人员和分工。在集团公司领导的支持下，信息中心进一步补充人员，在下属各基层单位和子公司建立通联队伍，成立基层记者站14个，记者站人数达47人。

二、制定修订管理制度，完善管理机制

制修订《信息中心机房安全管理办法》、《中国吉林森工集团专网管理办法》、《中国吉林森工集团办公计算机安全管理办法》、《中国吉林森工集团软件正版化管理办法》、《中国吉林森工集团安全管理办法》、《演播室及设备管理制度》、《岗位职责》等各项规章制度，建立完善的管理机制，促进公司信息化管理的科学化、制度化、规范化和长效化。

三、加强网站建设，提高服务水平

从2014年3月份开始进行网站升级改版工作，9月份正式上线运行。新版网站界面实行突破性的设计，采用更加先进灵活的开发技术、更加开放友好的界面布局，使信息传达更加快速直接。在“集团六大产业”和“产品展厅”两个栏目下，对集团旗下的品牌产品做了更进一步的整合展示，网站内容更加丰富详实。新版网站突出集团的绿色人文特色、产品的绿色环保特色以及网站的商业运营特色。全年共采编发布图文信息2300余条，新增“集团六大产业”下58家下属企业信息及其相关的品牌产品信息。先后开展“企业文化——绿色宣言”、“2014年全国两会”、“党的群众路线教育实践活动”、“向治沙老人苏和学习”、“20周年庆”等专题宣传活动。集团网站平均日访问量1100人次以上，最高达2000余人次，网络影响力进一步提高。

四、吉林森工网络电视台建成使用

吉林森工网络电视台是集团信息中心2014年重点建设项目，已完成验收并投入使用。网络电视台通过互联网、移动互联网、集团专网把集团及所属单位的电视内容以流媒体形式播出，具有影像播放、时移回看、在线点播等个性化服务功能，项目以“三网融合”为建设基础，实现了在电视、计算机、手机等多终端上的在线观看。根据集团改革发展需要，对《吉森网视》进行精心策划，开设吉森新闻、吉森文化、在线访谈、绿色产品、吉森风光、走进吉森、新闻集锦、科普长廊、综合文艺等9个频道，9月末开始上线运行，成为集团对外展示、对内交流的重要平台。截至目前，共发布各类视频节目110余个。同时将《吉森新闻》下传到各林业局，在有线电视上播出，截至12月底，《吉森新闻》已制作并播出五期，获得普遍赞誉。

五、加快新媒体应用推广

一是开通吉林森工手机网站，创建集团微信官方二维码、吉森网视二维码、董事长访谈视频二维码、微信公众平台、吉森味道微店等，对传统网站进行移动性、宽带化和视频化拓展建设，将集团的正能量信息事件、健康环保的绿色产品以快捷、精准的方式推送给用户，使之成为集团信息发布、产品推介、形象展示、文化传播的重要平台。二是与新浪网新媒体进行深度合作。利用新浪微博的网络影响力，借助其庞大的粉丝群，通过线上互动，线下活动引发追随，从文化、产业、产品、旅游等多维度对集团品牌形象进行塑造与传播，快速形成与集团相关的微博矩阵，成就吉森品牌。目前新浪网的集团官方企业微博和集团董事长个人微博均已开通试运行。新浪•吉林森工频道上线准备工作基本完成，新浪吉林“2014世界杯长春球迷消夏狂欢节”的吉林森工之夜宣布全网开通。

六、启动办公自动化系统升级改造

随着集团规模不断扩大，业务需求日益多样，原有办公自动化系统已无法满足需要。集团公司对目前国内市场OA主流品牌进行深入调研，从系统先进性、可扩展性、安全性及投资费用等方面进行综合比较，按照三级管理模式、集中式部署的设计思路确定集团办公系统建设目标与方案，于12月进行了公开招标。预计2015年上半年建成，下半年上线试运行。

七、加强网络基础设施建设

一是制定信息化云级别网络建设发展规划。为整合信息资源，实现集约化管理，通过对主流厂商进行调研，结合各家提供的初步规划方案，讨论集团云级别网络建设发展方向，根据集团需求议定了建设方案。二是增加网络带宽，确保网络畅通。将互联网出口带宽由40M增加到150M，并对集团上网行为管理设备进行更换升级，管理能力由200个用户增加到800个用户，保证集团各项网络活动的正常运行。三是在原有防火墙基础上，在网站服务器前端增加防火墙，安装正版杀毒软件，降低安全风险。

八、加强网络舆情监测管理

为充分利用集团网络舆情监测系统，配合互联网各大搜索引擎，对与集团相关舆情信息进行实时全网监测，取得更好的监测效果，升级舆情监测系统，调整新增舆情关键词汇的匹配。选择股份公司和泉阳泉饮品公司进行试点，在集团总监测系统上开通分监测端，拓展网络舆情监测效果。全年编辑整理《网络舆情参考信息》6期，协助配合处理多起网络危机公关事项，起到预警、维护作用。

九、物联网示范工程取得重大进展

2014年，《国家发展改革委办公厅关于首批国家物联网应用示范工程项目的复函》（发改办高技〔2014〕813号）正式批准吉林森工物联网示范工程建设方案，并对示范工程项目补助资金2000万元。截至12月底，核心地网监控平台已经建设完成，人网部分完成对讲机的采购和配发，林网建设部分完成约40%的工作。核心业务软件已开发完成，并在PC业务终端进行了部署。以物联网示范工程建设为基础，总结提出《森林防火视频监控预警系统技术规范》行业标准，进入意见征集阶段。物联网项目配套的前端智能监控设备产业化项目基本建设完成，“森林眼”监控产品已达到设计产能，即将进入总结验收阶段。

第五节　龙江森工集团

2014年龙江森工集团进一步加大投资建设力度，大力推行电子政务，加快全局网络化进程，信息化建设取得了一定的进展。

一、完善集团网站群系统

为适应新时期林业发展和政务公开等各项工作的需要，开发网站群系统，总站已正式投入使用，子站正在逐步建设完善。网站群建设以先进的IT技术为支撑，根据政府网站建设技术规范和绩效评估指标体系，结合现代林业建设需要，坚持统一架构、突出重点、整合资源、促进共享的原则，实现森工系统网站资源的有效整合，突出林业主体业务布局，推进政府信息公开和在线信息服务。

二、加强政务平台建设

积极开展电子政务平台建设，总局综合政务平台于2014年初正式投入使用。集团在一期工程基础上增加音视频矩阵系统、视频会议终端、MCU，完成包括国家林业局、省委党校、安全生产、省政府政务外网的接入，全部整合到中心机房，实现统一管理、统一调度，为视频会议、电子政务等工作提供支撑。为了扩大综合政务平台的覆盖面，2014年林业科学院、生态学院等7家总局直属事业单位也作为二期工程建设的重点接入到平台中。

三、OA系统建设

改版内网办公系统，新版系统根据森工特色进行定制开发，涵盖主流OA系统的主要功能，满足无纸化办公要求。系统建成后可实现总局、各林管局和林业局资源共享，实现文件、信息在线起草、审核、会签、签批、排版、发送、归档等，对提升林业行政管理能力和公众服务水平具有推动作用。

四、加强网络信息安全

为保证信息安全，落实国家有关信息安全等级保护的政策要求，总局针对外网网站系统、OA系统、木材生产销售系统、办公室档案管理系统，服务器、网络设备、数据库系统和个人计算机存在的高危漏洞和安全隐患进行了自检、监控和检查，同时进一步完善信息安全相关规章制度。

第六节　大兴安岭林业集团

2014年，大兴安岭林业集团公司紧抓政府网站群二期工程建设与网络安全系统更新工作，不断拓展电子政务应用，为大兴安岭经济建设和社会发展提供了有效的信息技术支持与服务。

一、进一步强化信息安全

按照国家林业局和黑龙江省政府关于信息安全相关规定，集团公司对原有安全设备进行升级改造，增加防火墙、IPS、网页防篡改、安全网关等设备，实现对政务网络的杀毒、防攻击、防篡改、VPN拨入、流量监控等功能，进一步增强政务网络平台及门户网站抵御网络安全风险的能力，确保系统安全运行。

二、广泛应用视频会议系统

为确保视频会议系统稳定运行，集团公司实行会议系统设备定期检修、会前调试制度，发现问题及时处理，提升会议效率和效果。加强视频会议系统推广应用，应用范围由林业、行政系统逐步扩展到党群及社会团体。截至2014年11月末，利用该系统共召开各种会议246次，其中视频会议108次。

三、不断加强网站公共服务能力

2014年9月，集团公司对原网站进行升级，新增悬浮窗口、专员信箱、我要信访、依申请公开等栏目。方便百姓浏览，畅通政民互动渠道，促进政务公开，提高政府形象。截至11月底，网站更新信息7241条、图片941幅，日均访问量2.5万人次。回复公众留言和领导信箱来信92条，回复论坛提问90多次，网站已成为群众与政府沟通的桥梁。为进一步促进政府网站功能和内容的不断完善，举办了大兴安岭林业集团林业局子站群建设培训班和门户网站信息保障工作培训班，共计80多家单位120人参加了培训。

四、建设网站群二期工程

开展第二批政府网站子站群建设。在2011年24家子站的基础上，着手建设第二批子站，目前在建的有23家。到2015年上半年将实现林直单位子网站的全覆盖，建立起统一风格、统一制式、统一管理的网站群。

五、完善各项制度建设

为巩固群众路线教育实践活动成果，建立政务信息化工作长效机制，在原有公文传输管理办法等制度的基础上，修订完善软件正版化、软件资产管理责任制、网络安全和网络应急预案等相关制度，为林业信息化健康持续发展提供制度保障。

第七节　大连市

2014年，大连市林业局全面开展智慧林业建设，林业信息化发展形势良好。

一、不断充实网站信息内容

根据林业工作热点，大连市林业局门户网站增加“大连市集体林权制度改革”和“森林公安”专题，新增“侵犯植物新品种权”和“制售假冒伪劣林木种苗”举报投诉电话，公开条例、公开指南、公开目录、依申请公开、公开年报、监督投诉、工程建设领域项目信息和信用信息公开、权力事项公开等均在“中国大连”网站链接，共发布各类信息600余条，图片400余张。同时向中国林业网及辽宁省林业厅的大连市林业局子站报送信息。

二、建设森林管护信息系统平台

为进一步加强全市森林防火和农村专职护林员队伍建设和管理，结合正在进行的护林员专职化改革工作，经过与市移动公司沟通协商，由市移动公司为全市森林管护工作提供专业化服务，通过定期收取管理服务费，保障信息传输流量需求的方式，专门研发建设森林管护信息系统平台，为全市农村专职护林员、森林消防队员及分级管理人员无偿配备手持GPS终端设备。管理人员通过此平台可随时随地掌握护林员的位置、巡护轨迹等相关信息，为加强护林及森林消防队伍考核管理提供有力保障，也可以通过手持终端进行拍照、录像，及时将现场情况上传到平台和管理终端，供管理人员做出合理的处置及指挥调度决策。

三、建设森林防火监控系统

开展森林防火监测管理系统建设，建成1个市级森林防火预警监测指挥平台，10个县级森林防火预警监测指挥平台。森林防火预警监测指挥平台由“12119”森林火灾电话报警系统、气象卫星环境监测系统、气象生态环境监测系统、林火地理信息系统、森林防火辅助决策指挥系统、森林资源综合管理系统、森林火灾远程监控系统、森林防火视频会议系统等8部分组成，实现“12119”森林防火报警电话24小时接警处置、卫星遥感林火热点监测、气象环境数据实时监测、高森林火险预测预报、森林火灾坐标定位、火场应急通信保障、重点区域森林火灾远程监控和自动识别、森林火灾辅助指挥决策和信息保障以及与国家林业局、省林业厅、市应急办、县区森林防火指挥中心网络连接、数据传输、资源共享、视频会议等功能。全市还在重点森林防火区域设立林火远程视频监控点39处，基本实现近郊及部分重点林区森林火情实时监控。另外，还在旅顺口区、普兰店市、瓦房店市、辽宁仙人洞国家级自然保护区等4个地区建有国家级森林火险因子采集站2处、省级森林火灾气象因子采集站2处，定期采集、测报森林火险相关信息。

第九章　华东地区林业信息化进展

华东地区林业信息化处于全国领先水平的省份较多，具有较大的发展优势。浙江省林业信息化整体发展水平处于全国前列，上海市林业信息化应用水平较高，江苏、福建近年发展较快，江西2014年信息化投入较大，在建设和保障方面成效显著。

第一节　上海市

2014年，上海市林业局紧紧围绕各项重点工作，强化应用支撑，突出信息共享，拓展网络云端集约，各项建设工作有序推进，林业信息化工作继续保持良好发展势头，有力地支撑了行业管理。

一、绿化林业GIS系统升级完善

绿化林业GIS是全行业基础设施和信息资源管理、更新、维护和统计的综合平台。针对系统运行慢，基础地图时效性差以及区县数据更新不稳定等问题进行升级改造。根据GIS云架构：一是扩充服务器CPU和内存资源；二是对系统框架进行改造，与测绘院公共地图服务平台进行对接，保证基础数据更新随测绘院地图更新而更新；三是提升系统运行效率，提高数据更新速度和稳定性。通过升级完善，为国情地理调查、生态规划以及统计等业务工作提供稳定有效的技术支撑。

二、行政事务受理系统不断改进

2014年以来，随着行政事务受理业务的不断延伸，不断完善林业局行政事务受理系统平台，已建成绿化和林业行政事务的“受理—处理—反馈”协同运作的综合管理平台。实现受理处置网络平台市、区、街道和处置单位的四级延伸，显著提升工作效率。目前系统已有约100万条数据，且以每年20万条数据的速度不断增长。系统强大的查询和统计分析功能，为业务决策提供强有力的数据支撑，提高为民服务的工作效率。

三、编制完成信息安全应急预案及等保规划

为提高信息安全应急响应能力、完善应急响应机制，确保信息系统的安全、稳定运行和业务连续性，上半年启动了信息系统与信息安全事件应急预案制订工作。按照国家等级保护二级系统防护能力构建全面完善的安全防护体系，有效保障了上海市林业局信息系统的全面安全。在保证系统运行效率和投资收益比例适当的前提下，通过技术和管理手段，最大程度地降低信息系统的信息安全风险，确保信息系统安全目标的实现。编制了机房、网络和应用系统等级保护安全规划。

四、绿化林业综合监管平台完善项目获正式批复

2014年7月30日，上海市发改委正式批复绿化林业综合监管平台。8月启动项目实施方案编制，9月初召集专题会议进一步明项目实施内容和组织保障，9月中旬项目组开展野生动植物保护数据资源整合、绿化林业环境质量监管数据资源共享等方面的调研，到老港、江桥、徐浦和虎林路码头进行现场调研视频监控，目前项目进入招标阶段。

五、林业“三防”体系信息系统项目进入审批阶段

2014年上半年市林业局编制了林业“三防”体系信息系统项目建议书，多次与市电子政务办、经信委、发改委沟通汇报，现已通过经信委、发改委的专家评审，进入审批阶段。通过建设上海市森林防火、陆生野生动物疫源疫病监测防控、林业有害生物监测防控和综合指挥信息系统，可形成快速准确的信息采集、传输、处理和决策反馈机制，实现对林业灾害的全方位监测、有效防御和及时处置，使上海市林业“三防”能力达到国内领先水平。

六、生态园林App建设有序开展

为进一步推进绿化林业“服务型政府”的建设，加速行业民生服务从常规型向主动型发展，申请了经信委“生态园林App”项目，探索“政府搭台，市场运作、百姓受益”的信息资源开发利用新模式。目前，该项目已成功立项并进入招标阶段。

七、主动开展信息化研究工作

（一）开展政府移动办公App研究。针对如何安全、稳定、可靠在政务外网上运行操作便捷、稳定、安全可控的移动办公App问题，对主流智能终端、操作系统、应用系统、辅

助应用App、各类权限和安全策略进行分析和研究，制订移动办公及移动终端信息服务方案，力争将OA系统、行政审批系统和信息共享平台进行集成，彻底打破传统办公方式的时空限制，为进一步提高公众信息服务能力、提升工作效率、加强数据安全和规范IT管理提出解决方案。

（二）开展绿化林业系统应用绩效评估研究。开展绿化林业系统应用绩效评估研究，科学合理地评估信息系统的应用绩效水平，通过定性定量指标快速准确地定位实施过程中的问题，有针对性地采取纠正措施，提高信息化建设投入所带来的应用成效。

（三）开展绿化林业云平台架构研究。根据云计算技术发展情况和林业信息化建设实际，通过调研上海市云平台建设情况，开展绿化林业云平台架构研究，形成上海市绿化林业云平台应用架构，实现绿化林业业务数据与应用系统的异地灾备，推动基于云平台的“绿化林业GIS”建设与应用。

八、有序推进系统数据异地备份和灾备

为进一步加强信息安全，启动数据异地备份和系统灾备建设工作，对所有应用系统及其数据进行了梳理，完成两地机房27个系统，共计1300GB数据的本地备份，766GB的数据异地备份，进一步提升信息系统容灾抗灾能力。

九、做好行政审批、OA系统等配套工作

完成4项国家林业局下放事项、自贸区网上审批和市局10个下放区县工作事项中涉及网上审批系统功能的修改，对区县各业务条线分别进行应用操作培训。完成张江高新区下属4个分园的网上审批接入与培训工作。完成林业类审核审批统一平台的开发完善。会同市审改部门进一步完善电子监察数据的完整性与有效性。

十、开展门户网站无障碍建设

根据《2013～2015年上海市政府网站无障碍推进工作方案》要求，林业局门户网站于2014年5月份启动全网无障碍改造项目,经过调研、论证、开发及专家测试，目前项目已进入验收阶段。

第二节　江苏省

2014年，江苏省不断加大林业信息化建设投入，大力推进智慧林业建设，林业信息化

工作取得新成效。

一、做好林业网的建设与管理

（一）信息发布及时高效。一是政府信息公开工作深入推进。通过江苏林业网，依法、全面、准确、及时地公开机构设置、领导活动、政策法规、规划计划、行政许可、工作动态等信息，充实完善“专项规划”、“财政预决算”等社会关注、群众关心的热点栏目。二是加大信息发布力度。第一时间发布全局重要会议、重要活动、重大政策信息，共发布各类信息4000多条，被国家林业局网站、省政府网站采用708条。三是绩效评估成绩斐然。在国家林业局组织的网站绩效测评中，江苏林业网连续3年荣获“全国林业十佳网站”称号。盐城、连云港首次参加国家林业局组织的网站测评，双双荣获“全国林业市级十佳网站”称号。

（二）在线交流扎实推进。通过在线访谈、领导信箱、意见征集、公众问答、网上调查等方式，加强与公众的网络互动，提高对公众服务需求的响应能力。一是开展在线访谈直播活动。植树节期间局领导和有关专家在江苏林业网开展了“同种一片绿树 共建美好江苏”在线访谈，并在全省林业局长会议、全省“严防森林病虫灾害 维护绿色青奥形象”动员部署会、全省国有林场危旧房改造工作会议等召开时，同步开展在线直播。二是做好“局长信箱”、“在线咨询”和“投诉与建议”的办理工作。将网上来信纳入局信访管理渠道，做到件件有回复、事事有着落，全年通过江苏林业网接收并办理网上来信120多次。三是开展网上调查。进行“江苏省森林生态旅游问卷调查”等3个议题的问卷调查，发挥解疑释惑、正确引导舆论的作用，加快机关作风转变，塑造机关良好形象，增强江苏林业网吸引力，2014年江苏林业网点击量达53万次。

（三）加强门户网站管理。印发《江苏林业网信息发布审核制度》，制订和完善信息发布内容清单，明确日常发布、定期发布和随时发布的类别、时限和主体，确保发布的信息数量和时效性，促进网站管理工作规范化，保证江苏林业网信息的严肃性、准确性。

二、加强业务应用系统建设和开发

（一）建成江苏森林公安装备管理系统。该系统基于公安金盾网，以省森林公安装备管理业务需求为导向，以“系统灵活部署、数据高效采集、信息智能分析”为设计理念，对装备进行分类管理，针对不同类别定制不同表单。构建规范、高效的森林公安装备管理体系。

（二）上线江苏省林业生态文明教育网。江苏省林业生态文明教育网以“弘扬生态文化、建设生态文明、共创美好江苏”为主题，引领公众关注森林、湿地和生物多样性，展示林业在生态文明建设中不可替代的作用，提升公众对生态文明的关注度，促使公众尊重自然、保护自然、热爱自然，对提升林业形象，加快林业发展具有十分重要的意义。

（三）升级完善OA与行政权力网上公开透明运行系统。完成OA办公系统改版升级，按照新的《江苏省林业局公文处理办法》对系统功能进行完善，实现系统单点登录，优化工作流程，使行政权力网上运转与公文流转同步进行，不断完善行政监察和法制监督功能，确保预警措施到位、行政监察有效、法制监督安全。按照省政府部署，建设“省林业局行政权力审批事项清单”网页，及时发布行政权力清单，接受社会公众评议。2014年，实现“网上申请、外网受理、内网处理、外网反馈、全程监控”的行政权力透明运行工作机制，共接受行政权力申报事项590件，办结586件。

（四）升级改造江苏林业视频会议系统。投入资金对林业视频会议系统进行升级改造，将原有2M专线带宽扩展为10M，标清视频终端提升为高清视频终端。

（五）建成江苏省森林公安专网。专网可连接省森林公安局、市、县（区）森林派出所等30个节点，开通全省森林公安视频会议系统、350M无线通信系统、移动警务系统等应用。

三、加强网络建设和信息安全保障

对江苏省林业局办公区域内的网络设备进行更新和维护，楼层交换机升级为千兆网络交换机，对弱电间网络布线重新进行调整标识，对江苏林业大厦所有信息点网络质量进行检测更新。对原有性能老化的设备进行更新，不断提升硬件保障能力。加强信息系统安全及保密管理，严格落实网络准入、接入登记制度，实时监控内外网运行状况，全面落实涉密文件的起草、审核、印发等规定。对信息安全工作进行全面排查，针对检查中发现的问题及时进行整改。对局信息系统中存在的软件漏洞进行认真排查整改，网站漏洞及时修复加固。

四、加强林业信息化知识培训

召开全省林业信息宣传工作座谈会，通报2014年江苏林业网内容保障考核情况，对信息工作先进集体和先进个人进行表彰，邀请省政府网站编审对局各处室（单位）、各市林业信息员进行培训。通过会议交流和专家培训，进一步提高各地信息员政务信息采写报送水平，增强各地各单位新时期抓好林业信息宣传工作的使命感和责任感。积极组织人员参加各种信息化和电子政务知识的学习，为全局工作人员配发《政府信息安全工作读本》。积极组织市、县林业主管部门、苗圃、森林公园等单位参加全国林业信息化及林业网站群建设管理培训，有力地推动了各级各类林业网站建设和管理。

第三节　浙江省

一、加强网站建设

（一）加强网站内容建设。加大政务信息公开力度，进一步优化林业门户网站的结构布局，提高政务信息采编质量和发布时效性，网站信息来源渠道、访问数量相对稳定，黏度不断提高。2014年，网站共采编、发布各类林业信息13162条，其中文字信息12957条、图片新闻193条、文件138条、其他67条，视频新闻127分钟。首页页面浏览量103万次，页面浏览量590万次，访问量为9368万次，访问次数239万次，下载流量139万字节。

（二）林业微信微博等新媒体崭露头角。5月27日在新浪网开通浙江林业微博，到2014年年底共发布微博233条，粉丝2431名 。7月8日开通微信，发布消息142条，订阅用户606名。

（三）做好政务服务平台工作。抓好林业行政许可管理、电子监察系统维护、省政务服务网在线服务等保障工作，确保网上办事服务顺畅。2014年共办理行政许可事项受理753件，答复网上咨询、厅长信箱来信116件，依申请公开6件。

二、加强电子政务综合系统建设

扎实做好厅机关综合办公系统、业务应用系统、门户网站、网络、平台等的维护管理工作，确保政务运行安全通畅、快捷高效。网上收发文、文件归档、线上档案借阅、会议发起、人民来信处理、系统内信息报送发布等网上综合办公流转有序。共发文1077份，归档文件1053份，向下分发文件124份，线上收文6份，线上借阅档案145次，发布系统内通知公告65条，发起会议30次，处理人民来信116件，利用综合平台上报信息475篇，发布系统内信息7796篇，传递文档251篇，发送手机短信55417条，日均登录人数为83人。

三、开发浙江省湿地数据信息管理系统

结合全省第二次湿地资源调查成果，以全省各市、县上报信息作为依据，将现有湿地资源调查数据进行汇总整理，开发浙江省湿地数据信息管理系统。系统利用GIS和RS技术，实现全省统一的湿地数据管理和基于地理信息系统的业务应用，为科学编制湿地保护利用规划，加强湿地恢复与保护工作，合理开发和利用湿地资源提供支撑。

四、建设浙江省现代林业园区基础数据库

为提升浙江省现代林业园区管理水平，将园区生产、经营、加工、流通、服务融为一体，优化园区产业布局和资源配置，促进园区内部各要素以及与整个区域林业要素信息互通、管理互动，建设浙江省现代林业园区基础数据库。

五、加强森林公安信息化建设

一是对浙江省森林公安执法办案系统进行升级改造，开发森林公安刑事案件办理子模块，全面实现网上办案、网上审批、网上流转、网上监督以及证据材料的网上提交，并实现全省数据的异地容灾备份。二是根据国家林业局森林公安局《关于加强森林公安信息化建设的指导意见》要求，开展浙江省森林公安综合应用平台二期建设，开发森林公安综合信息查询、网上执法办案、执法监督、网上办公、统计直报、被撞管理、警车管理、会议培训等功能模块，建立丰富准确的信息采集、规范透明的执法办案和方便实用的日常办公等管理体系。三是扎实推进省森林安全预警监控网络三期租赁项目建设，实现全省网络全面贯通，省市视频会商实现联通，接入国家级自然保护区等生态重点区域实时视频68个。

六、林业信息化示范建设成效突出

2014年，浙江省5个全国林业信息化示范单位信息化建设有序推进，取得可喜成绩。龙泉市以问题和需求为导向，加大资金投入和信息资源整合力度， 2014年8月全面完成《龙泉市林业信息集成（一本图）系统》一期项目，有效实现集林权、采伐、营造林、生态公益林、森林资源调查等15大类77项内容的一体化管理，63个图层的叠加实现了全市林业所有信息的集中展示，被基层林业干部誉为政府服务的“参谋图”、生态安全的“保障图”、群众致富的“贴心图”、干部工作的“保护图”。2014年9月3日，浙江省省长李强在调研龙泉市林改工作时指出：“只有产权清晰，才能流转抵押，这个做法值得借鉴，要在全省推广。”

七、推进林业电子商务发展

为促进林业产业转型升级，浙江省充分利用义乌国际森林产品博览会的美誉度，建设“义乌购·森博会精品馆”， 打造永不落幕的义乌国际森林产品博览会。在华东林业产权交易所首开胶合板、红木、黑木耳等林产品网上现货交易平台，为广大林产品生产商、经销商、贸易商、终端用户提供现货电子交易、融资、信息及仓储物流等综合服务。各市、县林产品电子商务发展也如火如荼，遂昌的冬笋、竹炭制品，诸暨的香榧，庆元的香菇等林产品网上销售热火朝天，据不完全统计，2014年临安农产品网销额将超过16亿元，其中以山核桃为代表的坚果类占一半以上。

八、加大信息安全工作力度

（一）开展林业基础信息技术应用及信息安全培训。为进一步提高业务工作能力和信息安全意识，举办全省林业基础信息技术应用和信息安全培训班，培训人数达100多人。参培人员反响良好。

（二）开展信息安全检查。贯彻落实国家林业局、省保密委关于加强网络信息安全的有关文件、会议精神，执行信息安全制度，加强安全检查，完善安全防护措施，对省级林业单位所有网络及信息系统和厅大楼内所有单位的计算机进行信息安全检查，对存在的安全漏洞及时进行加固。

（三）开展信息安全等级保护工作。做好省级林业门户网站和浙江省林权监管平台的信息安全等级保护工作，确保网站信息和林权信息安全。抓好厅内部信息安全制度贯彻执行，安排专人对网站信息定期检查，确保网站不出现负面信息，加强新上网信息、转载信息的保密审查，确保涉密信息不上网。建立严格的信息公开审查制度，做到先审查后公开、一事一审、全面审查，逐步将信息安全管理工作常态化。

（四）做好信息安全防护。切实做好重大节假日、重要活动的信息安全巡查值班工作，做好机房安全巡检，健全巡查机制，及时发现并消除安全隐患能，加大信息安全投资力度，购置杀毒软件、补丁分发系统及操作系统等安全防护软件。

第四节　安徽省

一、编制智慧林业发展指导意见

《安徽省智慧林业发展指导意见》提出智慧林业建设内涵、重点建设内容和保障措施，在数字林业的基础上，全面应用云计算、物联网、移动互联、大数据等新一代信息技术，实现智慧感知、智慧管理、智慧服务。通过建设和完善林业网站群、电子政务、物联应用、3S及国产卫星应用、林业资源监管、灾害监测防控等重点应用系统，形成信息基础条件全面完善、生态管理与民生服务质量明显提高、林业产业结构与创新能力优化发展的模式，重塑林业系统管理机制，实现现代林业发展目标。

二、优化资源配置加大基础设施建设力度

结合林业办公新区建设，针对办公自动化、森林防火、林权管理等已有建设项目进行

整合归类，统一优化设计，避免和减少重复建设，加强信息化资源的高效利用和互联共享。涉及信息化项目资金整合利用，各大运营商线路接入统一调度，各单位信息化资源统一管理，各处室及二级机构业务信息平台统一运营。新区已建成中心机房325平方米、机要机房15平方米、森林公安机房30平方米、园区安防监控机房30平方米。完成园区互联网、林业办公专网、公安专网、安防监控内网、国家局专线等网络和线路布设。通过项目优化组合开展信息化基础设施建设，实现资源整合和高效利用的目标。

三、加强林业网站群管理

（一）落实党政机关网站审核挂标工作。根据中央编办、中央网信办关于做好党政机关网站开办审核、资格复核和网站标识管理工作的通知，省编办、网信办开展了党政机关网站中文域名申请、审核复核、网站挂标工作。林业厅厅相关业务部门积极参加培训，编写网站开办审核材料，申请网站标识代码，在线递交并通过中央编办审核，顺利完成网站挂标工作。林业厅网站名称为“安徽林业信息网”，中文域名为“安徽林业信息网.政务”。

（二）与公安机关签订安全责任书。根据《中华人民共和国计算机信息系统安全保护条例》、《计算机信息网络国际联网安全保护管理办法》和《信息安全等级保护管理办法》（公通字）等规定，为加强政府网站网络安全保护工作，明确和落实网站开办单位的安全管理责任及公安机关的安全监管责任，组织厅属单位分别与公安机关签订网站安全责任书，明确网站安全职责、安全规划、定级备案、应急处置、工作机制等内容。

（三）完成网站群新版开发。与“安徽农网”开展合作共建，开发完成新版网站群系统，目前正在进行上线测试，征求各市、各单位意见，待迁入新办公区后正式开通。

四、森林防火信息指挥系统试运行

经过两年建设，安徽省森林防火信息指挥系统（含视频会议主会场）完成系统集成和调试，开始试运行。该系统是一个集多种通信技术、视频监控流处理、电子计算机技术、多媒体技术、数据信息管理、软件开发、3S技术应用等为一体的综合工程。作为防火工作基础通信和办公互动平台，满足各市火险等级实时预报预警的要求，火灾发生时可以借助各种系统内通信资源完成指挥中心与远程火场前指、后方指挥总部、一线扑火队等终端互联，完成火场现场信息、遥感图像的接收和采集，为中心指挥人员提供充分的现场数据，以便进行数据综合分析处理，为上级部门防、扑火决策提供全面科学的依据，最终实现防火扑火工作的科学指挥和调度。

五、林权管理信息系统二期项目启动

启动林权管理信息系统二期工程，以信息发布、林权统计、网上培训和林下经济产品交易网电子商城为重点，设计了林权登记、林权交易、林权档案、信息发布、网上培训和电子商城等六大板块，实现林权登记与变更登记、电子竞价与网络报价、林权档案与系统查询、网上培训与网上办公、林权锁定与一卡通评估、林权交易台账与林权流转经营权证生成与打印、统计分析和信息发布等10多种功能于一体的网上运营模式，特别是林下经济产品交易网开发，引进开发商的参与，形成部门引导、商家运作、系统开发公司支撑的联动机制。预计二期工程2015年建设完成，正式投入使用。

六、组织推荐第二批信息化示范单位

积极开展第二批全国林业信息化示范市、县和全国林业信息化示范基地推荐工作，根据各申报单位材料，依照国家林业局信息化示范单位标准，从中推选三家示范单位：滁州市为示范市（主题为“森林资源一张图”）、广德县为示范县（主题为“林业电子政务”）、舒城金桥农林科技有限公司为示范基地（主题为“信息化技术在林木种苗生产和管理中的应用”）。

第五节 福建省

2014年，福建省林业厅以“融合、协同、共享”为目标，以统一平台为基础、统管共建机制为抓手，推动业务应用系统融合升级，取得了良好成效。

一、坚持能力建设，培育信息化队伍

以“提升核心能力，组织系统力量，稳定合作关系”为队伍建设路线，加强省级林业信息化队伍建设。一是补充专业人才提升信息中心业务能力。从直属院校引进高级职称人才到信息中心工作，补充重要工作岗位、理顺岗位职责，发挥专业专长，实施内部轮岗，做到人尽其才；加强培训学习和传帮带工作，选派多人参加上级主管部门举办的业务培训，作风和能力有较大提升。二是有序调配厅机关和直属单位专业力量。建立厅信息办牵头、相关处室联动的项目建设运作机制，抽选熟悉信息化业务的领导和专业人员成立厅林业信息化统一平台工作小组，对统一平台等重大项目建设方案进行研究论证，对不同业务应用系统进行技术审核把关，有效解决协同共享问题，系统内部专业力量合力正在形成。三是建立长效合作机制。认真选择专业合作机构，建立长期稳定的合作关系，从合作单位选择熟悉林业的专业人员长期驻点维护服务，购买服务的质量和能力明显提高。

二、稳固基础环节，确保安全稳定

（一）提升设备性能，确保信息安全。一是巩固现有网络安全基础。为满足不断增加的业务应用需求，解决网络通道狭窄的问题，提高网络带宽，重新规划分类用户和分时间段的带宽分配策略，进一步规范上网行为。按照省网安办检查要求对网络安全进行整改，升级防病毒系统、增配网络安全准入设备。二是规范新场所新设施管理和使用。与厅办公室、防火办密切配合，完成森林防火指挥中心多媒体会议和视频会议系统建设，利用视频会议系统和多媒体系统举办近20场远程视频会议和培训班，创新会议和培训模式，节约费用270多万元。三是认真实施机房建设。对新中心机房建设工程项目进行检测、整改、验收。编制新机房数据汇聚中心系统集成方案，启动旧中心机房迁移工作。四是认真做好机关日常办公电脑和视频会议维护保障工作。全年共派出维护保障人员723人次，保障视频会议、多媒体会议33场，有效保障厅机关桌面应用和网络安全。

（二）保障门户网站的稳定运行。在2013年取得长足进步的基础上，继续强化栏目优化和内容保障工作，充分发挥政府网站"信息公开、网上办事、互动交流"的功能。一是优化调整栏目设置。对"媒体聚焦"、"林业要闻"、"造林绿化通讯"、"通知公告"等栏目进行布局调整，新增"市县动态"、"行政处罚"、"行政权力运行"等子栏目。二是强化分工保障责任。进一步梳理明确栏目内容要求，分解处室保障责任，中心内部建立责任编辑制度，认真履行责任编辑职责，督促把关网站内容更新的数量和质量。三是高质量制作视频访谈栏目内容。做好地市林业局长和处室领导视频访谈，高规格完成陈则生厅长访谈节目制作，得到国家林业局信息办、省政府办公厅的肯定和表扬。四是充分发挥网站作为政府信息公开的主体作用。制订印发《福建省林业厅2014年度政府信息公开工作要点》，促进政府信息公开规范化建设。全年共上传和发布各类信息1883条，其中主动公开公文信息257件，办理公众互动交流答复反馈119件，开展网上在线访谈13期。

三、建立统管共建规则，实施项目统筹建设机制

面对信息资源共享整合的发展趋势和林业信息化多渠道投资建设的特点，厅分管领导带领调研考察组赴湖南、广东等地进行林业信息化考察学习，结合已建应用系统较多的特点，形成"统筹规划、统一平台，集约建设、资源共享"的基本原则和建立全省林业信息化统一共享平台、实施融合改造的建设思路。为使基本原则和整合思路得到落实，制订印发《福建省林业厅关于调整林业信息化工作领导小组及办公室人员和职责的通知》、《福建省林业厅信息化工作与项目建设管理暂行办法》两个规范性文件，建立林业信息化工作和项目建设管理机制。文件明确领导小组、厅信息中心以及各信息化业务应用单位在项目立项、技术把关、建设实施、竣工验收、应用管理和统筹协调等各个环节的主体和关系，使

林业信息化建设、管理和应用有章可循，力争形成统管共建的新局面，避免重复浪费，实现协同共享的目标。

四、编制顶层设计方案，搭建统一共享应用平台

一是制订印发《福建省林业厅关于进一步加快林业信息化工作的指导意见》，明确全省行业信息化发展的总体目标和要求，提出“数据上移、应用深入，建立全省性林业信息化云服务平台”的基本方略，以及以森林资源“一张图”为统揽，建立智慧化的森林资源大监测和服务系统的基本业务架构。二是按照指导意见的目标和国家林业局“金林工程”总体方案要求，编制《福建省林业信息化统一平台整合建设总体方案（概要）》和《生态环境保护（林业）信息化工程福建省实施方案》，明确全省林业信息化三年内的改造建设任务和时间。三是启动林业“一张图”基础平台建设，会同林政、资源、自然保护区、防火等部门就基础地理数据和林业专题图建设进行需求调研和设计，对基础地理数据支撑服务方式与福建省基础地理信息中心进行需求会商，形成林业空间资源数据平台技术方案，进入政府采购招标建设程序。

五、升级3个应用系统，提升管理和服务水平

按照新的业务需求、平台整合和厅信息化建设管理新机制，启动林政、资源和防火3个应用系统的升级改造。一是组织力量升级林政系统，除满足业务规则调整变化外，重点加强与福建省级网上审批系统、福建省电子证照系统、财政票据电子化系统、国家征占用林地管理、全国木材运输证管理信息系统、全国林木采伐管理信息系统等系统的对接，并在全省推广试运行。二是针对森林资源“一张图、一套数同步”的应用需求和平台化整合需要，对福建省森林资源监测管理应用系统实施升级改造。经过多方会商，反复论证，形成新系统的软件开发及数据建设方案，已进入招标建设阶段。三是升级建设森林防火指挥系统，完成省级指挥中心网络系统、大屏显示和视频会议系统建设，指挥管理软件和数据库建设与森林资源监测管理应用系统进行对接，使空间基础地理数据和林业专题数据平台建设方案，与林业空间和资源数据平台实现整合对接。

第六节 江西省

2014年，江西省林业厅以全省林业信息化建设“十二五”规划为指导，真抓实干，积极主动推进全省林业信息化建设，各项工作取得明显成效。

一、强化顶层设计

根据《中国智慧林业发展指导意见》，在全省林业信息建设“十二五”规划基础上，编制《江西省智慧林业发展规划》，确定进一步加快林业信息化建设，高效推动江西智慧林业发展的思路和目标。同时，结合当前林业信息化建设重点内容，组织编制并印发《江西省智慧林业总体设计》和《江西省智慧林业建设标准》，科学谋划先进信息技术应用方略，采用系统的观点和全局的视角，构建林业信息资源共享与业务协同的规范框架，形成指导信息资源、业务系统、运行支撑与安全体系建设的技术指南和标准规范，夯实林业信息化建设顶层设计，统一建设标准。

二、搭建公共基础平台

省林业厅2013年8月启动公共基础平台建设，总投资300万元，主要任务是开发平台、整合资源和业务。2014年2月平台开始试运行，11月在省厅数据中心部署，12月通过验收并正式使用。公共基础平台是全省林业信息化“四横两纵”架构的神经中枢，是林业各业务系统运行的基础，包括综合门户、数据管理、信息服务、资源展示、数据交换和运维管理等6个子系统。平台建成统一的数据中心，实现各类数据整合；建立全省统一的组织机构和用户信息库，统一权限管理，实现单点登录与门户集成、组织机构与用户管理的对接；完成全省森林资源管理信息系统和办公自动化系统与公共基础平台的集成，实现应用集中整合；统一标准接口服务，提供基于OGC标准、ARCGIS标准、KQGIS标准三种标准的服务发布和管理，实现数据共享与交换；提供安全认证、网络地图、网络要素、空间分析、地理编码、三维服务等13种信息服务，支撑智慧林业应用建设。

三、建成资源管理信息系统

为提升森林资源管理水平，省林业厅于2013年12月启动森林资源管理信息系统建设，总投资600万元，2014年9月完成系统开发并进行试运行，12月通过验收并正式投入使用。森林资源管理信息系统是智慧林业最基础最核心的业务应用系统，主要建设一个森林资源数据库、一套林分生长模型和一套管理系统。具体包括信息发布、公益林管理、林木采伐管理、林地管理、数据管理和数据更新等6个子系统。通过建设资源数据库实现了“林地变更、二类调查、公益林复核”三张图整合为资源“一张图”，建立以固定小班为基础的“一个库”，形成了采伐、征占、造林等统计汇总的“一套数”。通过全省“一张图、一个库、一套数”，使系统发布的森林资源数据具有唯一性、权威性，为日常管理、宏观决策提供了准确的信息支撑；通过建立林分生长模型，采用模型更新、档案更新相结合的方式，配合遥感判读和实地补充调查，实现森林资源小班数据库的年度更新，形成“鲜活的”森林资源数据，为森林资源实时出数、林业年度目标考核奠定基础；系统提供对森林资源培育、森林防火、林业有害生物防治、古树名木保护及自然保护区、森林公园、湿地公园管理等林业业务的二次开发接口，可将现有的全省“森林资源一张图”提升到全省“林业一张图”。

四、推广办公自动化系统

在全省推广应用办公自动化系统是深化林业改革工作的内容之一。省林业厅投资100万元建设全省办公自动化系统。2014年1月在厅机关各处室、省种苗局和厅信息中心试运行，5月举办市、县林业局及厅属单位参加的系统使用培训班，6月召开用户座谈会并根据用户提出的意见和建议进一步修改完善系统功能，9月1日起系统在厅机关、29个厅属单位及107个市、县（区）林业局投入使用。同时，不断开发会议管理、档案管理等功能，并在厅领导层面进行移动办公试运行，全省林业系统基本实现无纸化办公。

五、优化门户网站

为进一步推进网上政务公开，加强在线办事和互动交流功能，优化网站设计，强化信息安全保障，提升网站服务能力，省林业厅对门户网站进行一系列调整优化（见图9-1）。一是对网上办事栏目涉及取消和下放行政审批事项进行调整，优化网上办事栏目。二是与江西人民广播电台合作，成功开展4期在线访谈，加强网站与公众的互动交流功能。三是将明文传输方式改成密文传输方式，强化信息安全保障。四是投入100万元实施江西林业网升级改造项目，进一步优化网站结构和功能。

图9-1　江西省林业厅新版门户网站

六、夯实基础设施

省林业厅投入大量人力物力，着力夯实信息化基础设施。一是不断完善和升级全省林业系统信息网络，拓展全省四级林业政务内网覆盖范围。采取租、建结合等多种方式，指导厅直属单位、乡镇林业站等联入林业内网，提高林业通信保障能力，为推广业务应用系统奠定基础。省森产局、鄱阳湖管理局、省林业规划院、省湿地办、厅招待所等厅直属单位、400多个乡镇已联入林业内网。二是加快省级林业云数据中心建设。林业厅投入800万元升级服务器和存储等基础设施设备，利用虚拟化技术建立承载全省林业信息化的硬件平台。三是启动省厅中心机房扩建项目。在现有机房的基础上，投入300万元新建120多平方米的新机房，从而形成200平方米的省级林业云数据中心及60平方米的同城灾备数据中心。新机房包括主机房和涉密机房，目前正着手详细设计，计划2015上半年建成投入使用。

七、保障安全运行

加强林业信息化日常运维管理，确保各信息化系统稳定运行，不断提高服务水平。一是努力服务基层。本着主动发现问题、积极解决问题的原则，着力为基层信息化建设解决实际问题。二是努力服务机关。做好视频会议系统、电脑、投影仪、电子大屏幕、打印机的使用管理工作，全年累计维护电脑841次，保障召开5次全国性视频会议、5次全省性视频会议、32次全厅性视频会议。三是加强运维管理。做好日常和节假日中心机房值班，对机房设施设备和软件进行安全巡查，采取季度性维护、现场巡查、应急演练等多项举措保证网络安全顺畅。

第七节　山东省

2014年，山东省林业厅按照“五个统一”基本原则的要求，围绕全省林业信息化建设“十二五”规划，全力推进智慧林业建设，林业信息化各项工作取得明显进展。

一、加强基础设施建设和人才培养

对中心机房设备进行升级更新，更新内外网网络交换机，进行外网IP地址与计算机MAC地址绑定，防止ARP攻击等。努力提高信息化工作人员的管理水平和技术水平，加强各地各单位内部信息工作业务培训和交流，针对技术人员与管理人员的不同需求，开展两期共计300人次的分级信息化培训，提高林业系统全体员工信息化工作水平和素养，造就一支规模和结构能够适应现代林业发展的信息技术队伍。召开第二届全省林业信息化工作会议，组织与会代表现场学习昌邑市智慧林业建设成果，积极推动各地信息化工作的交流与合作，进一步促进全省信息化工作的持续开展。

二、全面推进管理制度建设

先后制订完善《山东省林业网络信息系统安全管理暂行办法》、《山东省林业信息中心网络安全应急处理办法》、《山东省林业厅门户网站信息发布审批制度》、《山东省林业信息中心机房管理制度》、《设备日常维护与管理制度》、《保密制度》等16项工作制度，实现重要事项有规可依、有章可循。从制度上、措施上加强信息化管理工作，逐步建立健全林业信息系统工作的长效、动态管理体制。

三、进一步升级改版厅门户网站

根据实际工作需要，实时对厅门户网站进行调整升级。根据当前重大事件、活动，及时制作相应专题活动，增设“多彩森林·美丽山东”宣传片、“法治中国——聚焦十八届四中全会”和“寻找山东最美森林” 等专题栏目，以增强网站可读性，扩大宣传效果。加快更新速度，实现新闻信息一天内网上发布。同时拓展网站信息的广度，在国家林业局网站、关注森林网及山东省政府网站信息公开模块发稿量稳居前列。根据省编办关于全省机关事业单位网站开办审核、资格复核和网站标识管理工作培训会的要求，为网站加挂“党政机关”标识。网站全年累计访问量达260万余人次，发稿量43200余条，视频312分钟，全年在线办事总数量230余件，办结率达95%以上。

四、积极构建山东省林业信息网站群

依托国家林业局门户网站，先后组织两批人员赴国家林业局参加相关培训工作，完成全省各大自然保护区、森林公园、国有林场、苗圃等35个子站的建设，以及全省100余个市、县两级林业网站的建设工作，初步形成以山东省林业厅门户网站为龙头，汇集5个省直单位，17个市、100余个县林业局，35个省级森林公园、自然保护区等，共计近160个网站的网站群体系，打造山东林业系统信息发布的统一平台和第一门户，成为向社会宣传林业、让社会了解林业的重要平台（见图9-2）。目前正在全面筹划各市县林业网站群建设，帮助未开通林业网站的市县加快网站建设步伐。

五、林业电子政务系统建设已见成效

增加内部办公短信发送平台，公文办理、政务处理、通知、邮件等做到即时提醒，为移动办公开发打下基础。下发《山东省林业厅关于普及试用林业电子公文传输系统的通

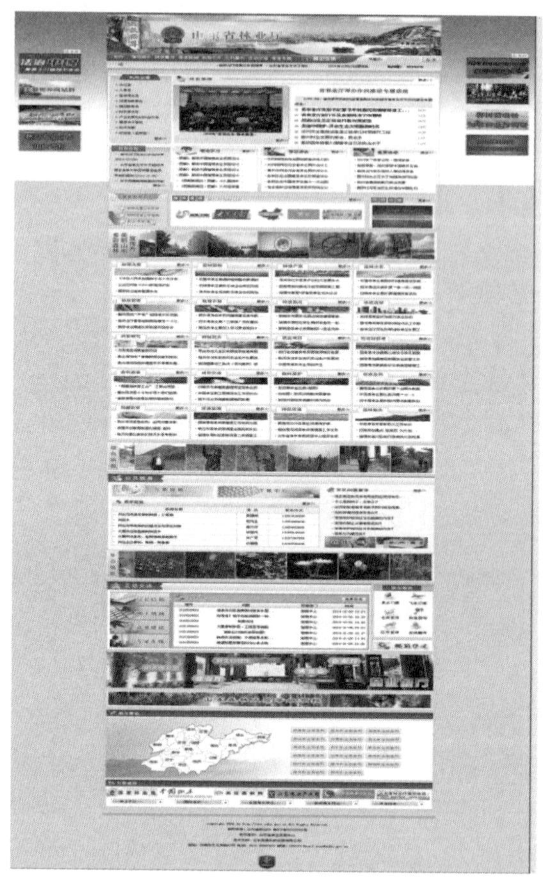

图9-2　山东省林业门户网站

知》，实现全省林业系统省、市两级公文传输，提升了工作效率。据统计，累计登录综合办公系统10400余人次，发文700余件，收文50余件，发布系统消息200余条，发送手机短信10400余条。

六、电子档案系统投入使用

按照统一制式、统一平台的原则，遵循电子档案的管理标准和规范开发电子档案系统，与内部办公系统、公文传输系统完成对接，能够及时进行电子公文、图像、声音等的在线接收、整理归档、检索利用，实现数据快速查阅、共享等，并于10月完成厅档案人员相关技术培训工作，上线运行状况良好。

七、全省视频会议系统建设完成

完成与17个市级节点的联调工作，组织召开全省视频会议系统操作员培训会，视频会议正式进入试运行阶段。通过山东省林业厅综合办公系统、邮件系统、电子公文传输系统、电子档案系统及全省视频会议系统，形成省、市两级实时、即时的上传下达网络，全面形成高效节约的无纸化办公环境。

八、加快林业信息化示范市、县建设工作

按照国家林业局信息办要求，及时整理上报林业信息化示范省、市、县的建设成果报告及相关成果图片。上报第二批全国林业信息化示范市、示范县、示范基地。根据国家林业局办信字〔2014〕133号文要求，结合各市、县林业信息化建设现状，及时协调指导淄博市林业局、昌邑市林业局、利津县林业局、惠民县皂户李镇苗木协会、日照大沙洼林场等5个单位，填报申请表，及时报送相关材料。

九、进一步开展信息安全等级保护工作

坚持“以用促建”，着力推进林业信息系统安全建设。开展信息系统等级保护工作，逐步建立健全林业信息系统安全保障工作的长效、动态管理体制和责任体系。做好信息安全等级保护相关制度和方案的确定与初步评级，完成山东省林业信息网、山东省林业内部办公内网与山东省林业邮件系统的二级信息系统备案工作。根据国家林业局信息办要求，为切实加强信息安全保护工作的协调组织，落实信息安全等级保护工作制度，建立常态化的林业等级保护工作制度，上报《山东省林业厅关于加强信息安全制度建设情况的报告》。

第八节　宁波市

2014年，宁波市林业信息化建设认真贯彻国家林业局《关于进一步加快林业信息化发展的指导意见》，以服务林农、服务林业为宗旨，突出建设、应用、运维3个重点，进一步加强管理，科学实施，推进生态林业民生林业建设。

一、网站建设

宁波林业信息网栏目更加全面，内容不断丰富，功能得到完善。网站全面推进林业政务公开和信息发布，积极拓展林业在线服务和网上办事，有效整合林业信息资源，不断提升门户网站建设运维水平和服务公众的能力。发布各类信息2190条，其中主动信息公开356条、林业政务微博发布223条、林业专题信息更新123条，日均网页访问量达到9000余人次。网站荣获2014年度宁波市政府优秀门户网站，办事导航更加齐全，新增宁波茶文化、

阳光工程等专栏，链接浙江政务服务网，中国宁波网网上发布平台、宁波电台阳光热线。全年通过林业信息网咨询投诉平台、宁波林业微博等渠道回复各类咨询和投诉60余件。子网站林特科技推广服务网短信平台，在台风、高温等极端气候到来之前，及时向林特种植大户、林业科技从业人员等1000多个注册用户发送灾害预警及相关的生产应急措施建议，共发送短信3.6万余条，帮助指导抗灾救灾，最大限度降低损失。

二、应用系统建设

（一）开展宁波市林业地理信息系统（“林e通”）应用试点。为提升林业信息化水平，宁波市开发了便携式林业地理信息系统，继续在鄞州区开展应用试点。该系统整合林业的各类图件及数据，实现林业野外作业电子化、自动化和移动化，解决森林资源管理、林业野外作业设计、森林火灾扑救等工作中存在的随带纸质图件多、调阅速度慢、测量计算繁的问题。通过“林e通”，工作人员只需带一个平板电脑就能随时调阅辖区内的森林资源图件和数据，并能实现自动定位，自动测距测面，实时反映监控对象位置和状态，大大降低了林业野外作业的工作量，提高了工作效率和测绘准确率。该系统在森林资源管理、森林消防管理、森林火灾扑救、造林及森林经营、生态公益林管理、森林公安工作、林业产业发展、森林植物检疫工作、野生动植物保护管理等工作中具备广泛的应用前景。

（二）启动宁波市林业有害生物远程视频监管系统建设。林业有害生物远程视频监管系统项目已完成招投标程序，计划在2015年4月底前建成投入使用。项目总投资近100万元，计划在全市19个定点企业、木材市场及隔离苗圃安装监控系统，每个单位在出入口、加工区和除害处理区安装球形摄像机，通过硬盘录像机内置硬盘进行前端存储；通过网络上传到全球眼平台，市、县森防站均可以进行远程图像查看，实现远程管理；相关人员也可利用内置监控客户端软件的手机终端，实现手机远程视频浏览、视频截图等功能，满足远程视频查看和应急指挥需求。

三、网络和信息安全建设

按照信息网络安全的要求，完成林业信息系统等级保护相关工作，重点对“宁波市林业地理信息系统”进行专家安全评估，完善提高系统安全性能。同时完成“宁波市森林资源管理系统”（建立在公安“金盾”网上）的数据更新。

四、保障体系建设

继续将林业信息化建设内容列入各县（市、区）林业工作考核范畴，年中组织召开全市林业信息化建设专题会议，建立和完善网络安全应急预案，开展信息编撰和信息网络安全相关培训，进一步健全林业信息化队伍。

第九节　青岛市

2014年，青岛市林业局按照“服务改革、抓住重点、打好基础、稳步推进”的指导思想，以林业信息基础设施建设为重点，进一步拓宽信息渠道，强化信息服务，林业信息化建设取得了良好的成效。

一、健全管理机制

调整局信息化建设和政务公开领导小组成员，专门成立信息宣传办公室，配备4名专职人员从事具体工作，机关各处（室、局）、站和各区（市）指定一名联络员具体负责信息化工作。定期召开信息员培训会议，及时总结部署工作，及时解决工作中存在的问题。根据国家、省、市的有关要求重新修订了《青岛市林业局信息公开指南》、《青岛市林业局网站管理制度》、《青岛市林业局信息发布制度》等制度。同时，坚持把信息化建设工作纳入各处室局站的目标绩效考核，作为评先创优的重要依据。

二、加强门户网站建设

对网站“服务便民”栏目进行更新改造，并与审批大厅网站同步链接，结合创建国家森林城市工作开辟“创森专栏”，使市民更直接、更便捷地了解创森工作进展情况。政务便民服务事项目录和服务指南通过政务网和青岛市林业局门户网站集中统一公开，实时更新信息。充分利用网络资源组织开展“网络在线问政”活动，全年共组织网络在线问政7期，民生在线、行风在线、阳光政务热线各1期，征集市民意见建议180余条，对于网民提出的问题认真回复落实，切实解决了群众提出的问题意见，获得了市民的认可和支持。

三、提高硬件设施建设水平

对机房进行升级改造，更换UPS、电池组、机柜等，重新铺设静电地板。对办公区域内的网线重新进行布设，提高网络运行速度。推进移动办公建设，为各处室站负责人人手配备平板电脑1台，依据OA办公网络建立移动工作平台，可以对相关工作适时办理，提高办公效率。为各个办公室安装无线路由，办公楼信号覆盖率100%。

四、加强网络信息安全保障

强化教育，严格措施，定期组织人员对网络使用情况进行检查，及时发现并解决存在的问题。先后两次邀请市电政办、市经信委对网站进行安全扫描检测，及时发现并修复漏洞。对内、外网进行物理隔离，加装正版杀毒软件，与专业的网络科技公司签订网络运行与维护协议，定期对所用电子媒介和电子工具进行清理查验，确保网络安全运行。

五、紧抓政务信息报送工作

严格按照国家林业局、省林业厅和市政府的要求，充分调动各业务处室和各区市的积极性，广泛搜集整理造林绿化、森林防火、野生动植物保护、森林病虫害防治等亮点、重点工作信息，及时向省厅、国家局等部门报送，报送考核名次位列计划单列市第一。

第十章 中南地区林业信息化进展

中南地区多个省份林业信息化处于全国领先位置。湖南在建设和保障方面一直稳居全国前列；广东、湖北、湖南应用和保障方面成效显著；海南、广西较去年有较大提升，在资金投入、组织机构、标准制度等方面取得了显著成效。

第一节 河南省

2014年，河南省林业厅遵循“统一规划、统一标准、统一制式、统一平台、统一管理”的基本原则，科学谋划，系统部署，强力推进，全省林业信息化建设取得了长足发展。

一、认真编制智慧林业指导意见

为深入贯彻落实国家林业局智慧林业发展指导意见，加快林业发展方式转变，以林业信息化带动林业现代化，依据《全国林业信息化发展“十二五”规划》、《国家林业局关于进一步加快林业信息化发展的指导意见》、《中国智慧林业发展指导意见》及省内实际，组织编制《河南省智慧林业发展指导意见》，为河南林业信息化规范持续发展提供保障。

二、加强林业信息化制度建设

修订完善林业信息化工作绩效考核办法，明确各省辖市、直管县林业局年度林业信息化工作目标，采取定期检查与年终考核相结合的方式，实施综合考评、客观考核。印发《河南省林业厅网络和信息安全应急预案》和《河南省林业厅关于进一步加强网站信息安全工作的通知》；开展信息化发展水平和网站绩效评估工作，印发《河南省林业厅关于印发〈2013年全省林业信息化发展水平评测报告〉和〈2013年全省林业网站绩效评估报告〉的通知》。

三、认真做好日常应用保障工作

认真做好林业厅数据中心机房、全省林业政务专网、省政府专网和国家林业局局专网节点运维，未发生断网和安全事故，为各信息化应用系统正常运行提供保障。河南林业网站群共发布信息12130条，其中林业厅网站发布信息2764条，受理各类网上咨询 79件，发布各类专题、调查及宣传页24次；完成国家林业局电子公文收发工作，共接收国家林业局公文614份、简报231份，发送各类公文22份、信息8份；完成省政府电子公文收发工作，共接受省政府公文479份，发送各类公文15份、信息3份；完成河南省林业政务专网电子公文收发工作，共下发林业厅各类公文97份、简报38期；完成河南省政府门户网站和国家林业局门户网站内容保障工作，受理省政府网上咨询 8件；受理依申请公开8件；报送信息328条。保障视频会议系统正常运转，共召开视频会议16次（含国家局视频会议）。按照省应急办要求，完成小型卫星通信设备调试和临时抽检9次。

四、完善林业示范省项目建设及应用

（一）营造林管理系统建设情况。营造林管理系统各业务模块日趋完善，全省各县（市、区）均能熟练使用营造林作业设计子系统（见图10-1）。手持PDA设备辅助外业核查工作，将外业数据导入系统进行内业计算及辅助设计，自动生成业务汇总报表等功能在

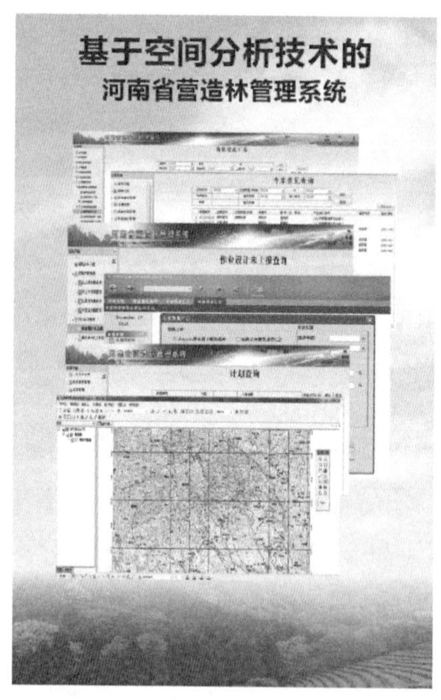

图10-1　河南省营造林管理系统

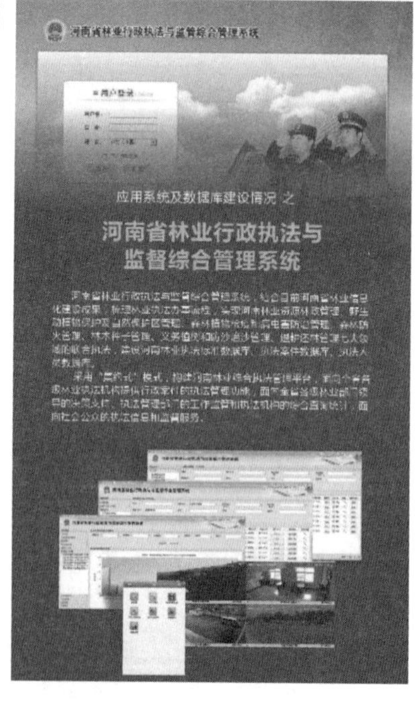

图10-2　河南林业行政执法与监督综合管理系统

今年营造林核查、稽查工作中开展试点运行。2014年9月，该系统荣获“2014中国地理信息产业优秀工程银奖”。

（二）林业行政执法与监督综合管理系统建设情况。林业行政执法与监督综合管理系统在森林公安系统的部署已经完成，6月6日全省森林公安系统通过视频会议形式进行了首次培训（见图10-2）。目前，正在进行森林公安系统试运行工作。

（三）厅计算机机房改扩建情况。按照国家林业局省级机房建设规范，明确建设A级标准化机房的目标，制订标准化机房改扩建方案，并完成机房详细设计、招标采购和施工前工程检测工作，已完成全部施工任务。

五、开展网站群升级改造一期项目建设

完成网站群升级改造一期项目的招标工作，按计划开展了前期调研、方案完善、页面确定等工作，计划2015年1月上线试运行。期间，按照国家林业局建设全国市县林业网站群的有关要求，于10月中旬组织全省市县林业部门以及国有林场、自然保护区、种苗基地和森林公园网站群建设培训班，已上线运行，并与厅网站群改版工作同步开展。

第二节　湖北省

2014年，湖北省在网络基础平台、林业专网、外网门户、内网协同办公及移动办公平台、核心业务系统、组织机构保障建设等方面均取得了较大突破。

一、湖北林业信息中心正式成立

2014年7月，湖北省编办批复成立湖北林业信息中心，机关内设事业单位，正处级编制，编制人员8名。

二、《湖北智慧林业发展规划》通过评审

2013年湖北省启动《湖北智慧林业发展规划》编制工作，2014年8月组织通过专家评审。规划提出湖北智慧林业总体框架体系、实施组织与管理方案以及实施步骤，与国家智慧林业发展意见相符合，就湖北林业的实际情况和特点进行了本地化设计，可作为湖北省智慧林业建设的重要依据。湖北省智慧林业发展旨在以网络设施为基础，建成高度规范化和统一有效的数据管理平台，保障信息共享，提高总体技术水平。具体内容包括建立林业公共服务平台、电子政务、核心业务管理系统、产业发展与经济运行系统、生态文化体

系、信息管理规范和安全标准体系等7个方面。

三、全新改版湖北林业门户网站

2014年11月，省林业厅门户网站紧随国家林业局门户网站的脚步，进行全新改版。依照扁平化风格模式重新设计页面和栏目构架，新建权力运行公开系统、“场景式”网上林业行政审批平台，升级改版全新手机版移动林业门户网站，开通林业微信和林业微博，并提供繁体版本。门户网站成为宣传林业建设、倡导生态文明、促进和谐社会发展的重要媒介，成为社会各界了解林业、关心林业、监督和促进政务公开的重要窗口。

图10-3　湖北省林业厅新版门户网站

四、无纸化办公有力推进

继续推进厅机关无纸化办公，电子政务建设取得新突破、迈上新台阶。办公OA平台应用广泛，系统安全稳定、正常运转，保证湖北林业厅与湖北省政府办公厅协同办公系统的无缝对接。2014年6月完成17个市（州、林区）、112个县（区）和厅机关协同办公和公文传输培训，无纸化办公系统推广应用良好。

五、林业专网及视频会议系统交付使用

全省林业专网及视频会议系统于2013年12月开始建设，2014年3月实现全省143个林业专网节点接入，建成覆盖国家、省、市、县（区）四级，集网络、数据、视频和音频传输为一体的湖北林业专网，并可与农村网格化系统对接，延伸到乡村，省、市间带宽达到155兆，市、县间带宽达到40兆。2014年8月，湖北林业专网及视频会议系统完成验收，交付使用。湖北林业专网同时实现内、外网物理隔离，接入内、外网的计算机终端基本配齐，为林业核心业务系统应用和林业电子政务建设提供了基础环境支撑。

六、核心业务系统建设进展迅速

2014年3月，省林业行政审批平台实现省、市、县一体化平台的三级联动，全省23项林业行政审批事项全部实现网上办理。2014年4月，省林业电子公文传输系统和邮件系统部署完成。林业信息化标准体系建设进入实施阶段。《湖北GIS公共服务平台建设方案》编制完成，已进入招标采购阶段。北斗导航在湖北林业行业示范应用项目已通过国家发改委审批，进入规划实施阶段。

七、林业信息化示范市、县建设推进良好

省林业厅大力支持襄阳、荆门、潜江、谷城4个全国林业信息化示范单位的示范建设工作。其中，襄阳市森林资源管理信息系统基础平台建设完成，已通过专家验收，该系统涵盖森林资源信息发布、数据更新、营造林项目管理、林权管理等子系统，为林业业务提供有效支撑。同时，根据国家林业局办公室文件“办信字[2014]133号”的要求，认真准备，严格审查，完成第二批信息化示范单位上报工作。通过对林业信息化示范点的重点投入，带动其他市、县林业信息化建设，起到以点带面，相互促进的效果，有力推动湖北全省林业信息化的发展。

八、信息化保障工作不断深入

一是2014年5～6月，省林业厅组织电子公文传输与网络信息安全防护培训，培训人员

达300人。2014年11月，组织400多人参加林业系统门户网站信息报送暨信息安全培训。二是省林业厅制定信息化规章制度10项，完善网络运维管理规范和信息发布审核机制。三是信息安全工作推进良好，在各应用系统的服务器端上安装杀毒软件，利用防火墙和IDS技术措施防范网络入侵和攻击破坏。外网终端安装杀毒软件，并加入数字证书接入机制等防范措施。实施内外网物理隔离，所有办公室实现内外网电脑独立分离，做到“涉密不上网，上网不涉密”，确保信息安全环境，提高厅机关信息保障水平和安全效能。

图10-4　湖北省林业信息机房

第三节　湖南省

2014年，湖南省林业厅按照国家林业局全面推进“智慧林业”建设的总体要求和湖南省委省政府提出的“数字湖南”、“绿色湖南”建设目标，大力实施林业信息化“五个一”工程，全面提升全省林业信息化水平。

一、推进智慧林业实施

根据《中国智慧林业发展指导意见》，结合湖南省情，制订《湖南省智慧林业发展实施意见》，提出湖南智慧林业发展的指导思想、基本原则、发展目标、建设内容和保障措施等。湖南智慧林业的发展将依托于物联网、云计算、移动互联网、大数据等现代信息技术，重点建设智慧林业基础平台，形成比较完整的标准规范体系、安全与综合管理体系、智慧林业资源监管系统、智慧营造林管理系统和智慧林业灾害监控与应急系统。《湖南省智慧林业发展实施意见》的发布，开启了全省以人为本的林业发展新模式。

二、建设信息化示范体系

2009年，国家林业局将湖南省列为全国第一批林业信息化示范省，湖南省将“资源整合，内网建设”作为示范主题。项目实施5年，通过林业基础数据库建设，实现全省“数据大集中”。目前，已建立1∶25万、1∶5万、1∶1万的基础地理数据库，1∶1万林相图数据库，TM遥感影像数据库。收录全省470多万个林业小班（每个小班近300项属性因子）的基础数据，以及全省1200万多个林权小班，5000万条林权办证数据记录，率先在全国完成全省林权权属数据库建设。通过加快网络平台建设，全省实现网络互联互通，14个市（州）、122个县（市、区）林业局、2065个林业基层单位与林业专网实现互联互通。通过软件系统的开发应用，全省实现办公网络化、数字化、自动化。依托湖南林业电子政务网平台，组织开发45个应用系统，用户达35000多个，2014年内网年访问量超过2100万人次。2012年，自治州、娄底市被国家林业局确定为第一批林业信息化示范市，新化县、隆回县、常宁市被国家林业局确定为第一批林业信息化示范县，各示范单位按照国家林业局批复的示范主题，积极开展信息化示范建设。2014年，对全省林业信息化示范情况进行了总结，编写了《湖南林业信息化示范建设》材料，全面展示了湖南林业信息化示范建设成果，并积极向国家林业局推荐申报第二批林业信息化示范市、示范县和第一批信息化示范基地。

三、夯实林业信息化工作根基

一是常抓不懈，确保全省网络平稳运行。全年全省网络累计中断5213小时，较2013年同期的8756小时，减少3543小时，平均网络接通率99.58%，较2013年同期的99.1%，提高0.48%。二是加强网络基础建设。省厅采购和部署了11台接入交换机和3台服务器交换机，有力地保障了厅机关局域网正常运行；湘潭、衡阳、岳阳、常德、益阳、怀化、邵阳、娄底、郴州、永州等10个市（州）将市（州）到省厅的带宽由原来的6～10M提升到100M；衡阳、岳阳、常德、怀化、邵阳、郴州、永州等7个市将县到市的带宽从原来的2M提升到10M。三是加强信息化人才队伍和机构建设。各市（州）、各县（市、区）都建立了网络管理员、网站通讯员和系统管理员队伍，并有专门的分管领导负责信息化工作，全省通过编办发文成立的信息中心（办），已达到43个。信息中心严格按照ISO质量管理体系的规范要求，进一步完善和践行相关管理制度。2014年10月，顺利通过ISO 9001—2008质量体系的年审。规范化的管理，夯实全省林业系统信息化建设、维护、保障、指导与服务的根基。

四、强化林业信息化培训

（一）开展全省市县林业网站集群建设培训。按照“资源集约、加强安全、信息共享”的原则，在国家林业局信息办的统一部署和技术指导下，组织举办8期市（县）林业网站群建设培训班，118个市（县）林业局派员参训。通过现场的操作培训和持续的指导督促，全省在中国林业网上线的市（县）林业子站上线率居全国第一位。截至2014年，湖南省已建成市（州）、县（市、区）、国有林场、森林公园、自然保护区、种苗基地等6个网站集群，集约整合14个市（州）、104个县（市、区）、28个国有林场、42个森林公园、19个自然保护区、18个种苗基地共225个林业子网站。此举提升了基层单位网站维护管理人员的业务能力和技术水平，降低了市（州）、县（市、区）林业局和基层林业单位网站营运维护成本；整合了全省林业网站信息资源，满足了网民多样化、多层次的信息需求。

（二）开展全省林业网络管理员培训。由厅人教处组织，信息中心具体承办，历时两个月，举办了8期林业网络管理员培训班，全省120人参训。国家林业局信息办对湖南林业网络管理员培训班高度重视，杨新民处长为培训学员讲授了《信息安全工作面临的形势与信息安全等级保护制度》。通过培训，提高了市（州）、县（市、区）网络管理员对做好网络安全工作的重要性和紧迫性的认识，增强了网络安全意识，提升了网络安全工作技能。

（三）开展网络通讯员培训。通过培训加强了与基层单位的密切联系，传播了信息化建设的先进理念、推广了新兴的信息化技术，建立了省、市（州）、县（市、区）信息发布框架。全省应用网站信息发布系统发布信息5370条，较2013年同期的724条，增加了4646条。

五、做好网络安全保障

一是对厅机关的外网网络进行优化整合，整合电信和联通的网络线路，实现网络容灾。二是针对湖南林业数据中心存储设备无容灾机制、无法规避物理及逻辑故障、无法保证核心数据安全的情况，建立数据本地容灾系统。三是加强网站安全管理。采购Web应用防火墙和上网行为管理等网络安全设备，对湖南林业信息网的安全进行全面的分析、检查和整改，不断加强门户网站的防护能力。四是开展网络信息安全大检查，对检查发现的问题及时整改。五是推进机关网络管理改革，在省直单位率先建立公务网吧，规范机关干部上网行为，保障机关网络信息安全。

六、全新改版湖南林业信息网

湖南林业信息网被评为“全国林业十佳网站” 和“2013年湖南省优秀省直部门网站”。为进一步提升网站实用功能，建设惠民型服务网站，历经数月的改版策划、方案设计、网站开发、信息完善，10月15日，湖南林业信息网全新改版上线，网站以清新务实、便民亲民的崭新风貌展现在网友面前。新版湖南林业信息网共设有信息公开、在线服务、互动交流、网络电视、专题展示和服务热线等6大版块、60个二级栏目。改版后的湖南林业信息网呈现出以下亮点： 一是版面更加美观简洁、注重人性化体验操作。二是实现林业政务信息公开阳光透明。三是完善网站在线服务功能和质量。 四是畅通了公众互动参与渠道。尤其是在线服务的结果公示、在线申报、状态查询等栏目，与省政府和相关部门网站实现数据直接对接，网民可以更加便利、直观地在湖南林业信息网上进行相关操作和数据读取，并能到“下载专区”下载所需表格材料。同时，网站还依据办事事项内容和服务对象身份进行分类，开设场景服务、快速通道，帮助网民更快捷地获取服务。湖南林业信息网WAP门户、政务微信（三湘林业）、英文网站均已上线运行，如图10-5。2014年，外网访问量超过4500万人次。

七、推广林业信息化应用

一是全省积极采用网上办公，OA系统的推广应用再上新台阶。2014年，全省网上办理电子公文16265件，登记文件84855件，归档文件101991份，分别增长38.4%、29.8%、4.0%。二是将短信系统平台接入到省委内网短信平台，解决了长期以来公文短信漏发、延迟、限数等技术和政策性难题。三是林权管理系统不断优化升级，根据应用测试和各县市应用反馈，针对流转、统计、移动小班、数据纠错、操作便捷性等方面进行修正和完善40余处，改版升级应用系统5次。

八、湖南林业展示中心建设顺利推进

湖南林业展示中心各分项工程的招标全部完成，各项工程进展顺利，2015年将隆重开馆。湖南林业展示中心将信息技术与新媒介技术有机结合，通过电子介质手段从视觉、听觉、触觉等各个感观层面营造特殊的空间“情景”，集中体现理念创新、技术创新、内涵创新以及意识创新。由于项目建设内容多，技术复杂，颇具挑战性。为顺利实施好该项目，湖南省林业厅先后赴北京、上海、南京等多地考察学习，吸取经验，并听取国家林业局信息办和众多公司、科研教学单位的专家建议，优化建设方案。

图10-5 新版湖南林业信息网首页

第四节　广东省

2014年，广东省林业厅认真贯彻落实国家林业局关于进一步加快林业信息化发展的要求，继续加大林业信息化资金投入，重点推动林业核心业务系统建设，努力完善林业信息化基础设施，全面推进广东智慧林业发展。

一、建设森林资源监控系统，实现森林资源智慧管理

计划2014～2017年，用4年时间，总投资1亿元，构建广东省森林资源远程视频监控体系，为森林防火、林政管理、植树造林、林业自然保护区、野生动植物保护、林业病虫害防治等核心业务提供实时、高效的智慧管理模式。

广东省森林资源远程视频监控系统的建设目标是：用4年时间在全省主要林区和重点地带，建成1600多个高清的远程视频监控前端点，每个监控点逐级汇聚到省监控中心，形成省、市、县三级监控体系，实现全省主要林地远程视频监控覆盖率达到80%以上，城区周边林地远程视频监控覆盖率达到100%，基本实现森林资源实时监控、林业灾害及时发现、森林火情快速处置等目的。广东省森林资源远程视频监控系统的建设内容包括前端高清视频采集系统、视频数据传输系统、视频监控中心系统、视频监控管理平台、数据存储等5部分。系统架构，采用“集中管理、分布存储”的模式，各县（市、区）视频监控前端实时监控数据统一存储到市级监控中心，省林业厅通过建立统一的监控平台系统，设置省（市、县）三级功能权限，各自轮询观看前端监控点的实时画面，省、县均可远程调用市级存储服务器里的过往数据。

二、出台智慧林业发展指导意见，推进林业信息化创新发展

广东高度重视智慧林业发展的统筹规划和管理协调工作，抽调林业和信息化的业务权威和技术专家，成立广东智慧林业发展指导意见编制小组，专门负责指导意见的编写工作。编制小组深入林业业务信息化应用基层，开展面对面的直接交流与调研，广泛征求各主要业务处（室）和单位的意见和建议，起草了紧密联系林业核心业务，充分发挥信息化支撑作用的《推进广东智慧林业发展的指导意见》。广东省林业厅认真讨论和修改指导意见的具体内容，并在 2014年6月16日正式发布。指导意见包括4部分，第一部分阐述开展智慧林业建设的重要意义；第二部分阐述推进广东智慧林业发展的指导思想、基本原则和发展目标；第三部分阐述广东智慧林业发展的主要任务；第四部分明确推进广东智慧林业发

展的保障措施。

三、建设林业基础数据云平台，推进林业信息化示范市建设

作为全国林业信息化建设示范市，东莞市基于云计算的林业基础数据共享平台成功立项。项目将充分利用东莞市现有电子政务网络和通信运营商有线无线网络，以东莞市电子政务云计算平台、“数字东莞”地理信息公共平台和东莞政务信息共享交换平台为基础，整合林业局现有资源，以云计算为技术核心，结合物联网、移动互联网、空间信息技术、现代通信技术、大数据辅助决策技术等，以“林业一张图”为应用核心，汇聚集成并空间化林业相关的信息资源，针对智慧林业的需求，进行整体规划，建设东莞市“智慧林业云”，如图10-6。项目的设计思想是以云计算、遥感、地理信息及GPS等技术为基础，通过有线和无线网络系统，充分利用现有资源，建立基础结构，并分阶段开发应用服务，从而实现智慧林业云的目的。智慧林业云总体架构包括基础层、支撑层、应用层及接入层、信息安全保障体系和标准规范体系等。

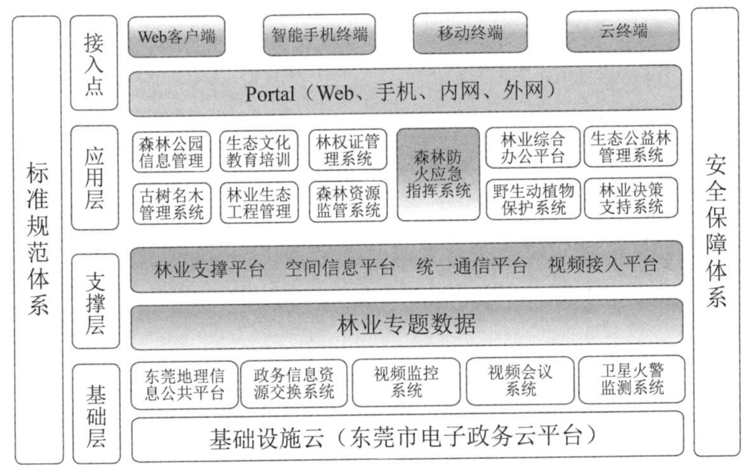

图10-6 东莞市智慧林业云平台架构

第五节 广西壮族自治区

2014年，广西壮族自治区按照国家林业局“加快林业信息化，带动林业现代化”总体部署，坚持“五个统一”原则，不断完善机构队伍，加大资金投入，在制度建设、网站建设、高清视频会议系统、信息系统安全、应用系统开发等方面，取得了系列成果，为广西林业发展创造了良好的环境。

一、完善机构队伍

广西林业厅高度重视林业信息化机构队伍建设，从广西林科院、广西林业勘测设计院、区直国有林场等直属单位抽调6名青年骨干充实信息中心队伍，弥补了原信息化机构只懂技术、不懂林业业务的不足，优化了人才队伍结构。在全区林业信息宣传工作会议上，厅领导要求全区各林业单位要配备1～2名信息化专职人员，并将机构和人员配备情况作为信息化绩效考评的重要指标。

二、完善管理机制

通过建章立制、明确职责，调整、理顺和规范全区林业信息化管理机制。制定《2014年广西林业信息化工作要点》、《关于加快推进广西林业信息化建设方案（2014～2015）》，印发机房管理、网络管理、信息系统安全等12项信息化管理办法，编制《广西“智慧林业”发展规划》，组织开展《广西林业信息化“十三五”规划》前期调研，为全区林业信息化工作有序开展打下坚实的基础。

三、打造广西林业网站群

按照“统一规范、统一建设、统一管理、分级建设”的理念，建设以厅门户网站为主站，以各市县林业局、区直林场、自然保护区、森林公园网站为子站的广西林业网站群。举办两期市（县）林业局门户网站建设培训班，88个市（县）林业局参加培训，培训人员120人次。广西林业网站群已建成14个市林业局、48个县林业局、7个森林公园、9个种苗基地、15个国有林场、7个自然保护区共100个子站，全年网站群累计发布信息10000余条。

四、完成门户网站改版升级

为提升门户网站“政务服务、政务公开、信息公开”能力，加快推进门户网站改版升级。重点提高网站政务公开和互动交流能力，开设信息公开、网上办事大厅、通知公告、在线访谈、网上留言等专栏，网站内容更加新颖、表现形式更加多元、互动交流更加便捷，群众关注度进一步提升。2014年，网站发布文字信息1300多条，发布图片550多张，答复网友留言188条。网站年访问量突破45万次，同比增长18.4%。

五、加快推进县级林业高清视频会议系统建设

在全区重点林业单位大力推进县级林业高清视频会议系统建设。已有66个县级林业单位参与建设高清视频会议系统，并达成建设协议，落实项目建设经费1254万元。目前，项目建设方案已通过省厅审批，并报自治区财政厅启动招投标程序。

六、业务应用系统建设成效显著

始终把业务应用系统建设作为林业信息化建设的出发点和落脚点。全年累计投入1000多万元建成林政资源管理系统、区直国有林场营造林管理系统、林权档案管理系统、林下经济管理系统、林业产业管理系统等5个业务应用系统，其中林权档案管理系统已完成初始登记发证187.93万本，变更登记2505本。

七、加快推进数据平台和公共服务管理平台建设

加大全区林业信息化数据资源整合力度，整合全区林业基础数据库和7个专题业务数据库，建设广西林业数据平台，在此基础上构建“一站式服务”的林业公共服务管理平台。数据整合和数据平台后台开发基本完成，公共服务管理平台建设方案已经通过审核。

八、积极开展信息化示范建设

一是积极向国家发改委和国家林业局争取林业北斗示范建设项目，并获得批准，成为广西林业信息化首个列入国家层面的示范建设项目。2014年12月，已落实首批示范建设资金480万元，并向国家林业局、自治区发改委、财政厅上报项目建设实施方案。二是积极向国家林业局申报全国林业信息化示范单位，在全区开展信息化示范建设摸底调查，择优推荐梧州市林业局、百色市右江区林业局、高峰林场、南宁树木园、黄冕林场为广西备选单位。三是指导钦廉林场、隆林县林业局、资源县林场等单位开展自治区级信息化示范建设，在政策、技术、项目等方面给予支持。

九、大力改善信息化基础设施

一是提升网络性能，将厅办公楼网络由电信光纤升级为50M主线和移动20M副线的“双线热备”模式。二是投入100多万元采购服务器、数据库、正版软件等信息化软硬件设施。三是与广西图书馆合作建设林业图书分馆，免费为林业干部职工提供图书音像资料5000多册。四是投入20多万元改造厅办公楼大会议室影音系统，提高会议室影音系统的稳定性和安全性。

十、提升信息安全保障能力

一是开展信息安全等级保护调研，建立信息安全等级保护联席制度，在全区确定200多名信息安全联络员。开展信息安全等级保护建设，已上报信息安全等级保护建设方案，并获批建设资金120万元，项目已进入招投标程序。二是加大网络舆情监测力度。监控、收集、分析全区林业网络舆情热点10多万条。三是在厅机关开展4次信息安全检查，检查电

脑2400多台次。指定专人定期维护机房及服务器，及时安装系统补丁和杀毒软件升级包，2014年全区林业系统没有信息安全事件发生。

第六节　海南省

2014年，海南林业信息化建设呈现出良好的发展态势，信息基础设施得到很大改善，电子政务建设成绩明显。通过信息手段稳步推进林业业务融合，重点领域信息化应用取得明显成效，提升了林业公共服务能力和水平，加快了海南林业信息化进程。

一、制订智慧林业指导意见

省林业厅进一步加强全省林业信息化顶层设计，组织编制并印发《海南省智慧林业发展指导意见》，成为海南林业信息化建设的指导性文件。《意见》提出海南智慧林业建设的主要任务：加快建设海南智慧林业立体感知体系，大力提升海南智慧林业管理协同水平，全面完善海南智慧林业生态民生服务体系，大力构建智慧林业标准及综合管理体系。

二、提升网络运维水平

（一）完成省林业厅机房改造。完成省林业厅中心机房改造，重点加装防静电地板、安装精密空调、进行机房线路强弱电分离，实现对机房温湿度、电源等环境参数的实时监控。改造期间，通过合理安排，进行应急演练，对各项业务系统的性能进行了测试，确保各个应用系统的正常使用，大大提升对突发事件的应急反应能力，有效提高信息系统、网络的安全水平。

（二）稳步推进林业信息系统运维和等保工作。通过各项措施稳步推进信息系统运维管理工作，保障核心业务系统稳定、高效、安全运行。一是规范制度，明确运维管理岗责。建立运维管理制度，明确专职运维管理人员。二是加强管理，把好信息系统安全关。做好安全保密检查，严格规范操作行为，加强对信息系统用户和密码的管理。三是积极开展信息系统安全等保工作。目前已完成海南林业门户网站和自动办公系统两项等保测评。

三、积极推进项目建设

（一）大力推进省林业厅信息化改造项目。实施林业信息化综合改造项目，整合现有的信息系统软硬件资源，打造全省林业网络核心层、海南省林业厅数据处理和存储体系、海南省林业厅综合信息平台和海南省林业厅信息资源数据库。省林业厅综合信息平台建设已完成。

（二）大力推进林业综合信息平台建设。利用林业厅信息化改造项目资金，依托已有各类信息系统资源统一规划建设海南林业综合信息平台，建立和完善海南林业信息资源目录体系与交换体系数据库，后续将继续增加投资，搭建一个以林业数据集中平台、业务系统开发平台和网络应用传输平台三位一体的，数据大集中、共建共享和业务协同的综合数据中心。

（三）扎实推进森林公安信息化建设。随着海南森林公安管理体制改革工作不断深化，加快信息化建设成为解决森林公安上下级统筹难度大，工作体制、机制不适应、工作开展滞后等问题的有效方法，为拓展全省森林公安信息化建设的深度和广度，多方面开展信息化建设。一是依托省公安厅警务信息综合平台大力开展“网上办案”，通过数字证书使用公安信息网应用系统，促进对公安信息资源的综合利用。二是建成海南省森林公安省局、市县局、派出所三级信息系统，一方面用于对各级森林公安机关的信息掌控，另一方面用于对重大案件和突发事件的预警防范，通过合理调整警力、科学配置资源、改进警务模式，使省级森林公安机关的指挥体系、信息研判及工作机制更加适应现代公安信息化建设的需要。三是在全省范围内充分利用海南森林公安视频系统、公安网办公系统，在接处警和案件移交、信息化建设和信息共享、执法办案和技侦支持、重大行动支援、网络舆情监测合作、警务督察和交流培训等方面开展执法合作。

四、加强网站建设

（一）完成省林业厅门户网站改版。海南林业厅门户网站自2011年改版至今已3年，期间起到良好的宣传窗口作用。海南省林业厅充分认识到当前政府门户网站的建设已经从技术导向、内容导向朝着服务导向的方向发展，2014年海南省林业厅以海南林业特色为基础，重新对省林业厅门户网站进行改版，使之更加简洁明了，相关栏目将由各业务处室直接负责维护并及时更新内容，新版网站更加侧重增强政府民生服务功能，更加侧重全方位展示林业建设成就。

（二）积极推进网站群建设。组织海南林业网站群建设培训，依托国家林业局（中国林业网）统一的网站群平台，建设包括各级市县林业局、森林公园、保护区、国有林场和苗圃基地在内的海南林业系统网站，经过一年的指导与督促，已上线森林公园网站4家、林场网站12家、种苗基地网站9家、保护区网站23家、市县林业局网站11家，合计59家网站。

（三）开通林业微博微信。为适应新时期宣传工作和新形势下林业发展需要，海南省林业厅于2014年11月分别在腾讯微信公众平台及新浪微博平台开设账号，分别申请开通了统一名称为“海南林业”的林业厅官方微信及微博，加强与广大群众良好沟通、密切联系，让林业工作更加贴近民生。

五、提升网上服务能力

（一）推行网上行政审批，优化政务服务能力。围绕省委省政府“科学发展、绿色崛起”的战略部署，在行政审批“瘦身”、“提速”、“便民”、“规范”等方面，大力推进行政审批制度改革。通过信息化手段精简步骤，实现林业行政审批集约化、高效化、便民化、透明化，审批事项平均承诺时限比法定时限减少三分之一以上。海南省林业厅审批办以优质高效创新的服务获得了群众和社会团体的广泛赞誉，2014年2月，海南省林业厅审批办在全省33个进驻单位的年度先进集体评选中，以连续四季度考核总成绩第一名、年度总成绩第一名的佳绩荣获“先进审批办”称号，这也是厅审批办自2008年进驻省政务服务中心以来，连续第六年获得该荣誉。

（二）大力推进行政职权公开，落实科技防腐。着力加强梳理行政职权，坚持依法行政，加大行政审批、行政处罚等信息公开力度，积极推进行政权力公开透明运行。一是绘制林业职权运行流程图，明确行使权力的主体、依据、运行程序和监督措施等。二是积极在全省统一的“行政职权公开专栏”上录入林业厅行政职权，在职权目录上，明确行政职权的名称、内容、办理主体、依据、条件、期限和监督措施等内容，实施广泛公开，接受社会监督，促进林业行政机关和工作人员依法行政。三是深入推进林业审批流程和结果公开，将涉及人民群众切身利益、需要社会公众广泛知晓或参与的林业行政审批项目和审批流程、审批结果及时准确公开。四是建立林业厅“负面权利清单”并公开，进一步促进行政审批事项规范化管理。五是结合林业厅信息化建设和林业行政权力运行实际，将行政审批等业务系统接入海南省电子监察平台，充分利用该平台风险自动预警、纠错惩戒和潜在风险识别等功能，做好林业廉政风险防控，形成林业厅、省委监察厅多级监督纠错模式。目前，电子监察平台已实现与行政审批、政府信息公开等领域数据互通共享，可对上述监察点进行实时监控和自动预警。

（三）升级建成林权信息管理服务系统。投资400万元建设的“海南林权信息管理服务系统”于2014年建成，该系统在原林权信息管理网络系统基础上升级扩建，共分为3个部分：一是海南省林权交易网站（林权网上交易系统），主要进行林权流转信息网上发布、报价和拍卖；二是海南省林权地理信息系统，主要是建设全省林权地理信息空间数据库；三是海南省林权管理电子政务系统，通过省、市县、乡镇三级网络，承担林权证申请、报批、打证、变更、注销，林业贷款、森林保险的申报、办理等。目前该服务系统已经建设完成，正在组织验收工作，2015年将围绕该系统着力开展相关业务人员的培训。

六、加快林业办公自动化系统建设

完成自动办公系统和设备在党政政务外网的部署，正在进行与海南省政府政务外网电子公文交换系统对接接口开发，建成后将实现从林业厅领导到机关处室、市（县）林业局、直属单位等林业系统单位之间的连接，可以进行林业系统公文、会议通知、督查等业务的电子化、网络化处理，具有通知公告、信息发布、文件资料共享、收发传递公文、文件统计、通讯录、个人邮件、短信通知等功能。

第七节 深圳市

2014年，深圳市城市管理局深入贯彻落实《国家林业局关于进一步加快林业信息化发展的指导意见》、《中国智慧林业发展指导意见》和《推进广东智慧林业发展的指导意见》等精神，认真做好深圳市智慧林业建设工作，进一步加快深圳市林业信息化发展步伐，为深圳市现代林业发展做出了贡献。

一、加强网站建设，推进网站服务

推进深圳市城市管理门户网站群建设，指导各子站建设和数据共享。建设了深圳市森林资源保护网、深圳市公园管理中心网站、深圳绿化网、仙湖植物园网站、广东内伶仃福田国家级自然保护区网站、梧桐山国家公园网站等14个子站。按照国家林业局、市政府相关部门对网站的年度评估指标，新增重点服务、民生实事、业务知识库、手机App等服务功能，整合城管系统数据资源为市民提供查询服务。按照广东省网上办事大厅建设要求，完成系统建设工作，现有32个事项的审批与服务进驻网上办事大厅，实现网上申请审批。

二、启动深圳市智慧林业工作

为深入贯彻落实全国林业信息化工作会议有关精神，切实加快推进智慧城管（林业）建设，深圳市城管局成立“智慧城管（林业）”建设领导小组，组长由局长担任，副组长由分管副局长担任，小组成员包括各机关处室、直属单位负责人。领导小组下设办公室，办公室设在市城管监督指挥中心，负责项目的具体实施。目前已制订《关于智慧城管（林业）建设的改革专项实施方案》，正在开展业务需求调研工作。

三、推进自然保护区与公园信息化建设

开展广东内伶仃福田国家级自然保护区数字化建设，实现对保护区内野生动植物的实时动态监测，形成保护区监测动态化、可视化、网络化和智能化，大大提高保护区资源管护和巡护的效率。启动无线网络覆盖建设，推进公园免费WiFi上网服务。推进植物二维码

科普标识系统建设，游客可通过二维码扫描获取植物介绍信息及景区游览信息。开展古树名木管养系统建设，采集古树名木GPS坐标并统一编号汇总，用信息手段进行古树名木资源的规范化、动态化管理。

四、强化信息安全工作

成立信息化安全领导小组，指导全局信息化建设与安全工作。按照国家林业局和深圳市政府关于信息安全相关要求，每季度组织一次信息安全检查，对全局信息系统进行安全扫描，查找风险漏洞并指导整改。组织各单位开展信息安全风险评估和信息系统等级保护工作，共有21个系统完成等级备案并通过测评。按照国家林业局机房建设相关要求，对机房和网络进行升级，为直属单位网站和应用系统提供托管服务，进行集中安全防护和管理。组织开展信息安全专项培训，提高干部职工的信息安全意识和安全防护能力。

第十一章　西南地区林业信息化进展

西南地区大部分省（区、市）林业信息化具有潜在发展优势。2014年，四川省加大信息化建设投入，加快推进试点示范建设，在全国处于领先地位，其信息化建设和保障水平较高，对西南地区其他省份具有引领和示范作用。

第一节　重庆市

2014年，重庆市林业局坚持以用户需求为导向，重点抓好基础设施建设和政府信息公开，稳步推进信息化发展，工作取得了一定成效。

一、全面加强重庆林业门户网站建设

重庆市林业局门户网站将原生态重庆专题网站、“绿化长江、重庆行动”大型公益活动官方网站的功能和内容进行了整合，形成以政务信息公开、新闻宣传、网上服务和林业专题四个板块为核心的大型综合性网站，集成整合了网上行政审批、森林防火、木材运输等业务系统；设置动态专栏对重要活动进行单独重点宣传，如设置“第二届全国生态作品大赛绘画赛区”专题和“群众路线教育实践活动”专题。在管理方面，实现信息网上报送、网上审核、网上发布、网上统计的自动化流程，逐步建立林业信息数据库。

二、扎实做好政府信息网上公开工作

重庆市林业局门户网站政府信息公开系统与市政府信息公开系统同步，实现向市政府信息同步在线报送，提高政府信息公开的报送效率和准确率。

三、大力加强林业信息化基础设施建设

一是与重庆电信继续合作，深入研究林业信息化发展战略。二是升级改造森林防火指

挥中心和视频会议室。三是接入全市应急平台，实现与有关部门之间视频会议和双流。四是将森林防火视频系统整合到市电子政务内网，市政府随时可以查看森林防火视频情况。五是推进“林信通”手机终端系统相关工作。五是购买一批新办公电脑，并安装正版操作系统、办公软件和杀毒软件，增强病毒防御能力。

四、积极推进网络安全建设

重庆市林业局高度重视信息安全等级保护工作，已将重要信息系统定级备案，完成重庆市林业局机关网络安全评测并编制信息安全等级保护改造方案。该方案严格按照信息安全等级保护相关要求，添置信息网络安全设备10台，新建约140平方米的局机关网络机房并新增内网网络信息点位600个，整合业务系统和数据。

五、积极推进行政审批系统建设

重庆市林业局行政审批电子监察系统是市林业局办理行政审批业务和纪检监察工作的核心信息管理平台。该系统由重庆市林业局电子审批系统、监察系统及视频监控系统组成，依托市电子政务外网、互联网及重庆市林业局门户网，实现行政审批事项的在线申报、在线审批和在线监察，为社会公众和市林业局各相关部门在线交流互动提供了一个新的业务平台。为确保市行政审批电子监察系统建设工作顺利开展，实现预期目标，重庆市林业局成立了由一把手担任组长的行政审批电子监察系统建设领导小组，已完成行政审批电子监察系统建设和核心软件开发工作，制定了相应的工作流程和制度。

第二节　四川省

2014年，四川省林业厅积极争取实施重点项目，加大信息化建设投入，加快推进试点示范建设，加强网络交流互动，强化网络和信息安全管理，取得良好成效。

一、突出项目引领，信息化建设步伐加快

积极争取多方支持，启动建设一批信息化建设重点项目。一是启动北斗应用综合示范工程。在全国林业信息化示范市甘孜州启动实施“四川省北斗应用综合示范工程”，着力建设林火监测、野生动物监测、综合服务平台及应急联动移动终端等集于一体的林火智能预警应急与野生动物监护系统。二是开展多层次信息服务技术研究。全面参与国家林业公益性行业科研专项项目“林业资源多层次信息服务技术研究”，全面整合信息系统与数

据，解决“信息孤岛”问题。三是全面建成森林防火信息指挥系统。投资4700万元，全省10个森林火灾重点市、76个重点县通过地理信息系统平台实现森林防火视讯实时调度指挥，有力提升了应急指挥能力。四是开展高分森林灾害监测应用示范研究。在甘孜州道孚县开展试点示范，成功利用高分卫星及时监测发现包括刚燃烧、面积较小的森林火情，面积精度高，可精确统计燃烧面积、树木株数。五是开展高分辨率遥感影像应用。在省林业调查规划院、洪雅、宣汉、普威林业局开展试点，着力建立基于国产高分辨率遥感影像的天然林保护管理智能化、标准化、流程化的业务产品生产线和服务体系。六是成功纳入全国林业生态建设与保护北斗示范应用系统项目。利用全省信息化建设成果，构建北斗导航应用软硬件环境，开展北斗导航技术的嵌入、业务融合和应用扩展，实现省、市、县各层次北斗导航的规范化、规模化应用。七是成功申报《生态环境保护（林业）信息化工程》示范省。作为全国20个试点省之一，编制完成项目《四川建设方案》，估算总投资6415万元，力争实现森林生态系统、湿地生态系统、荒漠化生态系统和生物多样性的有效监管。八是成立林业大数据研究中心。推动林业数据变资源和资本，通过分析林业大数据，研究大数据应用，为现代林业建设提供更加有效的业务、信息、决策支撑体系。

二、加大投入力度，“智慧林业”建设成效显著

出台《四川省林业厅关于进一步规范发展林业信息化的指导意见》，各地积极加大投入力度，加快“智慧林业”建设步伐。广安市投资200余万元建设市级森林防火监控及应急指挥系统，达到智能物防效果，并实现市 、县、乡三级联动。江油市投入850万元建设森防应急指挥调度、林产交易、数据处理等3个管理中心，开发森林防火监控应急指挥、林业行政执法管理、林业病虫害防治管理等9个系统为基础的集成化软件系统。宝兴县投入1019万元建设林业生态综合信息监管平台，包含森林资源、林权管理、病虫防治、工程管理等信息系统。广元市建设涵盖所有区县的全市统一的林业网站群，信息公开和标准化建设成效明显。卧龙国家级自然保护区投入7470万元建设“数字卧龙”，实现24小时现场直播幼仔大熊猫养育。唐家河国家级自然保护区投入970余万元建设基于“空、天、地”一体化的“智慧唐家河”信息化管理系统。攀枝花苏铁国家级自然保护区投入217.8万元建设智能生态监测平台，实现“一树一证”智能精细化管理。

三、坚持多措并举，试点示范建设稳步推进

四川省甘孜州、温江区、北川县、剑阁县4个州（县）纳入全国首批林业信息化示范市（县）建设，为有效解决示范市（县）信息化建设投入难、技术难、人力难等问题，省林业信息中心采取多种措施，推动各地加快信息化试点示范工作。一是加大项目扶持，推动国家和省级林业信息化项目优先安排示范市（县）。二是搭建技术支撑在线平台，实时帮

助示范单位解决技术难题。三是积极督查协调，切实解决示范单位信息化建设人员配备等问题。四家示范单位均编制上报了示范建设方案，四川省北斗应用综合示范工程、森林防火信息指挥系统等信息化建设项目落户甘孜州，温江区“智慧花木系统”在花木市场萎缩的情况下实现网络销售的逆市增长，北川县林火及野生动物智能监测系统作用充分发挥。同时，积极培育和推荐广安市、江油县、宝兴县、卧龙国家级自然保护区、唐家河国家级自然保护区和攀枝花苏铁保护区申报第二批全国林业信息化示范单位。

四、加强交流互动，政府信息公开名列前茅

充分利用林业网站、官方微博微信，围绕抗震救灾、灾后重建、民生工程、依法治林、转变作风等重点热点，积极宣传林业政策，展示林业改革发展成绩，及时回应社会关切，积极维护四川林业的良好形象。一是加强门户站群建设。印发《四川省林业厅关于加强网站建设和管理工作的通知》，转发《国家林业局关于进一步加快林业信息化发展的指导意见》，按照《四川林业网站群管理办法》实行全省林业网站量化考核。四川林业网站群建成子站160个，其中市级21个、县级74个、其他65个。纳入中国林业网站群的子站由24个增加至75个。厅门户网站发布政务信息4200余条，被中国林业网采用2550余条，同比增长10%，列全国各省（市）第一。二是加强政务信息公开。严格执行《政府信息公开条例》规定，建立信息公开季度通报会商制度，录入“四川省政府信息公开目录管理系统”公开政府信息1000条，居省直各部门前列。建立网站监督员、特约信息员、信息约稿、双月通报、信息会商等制度，上报政务信息获中办采用一条，国家林业局政务信息得205分，居全国首位；获省委办公厅、省政府办公厅采用75条，居省直部门和单位前列。“11•22”康定地震应急报送工作成效显著。三是加强网络交流互动。强化办事服务功能，向社会公众和单位提供林业自然保护区、森林公园、林木种苗生产经营许可资质、林木种苗质量检验员资质等网上查询服务，网上在线办事办结1811件，办理率100%，同意率95.52%。强化互动交流功能，受理厅长信箱135件、在线咨询224件、监督投诉45件、公众留言26条，回复率达100%。强化新媒体应用，加强“四川林业”新浪、腾讯官方微博管理和运行，开通运行“四川林业”官方微信，加入“四川发布”大平台，认真解答网民政策咨询，及时协调处置负面舆论。全年发布微博、微信1100余条，新浪、腾讯官方微博和微信粉丝达到10万。

五、强化监督管理，网络信息安全有效保障

高度重视网络和信息安全工作，严格执行各项规章制度，严把审核关，确保所发布信息的正确性、权威性和不涉密。一是建立网络信息监督员制度。在全省各级林业部门聘请网络信息监督员，对四川省林业厅网站信息进行监督，发现问题及时整改。厅各网络系统和四川林业网站群安全、高效运行，无泄密失密和安全事故发生。二是提升信息系统安

全等级。加强四川林业网站多级安全防护管理，网站服务器对外只开放80端口提供Web服务，隐藏后台管理登录地址，最大限度减小服务器被黑客攻击的可能性。全面检查机房设施设备和软件，完成四川省林业厅内部网络信息系统、四川省森林防火视频调度指挥会议信息系统、四川林业网站群二级等保定级工作。三是加强网站软件安全监测。国家互联网应急中心四川分中心对网站群软件进行安全测评，有效降低软件缺陷带来的安全隐患。7×24小时监控网站页面和流量，及时发现和处理异常情况。采用先进的篡改检测技术和应用防护模块，全面保护网站的静态网页和动态网页，支持网页的自动发布、篡改检测、应用保护、警告和自动恢复，完全实时地杜绝任何使用Web方式篡改后台数据库和篡改后的网页被访问的可能性。四是加强信息化培训。举办全市“林业信息化标准体系及微信微博管理培训班”。邀请国家林业局信息办、省林业厅办公室、腾讯公司等单位的领导和技术专家授课，培训内容包括网站建设、林业信息标准体系、微博微信的建设及使用、网络舆情监控及应对措施等。全省各市州、县林业部门信息报送人员及微博、微信管理人员100余人参加了培训。

第三节 贵州省

2014年，贵州省林业厅全面贯彻落实全国林业信息化工作会议精神，紧紧围绕林业信息化为生态林业民生林业服务的宗旨，不断强化组织领导和顶层设计，努力推进信息化建设，取得了明显进展。

一、成立网络安全与信息化建设领导小组

为加快全省林业信息化建设，按照国家林业局和省政府有关文件精神，成立了厅长任组长的林业网络安全与信息化建设领导小组，下设领导小组办公室，与信息中心合署办公。

二、加大林业信息化建设力度

编制《贵州省智慧林业发展规划》，明确智慧林业建设目标与任务，加大对各地各单位林业信息化建设的指导力度。省林业厅投资800万元，建设贵州省森林资源监测评价暨决策信息管理系统，提高森林资源监管水平。加快网站群建设，全省30个县林业局、9个自然保护区、23个森林公园、13个国有林场、12个种苗基地建立了门户网站。贵阳市生态委林业信息化建设二期项目通过专家评审，总投资达1000多万元。进一步拓展省林业厅办公自动化系统应用范围，由原87个林业单位延伸到126个林业单位。

三、改版门户网站，提升互联网影响力

为加强省林业厅政务信息公开，提供网上办理有关事务，进一步联系群众、服务公众、展示贵州林业的整体形象，8月1日，改版上线省林业厅新版门户网站，通过网上调查，新版门户网站网民满意率达到97.3%，日访问量由改版前的90多人次增加至600余人次。

四、建立林业工作信息库，提升工作效能

在省林业厅办公系统上，建立了贵州省林业工作信息库，包括林业工作主要问题、各省森林资源数据和省林业厅各部门常用数据等内容，并纳入省级目标考核内容。林业工作主要问题信息库的建立，为厅领导和厅机关各部门全面掌握了解林业工作情况，有效指导基层林业工作提供了依据。2014年厅机关各部门帮助基层解决林业工作问题632个，促进了各地林业生产的发展和管理水平的提高。

五、加强门户网站信息内容建设

为进一步做好新版门户网站信息内容建设工作，省林业厅制订《贵州省林业厅门户网站管理暂行办法》，明确厅机关27个部门信息内容更新的相关责任，落实信息管理员，同时围绕省林业厅中心工作，及时调整栏目设置，设置“六个严禁”专项行动、县乡村造林绿化、新一轮退耕还林等专栏，确保网站栏目信息及时发布、内容及时更新、意见建议及时回应，赢得公众好评。在2014年度贵州省政府系统门户网站绩效评估中，贵州省林业厅门户网站在49个省直单位中位列23位，较2013年排名前进了4位。

六、加强信息技术培训

积极安排人员参加国家林业局组织的各类信息化培训班，培训省级人员10人次，基层人员80人次。省信息中心与中国林科院、厅办公室合作分别在罗甸、龙里举办遥感应用技术培训班、全省林业政务和信息化培训班，参训人员200多人次，有效提升了信息技术和网站管理水平。

第四节　云南省

2014年是云南林业加快发展、信息化建设快速推进的一年。云南省林业厅按照国家林业信息化发展总体部署，真抓实干，稳步推进林业信息化发展。

一、完成林业电子政务二期规划设计

2014年1月，编制完成《云南省林业厅林业信息化建设二期工程建设方案》，并通过评审验收。云南林业电子政务二期建设以数据库及应用支撑平台及示范应用系统建设为主要建设内容，以完成全省数据中心及基础数据建设，实现资源共享、业务融合为主要工作目标。后期，将从全省标准体系建设、全省数据库建设、基础支撑平台建设及对应基础设施建设等4个方面开展二期建设工作。

二、项目建设稳步推进

一是云南林业电子政务一期工程内外网基础设施建设项目进入收尾阶段，中心机房内外网都已接通，各安全设备全部接入，整个机房基础软硬件设施运行正常，计划通过试运行后开展项目验收工作。二是全省林业系统办公自动化系统厅机关部分已基本开发完毕，信息办与厅办公室多次会商，对软件界面、业务流程进行修改完善，对相关使用人员进行应用培训，系统即将上线试运行。三是加强全省林业系统网站群建设。省林业厅门户网主站经过一年多的上线运用，在服务、内容、技术支持上得到不断加强，日趋成熟稳定。各州、县子站经过全省林业系统征求意见汇总后，确定了子站版面内容设定及管理原则，将开展培训和建站工作，拟在2015年初开通全省各级林业主管部门子站。

三、林业专网建设

由中国移动通信集团云南有限公司承建的云南林业专网建设项目，在经过多方协调和努力下，所有专网线路都已接入到位，全省各级林业部门完成接入设备采购流程后即可逐步接通，确保省、市、县三级视频会议系统首先上线运行。

四、加强网络安全建设

云南省林业厅高度重视信息安全，切实抓好信息安全等级保护工作。根据网络信息安全等级保护要求及相关规定，在100M外网线路的基础上，新增一条50M备用线路。根据全国林业信息化工作领导小组办公室《关于建立林业行业信息安全等级保护联络员制度的通知》要求，结合各地林业信息化发展的需要，切实加强信息安全保护工作的协调组织，积极落实市、县两级联络员，建立省、市、县三级林业行业信息安全等级保护联络员制度。

五、积极推进信息化示范建设

推进省级林业信息化示范建设，昆明市、临沧市、西山区、凤庆县被确定为办公自动化系统建设示范市和示范县，与云南省林业厅同步开展办公自动化建设。

六、加强战略合作

云南林业厅、中兴通讯股份有限公司、中信国联实业有限公司三方本着“开放、合作、创新”的理念共同签署了“云南林业惠农云服务”战略合作协议，打造云南林业信息、金融、电子商务一体化云服务平台，建立快速沟通渠道，推进林业产业信息化，提升林农和涉林企业生产交易积极性。

第五节　西藏自治区

2014年，西藏自治区林业厅按照“加快林业信息化、带动林业现代化”的总体思路，把林业信息化作为现代林业建设的重要组成部分，坚“五个统一”的原则，积极推进林业信息化组织机构和队伍建设，加强门户网站与业务信息化建设，做好信息化服务保障工作，多措并举加快西藏林业信息化建设步伐。

一、推进组织机构和队伍建设

（一）推进组织机构建设。西藏自治区林业厅把健全组织管理机构，作为加快西藏林业信息化建设的首要工作来抓，积极与相关部门进行汇报沟通。2014年4月，自治区编办正式批复成立西藏林业信息中心，承担林业信息化建设有关工作。

（二）加大制度保障力度。制订《西藏林业信息网管理办法》、《西藏林业信息网信息发布审核制度》、《西藏林业信息安全突发事件应急预案》、《机房管理制度》、《视频会议管理办法》等规章制度，林业信息化制度体系基本形成。

（三）狠抓人才队伍建设。多方引进人才和林业信息化技术骨干，充实两名懂信息化技术的专门人才，弥补信息化人才不足的缺陷，为西藏林业信息化快速发展奠定人才基础。

（四）加大干部职工培训力度。积极组织参加国家、自治区举行的各类信息化培训。同时，通过邀请有技术能力的专业公司举办培训班、实地操作指导等形式，对干部职工进行培训，普及信息化知识，不断提高干部职工信息化建设水平和应用水平。

二、强化门户网站建设

（一）加强网站内容建设。认真做好政府信息公开的贯彻落实工作，建立信息公开和发布审核制度，规范信息发布流程，按自治区政府要求大力推行林业政务信息网上公开。安排专人从事信息报送工作，及时编写、报送林业信息，较好地完成了信息报送任务。西藏林业厅门户网站全年发布信息2000余条，日均访问量500余次，及时为社会大众、基层林业单位和林农提供需要的信息，有效地展示了自治区林业形象，提升了西藏林业的社会影响力。

（二）积极进行网站改版工作。按照“对内能行使行政政务功能、信息交流与传播，对外则借助西藏举足轻重的生态资源及生态价值，将网站延伸为西藏生态价值展示与生态保护的宣传平台，使西藏林业信息网成为面向国际面向社会公众的、有影响力的生态信息重要平台”的建设目标。针对网站改版进行多次研究，经过不断修改完善，确定网站改版方案。

（三）微博、微信开通上线。西藏林业厅微博微信突出权威、实用、亲民的特点，发布信息主要聚焦于林业和生态保护，涉及重大政策解读、林业权威数据发布、最新林业资讯、实用知识和服务等内容，微博粉丝数已超过1.3万人。

三、业务信息化建设不断加强

（一）启动森林防火信息指挥系统二期项目。该系统包括网络平台、网络安全平台、数据中心、视频会议系统和森林防火地理信息系统等多个子系统。能够实现上与国家森林防火指挥部，下与地区、县防火指挥中心，横向与自治区各级森林防火协作单位的信息共享、协同指挥。将西藏自治区的森林防火信息化建设接入全国森林防火信息化网络框架中，大大提高了森林防火日常工作的信息化管理水平和森林火灾扑救应急调度指挥能力。项目完成后，将建成覆盖7个地市、30个有林县的防火指挥中心，对森林防火的预防、检查、扑救和现场指挥调度将起到十分重要的作用。

（二）启动西藏森林资源林政管理系统建设。该系统的建成将实现森林资源管理系统、生态公益林管理系统、征占用林地管理系统、林木采伐管理系统、木材运输管理系统、木材加工台账管理系统等六大系统数据数字化。对森林资源数据调用、浏览、查询管理更加方便快捷；生态公益林数据、档案更加细化、翔实；征占用林地办证手续流程更加清晰；木材采伐、运输手续及通行证签发更加规范。

（三）启动森林公安金盾网二期系统集成项目建设。金盾网整体建设内容主要包括公安基础通信设施和网络平台建设、公安计算机应用系统建设、公安工作信息化标准和规范体系建设、公安网络和信息安全保障系统建设、公安工作信息化运行管理体系建设等。金盾网二期建设是在一期工程的基础上进行扩充、扩展、完善和提高。增加森林公安业务信息应用类型，拓展森林公安信息系统的应用深度和广度，进一步提高森林公安信息化水平。

四、加强信息化推进与服务

（一）编制信息化发展中长期规划。根据西藏林业信息化建设的实际需要，通过深入研究和广泛调研，组织编制《西藏林业信息化发展中长期规划（2015～2020年）》，11月份正式印发。《规划》作为全区林业信息化顶层设计，着力于对全区信息化工作的统一指导，明确到2020年全区林业信息化的建设目标、内容等，做到科学性、可行性和前瞻性的有机统一，对加快推进林业信息化，逐步建立布局科学、高效便捷、先进实用、稳定安全的林业信息化体系，促进林业决策科学化、办公规范化、监督透明化和服务便捷化具有十分重要的意义。

（二）研究和总结政府机关网络与信息安全形势、特点。科学制定全区林业网络和信息安全规划，增加网络防火墙、上网行为管理等软硬件设施，提高安全防护水平。

（三）加强信息化基础设施建设。建成林业厅中心机房和满足视频会议、数据传递、语音通讯、信息交换需求的宽带网络平台。山南、林芝、昌都地区等重点县配备了森林防火监控设备。

第十二章 西北地区林业信息化进展

西北地区信息化基础相对薄弱，甘肃、青海、宁夏在信息化组织机构建设方面均取得了突破。新疆生产建设兵团积极开展林业信息化建设工作，取得了一定成效。甘肃省信息化应用和保障水平进步快速，在西北地区具有示范引领作用。

第一节 陕西省

2014年，陕西省林业信息化工作稳步推进，网络运维安全稳定、应用系统作用凸显、管理制度逐步完善、人员培训紧抓不懈，信息化应用水平不断提高，为发展现代林业提供了良好的支撑和服务。

一、网站建设水平不断提升

门户网站建设注重可用性、易用性和稳定性，网站信息发布及安全保障措施完备。不断强化网站栏目建设，及时发布林业动态，加强政府信息公开，坚持做好互动交流，完善行政审批事项。根据网站统计数据显示，全年网站发布各类信息1000余条，答复网民各类咨询近100条，网站年访问量近100万人次，较2013年都有显著提高。

二、着力推进示范建设

以“建林云”为重点，继续推进林业信息化示范建设，完成《陕西省黄帝陵林区监管云信息系统项目规划方案》编制工作。该方案系国内首次针对具有重要历史文化价值的古树名木进行多种信息化技术的集成应用，系统实施后将成为陕西智慧林业发展的重要里程碑，对于推进全国林业信息化发展具有示范作用，整体设计在林业信息化技术应用上达到国内领先水平。项目计划针对黄帝陵林区具有重要历史文化价值的古柏群，运用云计算、物联网、宽带无线网络等信息技术，建成具有国际先进水平的智能化古树名木监管信息系统，为提高黄帝陵林区森林资源监管和古树名木管理的科学化、信息化、智能化发挥重要作用。系统利用无线宽带网络和物联网技术实现黄帝陵林区各类监测信息的自动化智能感知，为监测管理系统提供实时动态监测数据。

三、做好业务系统应用保障

加强通用办公系统运维保障，根据业务工作需要及时优化处理系统应用问题，调整人员使用权限，开展新职工系统应用培训，累计通过系统办文超过1000件，基本实现无纸化办公。规范视频会议系统管理，确保系统良好运转，按时完成省政府视频应急值守点名，值守率达到100%，视频会议设备定期调试、专人维护，确保省厅顺利召开各级会议60余次。

四、完善各项信息化制度

修订完善《陕西省林业厅门户网站管理办法》、《陕西省林业厅办公网管理办法》、《陕西省林业视频会议系统管理办法》及《陕西省林业厅中心机房管理办法》等5项管理制度。进一步规范网站信息发布，明确视频会议使用要求，规定通用办公系统安全使用原则，加大制度执行力，对林业信息化工作起到极大的促进作用。

五、全力做好网络安全工作

对省林业厅外网、内网以及接入的各级政府网络进行规范化管理，强化网络及信息安全，无安全问题发生。在保障业务系统正常运转的同时，大力完善机房设施、楼宇交换以及网络安防设备。更新机房空调系统、网络设备等，提出可持续发展的网络运维整体解决方案。适时调整网络安全配置，提升网络安全防范措施。增加网络管理人员，深入开展网络信息安全检查，及时解决各类问题。

六、加强信息化培训

组织技术人员多次参加各级信息化业务培训，提升管理人员网络及信息安全运维技术。召开多期应用系统专项培训活动，加强应用系统的使用推广。开展网络信息安全及计算机系统保密培训工作，提高干部职工的信息安全保密意识。

第二节　甘肃省

2014年是甘肃省林业信息化“应用建设年”，全省上下扎实推进林业信息化各项工作，较好地完成了年初制定的目标任务，取得了重要进展。

一、组织机构建设取得突破

根据甘肃省编办批复，在省林业厅科技处加挂了甘肃省林业厅信息化管理办公室牌子，正式成立全省林业信息化管理机构。任命了机构负责人，明确了工作职责，启用了“甘肃省林业厅信息化管理办公室”印章，全省林业信息化管理机制进一步明确，管理更加规范。

二、召开信息化工作会议

组织召开第二届全省林业信息化工作会议，深入贯彻落实第三届全国林业信息化工作会议精神，回顾总结近年来林业信息化工作成绩，安排部署“十二五”后半期全省林业信息化重点任务；表彰首批全省林业信息化先进单位和网站，奖励全省林业优秀信息员；进一步明确全省林业信息化工作思路、重点任务和推进举措，推动全省林业信息化工作深入发展。组织召开第三次信息化领导小组扩大会议，研究建设全省林业信息化业务应用建设的有关问题，做出正式启动建设“甘肃省森林资源管理信息系统”的决定。

三、深化顶层设计和指导

印发《甘肃省智慧林业发展指导意见》，围绕全面实现林业信息化的目标，制定深度融合和深化应用的发展主线，深化顶层设计，全面提高林业信息化水平。印发《关于2013年全省林业信息化建设水平测评结果的通报》，表彰先进、通报建设成果。印发《甘肃省林业厅关于印发2014年全省林业信息化工作安排的通知》，明确全年工作任务和时间安排节点，将任务目标分解到责任单位。实行全省林业信息化工作每月简报制度，及时向市（州）和厅直单位传达工作思路和要求，指导完成各项建设任务。

四、业务应用领域不断拓宽

信息技术在全省林业业务中广泛应用，莲花山保护局建成了森林防火无线视频监控系统、林区灾害预警系统和地理信息系统，实现森林资源管理及森林灾害动态监控，大大减轻基层职工资源管护的工作强度。连古城保护局实施森林资源监管系统二期工程建设，建成三维地理信息管理系统。祁连山保护局建成了综合办公应用系统项目，实现保护局和下属保护站之间的公文无纸化传递、自动化办公和移动办公，建成保护区基础地理信息管理系统。兴隆山保护局进一步扩建森林资源监管系统，实现林业灾害监控、防火、“天保”工程管理、科研监测等功能。太子山保护局建成了三维地理信息系统，实现三维场景展示、距离测量、面积测算等功能。启动全省林果电子商务平台建设，开发建成“甘肃林果网”。

五、“甘肃林业网”建设成绩突出

（一）扩大网站规模。新建第二批38个子站，举办甘肃林业网第二批子站开通仪式暨信息员培训班，各子站单位信息化分管领导、信息员和厅机关信息员共92人参加培训。

（二）加强信息报送和网站安全工作。印发《关于进一步加强甘肃林业网信息报送和信息安全工作的通知》、《关于甘肃林业网2013年度信息报送和采用情况的通报》等文件，网站信息发布量达到30000余条，访问量突破400万。

（三）积极宣传生态文化。举办第二期“我说信息化征文”活动和甘肃省林业生态文化大赛书画作品展览，积极开展生态文化宣传。

六、电子政务有效推进

印发《甘肃林业办公网使用管理办法》、《关于征求开展甘肃林业办公网应用系统培训、运行意见的函》，完善了“甘肃林业办公网”设计，采购厅机关办公网终端设备，发放到个人。选择庆阳市林业局、林科院等19个单位开展甘肃林业办公网运行测试工作，举办两期甘肃林业办公网培训班，培训人员120余人次。指导甘肃省林业工作站管理局建设综合业务应用系统，指导省森林公安局建设全省警务信息综合平台。

七、积极开展调查研究

开展全省林业信息化建设调研工作，对全省林业信息化建设应用需求进行全面问卷调查。实地调研天水市林业局等8个单位的林业信息化建设情况和应用需求，形成《全省林业信息化建设调研报告》。开展森林资源管理系统建设情况调研，先后到国家林业局信息办、资源司、中国林科院、国家局林业调查规划院和厅资源处、省林业调查规划院、省祁连山保护局等多家单位和部门，与森林资源管理和林业信息化方面的专家、领导进行交流、研讨，推动森林资源管理系统建设项目落地。

八、抓好项目申报和示范工作

向国家林业局报送《甘肃生态环境保护信息化工程（林业）项目建设方案》，积极争取全国北斗应用示范省和生态环境保护（林业）信息工程示范省。向省政府办公厅报送《关于申请全省森林资源数据库系统建设资金的报告》。继续狠抓张掖市林业局、兴隆山、祁连山保护局第一批全国信息化示范单位建设工作，向国家林业局报送示范建设总结材料。推荐武威市林业局、莲花山保护局、省林业科技推广总站、小陇山实验局和山丹县林业局为第二批全国林业信息化示范单位。

九、进一步加强信息网络安全建设

通过非涉密网络安全检查，对全省非涉密网络保密工作情况进行检查整改，报送非涉密网络保密工作报告。举办首届甘肃林业信息网络安全培训班，国家林业局徐前处长到会指导培训并授课，省内6名信息网络知名专家学者应邀作了专题授课，市（州）林业局和厅直单位信息化工作负责人、厅机关处（室）信息员共80余人参加培训。组织人员参加国家林业局信息安全和网站建设培训班。

第三节 青海省

2014年，青海省在林业信息化建设、应用和保障等方面做了大量卓有成效的工作，开启了智慧林业发展新阶段，为发展生态林业民生林业做作出了新贡献。

一、智慧林业顶层设计深入推进

认真贯彻落实国家林业局《中国智慧林业发展指导意见》和省政府《关于加快推进物联网发展的实施意见》。在深入调研的基础上，编制《青海省智慧林业发展规划》（以下简称《规划》）。依据《规划》，在三江源国家级自然保护区开展物联网试点工作，建立野生动物野外监测点15处，采集各类生物因子信息容量450TB，建成了青藏高原智慧动物园。

二、林业网站群建设规模逐步扩大

在督导种苗基地、自然保护区、森林公园和国有林场上线子网站信息维护工作的同时，对没有上线的网站开展调研，协助解决存在问题，建设州、县林业局子站38个，建设率达84%，新增种苗基地、自然保护区、森林公园和国有林场子网站15个。

三、门户网站功能更加完善

通过改版升级，网站首页更加简洁，操作更加简单，“在线办事”、“互动交流”、“网上展示”等模块访问量大幅提升。2014年青海新闻网、新华网、青海省政府省长信箱关于林业留言30件，厅长信箱来信15件，公众留言50件，均给予及时回复。

四、物联网技术应用初显成效

为获取野生动物行为习性、迁徙行为等原始资料，2013年开始，与中科院计算机信息所合作，在三江源国家级自然保护区建设视频监测系统，实现对藏羚羊、雪豹、岩羊、鸟类等野生动物的视频监测，目前已建设投入使用3套监测系统，接收视频数据量10TB。

五、加强林业信息化示范建设

指导和督促西宁市、大通县建设林业信息化示范项目。截至2014年年底，西宁市已建成1市3县15个林场（公园）无纸化办公和视频会议系统，大通县建成全县林地一张图。积极申报第二批林业信息化示范基地，向国家林业局推荐了三江源国家级自然保护区、青海湖国家级自然保护区、互助北山林场和青藏野生动物园等4个单位。

六、积极开展网络安全管理工作

按照国家林业局信息系统安全定级指导意见，开展信息安全大检查和安全应急演练，对林业信息系统开展安全定级工作，定级结果在青海省互联网信息中心备案登记。

七、队伍建设扎实有效，整体素质明显提高

（一）组织机构相继成立。各州、县林业局相继成立了信息科，配备了专职、兼职人员，全省拥有信息化从业人员80余人。

（二）强化教育培训。完成全省林业信息化从业人员调查摸底工作，建立基础信息库。按照从业人员工作类别，制订培训计划。全年开展电子公文传输系统、森林公园、自然保护区等网站群建设、网络测评和定级、门户网站建设、保密设备使用等培训，培训人数累计200余人次。

第四节　宁夏回族自治区

2014年，宁夏回族自治区林业厅积极探索、锐意创新，高度重视林业信息化建设，在建设、应用和保障等方面取得了新的突破。

一、组织机构进一步健全

组建自治区林业厅宣传信息中心，进一步完善制度，推进工作，狠抓落实。各处室、直属单位、各市（县）林业局明确专人负责信息化建设，形成全区林业信息化建设管理网络。

二、林业网站群建设取得突破

开展自治区林业厅、5个地级市、22个县（市、区）、六盘山林业局、5个国家级自然

保护区、3个湿地公园、8个国有林场和种苗基地网站的建设，初步建立了区、市、县三级林业网站群，覆盖率达到97%，为提升服务能力奠定基础。

二、加大政务信息公开力度

认真抓好政务信息公开工作，凡涉及林业民生、人事调整、病虫害及自然灾害防治等信息内容都及时在宁夏林业信息网上公布。截至2014年11月底，在宁夏林业信息网累计发布信息12733条，全年发布信息2070条。被国家林业局评为2014年度“网站效能优先奖”。通过短信平台发布预防灾害、廉政警句、重大事件等手机短信21500条次、厅办公楼电子屏幕发布各类政务公开公告、廉政制度信息等310余条。

三、做好服务保障工作

购买、配置、租用网络安防和保密设备，对厅办公楼内各单位进行安全大检查，查漏补缺，降低网络安全风险。全年解决厅办公楼内网络故障650余次，有力保障了厅机关及楼内直属事业单位的正常运转。

四、完善信息化制度

先后制订《宁夏回族自治区林业厅互联网使用管理办法》、《宁夏回族自治区林业厅网络安全管理制度》、《宁夏回族自治区林业厅网站信息发布暂行办法》、《宁夏回族自治区林业厅机房管理制度》、《宁夏回族自治区林业厅信息系统运行维护管理制度》等一系列规章制度，为信息化建设和服务提供制度保障。

五、应用系统建设稳步推进

稳步推进信息化资源整合，初步完成宁夏森林防火指挥体系和宁夏森林防火信息指挥系统建设，正在建设综合通信保障系统。开通宁夏公安网“警务综合应用平台”、森林公安软件视频会议系统、森林公安网络IP电话，开发宁夏森林公安“警官信息”和网上公文签阅下载系统，实现网络问案。“宁夏网络森林医院”在森防部门和森林经营者之间搭建了快捷、经济、高效的现代化网络公共服务平台。完成林地保护利用规划，并将林地落界成果计算机矢量数字化，建立标准统一的林地数据库。建立全区林地、森林、湿地、自然保护区、森林公园、国有林场等基础地理信息系统，实现“一张图”的管理目标。启用宁夏林木种苗管理总站门户网站和信息化管理系统。在山区八县推广使用天然林资源保护工程管理信息系统。

六、积极推进信息化示范建设

在青铜峡市被确定为第一批全国林业信息化建设示范县的基础上，积极申报大武口区和中宁枸杞国际交易中心参评第二批全国林业信息化建设示范县和示范基地。

七、加强舆情监控

进一步加大舆情监测力度，安排专门的舆情监测员和网络评议员，对涉林舆情热点信息进行监测、收集、分析、引导，并按程序及时上报，取得良好效果。

八、软件正版化工作不断加强

组织对厅机关各处室、直属单位软件正版化情况进行了摸底检查，从操作系统、办公软件、杀毒软件、专业软件等4个方面进行统计分析。针对软件正版化工作中存在的问题，制定《自治区林业厅软件资产采购、使用及管理制度》、《自治区林业厅软件正版化工作考核及责任追究制度》，建立正版化软件档案，进一步规范软件正版化工作。

第五节　新疆维吾尔自治区

2014年，新疆林业厅坚持“加快林业信息化，带动林业现代化”指导方针，按照“五个统一”基本原则，全面推动新疆林业信息化建设，不断加快建设步伐，取得显著成效。

一、大力推进内部业务专网工程

新疆林业业务专网工程依托新疆人民政府专网进行建设，覆盖14个地州（市）林业局、87个县（市）林业局、844个乡（镇）林业站，以及林业厅8个直属单位、25个林场，实现公众服务、文件传输、签证审批、信息交流等业务功能。一期工程涉及14个地州市、8个林业厅直属单位，投入资金635万元，已进入调试运行阶段；二期工程建设涉及25个林场、34个林场所对应县市林业局，投入资金900万元，已正式启动招标程序。

二、进一步提升门户网站公共服务能力

林业厅门户网站本着服务于新疆林业、服务于公众的发展理念，突出林业特色，以自治区现代林业“三大体系”和“十大工程”建设主题为宗旨，以服务和互动为原则，进行改版升级，进一步提升门户网站“信息公开、公众参与互动、在线办事”三大服务能力。同时，围绕国家、自治区林业发展方针、政策，注重舆论导向、政策服务，充分发挥林业厅网站的媒体功能。林业厅门户网站各类信息发布量及访问浏览量逐年递增，开设的林业焦点、林业动态、政务信息、厅长信箱、政务公开等栏目内容更加丰富，更新更加及时。

结合自治区“访民情、惠民生、聚民心”机关干部下基层活动，在厅门户网站增设“访惠聚”专栏，受到广泛关注。

三、推进厅机关协同办公系统开发和应用

升级改造协同办公系统，将其作为电子政务建设的主要内容，投入资金进行升级改造。吸收多家省市单位实施协同办公系统的经验，结合林业厅软件正版化工作，取得较大进展。协同办公系统还整合了IM系统，解决工作人员对即时通信的需求。

四、加强信息公开工作力度，不断丰富信息公开形式

全面贯彻落实《政府信息公开条例》，不断扩大公开范围，细化公开内容，加强组织协调领导，明确职责分工，形成分工负责、合力推进的良好工作局面。一是进一步健全制度，认真规范政府信息公开工作。修改完善《自治区林业厅信息公开目录编制方案》，制订《政务信息公开绩效考核办法》。对林业厅信息公开“四审”流程进行细化。二是积极推进行政许可、“三公”经费和部门决算信息公开。梳理林业厅所有行政许可和非行政许可审批事项的名称、办理主体、依据、条件、时限和监督渠道等，在林业厅门户网站公开。不断扩大项目申报、项目批复、资金下达等信息的公开范围，以促进行政决策的透明度，加强社会公众对行政决策的监督，促进社会公众参与林业建设的积极性。及时公开“三公”经费和财政预算。三是主动公开林业厅人事管理、政策法规、工作动态、领导决策、审批服务等政务信息。四是不断丰富信息公开的形式，设置厅长信箱、开设网络查阅室、开通林业厅政务微博，制定微博发布制度，及时发布政务信息。

五、维护网络和信息安全环境

根据自治区网络与信息安全协调领导小组办公室安排，在林业厅信息公开与电子政务管理领导小组的统一领导下，9月份对林业厅网络安全基础设施建设、网络安全防范技术及网络信息安全管理等情况进行全面自查。通过检查，减少了安全隐患，增强了机关信息安全管理意识。积极与自治区互联网应急管理中心合作，加强互联网出口安全监控，确保网络信息安全。

六、推动林业信息化示范市县建设

积极指导阜康市制定林业信息化示范建设规划，推动阜康市林业信息化示范建设，充分发挥示范单位的引领作用。截至2014年年底，阜康市林业局已完成示范建设规划，按照内外网物理隔离的要求，对办公楼进行改造，接入自治区电子政务内网，实现网上办公，并建立开通门户网站。

七、加快网站群建设步伐

根据国家林业局“全面启动全国自然保护区、森林公园、国有林场、种苗基地子网站建设”要求，组织人员参加国家林业局网站群建设培训班，并积极组织本地培训，提高网站建设应用能力。截至2014年年底，共开通自治区森林公园、国有林场、种苗基地、自然保护区等子站61个。

第六节　新疆生产建设兵团

2014年，新疆生产建设兵团按照国家林业局信息化发展规划及有关要求，结合兵团信息化发展实际，积极开展林业信息化建设工作，取得一定成效。

一、提升林业政务信息化管理应用水平

结合电子政务绩效目标考评办法，完成林业局机关电子政务内网和协同外网的建设及日常维护工作，推进政务办公系统使用，全局电子化办公水平明显提升。兵团农林牧局政务网站信息量较2013年增加5%。做好全国农业、林业两条专网电子办公平台数据接收和视频会议系统的日常维护工作，确保电子公文正常收发、流转和视频会议系统、视频电话系统稳定运行。通过国家林业局专网、中国公安信息网及全国林木种苗信息管理站等平台做好兵团林业情况、森林保护、野生动植物保护和林木种苗信息等的上报工作。

二、加强兵团网站林业信息内容建设

兵团林业局挂牌于兵团农业局，行政上实行统一管理，业务上以分工负责的方式开展工作。兵团林业局充分利用有关资源，把林业信息化建设与农业信息化建设有机结合起来，加强网站林业部分建设，充分利用兵团政务网络大平台，积极登载各类林业政务信息，开展林果业产品宣传，取得良好效果。

三、加快森防信息化项目建设

在国家有关部门大力支持下，建设完善兵团林业有害生物信息化系统，提高兵团森防系统整体信息化应用水平。新建兵团林业有害生物监测预报网络信息系统，建设内容监测预警、检疫检验及除害处理、应急防控等林业有害生物防控体系基础设施，包含单位机构、规章制度、业务工作、网上办公、共享资源、沟通交流、应用管理等七大板块栏目。该系统经

不断设计、研发、改进、完善，现已完成软件功能测试，计划2015年正式投入使用。

四、进一步推进兵团森林公安信息化建设

以警综平台建设为契机，推进森林公安信息化建设。一是完善兵团森林公安信息网及法律法规应用系统，拓展警综平台功能，全年收录信息332条。二是建成全国森林公安信息化建设示范单位。三是开通兵团森林公安案事件系统并推广使用，全年共录入案件128起，加强对案件质量的监督。

借鉴篇

Annual Report

On Forestry Informatization Development in China

第十三章　国际信息化发展动态

2014年，全球信息化发展重新贴上互联网标签，其中以移动互联网和大数据为主要支撑的智能化发展异常迅猛，新技术之间的融合应用和模式创新层出不穷，网络基础设施以及信息技术应用进一步普及，信息技术向生活服务各方面渗透。信息化在促进经济发展、提升产业竞争力、改善政府效能、加强金融监管、提高国民福利、推动节能减排等的作用进一步凸显。

第一节　发展动态

2014年，很多国家希望借助信息化手段提高整体经济竞争力、促进经济增长，以解决其当下面临的发展困境或在未来的发展中占领制高点。为此，很多政府通过增加投资、鼓励研发等手段鼓励ICT产业的发展和应用。

一、美国

（一）推进国家宽带计划。2014年，美国国家宽带计划逐步推进，重点确保对宽带网络服务的普遍访问和在线教育等公共领域发挥宽带的最大作用。FCC先后拨款21亿美元，用于加大偏远地区、学校和图书馆网络覆盖。该笔资金是“E-Rate”计划的一部分，也是专门针对数字鸿沟而启动的国家项目，旨在对中小学和公共图书馆获取电信和互联网接入服务给予联邦补助。调整“E-Rate”计划，是为了配合奥巴马政府2013年6月宣布的“连接教育”计划，力争在2017年让全美99%的中小学生在学校用上下一代宽带，包括为全美教室和图书馆升级到新一代高速宽带网络及无线网络，支持和推动教师在教学中利用数字技术；推动私营领域的创新研发等措施。

（二）推行比特币。2014年，比特币作为虚拟货币的流行，引起各国政府监管政策的改进。3月，美国国税局裁定比特币是财产而非货币，适用规管股票和以物易物交易的规则。这是美国国税局首次就比特币问题的实质性判定。国税局发布的指引将为投资者带来更大确定性，同时确定了比特币的可能所得税纳税义务。根据这份指引，以1美元买进的比特币如果被用于购买价格为2美元的咖啡，将触发对购买者的1美元资本收益，咖啡店从中得到的收入将是2美元。

在面临将比特币认定为货币还是财产时，美国国税局选择了后者。纽约大学的税法教授约书华·布兰克（Joshua Blank）在2013年12月的一次访问中曾说，“危险之处在于一个类似现金经济的电子黑市的诞生。这也是美国国税局希望避免的情况。”作为最流行的一种电子货币，比特币源于2008年使用“中本聪”这个名字的一名或者是一组程序员发表的一篇论文中。比特币网络使用一份公开总账来记录基于化名系统的所有交易，这种技术上的突破使得买入和卖出都可以在没有一个类似维萨和西联这样可信第三方参与的情况下进行。大量功能强大的电脑被用于记录交易，防止同一货币被重复使用，并通过名为挖矿的过程来生产新的比特币。这一设计使得很多早期的比特币参与者成为以美元价值衡量的富翁。2013年初，大量新人开始参与比特币交易，其价格在之后有50倍的增长，在2013年12月早些时候达到1比特币兑换1200美元的峰值。

根据美国国税局的指引，比特币投资者将被视作等同股票投资者；持有比特币超过一年再出售的情况下，将适用更低的资本收益税率，这种情况下的最高税率是23.8%，相比之下，持有周期不足一年出售的财产最高适用43.4%的税率。对那些蒙受交易损失的投资者，美国税法允许纳税人从任何资本收益中扣除这部分资本损失；纳税人还可以从当年的一般收入中扣除最高3000美元的资本损失。和股票一样，比特币的交易者将适用一组不同的规则，将不允许过程中的资本收益处理。比特币挖矿者将被要求以应税收入的类别来报告其收益，其价值将以比特币被挖出当天的价格来判定。如果挖矿是经营内容的一部分，挖矿者将需要缴纳薪酬税。根据指引内容，美国国税局将要求纳税人以类似股票交易和向独立承包商进行付款类似的格式向其提交信息。指引从发布之时即时生效，在覆盖未来交易和报税的同时，也追溯过往交易。国税局在通告中说，只要报税人可以为任何不足的税款支付以及没有提交申报给出“合理的原因”，将对在指引发布当日之前进行过交易的纳税人给出罚款上的减免。

早前，日本、新加坡、德国、挪威和英国5个国家已经表示将对比特币征税，随着美国的加入，比特币交易征税的大潮可能会在全球范围内形成。

（三）放弃对由ICANN管理的互联网号码分配机构的监督权。2014年3月14日，美国商务部下属的国家电信和信息局宣布在一定条件下，将放弃对由ICANN管理的互联网号码分配机构（简称IANA）的监督权。根据该声明，美国政府需要移交的职责包括针对域名系统（DNS）管理变更事宜的程序上的职责，批准授权根域文件（包含所有顶级域名的名称清单和地址的数据库）的权利，作为管理域名、IP 地址和协议参数的唯一标识符注册局的监管人。美商务部的声明主要包括三大要点：一是声称放权"时机"已经成熟。早在1998年ICANN成立之初，其与美商务部的合约中就明确一旦时机成熟，美政府将对ICANN的管理权移交给私营部门主导的机构。此次，美商务部声称，经过十几年的发展，ICANN的可靠性、透明性以及技术竞争力均已达到预期目标，移交时机已经成熟。美商务部已责成ICANN 召开国际会议，提交移交方案。二是明确移交对象。美国强调不会接受"由政府或政府间机构主导的解决方案"，换句话说，在美国看来，这项权力只能移交给"全球利益攸关体"，联合国不能接手。三是提出四项"移交原则"，即坚持"多利益攸关方模式"；保持互联网域名系统的安全、稳定与韧性；满足互联网用户的需要与期望，继续开展合作；维护互联网的开放性。

2014年3月23～27日，ICANN在新加坡召开的会议上对美国移交互联网域名管理权问题进行了讨论。此次会议上，美国提出"多利益相关方模式"。在多方利益相关者模型中，无论是各国政府、私营机构、民间团体、其他互联网组织，还是普通的互联网用户，每一方都是平等的。按照美国主推的ICANN 架构，政府代表组成的政府咨询委员会只能向ICANN理事会提供咨询意见，而且这个意见不具约束力；政府咨询委员会主席兼任ICANN理事会成员，但不具有投票权。发展中国家代表在会议上对"多利益相关方模式"的具体内容以及ICANN全球化的问题提出了不同看法。中国政府代表认为，按照目前ICANN所提出的模式，政府参与程度不足，维护公共利益的手段有限，因此希望提升政府在其中的角色和作用。

随后在4月24日的巴西圣保罗国际互联网治理大会上，"多利益相关方模式"的治理原则及未来互联网治理的线路图成为大家讨论的焦点。会议指出，网络是全球资源，应服务于公众利益，未来网络治理框架应是多元、透明和可靠的，有助于相关各方关注网络使用者和非使用者的权益。这一会议最终形成了《NETmundial全球多利益相关方声明》，提出了互联网管理进程的若干原则，这些原则对IANA权利的移交也产生了很大影响。

尽管美国不得不就移交ICANN的管辖权做出正式表态，但实际上，美国主导互联网治理进程的基本立场从未改变。一方面美国对ICANN放权做了诸多限制，能否成功放权、什么时候放权、放多大权利都是未知的；另一方面一定程度的放权并不会影响美国对互联网的控制，美国依然控制着核心互联网资源。因此，各国都在寻求新的国际互联网治理体系的建立。

二、欧盟

欧盟2014年再次展开了《数字化议程》的评议，最新的数据显示，《数字化议程》中制定的101项目标中有95项进展良好，但偏远地区的宽带普及等工作进度落后。目前仅有18%的偏远地区家庭拥有高速宽带接入。小型企业的情况也不容乐观，雇员数少于250人的企业中仅有14%有在线销售渠道，距离2015年达到33%的目标相差甚远。此外，目前有42%的人口使用电子政务业务，但这一比例几乎未有增长。信息基础设施建设向偏远地区渗透成为解决数字鸿沟问题的重要切入点。

三、德国

德国工业4.0战略是在《德国高技术战略》与《德国高技术创新战略2O2O》的基础之上提出来的，并成为2014年通过的《新高技术战略——创新型德国》的一个内容。在2011年德国汉诺威工业博览会上，德国相关协会提出工业4.0的初步概念。2013年汉诺威工业博览会，由“工业4.0”工作组发表了最终报告《保障德国制造业的未来——关于实施工业4.0战略的建议》，德国政府正式提出“工业4.0”战略。2014年汉诺威工业博览会的主题“融合的工业——下一步”，很好地契合了“工业4.0”的概念，并专门推出了一个包含15家参展企业的“工业4.0”之旅。

从微观到宏观，德国“工业4.0”可分为以下4个层面。

第一层面：智能设备互联组成智能生产线。在工业4.0中，制造机械、机器人、输送机、仓储系统、生产设施等制造资源将装备传感器以直接感受、捕获周围的环境，还可以借助执行器直接执行指令，在不同情况下能自我管理，自我配置，自我优化。当特定的生产材料需要补给时，机器可以进行思考，并自主地对此做出反应，把这补给需求传送到下一个系统，下一个系统可以完全自动地进行补给预订。通过优秀的程序化控制，一个系统能够独立地对外界条件做出反应，做到“自适应”。产品和生产设备之间能够通信，使得产品能理解制造的细节以及自己将被如何使用并协助生产过程，进行半自主生产。产品与工业生产设备之间、不同的工业生产设备之间，通过网络环境下的数据交互连接到一起。信息物理系统（CPS）通过将物理设备连接到互联网上，让物理设备具有计算、通信、控制、远程协调和自治等五大功能，从而实现虚拟网络世界与现实物理世界的融合。通过信息物理系统，企业不仅可以清晰地识别产品、定位产品，还可以全面掌握产品的生产经过、实际状态以及目标状态的可选路径。

第二层面：智能生产线互联组成智能工厂。“工业4.0”将利用物联网与服务网把不同的智能生产线连接起来，使工厂内部成为一个生产整体。工厂内部通过采用信息物理系统（CPS），实现从产品设计、研发、计划、工艺到生产、服务的全价值链的数字化，在企业内部实现信息流、资金流和物流所有环节信息的无缝链接。智能工厂有可能把个人客户和产品的独特性融入到设计、配置、订购、计划、生产、运营和回收阶段，它甚至可以在制造和运营之前最后一分钟或进行中提出改变的请求，这将使生产一件定制产品和小批量产品也能产生利润。在操作层面上，由RFID、传感器和智能感应器创造技术条件，以实现机器、设备、产品和配件之间的通信，这个过程中会产生大量的数据，企业根据相关的模式在海量数据中挖掘有用信息。制造业将从单纯的围绕产品制造的产销模式，向基于大数据分析与应用基础上的智能制造模式转变。智能工厂将使不断复杂的制造流程便于管理，并能同时确保生产过程的吸引力、生产效益以及工厂在市区环境的可持续性发展。

第三层面：智能工厂互联组成智能制造系统。工业4.0代表着一种网络化、跨越工厂界限的工业生产。工业4.0还意味着不同行业相互智能协作，并优化价值创造链和工业流程。工厂资源计划系统（ERP）、制造执行系统、包含工厂和供应链实时信息的数据库、顾客和产品之间的紧密联系让智能制造系统的生产形式得以实现。智能工厂通过信息物理系统（CPS）互联，即实现横向集成，是通过价值链以及信息网络实现资源整合和无缝合作，提供实时产品与服务，推动智能工厂之间研产供销、经营管理与生产控制、业务与财务全流程的无缝链接和综合集成，实现产品开发、生产制造、经营管理等在不同的工厂间的信息共享和业务协同。信息物理生产系统是由很多个独立的信息物理系统集合成的一个更大的生产系统，特点是系统内部连接程度很高，是一个独立的智能制造系统。企业能以信息物理系统（CPS）的形式建立全球网络。智能设备分散各地，不同的生产设备既能够协作生产，又可以各自快速地对外部变化做出反应，最终形成高度灵活的、个性化和数字化的产品与服务生产模式。

第四层面：智能互联的世界。在一个“智能互联的世界”中，物联网和服务互联网的影响将遍布各个关键领域。这一转变将导致智能工厂、智能电网、智能家庭、智能建筑、智能移动、智能物流、智能医疗等的出现。在制造领域中，端到端工程的垂直网络以及囊括越来越多智能产品和系统的整个价值链的平行整合，将引领进入工业化的第四阶段——“工业4.0”。

四、英国

2014年，为完善农村宽带覆盖，英国政府推出了投资1000万英镑的企业农村宽带测试计划，该笔资金也是英国2.25亿英镑农村宽带项目资金的一部分。英国政府计划到2017年使超高速宽带覆盖率达到95%。该计划的主要内容包括测试使用光纤宽带的替代技术，将宽带服务带到边远地区。如使用4G手机信号实现“固定无线网络”式的超高速宽带；采用光纤直通房屋，从宽带集成箱将光纤连接到集散点再分送到网络；通过减少对铜材质的依赖提高网速以及卫星技术的应用等。具体到测试部分，主要包括三类：一是技术领域，负责测试哪些技术能够成为农村宽带的可行解决方案；二是运营模式领域，负责测试减少私营领域为一些地区提供超高速宽带的阻碍；三是金融领域，负责明确新的公共/私营基金模式，以鼓励农村宽带网络投资。

英国政府正从5个方面推进政府采购云（G-Cloud）的建设，改变政府采购买方和卖方的体验，确保英国政府为用户提供良好的数字服务。

一是积累客户群。G-Cloud有潜力为3万名左右公共部门的买家提供便利，但6 Degree Group的研究显示，近90%的地方政府官员从未听说过G-Cloud。当然，G-Cloud带来的变化翻天覆地，也容易让人产生畏惧心理。英国政府正积极与买家联系，寻找更顺畅的交流方式，了解他们的看法，并用直接果断的态度解决在使用G-Cloud过程中产生的问题。英国政府需要帮助买家及其他参与采购过程的人认识到，G-Cloud能够节省时间成本和资金成本。英国政府已于1月份发布了新版政府云指南，为买家使用G-Cloud提供更加清晰的指导，未来还将陆续出版建议，为解决买家提出的主要问题提供帮助。英国政府还需在公共领域提高G-Cloud的使用意识。主管部门将走出办公大楼，在更多的活动中同目标观众交流。英国内阁办公室政府数字服务小组已经与英国社区与地方政府部在这一方面展开合作。但推广政府采购云最有效的方式并不是自上而下地宣传，而是由已经顺利使用G-Cloud的人向同行推荐。G-Cloud已经积累了不少成功案例，英国政府将在未来几个月中不断推介整个公共领域在G-Cloud上积累的成功经验。

二是吸引供应商。G-Cloud已经吸引了大量供应商，政府采购云平台上84%的供应商为中小企业，为确保公平竞争，政府已经努力减少障碍，让不同规模的供应商都能容易地参与政府合同的投标。政府数字服务小组（Government Digital Service）正与多个贸易协会合作，确保能从英国各地源源不断地吸引最优秀最富创意的供应商加入政府采购云。

三是完善产品目录。目前，英国政府采购商店CloudStore上有1186家供应商出售13000多种服务。主管部门将继续完善产品目录，满足用户需求。英国政府需要继续加深对公共部门需求的理解，向用户交付良好的数字服务。但数量并不代表一切，政府采购云框架中的服务需要确保质量。数字服务小组正对平台上的服务展开全面系统的审核，目前已经删除约100项不符要求的服务。作为保障流程的一部分，新增服务将继续接受审核。

四是改进流程。英国政府一直努力改进政府采购流程，并解决流程中出现的问题。目前正在解决的问题是安全认证。在商业影响级别档案中，11x/22x、33x及以上级别的信息如在政府采购服务中使用到都需要通过安全认证。需要注意的是，4月1日将推出新的安全保护标识，届时安全认证流程将有所改变。数字服务小组将就此对G-Cloud认证的影响发布清晰的指导说明。

五是打造新型数字市场。新的CloudStore功能将更加完善，是公共部门数字采购的唯一市场。这一新型市场的建设将完全以用户需求为中心，符合默认数字服务标准（Digital by Default Service Standard）。完整的交付策略仍在制定中，进展将在英国政府官网上定期发布。

五、新加坡

（一）拟定三大计划发展2016～2025年的ICT和媒体业。2014年，新加坡资讯通信媒体发展总览图指导委员会拟定三大计划发展2016～2025年的ICT和媒体业。第一项计划是全国打造“异构网络”（Heterogeneous Network，简称HetNet）。有了“异构网络”，手机或平板电脑能自动探测移动和WiFi网络并在其中选择速度更快的网络连接。这样一来，用户就不必担心移动网络服务突然中断导致数据停止传送了。第二项计划是推广家用医疗感应器。家用医疗感应器能探测病患的身体情况，然后把这些资料通过互联网传送到医院，或传送给照顾他们的看护者。第三项计划是“CODE@SG”，让小学至高中的学生编写电脑程序和学习“计算思维”。这项计划的目标是让学生对科技和数字媒体感兴趣，并培养未来的科技专才，发展成新加坡的优势。计算思维指的是利用电脑科学的基础概念来解决复杂的问题，通过系统性的分析找出解决方案，而学习编写电脑程序是建立计算思维的基础。

（二）打造“光纤水龙头”网络项目。新加坡利用信息技术改造升级现有的基础设施。新加坡电信监管机构资讯通信发展管理局（IDA）联合该国电信运营商M1打造“光纤水龙头”网络项目，让政府机构能够快速、经济地在室外如公交车站、公园和道路上部署智能设备和服务。M1安装大约100个地上箱子，并将它们连接到100Mbit/s的企业级光纤网络，同时供应电力和空间来容纳多台计算机服务器。M1公司产品开发和企业服务总监Willis Sim表示：“我们的想法是在室外站点连接传感器、摄像机和电子标牌，而不必挖掘道路访问光纤网络、安装发电机或靠近一个建筑物。就像消防水龙头如何让消防队员应对火灾而不必担心后勤一样，我们希望看到一个全面的‘光纤水龙头’网络遍布新加坡，使政府机构能够快速、经济高效地部署智能设备和服务。”

（三）将比特币交易纳入监管。新加坡成为亚洲首个将比特币交易纳入监管的国家。新加坡金融管理局表示，将要求买入、卖出或者撮合虚拟货币与真实货币兑换的交易商核实客户身份并报告可疑交易。这和该机构对货币兑换商的要求大体相同。金管局表示，此举是为了防止比特币被用于洗钱或者被恐怖分子利用。

六、国际电信联盟

（一）成立数字金融服务焦点组。2014年7月，国际电信联盟（ITU）成立了一个新的数字金融服务焦点组，该组通过信息通信技术（ICT）加强金融包容性，从而对国际电联电信标准化部门（ITU-T）成员比尔及梅琳达·盖茨基金会的倡议做出回应。其中，向各方开放的焦点小组将制定互操作数字金融服务国际标准路线图，并开发一个监管工具包以帮助各国政策制定者和监管机构推动服务的采用。该组将确定未来几年内数字金融服务的发展趋势以及利益攸关各方在此大环境内的角色。研究工作将涉及多个方面，其中包括技术要求，如数字金融服务所需要的架构框架和移动交易的安全性、政策和监管、消费者保护和防止欺诈等问题。

（二）推出全球网络安全指数新概念。国际电联专门举办了“衡量各国网络安全就绪性和相关能力建设论坛”，并且在论坛上推出了全球网络安全指数（GCI）新概念。这是国际电联和 ABI Research 公司推出的一项旨在衡量各国网络安全工作情况的独特举措，旨在加强网络安全，缩小全球在此领域的差距，同时在国家层面开展相关能力建设。国际电联秘书长哈玛德•图埃指出："大连通性亦带来了更大风险。随着现实世界正日益与网络世界重叠交错，处理相关挑战的需求也日甚一日，只有这样才能确保安全、人权、法治、善治和经济发展。"

第二节　标准建设

2014年，国际信息安全环境将更加复杂，网络空间安全问题更加突出，世界各国进一步加强了网络空间部署，对信息安全的重视程度前所未有，一系列标准制定和实施皆以信息安全为主题。

一、美国

（一）美国能源部出台能源传输系统指导方针。2014年4月30日，美国能源部出台新指导方针，强化能源传输系统网络安全。该方针将指导能源行业准确定义网络安全要求，以便供应商在提供新能源传输技术时遵守。方针旨在通过加强能源传输系统采购管理，确保技术采购方和供应方在产品测试、生产、交货、安装和技术支持各个阶段，都必须严格考虑网络安全因素。此举将有效减轻能源传输系统所面临的网络风险，并促进其可靠性提升。此外，为提高能源行业安全性及韧性，能源部目前正在开发相关工具，协助电网所有者及运营商增强对异常活动的警觉意识，以便快速采取有效应对策略。早在2013年，能源部就曾成立网络安全风险共享计划，为电力行业组织提供近期和即时网络威胁情报及分析信息。目前，该计划拥有8家成员组织，预计2014年将新增20名新成员。

（二）美国国土安全部加快网络安全标准升级。2014年5月2日，美国国土安全部及其成员机构全面开展计算机和通信系统升级工作。具体包括：建立新联合指挥中心，配置工作人员移动设备，推出新研发项目。海岸警卫队网络司令部司令表示，国土安全部正在开展工作，将其网络控制和指挥能力转移至海岸警卫队新安全操作中心。海岸警卫队原安全操作中心位于国防部。新联合安全操作中心预计将于2014年7月投入使用，届时将有效改善政府及军事部门在网络安全领域的沟通及协调工作。此外，为改善网络安全，海岸警卫队目前正开展工作，将其所有电子邮件转移至国防部安全云，预计2015年年底完成全面转移工作。除建立新联合指挥中心外，国土安全部多项网络计划也取得了显著进展，其中最重要的连续诊断和监测能力，不仅能有效加强国土安全部网络系统防御工作，还可为管理人员提供清晰的网络操作视图尤其是向公众开放的网络，有望在联邦政府推行使用。虽然，目前升级工作取得重要进展，但国土安全部仍将面临预算紧缩带来的严峻挑战。

（三）美国商务部NIST发布《提升关键基础设施网络安全的框架》。在第13636号行政令的第7章，明确要求商务部部长应带领国家标准和技术研究院（简称NIST）院长制定《减少关键基础设施网络风险的框架》。在该行政令中明确指出，网络安全框架应包括一系列与标准、方法、程序和过程相匹配的解决网络风险的政策、业务和技术方法。网络安全框架应尽可能包括自愿性标准和行业最佳实践。当国际标准能够推动本行政令的目标时，网络安全框架应与自愿性国际标准一致，这样具体的要求，不但指定了NIST作为该文件的主要起草者，并明确了文件具体内容，使得这份待开发的安全框架与相关标准密切相关。第13636号行政命令要求“在本行政令发布的240天内，NIST应发布一个初级版本的网络安全框架。在本行政令发布一年内，通过与部长协调，NIST应发布满足第8章规定（一项自愿性关键基础设施网络安全计划）的最终版的网络安全框架。因此，我们看到在第13636号行政命令发布后240天内，即2013年12月，NIST发布了初级版本的网络安全框架并公开征求意见，2014年2月12日，第13636号行政命令发布后整一年后，美国国家标准技术研究院（NIST）正式发布了《提升关键基础设施网络安全的框架》第1.0版本。有关部门严格按照行政命令有序完成了网络安全框架的开发任务，同时要求在该框架下与国土安全部共同制定“自愿性关键基础设施网络安全计划”，推进为一揽子的行动实施计划。

二、俄罗斯

2014年5月，俄罗斯央行发布新的CTO BR IBBS-1.0-2014取代了CTO BR IBBS-1.2-2010，其他相关标准将视情况进行修改。这些行业标准需征得国家安全机构的认可。

在全俄标准分类中，没有专门的“信息安全标准”类目，信息安全标准分散于有关类目中。信息安全标准与其他标准一起，归专门的联邦行政机构统一管理，由专门的联邦机构负责出版发行、整理保存和提供服务，信息安全标准的研究制定则由不同的标准化技术委员会负责。

联邦技术控制与计量署是俄罗斯标准化管理的联邦权力执行机构，隶属俄罗斯工业和能源部。联邦技术控制与计量署的历史可追溯至1925年劳动和国防委员会成立的标准化委员会，2010年开始简称为俄罗斯标准署。联邦技术控制与计量署下属的技术控制与标准化局，具体负责俄罗斯国家标准化管理工作，包括研究起草和批准国家标准研究计划、公布国家标准研究和社会讨论及审批情况、公布国家标准目录、鉴定和批准国家标准、统计国家标准、制定标准化领域规章制度和建议、组建标准化技术委员会并协调其活动、对标准化技术委员会实施方法性领导等。

俄罗斯标准化、计量及相符性评价信息科技中心（简称标准信息中心）成立于2005

年，隶属于联邦技术控制与计量署，是俄罗斯标准化信息的服务机构，是俄罗斯国家标准信息资源建设、管理和提供使用的首要机构，同时也是俄罗斯国家标准的唯一官方印刷出版、传播发行者。该机构主要负责建设和管理联邦技术规程和标准信息资源，为用户提供纸质和电子版标准的复制件，开展标准化问题咨询服务，对国家标准进行档案性保存（存档），研究国外标准化领域资料，登记、出版和传播各类标准文件，编制国家标准汇编，出版《国家标准信息目录》月刊、年刊等标准化信息产品，建设和管理联邦技术规程和标准信息资源库。标准信息中心设有“互联网标准商店”提供标准化工作规章文件、标准预约订购、国家标准全文数据库、标准翻译等服务，提供GOST、ISO、IEC、DIN等国内外标准。

标准化技术委员会是联邦技术控制与计量署批准组建的俄罗斯国家标准研制机构。TK机构设置和职能与ISO/IEC标准化技术委员会对应一致，成员包括权力执行机关、公司企业、科研机构、职业团体等。俄罗斯信息安全标准主要由TK362、TK26、TK22、TK10等组织各自成员机构研究制定，由TK提交联邦技术控制与计量署批准实施，由标准信息中心负责出版、发行和保存管理及提供服务使用。

信息保护标准化技术委员会（TK362）——联邦技术控制与计量署与联邦技术与出口管控局共同领导，秘书处设在联邦技术与出口管控局国家信息保护技术问题科学研究试验所，下设4个分委员会，与ISO/IEC JTC 1/SC 27相对应，分工开展信息安全标准研制工作，目前有GNIII PTZI、CBI、正技术、CRIC INCORPORATED等百余个成员机构，负责研制全俄标准分类中：①01.040.01“总则 术语 标准化 文件（词典）”；② 35.O2O“信息技术”；③35.040“信息标识与编码集”；④35.240“IT应用”等类的信息安全标准，参与211项国际标准的研制活动。

信息加密保护标准化技术委员会（TK26）——联邦技术控制与计量署与俄罗斯联邦安全局共同领导，秘书处设在“信息技术与通信系统”股份公司，下设4个分委员会，成员机构包括“ＰＨＴ”公司、“量子”科学研究所、自控设备科学研究所等，负责研制全俄标准分类中35.040“信息标识与编码集”和35.160“微处理系统”类下产品和服务的信息安全标准，包括信息加密手段和方法及实现方式、信息加密转换保障信息技术安全性方法等。

信息技术标准化技术委员会（TK22）——秘书处设在俄罗斯科学院信息学问题研究所，下设23个分委员会和2个工作组，基本与ISO/IEC JTC1对应一致，成员机构有“电子计算机技术科学研究中心”公司、莫斯科科学研究中心、俄罗斯信息技术和计算机辅助设计系统科学研究院、行政机关信息技术与系统中心、“量子”科学研究所等，负责研制全俄标准分类中35.O2O“信息技术”类及全俄产品分类中401000“网络 系统 整体设备和计算机”等11类产品的信息安全标准。TK22参加ISO/IEC JTC1的99项国际标准研究。

风险管理标准化技术委员会（TK10）——秘书处设在联邦技术控制与计量署技术系统监测与诊断科学研究中心，目前有10个成员机构，负责研制全俄标准分类中13.110“安全机制”类的信息安全标准。

信息技术广泛应用于各行业，因此，一些部门制定了行业性信息安全标准。如俄罗斯通信和信息化部发布CTO 45.127-99《俄罗斯互联通信网络信息安全保障制度 术语与定义》，由隶属该部的中央通信科学研究所研究制定。金融系统行业信息安全标准的研究制定工作备受关注。俄罗斯央行制定了CTO BR IBBS《保障俄罗斯银行系统信息安全》系列行业标准，包括CTO BR IBBS-1.0-2010《保障俄罗斯银行系统信息安全 总则》等，以及建议性行业标准，如RS BR IBBS-2.0-2007《保障俄罗斯银行系统信息安全 信息安全保障符合CTO BR IBBS -1.0要求的方法性建议文件》等。

三、德国

德国是一个高度重视标准建设的国家，认为标准具有掌控科技、掌控产业发展方向的能力。“工业4.0”是建立人、机器、资源互联互通的网络社会。各种终端设备、应用软件之间的数据信息交换、识别、处理、维护等，必须建立在一套标准化的架构体系之上。德国三大协会调查结果表明，数据的标准化是工业4.0面临的最大挑战。为了顺利实现向“工业4.0”的转化，德国“工业4.0”工作组把标准化排在八项行动的第一位，足以说明德国人对于“标准先行”的认可。德国“工业4.0”中的标准化战略显示出“标准先行”的鲜明模式特征，即在研发先进技术的同时，标准化建设工作同步甚至超前进行，以便为产业发展勾勒出整体框架。

“工业4.0”的标准化不仅涉及硬件标准的统一，还涉及软件标准、数据标准的统一，要求机械、加工制造、自动化工程和软件领域的企业协作且统一标准。标准化工作主要围绕智能工厂生态链上各个环节制定合作机制，确定哪些信息可被用来交换。为此，工业4.0将制定一揽子共同标准，使合作机制成为可能，并通过一系列标准对生产流程进行优化。

尽管一些既定的标准已经在各种技术学科、专业协会和工作组中使用，但是缺乏对于这些标准的协调。因此，有必要将现有标准，如在自动化领域（工业通信、工程、建模、IT安全、设备集成、数字化工厂等）纳入一个新的全球参考体系。参考体系不能以自上而下的方式发展，因为它需要整合几个不同的视角，而自上而下的方法通常会花费太长的时间。因此，从不同的出发点推动参考体系渐进性地发展更合乎情理。

德国相关协会的标准化机构组织成立独立“工业4.0”标准工作组开展标准化工作。首先，由德国电气电子信息技术协会（VDE）和电工委员会（DKE）牵头建立联合工作机制；其次，整合关键术语，制定通用的“工业4.0词汇”；再次，制定一个自下而上的标准地图，对现有标准化机构的工作进行总结，即自动化和信息技术的现有标准化状况，作为开展具体标准化工作的依据；制定标准化的方式要基于多个现有机械、加工制造行业的案例。最后，成立由博世、菲利克斯等公司组成的“工业4.0社区”，共同承担参考模型的技术实现，并选择合适的许可模式。

标准制定的协调机制有3种基本形式：政府协调、非官方委员会协调和市场（企业）协调。工业4.0中指出，不能以自上而下的方式发展，自下而上才是合适的。它给出的方案是由企业成立一个“工业4.0社区”来负责标准构架的制订协调工作。工业4.0中的标准协调机制更像一个介于市场协调和委员会协调之间的过渡机制。相较于市场协调，它更加开放；而相较于委员会协调，它更加灵活。工业4.0高度强调标准的开放性和动态性。开放性能够保证各利益相关方的参与和调节，而动态性则有助于避免技术不确定带来的整体性错误。但是，工业4.0也意识到自下而上方式所需的时间、协调成本以及可能的利益冲突，所以指定标准工作组还应给出一个自上而下的方案以便于达成共识，形成了“自下而上”与“自上而下”互相结合、互补利弊的标准体系制定方式。

《德国工业4.0标准路线图》认为“工业4.0”标准化过程中需要充分发挥标准化协会、标准化联盟以及标准化委员会等各类组织的作用，统筹协调推进单一解决方案和完整解决方案的标准化工作，并实现国际化。提出“工业4.0”标准化工作的12个重点领域：一是参考结构；二是用例；三是术语与模型；四是技术流程；五是仪器和控制系统；六是服务流程；七是人机交互技术；八是开发流程；九是非功能要求；十是工程和建设；十一是标准库；十二是知识库。德国工业4.0平台（Platform-i4.0）、电气电子信息技术协会（VDE）和电工委员会（DKE）以及相关企业联合组成跨行业、跨领域的工作组，加快标准化路线图的实施，当前重点是加快工业4.0参考结构、术语及急需标准的制订工作。工业4.0的价值网是由众多商业模式迥异的企业所组成的，需要对这些不同的解决方案进行分析，制订一个统一且适用面广的解决方案，即“参考结构”。“参考结构”是适用于所有合作企业产品和服务的、最常规的解决方案，为架构、部署、整合和执行工业4.0相关的技术系统提供了工作框架，也被应用于软件服务和软件应用框架中。工业4.0需要机械、加工制造、自动化工程和软件各领域的企业进行协作，因此要在这些企业间统一术语。要实现工业4.0的愿景，系统在运行时要十分灵活地与其他系统连接，要适应它的环境和合作伙伴，系统在运行期内不时进行相互整合和配置的动态修改，才能共同完成一项任务。目前还没有相关的技术标准，相反，系统灵活重新配置等一些重要技术是被明确禁止的。例如，IEC 61508标准中与软件相关的第三部分明确，一个系统在得到许可之前，已经完全开发配置好了，系统运行时的变动是被禁止的。工业4.0的实施，需要制定允许系统灵活配置的相关标准。

四、日本

2014年4月25日，日本信息经济社会推进协会（JIPDEC）发布世界首个网络控制系统的安全管理系统（CSMS）认证制度。作为该制度实行的第一步，三菱化工和横河解决方案服务公司已取得认证。

控制系统用于管理包括电力、燃气、石油、化工、钢铁行业的加工设备和机器及食品等的生产线在内的整个社会基础设施。传统的控制系统由专用系统构建，因其与外部网络完全隔离，很少人意识到网络安全问题的威胁。但近年来，随着控制系统开放度不断加大，与外部网络连接越来越多，已有多个因网络攻击导致控制系统被迫停用的事件发生，其中包括对伊朗核电站的铀浓缩离心机的控制设备进行非法操作的重大案例。

国际电工委员会（IEC）在控制系统的安全问题上，制定了IEC 62443系列标准。该标准适用于所有控制系统领域，被各系统用户及设备制造商广泛使用。IEC在产品控制系统安全国际标准“IEC 62443-4”的基础上，研发了针对组织管理体系的“IEC 62443-2-1”系统。日本JIPDEC采用IEC 62443-2-1标准，在CSMS中构建能够提供认证服务的体系并取得相关许可。

通过获取CSMS认证，各公司可改善业内安全指南，提高员工安全意识及威胁应对能力，并实现控制系统安全对策的可持续改进。此外，公司还能向客户更客观地展现其控制系统的安全管理系统是否符合国际标准。在经过相关认证及审核工作后，三菱化工和横河解决方案有限公司已取得CSMS认证。今后，该认证制度将作为保护产业和社会基础设施的重要手段予以积极推广和普及。

第三节　关键技术

2014年，全球进入移动互联网时代，出现了许多重大创新和技术突破，各国追求更高的带宽、更快的网速，开发了更智能、更灵活的网络设备，以满足更高效的业务升级和新业务上线的需求。

一、4G技术

2014年，4G技术飞速发展，各国大力推动4G商用。英国运营商EE公司新增2.75亿英镑（约合4.57亿美元）用于扩大英国主要道路及交通枢纽的4G网络部署，并提高主要道路上的语音通话覆盖率。此外，EE还将在4个城镇新增4G网络部署。主要干道包括从伦敦尤斯敦火车站到伯明翰、曼彻斯特、利物浦和格拉斯哥的铁路线上将部署4G网络。在英国南部，从伦敦维多利亚火车站到布莱顿火车站也将有4G网络覆盖。EE已经宣布计划于2014年向“欧洲之星”提供4G服务。同时，EE还将在英国的18个机场部署4G网络，包括希思罗机场、盖特威克机场、伯明翰机场和布莱克浦机场等。

新加坡电信计划推出全球首例峰值速率能达到300Mbit/s的4G商用业务。LTE-A网络覆盖了樟宜机场、新加坡博览中心和武吉士地铁站周边地区。在8月底前推广到覆盖中央商务区、果园和市政厅区域，10月底前覆盖一半以上城市，预计2015年第一季度完成全国性覆盖。

智利政府也开始推动移动互联基础设施建设。2014年，智利电信监管机构Subtel向该国三家移动运营商分配了700MHz无线频谱。移动运营商在2014年开始部署一张全国性的LTE网络，并将在18个月内覆盖至少1281个偏僻城镇和超过500所学校。移动互联网的市场规模及用户体量继续高增长。

移动互联网正在逐渐和各行各业融合，包括医疗、餐饮、美容和法律咨询等。2014年，互联网女皇Marymeeker发布的最新互联网趋势报告显示，全球已有52亿移动用户，中国移动互联网用户数已占该国互联网用户数的80%。社交网络进入视频时代，Facebook、Twitter等在2013年就推出了视频分享功能，微信在9月底推出了包含小视频分享功能的新版本。报告显示，移动互联网用户在移动设备上分享视频的次数、观看的时间都在呈直线增长态势，我们将进入微视频时代。各大视频平台的竞争中，社交元素的引入也将成为主流趋势之一。

伴随着无处不在的宽带网络的全球覆盖，“网络社会”在多个传统领域高歌猛进，智能化家庭和车联网领域将率先产业化，未来前景广阔。作为移动互联网的重要载体，智能手机、平板电脑等移动设备销量猛增。根据市场研究机构IDC发布的报告显示，2014年第三季度全球平板电脑出货量同比增长11.5%，达到5380万台。除了智能手机和平板电脑，2014年各种各样的智能设备则让消费者们应接不暇。科技巨头们争相在智能眼镜、手表、手环、项链、滑板以及一些环境监测设备、医疗设备等等领域出手。

面对用户的消费行为逐渐向移动互联网迁徙，用户的需求和选择越来越多。在分析用户需求以更好地制定相应的战略和策划时，可以借助大数据技术。在与用户互动中达到传递信息的目的，无疑是最被用户接受的方式。所以在移动互联网时代，原生广告将成为移动广告中的主力。移动原生广告无论是在外观、形式还是内容上都可与App形成较为自然的融合，同时原生广告更积极地表达自己就是广告，访问观看的选择权在用户手中，这也在某种程度上加速了目标用户的筛选过程。用户获取信息的渠道从电视、电脑再到各种各样的移动设备，人们的日常行为被逐渐碎片化，而为了适应这种碎片化的消费行为，广告也进入了多屏时代。2014年，谷歌联合全球最大的市场调查公司Ipsos和SterlingBrands针对美国民众在媒体消费上所花费的时间进行了调查。结果显示，美国民众花费在媒体消费上的时间平均为每天4.4小时，而其中90%来自于跨屏消费。如何实现跨屏的无缝连接将是移动广告未来需要努力的方向。LBS这种基于本地的服务模式所产生的广告效果是未进行位置定向的广告的2倍以上。所以LBS将是推动移动广告走向更为精准，更易落地的重要一步。

二、5G技术

2014年，欧盟全面发力5G技术研发领域，欧盟预计在2040年出现5G数据流量高峰。鉴于此，目前欧盟推出了7个项目探索5G技术部署方案，包括2020年信息社会移动和无线通信助推器项目，旨在研究未来移动和无线通信系统发展相关问题；演进的移动通信网技术项目，旨在研究物联网和异构网络等。另外还有移动云组网等项目。为支持该计划，欧盟所部署的投资达5000万美元。

韩国教育科学技术部预计，2020年以前，5G的成功商用将给韩国未来（2020～2026年）工业带来331万亿韩元的增长。韩国第五代通信网络测试时间将早于世界其他国家，如俄罗斯的VimpelCom计划将于2018～2020年启动首条5G网络测试，比韩国略晚。韩国大型运营商，包括SK电信、韩国电信以及其他地区运营商、通信和移动设备制造商三星电子和LG电子公司已经开始在5G领域的研发。其中，三星电子早在2013年5月已经利用64个天线单元进行了每秒1GB的数据传输测试。

三、大数据技术

2014年，大数据技术在医疗、交通等行业的创新使用愈来愈多。但总体来看，全球大数据发展正处于起步阶段，尽管大数据技术处在早期实践阶段。Gartner的技术成熟度曲线显示，现阶段大数据正在向“期望膨胀期”顶峰攀爬，未来5～10年到达成熟期。

大数据在OECD组织中的欧洲国家公共管理部门创造了1500亿～3000亿欧元或更高的潜在经济价值，这些经济价值主要通过政府公共管理机构开支的减少、转移支付的下降及税收的增加来实现。英国医疗保健局宣布将建立世界最大癌症患者数据库，为个性化的癌症治疗提供基础支撑。建立这个数据库的目的是推动“个性化医疗”，针对每位患者的癌症类别和具体情况对症下药。数据来自英国各地医疗机构的病例和1100万份历史档案记录，并与威尔士、苏格兰和北爱尔兰的医疗保健数据库共享信息。

而在美国，相关数据显示，大数据在医疗领域每年能够产生3000亿美元的潜在价值；在公共管理部门，每年产生2500亿美元的潜在价值；在个人位置数据领域，每年产生1000亿美元的市场；在零售业能够增加60%的营业额；在制造业部门，能够降低50%的产品开发及装配成本。

四、3D打印技术

智能制造的实现离不开3D打印等先进制造技术。3D打印起源于20世纪80年代，其准确名称是“增材制造技术”。自诞生以来，3D打印就被视为一项引领产业革命的技术，其使用范围和被打印物品的形态一直在拓展，目前主要应用于航空航天、医疗制药和汽车制造等行业。2014年年初，GE公司的研究人员宣布，未来50年内，3D打印技术将能够成功“打印”出一台航空发动机，使得3D打印再次受到各界瞩目。2014年9月15日，世界上第一辆3D打印汽车面世。这辆由美国Local Motors公司设计制造、名叫“Strati”的小巧两座家用汽车整个车身上靠3D打印出的部件总数为40个，相较传统汽车20000多个零件来说可谓十分简洁。

3D打印结合互联网，必然使传统的制造产业发生革命性变化。3D打印技术成为当今各国制造业竞相积极研究的前沿领域。国家知识产权局于2013年发布了《增材制造产业专利分析报告》，截至2013年6月30日，全球涉及3D打印的专利申请量累计达3047件。其中，美国的专利申请量最大，占该领域全球专利申请总量的41.7%；日本和德国次之，分别占23%和13%；中国的专利申请量占7.9%，位列第四。

2014年8月，韩国政府发布声明称，正在制定一项10年规划，以推动和发展3D打印技术，使之成为新兴增长市场，并帮助制造业部门实现转型。韩国工贸能源部官员称，3D打印行业是一个新的增长引擎，能够向制造业领域引入创新。3D打印预计将与信息、通信技术行业一起，在韩国创新经济中发挥关键作用。

日本政府在2014年预算案中划拨了40亿日元，用以实施“以三维成型技术为核心的制造革命计划”，启动开发世界最高水准的3D打印机的国家项目。目前，该计划已经分成32亿日元上限的“新一代工业3D打印机技术开发”和以5.5亿日元为上限的“超精密三维成型系统技术开发”两个主题，并在公开招募开发委托单位。

五、工业机器人

随着机器人、自动化生产线等智能装备的蓬勃发展，智能装备在制造业中将得到广泛应用。互联网技术的发展，特别是采用IPv6的下一代互联网的发展，将大大扩张互联网的地址容量，使得每一台设备、每一件产品都能分配一个网址，实现互联互通。制造机械、机器人、输送机和仓储系统及生产设施等制造资源装备传感器和感应器，在不同情况下能自我管理，自我配置，自我优化，形成具有感知、决策、执行等功能特征的智能生产系统，实现机器之间、人机之间、机器和产品之间的信息交互。

国际机器人联合会（IFR）数据显示，目前全球制造企业在生产过程中所使用的机器人总数已经超过百万台。网络技术的支撑使机器人从过去的单设备应用到现在进入了“机器人+互联网”的数字化工厂。不仅生产效率提升，质量也从过去60%的提升率提高到现在的100%。同时，近10年来机器人的成本下降了50%多，并且还在以每年5%的速度快速下降。2013年中国采购了36560台工业机器人，首次超过日本，成为全球最大的工业机器人市场，相当于2013年全球每5台工业机器人中就有一台被中国买下，这一采购量同比增长了近60%。日本排第二，采购了26015台；美国居第三，采购23679台。

近年来，美、英、德、日、韩等国家都纷纷把推动机器人相关产业发展作为重要的国家战略。美国推出DARPA 的自主机器人研究计划、未来作战系统（FCS）、联合机器人研究计划（Joint Robotics Program）、无人机研究路线图（Roadmap）与无人水下航行器（UUV）总体规划等。欧洲联合空中力量能力中心（JAPCC）的无人机系统飞行计划（Flight Plan for Unmann Aircraft Systems）、欧盟第七框架计划（FP7）、欧洲机器人研究路线图等。日本府对机器人发展执行了持续支持的战略，20世纪80年代后，先后有极限作业机器人计划（1985～1990年）、微型机器人计划（1991～2000年）、仿人机器人研究计划（2001～2003年）、大大特计划（2002年至今）与阿童木计划（The Atom Project）等。韩国力图在机器人这一战略高技术上后来居上，制定了先进机器人技术研发计划、个人机器人基础技术开发计划与信息技术839战略等。Facebook、谷歌、IBM、高通、百度等IT企业也相继开展有关技术和产品的研发。

六、可穿戴技术

2012年因谷歌眼镜的亮相，被称作“智能可穿戴设备元年”。在智能手机的创新空间逐步收窄和市场增量接近饱和的情况下，智能可穿戴设备作为智能终端产业下一个热点已被市场广泛认同。2013年，各路企业纷纷进军智能可穿戴设备研发，争取在新一轮技术革命中分一杯羹。随着可穿戴设备的逐渐普及，2014年，可穿戴设备进一步深入人们的生活中，开启了全新的生活模式。

2014年1月美国拉斯维加斯举行了国际消费电子大会（CES）。CES是世界消费电子产业的风向标，每届大会都会有特定的科技趋势凸显出来。在2014年的CES上，智能手表、智能眼镜、智能腕带和智能头盔等可穿戴设备可谓是无处不在。可穿戴科技目前处于转型阶段，产品从初期的花哨、不实用逐渐被打磨得更加贴近日常生活，其发展前景被广泛看好，而更多的资本也将被投入其中。不论是科技巨头谷歌、苹果、三星，还是硬件厂商英特尔、索尼等，均纷纷加入到可穿戴设备领域的竞争中来。

可穿戴设备按照存在形态（身体支撑部位）主要可以分为5种：以手腕为支撑（如手表、戒指、腕带等）、以头颈为支撑（如镜、头盔、头饰、领带、耳机等）、以脚部为支撑（如鞋、袜、脚链或其他脚腕饰品等）、以腰部为支撑（如皮带、腰带及减肥瘦身带等）、以其他部位为支撑（如绷带、服装、书包等），大多可以连接手机或其他终端设备，未来可穿戴设备将会出现更多存在形式。

健康领域的可穿戴设备以轻量化的手表、手环和配饰为主要形式，实现运动或户外数据如心率、步频、卡路里消耗等指标的检测、分析与服务。医疗领域的可穿戴设备以专业化方案提供血压、心率等医疗体征的检测和处理，形式较为多样，包括医疗手表、手机附件等。可穿戴设备的节能环保用途同样受到广泛欢迎，例如日本精工近日发明了一款电磁发电机式的可穿戴设备，可以通过用户的身体运动来为其石英表供电。类似原理的产品还有很多，除了人体运动发电外，一些可穿戴设备还能利用人体散发的热量、太阳能等作为能源。可穿戴设备可方便办公，西班牙萨瓦德尔银行最近就专门开发了一款谷歌眼镜应用，用户可以通过该设备进行基本的交易和联系客服中心，该应用还借助增强现实和GPS技术引导客户前往离他们最近的ATM机或者银行网点。在移动支付领域，可穿戴设备更是拥有巨大的发展潜力。通过搭载NFC技术，可穿戴设备将为人们的生活工作提供更广泛、更便捷的服务。它可以取代公交卡、工卡、车库钥匙、家门钥匙，并会在移动支付领域大放异彩。

除了具体应用以外，在核心技术领域，可穿戴计算领域产品形态的多样化导致对芯片的需求差异更大。各大公司纷纷研究新技术以为可穿戴设备的基础添砖加瓦。2014年，Intel在CES上展示了Quark系列处理器，主要面向各种嵌入式领域，其中包含可穿戴设备应用领域。基于Quark处理器，Intel正在开发只有SD卡大小、性能却能达到奔腾电脑级别的PCEdison，Intel的目标是实现基于硬件层面的智能再造、打破封闭的产业链体系，构建出一个新的科技生态系统。芯片领域的竞争使可穿戴计算继续延续PC硬件时代的摩尔定律，最终获利的将是整个产业，未来芯片领域将给我们带来更多惊喜。

随着Apple Watch近期上市，2015年可穿戴电脑的使用者可能增加两倍。预计2016年Apple Watch将吸引到1000万使用者。对数以千计的美国和欧洲消费者的调研数据显示，美国人比欧洲人更倾向于佩戴可穿戴电脑，相应比例分别为45%和32%。消费者更有可能想象自己在手腕上佩戴一款手表或是健康监测器，其次是在衣服或耳朵上佩戴设备，或是佩戴智能眼镜。在这方面同样存在地区差异，美国人更愿意考虑各种非常规方式佩戴的设备，比如智能珠宝，智能隐形眼镜等。尽管消费者对可穿戴设备热情高涨，更大的消费需求则来自企业，后者希望给员工提供各种可穿戴新设备。各品牌、零售商、体育场、保健企业和其他公司将开发新的业务模式，以期搭上可穿戴设备的快车。68%受访企业决策者表示，开发可穿戴设备是当下的一项紧要任务。

第四节　典型案例

一、智慧农业应用案例

2014年，农业信息化的典型代表就是物联网技术在农业生产中的大量使用。物联网技术与农业产业相结合，就形成了农业物联网。采用温度传感器、湿度传感器、pH传感器、光传感器、CO传感器实现温室大棚控制系统，采用RFID等技术实现牲畜的动物识别和跟踪管理系统，采用二维码等技术实现农产品仓储管理、物流配送与追溯系统，集成无线传感网络、公众电信网等多种信息传输通道，实现海量农业信息的多尺度传输、融合、处理，利用电脑、手机等进行远程监控，都是物联网技术在农业生产中的新应用。以色列一直以领先世界的农业技术创造农业生产的奇迹。2014年6月10～11日，以色列马沙夫农业峰会与会展在以色列特拉维夫举行，这个农业新技术高度集中的平台展示了很多农业物联网的领先技术。例如，在利用可穿戴传感设备方面，以色列牧场管理者可以通过戴在奶牛脖子上的监测项圈，非常精确地监控奶牛的一举一动。管理者通过计算机能了解每只牛的进食、反刍、运动情况，从而得知它的身体是否健康，提早发现患病牛只，为它提供绝无抗生素的治疗。监测项圈还可以准确预知奶牛的发情时间，减少奶牛的空怀时间，更多更好地产奶。

除了物联网技术在农业中的应用，云计算技术也被用于农业生产中，参与采集数据后的数据处理工作。位于新南威尔士州南部阿米德尔市的Kirby智能农场是澳大利亚云计算农业的一个重要试点。Kirby智能农场是一个2800公顷的商业农场，主营美利奴羊毛和菜牛生意，同时也生产牲畜饲料所用的各种谷物。研究人员在Kirby智能农场部署了大量传感装置来监测土壤水分、土壤温度和电导性（其中土壤中传感器达到100个）、空气温度、牲畜移动以及农场安全，这些数据综合在一起形成了一个信息流传送至“智能农场信息平台”。在该平台，每5分钟会形成一个实时的、类似于航拍的数字地图，为农场经营提供决策帮助和支持。无线局域网络允许固定和移动传感器将收集来的数据流连续发送至一个基于网络计算和分析服务的云端，农场工作人员即可依据数字地图上数据的变化进行远程操作，实现资源的合理调配，同时还能针对各类问题进行咨询，小到拖拉机“罢工”，大到商品价格的波动，工作人员都能及时和专家在线交流与沟通。

据最新资料显示，经过发展农业物联网和云计算技术，Kirby智能农场在土壤肥力、饲料分配、畜牧生产、牲畜健康监测等方面已经显示出巨大成效。研究还显示，宽带技术、传感系统，伴随云计算技术支撑的新型信息服务，改变的不仅仅是农业的操作模式，在未来还将改变上游服务、食品加工、物流和零售行业之间的关系。

二、智慧医疗应用案例

展望国内外医疗卫生事业的发展前景，信息化、智能化已经成为大势所趋。智慧医疗在全球范围内的逐渐普及引发了医疗服务的变革。智慧医疗的第一大亮点是移动医疗。国际医疗卫生会员组织HIMSS对移动医疗的定义为mHealth，就是通过使用移动通信技术——例如PDA、移动电话和卫星通信来提供医疗服务和信息。最近几年随着移动医疗大环境的改善，特别是穿戴式设备的兴起，移动医疗软硬件商家也迎来了爆发式发展，同时也给市场和投资人带来了无尽的想象。

与传统的医疗相比，移动医疗在便携性、方便性、医疗资源分配效率和疾病预防性几大方面均有较大提高。一是医疗服务与移动通信的结合，将节省之前大量用于挂号、排队等候乃至搭乘交通工具前往的时间和成本；二是“TD-LTE”高清、移动、无线的技术优势，可以帮助救护车上的医护人员通过移动高清视频获得清晰、快速的远程指导，不错过治疗的“黄金半小时”；三是社区医生带上移动医疗诊断设备，可以随时请医生进行远程会诊；四是社区医疗信息平台可以用短信、彩信、WAP、呼叫中心等方式向公众提供掌上医讯、预约挂号等服务。移动医疗让患者足不出户就能得到医生的诊断。Carena公司是美国提供远程医疗服务的领导者，该公司的医生通过电话、网络视频、上门看病等方式为患者提供全天24 小时的虚拟门诊。病人只需要一台接入互联网的电脑和一个视频聊天软件，就能足不出户，在家接受几十种普通疾病的治疗。美国华盛顿虚拟紧急医疗中心利用网络视频技术来详细了解病人的症状，根据该病人的配合进行必要的身体检查。根据该中心统计，75%的小病通过这种远程诊疗都获得了康复。如果病人情况严重，医生会建议其到大的医院及时就诊。

医疗与高新技术的结合为很多患者提供了新的机会与希望。3D生物打印让医疗服务突破技术瓶颈。3D生物打印是3D打印技术的一方面，其在智慧医疗方面的应用十分广泛，主要包括医疗模型、体外医疗器械、生物支架、三维生物器官打印4个方面。最近纽约长老会医院就将3D打印运用于医疗服务中。除了能3D打印义肢帮助残疾人恢复正常生活以外，该医院还使用3D打印技术“打印”了一颗心脏以救活一名2周大的婴儿。各国对3D打印技术的重视度迅速提升，3D打印在各个应用领域的普及率也飞速升高。2014年4月，韩国政府就宣布投资24亿韩元（约合230万美元）设立3D打印中心，意在将韩国推向快速发展的3D打印行业的最前沿。该计划将提供为中小型企业提供空间和3D打印机（主要是进口产品），并大力应用于医疗、教育等领域。在德国，3D打印机在市场上已经比较普遍，其产品多为德国本土制造。2002年成立的德国公司EnvisionTEC，现在已发展为全球快速成型和快速制造设备的领先品牌，产品涉及医疗、牙科、助听器定制、生物科技等领域。德国很多医疗机构都用其产品来打印血管、气管等人体器官，为患者带来福音。

对大数据的应用也让智慧医疗迈上了新的台阶。大数据在智慧医疗方面的第一个应用是临床诊断。精准地分析病人的体征、治疗费用和疗效数据，可避免过度治疗和副作用较为明显的治疗。通过进一步比较各种治疗措施的效果，医生可更好地确定临床最有效、效益最好的治疗方法。其次，体现在临床决策系统。通过将医生处方和医疗专家库医学指导比较，系统可提醒医生避免药品不良反应、过度使用抗生素等误诊的出现，帮助医生降低医疗风险。美国的一个儿科医院通过使用临床决策支持系统，两个月内减少了40%的药品不良反应。第三，可以让临床医疗数据更加透明。例如，最近美国疾控中心公布了医疗数据，帮助选择性价比更高的治疗方案。美国还公开发布不同医院的医疗质量和绩效数据，这有助于督促医院改进医疗服务质量。仅仅这个医疗临床决策系统一年就能为美国减少1650亿美元医疗支出。第四，计算机远程监护。通过对数据的收集和分析，可实现计算机远程监护，对慢性病进行管理。比如，充血性心脏的标志之一是由于保水而增加体重，因此通过远程监控体重可发现相关疾病，提醒医生及时采取治疗措施，防止急性状况发生。计算机远程监护还可以减少病人住院时间、减少急诊量，提高家庭护理比例和门诊医生预约量。第五，医疗研发。这首先体现在预测建模。通过收集临床实验前期和结果的数据，可以评价新药的安全性、有效性以及潜在的副作用，提高研发效率。原来，一般新药从研发到推向市场的时间大约为13年，使用预测模型至少可以提早3～5年。2013年5月初，英国首个综合运用大数据技术的医药卫生科研中心在牛津大学成立。该中心主要搜集、存储和分析大量医疗信息，确定新药物的研发方向，从而减少药物开发成本，同时为发现新的治疗手段提供线索。其次是临床实验设计的统计工具和算法。通过挖掘病人数据，可以评估和招募患者是否符合试验条件，并进一步找出最合适的临床实验基地，从而加快临床试验进程。

三、O2O营销模式变革

如果说电子商务颠覆了人们的购物习惯，微博颠覆了大众传播的方式，互联网盒子颠覆了家庭的客厅，那么下一个被互联网颠覆的将是什么？答案是拥有近万亿市场的传统服务行业。随着O2O营销模式的不断发展和演变，传统的线下服务业逐渐成为了世界范围内互联网创业的新大陆，各种O2O互联网产品也为普通用户带来了更加经济、便捷、本地化和个性化的服务消费体验。

O2O（Online To Offline）或O2P（Online To Place），即通过PC、移动等终端的浏览进而产生线下交易行为的过程。O2O基于的是点对点的需求衔接，对于消费者来说，使用O2O服务能够足不出户浏览商家信息、获得服务的全面介绍、借鉴已消费客户的评价、进行便捷的在线支付，从而节省获取服务的时间和经济成本，还可以进一步根据个人需求选择更加精细化的服务内容、根据地理位置选择更贴近本地生活的服务项目，进而订制整套个性化的服务方案；对于服务提供商来说，进行O2O营销能够获得更多的服务展示渠道、有效拉动新品新店消费，能掌握用户的订单分布规律、合理配置线下服务资源，更能掌握线上的用户数据，进一步通过精准营销和服务订制来吸引大量的高黏性用户，将线上产生的消费需求有效引向线下，从而产生持续、稳定的现金流。通过有效盘活线上的用户资源和线下的服务资源、打通实体经济和电子商务的沟通渠道，O2O服务创造出了一个闭环的价值链，这一闭环能够有效培养用户的消费习惯，不断促进商家服务质量的进一步提升，进而在传统线下服务业的基础上催生出了多种多样的新兴服务模式。

（一）零售业。目前，美国零售业巨头沃尔玛在电子商务领域的探索进入了新阶段，其策略是通过移动端的技术应用实现线上线下的协同，提高用户跟实体店的互动体验、服务质量和营销效果，一切以“简化消费者购物流程、提升消费者购物体验”为核心，以移动设备为核心，将手机的便利性跟线下的物流、体验和服务融合。2011年，沃尔玛的手机应用开始采用移动地图的定位技术，该App能在顾客进入某一家沃尔玛门店时自动切换至“店内模式”，为顾客提供店内商品导航、电子优惠券和自助结账等服务。该App打通了店铺管理的ERP，在搜索框中输入商品名称，会出现该商品的所有品牌、分别摆放在什么位置，并且有一个地图帮助顾客快速找到它们；通过该App，用户可以看到本店最新的优惠商品手册，可以扫描条码进行比价，当实体店无货时，售货员也可以通过该App将用户的消费引向沃尔玛B2C网站；此外，该App还可以自动统计购物金额用，用户只需要扫描物品的条码，就可以直接去专设的自助付款台结账，从而省去排队的苦恼。2012年，沃尔玛推出了网上下单、网下支付服务，顾客只要在在线商城上下单，然后在48小时内到邻近的沃尔玛超市支付现金，之后商品就将送货上门，该服务能够使那些不能使用借记卡或者信用卡的顾客方便地在线购买到很多实体店里没有的产品。在上述一系列的举措之下，2013年沃尔玛的在线收入同比增长了30%，达到了100亿美元；2014年第二季度到第三季度沃尔玛在线商城的销售额增长了 27%，以营业额来计算的话，沃尔玛在线商城已经成为北美第四大的电子商务网站。

英国著名零售商Argos是典型的“O2O+B2C”混合模式成功案例，其经营策略是门店内不摆设货架，商品被储存在门店后或楼上的仓库里，顾客可以通过店内的终端或手机App查询任何一家Argos门店的地理位置、商品价格和促销信息，实时跟踪商品的价格更新、库存变化和买家评论情况，在线下单，然后到实体店提货。目前Argos已经在英国拥有650家商店，并在2014年7月4日宣布与电子商务网站eBay开展网上购物、实体店取货的全面战略合作，截至2014年年底，已有约65000家eBay商户提供可在 Argos店内取货的商品。Argos模式的特点在于实体店的前台员工很少（一般只需配置收银2～3名，取货柜台部2～3名），并通过实体店的预算控制，将企业的工作重心在库存控制和供应链管理上，这种模式可以在末端精准把脉市场需求，制订科学的库存策略，实施可视化的动态库存管理和物流管理，将线上线下的信息协同并开放给顾客，从而打造出一个立体式供应链整合的格局。

（二）旅游服务业。国外知名车辆类O2O应用在2014年初至今已有4家获得了新一轮的融资，分别是Lyft、GrabTaxi、Uber、Easy Taxi，融资金额从几千万到10多亿美金不等，足以证明世界范围内车辆O2O市场的火爆。其中，最具代表性的打车应用Uber已经在服务范围上覆盖了全球45个国家和地区、200多个城市，整体公司估值达400亿美元，并已经与百度达成全球范围内的战略合作伙伴关系，在2014年开始正式进军中国市场，在台北、香港、上海、广州、深圳、北京、杭州和成都等多个城市提供商务约车、出租打车、共享拼车等不同档次的车辆服务。此外，以下几个应用的商业模式也具有一定代表性：提供私家车拼车服务的Lyft，在车主规划好路线之后开始接入同程的拼车订单；提供私家车租赁服务的ZipCar和Getaround，自动根据定位信息搜索附近的已成为会员的可租赁私家车，用户可以用会员卡开启车锁、自行取车；提供私家车机场租赁服务的Flightcar，在车主出外旅游、将车辆停放在机场的时间段内为其他用户提供租车服务。

在O2O旅游市场，全球第一大在线旅游服务商Priceline独创了“Name Your Own Price”（客户反向定价）服务模式，允许客户在线预订旅游产品时自定义他们愿意支付的价格，并自定义出发时间、产品类别、到达目的地、日程安排等，进而通过算法在系统中搜索与之匹配的供应商，旨在利用买方的灵活性以使卖方在不影响其正常分销渠道或零售报价体系的前提下以较低的价格卖出过剩的旅游产品，截至2014年12月29日，Priceline总市值605.4亿美元，主打的预订网站Booking.com上已有可预订的酒店425000家，涵盖了全世界190个国家；第二大在线旅游服务商Expedia在旗下多个在线预订网站（如Hotels.com和艺龙网）的基础之上拓展出了由旅游点评、旅游激励、旅游计划、旅行搜索、旅行预订和旅游6个环节构成的在线旅游消费生态循环系统，并开发出了基于大数据运算的航班推荐服务和个性化的行程分享服务。截至2014年12月29日，Expedia的总市值达到了113亿美元；第三大在线旅游服务商TripAdvisor以提供旅行点评服务起家，而后又通过元搜索进入酒店预订市场，为旅行者提供酒店评论、酒店受欢迎程度索引、高级酒店选择工具、酒店房价比价搜索以及社会化的旅途图片分享和在线驴友交流等服务。截至2014年12月29日，TripAdvisor总市值达到了109.9亿美元，其品牌网站上已经储存了涵盖全世界77.5万家酒店的1.25亿条评论信息；美国的短租网站鼻祖Airbnb主要提供个人房源的廉价、短期租赁，并通过与Facebook和LinkedIn等实名的社交网站联通获取房主和租客的身份验证信息，目前已在全球拥有超过30万处房源，覆盖了192个国家，3.3万个城市。

（三）餐饮业。美国的在线餐饮预订服务商OpenTable在2014年6月被全球第一大在线旅游服务商Priceline以26亿美元现金收购，在此之前，该公司业务一直保持着稳健的发展态势。自1988年创立以来，OpenTable就开始通过建立ERB（Electronic Reservation Book）系统把餐厅库存电子化，通过吸引线上用户预定提升订餐效率，向餐厅收取服务费用，截至2014年6月，每月通过OpenTable网站和手机 App预订餐厅的人数约1500万人次，其签约的餐厅数也已超过31000家。该公司的ERB系统主要有以下几种面向餐厅客户的功能：①预定管理：管理下单、修改、取消和确认预定；②客户管理：跟踪VIP用户，包括他们的联系方式、爱好，以实现更好的服务或进行针对性营销活动；③餐桌管理：协助餐厅服务员进行餐桌管理，设定预定的餐桌，检测餐桌的状态；④POS整合：把POS整合进ERB系统，可获取消费数据；⑤报告呈现（Reports）：提供高级分析功能提高餐饮的效率。其营收主要来自以下三方面：按照给餐厅带去的顾客人数收取的转化效果费、每月向商户收取的ERB使用费和给餐厅安装ERB系统并进行使用方法培训的附加费。2013年7月后，很多后起的餐饮系统商、网站平台也开始抢夺OpenTable的市场，其中就包括曾和OpenTable展开过合作的著名餐饮点评网站Yelp（于2013年7月推出订餐服务）和著名的团购网站Groupon（于2013年8月推出订餐服务）。

（四）家政服务业。目前，美国的O2O家政市场发展最为繁荣，主要有三家盈利状况良好、不断扩张中的服务提供商：①Care.com主要为儿童、老人和宠物提供专业的护理、保姆服务，此外延伸服务有家庭清洁和家教等，商业模式是面向传统家政企业或中介提供服务，为他们寻找需要家政服务的家庭，通过传统的佣金模式盈利。该公司于2014年1月24日在美国纳斯达克挂牌上市，市值逾十亿美金；②Homejoy主营房屋清洁服务，另外还有占比很小的马桶维修、粉刷墙壁服务，但提供服务的不是职业的家政人员，而是失业者或者开工不足的人，在这个雇佣者和服务人员的直接对接平台上，闲置劳动力可以快速找到一个对技能要求不是很高的工作，同时雇佣者也可以以更低廉的价格获取服务。2014年5月，该公司收购了服务性质近似、市场重叠的竞争对手Get Maid；③Handybook提供家政清洁、水管维修、家具和电器装配、房屋粉刷以及货物搬运等服务，主要特点是会对所有申请者进行全国性背景审查、一对一的服务水平评估以及翔实的身份验证（身份证号、邮箱、电话、住址），且要求服务商均在司法部有备案。这在很大程度上消除了用户对于家政服务人员素质和服务水平的质疑。该公司在2014年1月份收购了另外一家家政服务公司Exec，并于6月11日获得3000万美元B轮融资。

同时，欧洲的O2O家政市场也正处在初期成长过程当中。总部位于德国柏林的Helpling于2014年3月份正式推出在线服务，目前已迅速扩张到欧洲7个国家的150个城市，而在此之前，欧洲许多国家的家政服务均被黑市垄断，在Helpling所在的50个德国城市中，大多数家政服务使用现金交易（以此避免税收），家政人员的介绍也并非通过正规渠道。以Helpling为代表的在线服务提供商的进入，不仅有可能进一步规范家政服务市场，把盘子做大，还可能彻底将黑市收归体制内，为国家贡献税收，从而有效改变欧洲家政服务业的现状。

四、美国纽约“城市24/7”信息共享和互动平台

“城市24/7”是由纽约市政府和企业联合启动的城市信息共享和互动平台，它集成了政府、当地企业和公民的信息，以便在任何时间、任何地点、任何设备上提供丰富和有价值的信息。这些信息显示在耐用且易于使用的智能屏幕上，替换那些已经过时无用的公共设施，比如位于公交站、火车站、主干道、商场和体育场所的付费电话。

城市24/7智能屏幕利用触摸、语音和音频技术，实时提供广泛的超本地化的信息服务。附近的智能手机、平板电脑和笔记本电脑也可以通过无线网访问智能屏幕。除了提供本地事件和商业信息，城市24/7智能屏幕还及时提供安全警示，以保证人们的安全。“城

市24/7”智能屏幕的设计理念是“所有人都可访问”，支持多种语言和残疾人士使用。智能屏幕包括：为听力受损人士提供感应圈和耳机插孔；为有视力障碍人士提供高对比度屏幕模式；为带有导盲犬和拐杖的人士提供视觉识别；为盲人提供引路人钥匙链接入和移动应用；为轮椅人士提供动态翻转屏。

“城市24/7”平台的总体目标是通知、保护和振兴。“通知”指的是公众与“城市24/7”智能屏幕互动，可立即获得与其紧密相关的信息。例如，当地居民可以查看实时邻里新闻，了解当地的活动节目，找到附近餐馆酒吧的评论，并接收附近商家的优惠促销活动信息。对游客来说，智能屏幕可以告诉他们鲜为人知的景点和当地热门地点折扣消息，并给他们的旅行计划提出建议以完善旅游体验。从更深层面来说，“城市24/7”扩大了政府和私营企业的服务范围，以满足市民的需求，同时也为公众提供了交流和建设自己社区的平台。“保护”指的是“城市24/7”在提高周边地区安全性中发挥了重要作用。一旦全面部署，智能屏幕就可以通过全市范围内的传感、通信和响应网络，及时直接通知当地警察和消防部门。政府官员使用智能屏幕中的传感器可以提醒人们危险化学品和生物危害等，从而避免其受到损害。政府也可以根据“城市24/7”的视频回传网络查看实况，调取已发生的画面，协助解决犯罪问题。“振兴”指的是通知并保护市民、游客，城市就更容易通过提高电子商务水平、增加投资和发展旅游业实现蓬勃发展。此外，公众知情并参与其中，更乐意改善自己的社区。在这种情况下，资产价值增加，为政府增加更多税收，从而使得城市可以提供更优质的服务，进一步繁荣社区。从更广泛的角度来看，“城市24/7”智能屏幕为广告商与当地消费者接触创造了新的获利机会。例如，广告商可以有针对性地将广告推广到附近智能手机和平板电脑上，包括优惠券、打折促销信息等。

五、肯尼亚移动银行服务m-Pesa风靡非洲

非洲手机的普及为创新提供了条件，风靡肯尼亚的移动银行服务m-Pesa可以通过手机短消息便捷地支付、转账、兑现等。而且，m-Pesa这项服务并非只能在城市或大型商业机构使用，它没有放弃偏远和贫穷人群，而是把他们当作主要的用户，到2010年已有超过50%的肯尼亚人使用这项服务。对于生活在偏远地区的人们，m-Pesa服务可以使他们不必带着大量的现金去市场或城镇交易，这样就不必冒着被劫或被盗的危险。对于那些没有固定住址或银行账户的人们，这项服务可以使他们把自己持有的任意一种现金充入m-Pesa账户，获得移动支付额度，并进行支付、转账或存款。对于移民来说，m-Pesa服务可以使他们以安全、简单的方式把钱转给家人或村民。对于肯尼亚企业来说，m-Pesa服务可以使支付货款或维修款即时完成，不必依赖效率低下的银行或存在缺陷的基础系统。

m-Pesa依赖于一个由小型店铺零售商组成的网络，他们注册成为m-Pesa代理商。顾客来到这些零售商的店铺后，可以支付现金为手机充值，作为电子货币。这些电子货币可以

在不同手机用户之间交换和转账，只需发送一条文本消息和一个代码系统。电子货币的收款人想要兑现的时候，只需拿着自己的手机到最近的零售店，用自己的文本短信就可以换成现金。在肯尼亚，m-Pesa代理商的数量已经超过银行支行数量。这样一个系统还需要有中介，确保各个m-Pesa代理商之间的现金流动。这样一来，m-Pesa系统还创造了就业机会，一些中介和零售商每月可以通过m-Pesa交易获得1000美元的佣金。这个系统还被应用到“Kenyans for Kenya”运动，为遭受旱灾的肯尼亚难民筹集资金。m-Pesa为肯尼亚经济的独立和创新做出了贡献。

m-Pesa的成功使得其他国家也开始效仿。非洲最大的移动运营商MTN已经在其他地区推出了计划，尤其是肯尼亚的邻国乌干达。巴西等国的中央银行已经成立了金融小组，希望用同样的系统将金融系统带给贫穷和偏远地区的人们。印度政府也表达了实现这一点的目标，而分析师预计，通过其强大的IT架构和密集的人口，印度同样可以在不久的未来实现轻现金的金融经济环境。

第十四章　国内信息化发展动态

2014年，是中国全功能接入国际互联网20周年，中央网络安全和信息化领导小组宣告成立。领导小组的成立是以规格高、力度大、立意远来统筹指导中国迈向网络强国的发展战略，体现了中国最高层全面深化改革、加强顶层设计的意志，显示出在保障网络安全、维护国家利益、推动信息化发展的决心，是中国网络安全和信息化国家战略迈出的重要一步，标志着这个拥有6亿网民的网络大国加速向网络强国挺进。

第一节　发展动态

2014年，信息网络基础设施建设成效突显，云计算应用加速落地，信息消费成为拉动信息经济发展的新的增长点，公共信息资源应用不断推进，各行各业积极推进与互联网的融合步伐。

一、4G网络覆盖率和用户规模达到新高度

2014 年上半年，三大基础电信运营商大规模展开 4G 网络建设。截至4月底，中国移动已经建成 4G 站 32 万个，4G 终端用户超过 1400 万户，6 月底已覆盖商用城市达 250 个。1月21日，中国电信终端公司宣布集中采购 30 万部可兼容 TD-LTE 网络制式的 4G 终端。3月，中国联通发布了 4G 发展战略及多款 4G终端，推出了“4G/3G 一体化资费套餐”。宽带提速效果明显。工信部统计显示，1～4月三家基础电信企业宽带接入用户净增751.3万户，达到1.96亿户。8M以上宽带接入用户达到5298万户，占宽带用户的27%。光纤接入用户达到4994.3万户，占宽带用户比重达 25.4%。4M以上农村宽带用户占比达65%，20M以上城市宽带用户占比达到7.1%。

二、网络安全备受关注

安全与发展是信息化与生俱来的一对矛盾，也一直是理论上争论不休、实践中不容易处理好的焦点问题。“以安全保发展、以发展促安全”是应该长期坚持的基本方针，但不同时期如何把握好调整工作重心的时、度、效，确实需要审时度势，需要大智慧。当前，世界各国争夺未来发展的制高点已经由实体空间进入到网络空间。网络空间的控制与反控制，在国家安全方面已经上升到生死存亡的关头；在经济社会领域也到了经济自主权或被控制的阶段；在国家软实力和文化、观念重塑方面，开放的网络深刻影响着每一个人的生活工作。大国间的竞争，已经远离了GDP的竞争，进入看不见硝烟的无形的网络空间的竞争。国家成立以习近平为组长的网络安全和信息化领导小组正是应对这一变革的得力战略措施。

三、信息消费引领信息经济快速发展

随着信息消费与供给日益适配，商业模式与挖掘需求潜力日益契合，我国信息消费规模不断扩大，成为推动信息经济发展的重要引擎。一方面，信息消费加速工业经济向信息经济转型。2013年，信息消费规模超过2.2万亿元，带动工业、服务业等相关行业新增产出1.19万亿元，对经济增长的贡献超过8.85个百分点。2014年一季度，信息消费规模6910亿元，同比增长22.3%，约占全社会零售总额的10%。另一方面，信息消费推动经济向自主型经济发展。2013年，我国网络零售拉动新增消费7800亿元，通信设备制造业内销产值占比达23.3%，内销的贡献率达34.4%，同比增长10个百分点；IC产品内销产值占比20.4%。

四、各行各业加快互联网化

随着互联网的发展，越来越多的行业热衷于借助互联网拓展业务，从而提高其核心竞争力。其中，互联网应用在教育、医疗、金融、物流、交通、旅游、娱乐等服务领域发展最为活跃。目前，我国网络教育市场规模已达千亿元级别，到2015年将超过1600亿元，网络教育已成为炙手可热的领域。 随着智能机的普及，移动医疗市场规模处于快速增长阶段。自2012年至今，我国移动医疗市场已从不足2亿元增加至28.4亿元，涌现出“春雨医生”、“春雨育儿”、“用药指南”、“家庭医生”等2000多款移动App应用。金融行业，据中国支付清算协会2014年5月28日发布的《中国支付清算行业运行报告（2014）》显示，2013年，支付机构共处理互联网支付业务150.01亿笔，金额8.96万亿元，分别较2013年增长43.47%和30.04%；处理移动支付业务37.77亿笔，金额1.19万亿元，分别较2013年增长78.75%和556.75%。移动支付2013年增长超500%。

五、云计算商用化实践落地并加速突破

2014年上半年，我国基于云计算的创新应用已逐渐渗透到多个领域并取得可喜突破。

政务、教育、交通、金融、电力、工业制造等行业成为云计算的重要应用领域。目前，我国云计算专业服务提供商已超过200家，包括百度、腾讯、阿里巴巴、中国电信、中国移动、京东、浪潮、蓝汛、网宿等云计算领域的知名企业，还包括UCloud、青云等众多初创公司，并涌现出诸多成功案例。例如，阿里云已为百余家金融机构提供服务，逐步实现“去IOE”；高德云图为开发者提供位置数据上传、存储、查询、空间检索和地图渲染等云服务；浪潮软件联合阿里中标北京海淀区“政务云”系统建设项目。近期，谷歌、亚马逊、阿里云、微软在内的云计算企业纷纷下调云服务价格，加速了云计算商业化实践的落地。

六、互联网金融稳步发展

2014年3月底，余额宝存款总额达5413亿元；5月底，余额宝用户数已超过一亿户。2月底，微信理财通宣布上线与汇添富、易方达、广发等多家基金公司合作，其在线理财和支付体系进一步健全。4月15日，百度正式推出百度钱包，5月份与广东联通、富国基金开展深度合作，其移动支付战略全面落地。3月11日，银监会确定了首批5家民营银行试点，互联网企业阿里巴巴和腾讯名列其中。互联网金融快速发展的同时，国家对互联网金融业务监管也得到了加强。3月14日，考虑到相关支付产品的安全性，央行宣布暂停网络虚拟信用卡、二维码支付。同时，考虑到用户资金安全问题，工行等四大国有银行陆续大幅下调快捷支付单笔和每月限额。

七、公共信息资源应用不断推进

目前，我国各级、各地政府积极推动公共信息资源应用。2014年2月27日，习近平总书记在中央网络安全和信息化领导小组第一次会议指出：“信息资源日益成为重要生产要素和社会财富，信息掌握的多寡成为国家软实力和竞争力的重要标志。”国家统计局上线新版国家数据库（data.stats.gov.cn），北京市开通了北京市政府数据资源网（bjdata.gov.cn），上海市建设了上海市政府数据服务门户（datashanghai.gov.cn），青岛市设计了青岛市政府数据开放服务平台。近日，中国气象局与阿里云达成战略合作，双方将联手完善中国首个物流数据平台——物流预警雷达，挖掘气象大数据的深层价值，这是中国国家部委首次采用民营科技公司提供的大数据服务。

八、手机网民首超传统网民

CNNIC发布的第34次调查报告显示，截至2014年6月，我国网民规模达6.32亿，其中手机网民达5.27亿，较2013年底增加2699万人，手机网民比重提升至83.4%，首次超越传统PC 网民规模（80.9%），手机作为第一大上网终端设备的地位更加巩固。

九、物联网产业发展势头良好

近年来，在国家政策的大力扶持和业内企业的不断努力下，中国物联网产业持续良好发展势头。技术研发取得重大进展，标准体系不断完善，市场化应用稳步推进。与此同时，物联网产业在产业升级、节能减排、拉动就业等方面也发挥着重要作用。在“十二五”期间，中央政府仍将继续支持物联网产业的发展壮大，在项目审批、财政补贴、招商引资等方面予以扶持。

物联网产业在产业升级、节能减排、拉动就业等方面发挥着重要作用。我国物联网已初步形成了完整的产业体系，具备了一定的技术、产业和应用基础，在人口红利逐渐消失、人力成本快速上升的当前，物联网技术的应用是解决人力成本、提升运营效率的有效方式。2012年，我国物联网市场规模达到3650亿元，较2013年增长了38.9%。根据中国物联网研究发展中心预测，2015年，我国物联网整体市场规模将达到7500亿元，年复合增长率约30%，市场前景巨大。

第二节　政策法规

一、关于加快实施信息惠民工程有关工作的通知

2014年1月9日，国家发展改革委等12个部委联合印发了《关于加快实施信息惠民工程有关工作的通知》（专栏14-1）。

专栏14-1

关于加快实施信息惠民工程有关工作的通知

发改高技〔2014〕46号

各省、自治区、直辖市及计划单列市、新疆生产建设兵团发展改革委、编办、工业和信息化主管部门、财政厅、教育厅、教委、教育局、公安厅、民政厅、人力资源社会保障厅、卫生计生委、审计厅、食品药品监管局、质量技术监督局：

为贯彻落实《国务院关于促进信息消费扩大内需的若干意见》（国发〔2013〕32号）、《国务院关于印发“十二五”国家战略性新兴产业发展规划的通知》（国发〔2012〕28号）

关于实施信息惠民工程的工作部署，增强民生领域信息服务能力，提升公共服务均等普惠水平，现就加快实施信息惠民工程的有关事项通知如下：

一、充分认识实施信息惠民工程的重要意义

当前是我国全面建设小康社会的关键时期，也是在重大民生问题和民生需求上实现突破的重要战略机遇期，既面临社会流动性和开放性日益增强，以及民生诉求多样化、利益多元化、服务个性化、方式便利化的新形势，又迫切需要有效破解民生领域公共服务资源短缺失衡、区域城乡差距扩大、均等化普惠化水平不高等老问题。实施信息惠民工程，拉消费、促发展、惠民生，是以信息化带动和促进民生领域跨越发展的战略选择，是提供广覆盖、多层次、差异化、高品质公共服务的有效途径，有助于优化社会资源配置、创新公共服务供给模式、提升均等化普惠化水平，也将有助于培育新型业态和新的经济增长点，对促进信息消费、提升基本公共服务水平、加强和创新社会管理、构建和谐社会等具有重要意义。

二、推进信息惠民工程实施的总体要求

（一）总体思路

我国信息化是在工业化尚未完成、城镇化快速发展的背景下推进的，面临人口多且流动性强、资源相对短缺、城乡发展不平衡、基本公共服务供给不足等客观矛盾。信息惠民工程实施要以解决当前体制机制和传统环境下民生服务的突出难题为核心，改变以往技术导向、项目驱动的信息化建设模式，有效整合孤立、分散的公共服务资源，强化多部门联合监管和协同服务，鼓励市场参与，创新服务模式，拓宽服务渠道，构建方便快捷、公平普惠、优质高效的公共服务信息体系，全面提升各级政府公共服务水平和社会管理能力。

信息惠民工程实施的重点是解决社保、医疗、教育、养老、就业、公共安全、食品药品安全、社区服务、家庭服务等九大领域突出问题，各行业主管部门要发挥业务指导作用，要围绕解决各领域民生服务存在的突出矛盾和制约因素，注重体制机制和政策制度创新，要以推动跨层级、跨部门信息共享和业务协同为抓手，促进公共服务的多方协同合作、资源共享、制度对接。

各地方在实施信息惠民工程中，要注重资源整合，在已有资源基础上集中构建政府公共服务平台，原则上在地市层级建设部署，在街道社区统一应用，要实现基础信息集中采集、多方利用，逐步实现公共服务事项和社会信息服务的全人群覆盖、全天候受理和“一站式”办理。要坚决避免区（县）以下层级分散建设同类信息平台，避免重复投资、重复建设，避免形成新的信息孤岛。

（二）基本原则

围绕民生，突出重点。围绕当前群众广泛关注和亟待解决的医疗、教育、社保、就业、养老服务等民生问题，选择信息化手段成效高、社会效益好、示范意义大、带动效应强的内容作为工作重点，着力解决薄弱环节、关键问题，增强信息服务的有效供给能力，提升信息便民惠民利民水平。

统筹发展，分步实施。要将信息惠民工程建设与经济社会信息化发展相结合，充分利用已有资源，做好工程推进与全局工作的统筹衔接，保障工作落到实处。把以服务公众、提高社会满意度作为中心任务，选择基础好、需求紧迫、条件成熟的工作领域作为切入点和突破口，设定合理的分阶段发展目标和分步骤实施方案，切实保障信息惠民工程取得实效。

政府引导，市场主导。充分发挥政府推进信息惠民工程的导向性作用和市场配置资源的基础性作用，政府部门着重提供基础性、公益性的服务内容，引导社会力量开展专业化、多元化、个性化的服务，鼓励和支持各类市场主体共同培育信息惠民可持续发展模式，形成优势互补、多元参与、开放竞争的发展格局。

试点先行，因地制宜。按照先行先试、地方试点为主的思路推进专项实施，要将探索体制机制、服务模式创新作为试点的重点。结合不同地方的需求和工作基础，因地制宜，推动基本公共服务向基层延伸，缩小城乡、区域和不同群体之间的数字鸿沟，加快促进基本公共服务均等化。

条块结合，协同共享。充分调动中央和地方两个层面的积极性，强化中央部门的业务指导和政策支持，形成跨部门联合推进机制，充分发挥地方政府的积极性和主动性，引导地方做好示范应用，推动信息资源跨层级、跨部门的共享，切实发挥信息共享在促进多部门合力解决社会难题的关键作用和综合效能，形成上下互动、协同推进的工作格局。

（三）总体目标

通过实施信息惠民工程，实现信息化与民生领域应用的深度融合，进一步发挥信息化对保障和改善民生的支撑性和带动性作用，信息惠民应用取得显著成效。教育、医疗、社保等基本公共服务有效供给逐步增多优化，均等化程度明显增强。养老、就业等公共服务模式不断创新多元，一体化服务能力逐步加强。社会信用、城市和社区管理、食品药品安全监管等社会管理的模式不断创新优化，多部门联合、传统方法与现代手段结合的综合化管理体系初步建立。公共安全、城市管理等科技支撑手段不断升级完善，智能化水平稳步提高。城乡、区域信息基础条件差距逐步缩小，普惠化水平全面提升。教育、医疗、养老、社保等领域新型信息服务更加活跃，信息消费需求进一步释放。

三、实施信息惠民工程的重点任务

（一）开展信息惠民国家示范省市创建工作

由国家发展改革委牵头会同中央编办、工业和信息化部、财政部、教育部、公安部、民政部、人力资源社会保障部、国家卫生计生委、审计署、食品药品监管总局、国家标准委等部门共同组织，结合政务信息共享国家示范省市建设（不再另行组织），开展信息惠民国家示范省市建设。一方面促进信息化优化公共资源配置，创新社会管理和公共服务模式，拓宽公共服务和公众参与渠道，提升公共服务水平和均等普惠程度，提高社会管理效能，促进政务公开和依法行政。另一方面推进民生领域信息化深度应用，培育传统服务业的信息消费新热点，提升消费保障和服务水平，以信息服务促进信息消费。

（二）社会保障信息惠民行动计划

由人力资源社会保障部牵头会同财政部、国家卫生计生委等部门组织实施。以建立更加便民快捷的一体化社会保障公共服务体系为目标，加快推进社会保障一卡通，到2015年社会保障卡持卡人数达到8亿，推动社会保障卡在人力资源社会保障以及居民健康、惠民待遇发放等公共服务领域的集成应用。建设跨地区医保费用中央和省级结算信息平台，制定跨地区医保联网结算标准规范，在全国范围实现公民的合规异地就医费用医保持卡即时结算。先期在15个省份100个地市开展跨省医保即时结算试点，服务城乡居民超3亿人，跨地区医保即时结算模式和协作机制逐步建立，跨地区一体化服务初见成效。

（三）健康医疗信息惠民行动计划

由国家卫生计生委牵头会同人力资源社会保障部等部门组织实施。围绕解决看病就医难题，以便利医疗服务、惠及城乡居民、壮大健康产业为目标，以医疗服务信息标准化、检查检验结果全国互认为基础，推广远程医疗，建立和完善重大公共卫生、传染病等健康信息监测预警体系，促进优质资源共享和卫生服务普惠，建立完善电子病历、电子健康档案，逐步实现全国范围跨机构、跨区域、跨卫生业务的健康信息、就诊信息共享和一卡通用，积极推进应用居民健康卡与社会保障卡、金融IC卡、市民服务卡等公共服务卡的应用集成。先期在15个省份、45所大型医院开展示范，逐步建立居民健康医疗信息跨机构、跨区域共享机制，实现就医一卡通。

（四）优质教育信息惠民行动计划

由教育部牵头会同人力资源社会保障部等部门组织实施。以促进教育公平，提高教育质量，加快缩小区域、城乡、校际之间的教育差距为目标，推进优质教育资源共享，深化信息技术在教育教学中的应用。建设完善教育信息基础设施，缩小中西部地区学校数字鸿沟。建立扩大优质教育资源覆盖面的有效机制，继续推进国家精品开放课程共享，加快建立教育资源公共服务体系。初期在职业教育领域委托有条件的职业院校及相关机构，建设1个职业教育数字资源管理中心、20个开发应用基地和100个应用推广试点学校，向职业教育全体学生和社会成员提供开放服务。

（五）养老服务信息惠民行动计划

由民政部牵头会同国家卫生计生委、人力资源社会保障部、工业和信息化部等部门组织实施。以满足养老服务需求、释放养老消费潜力、促进养老服务业发展为目标，建立养老服务机构、医疗护理机构等网络互联、信息共享的服务机制，重点推进养老服务机构信息化建设，推广远程健康监测，拓展养老机构专业化服务的惠及面，推进养老、保健、医疗服务一体化发展。先期在200个养老服务机构开展试点，大幅提升养老信息服务水平。

（六）就业服务信息惠民行动计划

由人力资源社会保障部牵头会同有关部门组织实施。以建立更加方便快捷、覆盖全国的公共就业信息服务平台为目标，建设高校毕业生、农村转移劳动者、就业困难人员数据库，制定就业信息服务标准，鼓励职业中介机构和相关人力资源服务企业广泛参加，推动就业信息全国联网，面向各类劳动者和用人单位开展政策咨询、信息发布、职业指导、就业失业登记和享受政府网上经办服务，创造平等就业机会，促进社会就业更加充分。

（七）食品药品安全信息惠民行动计划

由食品药品监管总局牵头会同有关部门组织实施。以形成社会综合治理格局,切实提高食品药品安全保障水平为目标，利用物联网技术、溯源技术、防伪技术、条码技术、云计算等技术，加快食品药品安全信息系统建设，强化食品药品电子追溯，方便信息公开查询。规范互联网食品药品交易行为，试点药品网上阳光直购。

（八）公共安全信息惠民行动计划

由公安部牵头会同有关部门组织实施。在公共安全信息惠民行动计划中先期启动公共安全视频信息应用试点，以构建立体化公共综合防控及社会安全服务为目标，构建跨区域公共安全视频图像信息处理平台，整合各类视频图像信息资源，研究建立公共安全视频信息安全管理、授权共享机制，拓展政府、民众对视频图像信息的综合应用，形成公共安全信息化支撑、服务体系。先期在4省（区）20余城市实现重要公共视频资源共享应用，公共安全跨部门、跨地区视频图像信息采集共享体系逐步健全，立体化综合防控效能显著增强，民众在公共区域安全感、满意度得到提升。

（九）社区服务信息惠民行动计划

由民政部牵头会同工业和信息化部、公安部等部门组织实施。以创新基层社会管理方式、增强社区服务群众能力、扩大社会力量参与、完善社区信息消费环境为目标，以社区养老为切入点，推进社区信息化建设。以为公众提供便利化服务为导向，以街道（乡镇）或社区为基本单元，应用城市统一政府公共服务信息平台，避免社区、街道、区（县）单独建设。重点依托城市统一政府公共服务信息平台拓展直接面向社区的信息化应用系统，实现公共服务一站式受理和基础信息资源集中采集，避免重复采集、多头采集。同时，要统筹推进基层一体化公共服务设施建设，积极推进通过服务网站和集中服务大厅为公众提供“一站式”服务，减少各行业、各部门单独建设服务设施，避免重复投资、重复建设。积极吸纳社区志愿服务和商业服务资源，制定系统接入和信息共享标准，优先支持居家和社区养老服务项目，健全社区服务需求表达和反馈机制。先期在450个社区开展试点，社区养老服务能力显著增强，公共服务、志愿服务和商业服务衔接配套的社区服务体系初步建立。

（十）家庭服务信息惠民行动计划

由工业和信息化部牵头会同人力资源社会保障部、公安部等部门组织实施。以进一步丰富家庭信息服务，促进和引导居民信息消费为目标。建设智慧家庭综合应用平台，整合生活服务信息、公共安全服务信息和新农村综合服务信息等，面向城乡个人和家庭，提供优质、多样、便捷的信息服务。先期在10个城市开展智慧家庭信息服务试点，选择100万家庭，提供超过100项家庭信息服务。

（十一）信息惠民综合试点行动计划

由国家发展改革委牵头会同有关部门共同组织，各地人民政府实施。依托信息惠民国家示范省市，实施信息惠民综合试点，以创新社会管理、方便百姓服务为目标，统筹建立政府公共服务信息平台。通过政府公共服务信息平台，整合教育、卫生计生、人力资源社会保障、民政、工商、税务等多部门信息资源，发挥企业积极性，引入优质社会服务资源，提供多渠道、多形式的信息服务，满足居民多样化需求，逐步实现公共服务事项和社会信息服务的全人群覆盖、全天候受理和“一站式”办理。促进政府数据对社会公众的开放共享和创新应用，引导带动社会增值开发，促进信息服务业发展，促进信息内容消费。

四、推进信息惠民工程的主要措施

（一）建立跨部门协调推进机制

国家发展改革委、中央编办、工业和信息化部、财政部、教育部、公安部、民政部、人力资源社会保障部、国家卫生计生委、审计署、食品药品监管总局、国家标准委等部门建立信息惠民工程协调推进机制，协调解决推进工作中的难点问题，督促检查工作落实情况，适时组织阶段评估和绩效评价。

（二）强化国家政策引导支持

国务院有关部门继续通过现有资金渠道对信息惠民工程相关示范项目给予必要支持。教育部、公安部、民政部、人力资源社会保障部、国家卫生计生委、食品药品监管总局、工业和信息化部对示范项目建设中有关业务管理模式创新、业务流程优化等方面加强业务指导和专家咨询，加强政策支持。中央编办强化对政府转变职能、强化服务及多部门间协同共享的指导和支持。国家发展改革委、财政部、审计署加强对信息惠民工程的绩效评价和监督检查。国家标准委强化对信息共享关键技术标准、跨地区医保费用结算标准、电子病历互认共享标准等信息惠民工程有关标准规范的指导，健全完善有关管理和服务国家标准，协调推动各领域标准在示范项目中的实施应用。

（三）突出信息惠民工程的重点

各牵头组织部门要结合行业实际和工作需要，从解决保障和改善民生的共性与突出问题入手，组织编制示范工程实施方案，在充分调研和论证、广泛听取基层、公众意见基础上，研究确定工程的发展目标、建设重点和保障措施。

（四）确保信息惠民工程的落实

各地方要本着实事求是、因地制宜、统筹资源、模式创新的基本思路，合理选择本地信息惠民工程的重点内容，制订具体的实施方案，坚持业务主导，明确工作分工，完善工作机制，落实工作责任，保障资金投入，合理配置资源，营造良好政策环境，扎实推进各项工作的落实，切实取得实效。

（五）积极推进信息惠民工程的实施

率先启动信息惠民国家示范城市创建工作，在认真总结和评估示范城市创建经验的基础上，条件成熟后，再行启动信息惠民国家示范省创建工作。其他行动计划及有关试点专项具体实施时间和要求，由各牵头组织部门会同国家发展改革委、工业和信息化部、财政部另行通知，国家发展改革委将会同有关部门按照"成熟一项、启动一项"的原则，组织有关部门和专家对试点示范专项工程的工作方案进行论证。

附件：1．信息惠民国家示范城市创建工作要求（略）

2．信息惠民国家示范城市创建方案编制要点（略）

国家发展改革委　中央编办　工业和信息化部
财政部　教育部　公安部
民政部　人力资源社会保障部　国家卫生
审计署　食品药品监管总局　国家标准委
2014年1月9日

二、国务院办公厅关于促进地理信息产业发展的意见

2014年1月22日，国务院办公厅印发了《国务院办公厅关于促进地理信息产业发展的意见》（专栏14-2）。

专栏14-2

国务院办公厅关于促进地理信息产业发展的意见

国办发〔2014〕2号

各省、自治区、直辖市人民政府，国务院各部委、各直属机构：

地理信息产业是以现代测绘和地理信息系统、遥感、卫星导航定位等技术为基础，以地理信息开发利用为核心，从事地理信息获取、处理、应用的高技术服务业。随着近年来地理信息产业迅速兴起并保持高速增长，这一战略性新兴产业在我国经济社会发展中的作用日益显现。为促进我国地理信息产业发展，经国务院同意，现提出以下意见：

一、充分认识发展地理信息产业的重大意义

（一）发展地理信息产业是实现科学发展的重要支撑。地理信息是重要的基础性信息资源，是国家信息资源的重要组成部分。开发利用地理信息，有利于促进国土空间布局优化，有利于促进工业化、信息化、城镇化、农业现代化同步推进，有利于推动经济社会科学发展。

（二）发展地理信息产业是维护国家安全的重要保证。地理信息是重要的战略性信息资

源，关系到国家主权、安全和利益，在维护政治、经济、军事、科技和其他非传统领域国家安全中发挥着重要作用。加强重要地理信息资源的开发利用监管，对维护国家安全具有重要意义。

（三）发展地理信息产业是加快转变经济发展方式的重要手段。地理信息产业的不断发展，将促进物联网、智慧城市以及关联服务业的发展，完善“网格化”社会管理，支撑重大项目科学决策，带动创业就业，对转变经济发展方式起到“助推器”的作用。

（四）发展地理信息产业是保障和改善民生的重要内容。地理信息已成为人民群众日常生活中不可或缺的关键信息，在旅游出行、医疗卫生、扶老助残等方面应用广泛。加快地理信息产业发展，有利于人民群众更多更好地分享改革开放的成果。

二、总体要求

（五）指导思想。以邓小平理论、“三个代表”重要思想、科学发展观为指导，全面提高我国地理信息获取和处理能力，推进地理信息规范监管和广泛应用，推动体制机制创新，营造良好发展环境，加快突破关键核心技术，提升地理信息产业整体水平和国际竞争力，更好地满足经济社会发展的需要。

（六）基本原则。

——坚持市场主导与政府引导相结合。充分发挥市场在资源配置中的决定性作用，突出企业主体，加强政府引导，强化政策扶持，营造环境，创造条件，推动产业又好又快发展。

——坚持自主创新与对外合作相结合。完善以企业为主体的科技创新体系，着力推进关键核心技术研发，加强国际交流与合作，提升自主创新能力，大力促进科技成果产品化、产业化和国际化。

——坚持规范监管与广泛应用相结合。加快形成规范有序的地理信息市场秩序，加强安全监管，在维护国家安全的前提下，积极推进地理信息公共服务平台建设，促进地理信息高效、广泛利用。

——坚持整体推进与重点发展相结合。做好统筹规划，加快地理信息产业结构调整和优化升级，促进产业集聚、整体推进和全面提升，加强分类指导，大力发展对产业具有支撑、牵引作用的重点领域，鼓励优势企业通过兼并重组等方式做大做强。

——坚持经济社会需求与国防需求相结合。充分发挥地理信息对维护国家安全的重要支撑作用，走军地统筹、军民融合的发展路子，在基础地理信息生产和技术创新等方面兼顾国防需求。

（七）发展目标。通过政策推动，逐步形成地理信息获取、处理、应用为主的成熟产业链，形成若干个实力雄厚、具有国际竞争力的大型企业和龙头企业，培育一批充满活力的中小型企业。用5～10年时间，使我国地理信息获取能力明显提升，科技创新能力持续增强，市场监管有效、竞争有序，产品更加丰富、应用更加广泛，产业国际竞争力显著提高。

三、推动重点领域快速发展

（八）提升遥感数据获取和处理能力。发展测绘应用卫星、高中空航摄飞机、低空无人机、地面遥感等遥感系统，加快建设航空航天对地观测数据获取设施，形成光学、雷达、激光等遥感数据获取体系，显著提高遥感数据获取水平。加强遥感数据处理技术研发，进一步提高数据处理、分析能力。

（九）振兴地理信息装备制造。培育若干拥有知识产权的中高端地理信息技术装备生产大型企业，带动相关配套零部件生产企业向“专、精、特”方向发展，提升装备制造的专业化、精细化、特色化水平。

（十）提高地理信息软件研发和产业化水平。结合下一代互联网、物联网、云计算等新技术的发展趋势，大力推进地理信息软件研发，特别是在大型地理信息系统、高性能遥感数据自动化处理等核心基础软件产业化方面实现突破，达到国际先进水平。

（十一）发展地理信息与导航定位融合服务。加快推进现代测绘基准的广泛使用，结合北斗卫星导航产业的发展，提升导航电子地图、互联网地图等基于位置的服务能力，积极发展推动国民经济建设和方便群众日常生活的移动位置服务产品，培育新的经济增长点。

（十二）促进地理信息深层次应用。推进面向政府管理决策、面向企业生产运营、面向人民群众生活的地理信息应用。繁荣地图市场，鼓励制作和出版多层次、个性化、群众喜闻乐见的优秀地图产品，开发出版城市及公路水路交通多媒体地图和三维虚拟地图等特色地图。积极发展地理信息文化创意产业，开发以地图为媒介的动漫、游戏、科普、教育等新型文化产品，培育大众地理信息消费市场。

四、优化产业发展环境

（十三）夯实产业发展基础。规范建立全面反映产业发展情况的统计制度、指标体系和分类标准，建立地理信息及相关产业单位名录库，加强信息统计和发布工作。编制地理信息产业发展规划，提出规划目标、方向和重点，加强与相关规划、政策的衔接，明确任务和措施。

（十四）支持企业做大做强。完善地理信息服务资质管理、数据使用许可、地图审核等制度以及地理信息标准体系。支持企业通过并购、参股等方式进入地理信息产业，鼓励地理信息企业兼并重组，优化资源配置。推动产业集群化、规模化发展，加快培育大型企业和龙头企业。

（十五）规范市场秩序。建立地理信息市场招投标、资产评估、咨询服务等制度以及工程监理、监督检验等质量保障体系，健全地理信息市场信用体系。加大知识产权保护力度，依法查处非法出版和不正当竞争等行为，维护公平竞争的市场秩序。

（十六）强化安全监管。健全涉密地理信息保密管理规定，进一步完善涉密地理信息处理、分发与应用跟踪机制，加强安全监管能力建设，进一步提高涉密地理信息保密安全监管水平。加强高分辨率卫星遥感影像的应用管理。加大对涉外地理信息合作项目及其使用地理信息成果的监督力度。依法严厉打击非法获取、处理地理信息行为。深入开展各类宣传教育活动，不断提高公民的国家版图意识和地理信息安全保密意识。

五、推进科技创新和对外合作

（十七）加快科技创新和产业转化。加大国家科技计划、知识创新工程和自然科学基金项目对地理信息科技创新的支持力度，发挥国家科技重大专项的核心引领作用，集中力量突破一批支撑产业发展的关键共性核心技术，加快推进产业重点领域创新发展和科研成果的产业转化。强化企业在科技创新中的主体地位，鼓励符合条件的地理信息企业申请建立各类科技创新平台，构建专业技术创新与产业转化服务体系。

（十八）加强人力资源建设。以促进地理信息科技创新和产业升级为重点，着力培养高层次、创新型的核心技术研发人才和科研团队。以提高产业综合竞争能力为核心，加快培育具有国际视野的经营管理人才。坚持产学研相结合，紧密结合产业发展需求，进一步优化高校专业和课程设置，努力培养国际化、复合型、实用型人才。对经批准建立的产业基地（园区）引进的高层次地理信息人才，优先安排本人及其配偶、未成年子女在所在地落户。

（十九）促进国际交流与合作。积极引进、消化、吸收国外先进技术，加强多层次、多形式、多领域的研发、生产和人才培养合作。实施“走出去”战略，鼓励和支持在地理信息服务领域开展对外合作，为相关企业走向国际市场提供信息咨询和服务。鼓励企业输出地理信息服务、技术、装备和标准，承揽国际外包业务。

六、加强财税金融支持

（二十）加大财政支持力度。在现有资金渠道内，着力支持地理信息获取、处理、应用、出版等产业发展的关键环节，提升产业创新能力。进一步加大对公益性地理信息产品生产的投入力度，落实政府采购政策，鼓励政府部门地理信息服务外包。地方各级人民政府要采取有效措施，加大投入，推动形成成熟的地理信息产业链。

（二十一）落实相关税收优惠政策。地理信息企业销售自主开发、生产、出版的地理信息产品，符合软件产品范围和认定条件的，可按规定申请享受国家鼓励软件产业发展的增值税优惠政策。地理信息企业符合软件企业认定条件的，经认定后可以申请享受有关软件企业所得税优惠政策。地理信息企业投资国家鼓励类项目，除《国内投资项目不予免税的进口商品目录》所列商品外，在投资总额内所需进口自用设备以及按照合同随设备进口的技术及配套件、备件，免征进口关税。

（二十二）加大融资支持力度。鼓励企业投资地理信息产业，有条件的地方可按规定设立主要支持地理信息企业发展的股权投资（基金）企业或创业投资（基金）企业，引导社会资金投资地理信息产业，不断扩大投入规模，提高产业发展后劲。积极支持符合条件的企业采取发行股票、债券等多种方式筹集资金，拓宽直接融资渠道。银行业金融机构要在控制风险的前提下，积极拓宽抵质押品范围，开发适合地理信息企业的创新型金融产品，对其合理信贷需求给予支持。充分发挥融资性担保机构和融资担保扶持资金的作用，为地理信息企业提供各种形式的贷款担保服务，积极推动企业利用知识产权等无形资产进行质押贷款。大力发展金融租赁、融资租赁等其他间接融资方式，支持地理信息产业发展。

七、健全产业发展保障体系

（二十三）完善政策法规。顺应新型服务业态的发展规律和发展趋势，适时研究制定和完善促进地理信息产业发展的法规、规章和政策，明确各类市场主体的权利和义务。建立健全地理信息获取、处理、应用、出版以及知识产权保护、安全保密监管等相关配套制度措施。

（二十四）强化各方协调配合。各相关部门要按照统一、协调、有效的原则，做好地理信息规划统筹、公共服务、市场监管、标准建设、安全管理等工作。推进军民测绘融合发展，大力推动先进军事测绘和地理信息技术成果、装备设施的社会化应用。充分发挥相关学会、协会在促进地理信息产业发展中的作用。

（二十五）加强分类指导。对于具有战略性或关系国家安全的领域，坚持以国家投资为主，通过建立健全法律法规体系妥善处理好地理信息保密与开放的关系。对于市场化程度高的重点发展领域，以社会投资为主，政府通过多种方式给予政策、资金扶持。对于地理信息社会化服务，主要由企业提供，政府给予合理引导和支持，基础地理信息实行免费或低收费政策。

（二十六）强化基础地理信息支撑。加强基础测绘和地理国情监测，进一步丰富基础地理信息。采取优惠政策，鼓励符合条件的地理信息企业充分利用基础地理信息开展社会化应用和增值服务，开发出版多样化、大众化、具有自主知识产权的地理信息产品。

（二十七）推进地理信息开放共享。组织开展地理信息资源共享政策性试点工作，建立健全政府部门间地理信息资源共建共享机制，明确共建共享的内容、方式和责任，统筹协调地理信息获取分工、更新和共享工作，在切实保障政府部门应用需求的前提下，避免重复建设和资源浪费。积极研究并尽快出台地理信息数据对社会开放的相关政策，促进地理信息的广泛应用和产业的健康、快速发展。

国务院办公厅

2014年1月22日

三、关于印发促进智慧城市健康发展的指导意见的通知

2014年8月27日，国家发展改革委等8个部委联合印发了《关于印发促进智慧城市健康发展的指导意见的通知》（专栏14-3）。

专栏14-3

关于印发促进智慧城市健康发展的指导意见的通知

发改高技〔2014〕1770号

各省、自治区、直辖市人民政府，国务院各部委、各直属机构：

经国务院同意，现将《关于促进智慧城市健康发展的指导意见》印发你们，请认真贯彻落实。各地区、各有关部门要充分认识促进智慧城市健康发展的重要意义，切实加强组织领导，采取有力措施，扎实推进各项工作，认真落实本指导意见提出的各项任务，确保智慧城市建设健康有序推进。

国家发展改革委　工业和信息化部　科学技术部
公安部　财政部　国土资源部
住房和城乡建设部　交通运输部
2014年8月27日

附件

关于促进智慧城市健康发展的指导意见

智慧城市是运用物联网、云计算、大数据、空间地理信息集成等新一代信息技术，促进城市规划、建设、管理和服务智慧化的新理念和新模式。建设智慧城市，对加快工业化、信息化、城镇化、农业现代化融合，提升城市可持续发展能力具有重要意义。近年来，我国智慧城市建设取得了积极进展，但也暴露出缺乏顶层设计和统筹规划、体制机制创新滞后、网络安全隐患和风险突出等问题，一些地方出现思路不清、盲目建设的苗头，亟待加强引导。为贯彻落实《中共中央国务院关于印发〈国家新型城镇化规划（2014～2020年）〉的通知》（中发〔2014〕4号）和《国务院关于促进信息消费扩大内需的若干意见》（国发〔2013〕32号）有关要求，促进智慧城市健康发展，经国务院同意，现提出以下意见。

一、指导思想、基本原则和主要目标

（一）指导思想。按照走集约、智能、绿色、低碳的新型城镇化道路的总体要求，发挥市场在资源配置中的决定性作用，加强和完善政府引导，统筹物质、信息和智力资源，推动新一代信息技术创新应用，加强城市管理和服务体系智能化建设，积极发展民生服务智慧应用，强化网络安全保障，有效提高城市综合承载能力和居民幸福感受，促进城镇化发展质量和水平全面提升。

（二）基本原则。以人为本，务实推进。智慧城市建设要突出为民、便民、惠民，推动创新城市管理和公共服务方式，向城市居民提供广覆盖、多层次、差异化、高质量的公共服务，避免重建设、轻实效，使公众分享智慧城市建设成果。

因地制宜，科学有序。以城市发展需求为导向，根据城市地理区位、历史文化、资源禀赋、产业特色、信息化基础等，应用先进适用技术科学推进智慧城市建设。在综合条件较好的区域或重点领域先行先试，有序推动智慧城市发展，避免贪大求全、重复建设。

市场为主，协同创新。积极探索智慧城市的发展路径、管理方式、推进模式和保障机制。鼓励建设和运营模式创新，注重激发市场活力，建立可持续发展机制。鼓励社会资本参与建设投资和运营，杜绝政府大包大揽和不必要的行政干预。

可管可控，确保安全。落实国家信息安全等级保护制度，强化网络和信息安全管理，落实责任机制，健全网络和信息安全标准体系，加大依法管理网络和保护个人信息的力度，加强要害信息系统和信息基础设施安全保障，确保安全可控。

（三）主要目标。到2020年，建成一批特色鲜明的智慧城市，聚集和辐射带动作用大幅增强，综合竞争优势明显提高，在保障和改善民生服务、创新社会管理、维护网络安全等方面取得显著成效。

公共服务便捷化。在教育文化、医疗卫生、计划生育、劳动就业、社会保障、住房保障、环境保护、交通出行、防灾减灾、检验检测等公共服务领域，基本建成覆盖城乡居民、农民工及其随迁家属的信息服务体系，公众获取基本公共服务更加方便、及时、高效。

城市管理精细化。市政管理、人口管理、交通管理、公共安全、应急管理、社会诚信、市场监管、检验检疫、食品药品安全、饮用水安全等社会管理领域的信息化体系基本形成，统筹数字化城市管理信息系统、城市地理空间信息及建（构）筑物数据库等资源，实现城市规划和城市基础设施管理的数字化、精准化水平大幅提升，推动政府行政效能和城市管理水平大幅提升。

生活环境宜居化。居民生活数字化水平显著提高，水、大气、噪声、土壤和自然植被环境智能监测体系和污染物排放、能源消耗在线防控体系基本建成，促进城市人居环境得到改善。

基础设施智能化。宽带、融合、安全、泛在的下一代信息基础设施基本建成。电力、燃气、交通、水务、物流等公用基础设施的智能化水平大幅提升，运行管理实现精准化、协同化、一体化。工业化与信息化深度融合，信息服务业加快发展。

网络安全长效化。城市网络安全保障体系和管理制度基本建立，基础网络和要害信息系统安全可控，重要信息资源安全得到切实保障，居民、企业和政府的信息得到有效保护。

二、科学制定智慧城市建设顶层设计

（四）加强顶层设计。城市人民政府要从城市发展的战略全局出发研究制定智慧城市建设方案。方案要突出为人服务，深化重点领域智慧化应用，提供更加便捷、高效、低成本的社会服务；要明确推进信息资源共享和社会化开发利用、强化信息安全、保障信息准确可靠以及同步加强信用环境建设、完善法规标准等的具体措施；要加强与国民经济和社会发展总体规划、主体功能区规划、相关行业发展规划、区域规划、城乡规划以及有关专项规划的衔接，做好统筹城乡发展布局。

（五）推动构建普惠化公共服务体系。加快实施信息惠民工程。推进智慧医院、远程医疗建设，普及应用电子病历和健康档案，促进优质医疗资源纵向流动。建设具有随时看护、远程关爱等功能的养老信息化服务体系。建立公共就业信息服务平台，加快推进就业信息全国联网。加快社会保障经办信息化体系建设，推进医保费用跨市即时结算。推进社会保障卡、金融IC卡、市民服务卡、居民健康卡、交通卡等公共服务卡的应用集成和跨市一卡通用。围绕促进教育公平、提高教育质量和满足市民终身学习需求，建设完善教育信息化基础设施，构建利用信息化手段扩大优质教育资源覆盖面的有效机制，推进优质教育资源共享与服务。加强数字图书馆、数字档案馆、数字博物馆等公益设施建设。鼓励发展基于移动互联网的旅游服务系统和旅游管理信息平台。

（六）支撑建立精细化社会管理体系。建立全面设防、一体运作、精确定位、有效管控的社会治安防控体系。整合各类视频图像信息资源，推进公共安全视频联网应用。完善社会化、网络化、网格化的城乡公共安全保障体系，构建反应及时、恢复迅速、支援有力的应急保障体系。在食品药品、消费品安全、检验检疫等领域，建设完善具有溯源追查、社会监督等功能的市场监管信息服务体系，推进药品阳光采购。整合信贷、纳税、履约、产品质量、参保缴费和违法违纪等信用信息记录，加快征信信息系统建设。完善群众诉求表达和受理信访的网络平台，推进政府办事网上公开。

（七）促进宜居化生活环境建设。建立环境信息智能分析系统、预警应急系统和环境质量管理公共服务系统，对重点地区、重点企业和污染源实施智能化远程监测。依托城市统一公共服务信息平台建设社区公共服务信息系统，拓展社会管理和服务功能，发展面向家政、养老、社区照料和病患陪护的信息服务体系，为社区居民提供便捷的综合信息服务。推广智慧家庭，鼓励将医疗、教育、安防、政务等社会公共服务设施和服务资源接入家庭，提升家庭信息化服务水平。

（八）建立现代化产业发展体系。运用现代信息化手段，加快建立城市物流配送体系和城市消费需求与农产品供给紧密衔接的新型农业生产经营体系。加速工业化与信息化深度融合，推进大型工业企业深化信息技术的综合集成应用，建设完善中小企业公共信息服务平台，积极培育发展工业互联网等新兴业态。加快发展信息服务业，鼓励信息系统服务外包。建设完善电子商务基础设施，积极培育电子商务服务业，促进电子商务向旅游、餐饮、文化娱乐、家庭服务、养老服务、社区服务以及工业设计、文化创意等领域发展。

（九）加快建设智能化基础设施。加快构建城乡一体的宽带网络，推进下一代互联网和广播电视网建设，全面推广三网融合。推动城市公用设施、建筑等智能化改造，完善建筑数据库、房屋管理等信息系统和服务平台。加快智能电网建设。健全防灾减灾预报预警信息平台，建设全过程智能水务管理系统和饮用水安全电子监控系统。建设交通诱导、出行信息服务、公共交通、综合客运枢纽、综合运行协调指挥等智能系统，推进北斗导航卫星地基增强系统建设，发展差异化交通信息增值服务。建设智能物流信息平台和仓储式物流平台枢纽，加强港口、航运、陆运等物流信息的开发共享和社会化应用。

三、切实加大信息资源开发共享力度

（十）加快推进信息资源共享与更新。统筹城市地理空间信息及建（构）筑物数据库等资源，加快智慧城市公共信息平台和应用体系建设。建立促进信息共享的跨部门协调机制，完善信息更新机制，进一步加强政务部门信息共享和信息更新管理。各政务部门应根据职能分工，将本部门建设管理的信息资源授权有需要的部门无偿使用，共享部门应按授权范围合理使用信息资源。以城市统一的地理空间框架和人口、法人等信息资源为基础，叠加各部门、各行业相关业务信息，加快促进跨部门协同应用。整合已建政务信息系统，统筹新建系统，建设信息资源共享设施，实现基础信息资源和业务信息资源的集约化采集、网络化汇聚和统一化管理。

（十一）深化重点领域信息资源开发利用。城市人民政府要将提高信息资源开发利用水平作为提升城市综合竞争力的重要手段，大力推动政府部门将企业信用、产品质量、食品药品安全、综合交通、公用设施、环境质量等信息资源向社会开放，鼓励市政公用企事业单位、公共服务事业单位等机构将教育、医疗、就业、旅游、生活等信息资源向社会开放。支持社会力量应用信息资源发展便民、惠民、实用的新型信息服务。鼓励发展以信息知识加工和创新为主的数据挖掘、商业分析等新型服务，加速信息知识向产品、资产及效益转化。

四、积极运用新技术新业态

（十二）加快重点领域物联网应用。支持物联网在高耗能行业的应用，促进生产制造、经营管理和能源利用智能化。鼓励物联网在农产品生产流通等领域应用。加快物联网在城市管理、交通运输、节能减排、食品药品安全、社会保障、医疗卫生、民生服务、公共安全、产品质量等领域的推广应用，提高城市管理精细化水平，逐步形成全面感知、广泛互联的城市智能管理和服务体系。

（十三）促进云计算和大数据健康发展。鼓励电子政务系统向云计算模式迁移。在教育、医疗卫生、劳动就业、社会保障等重点民生领域，推广低成本、高质量、广覆盖的云服务，支持各类企业充分利用公共云计算服务资源。加强基于云计算的大数据开发与利用，在电子商务、工业设计、科学研究、交通运输等领域，创新大数据商业模式，服务城市经济社会发展。

（十四）推动信息技术集成应用。面向公众实际需要，重点在交通运输联程联运、城市共同配送、灾害防范与应急处置、家居智能管理、居家看护与健康管理、集中养老与远程医疗、智能建筑与智慧社区、室内外统一位置服务、旅游娱乐消费等领域，加强移动互联网、遥感遥测、北斗导航、地理信息等技术的集成应用，创新服务模式，为城市居民提供方便、实用的新型服务。

五、着力加强网络信息安全管理和能力建设

（十五）严格全流程网络安全管理。城市人民政府在推进智慧城市建设中要同步加强网络安全保障工作。在重要信息系统设计阶段，要合理确定安全保护等级，同步设计安全防护方案；在实施阶段，要加强对技术、设备和服务提供商的安全审查，同步建设安全防护手段；在运行阶段，要加强管理，定期开展检查、等级评测和风险评估，认真排查安全风险隐患，增强日常监测和应急响应处置恢复能力。

（十六）加强要害信息设施和信息资源安全防护。加大对党政军、金融、能源、交通、电信、公共安全、公用事业等重要信息系统和涉密信息系统的安全防护，确保安全可控。完善网络安全设施，重点提高网络管理、态势预警、应急处理和信任服务能力。统筹建设容灾备份体系，推行联合灾备和异地灾备。建立重要信息使用管理和安全评价机制。严格落实国家有关法律法规及标准，加强行业和企业自律，切实加强个人信息保护。

（十七）强化安全责任和安全意识。建立网络安全责任制，明确城市人民政府及有关部门负责人、要害信息系统运营单位负责人的网络信息安全责任，建立责任追究机制。加大宣传教育力度，提高智慧城市规划、建设、管理、维护等各环节工作人员的网络信息安全风险意识、责任意识、工作技能和管理水平。鼓励发展专业化、社会化的信息安全认证服务，为保障智慧城市网络信息安全提供支持。

六、完善组织管理和制度建设

（十八）完善管理制度。国务院有关部门要加快研究制定智慧城市建设的标准体系、评价体系和审计监督体系，推行智慧城市重点工程项目风险和效益评估机制，定期公布智慧城市建设重点任务完成进展情况。城市人民政府要健全智慧城市建设重大项目监督听证制度和问责机制，将智慧城市建设成效纳入政府绩效考核体系；建立激励约束机制，推动电子政务和公益性信息服务外包和利用社会力量开发利用信息资源、发展便民信息服务。

（十九）完善投融资机制。在国务院批准发行的地方政府债券额度内，各省级人民政府要统筹安排部分资金用于智慧城市建设。城市人民政府要建立规范的投融资机制，通过特许经营、购买服务等多种形式，引导社会资金参与智慧城市建设，鼓励符合条件的企业发行企业债募集资金开展智慧城市建设，严禁以建设智慧城市名义变相推行土地财政和不切实际的举债融资。城市有关财政资金要重点投向基础性、公益性领域，优先支持涉及民生的智慧应用，鼓励市政公用企事业单位对市政设施进行智能化改造。

各地区、各有关部门要充分认识促进智慧城市健康发展的重要意义，切实加强组织领导，认真落实本指导意见提出的各项任务。发展改革委、工业和信息化部、科技部、公安部、财政部、国土资源部、环境保护部、住房城乡建设部、交通运输部等要建立部际协调机制，协调解决智慧城市建设中的重大问题，加强对各地区的指导和监督，研究出台促进智慧城市健康发展以及信息化促进城镇化发展的相关政策。各省级人民政府要切实加强对本地区智慧城市建设的领导，采取有力措施，抓好全过程监督管理。城市人民政府是智慧城市建设的责任主体，要加强组织，细化措施，扎实推进各项工作，主动接受社会监督，确保智慧城市建设健康有序推进。

（摘自中华人民共和国国家发展和改革委员会网站）

第三节　标准建设

一、信息安全标准

2014年全国信息安全标准化技术委员会发布了一系列信息安全标准（表14-1）。

表14-1　信息安全标准

标准号	标准名称	归口单位	实施日期
GB/T 20275—2013	信息安全技术网络入侵检测系统技术要求和测试评价方法	全国信息安全标准化技术委员会	2014/7/15
GB/T 29765—2013	信息安全技术数据备份与恢复产品技术要求与测试评价方法	全国信息安全标准化技术委员会	2014/5/1
GB/T 30271—2013	信息安全技术信息安全服务能力评估准则	全国信息安全标准化技术委员会	2014/7/15
GB/T 30273—2013	信息安全技术信息系统安全保障通用评估指南	全国信息安全标准化技术委员会	2014/7/15
GB/T 30276—2013	信息安全技术信息安全漏洞管理规范	全国信息安全标准化技术委员会	2014/7/15
GB/T 30278—2013	信息安全技术政务计算机终端核心配置规范	全国信息安全标准化技术委员会	2014/7/15
GB/T 30279—2013	信息安全技术安全漏洞等级划分指南	全国信息安全标准化技术委员会	2014/7/15
GB/T 30283—2013	信息安全技术信息安全服务分类	全国信息安全标准化技术委员会	2014/7/15
GB/T 30285—2013	信息安全技术灾难恢复中心建设与运维管理规范	全国信息安全标准化技术委员会	2014/7/15

各标准的主要内容如下：

GB/T 20275—2013 信息安全技术网络入侵检测系统技术要求和测试评价方法

本标准规定了网络入侵检测系统的技术要求和测试评价方法，要求包括安全功能要求、自身安全功能要求、安全保证要求和测试评价方法，并提出了网络入侵检测系统的分级要求。

本标准适用于网络入侵检测系统的设计、开发、测试和评价。

GB/T 29765—2013 信息安全技术数据备份与恢复产品技术要求与测试评价方法

本标准规定了数据备份与恢复产品的技术要求与测试评价方法。本标准适用于对数据备份与恢复产品的研制、生产、测试、评价。本标准所指的数据备份与恢复产品是指实现和管理信息系统数据备份和恢复过程的产品,不包括数据复制产品和持续数据保护产品。

GB/T 30271—2013 信息安全技术信息安全服务能力评估准则

本标准规定了服务过程模型和信息安全服务商的服务能力的评估准则。本标准适用于对信息安全服务提供商的能力进行评估,也适用于服务提供商对于自身能力的改善提供指导。

GB/T 30273—2013 信息安全技术信息系统安全保障通用评估指南

本标准描述了评估者在使用GB/T 20274系列标准所定义的准则进行评估时需要完成的评估活动，为评估者在具体评估活动中的评估行为和活动提供指南。

GB/T 30276—2013 信息安全技术信息安全漏洞管理规范

本标准规定了信息安全漏洞的管理要求,涉及漏洞的发现、利用、修复和公开等环节。本标准适用于用户、厂商和漏洞管理组织进行信息安全漏洞的管理活动,包括漏洞的预防、收集、消减和发布。

GB/T 30278—2013 信息安全技术政务计算机终端核心配置规范

本标准规定了政务计算机终端核心配置的基本概念和要求，核心配置的自动化实现方法，规范了核心配置实施流程。本标准适用于政务部门开展计算机终端的核心配置工作。涉密政务计算机终端安全配置工作应参照国家保密局相关保密规定和标准执行。

GB/T 30279—2013 信息安全技术安全漏洞等级划分指南

本标准规定了信息系统安全漏洞（简称漏洞）的等级划分要素和危害程度级别。本标准适用于信息安全漏洞管理组织和信息安全漏洞发布机构对信息安全漏洞危害程度的评估和认定,适用于信息安全产品生产、技术研发、系统运营等组织、机构在相关工作中参考。

GB/T 30283—2013 信息安全技术信息安全服务分类

本标准规定了信息安全服务分类,包括信息安全咨询类、信息安全实施类、信息安全培训类及其他类四个方面。本标准适用于信息安全行业对信息安全服务概念的理解和分类管理,适用于信息安全服务的开发、提供、选用和采购。本标准不适用于仅依附于某一信息安全产品的服务（如信息安全产品的使用、维保等服务）。

GB/T 30285—2013　信息安全技术灾难恢复中心建设与运维管理规范

本标准规定了灾难恢复中心建设与运维的管理过程。本标准适用于开展信息系统灾难恢复及业务连续性活动的机构或提供信息系统灾难恢复及业务连续性服务的服务机构（以下简称“机构”）。

二、中国起草的测向系统测试方法正式成为国际标准

11月27日，国际电信联盟（ITU）在其网站正式发布了新建议书ITU-R SM.2060《测量测向系统测向精度的测试程序》和ITU-R SM.2061《测量测向系统多径信号抗扰度的测试程序》，标志着由我国主导的无线电测向系统测向精度的测试方法和参与的测向系统多径传播抗扰度的测试方法正式成为国际标准，实现无线电监管技术领域中国主导标准的零突破。

这两项测试方法均由国家无线电监测中心、国家无线电频谱管理中心起草，并代表我国在2014年6月瑞士日内瓦举行的ITU-R SG1会议上提交至国际电信联盟。会上，测向系统测向精度测试方法文稿，引起各参会国家和厂商的高度关注。经过会上的激烈讨论和会下的积极沟通，最终，大会完全采纳了我国提出的文稿，将其作为SM.2060建议书的核心内容。ITU-R SM.2061建议书中关于测试的关键设置，也完全采纳了我国在大会上提出的建议。

两项新建议书的发布，有助于规范测向系统生产厂家的行为，方便主管部门和最终用户对不同测向系统的性能进行比较、评估和设备选型，有助于维护我国无线电监管部门的权益。

国家无线电监测中心、国家无线电频谱管理中心是国家无线电管理技术机构，一直高度重视标准规范的制定工作，将其作为自身的一项核心职能。这两项国际标准就是标准规范制订工作的代表性成果。它的发布展现了我国无线电管理在国际上的重要地位和影响力。

第十五章　地方信息化发展动态

2014年是大数据年。大数据不仅是互联网业热点，而且吸引了众多城市的关注，把大数据作为地区发展的新增长点。2014年中国迎来互联网20年，大众创新成就了互联网，互联网不仅是信息技术乃至新商业模式的集大成者，也将更加立体化、全方位地推动社会的进步。

第一节　政策法规

一、广东省信息化促进条例

2014年5月29日，广东省第十二届人民代表大会常务委员会第九次会议通过《广东省信息化促进条例》，自2014年9月1日起施行（专栏15-1）。

专栏15-1

广东省信息化促进条例

第一章　总　　则

第一条　为了加快信息化发展，规范信息化服务与管理，根据有关法律和行政法规，结合本省实际，制定本条例。

第二条　本条例适用于本省行政区域内的信息化规划与建设、信息资源开发利用、信息技术推广应用、信息产业发展、信息安全保障和监管以及相关服务与管理活动。

第三条　促进信息化发展应当遵循统筹规划、资源共享、实用高效、鼓励创新、保守秘密、保障安全的原则，充分发挥市场主体的作用。

第四条　县级以上人民政府应当加强对信息化促进工作的领导，将信息化发展纳入本行政区域国民经济和社会发展规划，根据本行政区域国民经济和社会发展需要，安排信息化发展资金，支持信息化发展，引导和支持社会资金投资信息化建设。

县级以上人民政府应当加强信息化培训，提高城乡居民的信息化应用能力。

乡、镇人民政府和街道办事处应当推进本辖区的信息化应用。

第五条 县级以上人民政府信息化主管部门负责本行政区域信息化发展的统筹规划、协调指导和监督管理工作。

发展改革、财政、住房城乡建设、质量技术监督、公安、广电等有关部门和通信管理部门按照各自职责，做好信息化发展的相关工作。

第六条 省质量技术监督主管部门应当会同省信息化主管部门和其他有关部门，制定和完善本省信息化相关标准并监督实施。

信息化工程建设、信息资源开发利用、信息技术推广应用、信息资源共享交换、信息安全保障等应当执行国家、行业或地方信息化标准。

第七条 省人民政府应当统筹整合全省信息化资源，完善经济欠发达地区的信息化基础设施和服务体系，促进信息化均衡发展，推进全省信息网络融合和信息资源共享，促进生产服务、生活服务、公共服务的信息化成果平等共享。

第八条 省人民政府应当加强与其他省、市、自治区的信息化合作。

省人民政府应当推进与港、澳地区的信息化基础设施互联互通、信息服务业发展和电子商务应用以及标准化和应急保障的交流与合作。

第二章　信息化规划与建设

第九条 县级以上人民政府信息化主管部门应当会同有关部门，编制本行政区域信息化发展总体规划，报本级人民政府批准后公布实施。

县级以上人民政府有关部门编制本部门、本系统信息化发展专项规划，应当符合本行政区域信息化发展总体规划，并报本级人民政府信息化主管部门备案。

编制信息化发展总体规划和专项规划，应当组织专家论证，并向社会公开征求意见。

总体规划和专项规划的制定部门应当就规划的内容向公众提供咨询服务。规划的执行情况应当定期向社会公布，接受社会监督。

第十条 信息化发展总体规划和专项规划不得随意修改；确需修改的，应当按照本条例第九条规定的程序办理。

第十一条 县级以上人民政府及其有关部门应当将通信管道、通信线路和通信基站等信息通信基础设施建设纳入城乡建设控制性详细规划，并与环境保护、市政基础设施等相关规划相衔接，统筹考虑空间布局和建设时序。

信息通信基础设施应当执行国家标准或者行业标准，并按共建共享原则建设。

第十二条 对信息化发展总体规划或者专项规划确定建设公众通信基站的建筑物、构筑物和公用设施，建设单位、设计单位和审图机构等相关单位应当按照公众通信基站建设设计标准和规范，预留基站和室内无线分布系统所需的机房、电源、管道和天面的空间，并与主体工程同时设计、同时施工、同时验收。

县级以上规划主管部门在审批建设工程规划许可和建设工程规划验收许可时，应当对基站及相关设施预留情况进行审核。

第十三条　国家机关、公共场馆、旅游景点等所属建筑物和构筑物，以及路灯、道路指示牌等公共设施，在符合安全、环保要求且不影响建筑设施正常使用的情况下，应当开放用于支持通信管道、通信线路和通信基站等信息通信基础设施建设。

第十四条　电信网、互联网、广播电视网等公共信息基础设施建设，应当向欠发达地区和农村延伸，依法实行城乡统筹、互联互通和资源共享。

第十五条　新建建筑物内的电信网、互联网、广播电视网等信息管线和配线设施以及建设项目用地范围内的信息管道，应当纳入新建建筑物建设项目的设计文件，与建设项目同时施工与验收，所需经费应当纳入建设项目概算。

已建建筑物驻地网的新建、改建、扩建，应当尊重业主选择，对所有电信、互联网、广播电视业务经营者和其他驻地网建设方开放，实行平等接入、公平竞争。

电信、互联网、广播电视等业务经营者不得与项目建设单位、物业服务企业、业主委员会等签署排他性、垄断性协议，或者以其他方式实施排他性、垄断性行为。

第十六条　县级以上人民政府及其有关部门应当支持电信、互联网、广播电视等业务经营者参照光纤到户国家标准，以共建共享方式对既有住宅区、住宅建筑及商住楼进行通信基础设施及相关配套改造。建设单位、业主单位、物业服务企业等应当向电信、互联网、广播电视等业务经营者平等开放建筑规划用地红线内已有的通信设备间、电信间、管道和线缆等，为光纤到户改造提供便利条件，不得违规收取任何费用。

第十七条　省人民政府应当推进全省云计算、物联网、大数据等新信息技术公共服务平台建设。

第十八条　省人民政府应当统筹部署全省电子政务基础设施建设，加快建成全省统一的电子政务网络、信息资源共享交换体系、信息资源公开服务体系、基础信息资源库、政务信息资源数据中心等公共基础设施。市、县级人民政府应当按照省统一部署，统筹本级电子政务基础设施建设。

第十九条　政府投资建设的信息化项目在审批立项时，应当就项目建设方案或者建设规划向信息化主管部门征求意见，信息化主管部门应当对项目的可行性、实效性、安全性，资源整合共享等方面出具评估意见。

第二十条　信息化项目建设应当符合国家、行业、地方有关标准和规范，由依法取得相应资质的单位承担，遵守招标投标、工程监理、竣工验收等相关规定。

第二十一条　信息基础设施依法受到保护，任何单位和个人不得阻碍依法进行的信息基础设施建设，不得危害信息基础设施安全。

第三章 信息资源开发利用

第二十二条 县级以上人民政府应当建立和完善本行政区域内的人口、法人单位、自然资源和空间地理、宏观经济、信用征信等基础信息资源库，促进政务信息资源共享和信息资源社会化开发利用。

第二十三条 省人民政府应当建立和完善政务信息资源共享交换体系和标准规范体系，推进政务协同信息化，实现政务信息资源共享和政务协同。

省人民政府信息化主管部门应当会同有关单位，根据安全可控原则编制统一的政务信息资源共享目录和标准，确定政务信息资源共享的内容、方式、技术规范和责任。

第二十四条 县级以上人民政府信息化主管部门应当会同本级有关单位编制本级政务信息资源共享目录，无偿、及时通过信息资源共享交换体系共享相关信息。

第二十五条 省人民政府信息化主管部门应当会同有关单位编制政务信息资源公开目录，确定政务信息资源公开的主体、内容、方式和责任。

县级以上人民政府有关部门和公共服务机构应当编制本单位政务信息资源公开目录，并按政务信息资源公开有关规定向社会公开。

第二十六条 省人民政府应当建立全省统一的政务电子证照文件数据库，推动电子证照文件共享应用，逐步实现全流程网上办事。

第二十七条 教育、医疗卫生、供电、供水、供气、公共交通、环保等公共服务机构，应当将服务内容、服务承诺、收费标准、办事过程等信息通过网站及其他方式向社会公开，准确、便捷地提供与民众生活相关的公共信息服务。

信息化主管部门应当对公共服务机构的信息公开和服务情况进行指导和监督。

第二十八条 国家机关应当依法建立和完善信息采集机制，采集信息应当保证信息真实、完整，并在职责范围内做好信息资源的维护、更新和管理。

国家机关以外的单位和个人向公民、法人和其他组织采集信息，应当征得被采集人的同意，说明用途，并在该用途范围内使用所采集的信息。

第二十九条 各级人民政府应当引导和规范政务信息资源的增值开发利用；鼓励单位和个人进行政务信息资源的公益性开发利用。

鼓励单位和个人依法从事信息资源有偿开发利用。

第三十条 信息资源开发利用应当依法进行，不得侵犯知识产权、国家秘密、商业秘密和个人隐私。

第三十一条 掌握公众信息的单位和个人，不得泄露、篡改、毁损、出售或者非法向他人提供在业务活动中收集的公民、法人或者其他组织的信息。

公民、法人和其他组织有权要求采集、使用其信息的单位和个人更正、删除与其相关的不实信息。

第三十二条 县级以上人民政府信息化主管部门、公安、工商行政管理以及征信业监督管理等部门应当依法加强对信息资源市场的监督管理，保护信息资源拥有者、经营者和使用者的合法权益。

第四章　信息技术推广应用

第三十三条　县级以上人民政府信息化主管部门应当建立和完善信息技术推广应用体系，编制信息技术推广应用指南，明确推广应用目标和重点领域，组织实施重点推广应用项目，促进信息技术在工业化、城镇化、农业现代化和社会各领域的普及应用。

第三十四条　县级以上人民政府应当加大对信息化与工业化融合的扶持力度，重点推进生产过程、生产装备、生产产品和生产服务智能化。

第三十五条　县级以上人民政府信息化主管部门应当会同通信管理、广电、规划、住房城乡建设等部门，促进电信网、互联网、广播电视网等信息网络业务经营者发展融合型业务。

县级以上人民政府应当鼓励、支持电信网、互联网、广播电视网融合技术在应急管理、执法管理、教育科研、医疗卫生、交通运输、人力资源和社会保障等政府公共管理和在线便民服务的应用。

第三十六条　省人民政府信息化主管部门和省通信管理部门应当促进新一代互联网网络体系架构建设，推进商业化、规模化应用，推动机关和学校、科研院所、重点商业等企事业单位网站等系统新一代互联网网络技术升级改造。

县级以上人民政府及其有关部门负责推进本行政区域新一代互联网技术普及与应用，协调解决新一代互联网网络技术在重点行业、领域的应用以及试点示范项目的建设推广。

第三十七条　省人民政府应当推进全省云计算平台建设，促进云计算应用服务，开展云计算重点示范应用项目试点，引导云计算产业集聚发展，创新云计算服务模式。

地级以上市人民政府应当根据本行政区域行业应用需求，支持建设云计算公共服务平台，开展特色云计算服务。

鼓励电信运营和信息技术服务企业开展云计算核心技术研发和服务平台建设。

第三十八条　县级以上人民政府应当支持物联网技术研究和发展，对涉及物联网产业发展的重点领域、重大项目和关键技术优先予以扶持。

县级以上人民政府信息化主管部门等有关部门应当推进本行政区域物联网技术普及应用，协调物联网在重点领域应用以及示范项目的建设推广，协调解决物联网发展基础设施建设、关键共性技术标准、产业支持和安全保障等问题。

第三十九条　县级以上人民政府应当协调解决大数据基础设施建设、数据标准制定、数据共享与服务等问题，推进大数据的开放和开发利用。

鼓励单位和个人进行有利于社会和公众的大数据创新服务。

第四十条　县级以上人民政府及其有关部门应当积极推进云计算、物联网、大数据等新技术、新产品在政府部门安全可控应用，提高在线履行服务与管理职能的水平。

第四十一条　省人民政府应当统筹建立网上政务服务平台。

县级以上人民政府应当建立网上政务服务平台，逐步设立单位专属网页，有条件的可以设立个人网页，提供政府便民服务。

行政机关及法律、法规授权的具有管理公共事务职能的组织应当推进网上办事，非涉密的行政许可和公共服务事项应当按照规定实现网上办理。

第四十二条 单位和个人使用网上政务服务平台申请办理业务，应当提供真实、完整、有效的资料。

第四十三条 县级以上人民政府应当推动电子支付、安全认证、信用服务、现代物流等电子商务服务体系建设，促进电子商务发展和应用。

第四十四条 县级以上人民政府应当引导社会力量建立中小微企业公共信息技术服务平台，为中小微企业提供管理、设计研发、技术创新等服务。

第四十五条 县级以上人民政府应当推动信息服务的普及应用，加大信息无障碍设施建设和技术、产品开发的扶持力度，促进残疾人、老年人等社会成员平等参与信息社会生活。

第四十六条 县级以上人民政府应当积极推动在政府机关、医院、学校、公园、图书馆、博物馆、广场、政务中心等公共场所免费提供无线接入网络服务。

鼓励机场、车站、码头、商场、酒店、餐厅等公共服务场所经营者为消费者提供无线接入网络服务。

第四十七条 县级以上人民政府应当推进无线、远程、居民自助互助等便民服务信息基础设施建设，构建统一的社区服务和管理综合信息平台。

第四十八条 县级以上人民政府及其有关部门应当加强农业农村信息基础设施建设，建立和完善农业农村信息服务体系，开发、利用和整合农业农村信息资源，开展面向农村的信息化知识和技能培训，推动信息技术在农村生产服务、生活服务、公共服务等方面的应用。

第四十九条 政府有关部门和公共服务机构可以通过购买服务的方式，促进信息技术在生产服务、生活服务、公共服务等方面的应用。

第五章 信息产业发展

第五十条 县级以上人民政府应当结合本地实际，确定信息产业发展重点领域，支持信息产业基地和园区建设，引导和促进信息产业集聚发展。

县级以上人民政府应当加大对信息产业关键技术和具有自主知识产权信息技术的研发扶持力度，鼓励企事业单位加大信息技术研发投入，增强自主创新能力和核心竞争力。

第五十一条 县级以上人民政府应当建立和完善信息产业投融资机制，鼓励和引导公民、法人和其他组织投资信息产业。

第五十二条 县级以上人民政府应当培育和发展信息技术知识产权交易市场，促进信息技术转让和成果转化。

第五十三条 设计、制造电子信息产品，应当采用资源利用率高、易回收处理、环保的材料、技术和工艺。

第五十四条 县级以上人民政府应当加强信息化人才培养，做好信息化人才引进工作。

鼓励高等院校、科研机构等企事业单位以及行业协会等社会组织采取多种形式，培养技术研发、市场推广、服务咨询等实用型和创新型的信息化人才。

第五十五条 县级以上人民政府应当扶持信息化社会组织的发展，发挥信息化社会组织的服务作用。

信息化社会组织应当加强自律，制定和完善规范，依法开展市场调查、信息交流、企业合作、人才培训、咨询评估等服务。

信息化社会组织可以承接县级以上人民政府信息化主管部门依法转移或者委托的信息化服务与管理事项，并接受指导监督。

第五十六条 电信、互联网、广播电视等信息业务经营者应当遵守诚实信用原则，为用户提供优质的产品和服务，依法、合理制定产品和服务的收费标准，不得损害用户和其他经营者的合法权益。

电信、互联网、广播电视等信息业务经营者提供的服务应当符合业务主管部门制定的服务规范，遵守服务协议，履行服务承诺。

县级以上工商行政管理部门应当依法查处信息服务市场的不正当竞争行为，维护信息服务市场秩序。

第六章 信息安全保障和监管

第五十七条 县级以上人民政府应当建立信息安全工作领导协调机制，统筹协调和指导本行政区域内的信息安全保障和监管工作。

县级以上人民政府信息安全协调保障主管部门应当会同公安、国家安全、保密、密码管理、广电、通信管理等部门，建立和完善信息安全保障协调机制，完善信息安全保障体系，协调和指导重要信息网络和信息系统容灾备份建设，加强信息安全管理和能力建设。

第五十八条 各级人民政府应当加强信息安全监管，及时建立大数据、云计算、物联网等新技术新产品在政府及其他重点领域应用的标准、规范，建立和完善风险评估和监测、检查、管理体系，及时预警信息安全隐患，保障网络、信息系统、信息资源资产的安全。

第五十九条 信息网络和信息系统的所有者或者运营者应当依据国家有关规定以及相关技术标准，建立信息安全保障工作责任制，制定本单位信息安全保护和容灾备份措施，对信息网络和信息系统实行信息安全等级保护，定期进行信息安全风险评估。

第六十条 信息网络和信息系统的建设和运营，应当遵守国家和省有关信息安全、保密的规定。

信息安全系统应当采用依法认证的信息安全产品，并与信息网络和信息系统同时设计、同时施工、同时投入使用。

第六十一条 县级以上人民政府信息化主管部门应当会同有关部门，在电子政务、电子商务、公共服务等领域推广使用电子签名，鼓励电子签名认证数字证书在互联网上的应用；

推动与港澳台电子签名认证证书的互认互通。

信息化主管部门、密码管理部门应当按照国家有关规定，对电子认证服务机构和电子认证服务实施监督管理。

第六十二条 县级以上人民政府信息化主管部门应当会同有关部门，建立和完善信息安全应急处理协调机制和信息安全通报制度。

信息网络和信息系统的运行、使用单位，应当制定本单位信息安全应急预案，定期开展应急演练，增强信息网络和信息系统的抗毁能力、灾后恢复能力。

发生重大信息网络与信息系统安全事故后，相关单位应当迅速采取应急措施降低损害程度，防止事故扩大，保存相关记录，并按照规定向有关部门报告。

第六十三条 任何组织、单位和个人不得利用信息基础设施和信息网络实施危害国家安全、公共安全的行为，以及实施诽谤、诈骗、敲诈勒索、非法经营等违法行为。

第六十四条 信息网络和信息系统的运行、使用单位应当建立和完善信息发送、传播管理制度，发现违法、有害信息，应当立即停止传输，采取技术措施予以消除并报告有关部门。

信息化主管部门、公安、国家安全、工商行政管理、通信管理等部门，应当建立和完善对违法、有害信息的监管机制，接受社会公众对违法、有害信息的投诉举报并及时查处。

第七章 法律责任

第六十五条 对破坏信息网络和信息系统安全，通过信息网络泄露、窃取国家秘密、商业秘密和个人隐私以及侵犯知识产权的，由有关部门依法处理。

第六十六条 违反本条例第十三条规定，国家机关、公共场馆、旅游景点等所属建筑物和构筑物，以及路灯、道路指示牌等公共设施拒不开放用于支持通信管道、通信线路和通信基站等信息通信基础设施建设的，由本级人民政府或者相关主管部门责令改正；拒不改正的，对直接负责的主管人员和其他直接责任人员依法给予处分。

第六十七条 违反本条例第十五条规定，电信、互联网、广播电视等业务经营者与项目建设单位、物业服务企业、业主委员会等签署排他性、垄断性协议，或者以其他方式实施排他性、垄断性行为的，由工商行政管理部门责令停止违法行为，没收违法所得，并处一万元以上五万元以下罚款。

第六十八条 违反本条例第十六条规定，建设单位、业主单位、物业服务企业等拒不配合光纤改造的，由住房城乡建设部门责令改正，返还违规收取的费用，并处一万元以上五万元以下罚款。

第六十九条 违反本条例第二十一条规定，阻碍信息基础设施建设，危害信息基础设施安全的，由有关部门依法处理。

第七十条 违反本条例第二十七条规定，教育、医疗卫生、供电、供水、供气、公共交通、环保等公共服务机构，拒绝将服务内容、服务承诺、收费标准、办事过程等信息通过网站及其他方式及时向社会公开的，由县级以上信息化主管部门责令改正；拒不改正的，处五千元以上三万元以下罚款。

第七十一条 违反本条例第三十一条规定，掌握公众信息的单位和个人，泄露、篡改、毁损、出售或者非法向他人提供在业务活动中收集的公民、法人或者其他组织的信息的，由县级以上信息化主管部门责令改正，并处一万元以上五万元以下罚款，没收违法所得；构成犯罪的，依法追究刑事责任。

第七十二条 违反本条例第六十三条规定，利用信息基础设施和信息网络实施危害国家安全、公共安全，以及诽谤、诈骗、敲诈勒索、非法经营等违法行为的，由有关部门依法处理；构成犯罪的，依法追究刑事责任。

第七十三条 违反本条例第六十四条第一款规定，信息网络和信息系统的运行、使用单位没有建立和完善信息发送、传播管理制度，发现违法、有害信息未立即停止传输，采取技术措施予以消除的，由通信管理部门或者公安部门责令改正；拒不改正的，依法予以处罚；构成犯罪的，依法追究刑事责任。

第七十四条 县级以上人民政府及其有关部门不依照本条例规定履行职责的，由上一级人民政府或者主管部门责令改正；拒不改正的，给予通报批评。

县级以上人民政府及其有关部门工作人员在信息化工作中不依照本条例规定履行职责、玩忽职守，或者滥用职权、徇私舞弊的，依法给予处分；构成犯罪的，依法追究刑事责任。

第七十五条 附挂或者设置信息基础设施造成他人人身或者财产损害的，由附挂或者设置设备的信息基础设施经营者依法承担赔偿责任。

第八章 附 则

第七十六条 本条例自2014年9月1日起施行。

二、福建省人民政府关于加快互联网经济发展十条措施的通知

2014年3月25日福建省人民政府发布《福建省人民政府关于加快互联网经济发展十条措施的通知》（专栏15-2）。

专栏15-2

福建省人民政府关于加快互联网经济发展十条措施的通知

闽政〔2015〕10号

各市、县（区）人民政府，平潭综合实验区管委会，省人民政府各部门、各直属机构，各大企业,各高等院校：

当前，全球互联网经济迎来加速发展的新时期，突破性技术创新层出不穷，革命性商业

变革此起彼伏，成为最具活力的经济形态和创新先导。为大力发展互联网经济，主动适应新常态，培育增长新动力，加快建设机制活、产业优、百姓富、生态美的新福建，现提出以下措施：

一、坚持规划引领

抓住中央支持福建加快发展、建设海上丝绸之路核心区、设立自贸区的重大机遇，依托数字福建总体战略，科学编制互联网经济发展规划，充分发挥区位、产业、平台、政策等综合优势，把发展互联网经济作为实施创新驱动和打造经济升级版的重要支撑 。坚持“造网”和“用网”齐头并举、改造传统和培育新型同步发展、消费互联网和产业互联网双轮驱动、政府引导和企业主体共同发力、优化创业环境和强化安全保障协调推进，推动互联网经济成为科学发展跨越发展的新引擎、新支点。到2016年，全面夯实发展基础，健全互联网经济生态圈，各领域建成一批互联网平台。到2018年，培育一批具有全国影响力的互联网企业，建成一批产业集中区，产业集群效应凸显。到2020年，培育一批知名互联网龙头企业，互联网经济年均增长率25%以上，总规模超过4000亿元。

二、突出发展重点

（一）电子商务。加快推进海峡两岸电子商务经济合作实验区和电子商务示范城市、示范体系建设。重点发展跨境电商，健全跨境电商公共平台和服务体系，推动传统外贸企业向跨境电商转型，支持有条件的设区市创建国家跨境电商试点城市。加快建设一批特色闽货网上专业市场，重点培育、整合一批面向全国、覆盖全产业链的行业垂直电商平台。推动传统商贸业深化电商应用，实现线上线下深度融合。

（二）物联网产业。加强射频识别、传感元器件、北斗终端、基带芯片、无线传感器网络等技术攻关，加快物联网产业园建设，提升智能终端产业水平和规模。优先发展车联网、船联网、智能家居、人体感知、智慧城市等集成应用，深度推进环境监测、基础设施等重点领域应用。

（三）智慧云服务。建设交通、旅游、教育、健康、医疗、环境、城市、社区，以及广电高清电视等智慧应用云平台，构建“平台+应用+终端+内容”、网络化运营的现代服务业。抢先发展网络教育、网络医疗、智慧旅游、养老服务。开发建设经贸、科技、舆情、金融、视频、健康等大数据平台，推动政务、生产、流通、公用事业等领域大数据应用，发展商业智能、机器学习和大数据产业。

（四）文创媒体。壮大厦门、福州、泉州游戏动漫产业，做强三大运营商动漫产业基地，增强创新集聚能力。加快文化遗产和文化旅游资源数字化，发展数字阅读、网络视听、数字影视、数字出版等新兴媒体，支持主流媒体向全媒体转型，加速发展移动媒体和分发服务，支持互联网龙头企业在我省建设阅读、游戏、视听和应用分发基地，发展福建特色数字文化产品。

（五）互联网金融。加快申请全国性网络支付牌照，发展在线支付、电子支付、跨境支付和移动支付等，建设互联网金融服务平台，重点发展网络支付、网贷和股权众筹融资，支持发展网络保险、网络基金、网络彩票等，创新“B2B＋P2P+征信服务”三位一体金融服务模式。支持省内金融机构开展互联网金融业务。

（六）工业互联网。推进两化深度融合，推动基于互联网的全流程生产协同和综合集成，建设一批工业互联网行业协同平台，基本覆盖各工业领域的企业。推进“机联网”“厂联网”，发展智能制造，加快数控一代、工业自动化通用技术、信息物理融合系统等平台建设，打造工业4.0。

（七）农业互联网。建设农村电商公共平台，大力发展农产品电商。建设农产品质量和食品安全信息平台。促进生物芯片等先进技术的研究和应用。推动节水、节药、节肥、节劳力、测土施肥、可视化远程诊断、远程控制、灾变预警等农业互联网应用。

（八）互联网基础服务。发展面向不同应用和人群、各具特色的垂直社交网络。加快健全和推广数字证书、电子取证、电子缴费、电子票据、电子阅读、版式文件、数据集中管控等互联网基础平台，积极拓展移动互联网、智能仿真、虚拟化场景等新的基础服务产品，抢占互联网服务新领域。

三、加大专项扶持

（九）强化资金扶持。2015～2017年每年统筹不少于5亿元的省级互联网经济引导资金，其中，整合省级现有相关专项资金不少于2亿元，省级预算新增安排3亿元。其他未纳入整合的相关专项资金也要向互联网经济倾斜。引导资金集中用于支持互联网基础设施提升、公共平台建设、公共服务补助、政府购买服务、重点孵化项目、人才引进培养、龙头企业引进培育、初创企业补助、创业启动资金扶持、市场开拓等。整合的专项资金由省级各有关部门按现有管理办法执行，省级新增引导资金使用管理办法由省财政厅会同省发改委、数字办制定。

责任单位：省财政厅、发改委、数字办、经信委、商务厅、科技厅、省委人才办、省人社厅、教育厅等

（十）强化创业扶持。加快构建“众创空间”互联网创业服务平台，促进创业者与市场充分对接，推动大众创业、万众创新。省级新增引导资金采取资金资助、融资担保等方式，每年扶持一批重点孵化项目；所在地政府为每个企业（项目）提供不少于100平方米工作场所和100平方米人才公寓，三年内免收租金。每年举办互联网创业大赛，省级新增引导资金每年安排500万元奖励竞赛优胜者。

责任单位：省财政厅、发改委、数字办，各设区市政府、平潭综合实验区管委会

（十一）强化研发扶持。经认定的互联网企业研究开发费用，未形成无形资产计入当期损益的，在按规定据实扣除的基础上，再按研究开发费用的50%加计扣除；形成无形资产的，按无形资产成本的150%摊销。对经税务部门核定的研发投入占销售收入比重超过10%且年研发投入超过1000万元的企业，省科技厅按研发投入超过10%以上的部分予以50%后补助，年补助最高100万元，每个企业累计补助最高150万元。互联网企业符合规定的固定资产，参照

《关于完善固定资产加速折旧企业所得税政策的通知》（财税〔2014〕75号）享受加速折旧企业所得税优惠政策。

责任单位：省科技厅、国税局、地税局、财政厅，各设区市政府、平潭综合实验区管委会

四、创新融资服务

（十二）大力发展创业投资。在省新兴产业创投引导基金下设立不少于10亿元互联网经济子基金，有条件的设区市应在2016年底前设立相应基金。对投入互联网企业的省、市创投引导基金，在确保财政性股权本金安全的前提下，允许财政性资金收益劣后并将收益作为滚存投入，给予基金管理公司特别奖励，以吸引社会资本及国外创投机构参与。创投机构投资互联网企业从产生收益年度起，按照互联网企业发展贡献程度，由所在地政府给予两年资助，最高资助额不超过创投机构投资额，以鼓励创投机构加大对互联网企业的投入。

责任单位：省财政厅、金融办，各设区市政府、平潭综合实验区管委会，省投资集团

（十三）加大增信增贷扶持。政府支持的担保公司要加大对互联网企业融资担保支持力度；对各地政府支持的担保公司开展的互联网企业担保业务，省再担保公司可适当提高再担保代偿比例。“万家小微成长贷”“小微企业保证保险贷款”等应优先向互联网企业倾斜。省内地方法人银行应主动适应互联网企业需求，创新互联网企业金融产品，全面推行“无间贷”“连连贷”等无还本续贷产品，降低企业融资成本。对重大互联网产业项目和基础设施建设项目，鼓励银行业金融机构采取银团贷款等模式给予支持。

责任单位：省金融办、财政厅、经信委，驻闽各金融机构

（十四）扩大直接融资规模。培育有条件的互联网企业作为重点上市后备企业，鼓励各类私募基金和风投资金提前介入互联网企业，积极指导和创造上市融资条件。鼓励中小互联网企业在海峡股权交易中心挂牌融资，积极推动与全国中小企业股份转让系统对接；对实现股权融资的企业，省经信委在挂牌当年给予每家30万元奖励。省、市小微企业发债增信资金池首先支持互联网企业发债，降低互联网企业发债成本。

责任单位：省金融办、发改委、财政厅、经信委

五、加强人才建设

（十五）引进培育聚集领军人才（团队）。将互联网经济人才（团队）纳入省人才工作重点和全省急需紧缺人才引进目录；针对台湾人才特点，在职称评审等方面开辟绿色通道。鼓励互联网经济人才（团队）参加省“海纳百川”高端人才聚集计划评选。研究制定互联网高层次人才评价认定办法，对按程序和公布标准确认的高层次人才，参照自贸区高层次人才支持办法给予支持。凡在国内外知名互联网企业或机构（近三年营业收入行业排名国际前30名或国内前20名）有三年以上工作经历且担任中高级以上职务、带项目来我省创业的管理人员或核心技术人员（团队），由省委人才办按企业发展规模和创新水平，从省级新增引导资金中给予30万～100万元的创业资金支持，并可根据情况连续支持。按照加强自贸区人才工作的政策措施，推进和引导互联网经济企业设立首席信息官岗位，重奖有突出贡献的互联网经

济创新人才。

责任单位：省委人才办、省人社厅、财政厅，各设区市政府、平潭综合实验区管委会

（十六）加强互联网教育培训。鼓励高等和职业（技工）院校加强互联网经济相关专业教育和实用型人才培养，推行教产研结合培养模式。鼓励互联网龙头企业设立培训机构，或与科研院所（校）合作建立教育实践基地，由省教育厅认定验收后，一次性给予50万~100万元奖励。到2017年，全省培训互联网经济创业、从业人员40万人，省人社厅按照规定给予培训经费补助。

责任单位：省人社厅、教育厅、财政厅，各设区市政府、平潭综合实验区管委会

六、完善基础设施

（十七）网络设施。“十三五”期间，开通国家级互联网骨干直联点和区域国际互联网转接点，实现运营商网络本地高速交换，大幅度降低网络时延，满足业务竞争和海外布局需要；加强农村、欠发达地区和公益行业光纤网络覆盖和宽带接入，所需省级补助资金由省级新增引导资金安排。深入实施宽带中国战略，提升宽带网络速度，尽快实现上下行同速，支撑数字家庭、智慧城市等物联网深度应用；以政府补贴或购买服务等方式，支持公共场所提供免费无线宽带服务。加快下一代广播电视网建设。

责任单位：省通信管理局，各设区市政府、平潭综合实验区管委会，各电信运营商、省广电网络集团

（十八）数据中心。支持央企、省属大型企业等在大数据产业重点园区建设基于云计算的数据中心，并由数据中心提供低成本、高可靠的云计算服务。鼓励重点扶持的互联网企业购买大数据产业重点园区的数据中心服务，按企业每年租用数据中心服务费用的30%予以补助，单个企业年补助额度最高不超过30万元。由省数字办审核并与数据中心运营商清算，所需资金由省级新增引导资金安排。

责任单位：省发改委、数字办、财政厅，数字福建（长乐）产业园、中国国际信息技术（福建）产业园，省电子信息集团、各电信运营商

（十九）公共平台。加强位置服务、物联网、识别能力、视频能力、数据应用、电子取证、电子缴费、电子票据、网络安全预警、协同应用、创新研发、数据集中管控、测试等基础平台建设。对企业投资超过1000万元以上的重点公共平台，经省发改委、数字办认定后给予一次性300万元资金补助。

责任单位：省发改委、数字办、财政厅、经信委，省电子信息集团

（二十）物流网络。开展电商与物流协同试点，加快推进智能快递箱（柜）进社区、办公区，完善物流末端配送网络，重点扶持2～3家企业尽快覆盖全省市场。发展航空港口货运航线，由所在地政府给予始发的国际国内定期货运航线一定补助，扩大通往世界各地邮路通道，支持邮政企业、快递企业参与跨境电商。支持大型物流企业建立物流枢纽仓储、快件分拨中心，实现仓配一体化，增强物流支撑能力。

责任单位：省经信委、商务厅、交通运输厅、住建厅、邮政管理局，福州市、厦门市政府

七、强化市场带动

（二十一）开放数据资源。加快建设统一的数据资源网，推动公共信息资源向社会开放，鼓励增值开发利用。2015年，先行开放交通出行、医疗健康、教育文化、食品安全、空间位置、资格资质、经济统计、产品质量等与改善公共服务和支撑经济发展密切相关的数据资源，并逐步扩大开放范围数量，加速数据流动，同时优先向重点推广的各类平台开放。

责任单位：省发改委、数字办

（二十二）加大服务采购。加快制定政府和企业信息化服务采购政策，普遍推行基于云计算和公共服务平台的信息服务外包，大幅减少政府和企业自建数据中心，减少自建应用系统。2015年起，由省发改委、数字办每年安排一批政务数据采集、平台建设、资源开发项目，委托本省互联网企业建设，所需资金由省级新增引导资金安排；省经信委每年安排一批两化融合公共平台委托本省互联网企业建设并购买服务。

责任单位：省发改委、数字办、财政厅、经信委、商务厅

（二十三）扩大信息消费。按照“企业出一点、政府补一点、平台让一点”，普遍推广企业信息化基础应用，整体提高企业信息化利用水平，所需省级补助资金由省经信委负责。加强居民信息消费引导，推广移动互联网和数字家庭，丰富信息产品供给；加快提高农村信息消费水平，推进省级信息进村入户，开展公益服务、便民服务、电子商务、培训体验服务，实现信息精准到户、服务方便到村。加强欠发达地区电子政务建设，大力推广政务大数据应用，提高政务应用服务水平。

责任单位：省经信委、农业厅、通信管理局、发改委、数字办

八、引进培育龙头

（二十四）引进行业龙头企业。创新招商模式，推进以数据开发换项目、以平台建设招项目、以投资模式创新引项目，大力引进阿里、百度、腾讯、新浪、小米、京东、360等互联网龙头企业。推动龙头企业优先向我省开放平台接口、数据资源和市场渠道，优先在我省建立培训或创业基地，可参照有关支持政策奖励。对新引进实际到位资本金达到5000万元以上、位居行业相关细分领域前5名、具有核心技术或创新模式的龙头企业给予总部政策扶持，依据产业水平和贡献程度等情况，由所在地政府一次性给予300万元以内的落户奖励。对取得中国人民银行《支付业务许可证》的第三方网络支付平台在闽设立全国性总部的，由省商务厅给予300万元落户奖励。

责任单位：省发改委、数字办、财政厅、商务厅、经信委、金融办，各设区市政府、平潭综合实验区管委会，省电子信息集团

（二十五）培育省内骨干企业。支持有较强市场和技术实力的本省互联网平台（产品）纳入数字福建建设重点，加大购买服务力度，加快向全省推广和提供服务。加强资源整合，以特许经营等方式将公共服务平台、公共信息资源优先委托省内企业运营开发，实现“一行

业一平台，一平台一公司”，力争催生一批行业龙头。支持省内企业参加境外互联网专业展会，省商务厅优先予以支持；企业所在地政府按照不超过展位费50%的标准给予补助。企业参与省外招标项目中标，单个中标合同金额600万元以上的，按合同金额3%给予奖励，中标及省级新增配套采购奖励单个项目不超过200万元，单家企业年度奖励不超过300万元，所需资金由省经信委负责。对年营业收入首次超过4000万元和10000万元的互联网企业，由省级新增引导资金分别给予50万元和100万元的奖励，其中工业企业应用电子商务开拓市场，由省商务厅安排。对龙头企业在总部建设用地等方面给予优先保障。

责任单位：省发改委、数字办、商务厅、经信委、财政厅、国土厅，各设区市政府、平潭综合实验区管委会

九、推进产业集聚

（二十六）整合建立产业集中区。各县（市、区）要规划建设与当地经济发展相匹配的互联网产业园、互联网孵化器（含创业园、电商楼宇，下同）等，力争到2017年每个设区市建成1～2个功能完善的互联网经济集中区。经省发改委、商务厅、数字办认定的互联网经济集中区，参照执行开发区政策，享受相关优惠。互联网孵化器由省科技厅认定，并享受相关政策支持，达到国家科技企业孵化器标准的，由省科技厅推荐上报国家科技部；新建孵化器每平方米补助100元，最高不超过100万元，扩建孵化器每平方米补助不超过50元。现有软件园要推动园区载体资源和公共平台向互联网企业倾斜，积极引导软件企业适应互联网经济需求，加快产品、业态、服务转型，对支撑转型的公共平台或有发展潜力的新产品、新业态、新模式，由省经信委予以适当经费支持。支持发展民营互联网创业孵化基地或高校毕业生创业孵化基地，纳入中小企业服务体系或高校毕业生就业创业服务体系建设支持范畴；吸纳创业主体超过20户以上的，省人社厅一次性给予不超过100万元的奖励。支持建设农村互联网创业园，为农村网商提供网站建设、仓储配送、网络技术等服务，从业人数达到100人以上的，省人社厅一次性给予20万元奖励。鼓励工业企业改造现有厂房，兴办互联网经济孵化器、集中区或电商园区，可不办理土地用途变更手续，不增收土地出让价款。新建互联网经济集中区优先列入建设规划、优先予以用地保障，符合条件的建设项目优先纳入省重点项目管理。

责任单位：省经信委、发改委、数字办、科技厅、国土厅、财政厅、人社厅、商务厅，各设区市政府、平潭综合实验区管委会

（二十七）加快建设大数据重点产业园区。加快数字福建（长乐）产业园、中国国际信息技术（福建）产业园政策落实、招商选资和建设应用，支持全面拓展互联网经济，突出基于云计算数据中心功能，作为全省互联网经济主要承载基地；突出发展政务、金融、电商、物流、健康、新媒体及物联网、北斗卫星等互联网和大数据应用产业，积极发展云服务外包和国际业务。

责任单位：福州、泉州市政府，长乐市、安溪县政府

（二十八）引导企业集聚发展。对入驻政府投资建设、经认定的互联网产业孵化器、集

中区或大数据重点园区的重点互联网企业用房，由所在地政府给予2~5年的房租减免；对租用非政府投资建设的，给予不超过30元/平方米/月的房租补贴。

责任单位：各设区市政府、平潭综合实验区管委会

十、优化发展环境

（二十九）简化行政审批。允许企业名称登记、经营范围使用体现互联网经济特征的用语，支持互联网金融企业办理工商登记。简化省内增值电信业务经营、网络文化经营、软件企业认定等许可证的申办及年检，以及互联网企业上市改制重组等相关手续的审批流程。财政资助建设的科技孵化器运营单位优先安排互联网企业入驻科技企业孵化器、孵化苗圃，并提供代办事务性业务。

责任单位：省工商局、文化厅、科技厅、经信委、金融办、通信管理局

（三十）落实优惠政策。鼓励从事云计算研发、应用和服务以及大数据开发利用的互联网企业申请认定软件企业、国家规划布局重点软件企业、高新技术企业和技术先进型服务企业，经认定的企业享受相关税收优惠政策。优先将互联网创业纳入高校毕业生创业优惠政策支持范围。

责任单位：省国税局、地税局、经信委、科技厅、发改委

（三十一）构建诚信体系。2016年底前，建成包含全省法人、自然人信用信息平台。支持互联网企业利用信用信息平台管控风险。支持信用服务机构开发信用产品，提供信用评估等服务。深化个人、企业征信，促进各类信用信息互动共用，强化信用监测警示。

责任单位：省发改委、信用办

（三十二）完善市场监管。建立充分发挥市场化机制作用、符合互联网经济发展规律的监管方式，倡导“温和式”“预警式”监管。制定互联网信息服务管理等制度，建成全省互联网经济主体数据库和以大数据为支撑的协同监管平台，建立健全政府监管、行业自律、网站自律、社会监督、信息披露五位一体的监管体系。完善行业组织，强化分业分类监管，健全网络市场第三方评估和协作监管机制，共同维护秩序和诚信。推广互联网金融负面清单监管模式，鼓励开展第三方资金托管、建立准备金账户制度，建立网络融资监测平台，提高风险防范能力。

责任单位：省工商局、发改委、数字办、商务厅、质监局、知识产权局、公安厅、金融办、通信管理局

（三十三）加强高端交流。依托“6·18”平台，每年举办一次互联网经济不同专题的全国性会议，力争成为跨境电商、数字文创、物联网、大数据等重点领域高峰会议永久举办地，大力宣传我省推进互联网经济规划、政策等，推动我省成为互联网经济热点地区，提升品牌和层级，推进要素汇聚和市场拓展，营造支持创业创新的氛围。

责任单位：省发改委、数字办、商务厅、经信委、通信管理局，各设区市政府、平潭综合实验区管委会

（三十四）强化合力推进。建立省发改委、数字办牵头抓总、相关部门协同配合的推进机制，以及省互联网经济联席会议工作机制，联席会议办公室设在省发改委。涉及互联网经济重大政策、重大规划和实施方案、重大项目、资金安排等重大事项要经过联席会议研究审议。

责任单位：省发改委、数字办，省直相关部门，各设区市政府、平潭综合实验区管委会

以上扶持政策中，省直各部门整合资金安排如有不足，可从省新增引导资金适当追加；涉及省级对高级人才（团队）创业支持、网络支付平台总部引进、重点孵化项目、研发投入、营业收入首超等的补助或奖励，所在地政府应按相同比例安排支持；扶持政策与其他政策交叉重叠的，企业可按就高原则享受，但不得重复享受。

省直有关部门要在本通知印发一个月内出台相关实施细则，各设区市、平潭综合实验区要在两个月内出台相应实施方案。省效能办要会同省发改委、数字办对各地市和省直部门推进工作情况进行监督检查。

附件：名词解释

福建省人民政府

2015年3月5日

附件

名词解释

一、互联网经济：是指依托互联网，以信息、知识、技术等为主导要素，通过经济组织方式创新，优化重组生产、消费、流通全过程，提升经济运行效率与质量的新型经济形态。

二、互联网企业：是指以互联网建设、运行、应用为主要业态的企业。

（摘自中国福建网www.fujian.gov.cn）

第二节　标准建设

一、山西

1月25日，山西省质量技术监督局以2014年第17号地方标准公告发布了《山西公安便民服务在线网站建设技术规范》（DB14/T 1024—2014）、《山西公安便民服务在线服务规范》（DB14/T 1025—2014）两项山西省地方标准。两项标准作为指导网站建设和运行管理

的规范性文件，对网站硬件设备、技术参数、办事流程、服务标准等方面做了详细规定，填补了山西省政务网站“社会公共管理服务标准认证”空白，标志着山西公安便民服务在线标准化体系的正式确立，对网站建设发展具有重要意义。

二、安徽

安徽省质量技术监督局发布《城市公共视频监控管理系统技术规范》，获批为安徽省地方标准（编号DB34/T 2148—2014），并于2014年9月28日起实施。该标准系统总结了“平安合肥”项目经验，将平安城市的建设模式通过标准的形式固化下来，未来将在全省或更大范围内推广。同时，该标准在规范市场方面也将起到了重要作用，为安徽省城市公共视频监控系统工程设计、实施、检测及验收提供了依据。

三、云南

云南颁布实施安全生产信息化地方标准，发布了《重大危险源监控信息系统监测数据编码规则》、《重大危险源监控信息系统数据库编制规则》、《安全生产信息数据交换接口规范》，标准号分别为DB 53/T594—2014、DB 53/T593.1—2014、DB 53/T593.2—2014。这三项标准是云南第一批安全生产地方标准，不仅填补了省内空白，还在全国处于领先水平。三项地方标准的颁布实施对规范全省重大危险源监控信息系统建设，进一步提高重大危险源监测预警水平，推进安全生产信息化，提高全省安全生产监管监察效能，预防和控制生产安全事故具有积极作用。

四、陕西

由陕西省建设信息中心主编的陕西省工程建设标准《陕西省住房信息系统技术规范与数据标准》，已经陕西省住房和城乡建设厅、陕西省质量技术监督局组织有关部门和专家审定通过，现发布为陕西省工程建设地方标准，标准编号为DBJ61/T-95—2014，自2014年8月1日起实施。

五、吉林

吉林省通过制定《林业信息化应用系统集成开发规范》，可以有效整合林业信息资源，实现多层次、多维度的业务协同和跨区域合作；可以有效避免重复建设，节约林业应用软件开发成本，实现资源共享，降低管理成本，有效促进全省林业持续、科学、快速发展。《林业信息化应用系统集成开发规范》作为推荐性地方标准发布，用于指导各级林业行业进行应用系统开发建设，是构建完备的林业生态体系、发达的林业产业体系和繁荣的生态文化体系的前提条件，是实现吉林省林业又好又快、可持续发展的重要保障。标准编号为DB 22/T 2230—2014，自2014年12月30日起实施。

第三节 典型案例

一、青海建设宽带促进信息消费

2014年1～10月，青海省统筹推进信息化和宽带青海建设领导小组各成员单位、各市（州）人民政府密切协同，攻坚克难，推动建设宽带青海促进信息消费工作取得新突破。

一是建设宽带青海促进信息消费投入进展顺利。截至10月底，2014年建设宽带青海促进信息消费完成投入94.51亿元人民币，占全年计划113亿元的83.63%。其中信息通信行业宽带青海数字青海建设完成达到90.43亿元，占全年计划106.15亿元的85.18%；省直单位数字青海建设完成4.09亿元，占全年计划6.86亿元完成率为59.7%。

二是信息消费工作取得新成效。截至10月底，全省信息消费规模达到134.09亿元，占全年计划150亿元的89.39%。其中通信业务收入完成44.94亿元；电子信息制造和软件产业收入完成33.1亿元；信息终端产品消费完成10.73亿元；信息服务消费完成45.32亿元。截至2014年9月底，全国信息消费规模1.9万亿元，环比上月增长11.8%，全省信息消费规模达到118.36亿元，环比上月增长20.62%，高于全国水平8.62个百分点，占全省GDP7.68%，占全国信息消费规模6.23‰。

三是重点工程项目建设取得新进展。光网城市、无线城市、畅通网络等重点推进工程完成年度投入计划的80%左右。小区光缆接入工程、干线光缆建设、干线设备优化、宽带接入网络、2G/3G/4G网络等一大批信息通信基础设施工程顺利实施，信息基础设施水平不断提升。青海移动海东数据中心建设加快。宽带农牧区数字重点工程建设今年投入计划全部完成。关系民生的交通信息化建设工程、农牧信息化服务数据资源中心、青海省全民健康保障一体化建设工程、卫生信息化工程、国标地面数字电视覆盖工程、广播电视数模转换等工程正在加速建设中。

四是新一代移动通信技术快速发展。截至10月底，新增3G移动电话用户63.1万户，3G用户规模达到247.3万户，比2014年同期提高14.2个百分点；省各电信运营企业扩大了城市4G网络覆盖，并逐步扩大4G在县城、乡镇一级的覆盖，全省4G手机用户数快速突破15万户；固定与移动融合业务用户达到20.9万户，同比增长23.1%；物联网终端用户达到6.6万户，同比增长22.2%；手机支付用户达到12.14万户。

五是三项信息基础设施建设项目前期编制工作获省政府专项资金支持。为推动宽带青海数字青海战略规划的落实，统筹做好明年建设宽带青海促进信息消费工作，全省中小城市基础设施网络完善、宽带乡村示范、云计算平台建设三项规划方案的编制工作已经启动。

二、上海市健康管理云平台

12月19日，上海市卫生和计划生育委员会和万达信息股份有限公司签订战略合作框架协议，推进上海市健康管理云平台建设。上海市健康管理的“医防融合”健康管理体系正式诞生。此次上海卫计委和万达信息推出的健康管理云平台，将利用物联网和互联网技术，解决病人和医生两个重要的医疗产业链B2C端节点的需求，实现政府、医院、医生、病人和企业多方共赢。

通过该平台，上海市民足不出户就可以知晓自己的健康状况，并实现预约挂号、健康档案、电子病历的互联互通互认，及时获得由社区卫生服务中心、二级、三级医院的家庭专科组成的医生团队建议，必要时及时获得转诊通道和专科诊疗服务，医疗资源可以得到更加有效的配置。

万达信息相关负责人表示，在充分挖掘医疗大数据基础上，与政府、医院、医生和病人各方分享大数据的经济价值。未来，上海卫计委和万达信息共同探索从政府自建项目方式向购买平台服务方式的转变。万达信息将从原先的开发商向开发兼运营产业链一体化角色转变，负责平台投资、建设和管理，包括慢病管理数据、应用和运营。

据了解，双方合作从上海交通大学附属第六人民医院的糖尿病综合防治项目入手，在上海市健康信息网工程基础上，采用云平台架构，构建全市统一的健康管理云平台，形成新的健康管理模式。

试点计划完成后，将在2015年第二季度进行全市推广。在此基础上，根据实施效果，双方合作逐步将拓展至脑卒中、心脑血管疾病、肿瘤等其他慢性疾病的综合防治，并积极探索健康产业的投入和运行机制，将健康管理云平台的应用推向全体市民。

三、贵州省“7+N”云工程

12月20日，贵州在阿里云开发者大会西南峰会上宣布，交通、环保、食药、工业、电子政务、旅游、电商这7朵云的41个业务系统都迁移至“云上贵州”平台。“云上贵州”平台是国内首个由省级政府主导搭建的云平台，为各级政府提供了统一的云计算资源，客观上也打破了政府部门之间的数据壁垒，为大数据的形成、共享和挖掘提供了环境。贵州省明确规定：除有特殊需求外，贵州省所有省级政务部门将不再自行购买服务器、交换机、存储等硬件设备，不再自建机房，政府数据统一存到“云上贵州”系统平台。

阿里云业务发展总监潘立维说，“我们有60多名工程师参与，短时间内完成了飞天云计算平台的输出，并将贵州7个厅局41个系统顺利迁到了‘云上贵州’平台。”贵州省政府希望加快“云上贵州”和大数据的发展速度，打造一个中国的“数据之都”。

贵州省在全国率先开放政府数据目录，已梳理出“工业云”、“智能交通云”、“智慧旅游云”、“食品安全云”、“环保云”等7个领域的数据资源目录，在保障政府数据资源安全的前提下逐步有序开放。此外，贵州还要求省级政府部门将数据资源迁上平台，引导省内、省外企业的数据资源“上云”。

数据共享的价值正在显现。以交通数据为例，一般情况下交通运输厅掌握着省内高速路、重点车辆等数据，但市内交通数据更多的是在公安交警系统，很难互通。“云上贵州”的智慧交通云打通了交通、公安、气象、国土等部门的数据，交通运输厅和公安交警系统之间可轻松实现视频互调，整个贵州的交通信息一目了然地呈现在“一张图”上。

信息孤岛的打破与政府大数据的开放，为企业带来了新的商机，对传统产业的升级提供了“云动力”。一家名为“希望泥腿”的贵州本地创业团队，计划通过对茶叶生产过程中的关键数据进行采集，为茶叶的种植、销售、质量检测提供技术支持。上海一家公司看到贵州省政府对大数据战略的决心，希望能在贵州搭建一个面向绿色城市综合体的智能用电大数据服务平台，通过智能硬件收集千家万户的电力数据，为用户提供智能节电策略。

对于贵州百姓来说，云计算和大数据正在使他们的生活变得更便捷。在将各政府部门数据打通后，贵州正在筹划政务超市，将几百个行政审批放到一张网上，人们可以像逛淘宝一样，在手机上动动手指就可以把事情办了。

四、陕西超额完成“宽带中国2014”目标

截至12月底，陕西省“宽带中国2014”专项行动硕果累累：一是全省FTTH覆盖家庭数达到270.5万户，本年度新增90.5万户，完成年度任务目标的100%。二是全年新增3G基站4053个，完成年度任务目标的100%。三是全省建设完成TD-LTE基站15168个，完成年度任务目标的208%。四是新增固定宽带接入互联网用户81.7万户，发展4G用户280万户，分别完成年度任务目标的98%和162%。五是新增1000个行政村通宽带，完成部定指标的125%，覆盖率达到85%。六是宽带接入速率快速提升，使用8Mbit/s及以上宽带接入产品的用户比例达到47%，超过部定指标17个百分点。

五、山东“云空间”助推学校教育信息化进程

学校利用“云空间”将传统教学模式下师生只能在有限时间和特定地点完成特定的教学过程进行无限延展，为学生打造了一个24小时全天候网络教学平台。课程在空间，学习在空间，交流在空间，“教—学—做”一体化网络教学新模式形成了全新的教育教学形态。以往教师催促学生学习的现象正在消除，取而代之的是学生主动学习积极性的提升。学生自主学习范围的扩大，已经从本专业延展到全校所有专业，学生可以学习校内任何一位老师的课程，并与之成为“空间师生”。

云空间给学校带来的不只沟通上的便利，更逐渐改变着学校的沟通形态。空间作为师生们的公共交流平台，大家可以直接抒发自己的心声，共同为学校的发展献计献策。不仅如此，空间“点对点”的交流方式正在逐渐弥补行政沟通中层级交流所暴露的信息失真、沟通效率低下等问题，有效打破行政管理上的沟通壁垒，减少沟通成本，推进学校扁平化管理，使领导真实全面地掌握学校运转状况，保障学校在健康快速的发展轨道上前行。

六、云南启用网络交易监管信息化平台

12月17日，云南省工商局正式启用云南省网络交易监管信息化平台（以下简称网络交易平台），云南本土电商平台上的所有商品将纳入网络交易监管信息化平台，解决了过去工商系统网络市场监管技术手段薄弱的问题。云南省工商部门将对云南所有网络交易信息依法进行监督管理，电商监管实现常态化规范化，维护了消费者权益。

网络交易平台具有网络经营者信息查询、投诉举报、电子标识申请、交易平台数据采集等功能。云南省工商局相关负责人表示，该平台的启用有助于建立“衔接全国、全省一体、统分结合、功能齐全、上下联动、信息共享”的网络交易监管体系，实现了“以网管网”和实体监管相结合的目标。下一步云南省工商局将建立网络经营主体数据库，开展电子链接标识管理和涉网案件查处，对网络交易平台进行重点监管。

七、互联网助力中国西部农村脱贫

伴随中国西部等偏远地区互联网基础设施的逐渐完善，电子商务正在使地处偏远的物品便利销售成为现实，不断加速西部农村等欠发达地区的脱贫步伐。不少西部省份将电子商务作为实现当地经济跨越发展的契机。2014年，甘肃省政府成立促进电子商务产业发展领导小组，出台《甘肃省人民政府关于加快电子商务产业发展的意见》，通过加强顶层设计，为电商发展营造良好的政策环境；宁夏银川计划培训电子商务创业人才1万名，帮助创业者利用互联网平台开创商业活动等。

与此同时，电商企业的“西部战略”为这些地区发展互联网经济注入强劲动力。在美国纽约敲响上市钟声不久，阿里巴巴创始人马云便将目光投向中国西部的甘肃，并与当地政府签署战略合作协议。马云表示，与江浙、广东等沿海省份相比，甘肃等地虽然电子商务还不是很发达，但是无论是技术发展、电子商务商机，还是从金融、物流，甘肃都蕴藏着巨大的机会。

西部电商的快速发展验证着马云的判断。甘肃省商务厅介绍，目前甘肃省在线个人网店共计2.4万家，2014年前10月交易规模达到980亿元，超过2013年度交易总额。而从阿里巴巴的数据看，2014年甘肃的网上购销比已从2013年的17∶1大幅度缩小到12∶1，甩掉了多年以来全国网上贸易逆差最大的帽子。

八、海南抓住电商“最后一片蓝海”

农业电子商务存在巨大的发展空间，被业内誉为电子商务领域里的“最后的一片蓝海”。数据显示，2013年，流通领域农副产品交易总额大约为2.45万亿元，其中通过电子商务流通的农产品交易额只有500多亿元，所占的比重大约为2%。同期，服装电子商务占整个服装零售业的比重已经达到20%，是农业电商的10倍。专家表示，农业电商的潜力远未开拓出来。近年来，农产品电子商务作为一种新型商业模式，已经广泛渗透到社会经济生活各个领域，成为农业生产企业开拓市场、降低运营成本、提高流通效率的新渠道，是传统农业向现代农业转变的有效途径。

海南优美洁净的生态环境和“天然大温室”气候，造就了海南热带特色农业盛名远扬。2014年，省农业厅携手阿里巴巴，通过政府、淘宝、运营商三方合作开设淘宝“特色中国·海南馆”，实现农产品交易从实物市场向虚拟市场的大转变，促进了产销无缝对接，推动了广大农民的订单意识和品牌意识，带动了产业联动发展，实现了农民增收。

目前，从事海南农产品电商企业达1600家，2014年第一季度，海南农产品网上销售额达15亿元，大幅度增长，而2013年全年销售额仅6亿元，预计2014年全年销售额达到60亿元。

九、安徽：填平城乡教育“数字鸿沟”

借助网络和高清摄像头，远在百里之外的教师“走进”一个个农村教学点，这是安徽省创新实施的农村中小学“在线课堂”的现场。自新世纪教育部提出普及中小学信息化教育以来，安徽省累计投入约47亿元大力推进包括“在线课堂”在内的中小学信息化建设。目前，已经实现全省中小学互联网接入率超过90%，全省25个县的农村教学点“在线课堂”全覆盖。

作为发展中的省份，受地方经济发展水平和财政投入的制约，信息化设备设施建设相对发达地区较为薄弱，区域、城乡发展不平衡。为此，安徽省将中小学信息化基础设施和环境建设标准，纳入全面改善贫困地区义务教育薄弱学校基本办学条件的基本标准，与教育均衡发展和标准化建设同步推进。2013年5月在全国率先试点农村教学点“在线课堂”项目，利用卫星传输、光纤宽带等信息技术，将城市名师课堂搬进农村学校教室，推送数字教育资源至各教学点，解决农村教学点师资不足、课程难开齐、教学水平不高等难题。经过一年多的试点，目前安徽省已经将“在线课堂”推广到全省25个县的所有教学点。

目前，安徽省各地校园信息化速度明显加快。全省中小学互联网接入率由2009年的33%提高到92%；多媒体设备班级覆盖率由2010年的不足15%提高到73%，与校园网建设同步；开通了40%师生学习空间；已开通在线课堂的农村教学点实现教育资源全覆盖。2015年安徽省又出台了《安徽省教育信息化中长期发展规划（2013～2020年）》，明确了政府是教育信息化的责任主体，计划到2020年全省基本实现教育教学和教育管理信息化。

Annual Report

On Forestry Informatization Development in China

第十六章　2014年全国林业网站绩效评估报告

2014年全国林业网站评估以往届评估工作经验为基础，吸收国内外评估体系的优点，以国家政策为指导，突出林业特色，促进管理部门的意识更新，真正起到“以评促建”的目的。2014年度评估范围包括国家林业局43个司局和直属单位网站，41个省级林业网站，50个市级林业网站，50个县级林业网站，100个森林公园、国有林场、种苗基地、自然保护区、重点花卉等专题网站，以及国家林业局办公网应用情况。结果表明：信息办、科技司、西北院、造林司、退耕办、工作总站、三北局、林科院、碳汇基金会、规划院网站被评为十佳司局网站；湖南、北京、福建、湖北、宁波、上海、四川、甘肃、广东、河南、江苏被评为十佳省级网站；浙江杭州、广东广州、四川阿坝州、江苏连云港、河南新乡、湖南郴州、山东济南、辽宁沈阳、浙江湖州、江西九江、广东珠海被评为十佳市级网站；浙江萧山、浙江义乌、湖南衡东、湖南洞口、湖北谷城、江西修水、黑龙江嫩江、四川会理、福建宁化、江西靖安被评为十佳县级网站；河北塞罕坝、内蒙古免渡河、广西七坡、甘肃党川、福建洋口、广西高峰、陕西牛背梁、重庆仙女山、陕西太白山、陕西长青被评为十佳专题网站；办公室、计财司、信息办、科技中心、资源司、宣传办、造林司、保护司、科技司、人才中心被评为内网应用十佳单位。评估结果显示，在评测指标难度和要求进一步加大的前提下，网站整体的内容丰富度、服务便捷性、新技术应用等均有所提高，但离建成高绩效、高质量、高满意度的林业网站仍有较大差距。

引 言

国家林业局高度重视全国林业网站的建设和管理，以网站绩效评估工作为切入点和抓手，持续推进各单位网站建设、提升在线服务水平，形成了林业系统网站“你追我赶、创先争优”的良好氛围，为站群的持续发展提供了强力后盾。

放眼全球，智慧化浪潮正扑面而来，云计算、物联网、大数据、移动互联网等新一代信息技术正在构建立体感知、管理协同、服务高效的智慧化新模式。电子政务适应时代潮流，正在进入以智慧政府网站为主要平台的新阶段。2014年11月4日，全新改版的中国林业网（国家林业局政府网、国家生态网）www.forestry.gov.cn正式上线运行。此次改版是在2009年中国林业网第三次成功改版后，顺应国际主流趋势、借鉴国内优秀网站建设经验、针对中国林业网实际情况，实现的又一次完美创新。

中国林业网采用网站群架构模式，建设了世界林业、国家林业、省级林业、市级林业和县级林业纵向到底，森林公园、国有林场、种苗基地、自然保护区、重点花卉等横向到边，美丽中国网、中国植树网、中国信息林等特色突出的中国林业网站群体系。长期以来，国家林业局信息化管理办公室高度重视全国林业网站的建设和管理，持续开展网站绩效评估工作，各单位网站建设水平大幅提升，成效凸显。

为深入贯彻《国务院办公厅关于进一步加强政府信息公开回应社会关切提升政府公信力的意见》（国办发〔2013〕100号）、《国务院办公厅关于印发当前政府信息公开重点工作安排的通知》（国办发〔2013〕73号）、《国务院办公厅关于加强政府网站内容建设的意见》（国办发〔2014〕57号）和《国家林业局关于进一步加快林业信息化发展的指导意见》（林信发〔2013〕130号）等文件精神，进一步促进网站信息公开的全面性、有效性和及时性，改善网站办事服务、互动交流及用户体验功能，提高网站影响力，加强网站组织领导、内容保障及安全监管，国家林业局委托专业机构开展2014年度全国林业网站绩效评估工作，旨在全面了解和掌握全国林业网站建设管理情况，不断提高网站的建设水平和服务质量，以此提升全国林业信息化整体水平，促进服务型、效能型、智慧型政府建设。

主要结论

一、整体建站水平有所提升，卓越阶段网站实现零的突破

较2013年度全国林业网站绩效评估指标，2014年度评估指标参照中国政府门户网站评估指标和中办、国办最新文件要求，进一步体现了指标的全面性和高要求。评估结果显示，全国林业网站整体建站水平有所提升。其中，湖南林业信息网以91.2分迈进卓越阶段；省级林业网站信息发布中新增的回应关切指标得分率为100%；司局和直属单位、省级等林业网站在组织领导、制度建设、安全管理等指标的得分率均超过90%。可见，持续的网站建设、优化和评估使全国林业网站整体建设水平不断提升。

二、政务信息发布成绩平稳，重点信息发布力度有待加强

评估结果显示，司局和直属单位网站信息发布得分率由2013年的56.97%上升到60.63%，进步较快；省级林业网站和市、县级林业网站进步不大，但网站政务信息发布水平整体呈平稳趋势。信息发布中表现出来的明显不足是，43家司局和直属单位网站中有80%的单位未在网上发布发展规划及工作计划信息，41家省级林业网站中仅7家单位能够按照规定及时对工作计划、工作总结、发展规划等信息进行发布，100家市、县级林业网站中仅7家单位设置了统计信息专栏并能够持续发布相关统计信息，栏目信息更新不及时、空栏目、内容不完整等问题较严重，重点政务信息发布力度亟待加强。

三、在线服务体系初具雏形，仍需提升服务质量与服务实效

评估结果显示，各级林业网站在线服务能力均有所提升，司局和直属单位网站的办理查询指标、省级林业网站办事指南指标以及市、县级林业网站的专业服务指标的得分率均达到及格水平，林业系统网站在线服务体系建设初具雏形。但仍有近50%的省级林业网站未提供在线申报和结果反馈服务，超过50%的市、县级网站所提供的办事服务功能不可用，有栏目无内容、链接错误或无法打开等问题较多，在线服务的质量与实效仍有待加强。

四、互动渠道呈多样化趋势，可用性与智能化程度需进一步提升

评估结果显示，省、市、县级林业网站和森林公园、国有林场、种苗基地、自然保护区和重点花卉等241个网站中，接近70%的网站能够提供咨询投诉等信箱渠道以及网上调

查、访谈直播等其他互动渠道，逐渐从单一的互动模式向多样化的互动模式转型。但多数网站互动效果大打折扣，网站互动渠道“建而不用”现象明显，市、县级林业网站尤为突出。市级林业网站结果反馈时效性、有效性得分率分别仅为24.00%和32.67%，县级林业网站结果反馈时效性、有效性得分率仅为22.00%和25.00%。林业系统网站在智能互动方面体现很少，仍需突破瓶颈、创新发展。

五、新技术应用助力创新发展，规模化建设有待进一步提高

评估结果显示，较2013年度全国林业网站绩效评估指标，2014年度评估体系加重了对新媒体影响力、移动终端影响力的考核力度，力求引导站群顺应趋势、加大新技术应用（见表16-1～表16-5）。在对41个省级和100个市、县级林业网站的考核中，54家单位开设了政务微博，19家单位开设了微信，17家单位开通了WAP、移动App、移动门户等移动终端应用功能，可见新兴技术被越来越多的应用在网站建设运营中。但从所占比例看，微博开设比例仅占38.30%，微信、移动终端应用所占比例更少，分别为13.48%和12.06%，规模化建设有待进一步提高。

2014年全国林业网站绩效评估结果

表16-1　司局和直属单位网站综合得分排名表（前10名）

排名	单位名称	信息发布	在线服务	用户体验	网站影响力	网站管理	总得分
	权　重	45.0	15.0	13.0	5.0	22.0	100.0
1	信息办	39.0	8.0	11.5	5.0	18.5	82.0
2	科技司	32.5	9.0	10.5	5.0	14.8	71.8
3	西北院	36.0	9.0	10.0	5.0	10.4	70.4
4	造林司	33.5	9.0	8.5	5.0	13.3	69.3
5	退耕办	33.0	7.0	9.0	5.0	15.2	69.2
6	工作总站	31.0	9.0	10.0	5.0	13.5	68.5
7	三北局	33.2	8.0	9.0	5.0	13.0	68.2
8	林科院	28.0	7.0	10.0	5.0	18.1	68.1
9	碳汇基金	31.5	7.0	11.5	5.0	13.0	68.0
10	规划院	29.5	9.0	10.0	5.0	14.0	67.5

表16-2 省级林业网站综合得分排名表（前10名）

排名	单位名称	信息发布	在线服务	互动交流	用户体验	网站影响力	网站管理	总得分
	权重	32.0	15.0	13.0	10.0	10.0	20.0	100.0
1	湖 南	30.9	15.0	11.0	9.8	7.0	17.5	91.2
2	北 京	27.6	14.8	10.5	8.5	8.5	18.0	87.9
3	福 建	29.6	15.0	11.3	7.5	6.0	15.6	85.0
4	湖 北	23.8	13.9	11.1	8.3	7.5	18.0	82.6
5	宁 波	28.5	15.0	12.5	6.8	5.5	14.0	82.3
6	上 海	25.8	14.0	10.5	9.3	7.5	12.9	80.0
7	四 川	26.4	14.0	10.5	7.1	6.0	15.9	79.9
8	甘 肃	27.6	13.4	10.8	8.1	4.0	15.5	79.4
9	广 东	25.4	15.0	7.8	6.7	8.5	15.9	79.3
10	河 南	25.2	13.0	12.5	8.8	4.5	14.5	78.5
10	江 苏	27.6	14.5	11.5	8.0	2.5	14.4	78.5

表16-3 市级林业网站综合得分排名表（前10名）

排名	单位名称	信息发布	在线服务	互动交流	用户体验	网站影响力	网站管理	总得分
	权重	32.0	20.0	15.0	13.0	8.0	15.0	100.0
1	浙江杭州	30.0	14.5	15.0	11.3	6.0	8.5	85.3
2	广东广州	22.5	18.0	15.0	10.1	5.0	10.5	81.1
3	四川阿坝州	21.0	20.0	15.0	9.0	5.0	10.5	80.5
4	江苏连云港	23.0	20.0	11.0	10.6	4.0	10.0	78.6
5	河南新乡	24.7	12.0	13.0	10.5	7.0	10.0	77.2
6	湖南郴州	20.2	18.0	14.0	10.1	6.0	8.5	76.8
7	山东济南	22.0	14.0	15.0	10.3	5.0	9.0	75.3
8	辽宁沈阳	25.5	20.0	5.0	10.1	5.0	9.0	74.6
9	浙江湖州	23.0	11.0	14.0	9.3	5.0	11.5	73.8
10	江西九江	27.5	14.0	5.0	11.8	5.0	10.0	73.3
10	广东珠海	21.5	11.0	15.0	10.3	5.0	10.5	73.3

表16-4 县级林业网站综合得分排名表（前10名）

排名	单位名称	信息发布	在线服务	互动交流	用户体验	网站影响力	网站管理	总得分
	权重	32.0	20.0	15.0	13.0	8.0	15.0	100.0
1	浙江萧山	29.0	14.0	10.0	10.9	6.5	10.9	81.3
2	浙江义乌	24.5	12.2	10.0	10.8	4.0	10.5	72.0
3	湖南衡东	19.0	14.0	14.0	9.8	4.5	9.5	70.8
4	湖南洞口	20.0	13.5	15.0	9.8	2.5	9.5	70.3
5	湖北谷城	21.0	13.0	15.0	9.0	2.5	8.5	69.0
6	江西修水	20.5	13.0	10.0	9.9	4.0	10.5	67.9
7	黑龙江嫩江	23.0	12.5	10.0	9.9	4.0	8.0	67.4
8	四川会理	17.2	9.0	15.0	11.1	3.5	11.5	67.3
8	福建宁化	18.5	15.0	12.0	9.8	2.5	9.5	67.3
10	江西靖安	20.0	13.0	14.5	10.1	2.5	6.8	66.9

表16-5 专题网站综合得分排名表（前10名）

排名	单位名称	信息发布	特色服务	信息更新	受关注程度	网站管理	总得分
	权重	30.0	20.0	15.0	15.0	20.0	100.0
1	河北省塞罕坝机械林场	26.5	13.0	15.0	11.0	12.0	77.5
2	内蒙古自治区呼伦贝尔市免渡河林业局	27.0	15.0	13.0	10.0	12.0	77.0
3	广西国有七坡林场	25.0	13.0	15.0	11.0	12.0	76.0
3	甘肃省小陇山林业实验局党川林场	28.0	13.0	13.0	10.0	12.0	76.0
3	福建省洋口林场国家杉木良种基地	27.0	13.0	13.0	10.0	13.0	76.0
3	广西国有高峰林场	27.0	11.0	15.0	11.0	12.0	76.0
7	陕西牛背梁国家级自然保护区	28.0	13.0	13.0	8.0	13.0	75.0
7	重庆仙女山国家森林公园	27.0	13.0	15.0	8.0	12.0	75.0
9	陕西太白山国家级自然保护区	27.0	13.0	13.0	6.0	13.0	72.0
9	陕西长青国家级自然保护区	27.0	13.0	13.0	6.0	13.0	72.0

第一节　评估概述

一、我国信息化发展评估

结合文献研究和国际组织官方网站资料可以看出，国际机构或组织掌握庞大的成员国数据，对开展信息化评估十分有利。在信息化评估领域，多以国际化组织为主，以联合国（UN）、世界经济论坛（WEF）、国际数据公司（IDC）和国际电信联盟（ITU）为代表，他们根据自身研究的指标体系，出具相应的研究报告。

（一）评估业务范围。通过对文献资料的搜集和研究可以看出，我国非常重视信息化的发展，早在20世纪80年代就开始这方面的研究。在政府领域的业务范围也涉及了信息化、电子政务、政府网站等各个层面。

国内关于信息化的测评，一般是以国家级政府机构牵头，以某项研究为基础，出具相应的评估报告。在电子政务领域，一般以省级或副省级的地方政府牵头，以带动当地整体电子政务建设步伐为目标；在政府网站领域，各部委、各地方、各部门各个层级均有开展，这些评估活动多以全国性质的评估活动为动力，以国家出台的政策文件为准绳，以推动整体发展为目的。

（二）评估指标体系。信息化测评侧重信息基础设施与信息产业的成分，尽可能全面、细化、可操作，但是部分指标过于强调对信息基础设施的评价，对信息资源利用和信息技术应用水平等方面的评价较为欠缺。电子政务的评估考查范围较为广泛，综合指标和专项指标均有涉及，考查点涵盖了基础设施、对外服务（包括政府网站、应用系统）、对内应用（核心业务、办公事务、业务处理、辅助决策）、资源利用和共享、业务协同、管理保障、工作创新等层面。各个地方根据当地的实际情况，侧重点有所差异。对政府网站的评测则更加贴近最新政策文件要求，保障与时俱进。

（三）评估方法。信息化测评一般采用文献调研，从统计局等政府部门获取第一手信息，使得可操作性降低。电子政务测评主要采用日常监测、检查评议、问卷调查及单位自查自评相结合的方法，结合技术监测获取数据，通过定量与定性相结合的方法，形成评估总报告。

二、我国政府网站评估

（一）评估机构。我国政府网站评估研究与实践推动得益于大批专家学者、政府机构和咨询机构。目前，较有影响力的评估机构有四家，分别是中国软件测评中心、国脉互联、国家信息中心网络政府研究中心和中国信息化促进网。国内四大机构对政府网站的评测以当前政府网站发展趋势为指导，国家、部委及地方颁布的政策文件为准绳，指标体系力求基于现状、与时俱进、引领方向。各机构除共性特点外，评估体系设计和评估方法均有自己的特色和亮点。

中软测评：依据政府工作重点和百姓热点关切，强调重点服务的考查；将舆论引导作为重点，突出舆情宣传和新媒体应用的考查；同时使互动交流向智能化方向发展，增设智能互动的考查。

国脉互联：鼓励网站特色发展，结合当前发展趋势，融入了数据开放、社会化（新媒体）、智能化（自助服务、智能检索）、国际化的相应指标。

网研中心：重点倾向于政府网站在互联网中的影响力和用户体验的考查。

促进网：强调应用创新与网民体验，对于核心指标的应用较为突出。

（二）评估方法。评估工作基本都是采用日常监测与综合评测的方式，评估方法以人工测评、自动监测、问卷调查、模拟用户、电话核实、专家评测等手段为主，各评估机构根据自身工作需要，对评估方法的应用侧重点也不尽相同。

三、本次评估工作思路

（一）评估依据。在指标设计的过程中，主要以以下文件为依据：

《2006～2020年国家信息化发展战略》（中办发〔2006〕11号）

《中华人民共和国政府信息公开条例》（中华人民共和国国务院令第492号）

《国务院办公厅关于做好政府信息依申请公开工作的意见》（国办发〔2010〕5号）

《国务院办公厅关于进一步加强政府网站管理工作的通知》（国办函〔2011〕40号）

中共中央办公厅 国务院办公厅印发《关于深化政务公开加强政务服务的意见》（中办发〔2011〕22号）

《国务院办公厅关于印发当前政府信息公开重点工作安排的通知》（国办发〔2013〕73号）

《国务院办公厅关于进一步加强政府信息公开回应社会关切提升政府公信力的意见》（国办发〔2013〕100号）

《国务院办公厅关于印发2014年政府信息公开工作要点的通知》（国办发〔2014〕12号）

《关于加强党政机关网站安全管理的通知》（中网办发文〔2014〕1号）

《国务院办公厅关于加强政府网站信息内容建设的意见》（国办发〔2014〕57号）

（二）评估方法。结合前期对国内外有关机构在信息化、电子政务、政府网站评估工作中的操作方法的研究得出：信息化和电子政务测评数据来源均倾向于文献调研、问卷调查、统计数据等，电子政务还结合了自查自评、技术监测等手段。与之相比，政府网站的数据来源更为客观和真实，以人工测评（包括模拟用户）与自动监测结合，增加了数据来源的可信度。

网站是集科学与艺术、内容与技术、方法与理念、应用与管理为一体的综合体。而政府网站评估不仅是考查其功能的好坏，更是评价其体现的价值和效益，结合全国林业网站发展的实际情况，结合对当前国内外评测工作的研究，全国林业网站绩效评估以人工测评方式为主，自动监测与问卷调查为辅，以增强数据来源的可信度，以保证结果公正、有效。

（三）评估指标。评估指标作为网站评测工作的核心元素，关系到整个网站评测结果的客观性及有效性。面对不断变化的网站发展环境，需不断优化政府网站评测指标和权重赋值。2014年全国林业网站绩效评估，在保证与往年具有连续性的基础上，采取以下评估思路：在2013年度全国林业网站绩效评估指标体系的基础上，参考国内外各评估机构的指标设计，紧扣近期国家颁布的关于信息公开、回应关切、网站安全等文件，对指标体系进行优化升级，加强了对信息发布、互动交流、网站管理等方面的考查，从公众需求角度出发，鼓励各级林业网站为公众提供更多体现业务特色、实用效果较好、引导意义较强、充分体现新技术的服务。

在权重赋值上，引入PDCA质量管理循环原理，进行事前调整，事后优化。即评测初期，征求相关专家意见予以调整，评测结束后，对严重偏离事实的权重进行优化。此外，就各功能指标（即一级指标）独立赋值，保持各功能指标在评测过程中的公平公正。

第二节　评估说明

一、评估意义

随着互联网的迅速发展，以中国政府网为代表的政府网站进入了全新的发展阶段，促使政府网站评估工作除传统意义上摸底网站建设现状、树立建设标杆、指引网站建设方向外，更增加了在严峻的形势倒逼态势下，促进管理部门的意识更新；为政府网站的改版升级提供参考依据等意义。

二、评估范围

2014年评估范围包括43个司局和直属单位网站，41个省级林业网站，50个市级林业网站，50个县级林业网站和100个专题网站，具体评估范围如表16-6所示。

表16-6　2014年全国林业网站绩效评估范围表

类别	单位名称
司局和直属单位网站（43个）	政法司、造林司、资源司、保护司、林改司、公安局、计财司、科技司、国际司、信息办、场圃总站、工作总站、基金总站、宣传办、濒管办、天保办、三北局、退耕办、治沙办、世行中心、湿地办、科技中心、经研中心、人才中心、林科院、规划院、设计院、林干院、竹藤中心、林学会、中动协、花协、中绿基、碳汇基金、森防总站、北航总站、南航总站、南京警院、华东院、中南院、西北院、昆明院、乌鲁木齐专员办
省级林业网站（41个）	北京、天津、河北、山西、内蒙古、辽宁、吉林、黑龙江、上海、江苏、浙江、安徽、福建、江西、山东、河南、湖北、湖南、广东、广西、海南、重庆、四川、贵州、云南、西藏、陕西、甘肃、青海、宁夏、新疆、内蒙古森工、吉林森工、龙江森工、大兴安岭、新疆兵团、大连、宁波、厦门、青岛、深圳
市级林业网站（50个）	河北（张家口）、内蒙古（阿拉善盟、包头、呼伦贝尔）、辽宁（沈阳）、吉林（通化、延边）、黑龙江（佳木斯、牡丹江、双鸭山）、江苏（连云港、盐城）、浙江（杭州、湖州）、江西（吉安、景德镇、九江、新余、鹰潭）、山东（济南、济宁、烟台）、河南（安阳、开封、洛阳、商丘、新乡、许昌、郑州）、湖南（郴州、衡阳、娄底、湘潭、湘西、永州、张家界）、广东（广州、珠海）、广西（贵港、河池、柳州、南宁）、海南（海口）、四川（阿坝州、广元）、贵州（贵阳）、云南（昆明、临沧）、陕西（西安）、新疆（昌吉州）
县级林业网站（50个）	内蒙古（柴河、林西）、吉林（蛟河、舒兰、通化、伊通）、黑龙江（宾县、嘉荫、嫩江、肇州）、江苏（栖霞）、浙江（萧山、义乌、余杭）、福建（宁化）、江西（安福、分宜、靖安、遂川、修水）、山东（商河、章丘）、河南（邓州、固始、滑县、鹿邑、嵩县、新蔡、永城）、湖北（巴东、谷城）、湖南（常宁、洞口、衡东、衡南、耒阳、隆回、石门、新化）、广西（苍梧、融水、田阳）、重庆（武隆）、四川（会理、黔江、万盛）、贵州（思南）、青海（大通）、宁夏（六盘山）、新疆（阜康）
专题网站（100个）	森林公园站群（21个）：黑龙江茅兰沟国家森林公园、福州国家森林公园、海南吊罗山国家森林公园、四川米仓山国家森林公园、贵州百里杜鹃国家森林公园、四川措普国家森林公园、吉林拉法山国家森林公园、四川九寨国家森林公园、湖北神农架国家森林公园、广东新丰江国家森林公园、云南西双版纳国家森林公园、湖南九龙江国家森林公园、江西铜钹山国家森林公园、龙江雪乡国家森林公园、重庆仙女山国家森林公园、河南云台山国家森林公园、福建旗山国家森林公园、山西太岳山国家森林公园、福建九龙山国家森林公园、内蒙古额济纳胡杨国家森林公园、浙江竹乡国家森林公园
	国有林场站群（21个）：河北塞罕坝机械林场、河北木兰围场国有林场管理局、河北滦平县巴克什营林场、山西中条山国有林场管理局、山西吕梁山国有林场管理局、山西吉县国营红旗林场、内蒙古兴安盟五岔沟林业局、内蒙古呼伦贝尔市巴林林业局、内蒙古呼伦贝尔市免渡河林业局、内蒙古克什克腾旗桦木沟林场、江苏常熟市虞山林场、安徽黄山市黄山区黄山公益林场、山东淄博市原山林场、湖南黄丰桥国有林场、广西国有高峰林场、广西国有七坡林场、广西天峨县国营林朵林场、贵州龙里林场、甘肃白龙山林业管理局洮河林业局冶力关林场、甘肃小陇山林业实验局党川林场、甘肃庆阳合水林业总场连家砭林场

（续表）

类别	单位名称
专题网站（100个）	种苗基地站群（21个）：中国林科院亚热带林业实验中心油茶良种基地、河北省沧县国家枣树良种基地、山西省吕梁林管局上庄国家油松良种基地、辽宁省清原县大孤家林场国家落叶松良种基地、吉林省汪清林业局国家红松云杉良种基地、黑龙江省林口县青山国家落叶松良种基地、江苏省泗洪县陈圩林场国家杨树良种基地、浙江省淳安县姥山林场国家马尾松良种基地、福建省洋口林场国家杉木良种基地、福建省漳平市五一林场国家马尾松良种基地、山东省冠县国有苗圃国家杨树良种基地、河南省郏县国有林场国家侧柏良种基地、湖南省浏阳市国家油茶良种基地、广东省台山市红岭国家湿地松杂交松良种、广西东门林场国家桉树良种基地、贵州省黎平县东风林场国家杉木良种基地、陕西省桥山林业局国家油松良种基地、宁夏中宁县国家枸杞良种基地、新疆阿克苏实验林场国家核桃枣树良种基、大兴安岭国家樟子松落叶松良种基地、浙江省金华市东方红林场国家油茶油桐良种基地
	自然保护区站群（22个）：江西井冈山国家级自然保护区、广东南岭国家级自然保护区、广东车八岭国家级自然保护区、广东象头山国家级自然保护区、广东内伶仃岛—福田自然保护区、广东湛江红树林自然保护区、四川卧龙国家级自然保护区、四川蜂桶寨国家级自然保护区、四川龙溪—虹口国家级自然保护区、四川美姑大风顶国家级自然保护区、陕西长青国家级自然保护区、陕西佛坪国家级自然保护区、陕西太白山国家级自然保护区、陕西青木川国家级自然保护区、陕西桑园国家级自然保护区、陕西牛背梁国家级自然保护区、广东珠海淇澳—担杆岛自然保护区、广东龙门南昆山自然保护区、广东曲江罗坑自然保护区、广东海丰鸟类自然保护区、广东英德石门台自然保护区、四川瓦屋山自然保护区
	花卉站群（15个）：中国牡丹网、中国月季网、中国杜鹃网、中国菊花网、中国荷花网、中国梅花网、中国茶花网、中国兰花网、中国桂花网、中国水仙网、中国石竹网、中国玉兰网、中国海棠网、中国百合网、中国芍药网

三、评估方法

人工测评法：根据专家制定的指标体系，评估人员模拟网站用户登录，根据网站内容采集相关数据。采用分组交叉评估模式，按功能模块对网站同一时段采样。

同一指标平行测试：每项指标由同一个人负责，并在同一个时间段内完成数据的采集工作，确保每项指标评估标准和评分尺度、数据采集时间相同。

用户体验法：由评估人员登录网站，对相关功能进行实际体验。

调查法：设计调查问卷，获取组织领导、人员保障、网站访问量、安全管理等数据。

自动监测法：主要考察网站的稳定性、访问速度、PR值等技术指标。

评估流程：评估执行时间从2014年7月起至2015年1月结束，具体安排如下：

指标设计：制定绩效评估指标体系并征求意见，完善指标体系（2014年7月～2014年10月）。

调研阶段：对各参评单位下发调查问卷，并做好各单位调查问卷的数据统计分析工作

（2014年11月）。

评估打分：根据评估指标体系，对各参评网站评估打分，形成得分明细表（2014年11月～2014年12月）。

添加数据：根据调研的统计结果，添加领导组织、制度建设、安全管理等调查数据（2014年12月）。

综合分析：汇总分析数据，撰写评估报告（2014年12月～2015年1月）。

四、评估指标

在尊重现实、适度超前、客观公正的基础上，运用专业评估工具，着重体现林业行业特征和网站应用绩效，结合全国林业网站建设现状及未来发展趋势，制定了四套指标体系，分别为：司局和直属单位网站评估指标、省级林业网站评估指标、市（县）级林业网站评估指标、专题网站评估指标。从网站内容的全面性、及时性、服务性、交互性以及行业要求等方面考察网站的应用绩效。

（一）司局和直属单位网站评估指标

一级指标	二级指标	三级指标	分值	指标说明
信息发布 45 分	机构设置	领导简介	2	是否发布本单位主要领导姓名、工作简历、工作分工等信息
		组织机构	2	发布本单位职能、机构设置等信息，包括内设机构和下属单位名称、职能、联系方式等信息
	信息加载	通知公告	3	及时发布本单位各种通知公告，信息要素齐全，包括标题、正文、发布机构、发布日期
		业务信息	5	本单位业务信息发布的全面性和发布质量，如领导讲话、各业务类别信息等
		信息发布总量	5	信息发布的总数量
		信息更新频度	4	网站信息更新频度，包括多少天更新一次，每次更新多少条
		信息发布时效	3	动态类信息生成后 5 个工作日内发布
	热点专题	专题建设	5	围绕会议、活动、部门职责等建立的专题栏目的丰富度，专题内容及质量
		专题更新	5	热点专题栏目的内容更新情况
	法规政策	法规政策	2	发布本单位有关法律法规和制度文件
		政策解读	3	是否对本单位发布的重要文件、重大规划等通过网站进行及时解读

（续表）

一级指标	二级指标	三级指标	分值	指标说明
信息发布45分	规划计划	发展规划	2	发布本单位制定的相关规划
		工作计划	1	发布本单位年度工作、专项工作计划及执行情况
	项目成果	成果展示	3	对单位业务成果的展示情况
在线服务15分	办事渠道	业务办理	6	是否提供在线办理功能，如办事指南、表格下载、在线申报等
	办事内容	办理类别	4	网站在线办理业务的类别数量
		办理查询	5	是否提供在线办理业务的查询功能，如业务办理状态查询、业务办理结果查询等
用户体验13分	日均访问量	——	4	网站日均访问情况
	信息呈现形式	——	3	是否采用文字、图片和视频等多种形式发布信息
	网站可用性	——	3	网站栏目科学合理，信息内容编排整齐，网页内容、图片显示正常，无错链、空链等
	栏目丰富度	——	3	网站栏目丰富，更新及时，无空栏目
网站影响力5分	搜索引擎影响力	——	3	网站被百度搜索引擎收录的页面数量及网站在搜索引擎中的排名情况
	网页等级	——	2	分析网站的PR值，值越大，越受欢迎，则影响力越大
网站管理22分	组织领导	领导小组	2	设置网站管理领导小组，由本单位主要领导担任组长
		工作机制	2	对本部门的信息采集、报送和发布明确具体流程
	人员保障	配备人员	2	配备专职或兼职管理人员2名以上
		职责完成情况	5	按照《中国林业网管理办法》职责分工完成主站和子站相应职责
	对主站的贡献	信息报送	6	以中国林业网每季度发布的信息采用情况为依据，考查信息被采用的情况
		职责配合	5	对主站在线服务、访谈直播的支持情况，对局领导活动信息发布的配合情况
合计			100	

（二）省级林业网站评估指标

一级指标	二级指标	三级指标	分值	指标说明
信息发布 32分	主动公开	机构职能	1	公开本单位领导姓名、个人简介、分工、联系方式及部门职责、内设机构等信息
		部门文件	2	公开政策法规、规范性文件等部门发布的文件，并提供最新政策法规解读信息
		规划计划	1.5	年度工作总结、年度工作计划、发展规划、重大决策等信息公开情况
		工作动态	3.5	工作动态信息要素完整，包括标题、正文、来源或作者、发布日期；信息发布的时效性强，在3个工作日内发布
		通知公告	2	通知公告的信息要素齐全，包括标题、正文、发布机构、发布日期；信息时效性强，在3个工作日内发布
		人事任免	1.5	发布干部任免、公务员考录或工作人员招考信息情况
		财政公开	3	公开本单位财政信息，包括部门预决算、三公经费、行政经费使用（财政专项资金管理和使用情况）等情况
		政府采购	1.5	发布本单位政府采购目录，及时发布本单位的招投标信息
		林业统计	2	本单位统计信息公开情况及解读信息
		权力运行清单	1	公开行政权力运行清单，包括行政审批、行政许可、行政处罚等
		应急管理	1	有应急处理机制和平台，应急事件处理情况公开
	依申请公开	公开指南	1	提供依申请公开指南、程序、办理时限和收费标准、受理机构等信息公开情况
		网上申请	1	开设在线依申请公开渠道
	公开保障	公开指南	1	发布本部门信息公开指南，并建立完善机制，年度更新
		公开目录	2	本部门信息公开目录的编制规范，应包括索引、名称、内容概述、生成日期等；目录有效链接，且能直接找到相关内容
		公开年度报告	0.5	本年度信息公开报告的发布情况
		信息公开制度	0.5	本部门信息公开相关制度定的公开情况
	公开情况	回应关切	2	就本单位发生的社会热点、焦点事件，网站是否及时通过热点专题、新闻发布会、通知公告等方式予以回应，引导网络舆情
		专题建设	1	结合本地林业重点工作、社会关切热点等开展专题专栏，并采用图片或视频等多种形式对专题内容进行更新

（续表）

一级指标	二级指标	三级指标	分值	指标说明
信息发布32分	公开情况	信息发布总量	2	网站信息加载的总数量
		信息更新频度	1	动态类信息日均更新量在10条以上
在线服务15分	基本服务	办事指南	1	提供全面的办事事项，提供完整办事要素，包括事项名称、办事依据、申报条件、办理流程、收费标准、办理材料、办理时限等
		资料下载	1	提供各种资料下载（包括表格、文本、图片、软件等）的数量和质量
		表格下载	2	提供表格下载的行政许可事项占本部门所承担全部行政许可事项的比例；表格下载与办事事项名称是否一致；是否提供范本或说明；下载功能是否可用
		在线申报	2	实现在线申报功能的行政事项占本部门所承担全部行政事项的比例；在线申报平台是否提供操作说明
		结果反馈	2	提供办理结果查询功能，公开事项办理状态
	公共服务	科普知识	1	提供林业科普知识，且内容丰富
		实用技术	1	提供各种林业实用技术，如树种、花卉的栽培方法与养殖技术等
	服务应用	渠道易用性	2	具有分类清晰，内容全面的服务平台
		在线整合度	2	是否将办事指南、表格下载、在线申报、结果反馈等流程进行全面整合
		服务效果	1	可通过服务主题、服务对象、场景式导航等多种形式实现网上办事，功能应用畅通
互动交流13分	渠道设立	咨询投诉	2	提供咨询投诉渠道，能在线提交相关信息，操作便捷，实现效果好
		网上调查	2	提供调查渠道，调查主题与近期政务工作相关，调查统计结果予以公示
		征集渠道	2	提供民意征集渠道，征集主题涉及当前的政务工作、重大决策等，并能反馈征集结果等
		访谈直播	2	提供访谈直播渠道，考查每年开展访谈直播的次数
		智能互动	1	通过建立知识库，设立实时交流、智能问答、智能机器人等问答功能
	结果反馈	时效性	2	对公众提交的信件进行及时回复
		有效性	2	回复质量高，能解决用户问题

（续表）

一级指标	二级指标	三级指标	分值	指标说明
用户体验 10 分	日均访问量	——	2	网站日均访问量
	搜索功能	——	2	是否提供全文和关键字检索，是否提供高级检索，检索结果是否分类，重点信息是否突出显示
	导航链接	——	1	提供站点地图、栏目导航、林业系统上下级单位网站的链接
	网站可用性	——	1	网站内容显示正常，功能可正常使用，无错链、空链等
	首页布局	——	1	首页布局合理，页面简洁、美观、大方，特色突出。是否 3 次以内单击即可定位查询内容
	栏目设置	——	1	栏目划分清晰合理，便于公众快捷获取所需内容
	标识规范	——	1	提供网站域名、邮箱符合政府网站建设与管理规范，网站标识可准确链接
	辅助信息	——	1	提供网站维护单位及联系方式，对隐私安全、版权保护进行申明
网站影响力 10 分	国际互联网影响力	——	2	提供除中文简体外的其他版本，如繁体版、英文版等
	搜索引擎影响力	——	2	网站被百度搜索引擎收录的页面数量及网站在搜索引擎中的排名情况
	移动终端影响力	——	2	分析网站是否开通 WAP、移动 App、移动门户等移动终端应用功能
	新媒体影响力	政务微博	1	开通政务微博，发布有效内容，持续发布最新信息；以及基于博文数、关注量、传播量等因素的影响力程度
		政务微信	1	开通政务微信，发布有效内容，持续发布最新信息，并与用户需求紧密结合，整合服务，使服务实用、易用
	网页等级	——	2	网站的 PR 值表示网站受欢迎的程度，值越大，越受欢迎，则影响力越大
网站管理 20 分	组织领导	——	1	设置由本单位主要领导担任组长的网站管理领导小组；设置网站管理、内容保障、运行维护等岗位
	制度建设	——	1	制定网站管理、内容保障等制度
	安全管理	防范措施	1	是否设有安全网关、防火墙、防篡改、防病毒等措施，并定期升级和检查；制订应急预案，有无演练
		备份恢复	1	是否有备份机制并坚持定期备份；是否有恢复机制，有无演练

（续表）

一级指标	二级指标	三级指标	分值	指标说明
网站管理20分	主站支持	信息采用量	3	以中国林业网每季度发布的信息采用情况为依据，考查各单位被中国林业网采用的信息数量
		工作配合度	2	与主站配合开展访谈和其他活动的次数，对主站需要配合的工作的响应程度
		与主站链接情况	1	本级政府网站和各级林业系统网站是否与中国林业网建立链接
	子站建设	建站完成率	5	省内地市级政府、县区级政府、森林公园、国有林场、种苗基地、自然保护区等林业网站的开通比例
		子站更新率	5	省内地市级政府、县（区）级政府、森林公园、国有林场、种苗基地、自然保护区等林业网站的更新情况
合计	100		100	

（三）市县级林业网站评估指标

一级指标	二级指标	三级指标	分值	指标说明
信息发布32分	信息公开专栏	——	5	是否按国家规定制定信息公开专栏
	工作信息	规划计划	2	提供本单位十二五规划、本年度工作计划及上年度工作总结等信息
		统计信息	2	发布与本单位相关的统计信息
		财政信息	3	公开本单位财政信息，包括政府采购与招标、部门预决算、三公经费、行政经费使用（财政专项资金管理和使用情况）等情况
信息发布32分	动态信息	工作动态	4	工作动态信息要素完整，包括标题、正文、来源或作者、发布日期；信息发布的时效性强，在3个工作日内发布
		通知公告	3	通知公告的信息要素齐全，包括标题、正文、发布机构、发布日期；信息时效性强，在5个工作日内发布
		专题建设	5	结合当前林业重点工作、社会热点等开展专题专栏，并对专题内容定期更新，采用图片或视频等多种形式呈现
	信息加载	信息更新量	5	年度信息更新总量
		信息更新频度	3	网站信息更新频率，包括多少天更新一次，每次更新多少条
在线服务20分	办事服务	服务整合	5	将办事指南、表格下载、在线申报、结果反馈等流程进行全面整合

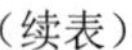
（续表）

一级指标	二级指标	三级指标	分值	指标说明
在线服务20分	办事服务	功能可用性	5	网上办事服务中提供的表格下载、在线申报、结果反馈等功能可用
	公共服务	科普知识	5	提供林业科普知识，且内容丰富
		专业服务	5	提供生态建设、森林旅游、林业产业等服务内容
互动交流15分	信箱渠道	——	5	提供发表意见、在线咨询、投诉等咨询渠道，且渠道可用性强
	其他渠道	——	5	提供在线调查、意见征集、在线访谈等其他互动渠道，且渠道可用性强
	结果反馈	时效性	2	对公众提交的信件进行及时回复
		有效性	3	回复质量高，能解决用户问题
用户体验13分	日均访问量	——	2	网站日均访问量
	搜索功能	——	1	是否提供全文和关键字检索；是否提供高级检索
	导航链接	——	1	提供站点地图、栏目导航、林业系统上下级单位网站的链接
	网站可用性	——	2	网站内容显示正常，功能可正常使用，无错链、空链等
	首页布局	——	2	首页布局合理，3次以内单击即可定位查询内容，页面简洁、美观、大方
	栏目设置	——	2	栏目划分清晰合理，便于公众快捷获取所需内容
	信息呈现形式	——	1	采用多种信息组织形式，使政府网站的设计更丰富多彩，如具有视频、图片、电子地图等，功能应用效果较好
	标识规范	——	1	提供的网站域名、政府邮箱、网站标识符合政府网站建设与管理规范，网站标识可准确链接
	辅助信息	——	1	提供网站维护单位及联系方式，对隐私安全、版权保护进行申明
网站影响力8分	移动终端影响力	——	2	分析网站是否开通WAP、移动App、移动门户等移动终端应用功能
	新媒体应用	政务微博	1	开通政务微博，发布有效内容，持续发布最新信息；以及基于博文数、关注量、传播量等因素的影响力程度
		政务微信	1	开通政务微信，发布有效内容，持续发布最新信息，并与用户需求紧密结合，整合服务，使服务实用、易用

（续表）

一级指标	二级指标	三级指标	分值	指标说明
网站影响力8分	搜索引擎影响力	——	2	网站被百度搜索引擎收录的页面数量及网站在搜索引擎中的排名情况
	网页等级	——	2	网站的PR值，表示网站受欢迎的程度，值越大，越受欢迎，则影响力越大
网站管理12分	组织领导	——	2	设置由本单位主要领导担任组长的网站管理领导小组；设置网站管理、内容保障、运行维护等岗位
	制度建设	——	2	制定网站管理、内容保障等制度
	安全管理	防范措施	1	是否设有安全网关、防火墙、防篡改、防病毒等措施，并定期升级和检查；制定应急预案，有无演练
		备份恢复	1	是否有备份机制并坚持定期备份。是否有恢复机制，有无演练
	对网站群的贡献率	——	3	信息被主站采用的数量，及对主站和省级网站的配合度和响应度
	主站链接	——	3	本级政府网站和各级林业系统网站是否与中国林业网建立链接
合计			100	

（四）专题网站评估指标

一级指标	二级指标	分值	指标说明
信息发布30分	概况信息	4	是否发布本单位简介、主要职责、联系方式等信息或本区域的基本概况，信息更新及时有效
	动态信息	5	是否发布本单位的日常动态信息及通知公告，信息要素完整、发布及时
	特色信息	5	提供具有行业特色的信息，并采用多样化的表现形式，如图片、视频等
	栏目内容建设	3	网站各栏目提供的内容充实，考查空栏目的数量
	信息呈现形式	5	采用多种信息组织形式，使政府网站的设计更丰富多彩，如具有视频、图片新闻、电子地图等，功能应用效果较好
	信息编排	8	动态信息文本排版规范，是否存在有标题无具体正文内容、字号混乱、内容重复出现、落款未居右、段首缩进不规范、行间距不规范等问题
特色服务20分	便民服务	5	是否提供关于本区域或本行业的服务信息，如景点指南、交通引导和周边环境等
	科普知识	5	提供与本行业有关的科普知识和实用技术，且内容丰富

（续表）

一级指标	二级指标	分值	指标说明
特色服务20分	专项服务	5	是否提供与本单位业务相关的供求信息，是否提供具有使用价值的共享信息，且更新及时
	服务多样性	5	是否提供与本单位业务相关的各类活动、展会等信息
信息更新15分	信息更新量	10	本年度网站信息更新总量，包含文字、图片和视频等信息
	更新频度	5	网站信息更新频率，包括多少天更新一次，每次更新多少条
受关注程度15分	年度访问量	5	本年度网站访问总体情况
	搜索引擎影响力	5	网站被百度搜索引擎收录的页面数量及网站在搜索引擎中的排名情况
	网页等级	5	分析网站的PR值，表示网站受欢迎的程度，值越大，影响力越大，分数越高
网站管理20分	领导小组	3	设置由本单位主要领导担任组长的网站管理领导小组
	管理人员	3	设置网站管理、内容保障、运行维护等岗位
	管理制度	4	是否制定并发布网站管理和内容保障制度
	对网站群的贡献率	5	信息被主站采用的数量，及对主站和省级网站的配合度和响应度
	日常保障	5	是否存在有栏目无内容、网站或网页无法打开的情况
合计		100	

第三节　整体评估结果分析

一、整体平均得分分析

评估结果显示，参评网站整体平均绩效得分为59.6分，超过平均绩效水平的有司局和直属单位网站、省级林业网站和专题网站，未达到平均分的是市、县级林业网站。其中，省级林业网站的平均绩效得分较高，为64.6分，司局和直属林业网站的平均绩效得分次之，为62.1分；专题网站、市级、县级的平均绩效得分水平均未达到及格水平，分别为59.9分、58.3分和53.7分（图16-1）。

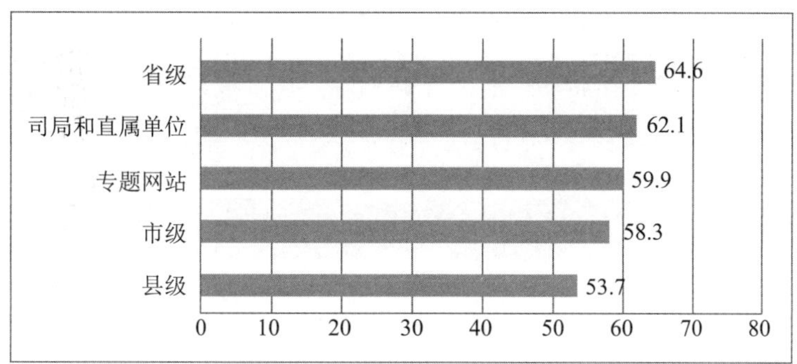

图16-1　2014年全国林业网站平均绩效得分分析

二、功能指标平均得分分析

由司局和直属单位网站、省级林业网站和市、县级林业网站的信息发布、在线服务、网站管理、用户体验、网站影响力、互动交流六大功能指标对比得知（图16-2），信息发布、网站管理、用户体验三类指标，司局和直属单位网站、省级林业网站都达到了及格水平；在线服务指标都未达到及格水平，服务能力成为林业网站发展的短板。另外，从折线图中可以直观地看出，信息发布及网站管理的整体绩效相对较高，网站影响力指标绩效普遍较低，县级单位绩效得分率仅为43.44%。可见，在线服务、网站推广是林业系统各类网站建设的薄弱环节，各单位应重视网站的在线服务功能建设和服务效果，并加强推广手段。

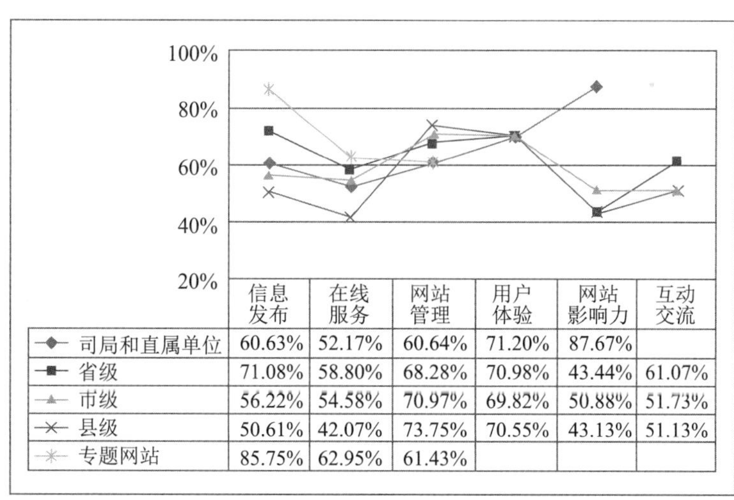

	信息发布	在线服务	网站管理	用户体验	网站影响力	互动交流
司局和直属单位	60.63%	52.17%	60.64%	71.20%	87.67%	
省级	71.08%	58.80%	68.28%	70.98%	43.44%	61.07%
市级	56.22%	54.58%	70.97%	69.82%	50.88%	51.73%
县级	50.61%	42.07%	73.75%	70.55%	43.13%	51.13%
专题网站	85.75%	62.95%	61.43%			

图16-2　2014年全国林业网站不同功能指标对比分析

三、整体发展阶段分析

（一）发展阶段特征分析。本次评估引入阶段性指标作为定性评估指标，通过定量与定性分析相结合的评估方法，客观、科学地对全国林业网站进行评估。定性指标包括5个发展层次，即为起步阶段（0≤绩效＜30）、建设阶段（30≤绩效＜60）、发展阶段（60≤绩效＜75）、优秀阶段（75≤绩效＜90）、卓越阶段（90≤绩效≤100）（表16-7）。

表16-7　2014年全国林业网站发展阶段特征

发展阶段	网站数量	所占比例	网站特征
卓越阶段 （90 分以上）	1	0.35%	有内容——更新及时、原创比例大、信息价值高 有服务——整合程度高、服务一体化、易用性好 有人气——访问量大、使用率高、有固定用户群 有品牌——基于自身业务形成用户欢迎的平台 可持续发展——信息高度共享、业务协同力强、持续保持领先、应用不断创新
优秀阶段 （75 ～ 90 分）	30	10.56%	有风格——网站定位准确、风格成型、鲜明，服务包容性强 有内容——更新及时、信息量大 有服务——服务趋于集成化、人性化 有互动——后台形成整合处理机制，信件处理能力强 有创新——具有地域或行业特色的服务栏目与功能
发展阶段 （60 ～ 75 分）	108	38.03%	有维护——网站各项应用和管理得到规范有效维护 有内容——网站动态信息量较大 有服务——在线办事能力已得到体现 有互动——建立互动渠道但形式单一、处理能力不强
建设阶段 （30 ～ 60 分）	144	50.70%	有信息——信息发布为主要表现形式，但更新量小 有服务——以信息服务为主，服务的广度、深度不够 有渠道——开通互动交流渠道，但互动效果差
起步阶段 （30 分以下）	1	0.35%	有网页——网上已有站点，但林业网站特征不明显 有信息——以静态信息为主要内容，更新缓慢
合计	284	100%	

（二）发展阶段分布情况。从各类别网站发展阶段分析可知，除县级林业网站仍有占比2%的单位处于起步阶段外，其他三类网站的发展水平均已跨越起步阶段达到建设阶段的要求。目前，已有1个省级林业网站步入了卓越阶段，是各单位学习的榜样，其余多数网站仍处于发展阶段和建设阶段。

其中，省级林业网站处在建设阶段的网站比例较大，为39.02%；司局和直属网站大部分处于发展阶段和建设阶段，所占比例分别为62.79%和34.88%；县级网站中有72%的单位处于建设阶段。可见，林业网站改进已取得一定的成效，但各类网站发展存在“鸿沟”，在网站建设的认识和工作上存在一定差距，处于发展阶段和建设阶段的单位急需加强网站内容建设，保障运维机制，不断提升网站整体建设水平（图16-3）。

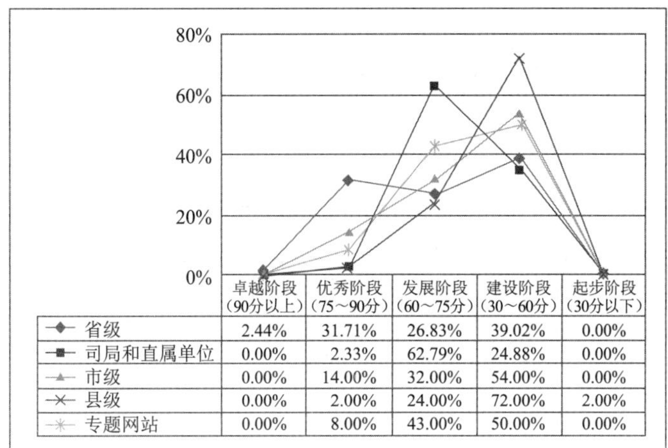

	卓越阶段（90分以上）	优秀阶段（75～90分）	发展阶段（60～75分）	建设阶段（30～60分）	起步阶段（30分以下）
省级	2.44%	31.71%	26.83%	39.02%	0.00%
司局和直属单位	0.00%	2.33%	62.79%	24.88%	0.00%
市级	0.00%	14.00%	32.00%	54.00%	0.00%
县级	0.00%	2.00%	24.00%	72.00%	2.00%
专题网站	0.00%	8.00%	43.00%	50.00%	0.00%

图16-3　2014年全国林业网站发展阶段对比分析

四、2014/2013年评估结果对比分析

整体平均得分对比分析。从2014/2013全国林业网站平均绩效对比分析图可以看出，在指标要求提升的情况下，司局和直属单位网站从2013年的60.2分上升到62.1分，其中信息发布、在线服务、网站影响力绩效得分均有不同程度的提升。其他三类网站平均绩效得分略有下降，主要原因是指标要求提升较高、各类网站建设重点不一、部分网站不进则退。由此可见，各单位应在评估结束后根据网站具体情况进行改进和优化，以评估标准为参考依据，对网站存在的问题进行整改和完善，使网站整体建设水平得到提升（图16-4）。

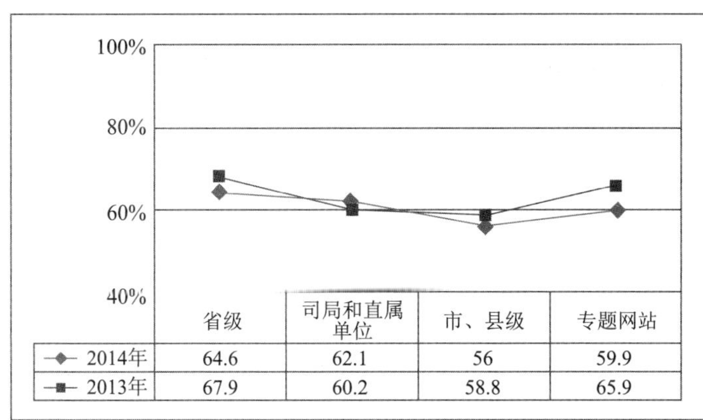

	省级	司局和直属单位	市、县级	专题网站
2014年	64.6	62.1	56	59.9
2013年	67.9	60.2	58.8	65.9

图16-4　2014/2013年全国林业网站平均绩效对比分析

网站发展阶段对比分析。与2013年度全国林业网站绩效评估指标相比，2014年度评估指标结合了最新政策文件与行业要求，在评测要求进一步提高的前提下，部分网站建设水平有所提升，如湖南林业信息网经过全面改版以91.2分迈进卓越阶段，是其他网站学习及

借鉴的样本。2014/2013年全国林业网站发展阶段对比分析图数据显示，优秀阶段和发展阶段的比例有所降低，主要集中到了建设阶段，其比例由34.29%上升至50.7%，说明近半数的网站安于现状，未结合国家政策及行业发展需求完善网站建设，网站建设水平提升相对缓慢，尤其是市、县级林业网站和专题网站。各网站还需进一步加强网站建设力度，不断充实网站内容、完善服务功能，提升电子政务绩效和为民服务的形象。

总体来说，与2013年度全国林业网站评估总体成绩相比，省级林业处在卓越阶段的网站和县级林业网站处于优秀阶段的网站均实现了零的突破，网站建设领头羊已经出现。此外，由于建设阶段的建设水平有所提升，司局和直属单位网站处在发展阶段的比例上升22.37%（图16-5、表16-8）。

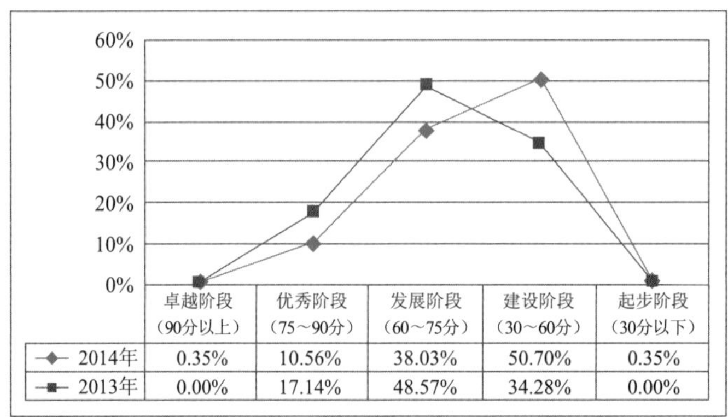

图16-5　2014/2013年全国林业网站发展阶段对比分析

表16-8　2014/2013年全国林业系统各类别网站发展阶段对比分析

网站类别		卓越阶段(90分以上)	优秀阶段(75～90分)	发展阶段(60～75分)	建设阶段(30～60分)	起步阶段(30分以下)
整体	2014年	0.35%	10.56%	38.03%	50.70%	0.35%
	2013年	0.00%	17.14%	48.57%	34.29%	0.00%
	变动情况	0.35%	-6.58%	-10.54%	16.41%	0.35%
省级	2014年	2.44%	31.71%	26.83%	39.02%	0.00%
	2013年	0.00%	36.59%	36.59%	26.83%	0.00%
	变动情况	2.44%	-4.88%	-9.76%	12.20%	0.00%
司局和直属	2014年	0.00%	2.33%	62.79%	34.88%	0.00%
	2013年	0.00%	8.51%	40.43%	51.06%	0.00%
	变动情况	0.00%	-6.19%	22.37%	-16.18%	0.00%
市级	2014年	0.00%	14.00%	32.00%	54.00%	0.00%

（续）

网站类别		卓越阶段（90 分以上）	优秀阶段（75～90 分）	发展阶段（60～75 分）	建设阶段（30～60 分）	起步阶段（30 分以下）
市级	2013 年	0.00%	20.00%	45.00%	35.00%	0.00%
	变动情况	0.00%	-6.00%	-13.00%	19.00%	0.00%
县级	2014 年	0.00%	2.00%	24.00%	72.00%	2.00%
	2013 年	0.00%	0.00%	16.67%	83.33%	0.00%
	变动情况	0.00%	2.00%	7.33%	-11.33%	2.00%
专题网站	2014 年	0.00%	8.00%	43.00%	50.00%	0.00%
	2013 年	0.00%	15.48%	66.67%	17.86%	0.00%
	变动情况	0.00%	-7.48%	-23.67%	32.14%	0.00%

1．司局和直属单位网站对比分析。排名情况对比分析。通过2014年与2013年司局和直属单位网站排名对比情况可以看出，名次提升较大的网站为西北院、南京警院、退耕办、花协和人才中心网站，这些网站的内容更新频率、专题建设做得相对较好，其中西北院与南京警院网站均提升了18个名次，退耕办网站提升了14个名次，花协和人才中心网站均提升了10个名次，其次还有规划院、三北局、碳汇基金、北航总站、世行中心、设计院、经研中心等单位进步较大。同时，也有部分网站在本次绩效评估中成绩有所下滑，其原因主要是2014年对网站的维护力度减弱。从得分情况来看，排名靠前的网站总得分比2013年略低，排名靠后的网站总得分比2013年略有提升。由此说明，2014年指标考核体系更具深度和广度，各单位网站建设整体水平比2013年有一定程度的提升（表16-9）。

表16-9 2014/2013年司局和直属单位网站评估排名情况对比分析

单位名称	2014 年排名	2014 年得分	2013 年排名	2013 年得分	名次变化
信息办	1	82.0	2	81.5	1
科技司	2	71.8	1	86.0	-1
西北院	3	70.4	21	61.5	18
造林司	4	69.3	4	77.5	0
退耕办	5	69.2	19	63.0	14
工作总站	6	68.5	11	65.5	5
三北局	7	68.2	15	65.0	8

（续表）

单位名称	2014 年排名	2014 年得分	2013 年排名	2013 年得分	名次变化
林科院	8	68.1	9	66.5	1
碳汇基金	9	68.0	17	64.5	8
规划院	10	67.5	19	63.0	9
中南院	11	67.2	15	65.0	4
南京警院	11	67.2	29	56.0	18
北航总站	13	66.9	21	61.5	8
政法司	14	66.1	5	73.5	-9
花　协	15	66.0	25	58.5	10
场圃总站	16	65.9	3	80.5	-13
世行中心	17	65.7	25	58.5	8
资源司	18	65.5	11	65.5	-7
昆明院	18	65.5	24	59.0	6
设计院	20	65.2	28	57.0	8
濒管办	21	62.7	7	70.0	-14
治沙办	21	62.7	8	68.0	-13
林改司	23	61.7	29	56.0	6
人才中心	24	61.6	34	54.5	10
公安局	25	61.0	9	66.5	-16
南航总站	26	60.3	27	57.5	1
竹藤中心	27	60.1	32	55.5	5
计财司	28	60.0	21	61.5	-7
保护司	29	59.3	6	71.0	-23
中动协	30	59.2	18	63.5	-12
天保办	30	59.2	34	54.5	4
华东院	32	58.2	38	51.8	6
国际司	33	56.5	33	55.0	0
林干院	34	55.3	39	51.0	5

（续表）

单位名称	2014 年排名	2014 年得分	2013 年排名	2013 年得分	名次变化
科技中心	35	53.6	11	65.5	-24
中绿基	35	53.6	36	53.5	1
基金总站	37	52.7	11	65.5	-26
经研中心	37	52.7	45	46.5	8
湿地办	39	51.8	29	56.0	-10
林学会	40	51.6	42	48.5	2
森防总站	41	51.3	37	52.0	-4
乌鲁木齐专员办	42	50.5	44	47.0	2
宣传办	43	50.0	47	40.5	4

2．功能指标对比分析。对2014年与2013年司局和直属单位网站各功能指标得分率进行对比可知（图16-6），信息发布、在线服务、用户体验等指标得分率相较于2013年均有小幅度的提升；仅网站管理功能指标得分率比2013年略有下降，主要原因在于对主站的保障力度有所减弱。

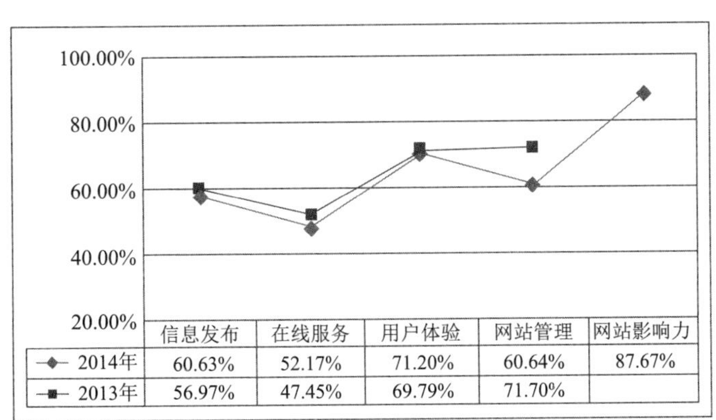

图16-6 2014/2013年司局和直属单位网站各功能指标得分率对比分析

3．省级林业网站对比分析。排名情况对比分析。从排名情况看（表16-10），2014年省级林业网站绩效排名相较于2013年变化幅度较小。其中湖南省林业厅网站由2013年的第九名跃居第一名，提升了8个名次，其原因是对网站进行了全面改版，不但首页焕然一新，符合潮流，还积极对网站缺失内容和功能不断完善和创新，提升了网站整体水平。其次还有宁波、海南、大兴安岭、吉林、青海等单位成绩有一定的提升，主要原因重视网站的建设，不断充实网站内容，有的根据实际情况进行了改版调整。同时，在本次评估中，部分网站存在名次下滑现象，其主要问题在于网站维持现状，重点信息内容陈旧，不进则退。

表16-10 2014/2013年省级林业网站评估排名情况对比分析

单位名称	2014 年排名	2014 年得分	2013 排名	2013 得分	名次变化
湖　南	1	91.2	9	81.6	8
北　京	2	87.9	2	87.6	0
福　建	3	85.0	1	89.5	-2
湖　北	4	82.6	4	85.8	0
宁　波	5	82.3	13	80.8	8
上　海	6	80.0	3	86.1	-3
四　川	7	79.9	4	85.8	-3
甘　肃	8	79.4	8	81.9	0
广　东	9	79.3	7	82.9	-2
河　南	10	78.5	10	81.3	0
江　苏	10	78.5	6	85.5	-4
浙　江	12	78.2	10	81.3	-2
黑龙江	13	75.4	10	81.3	-3
江　西	14	75.3	14	78.0	0
吉　林	15	70.7	21	69.9	6
深　圳	16	70.3	18	71.0	2
厦　门	17	69.5	15	75.5	-2
海　南	17	69.5	26	63.5	9
大　连	19	68.6	17	71.3	-2
安　徽	20	63.3	20	70.2	0
广　西	21	61.7	22	69.1	1
大兴安岭	21	61.7	28	60.3	7
内蒙古	23	61.1	25	64.0	2
辽　宁	24	60.7	16	73.9	-8
青　海	25	60.5	31	59.8	6

（续表）

单位名称	2014 年排名	2014 年得分	2013 排名	2013 得分	名次变化
陕　西	26	59.0	24	64.4	-2
青　岛	27	58.5	23	67.0	-4
山　东	28	57.0	19	70.9	-9
贵　州	29	56.7	33	59.6	4
河　北	30	55.3	31	59.8	1
云　南	31	55.2	30	60.0	-1
宁　夏	32	52.4	35	51.9	3
山　西	33	50.6	27	61.6	-6
新　疆	34	49.1	34	56.7	0
新疆兵团	35	48.0	39	40.0	4
龙江森工	36	47.6	37	47.4	1
重　庆	37	45.4	36	47.6	-1
吉林森工	38	42.7	28	60.3	-10
天　津	39	40.2	40	36.6	1
内蒙古森工	40	40.1	38	46.9	-2
西　藏	41	40.0	41	——	0

4．功能指标对比分析。对2014年与2013年省级林业网站各功能指标得分率进行对比可知（图16-7），2014年网站影响力指标得分率比2013年提升了近15个百分点，可见各单位网站对新媒体的应用及网站推广的重视程度正在逐步提升，但信息发布、在线服务、互动交流、用户体验等功能指标得分率相较于2013年均有小幅下降，另网站管理功能指标得分率比2013年更是低了20个百分点，主要是由于网站管理增加了子站建设的考核，而各省级林业网站的子站建设率和更新率均不高，体现对下级林业网站的指导力不足；从数据上体现出了指标考核内容深度及广度的增加，为网站发展建设起到了引导作用，各单位网站应保持现有发展优势，紧跟电子政务大趋势，加速推进全国林业网站建设。

5．专题网站对比分析。排名情况对比分析。通过2014/2013年专题网站评估排名情况对比分析表（表16-11）可以看出，河北塞罕坝机械林场2014年相比2013年进步6名跃居第1位，其中名次上升最大的为贵州黎平县东风林场国家杉木良种基地、陕西桥山林业局国家油松良种基地，这两个单位均上升了57名，上升的主要原因是业务信息更新及时、信息

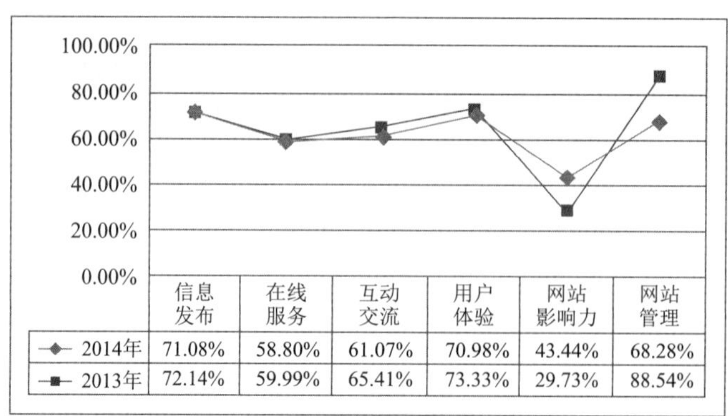

	信息发布	在线服务	互动交流	用户体验	网站影响力	网站管理
2014年	71.08%	58.80%	61.07%	70.98%	43.44%	68.28%
2013年	72.14%	59.99%	65.41%	73.33%	29.73%	88.54%

图16-7　2014/2013年省级林业网站各功能指标得分率对比分析

发布总量较大、更新频度较高、时效性强、信息报送量大、工作配合度高。另外，新疆阿克苏实验林场国家核桃、枣树良种基地、福建漳平市五一林场国家马尾松良种基地、广东台山市红岭国家湿地松、杂交松良种基地、宁夏中宁县国家枸杞良种基地、山东冠县国有苗圃国家杨树良种基地等单位上升名次均在30以上，这些网站基本能够做到找到自己的短板，取长补短，加大人力、资金等投入，增加内容维护力度，提升网站建设水平。一些名次下滑的网站主要是因为网站内容陈旧，空栏目、错误链接等问题普遍，未合理优化网站内容。各单位需引起重视，加强网站的建设，不断提升网站的综合服务水平。

表16-11　2014/2013年专题网站评估排名情况对比分析

单位名称	2014年排名	2014年得分	2013年排名	2013年得分	名次变化
河北塞罕坝机械林场	1	77.5	7	80.5	6
内蒙古呼伦贝尔市免渡河林业局	2	77.0	5	82.0	3
广西国有七坡林场	3	76.0	14	74.0	11
甘肃小陇山林业实验局党川林场	3	76.0	3	83.0	0
福建洋口林场国家杉木良种基地	3	76.0	9	78.0	6
广西国有高峰林场	3	76.0	3	83.0	0
陕西牛背梁国家级自然保护区	7	75.0	2	84.0	-5
重庆仙女山国家森林公园	7	75.0	9	78.0	2
陕西太白山国家级自然保护区	9	72.0	1	85.0	-8
陕西长青国家级自然保护区	9	72.0	6	81.5	-3
四川卧龙国家级自然保护区	11	71.5	8	80.0	-3

（续表）

单位名称	2014 年排名	2014 年得分	2013 年排名	2013 年得分	名次变化
中国百合网	12	68.0	38	64.5	26
浙江金华市东方红林场国家油茶、油桐良种基地	12	68.0	36	65.0	24
贵州黎平县东风林场国家杉木良种基地	14	67.0	71	58.5	57
中国海棠网	14	67.0	——	——	——
中国芍药网	14	67.0	——	——	——
中国茶花网	17	66.0	——	——	——
安徽黄山市黄山区黄山公益林场	18	65.0	13	75.0	-5
内蒙古呼伦贝尔市巴林林业局	19	64.5	21	71.0	2
中国菊花网	20	64.0	——	——	——
中国林科院亚热带林业实验中心油茶良种基地	20	64.0	——	——	——
中国牡丹网	20	64.0	——	——	——
河北木兰围场国有林场管理局	20	64.0	19	71.5	-1
福建漳平市五一林场国家马尾松良种基地	20	64.0	63	60.5	43
中国月季网	20	64.0	——	——	——
湖南黄丰桥国有林场	26	63.0	16	73.5	-10
湖南浏阳市国家油茶良种基地	26	63.0	48	63.0	22
广东台山市红岭国家湿地松、杂交松良种	26	63.0	60	61.0	34
宁夏中宁县国家枸杞良种基地	26	63.0	60	61.0	34
新疆阿克苏实验林场国家核桃、枣树良种基地	26	63.0	70	59.5	44
陕西桥山林业局国家油松良种基地	26	63.0	83	54.5	57
中国杜鹃网	32	62.5	——	——	——
中国桂花网	33	62.0	——	——	——
中国兰花网	33	62.0	——	——	——
中国玉兰网	33	62.0	——	——	——

（续表）

单位名称	2014年排名	2014年得分	2013年排名	2013年得分	名次变化
河南郏县国有林场国家侧柏良种基地	33	62.0	60	61.0	27
中国水仙网	37	61.5	——	——	——
中国荷花网	38	61.0	——	——	——
中国石竹网	38	61.0	——	——	——
江苏常熟市虞山林场	38	61.0	31	65.5	-7
大兴安岭国家樟子松、落叶松良种基地	38	61.0	42	64.0	4
湖南九龙江国家森林公园	38	61.0	17	72.0	-21
龙江森工雪乡国家森林公园	43	60.5	14	74.0	-29
中国梅花网	44	60.0	——	——	——
河北沧县国家枣树良种基地	44	60.0	50	62.5	6
江苏泗洪县陈圩林场国家杨树良种基地	44	60.0	50	62.5	6
广西东门林场国家桉树良种基地	44	60.0	57	61.5	13
黑龙江林口县青山国家落叶松良种基地	44	60.0	63	60.5	19
山东冠县国有苗圃国家杨树良种基地	44	60.0	76	57.5	32
江西井冈山国家级自然保护区	44	60.0	12	76.0	-32
河南云台山国家森林公园	51	59.0	31	65.5	-20
福建福州国家森林公园	51	59.0	23	69.5	-28
山西太岳山国家森林公园	51	59.0	28	67.5	-23
四川米仓山国家森林公园	51	59.0	31	65.5	-20
贵州龙里林场	55	58.0	36	65.0	-19
浙江淳安县姥山林场国家马尾松良种基地	55	58.0	67	60.0	12
辽宁清原县大孤家林场国家落叶松良种基地	55	58.0	76	57.5	21
广东海丰鸟类自然保护区	55	58.0	48	63.0	-7
山东淄博市原山林场	55	58.0	42	64.0	-13
四川龙溪—虹口国家级自然保护区	55	58.0	63	60.5	8
陕西佛坪国家级自然保护区	61	57.0	22	70.0	-39

（续表）

单位名称	2014年排名	2014年得分	2013年排名	2013年得分	名次变化
内蒙古克什克腾旗桦木沟林场	61	57.0	38	64.5	-23
山西吕梁林管局上庄国家油松良种基地	63	56.5	80	57.0	17
四川蜂桶寨国家级自然保护区	64	56.0	11	77.0	-53
山西吕梁山国有林场管理局	64	56.0	30	66.5	-34
河北滦平县巴克什营林场	64	56.0	57	61.5	-7
四川美姑大风顶国家级自然保护区	64	56.0	67	60.0	3
四川九寨国家森林公园	64	56.0	17	72.0	-47
江西铜钹山国家森林公园	64	56.0	23	69.5	-41
吉林汪清林业局国家红松、云杉良种基地	64	56.0	57	61.5	-7
海南吊罗山国家森林公园	71	55.5	26	69.0	-45
贵州百里杜鹃国家森林公园	71	55.5	38	64.5	-33
四川措普国家森林公园	71	55.5	44	63.5	-27
广东湛江红树林自然保护区	74	55.0	31	65.5	-43
广东象头山国家级自然保护区	74	55.0	50	62.5	-24
福建旗山国家森林公园	74	55.0	44	63.5	-30
福建九龙山国家森林公园	74	55.0	50	62.5	-24
云南西双版纳国家森林公园	74	55.0	28	67.5	-46
山西中条山国有林场管理局	74	55.0	31	65.5	-43
黑龙江茅兰沟国家森林公园	74	55.0	23	69.5	-51
甘肃白龙山林业管理局洮河林业局冶力关林场	81	54.5	38	64.5	-43
广东车八岭国家级自然保护区	82	54.0	50	62.5	-32
内蒙古额济纳胡杨国家森林公园	82	54.0	76	57.5	-6
甘肃庆阳市合水林业总场连家砭林场	84	53.5	50	62.5	-34
内蒙古兴安盟五岔沟林业局	84	53.5	50	62.5	-34
广东内伶仃岛—福田自然保护区	86	53.0	81	56.0	-5
山西吉县国营红旗林场	86	53.0	27	68.5	-59

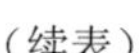
（续表）

单位名称	2014 年排名	2014 年得分	2013 年排名	2013 年得分	名次变化
广东南岭国家级自然保护区	88	52.0	63	60.5	-25
吉林拉法山国家森林公园	88	52.0	19	71.5	-69
湖北神农架国家森林公园	88	52.0	44	63.5	-44
广东新丰江国家森林公园	88	52.0	44	63.5	-44
浙江竹乡国家森林公园	88	52.0	——	——	——
广东英德石门台自然保护区	93	50.0	67	60.0	-26
陕西青木川国家级自然保护区	93	50.0	73	58.0	-20
陕西桑园国家级自然保护区	93	50.0	73	58.0	-20
四川瓦屋山自然保护区	93	50.0	82	55.5	-11
广东龙门南昆山自然保护区	97	49.0	71	58.5	-26
广东珠海淇澳—担杆岛自然保护区	97	49.0	73	58.0	-24
广东曲江罗坑自然保护区	97	49.0	76	57.5	-21
广西天峨县国营林朵林场	100	37.2	84	39.5	-16

6．功能指标对比分析。从2014/2013年专题网站各功能指标得分率对比分析图（图16-8）可以看出，信息发布、特色服务、信息更新与受关注程度指标2014年得分率相对2013年有小幅提升，但仅信息发布得分率达到了85.75%，其他类指标平均绩效均未达到80%，情况仍不理想；此外，网站管理指标2014年得分率相对2013年有所下滑。各单位应继续加强网站功能建设，不断提高网站管理和用户体验水平，提升网站绩效水平。

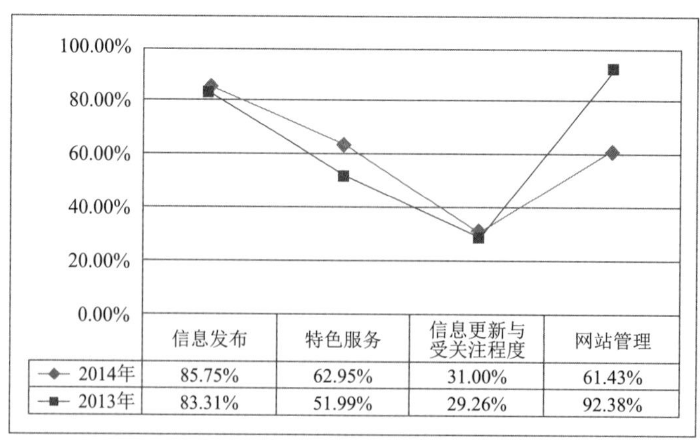

图16-8 2014/2013年专题网站各功能指标得分率对比分析

第四节 各类网站评估结果分析

一、司局和直属单位网站

（一）评估结果分析。2014年全国林业网站评估中，参评的43个司局和直属单位网站整体平均得分为62.1分。其中信息办网站以82分的成绩位列第一，科技司网站与西北院网站紧跟其后，分别以71.8分和70.4分居第二、第三名，其他单位均未达到70分，其中达到及格水平的网站有28家。可见，司局和直属单位网站的建设还有待进一步提升，各单位应加强对网站建设的重视，以提升网站的绩效水平（表16-12）。

表16-12 2014年司局和直属单位网站评估综合排名

单位名称	2014年排名	2014年得分	信息发布45分	在线服务15分	用户体验13分	网站影响力5分	网站管理22分
信息办	1	82.0	39.0	8.0	11.5	5.0	18.5
科技司	2	71.8	32.5	9.0	10.5	5.0	14.8
西北院	3	70.4	36.0	9.0	10.0	5.0	10.4
造林司	4	69.3	33.5	9.0	8.5	5.0	13.3
退耕办	5	69.2	33.0	7.0	9.0	5.0	15.2
工作总站	6	68.5	31.0	9.0	10.0	5.0	13.5
三北局	7	68.2	33.2	8.0	9.0	5.0	13.0
林科院	8	68.1	28.0	7.0	10.0	5.0	18.1
碳汇基金	9	68.0	31.5	7.0	11.5	5.0	13.0
规划院	10	67.5	29.5	9.0	10.0	5.0	14.0
中南院	11	67.2	32.5	7.5	9.0	5.0	13.2
南京警院	11	67.2	31.0	7.0	11.0	5.0	13.2
北航总站	13	66.9	30.5	7.0	8.5	5.0	15.9
政法司	14	66.1	24.5	10.0	8.5	5.0	18.1
花　协	15	66.0	32.0	7.0	10.0	5.0	12.0

（续表）

单位名称	2014 年排名	2014 年得分	信息发布 45 分	在线服务 15 分	用户体验 13 分	网站影响力 5 分	网站管理 22 分
场圃总站	16	65.9	29.5	11.0	7.0	5.0	13.4
世行中心	17	65.7	29.5	8.0	10.0	5.0	13.2
资源司	18	65.5	24.5	14.0	10.0	5.0	12.0
昆明院	18	65.5	30.5	9.0	9.0	5.0	12.0
设计院	20	65.2	31.0	7.0	9.0	5.0	13.2
濒管办	21	62.7	32.0	9.0	9.0	2.5	10.2
治沙办	21	62.7	25.5	8.0	9.0	2.5	17.7
林改司	23	61.7	29.5	7.0	10.0	5.0	10.2
人才中心	24	61.6	28.7	7.0	9.0	5.0	11.9
公安局	25	61.0	26.5	7.0	9.0	3.5	15.0
南航总站	26	60.3	27.5	7.0	9.5	5.0	11.3
竹藤中心	27	60.1	28.5	7.0	9.0	2.5	13.1
计财司	28	60.0	29.0	7.0	8.5	2.5	13.0
保护司	29	59.3	28.0	7.0	7.5	5.0	11.8
中动协	30	59.2	28.5	7.0	7.5	2.5	13.7
天保办	30	59.2	20.5	8.0	9.0	5.0	16.7
华东院	32	58.2	25.5	8.0	8.0	5.0	11.7
国际司	33	56.5	17.5	7.0	10.5	5.0	16.5
林干院	34	55.3	19.0	7.0	11.0	5.0	13.3
科技中心	35	53.6	23.5	7.0	9.0	2.5	11.6
中绿基	35	53.6	23.0	7.0	8.5	2.5	12.6
基金总站	37	52.7	22.0	8.0	9.0	5.0	8.7
经研中心	37	52.7	20.0	7.0	9.0	5.0	11.7
湿地办	39	51.8	21.7	7.0	9.0	2.5	11.6
林学会	40	51.6	21.5	7.0	9.0	2.5	11.6
森防总站	41	51.3	18.0	7.0	6.0	5.0	15.3

（续表）

单位名称	2014 年排名	2014 年得分	信息发布 45 分	在线服务 15 分	用户体验 13 分	网站影响力 5 分	网站管理 22 分
乌鲁木齐专员办	42	50.5	19.0	7.0	10.0	5.0	9.5
宣传办	43	50.0	15.5	7.0	10.0	2.5	15.0
平均得分		62.1	27.3	7.8	9.3	4.4	13.3
平均得分率		62.09%	60.63%	52.17%	71.20%	87.67%	60.64%

（二）功能指标分析。从图16-9来看，司局和直属单位网站的影响力平均得分率最高，为87.67%；用户体验次之，平均得分率为71.20%，信息发布与网站管理相差不大，分别为60.63%和60.64%；而在线服务方面成为司局和直属单位网站的短板，平均得分率为52.17%，低于及格水平。各单位应继续加强网站建设力度，维持网站稳定发展，针对弱项着重改进，以提升网站整体绩效水平。

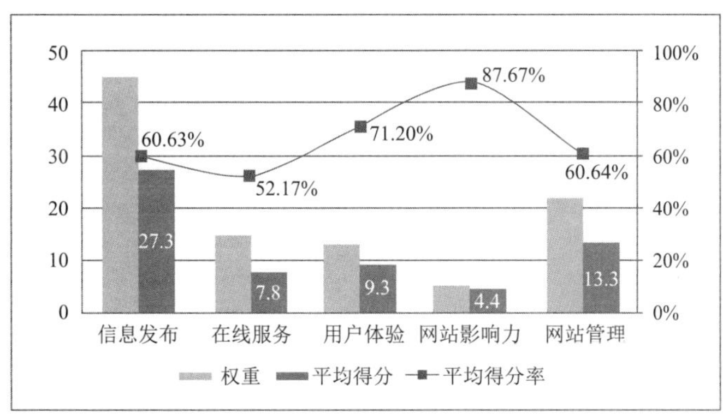

图16-9 2014年司局和直属单位网站各类指标得分分析

（三）信息发布类指标得分分析。司局和直属单位网站评估指标体系中信息发布类指标考查了“领导简介”、“组织机构”、“通知公告”、“业务信息”、“信息发布总量”、“信息更新频度”、“信息发布时效”、“专题建设”等14个三级指标。

从图16-10可以看出，业务信息、信息发布时效指标得分率均处于90%以上，其中得分率最高的是业务信息指标，为91.63%，其次是信息发布时效指标，得分率为91.09%，另外领导简介、组织机构、信息发布总量、专题更新、政策解读、发展规划、工作计划、成果展示等指标得分率未达到及格水平，其中发展规划、政策解读、工作计划3个指标得分率较低，分别为12.44%、9.30%和6.28%。建议各单位继续加大其专业信息的发布与更新力度，尤其要重视机构设置、法规政策、规划计划等信息的公开。同时，加大信息资源的整合和专题制作，做到政务公开的全面性、及时性、完整性，为社会公众展示“透明”的政府形象。

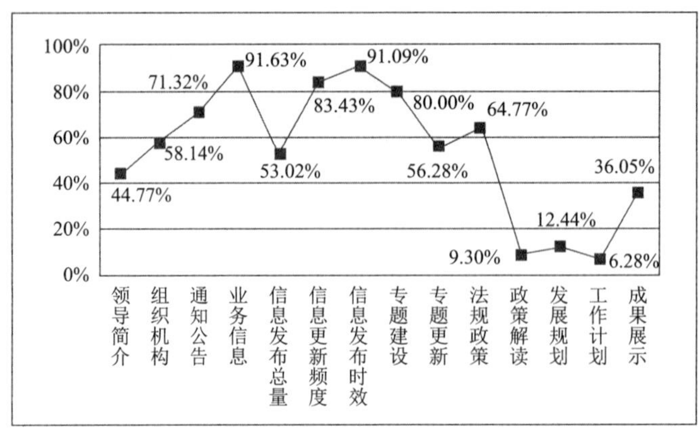

图16-10　2014年司局和直属单位网站信息发布各三级指标得分分析

（四）在线服务类指标得分分析。司局和直属单位网站评估指标体系中在线服务类指标考查了“业务办理”、“办理类别”、“办理查询”3个三级指标。

根据2014年司局和直属单位网站在线服务各三级指标得分分析图（图16-11）看，得分率最高的是办理查询指标，得分率为60.93%，其次是办理类别指标，得分率为52.33%，业务办理指标得分率最低，为44.77%。由此可见，司局和直属单位网站在线服务方面建设水平仍有极大的提升空间，在线办理功能及办理业务类别覆盖不全面。各单位需加强对在线服务的梳理以及资源整合，围绕单位职能，全面、完整的提供网上办事一体化服务，努力提升整体服务水平。

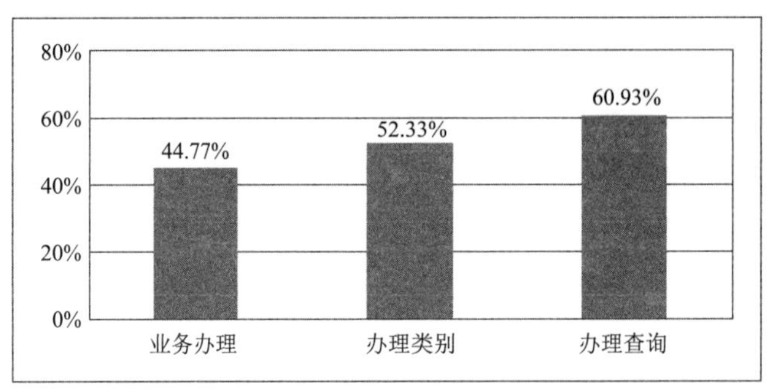

图16-11　2014年司局和直属单位网站在线服务各三级指标得分分析

（五）用户体验类指标得分分析。司局和直属单位网站评估指标体系中用户体验类指标考查了“日均访问量”、“信息呈现形式”、“网站可用性”、“栏目丰富度”4个三级指标。

从图16-12可知，网站可用性指标得分率较高，达到了94.19%，但是日均访问量及栏目丰富度指标得分率仅为69.77%和63.57%，信息呈现形式得分率仅为57.75%，可见大部分网站内容展示较为单调。建议各单位保持网站后台技术支撑力度的同时，充实栏目内容，并丰富网站呈现形式，如采用图片、视频等，提升网站整体形象。

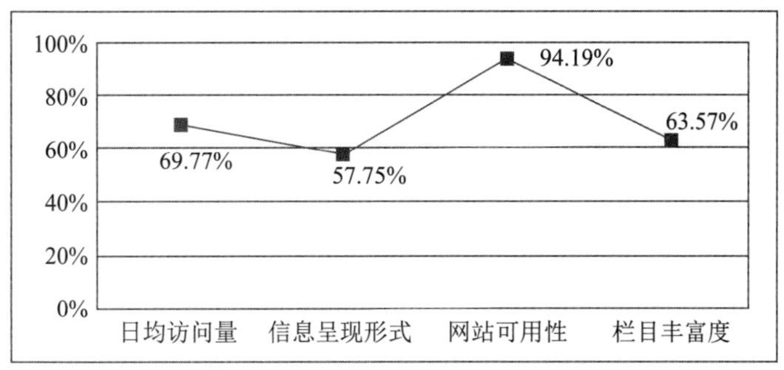

图16-12　2014年司局和直属单位网站用户体验各三级指标得分分析

（六）网站影响力类指标得分分析。司局和直属单位网站评估指标体系中网站影响力类指标考查了“搜索引擎影响力”、“网页等级”两个三级指标。网页等级指标得分率为98.26%，搜索引擎影响力指标得分率为80.62%，大部分单位网站网页等级合乎要求，且在搜索引擎中排名靠前，用户能够更加便捷地从搜索引擎首页跳转至相关单位网站，这与中国林业网整体优化项目有关。建议各单位继续保持优势，并努力拓宽信息扩散平台，提升网站影响力。

（七）网站管理类指标得分分析。司局和直属单位网站评测指标体系中网站管理类指标考查了“领导小组”、“工作机制”、“配备人员”、“职责完成情况”、“信息报送”、“职责配合”6个三级指标。

从图16-13可看出，领导小组、工作机制、配备人员指标得分率均为100%，司局和直属单位网站在领导小组组建、工作机制、人员配备等方面奠定了坚实的基础，但职责完成情况指标、信息报送指标、职责配合指标得分率均与前三个指标有明显的反差，分别为38%、41.86%和58.60%。网站管理是政府网站后台支撑的重要步骤，支持力度的强弱直接影响了网站的后期发展，各单位需高度重视，对网站建设管理要求高度响应，并按《中国林业网管理办法》的职责分工，做好主站和本单位网站建设工作，推动和促进全国林业网站整体发展。

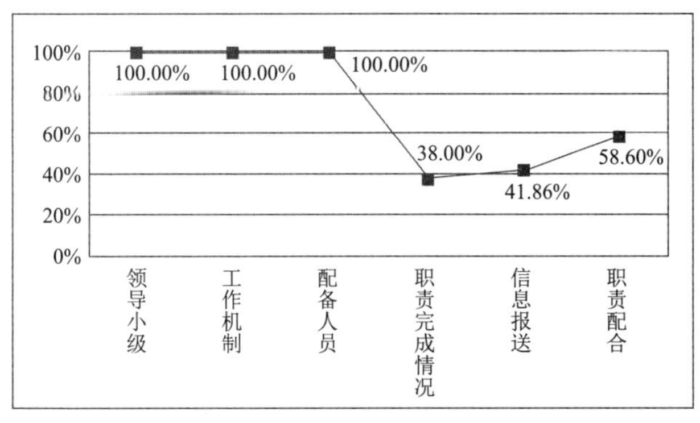

图16-13　2014年司局和直属单位网站网站管理各三级指标得分分析

二、省级林业网站

（一）评估结果分析。从表16-13可知，2014年全国林业网站评估中，参评的41个省级林业网站整体平均得分为64.6分。湖南以91.2分的成绩位列第一名，北京与福建紧随其后，分别以87.9分、85分居第二和第三名，同时，湖北、宁波、上海总得分均达到了80分以上。但仍有16家单位网站未达到及格水平，其中西藏得分最低，总得分仅40分，与第一名相差51.2分。可见该类网站两极分化程度较为严重，建议省级林业网站加强沟通和交流，定期开展网站管理培训，向优秀网站学习调研，以提升省级林业网站整体绩效水平。

表16-13　2014年省级林业网站评估综合排名表

单　位 名　称	2014 年 排名	2014 年 得分	信息发布 32 分	在线服务 15 分	互动交流 13 分	用户体验 10 分	网站影响力 10 分	网站管理 20 分
湖　南	1	91.2	30.9	15.0	11.0	9.8	7.0	17.5
北　京	2	87.9	27.6	14.8	10.5	8.5	8.5	18.0
福　建	3	85.0	29.6	15.0	11.3	7.5	6.0	15.6
湖　北	4	82.6	23.8	13.9	11.1	8.3	7.5	18.0
宁　波	5	82.3	28.5	15.0	12.5	6.8	5.5	14.0
上　海	6	80.0	25.8	14.0	10.5	9.3	7.5	12.9
四　川	7	79.9	26.4	14.0	10.5	7.1	6.0	15.9
甘　肃	8	79.4	27.6	13.4	10.8	8.1	4.0	15.5
广　东	9	79.3	25.4	15.0	7.8	6.7	8.5	15.9
河　南	10	78.5	25.2	13.0	12.5	8.8	4.5	14.5
江　苏	10	78.5	27.6	14.5	11.5	8.0	2.5	14.4
浙　江	12	78.2	28.5	13.0	9.5	8.3	6.5	12.4
黑龙江	13	75.4	22.3	12.0	12.5	5.6	6.0	17.0
江　西	14	75.3	25.6	10.9	10.5	7.8	5.0	15.5
吉　林	15	70.7	24.2	9.5	10.5	8.8	4.5	13.2
深　圳	16	70.3	28.0	12.3	8.5	8.5	4.0	9.0
厦　门	17	69.5	23.9	13.0	9.5	7.2	4.5	11.4
海　南	17	69.5	25.1	11.5	7.3	7.1	4.5	14.0
大　连	19	68.6	23.8	11.0	10.3	6.6	4.5	12.4

（续表）

单位名称	2014年排名	2014年得分	信息发布32分	在线服务15分	互动交流13分	用户体验10分	网站影响力10分	网站管理20分
安 徽	20	63.3	25.4	8.7	6.0	7.3	2.5	13.4
广 西	21	61.7	25.5	9.0	5.0	5.6	4.0	12.6
大兴安岭	21	61.7	22.0	4.0	8.0	8.3	3.5	15.9
内蒙古	23	61.1	24.8	2.6	9.0	7.2	2.5	15.0
辽 宁	24	60.7	22.6	7.9	6.9	6.3	2.5	14.5
青 海	25	60.5	21.7	5.0	11.0	7.1	3.3	12.4
陕 西	26	59.0	19.2	9.6	9.2	6.1	2.5	12.4
青 岛	27	58.5	23.4	8.2	6.7	5.3	3.5	11.4
山 东	28	57.0	19.6	4.5	7.5	7.7	3.5	14.2
贵 州	29	56.7	21.9	3.5	8.0	6.3	4.1	12.9
河 北	30	55.3	20.8	8.7	2.5	5.8	3.5	14.0
云 南	31	55.2	16.1	8.5	6.0	6.7	2.5	15.4
宁 夏	32	52.4	20.8	4.6	3.3	5.8	2.5	15.4
山 西	33	50.6	19.5	6.3	5.5	5.9	1.0	12.4
新 疆	34	49.1	19.8	0.8	6.5	6.4	3.7	11.9
新疆兵团	35	48.0	19.5	4.7	2.5	5.4	4.5	11.4
龙江森工	36	47.6	17.2	2.0	7.7	5.8	2.5	12.4
重 庆	37	45.4	19.6	3.0	6.5	5.6	2.5	8.2
吉林森工	38	42.7	12.3	1.0	2.5	7.0	8.5	11.4
天 津	39	40.2	12.7	4.5	2.4	6.1	3.5	11.0
内蒙古森工	40	40.1	14.7	1.0	2.0	8.8	2.0	11.6
西 藏	41	40.0	13.7	2.7	2.2	5.9	2.5	13.0
平均得分		64.6	22.7	8.8	7.9	7.1	4.3	13.7
平均得分率		64.60%	71.08%	58.80%	61.07%	70.98%	43.44%	68.28%

（二）功能指标分析。如图16-14所示，省级林业网站各类指标中信息发布指标平均得分率为71.08%，其次是用户体验指标、网站管理指标，平均得分率分别为70.98%和

68.28%，这3项指标组成了“W”型曲线图的三个最高点，而处于最低点的两个指标为在线服务指标、网站影响力指标，平均得分率分别为58.80%和43.44%。可见该类网站仍需持续加强在线服务及网站影响力建设的重视程度。建议各单位加大基本服务建设力度，整合公共服务资源，并加强新媒体应用，开设App、微信、微博等，努力拓宽信息扩散平台，提升网站影响力。

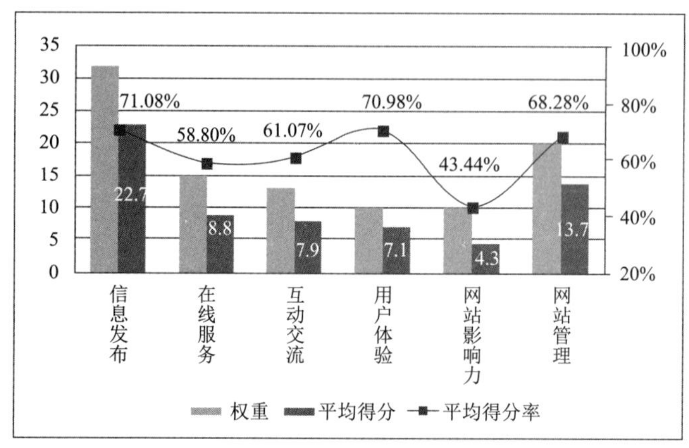

图16-14　2014年省级林业网站各类指标得分分析

（三）信息发布类指标得分析。省级林业网站评估指标体系中信息发布类指标考查了“机构职能”、“部门文件”、“规划计划”、“工作动态”、“通知公告”、“人事任免”、“财政公开”、“政府采购”等21个三级指标。

如图16-15所示，回应关切指标得分率最高，为100%，其次是工作动态指标、通知公告指标、信息更新频度指标，均超过了90%，说明各单位对动态类信息的发布已常态化，更新力度较大；另有9个指标得分率处于及格水平之上，但仍有8个指标得分率未达到及格线，其中权力运行清单指标、政府采购指标得分率最低，分别为37.80%和31.71%。各单位应加强关键信息的发布力度，尤其是规划计划、政府采购、林业统计、权力运行清单、应急管理等。

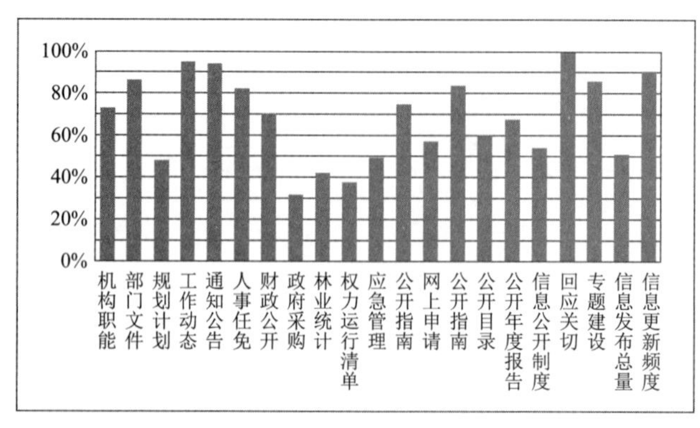

图16-15　2014年省级林业网站信息发布各三级指标得分分析

（四）在线服务类指标。省级林业网站评估指标体系中在线服务类指标考查了“办事指南”、“资料下载”、“表格下载”、“在线申报”、“结果反馈”、“科普知识”、“实用技术”、“渠道易用性”等10个三级指标（图16-16）。

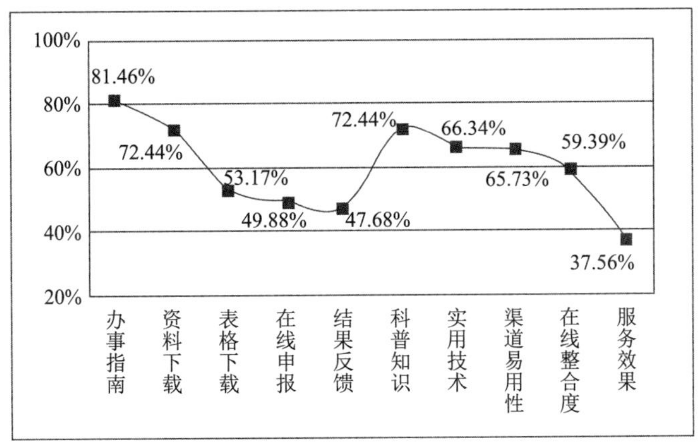

图16-16　2014年省级林业网站在线服务各三级指标得分分析

从图16-16中可知，省级林业网站在线服务整体水平仍有较大的提升空间，仅办事指南信息较为完善，各单位需加大基本服务资源的整合力度，尽快实现办事指南、表格下载、在线申报、结果反馈等一体化服务，并通过服务主题、服务对象、场景式导航等多种形式实现网上办事，提升服务效果。

（五）互动交流类指标。省级林业网站评估指标体系中互动交流类指标考查了“咨询投诉”、“网上调查”、“征集渠道”、“访谈直播”、“智能互动”、“时效性”、“有效性”7个三级指标。

如图16-17所示，咨询投诉指标得分率为81.95%，有效性指标得分率为78.05%，时效性指标得分率为63.41%，各单位在咨询投诉类渠道建设方面已有一定基础，并能够及时、有效地对公众投递的信件进行反馈；但网上调查、征集渠道、访谈直播、智能互动4个指标得

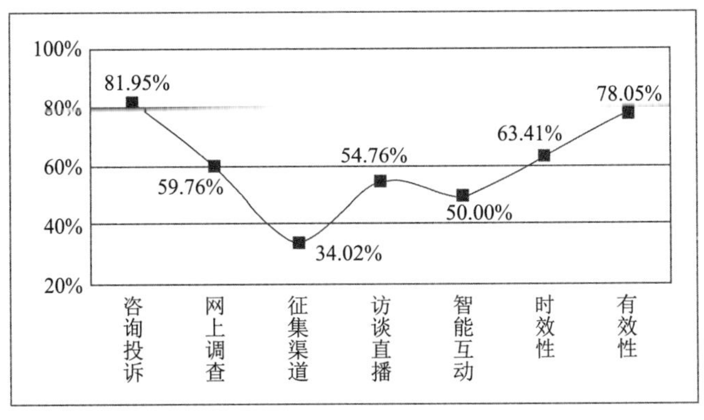

图16-17　2014年省级林业网站互动交流各三级指标得分分析

分率均未达到及格水平，其中各单位均未开展智能互动服务，网上调查和征集渠道的利用不到位，各部门应该加强重视程度，加大其他互动渠道建设力度，关注政务工作在群众中的反映和影响，了解社情民意，掌握用户需求。

（六）用户体验类指标。省级林业网站评估指标体系中用户体验类指标考查了“日均访问量”、“搜索功能”、“导航链接”、“网站可用性”、“首页布局”、“栏目设置”、“标识规范”、“辅助信息”等8个三级指标。

从图16-18中可知，省级林业网站各项功能和内容的可用性较强，栏目设置清晰合理，信息呈现形式丰富，标识建设规范，体现了林业系统网站群的统一风格。但搜索功能指标得分率为65.12%，另外辅助信息指标、日均访问量指标得分率未达到及格水平，省级林业网站中多数网站离网站好用、功能易用、用户爱用还有一定距离，需进一步加强网站功能的实用性和全面性，并重视网站的推广，提高日均访问量。

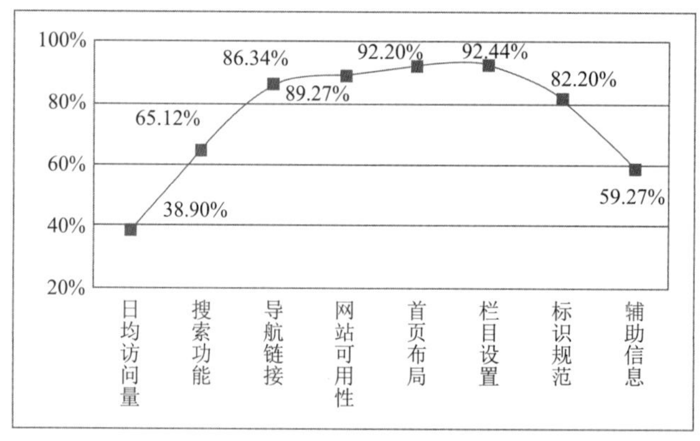

图16-18　2014年省级林业网站用户体验各三级指标得分分析

（七）网站影响力类指标。省级林业网站评估指标体系中网站影响力类指标考查了“国际互联网影响力”、“搜索引擎影响力”、“移动终端影响力”、“政务微博”、“政务微信”、“网站等级”6个三级指标。

如图16-19所示，省级林业网站影响力有较大的提升空间，其中网页等级指标得分率较高，达到了94.51%，但其他5个指标得分率均未达到60%，由数据得出，省级林业网站的网页等级多数合格，政务微博蓬勃兴起，但各单位网站国际化意识不明显，大部分网站未被主流搜索引擎的首页收录，用户无法从搜索引擎首页跳转至相关单位网站，网站影响力建设是制约省级林业网站发展的短板，各单位需加强新媒体应用，开设App、微信、微博等，努力拓宽信息扩散平台，提升网站影响力。

（八）网站管理类指标。省级林业网站评估指标体系中网站管理类指标考查了“组织领导”、“制度建设”、“防范措施”、“备份恢复”、“信息采用量”、“工作配合度”等9个三级指标。

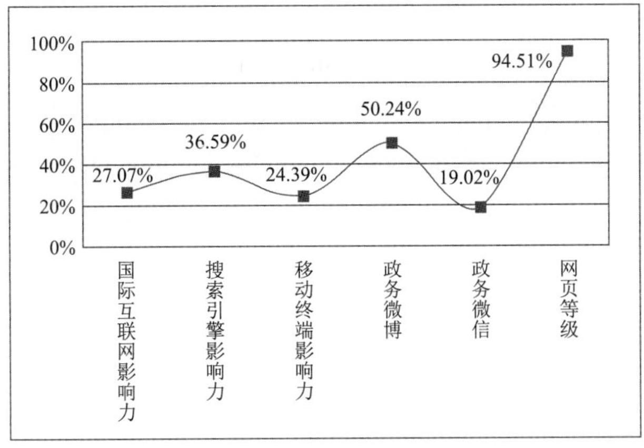

图16-19　2014年省级林业网站影响力各三级指标得分分析

从图16-20中可知，省级林业网站的信息采用量和子站更新率指标得分率较低，均未达到及格水平，各单位在对主站支持和子站建设两个方面仍需加强。建议省级林业网站建立健全信息发布机制，引导和督促各子站做好信息的发布工作，并积极主动向主站报送信息。

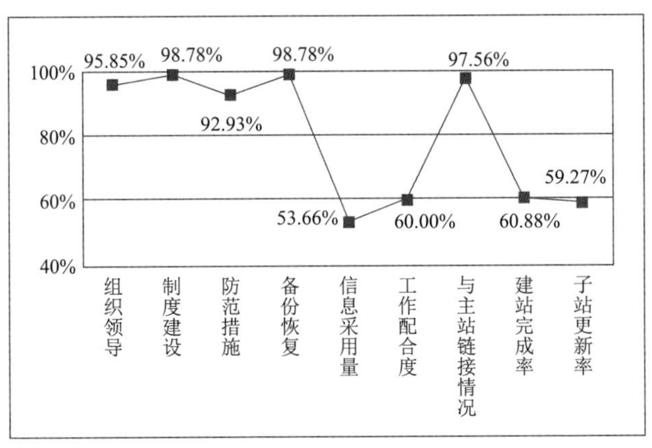

图16-20　2014年省级林业网站网站管理各三级指标得分分析

三、市（县）级林业网站

（一）评估结果分析

1. 市级林业网站评估结果分析。2014年全国林业网站评估中，参评的50个市级林业网站整体平均得分为58.3分。其中，浙江省杭州市、广东省广州市和四川省阿坝州林业网站分别以85.3分、81.1分、80.5分位列于前3名，50个参评网站中高于平均得分的有24个，低于40分的有3个，最低得分为30.2分，与最高得分85.3分相差55.1分。可见，市级林业网站建设水平差异较大，得分较低的网站在功能和内容方面有极大的完善和提升空间（具体情况见表16-14）。

表16-14　2014年市级林业网站评估综合排名

单位名称	2014年排名	2014年得分	信息发布32分	在线服务20分	互动交流15分	用户体验13分	网站影响力8分	网站管理15分
浙江杭州	1	85.3	30.0	14.5	15.0	11.3	6.0	8.5
广东广州	2	81.1	22.5	18.0	15.0	10.1	5.0	10.5
四川阿坝州	3	80.5	21.0	20.0	15.0	9.0	5.0	10.5
江苏连云港	4	78.6	23.0	20.0	11.0	10.6	4.0	10.0
河南新乡	5	77.2	24.7	12.0	13.0	10.5	7.0	10.0
湖南郴州	6	76.8	20.2	18.0	14.0	10.1	6.0	8.5
山东济南	7	75.3	22.0	14.0	15.0	10.3	5.0	9.0
辽宁沈阳	8	74.6	25.5	20.0	5.0	10.1	5.0	9.0
浙江湖州	9	73.8	23.0	11.0	14.0	9.3	5.0	11.5
江西九江	10	73.3	27.5	14.0	5.0	11.8	5.0	10.0
广东珠海	10	73.3	21.5	11.0	15.0	10.3	5.0	10.5
江苏盐城	12	70.9	19.6	11.0	14.5	11.8	4.0	10.0
贵州贵阳	13	69.5	26.0	18.0	5.0	9.7	4.0	6.8
山东济宁	14	62.9	20.9	12.0	8.5	8.5	4.0	9.0
河北张家口	15	62.8	17.3	17.0	8.0	7.9	5.0	7.6
湖南衡阳	16	61.9	17.0	15.0	8.0	9.4	4.0	8.5
广西柳州	17	61.1	17.2	14.0	6.5	9.9	4.0	9.5
山东烟台	18	61.0	24.5	10.0	7.5	8.0	5.0	6.0
湖南湘潭	19	60.9	20.0	12.0	8.0	9.4	3.0	8.5
云南昆明	20	60.7	19.0	9.0	11.5	9.2	5.0	7.0
江西鹰潭	21	60.5	20.0	11.5	5.2	8.8	5.0	10.0
河南洛阳	22	60.4	16.5	12.0	9.0	8.9	4.0	10.0
河南安阳	22	60.4	19.5	11.0	5.0	9.9	5.0	10.0
广西南宁	24	59.2	18.0	15.0	8.0	8.9	3.0	6.3
湖南永州	25	56.1	15.5	12.0	8.0	9.1	3.0	8.5

（续表）

单位名称	2014 年排名	2014 年得分	信息发布32 分	在线服务20 分	互动交流15 分	用户体验13 分	网站影响力8 分	网站管理15 分
内蒙古呼伦贝尔	25	56.1	19.0	8.0	12.0	8.9	3.0	5.2
河南郑州	27	55.8	23.0	10.5	2.5	7.8	4.0	8.0
江西新余	28	54.9	16.9	8.2	8.0	7.8	4.0	10.0
河南许昌	29	54.1	14.5	11.0	5.2	9.4	4.0	10.0
湖南张家界	30	53.9	14.5	12.0	8.0	9.4	3.0	7.0
湖南娄底	31	53.6	15.5	10.0	8.0	8.6	3.0	8.5
广西贵港	32	52.2	13.5	12.0	8.0	8.6	3.0	7.1
湖南湘西	33	52.0	13.7	10.2	8.0	8.6	3.0	8.5
新疆昌吉州	34	51.9	14.5	12.0	8.0	8.4	3.0	6.0
吉林延边	35	51.2	21.7	1.2	5.0	8.5	5.0	9.8
黑龙江佳木斯	36	50.8	16.5	8.0	8.0	9.1	3.0	6.2
江西吉安	37	50.7	18.2	11.0	0.5	8.5	3.5	9.0
河南商丘	38	50.0	14.0	8.2	5.2	8.6	4.0	10.0
海南海口	39	49.6	18.0	9.0	0.2	8.4	4.0	10.0
河南开封	40	49.3	10.5	9.2	7.0	8.6	4.0	10.0
广西河池	41	49.2	13.5	10.5	8.0	9.2	3.0	5.0
内蒙古阿拉善盟	42	48.8	14.5	7.5	8.0	8.8	3.0	7.0
云南临沧	43	48.6	18.6	4.2	8.0	8.2	3.0	6.6
陕西西安	44	44.6	11.1	7.2	8.0	8.7	3.0	6.6
江西景德镇	45	41.7	16.7	4.0	0.5	8.1	4.0	8.4
内蒙古包头	46	40.8	14.7	8.0	0.0	7.0	4.0	7.1
吉林通化	47	40.5	7.4	6.5	5.2	7.8	4.0	9.6
黑龙江双鸭山	48	35.2	8.2	1.2	7.0	7.8	3.0	8.0
四川广元	49	32.6	11.2	0.0	0.0	8.9	4.0	8.5

（续表）

单位名称	2014 年排名	2014 年得分	信息发布 32 分	在线服务 20 分	互动交流 15 分	用户体验 13 分	网站影响力 8 分	网站管理 15 分
黑龙江牡丹江	50	30.2	7.7	4.2	0.0	7.3	3.0	8.0
平均得分		58.3	18.0	10.9	7.8	9.1	4.1	8.5
平均得分率		58.33%	56.22%	54.58%	51.73%	69.82%	50.88%	70.97%

2．县级林业网站评估结果分析。2014年全国林业网站评估中，参评的50个县级林业网站整体平均得分为53.7分。其中，浙江萧山林业网站以81.3分居于首位，浙江义乌、湖南衡东、湖南洞口林业网站得分均在70分之上分列第二至第四名，50个参评网站中有23个网站得分超过平均分，有4个网站得分未达到40分，最低分仅为27.2分，与最高分81.3分差距高达54.1分。可见，县级林业网站与市级林业网站整体情况相似，参评网站建设水平存在较大的差异性，得分较低的网站应积极向得分较高的网站学习网站建设和维护方面的优秀经验，加强网站各项功能和内容的完善（表16-15）。

表16-15　2014年县级林业网站评估综合排名

单位名称	2014 年排名	2014 年得分	信息发布 32 分	在线服务 20 分	互动交流 15 分	用户体验 13 分	网站影响力 8 分	网站管理 15 分
浙江萧山	1	81.3	29.0	14.0	10.0	10.9	6.5	10.9
浙江义乌	2	72.0	24.5	12.2	10.0	10.8	4.0	10.5
湖南衡东	3	70.8	19.0	14.0	14.0	9.8	4.5	9.5
湖南洞口	4	70.3	20.0	13.5	15.0	9.8	2.5	9.5
湖北谷城	5	69.0	21.0	13.0	15.0	9.0	2.5	8.5
江西修水	6	67.9	20.5	13.0	10.0	9.9	4.0	10.5
黑龙江嫩江	7	67.4	23.0	12.5	10.0	9.9	4.0	8.0
四川会理	8	67.3	17.2	9.0	15.0	11.1	3.5	11.5
福建宁化	8	67.3	18.5	15.0	12.0	9.8	2.5	9.5
江西靖安	10	66.9	20.0	13.0	14.5	10.1	2.5	6.8
湖南隆回	11	66.8	21.0	11.0	15.0	9.3	2.5	8.0
湖南衡南	12	66.3	19.0	12.5	15.0	9.3	2.5	8.0
湖南石门	13	65.8	19.5	11.0	15.0	9.3	2.5	8.5

（续表）

单位名称	2014 年排名	2014 年得分	信息发布 32 分	在线服务 20 分	互动交流 15 分	用户体验 13 分	网站影响力 8 分	网站管理 15 分
湖南耒阳	14	57.6	18.5	7.0	12.0	8.1	2.5	9.5
湖南常宁	15	57.4	17.5	7.0	10.0	10.1	3.5	9.3
河南永城	16	56.8	18.5	10.0	4.2	9.6	4.0	10.5
浙江余杭	17	56.8	19.7	12.0	0.4	9.2	4.0	11.5
贵州思南	18	56.7	16.2	9.0	6.5	9.0	6.0	10.0
吉林通化	19	56.0	16.4	11.0	5.2	8.4	4.0	11.0
内蒙古柴河	20	55.2	19.5	8.0	10.0	9.9	1.0	6.8
湖南新化	21	54.2	15.0	9.0	10.0	8.8	2.5	8.9
吉林舒兰	22	54.0	14.7	11.0	7.0	8.8	2.5	10.0
河南鹿邑	23	53.8	17.5	8.2	4.0	9.6	4.0	10.5
广西苍梧	24	53.3	15.0	10.0	8.0	8.3	3.5	8.5
江西分宜	25	51.0	13.7	10.0	4.5	9.8	2.0	11.0
青海大通	26	50.7	16.4	4.2	12.0	8.4	2.5	7.2
吉林蛟河	26	50.7	12.7	5.5	5.2	8.3	8.0	11.0
江苏栖霞	28	50.3	20.9	4.2	2.5	10.0	2.5	10.2
广西融水	29	50.1	13.5	11.0	8.0	9.1	2.5	6.0
江西遂川	30	49.9	15.2	7.0	5.0	10.0	2.5	10.2
江西安福	31	49.8	15.2	9.5	5.0	8.3	2.5	9.3
内蒙古林西	32	49.7	18.5	7.0	5.2	8.5	3.5	7.0
重庆武隆	33	49.6	13.0	5.5	4.0	9.1	8.0	10.0
四川黔江	34	47.9	12.0	11.0	5.0	8.1	4.0	7.8
广西田阳	35	47.7	15.0	9.0	8.0	7.7	2.5	5.5
黑龙江肇州	36	47.5	14.5	5.0	10.0	9.3	2.5	6.2
新疆阜康	37	47.2	13.5	6.0	10.0	8.5	4.5	4.7
河南滑县	38	46.3	13.5	3.7	5.0	9.6	4.0	10.5
河南新蔡	39	45.8	14.0	2.7	5.0	9.6	4.0	10.5

（续表）

单位名称	2014年排名	2014年得分	信息发布32分	在线服务20分	互动交流15分	用户体验13分	网站影响力8分	网站管理15分
河南邓州	40	44.5	12.5	3.7	4.2	9.6	4.0	10.5
湖北巴东	40	44.5	13.2	5.5	5.0	8.8	2.5	9.5
河南嵩县	42	44.3	13.0	8.0	5.0	8.3	2.5	7.5
黑龙江嘉荫	43	43.9	9.7	7.0	10.0	8.5	3.5	5.2
山东商河	44	43.5	14.8	9.5	0.0	9.2	4.0	6.0
河南固始	45	42.6	11.7	2.4	4.2	9.8	4.0	10.5
宁夏六盘山	46	40.4	13.2	3.2	5.2	8.3	3.5	7.0
山东章丘	47	37.9	17.7	2.2	0.0	8.9	2.5	6.6
黑龙江宾县	48	37.3	8.2	7.0	5.2	7.8	2.5	6.6
四川万盛	49	36.2	9.2	5.0	0.0	7.5	4.0	10.5
吉林伊通	50	27.2	4.2	0.0	2.5	8.8	2.5	9.2
平均得分		53.7	16.2	8.4	7.7	9.2	3.5	8.8
平均得分率		53.75%	50.61%	42.07%	51.13%	70.55%	43.13%	73.75%

（二）功能指标分析

1.市级林业网站功能指标分析。从市级林业网站6个一级指标得分分析图（图16-21）来看，网站管理指标得分率最高，为70.97%，其次为用户体验指标69.82%，其他4个一级指标得分率处于50%～60%。说明市级林业网站在政务信息公开方面有了一定深度和广度的扩展，多数单位能够公开基本信息，能够围绕用户需求提供有针对性的在线服务，能够建立

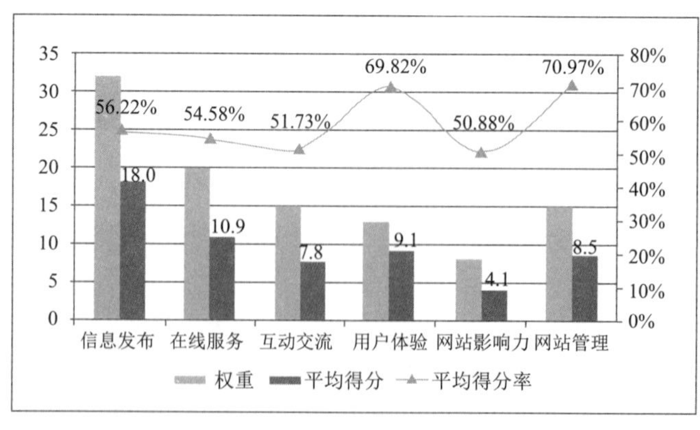

图16-21　2014年市级林业网站各类指标得分分析

互动平台与用户进行沟通交流，在网站功能设计方面体现了一定的人性化和友好度，但仍需不断加强各项内容的维护、完善各项功能、提升服务质量。

2．县级林业网站功能指标分析。从县级林业网站6个一级指标得分分析图（图16-22）来看，网站管理和用户体验指标得分率较高，分别为73.75%和70.55%，其他4个一级指标得分率都处于及格水平之下，尤其是在线服务和网站影响力指标得分率未达到50%。建议县级林业网站按照网站建设的相关要求和指导，做好网站信息发布工作、加强在线服务力度、增强互动交流功能，并积极利用互联网技术开展新媒体建设，加强网站推广，提高网站影响力。

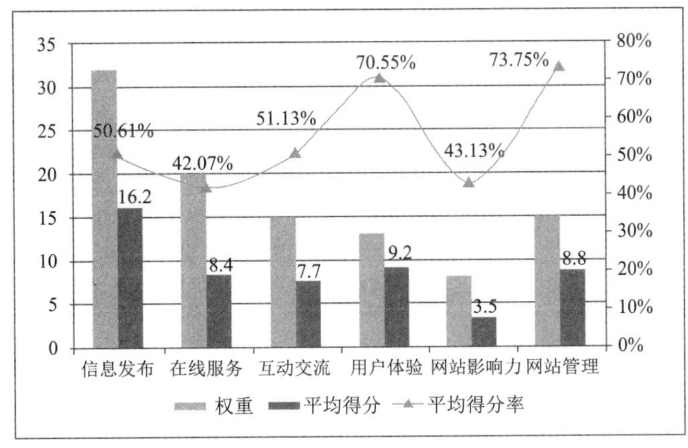

图16-22　2014年县级林业网站各类指标得分分析

（二）信息发布类指标得分分析。市、县级林业网站评测指标体系中信息发布类指标考查了“信息公开专栏”、“规划计划”、“统计信息”、“财政信息”、“工作动态”、“通知公告”、“专题建设”、“信息更新量”和“信息更新频度”等9个三级指标。

从图16-23中可知，多数市县级林业网站能够主动公开各单位的工作动态和通知公告信息，信息更新频率较高，专题建设指标的得分率也都在及格水平之上；但信息公开专栏的

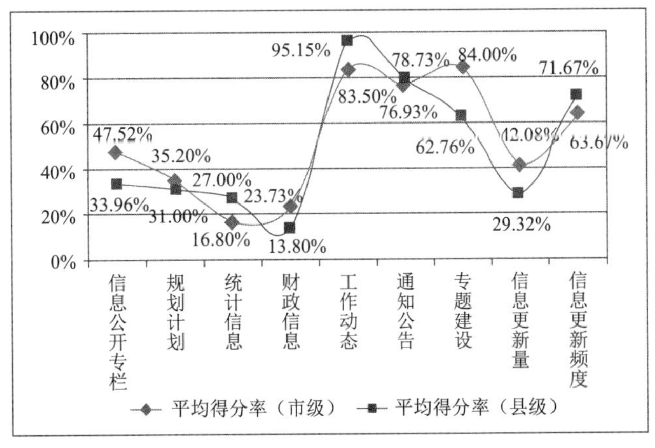

图16-23　2014年市县级林业网站信息发布各三级指标得分分析

开设率不高，规划信息、统计信息和财政信息公开力度不够，尤其是财政信息公开率均处于25%以下。此外，市、县级网站信息更新量指标得分均处于45%以下。可见，市、县级网站要积极参照《中华人民共和国政府信息公开条例》的相关要求，对各单位所掌握的政务信息进行及时、有效、全面、完整的公开。

（三）在线服务类指标得分分析。市、县级林业网站评测指标体系中在线服务类指标考查了“服务整合”、“功能可用性”、“科普知识”和“专业服务”4个三级指标。

从图16-24中可知，市级林业网站较县级在线服务水平稍高一些，但市、县两级林业网站在线服务整体水平都有较大的提升空间，各单位应加强林业专业服务和相关科普知识的力度和深度，在办事指南、表格下载、在线办理、在线咨询等服务深度方面尽快实现一体化。

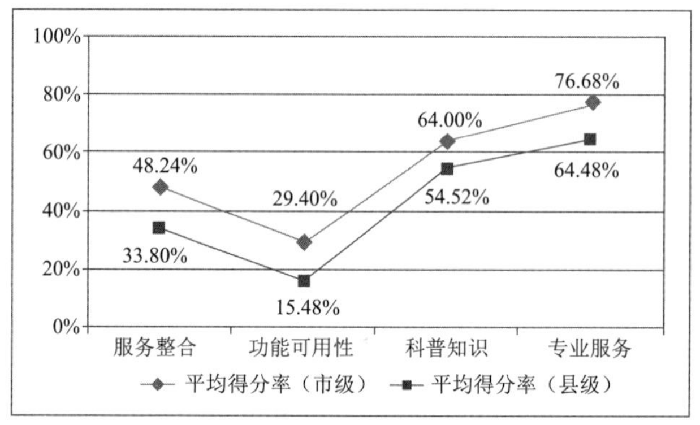

图16-24　2014年市、县级林业网站在线服务各三级指标得分分析

（四）互动交流类指标得分分析。市、县级林业网站评测指标体系中互动交流类指标考查了“信箱渠道”、“其他渠道”、“结果反馈时效性”和“结果反馈有效性”等4个三级指标。

从图16-25中可知，市、县级林业网站基本能够开通信箱渠道，此项指标得分率均在80%之上，但对用户信件的反馈不及时，需进一步加强。此外各单位其他渠道开设较少，

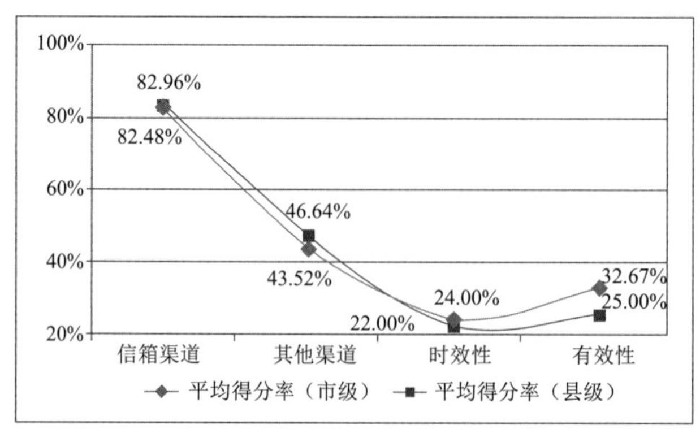

图16-25　2014年市、县级林业网站互动交流各三级指标得分分析

应注重多种形式的互动，方便用户参与。

（五）用户体验类指标得分分析。市、县级林业网站评测指标体系中用户体验类指标考查了“日均访问量”、“搜索功能”、“导航链接”和“网站可用性”、“首页布局”、“栏目设置”、“信息呈现形式”、“标识规范”和“辅助信息”等9个三级指标。

从图16-26中可知，市、县级林业网站各项功能和内容的可用性较强，栏目设置清晰合理，信息呈现形式丰富，标识建设规范，体现了林业系统网站群的统一风格。但在搜索功能的实用性以及导航功能的全面性方面需要加强，并重视网站的推广，提高日均访问量。

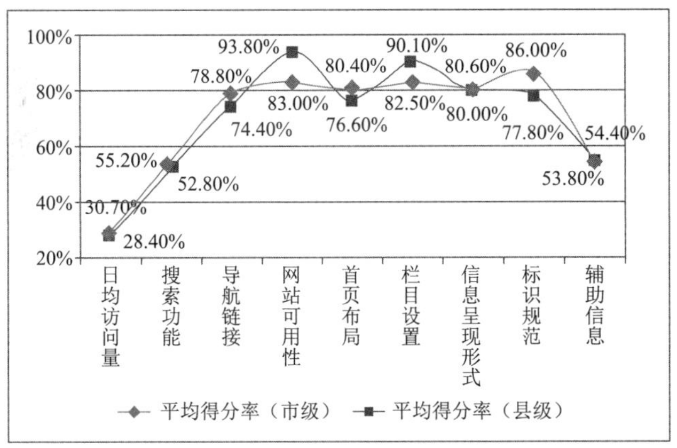

图16-26　2014年市、县级林业网站用户体验各三级指标得分分析

（六）网站影响力类指标得分分析。市、县级林业网站评测指标体系中网站影响力类指标考查了“移动终端影响力”、“政务微博”、“政务微信”、“搜索引擎影响力”和“网页等级”等5个三级指标。

从图16-27中可知，市、县级林业网站影响力有较大的提升空间，其中搜索引擎影响力指标得分率较高，在90%左右，市级网站网页等级指标得分率也达到了78%，县级网页等级

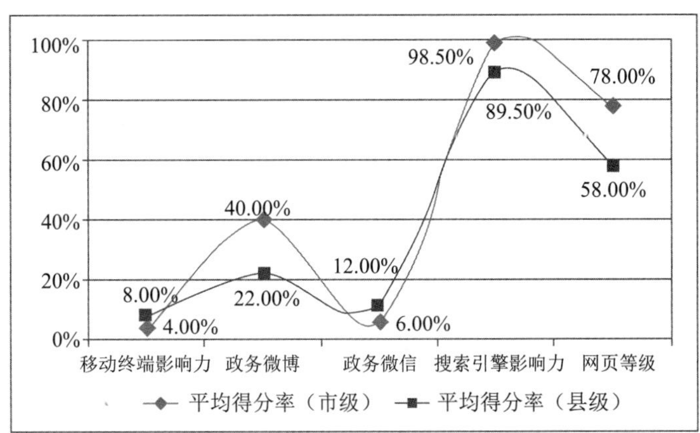

图16-27　2014年市、县级林业网站网站影响力各三级指标得分分析

PR值较低。影响市、县级林业网站影响力的主要为新媒体应用不到位，移动终端门户、微博和微信的开通和维护是今后工作的重点之一。

（七）网站管理类指标得分分析。市、县级林业网站评测指标体系中网站管理类指标考查了“组织领导”、“制度建设”、“防范措施”、“备份恢复”、“对网站群的贡献率”和“主站链接”等6个三级指标。

从图16-28中可知，市、县级林业网站管理在组织领导、制度建设和安全管理方面基本能够做到有专人负责、有制度要求、有设备保障，但对网站群贡献率和主站链接方面需要加强。建议市、县级网站加大信息的收集，积极主动向上级主管部门报送信息，并做好与上级主管部门以及中国林业网的链接，做到政务信息的协同发布。

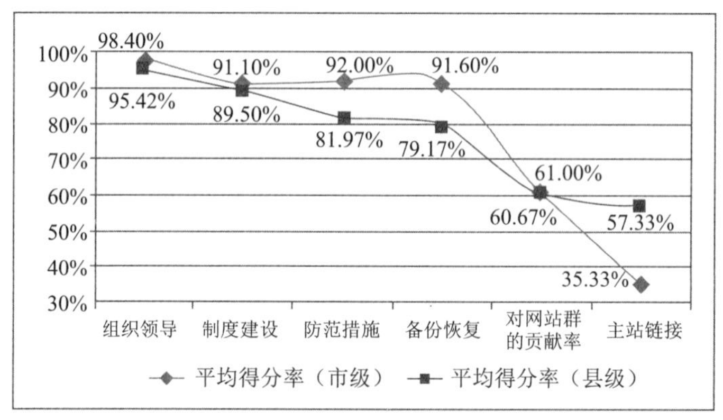

图16-28　2014年市、县级林业网站网站管理各三级指标得分分析

四、专题网站

（一）评估结果整体分析。2014年全国林业网站评估中，参评的100个林业专题网站整体平均得分为59.9分。从综合排名（表16-16）看，河北塞罕坝机械林场以77.5分位列第一，内蒙古呼伦贝尔市免渡河林业局以77分位列第二，广西国有七坡林场、甘肃小陇山林业实验局党川林场、福建洋口林场国家杉木良种基地、广西国有高峰林场以76分并列第三，达到及格水平的单位有50个。各网站信息内容不断丰富，服务能力逐渐深化，成为行业形象展示、提供便民服务和用户获取信息的重要渠道。

表16-16　2014年专题网站评估综合排名

单位名称	2014排名	2014得分	信息发布30分	特色服务20分	信息更新15分	受关注程度15分	网站管理20分
河北塞罕坝机械林场	1	77.5	26.5	13.0	15.0	11.0	12.0
内蒙古呼伦贝尔市免渡河林业局	2	77.0	27.0	15.0	13.0	10.0	12.0

（续表）

单位名称	2014排名	2014得分	信息发布30分	特色服务20分	信息更新15分	受关注程度15分	网站管理20分
广西国有七坡林场	3	76.0	25.0	13.0	15.0	11.0	12.0
甘肃小陇山林业实验局党川林场	3	76.0	28.0	13.0	13.0	10.0	12.0
福建洋口林场国家杉木良种基地	3	76.0	27.0	13.0	13.0	10.0	13.0
广西国有高峰林场	3	76.0	27.0	11.0	15.0	11.0	12.0
陕西牛背梁国家级自然保护区	7	75.0	28.0	13.0	13.0	8.0	13.0
重庆仙女山国家森林公园	7	75.0	27.0	13.0	15.0	8.0	12.0
陕西太白山国家级自然保护区	9	72.0	27.0	13.0	13.0	6.0	13.0
陕西长青国家级自然保护区	9	72.0	27.0	13.0	13.0	6.0	13.0
四川卧龙国家级自然保护区	11	71.5	26.5	10.0	15.0	7.0	13.0
中国百合网	12	68.0	26.5	19.0	6.0	4.0	12.5
金华东方红林场国家油茶、油桐良种基地	12	68.0	28.0	13.0	6.0	8.0	13.0
贵州黎平县东风林场国家杉木良种基地	14	67.0	27.0	16.0	4.0	7.0	13.0
中国海棠网	14	67.0	26.0	19.0	6.0	4.0	12.0
中国芍药网	14	67.0	26.0	19.0	6.0	4.0	12.0
中国茶花网	17	66.0	26.0	18.0	6.0	4.0	12.0
安徽黄山市黄山区黄山公益林场	18	65.0	27.0	15.0	4.0	7.0	12.0
内蒙古呼伦贝尔市巴林林业局	19	64.5	25.5	12.0	7.0	8.0	12.0
中国菊花网	20	64.0	25.0	18.0	6.0	4.0	11.0
林科院亚热带林业实验中心油茶良种基地	20	64.0	27.0	16.0	1.5	6.5	13.0
中国牡丹网	20	64.0	27.0	18.0	3.0	3.0	13.0
河北木兰围场国有林场管理局	20	64.0	25.0	13.0	6.0	8.0	12.0
福建漳平市五一林场国家马尾松良种基地	20	64.0	28.0	13.0	3.0	7.0	13.0
中国月季网	20	64.0	23.0	18.0	6.0	4.0	13.0
湖南黄丰桥国有林场	26	63.0	27.0	14.0	3.0	7.0	12.0

（续表）

单位名称	2014排名	2014得分	信息发布30分	特色服务20分	信息更新15分	受关注程度15分	网站管理20分
湖南浏阳市国家油茶良种基地	26	63.0	27.0	13.0	3.0	7.0	13.0
广东台山市红岭国家湿地松、杂交松良种	26	63.0	27.0	13.0	3.0	7.0	13.0
宁夏中宁县国家枸杞良种基地	26	63.0	27.0	13.0	3.0	7.0	13.0
新疆阿克苏实验林场国家核桃、枣树良种基地	26	63.0	27.0	13.0	3.0	7.0	13.0
陕西桥山林业局国家油松良种基地	26	63.0	27.0	13.0	3.0	7.0	13.0
中国杜鹃网	32	62.5	26.5	18.0	3.0	3.0	12.0
中国桂花网	33	62.0	26.0	18.0	3.0	3.0	12.0
中国兰花网	33	62.0	26.0	18.0	3.0	3.0	12.0
中国玉兰网	33	62.0	27.0	18.0	3.0	3.0	11.0
河南郏县国有林场国家侧柏良种基地	33	62.0	26.0	13.0	3.0	7.0	13.0
中国水仙网	37	61.5	25.5	18.0	3.0	3.0	12.0
中国荷花网	38	61.0	26.0	18.0	3.0	3.0	11.0
中国石竹网	38	61.0	26.0	18.0	3.0	3.0	11.0
江苏常熟市虞山林场	38	61.0	26.0	13.0	3.0	7.0	12.0
大兴安岭国家樟子松、落叶松良种基地	38	61.0	27.0	13.0	1.5	6.5	13.0
湖南九龙江国家森林公园	38	61.0	28.0	13.0	3.0	4.0	13.0
龙江森工雪乡国家森林公园	43	60.5	26.5	10.0	7.0	5.0	12.0
中国梅花网	44	60.0	25.0	18.0	3.0	3.0	11.0
河北沧县国家枣树良种基地	44	60.0	26.0	13.0	1.5	6.5	13.0
江苏泗洪县陈圩林场国家杨树良种基地	44	60.0	26.0	13.0	1.5	6.5	13.0
广西东门林场国家桉树良种基地	44	60.0	26.0	13.0	1.5	6.5	13.0
黑龙江林口县青山国家落叶松良种基地	44	60.0	26.0	13.0	1.5	6.5	13.0

（续表）

单位名称	2014排名	2014得分	信息发布30分	特色服务20分	信息更新15分	受关注程度15分	网站管理20分
山东冠县国有苗圃国家杨树良种基地	44	60.0	26.0	13.0	1.5	6.5	13.0
江西井冈山国家级自然保护区	44	60.0	26.0	6.0	11.0	5.0	12.0
河南云台山国家森林公园	51	59.0	25.0	13.0	3.0	6.0	12.0
福建福州国家森林公园	51	59.0	28.0	13.0	1.5	3.5	13.0
山西太岳山国家森林公园	51	59.0	28.0	13.0	1.5	3.5	13.0
四川米仓山国家森林公园	51	59.0	28.0	10.0	1.5	6.5	13.0
贵州龙里林场	55	58.0	25.0	13.0	1.5	6.5	12.0
浙江淳安县姥山林场国家马尾松良种基地	55	58.0	25.0	13.0	1.5	6.5	12.0
辽宁清原县大孤家林场国家落叶松良种基地	55	58.0	25.0	12.0	1.5	6.5	13.0
广东海丰鸟类自然保护区	55	58.0	26.0	13.0	3.0	3.0	13.0
山东淄博市原山林场	55	58.0	25.0	12.0	5.0	5.0	11.0
四川龙溪--虹口国家级自然保护区	55	58.0	26.0	9.0	7.0	4.0	12.0
陕西佛坪国家级自然保护区	61	57.0	24.0	13.0	4.0	3.0	13.0
内蒙古克什克腾旗桦木沟林场	61	57.0	27.0	10.0	1.5	6.5	12.0
山西吕梁林管局上庄国家油松良种基地	63	56.5	24.5	12.0	1.5	6.5	12.0
四川蜂桶寨国家级自然保护区	64	56.0	26.0	13.0	1.5	2.5	13.0
山西吕梁山国有林场管理局	64	56.0	26.0	10.0	1.5	6.5	12.0
河北滦平县巴克什营林场	64	56.0	26.0	10.0	1.5	6.5	12.0
四川美姑大风顶国家级自然保护区	64	56.0	24.0	9.0	7.0	4.0	12.0
四川九寨国家森林公园	64	56.0	28.0	10.0	1.5	3.5	13.0
江西铜钹山国家森林公园	64	56.0	28.0	10.0	1.5	3.5	13.0
吉林汪清林业局国家红松、云杉良种基地	64	56.0	26.0	10.0	3.0	4.0	13.0

（续表）

单位名称	2014排名	2014得分	信息发布30分	特色服务20分	信息更新15分	受关注程度15分	网站管理20分
海南吊罗山国家森林公园	71	55.5	25.5	13.0	1.5	3.5	12.0
贵州百里杜鹃国家森林公园	71	55.5	25.5	10.0	1.5	6.5	12.0
四川措普国家森林公园	71	55.5	25.5	10.0	1.5	6.5	12.0
广东湛江红树林自然保护区	74	55.0	25.0	13.0	1.5	2.5	13.0
广东象头山国家级自然保护区	74	55.0	25.0	13.0	1.5	2.5	13.0
福建旗山国家森林公园	74	55.0	25.0	13.0	1.5	3.5	12.0
福建九龙山国家森林公园	74	55.0	25.0	13.0	1.5	3.5	12.0
云南西双版纳国家森林公园	74	55.0	25.0	10.0	1.5	6.5	12.0
山西中条山国有林场管理局	74	55.0	25.0	10.0	1.5	6.5	12.0
黑龙江茅兰沟国家森林公园	74	55.0	28.0	10.0	1.5	3.5	12.0
甘肃白龙山林业管理局洮河林业局冶力关林场	81	54.5	22.5	10.0	3.0	7.0	12.0
广东车八岭国家级自然保护区	82	54.0	25.0	13.0	1.5	2.5	12.0
内蒙古额济纳胡杨国家森林公园	82	54.0	24.0	10.0	1.5	6.5	12.0
甘肃庆阳市合水林业总场连家砭林场	84	53.5	21.5	10.0	3.0	7.0	12.0
内蒙古兴安盟五岔沟林业局	84	53.5	24.5	9.0	1.5	6.5	12.0
广东内伶仃岛—福田自然保护区	86	53.0	24.0	13.0	1.5	2.5	12.0
山西吉县国营红旗林场	86	53.0	26.0	10.0	1.5	3.5	12.0
广东南岭国家级自然保护区	88	52.0	24.0	9.0	4.0	3.0	12.0
吉林拉法山国家森林公园	88	52.0	25.0	10.0	1.5	3.5	12.0
湖北神农架国家森林公园	88	52.0	25.0	10.0	1.5	3.5	12.0
广东新丰江国家森林公园	88	52.0	25.0	10.0	1.5	3.5	12.0
浙江竹乡国家森林公园	88	52.0	25.0	10.0	1.5	3.5	12.0
广东英德石门台自然保护区	93	50.0	25.0	9.0	1.5	2.5	12.0
陕西青木川国家级自然保护区	93	50.0	25.0	9.0	1.5	2.5	12.0
陕西桑园国家级自然保护区	93	50.0	25.0	9.0	1.5	2.5	12.0

（续表）

单位名称	2014排名	2014得分	信息发布30分	特色服务20分	信息更新15分	受关注程度15分	网站管理20分
四川瓦屋山自然保护区	93	50.0	23.0	9.0	3.0	3.0	12.0
广东龙门南昆山自然保护区	97	49.0	24.0	9.0	1.5	2.5	12.0
广东珠海淇澳—担杆岛自然保护区	97	49.0	24.0	9.0	1.5	2.5	12.0
广东曲江罗坑自然保护区	97	49.0	24.0	9.0	1.5	2.5	12.0
广西天峨县国营林朵林场	100	37.2	13.5	6.0	1.2	6.5	10.0
平均得分		59.9	25.7	12.6	4.0	5.3	12.3
平均得分率		59.94%	85.75%	62.95%	26.98%	35.27%	61.43%

（二）功能指标整体分析。评估结果显示，专题网站整体平均得分率为59.94%，整体建设力度还有待加强。从单项指标得分率（图16-29）看，信息发布类指标得分率较高，平均得分率为85.75%，其次是特色服务和网站管理类指标，平均得分率分别为62.95%和61.43%，受关注程度及信息更新未达到及格水平，平均得分率分别为35.27%和26.98%。各类专题网站在信息更新量、信息更新频率、搜索引擎、网页等级等方面还有很大程度的提升空间，各网站应完善信息更新制度，丰富信息发布内容，拓宽推广手段，开展搜索引擎优化，强化网站内容吸引力，提升网站受欢迎程度。

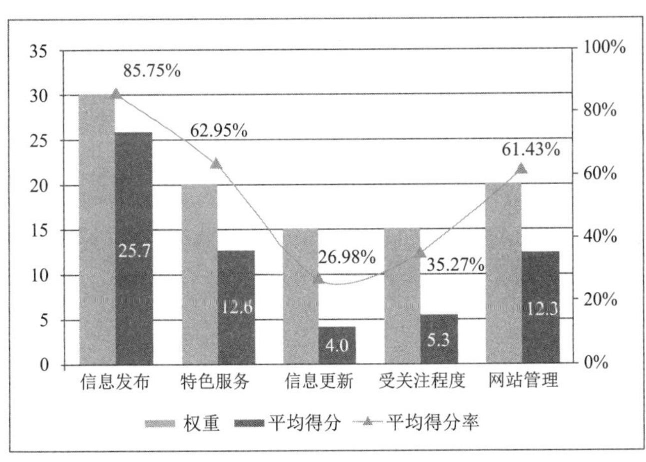

图16-29　2014年专题网站各类指标得分分析

专题网站信息发布指标的平均绩效得分为25.7分（总分30分），平均绩效得分率为85.75%，而在信息发布指标中表现最优异的为概况信息，平均绩效得分率达到95.63%，可见多数网站对本单位的简介、主要职责、联系方式等信息或本区域的基本概况能够较为全面、及时地发布（图16-30）。

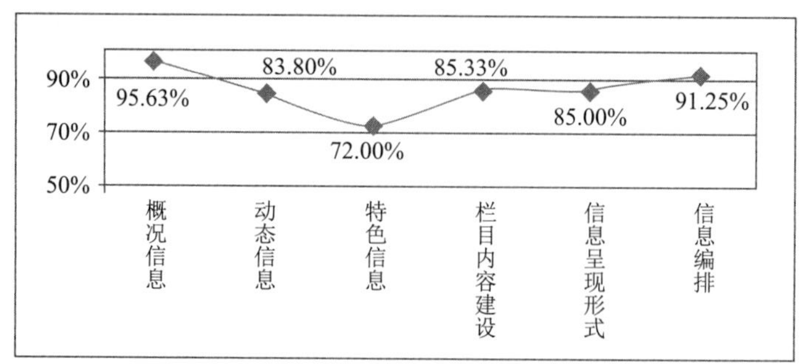

图16-30　2014年专题网站信息发布各三级指标得分分析

相对信息发布指标的良好表现，专题网站的特色服务还有继续提升的空间，其平均绩效得分为12.6分（总分20分），平均绩效得分率为62.95%（图16-31）。其中，便民服务建设情况相对较好，得分率达到72.8%，而专项服务与便民服务相差25个百分点，仅为47.8%，另外服务多样性指标尚未达到及格水平。可见，专题网站能够提供关于本区域或本行业的服务信息，如景点指南、交通引导和周边环境等，但还存在不足，如部分单位未提供与本单位业务相关的供求信息及具有使用价值的共享信息，且未提供与本单位业务相关的各类活动、展会等信息。

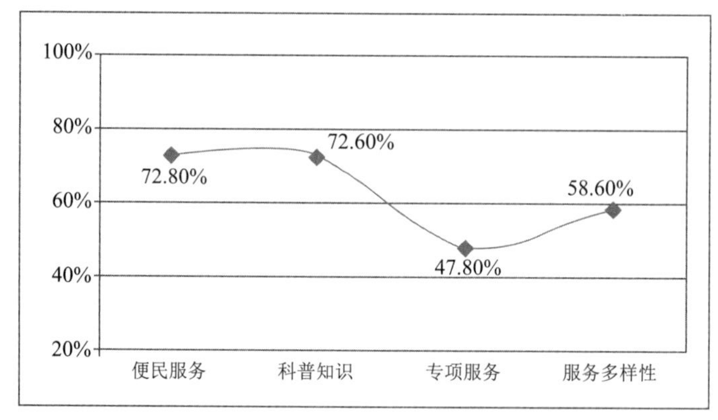

图16-31　2014年专题网站特色服务各三级指标得分分析

专题网站信息更新及受关注程度还有较大提升空间，从图16-32可看出，各三级指标得分率均不到及格水平（60%），各专题网站主要存在信息更新量不多、信息未保持持续更新、网站访问量不高、网页等级低等问题。建议各类专题网站设立或完善信息发布制度，规范信息发布流程，加大动态信息发布力度及宣传推广力度，增强用户黏度。

网站管理各项指标中（图16-33），日常保障指标得分率达到了85.7%，但有少部分网站还存在有栏目无内容、网站或网页无法打开的情况。另外，对网站群的贡献率和管理制

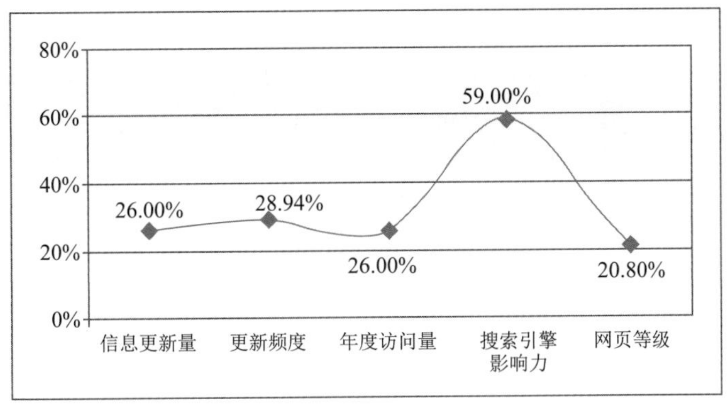

图16-32　2014年专题网站信息更新、受关注程度各三级指标得分分析

度两项指标得分均未达到及格水平，得分率仅为40%和50%，说明各类专题网站对主站和省级网站的配合度和响应度有待加强。

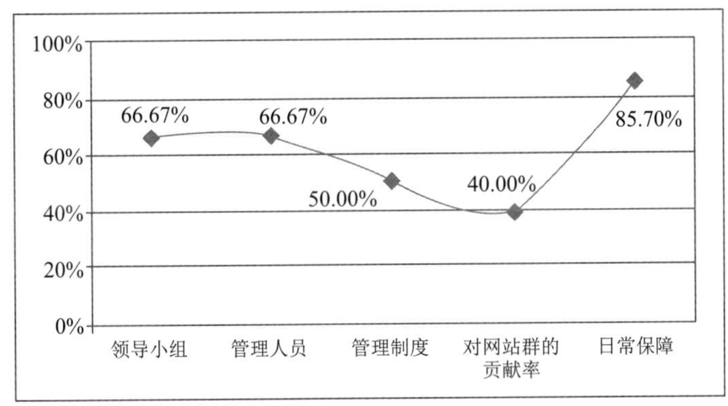

图16-33　2014年专题网站网站管理各三级指标得分分析

（三）分类排名情况

1．森林公园。在21个参评的森林公园网站中（表16-17），重庆仙女山国家森林公园本年度蝉联第一名，得分75分，该单位处于整个专题网站第7名。此外，除湖南九龙江国家森林公园、龙江森工雪乡国家森林公园两个网站外，剩余18个网站均未达到及格水平，不及格率高达85.7%，整体网站建设水平较低。但有部分单位进步明显，如河南云台山国家森林公园、四川米仓山国家森林公园均进步了8名，福建九龙山国家森林公园进步了7名，山西太岳山国家森林公园、四川措普国家森林公园进步了6名；同时，有部分单位出现大幅退步，如吉林拉法山国家森林公园，退步了13个名次。建议各森林公园专题网站强化网站信息内容运营与维护、提升信息实效性，积极开展专项服务建设，发挥资源优势，增强内容吸引力。

2．2014年森林公园专题网站评估排名。

表16-17　2014年森林公园专题网站评估排名

单位名称	2014排名	2014得分	2013排名	2013得分	名次变化
重庆仙女山国家森林公园	1	75.0	1	78.0	0
湖南九龙江国家森林公园	2	61.0	3	72.0	1
龙江森工雪乡国家森林公园	3	60.5	2	74.0	-1
河南云台山国家森林公园	4	59.0	12	65.5	8
福建福州国家森林公园	4	59.0	6	69.5	2
山西太岳山国家森林公园	4	59.0	10	67.5	6
四川米仓山国家森林公园	4	59.0	12	65.5	8
四川九寨国家森林公园	8	56.0	3	72.0	-5
江西铜钹山国家森林公园	8	56.0	6	69.5	-2
海南吊罗山国家森林公园	10	55.5	9	69.0	-1
贵州百里杜鹃国家森林公园	10	55.5	14	64.5	4
四川措普国家森林公园	10	55.5	15	63.5	5
福建旗山国家森林公园	13	55.0	15	63.5	2
福建九龙山国家森林公园	13	55.0	19	62.5	6
云南西双版纳国家森林公园	13	55.0	10	67.5	-3
黑龙江茅兰沟国家森林公园	13	55.0	6	69.5	-7
内蒙古额济纳胡杨国家森林公园	17	54.0	20	57.5	3
吉林拉法山国家森林公园	18	52.0	5	71.5	-13
湖北神农架国家森林公园	18	52.0	15	63.5	-3
广东新丰江国家森林公园	18	52.0	15	63.5	-3
浙江竹乡国家森林公园	18	52.0	——	——	——
森林公园专题网站平均得分	——	56.8	——	67.5	——

3．国有林场。在参评的21个国有林场各网站中（表16-18），河北塞罕坝机械林场进步3名位列第一，得分为77.5分。国有林场专题网站平均得分为61.5分，不及格率为52.4%，但最低分为37.2分，与第一名相差40.3分，整体建设水平不均衡。部分单位进步明显，如山东淄博市原山林场、河北滦平县巴克什营林场均进步了6名；另外，山西吉县国营红旗林场，

退步了10个名次。建议各国有林场网站持续开展网站自评与优化建设，保证信息更新量与信息更新频度，围绕国家培育和保护森林资源重点工作开展专项服务，互相借鉴，共同提升。

表16-18 2014年国有林场专题网站评估排名

单位名称	2014排名	2014得分	2013排名	2013得分	名次变化
河北塞罕坝机械林场	1	77.5	4	80.5	3
内蒙古呼伦贝尔市免渡河林业局	2	77.0	3	82.0	1
广西国有七坡林场	3	76.0	6	74.0	3
甘肃小陇山林业实验局党川林场	3	76.0	1	83.0	-2
广西国有高峰林场	3	76.0	1	83.0	-2
安徽黄山市黄山区黄山公益林场	6	65.0	5	75.0	-1
内蒙古呼伦贝尔市巴林林业局	7	64.5	9	71.0	2
河北木兰围场国有林场管理局	8	64.0	8	71.5	0
湖南黄丰桥国有林场	9	63.0	7	73.5	-2
江苏常熟市虞山林场	10	61.0	12	65.5	2
贵州龙里林场	11	58.0	14	65.0	3
山东淄博市原山林场	11	58.0	17	64.0	6
内蒙古克什克腾旗桦木沟林场	13	57.0	15	64.5	2
山西吕梁山国有林场管理局	14	56.0	11	66.5	-3
河北滦平县巴克什营林场	14	56.0	20	61.5	6
山西中条山国有林场管理局	16	55.0	12	65.5	-4
甘肃白龙山林业管理局洮河林业局冶力关林场	17	54.5	15	64.5	-2
甘肃庆阳市合水林业总场连家砭林场	18	53.5	18	62.5	0
内蒙古兴安盟五岔沟林业局	18	53.5	18	62.5	0
山西吉县国营红旗林场	20	53.0	10	68.5	-10
广西天峨县国营林朵林场	21	37.2	21	39.5	0
国有林场专题网站平均得分		61.5			

4．种苗基地。在参评的21个种苗基地网站中（表16-19），福建洋口林场国家杉木良种基地本年度蝉联第一名，得分76分。种苗基地专题网站平均得分为62.2，在五类专题网

站中位列第二，且及格率高于80%，整体建设水平相对较高。其中，部分单位进步明显，如陕西桥山林业局国家油松良种基地进步了14名、贵州黎平县东风林场国家杉木良种基地进步了13名；但仍有部分单位退步明显，如吉林汪清林业局国家红松、云杉良种基地，退步了14个名次。建议各种苗基地网站在落实信息内容保障的基础上，强化发布具有行业特色的信息资源，并拓展便民服务内容，提升服务多样性，不断增强网站的在线服务能力，提升用户体验。

表16-19　2014年种苗基地专题网站评估排名

单位名称	2014排名	2014得分	2013排名	2013得分	名次变化
福建洋口林场国家杉木良种基地	1	76	1	78.0	0
浙江金华市东方红林场国家油茶、油桐良种基地	2	68	2	65.0	0
贵州黎平县东风林场国家杉木良种基地	3	67	16	58.5	13
中国林科院亚热带林业实验中心油茶良种基地	4	64	——	——	——
福建漳平市五一林场国家马尾松良种基地	4	64	12	60.5	8
湖南浏阳市国家油茶良种基地	6	63	4	63.0	-2
广东台山市红岭国家湿地松、杂交松良种	6	63	9	61.0	3
宁夏中宁县国家枸杞良种基地	6	63	9	61.0	3
新疆阿克苏实验林场国家核桃、枣树良种基地	6	63	15	59.5	9
陕西桥山林业局国家油松良种基地	6	63	20	54.5	14
河南郏县国有林场国家侧柏良种基地	11	62	9	61.0	-2
大兴安岭国家樟子松、落叶松良种基地	12	61	3	64.0	-9
河北沧县国家枣树良种基地	13	60	5	62.5	-8
江苏泗洪县陈圩林场国家杨树良种基地	13	60	5	62.5	-8
广西东门林场国家桉树良种基地	13	60	7	61.5	-6
黑龙江林口县青山国家落叶松良种基地	13	60	12	60.5	-1
山东冠县国有苗圃国家杨树良种基地	13	60	17	57.5	4
浙江淳安县姥山林场国家马尾松良种基地	18	58	14	60.0	-4
辽宁清原县大孤家林场国家落叶松良种基地	18	58	17	57.5	-1
山西吕梁林管局上庄国家油松良种基地	20	56.5	19	57.0	-1

（续表）

单位名称	2014排名	2014得分	2013排名	2013得分	名次变化
吉林汪清林业局国家红松、云杉良种基地	21	56	7	61.5	-14
种苗基地专题网站平均得分		62.2			

5．自然保护区。在参评的20个自然保护区网站中（表16-20），陕西牛背梁国家级自然保护区位列第1名，得分为75分，该网站处于整个专题网站第7名，达到70分的还有陕西太白山、陕西长青、四川卧龙3个网站。其中，15个网站未达到及格水平，占75%。说明多数单位仍处于建设阶段和起步阶段，但是也有少数单位进步明显，如广东内伶仃岛-福田自然保护区进步了7名，四川龙溪-虹口国家级自然保护区、四川瓦屋山自然保护区进步了6名。建议各自然保护区网站在保证信息更新常态化的前提下，挖掘特色信息和专项服务，打造具有地方特色和保护区特点的网站，服务广大旅游爱好者。

表16-20 2014年自然保护区专题网站评估排名

单位名称	2014 排名	2014 得分	2013 排名	2013 得分	名次变化
陕西牛背梁国家级自然保护区	1	75.0	2	84.0	1
陕西太白山国家级自然保护区	2	72.0	1	85.0	-1
陕西长青国家级自然保护区	2	72.0	3	81.5	1
四川卧龙国家级自然保护区	4	71.5	4	80.0	0
江西井冈山国家级自然保护区	5	60.0	6	76.0	1
广东海丰鸟类自然保护区	6	58.0	9	63.0	3
四川龙溪—虹口国家级自然保护区	6	58.0	12	60.5	6
陕西佛坪国家级自然保护区	8	57.0	7	70.0	-1
四川蜂桶寨国家级自然保护区	9	56.0	5	77.0	-4
四川美姑大风顶国家级自然保护区	9	56.0	14	60.0	5
广东湛江红树林自然保护区	11	55.0	8	65.5	-3
广东象头山国家级自然保护区	11	55.0	10	62.5	-1
广东车八岭国家级自然保护区	13	54.0	10	62.5	-3
广东内伶仃岛—福田自然保护区	14	53.0	21	56.0	7
广东南岭国家级自然保护区	15	52.0	12	60.5	-3

（续表）

单位名称	2014 排名	2014 得分	2013 排名	2013 得分	名次变化
广东英德石门台自然保护区	16	50.0	14	60.0	-2
陕西青木川国家级自然保护区	16	50.0	17	58.0	1
陕西桑园国家级自然保护区	16	50.0	17	58.0	1
四川瓦屋山自然保护区	16	50.0	22	55.5	6
广东龙门南昆山自然保护区	20	49.0	16	58.5	-4
广东珠海淇澳—担杆岛自然保护区	20	49.0	17	58.0	-3
广东曲江罗坑自然保护区	20	49.0	20	57.5	0
自然保护区专题子站平均得分		56.9			

6．重点花卉。在参评的15个重点花卉网站中（表16-21），中国百合网位列第一名，得分68分，该网站处于整个专题网站第12名，各网站得分均未超过70分，但均达到及格水平。可见，重点花卉专题网站建设水平基本相当，但建设水平并不高，均处在发展阶段。主要原因在于信息更新量低，受关注程度不高，各单位将基本信息和特色服务信息一次性上传，后期运营中却少有更新，致使网站的整体建设水平较低。建议各重点花卉专题网站保持常态化运维，挖掘公众感兴趣的花卉信息，吸引广大花卉爱好者访问网站，提升网站访问量和影响力。

表16-21　2014年重点花卉专题网站评估排名

单位名称	2014 排名	2014 得分
中国百合网	1	68.0
中国海棠网	2	67.0
中国芍药网	2	67.0
中国茶花网	4	66.0
中国菊花网	5	64.0
中国牡丹网	5	64.0
中国月季网	5	64.0
中国杜鹃网	8	62.5
中国桂花网	9	62.0
中国兰花网	9	62.0

（续表）

单位名称	2014 排名	2014 得分
中国玉兰网	9	62.0
中国水仙网	12	61.5
中国荷花网	13	61.0
中国石竹网	13	61.0
中国梅花网	15	60.0
重点花卉专题网站平均得分		63.5

五、内网应用

国家林业局办公网（内网）包括办公平台、信息平台、学习平台、生活平台、交流平台等五大平台，为国家林业局各司局、各直属单位和各省级林业系统工作人员提供工作、学习和交流的渠道。2014年，国家林业局各司局、各直属单位通过内网办公平台办理收文、发文、签报、建议提案等40149件，发布信息453条；在信息平台领导讲话、内部信息、内部文件及会议、内部简报、人事管理、林业信息化、统计分析、林业标准、共享数据、网络民意动态、国研视点、内参报告等 20 多个栏目发布信息4034条；在学习平台时政分析、业务学习、经验交流、网络新知、金融观察、文学天地、热点追踪、区域发展等、电子大讲堂、电子图书馆、电子阅览室等 10多个栏目加载数据237456条；在生活平台生活时尚、理财之道、情趣爱好、旅游风情、数字电影院、数字音乐厅等 10多个栏目加载各类生活信息2125条；在交流平台司局专区、林业论坛、下载专区中发布信息881条。

按照内网五大平台信息加载和使用情况，经综合评估，国家林业局内网应用前10名的单位分别是：办公室、计财司、信息办、科技中心、资源司、宣传办、造林司、保护司、科技司、人才中心。

第五节 优秀网站点评

一、司局和直属单位网站

（一）信息办。网站名称：国家林业局信息化管理办公室网站

网站地址：http://xxb.forestry.gov.cn/

本站总得分为82分，在司局和直属单位网站中排名第一，相比2013年前进了1名。本站信息公开能力强，能及时发布通知公告、业务信息、法规政策、发展规划 、成果展示等信息，并设有专题专栏。此外，本站的信息发布总量较多、信息更新频度较高、信息发布时效性较强。

本站除了发布基本的政务信息外，还结合用户的需求与部门职能发布了丰富的行业信息，如互联网热点、标准建设、信息化简报、国外借鉴、前沿技术、应用培训等，且呈现形式多样，用户体验效果强（见图16-34）。

图16-34　信息办网站首页示意图

（二）科技司。网站名称：中国林业科技网

网站地址：http://lykj.forestry.gov.cn/

本站总得分为71.8分，在司局和直属单位网站中排名第二。中国林业科技网内容丰富，且多数信息更新及时，主要包括信息动态、热点专题、科学研究、科技推广、标准质量、条件能力、林业成果、科技资讯、科技期刊等，主要围绕本司局职能为用户提供多样化的服务信息。此外，网站用户体验较好，影响力较大（图16-35）。

（三）西北院。网站名称：国家林业局西北林业调查规划设计院网站

网站地址：http://xby.forestry.gov.cn/

本站总得分为70.4分，位居司局和直属单位网站第三名。本站能够及时公开组织机

图16-35　中国林业科技网首页示意图

构、通知公告等内容，并围绕重点工作开展相关专题，信息加载力度大，政府信息公开透明度较高，且在网站影响力方面能够取得较好成绩，值得其他网站借鉴学习（图16-35）。

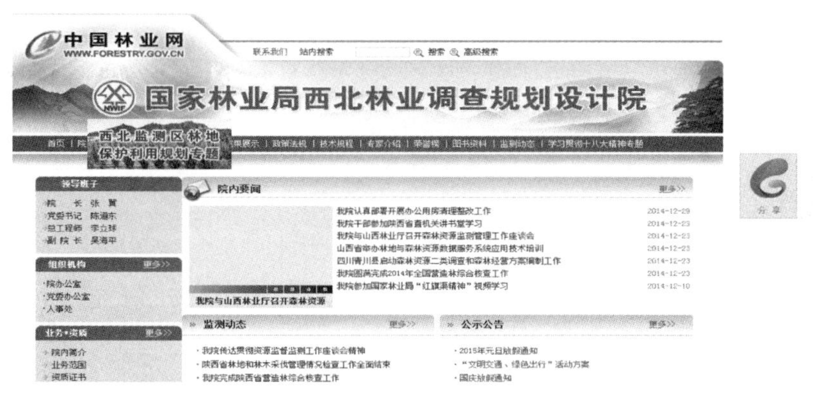

图16-36　西北院网站首页示意图

（三）造林司。网站名称：国家林业局造林绿化管理司（全国绿化委员会办公室）网站

网站地址：http://zls.forestry.gov.cn/

本站总得分为69.3分，在司局和直属单位网站中排名第四。本站栏目主要包括信息动态、植树造林、重点工程、部门绿化、森林经营、林业有害生物防治、林业应对气候变化、经济林与花卉、林木生物质能源等，且多数栏目信息更新量大，更新频率较高（图16-37）。造林绿化管理司能从用户需求出发，突出本司局业务职能，将业务信息最大限度地向用户展示，提高了用户获取信息的便捷性，也体现了服务型政府的建设理念。

图16-37　造林司网站首页示意图

（四）退耕办。网站名称：中国退耕还林网

网站地址：http://tghl.forestry.gov.cn/

本站总得分为69.2分，位居司局和直属单位网站第五名。本站能够全面、准确、规范地发布通知公告、业务信息等重要政务信息，信息发布水平较高；在线服务能力较往年有较大提升，同时，用户体验、影响力等方面建设情况均较好，能够以用户为中心，提供用户满意的服务（图16-38）。

图16-38　中国退耕还林网首页示意图

二、省级林业网站

（一）**湖南省林业厅**。网站名称：湖南林业信息网

网站地址：http://www.hnforestry.gov.cn/

本站以91.2分的好成绩位居省级林业网站绩效排名第一位，相比2013年提升了8个名次。首页布局科学、清晰，分区明确，颜色搭配美观、大方，方便用户便捷的获取本站信息与服务；信息公开、在线服务、互动交流、用户体验、网站影响力等方面均表现较好，能及时公开部门文件、规划计划、工作动态、通知公告、人事任免、财政公开、林业统计、权力运行清单、应急管理等信息；特别是在线服务方面，不仅实现了一体化、一站式办事服务，且公共服务内容丰富，服务效果佳，在此次评估指标中获得满分。此外，本站设有"网络电视"栏目，整合了新闻快报、荧屏荟萃、林业风采、现场录播、生态文化等视频材料，分类清晰，用户获取便捷，满足了不同群体的需求（图16-39）。

图16-39　湖南林业信息网在线服务与网络电话示意图

（二）**北京市园林绿化局**。网站名称：首都园林绿化政务网

网站地址：http://www.bjyl.gov.cn/

本站以87.9分的总得分位居省级林业网站绩效排名第二位。在信息公开、在线服务、互动交流、用户体验、网站影响力方面均取得了较好成绩。网站信息公开全面、及时，更新量大；实现了办事流程一体化，公共服务丰富、实用性强；互动交流渠道畅通，能及时反馈用户各类信件；国际化服务意识较强，设有英文版；能积极利用互联网新技术，开通了微博、微信。此外，本站资源整合能力强，"便民主题服务"栏目整合了各类资源，如首都义务植树林木绿地认建认养，家庭养花知识、常见树木、观光果园查询等，单击各类主题，内容丰富，查询便捷，如"观光果园查询"整合了北京市各区（县）的采摘资源，并提供了

1～12月份的采摘日历，用户可便捷地查询到当季的主要采摘产品及采摘基地（图16-40）。

图16-40　首都园林绿化政务网便民主题服务示意图

（三）福建省林业厅。网站名称：福建省林业厅网站

网站地址：http://www.fjforestry.gov.cn/

本站以85分的总得分位居省级林业网站绩效排名第三位。在主动公开、依申请公开、公开保障方面表现较好；办事服务全流程化、公共服务多样化，且服务效果较强；互动渠道多样，使用便捷，回复质量高；开通了手机门户与个性化门户，用户可通过多终端获取服务。此外，本站提供了网络视频与数据库查询服务，用户可通过视频便捷、愉悦地获取最新资讯、科普知识等；通过强大的数据库，可查询到福建省国家级和省级重点保护植物、古树名木等（图16-41）。

图16-41　福建省林业厅网站网络视频与数据库查询服务示意图

（四）湖北省林业厅。网站名称：湖北省林业厅网站

网站地址：http://www.hbly.gov.cn/

本站以82.6分的总得分位居省级林业网站绩效排名第四位。在信息公开、在线服务、互动交流、用户体验等方面均有一定的优势，如设有行政审批服务平台，针对办理事项提供了办事指南、办事流程、表格下载、收费标准、办理时限等服务，并提供了办事演示服务，方便用户快速了解办事流程，且表现形式生动，方便用户理解（图16-42）。

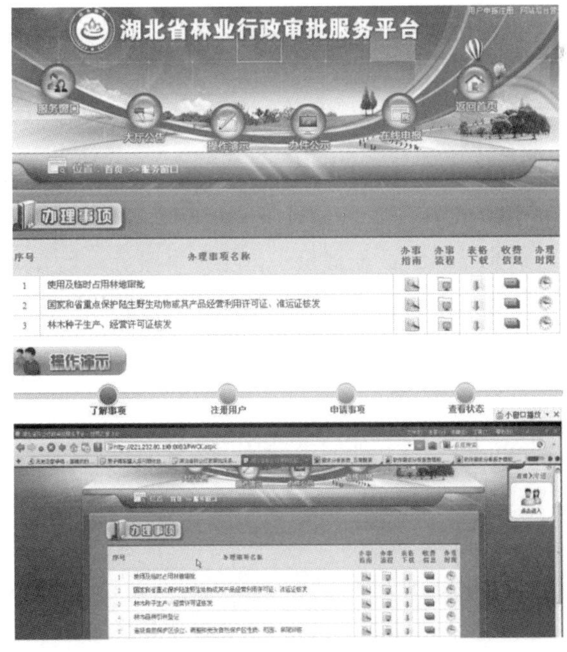

图16-42　湖北省林业行政审批服务平台示意图

（五）宁波市林业局。网站名称：宁波市林业经济信息网

网站地址：http://linyj.ningbo.gov.cn/

本站以82.3分的总得分位居省级林业网站绩效排名第五位。本站坚持以用户为中心的建站理念，将用户关心的内容位居首页显著位置，并对机构职能、部门文件、工作动态、通知公告等政务信息进行全面、规范、准确的发布。同时，为用户提供全面的在线办事服务，且能够良好地维护与公众间的互动交流，为用户打造一个真正的网上服务型政府（图16-43）。

图16-43　宁波市林业经济信息网示意图

三、市（县）级林业网站

（一）杭州市林业水利局。网站名称：天堂山水网

网站地址：http://www.hzls.gov.cn/

本站以85.3分的好成绩位居市县级林业网站第一名。在信息公开、在线服务、互动交流、用户体验方面发展较均衡，能及时公开规划计划、财政信息、工作动态、通知公告等，信息更新频率高、信息量丰富；能提供一体化办事服务，且互动交流渠道多样，用户体验效果强。此外，本站设有“普法教育”栏目，从法律、行政法规、规章方面介绍了林业的相关法律法规，并进行案例分析、政策解读，提高了用户对行业法律知识的认识与理解（图16-44）。

（二）杭州市萧山区林业局。网站名称：萧山农业信息网

网站地址：http://www.goldagri.com.cn/

本站以81.3分的成绩位居市、县级林业网站第二名。信息更新频率高，信息加载量较多，提供了丰富的公共服务，且服务信息更新及时；互动渠道多样，并能积极利用新技术，开通了手机版、微博、微信等服务，用户可以通过多终端、多渠道获取本部门信息与服务，体现了服务型政府理念。此外，本站设有“市场信息”栏目，能及时发布供求信息

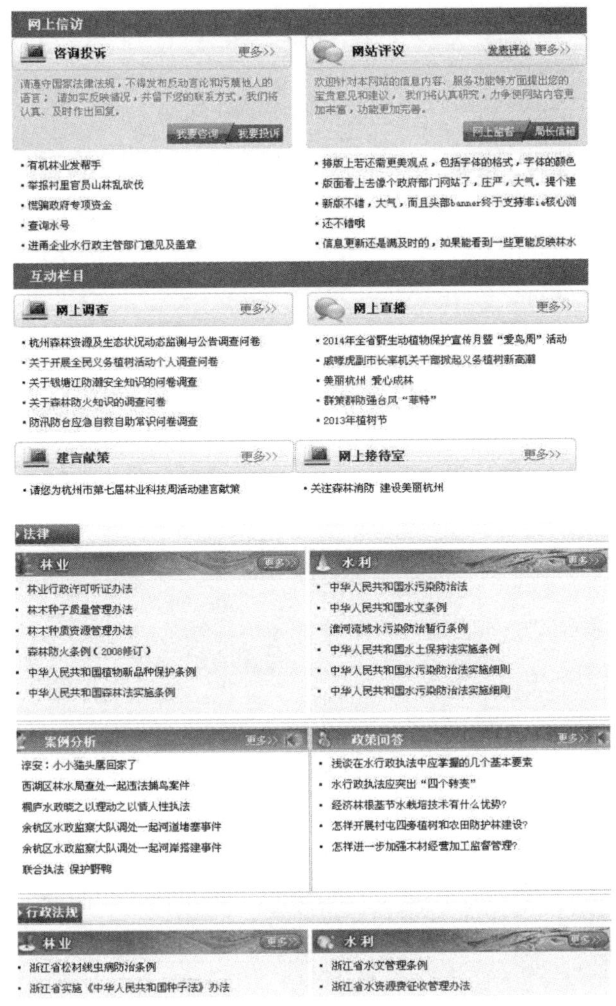

图16-44　杭州市林业水利局网上信访和普法教育示意图

及市场行情，为用户提供了一个市场交易服务平台，促进行业信息交流、优化经济发展结构（图16-45）。

（三）广州市林业和园林局。网站名称：广州市林业和园林局网站

网站地址：http://www.gzlyyl.gov.cn/

本站以81.1分的成绩位居市、县级林业网站第三名。表现较突出的主要在办事服务、公共服务与互动交流等方面。办事服务提供了办事指南、在线申报、状态查询及结果公示服务，且功能可用性强；公共服务提供了园林常识、科技文摘、植物百科、动物百科、生态旅游等服务；互动交流渠道多样，如网上调查、局长信箱、咨询建议、微博等，且渠道畅通，能及时回复用户的问题。此外，结合广州市城市规划特征，开设了“绿道网建设”

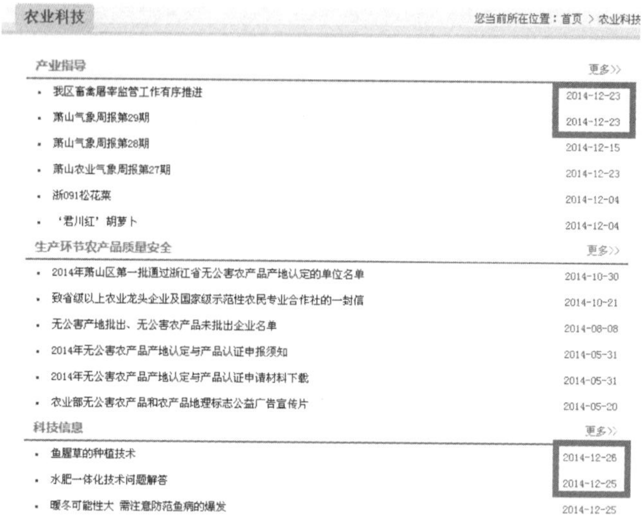

农业科技
您当前所在位置：首页 > 农业科技
产业指导
更多>>
我区畜禽屠宰监管工作有序推进 2014-12-23
萧山气象周报第29期 2014-12-23
萧山气象周报第28期 2014-12-15
萧山农业气象周报第27期 2014-12-23
浙091松花菜 2014-12-04
‘君川红’胡萝卜 2014-12-04
生产环节农产品质量安全
更多>>
2014年萧山区第一批通过浙江省无公害农产品产地认定的单位名单 2014-10-30
致省级以上农业龙头企业及国家级示范性农民专业合作社的一封信 2014-10-21
无公害产地批出、无公害农产品未批出企业名单 2014-08-08
2014年无公害农产品产地认定与产品认证申报须知 2014-05-31
2014年无公害农产品产地认定与产品认证申请材料下载 2014-05-31
农业部无公害农产品和农产品地理标志公益广告宣传片 2014-05-20
科技信息
更多>>
鱼腥草的种植技术 2014-12-26
水肥一体化技术问题解答 2014-12-25
暖冬可能性大 需注意防范鱼病的爆发 2014-12-25

图16-45　萧山农业信息网农业科技示意图

栏目，对广州绿道进行了动态报道、百科诠释、地图展示，呈现方式丰富，能帮助用户快速了解相关内容（图16-46）。

广东绿道·广州
GD GREENWAY
绿道首页
广州绿道
绿道动态
行走绿道
绿道掠影
绿道百科
广州绿道
绿道是指一种线型绿色开敞空间，内设可供游人和骑车者进入的景观线路，连接主要的公园、自然保护区、风景名胜区、历史古迹和城乡居住区。
“绿道”理念源于欧美，成功运用于城市建设。绿道建设保护生态，改善环境，促进经济，服务民生于一体，成为世界城市建设的一种新趋势。目前广州累计建成绿道... [详细]
视频播放
千里绿道，万民共享
绿道建设情况
（电子书）

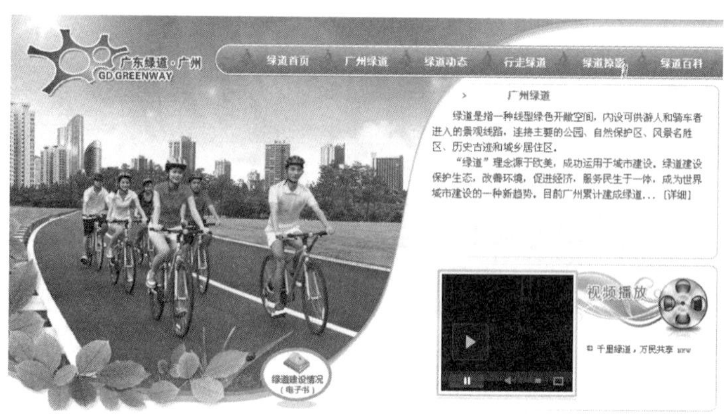

图16-46　广州市林业和园林局网站绿道网栏目示意图

（四）阿坝州林业局。网站名称：阿坝州林业局信息网

网站地址：http://www.ably.gov.cn

本站以80.5分的成绩位居市、县级林业网站第四名，在线服务与互动交流表现的特别突出。此外，本站设有“森林医院”栏目，提供了自助诊断、问答诊断、视频诊断、专业支持、专家信息等服务，如“问答诊断”栏目中可以进行提问，可查看问答列表、常见问题及我的提问与我的回答，将所有问答情况均在一个页面呈现，非常方便用户浏览与快速获取服务（图16-47）。

图16-47　阿坝州林业局信息网问答诊断示意图

（五）连云港市林业局。网站名称：连云港市林业局网站

网站地址：http://www.lygforestry.gov.cn/

本站以78.6分的成绩位居市、县级林业网站第五名。在信息公开方面，本网站能够通过机构设置和林业概况栏目全面发布本单位的职能信息；在服务方面，整合了本行业的各项专业信息形成了专业栏目和技术服务专栏，并实现了办事服务的一体化；在互动方面，本站设置了领导信箱、在线访谈、建议意见、网上调查等多样化渠道，且能够及时、有效地对用户来信进行反馈（图16-48）。

图16-48　连云港市林业局网站首页示意图

四、专题网站

（一）河北塞罕坝机械林场。网站名称：河北省塞罕坝机械林场专题网站

网站地址：http://shbjxff.forestry.gov.cn/

本站以77.5分的成绩位列专题网站第一名。栏目内容建设合理、动态信息更新及时，便民服务、科普知识内容丰富，网站信息更新频率较高、信息量大，用户访问数量较多，截至2014年12月底已超过了10万人次。此外，本站提供了丰富的服务信息，如产业动态、特色产品、森林经营、周边饭店、周边景点等，为用户的吃、住、游提供了指引服务（图16-49）。

图16-49　河北省塞罕坝机械林场专题网站首页示意图

（二）内蒙古呼伦贝尔市免渡河林业局。网站名称：内蒙古自治区呼伦贝尔市免渡河林业局

网站地址：http://mdhff.forestry.gov.cn/

本站以77分的成绩位列专题网站第二名。本网站概况信息介绍详细，并发布了丰富的动态信息，且更新频率较高，能保持每月更新。此外，首页信息布局合理，将各类重点栏目均在首页进行了突出显示，如林场简介、信息动态、公示公告、产业动态、机构设置等，并整合了特色产品、周边饭店、周边景点等服务资源，方便用户全面了解（图16-50）。

（三）广西国有七坡林场。网站名称：广西国有七坡林场专题网站

网站地址：http://gxqpff.forestry.gov.cn/

本站以76分的成绩位列专题网站第三名。页面设计简洁，内容布局清晰，分区呈现重点信息。导航栏目较多，设有林场简介、信息动态、公示公告、图片展示、特色产品、产业动态、森林经营、周边饭店等。此外，本站信息更新频率较高，信息量丰富，能保持每周更新，体现出较好的内容保障机制，贯彻落实了信息公开要求，从而提高了网站的质量

凤凰山庄滑雪场

设置字体大小：【大 中 小】【打印】【页面调色版 □□□□□□□□】 发布时间：2012-03-06 点击次数：114 次

内容简介：凤凰山庄滑雪场

凤凰山庄自1996年开始旅游开发建设，经过几年的快速发展，建成了风格不同的景观15处；铺设了301国道至凤凰山庄的三级油路，山庄电、水、通讯、有线电视等各项设施齐全；建成了射击场、钓鱼池、古树索道、跑马场、滑雪场等各项娱乐设施；购置了旅游通勤车，设置了旅游纪念品专柜。已具备了70人住宿，400人用餐的接待能力。301国道从旅游景区旁经过，交通便利。每年旅游旺季吸引着大量中外游客来此休闲、度假，2001年晋升为国家AA级旅游景区，被评为内蒙古自治区十大旅游景点之一和自治区文明旅游景区。

图16-50　内蒙古自治区呼伦贝尔市免渡河林业局专题网站周边景点示意图

与用户访问次数（图16-51）。

- 陈文军书记率队赴隆林县猪场乡调研并开展对口帮扶活动 【2014-12-22】
- 产业党支部召开民主生活会 【2014-12-22】
- 我场通过林业厅养老保险费征缴稽核 【2014-12-19】
- 康宁分场全面完成2014年营林生产任务 【2014-12-19】
- 机关二支部召开党员领导干部民主生活会 【2014-12-18】
- 我场召开清理排查侵占国有林地专项行动动员会 【2014-12-18】
- 七坡派出所2014年出动警力2077人次开展林区治安工作 【2014-12-18】
- 我场机关一支部与树木园机关三支部开展携手共建活动 【2014-12-17】
- 我场自营经济果园2014年出产天草杂交柑42万斤 【2014-12-17】
- 我场80余人参加应急预案宣传教育讲座 【2014-12-17】

图16-51　广西国有七坡林场专题网站信息动态示意图

（四）甘肃小陇山林业实验局党川林场。网站名称：小陇山林业实验局党川林场专题网站

网站地址：http://www.xlsly.com/Home/Subsite/index/subsiteid/40.html

甘肃省小陇山林业实验局党川林场与广西国有七坡林场并列第三，得分76分。本站个性化较强，跳出了林业专题网站的统一风格，根据本林场的资源、特色与用户需求设计了个性化的页面及栏目。首页内容以林场简介与动态信息为主，并有图片展示与宣传通栏，不仅体现了本单位的宣传推广意识，且抓住了用户的需求。本网站栏目设置与机构职能非常紧密，主导航设有7个栏目，分别为单位简介、森林公园、工作动态、植树造林、资源管护、绿化苗木、多种经营。此外，本站采用网站群的建设思路，整合了机关处室、国有林场、直属单位（图16-52），方便各网站共享资源，也方便用户快速地在主站与子站中切换。

图16-52　小陇山林业实验局党川林场专题网站站群整合示意图

（五）福建洋口林场国家杉木良种基地。网站名称：福建省洋口林场国家杉木良种基地专题网站

网站地址：http://124.205.185.28/zm/subsite/6265/

福建省洋口林场国家杉木良种基地与甘肃省小陇山林业实验局党川林场、广西国有七坡林场并列第三，得分76分。本站概况信息介绍全面，动态信息发布及时，信息呈现形式多样。此外，提供了丰富的服务信息，如基地风采、良种介绍、供求信息、技术支撑等，为用户了解良种知识、基地情况、市场信息提供了服务的窗口（图16-53）。

图16-53　福建省洋口林场国家杉木良种基地专题网站示意图

（六）广西国有高峰林场。网站名称：广西国有高峰林场专题网站

网站地址：http://gxgfff.forestry.gov.cn/

本次专题网站评估结果中，广西国有高峰林场得分也为76分，处于并列第三名。本站概况信息介绍全面，并能够结合本地区特征，整合发布本行业服务信息，信息更新频度高，能够及时有效地发布本单位相关工作动态。尤其是开设了“特色产品”栏目，罗列了本地区的相关特色产品，并整合了周边景点和饭店信息，满足用户多方面需求（图16-54）。

图16-54　广西国有高峰林场专题网站周边景点示意图

第六节　发展建议

政府网站是信息化条件下政府密切联系人民群众的重要桥梁，也是网络时代政府履行职责的重要平台。2014年年底，《国务院办公厅关于加强政府网站信息内容建设的意见》（国办发〔2014〕57号）从总体要求、政府网站信息发布、提升政府网站传播能力、完善信息内容支撑体系和加强组织保障等五个方面进一步对各级政府如何建好管好政府网站提出了明确的要求。

目前，全国林业网站经过多年建设，总体发展水平不断提高，但离公众日益增长的需求还有一定的差距，仍有较大提升空间。结合国办发〔2014〕57号意见精神，本着“以评促建、以评促管、以评促用”的目的，特提出以下建议。

一、深化信息公开工作，稳步推进政务信息透明

深入贯彻落实《中华人民共和国政府信息公开条例》是政府网站一项长期性的工作，做好主动公开与依申请公开是落实《条例》的最好体现。本年度全国林业网站绩效评估结果显示，多数网站存在信息公开不全面或重点信息未公开的现象。因此，全国林业网站仍需紧紧围绕政府与林业工作及公众期盼，坚持把公开透明作为网站工作的基本制度，以保障人民群众知情权、参与权和监督权为目标，统筹推进信息公开，加强信息发布、解读和回应工作，完善信息发布机制建设，形成内容发布清单，不断增强信息公开实效，做到决策公开、执行公开、管理公开、服务公开、结果公开，进一步提高政府公信力。

二、打造一站式网上办事大厅，提升服务质量

服务是网站价值的核心体现，服务质量和用户黏度越来越成为考量政府网站的重要标准。在本次评估中，多数网站尚未实现一站式办事服务，在一定程度上降低了服务的质量和效果。在当前阶段，林业系统各网站要结合实际，以打造一站式网上办事大厅为重点目标，优化重点办事服务事项，打通办事指南、表格下载、网上咨询、网上申请、网上查询各个环节，开展一体化整合服务建设，争取实现行政权力事项外网申请、外网咨询、内网办理、外网反馈的全流程网上运行，强化在线服务的实用性和便捷性。

三、注重多元渠道应用，提高互动交流效果

人性、多元的互动渠道能够帮助搭建政府与公众交流的“直通车”，也是实现政府网站与公众双向价值共塑的首要模式。目前，全国林业网站在互动交流方面仍有待脱离传统运营模式，激发交流渠道的活力。在提供便捷、可用、操作简单的领导信箱、咨询投诉、网上调查、在线访谈等渠道的基础上，进一步完善公众意见的收集、处理、反馈机制，了解民情，回答问题，从而有效拉近与用户之间的距离。同时，要配备相应的后台服务团队和受理系统，在收到网民意见建议后，进行综合研判并及时反馈，使政民互动真正落到实处。

四、借势社会化媒体传播优势，拓展网站影响力

随着新媒体、新技术的不断发展，网站不再仅存于PC屏幕，在手机端、平板电脑等都拥有多种不同的表现形式。通过微信、微博、App、无障碍浏览等新媒体和新技术在网站上的应用，将快速传播网站信息，提高网站影响力。在本次评估中，多数网站对新媒体、新技

术的应用较少，政务微博、微信的开通率较低。有条件的网站应迎合信息化发展的主流趋势，转变运营思路，创新方式方法，积极应用新媒体、新技术盘活网站信息资源、拓展信息传播渠道，实现政务资源与公众需求在空间、时间上的无缝对接。同时，多语种版本的开通，也将帮助林业服务走向国际舞台，塑造林业系统的国际角色，提升网站影响力。

五、深化网站绩效评估，强化结果运用与落实

在持续开展的站群绩效评估工作中，全国林业网站不断提升服务意识、强化质量管理、推进创新应用，但仍存在建而不运、运而不营等问题。因此，仍需继续健全站群绩效评估机制、拓展评估范围、深化评估指标、促进结果运用和经验分享、强化评估引导效果，促进管理部门意识更新，指导全国林业网站建设，加快推进林业治理能力现代化和智慧化。

六、建设良性发展机制，推进站群集约化建设

以“资源共享、协同共建”为基本原则，逐步强化站群集约化建设，以进一步保障技术安全，加强信息资源整合，避免重复投资。首先，各级林业网站要树立建网、用网的统一意识，高度重视网站的建设，制定完备的网站管理制度。同时保障网站建设的专项费用支出，确保人力、财力、物力充沛。在网站安全方面，按照对应等级保护要求，部署严密的安全保障体系。其次，针对全国林业网站发展的不平衡现象，各级林业网站要注重相互之间的交流和共享，总结、研究先进网站建设经验，完善联动工作机制，在发布行业政策信息时，各网站应及时转载、链接。最后，中国林业网要从全国“一盘棋”的角度出发，制定统一的网站建设指导规范和数据对接规范，搭建数据交换共享体系，引导各级网站的集约化建设，促进站群协同发展、良性循环，形成网站持续发展的内生动力。

附 录

2014年中国信息化大事记

1月17日

工信部发布《信息化和工业化融合管理体系要求》文件，明确了企业系统建立、实施、保持和改进两化融合管理机制的通用方法，帮助企业形成可持续竞争优势，始终保持在信息化环境下旺盛的创新能力，推进企业两化深度融合发展。

2月24日

最高法认定奇虎360专门针对QQ软件开发、经营QQ保镖，导致QQ软件相关功能键的全部或者部分功能无法使用，构成不正当竞争行为，奇虎被判向腾讯赔偿500万元，并在相关媒体连续刊载赔礼道歉、消除影响。

2月27日

中央网络安全和信息化领导小组成立，中共中央总书记、国家主席、中央军委主席习近平担任组长，李克强、刘云山任副组长，再次体现了中国最高层全面深化改革、加强顶层设计的意志，显示出保障网络安全、维护国家利益、推动信息化发展的决心。

3月5日

提交人大审议的政府工作报告，首次出现“维护网络安全”这一表述，“维护网络安全”首次被写入政府工作报告。

3月10日

腾讯与京东联合宣布，腾讯入股京东15%，成为其一个重要股东。双方资产将进行整合，腾讯支付2.14亿美元现金，并将QQ网购、拍拍的电商和物流部门并入京东。

3月11日

银监会公布了首批5家民营银行试点方案，阿里巴巴和腾讯成功入选为发起人。这标志着互联网企业不仅站在金融业的门口，而且开始挺进金融腹地。

3月14日

美国政府宣布可能有条件放弃对“关键互联网域名”的管理权。3月14日，美国商务部下属的国家电信和信息局(NTIA)发表声明，计划将国家电信和信息局“关键互联网域名职能”移交给“全球多元利益攸关方共同体”，第一步先由国际互联网名称和编号分配公司

(ICANN)召集“全球利益攸关方”提出一个获得“广泛国际支持”的移交方案，将现由国家电信和信息局行使的互联网域名系统协调职能移交出去。

3月26日

携程“安全门”事件敲响网络消费安全警钟，携程网被指出安全支付日志存在漏洞，导致大量用户银行卡信息泄露。在获利的同时，电商如何对用户信息进行保护引发人们思考。

4月8号

微软正式停服XP，影响中国上亿用户和关键基础设施领域的信息安全，以操作系统为代表的IT核心技术受制于人的局面亟需打破。

同日，OpenSSL心脏流血漏洞（Heartbleed）是2014年最严重的互联网安全漏洞，影响了全球近2/3的服务器，造成的数据泄露不计其数。

4月15日

百度钱包正式推出，在移动支付场景布局、支付技术革命，特别是互联网金融创新上给行业造成了巨大的冲击。

4月20日

中国迎来“全功能接入国际互联网20周年”。

5月14日

网络安全平台乌云网，爆出小米论坛存在用户资料泄露，泄露涉及800万小米论坛注册用户，并建议用户修改密码。随后，小米公司相关负责人确认，数据泄露事件确有发生。

5月21日

工信部印发《工业和信息化部2014年物联网工作要点》，推动我国物联网产业快速有序健康发展。

6月

免费WiFi存陷阱，窃取用户手机中的敏感信息，央视《每周质量报告》，曝光了黑客通过公共场所免费WiFi诱导用户链接而获取手机中银行卡、支付宝等账户信息从而盗取资金的消息，引发了网民对于免费WiFi安全性的担忧。

6月18日

工业和信息化部部长苗圩作序、中国电子信息产业发展研究院赛迪智库编著的《2013～2014年中国工业和信息化发展蓝皮书》系列丛书，由人民出版社正式出版发行。

7月17日

交通运输部正式颁布了《关于促进手机软件召车等出租汽车电召服务有序发展的通知》，明确指出将“着力营造统一、开放、公平、有序的发展环境”，并在接入监管方式中规定“平台运转不得影响手机召车软件正当功能和良性竞争”，对于促进打车软件发展具有重要意义。

7月18日

国家发展改革委、国家测绘地信局联合印发《国家地理信息产业发展规划（2014～2020年）》。

7月21日

中国互联网络信息中心（CNNIC）发布《第34次中国互联网络发展状况统计报告》，截至2014年6月我国网民规模达6.32亿，较2013年底增加1442万人；互联网普及率为46.9%，较2013年底提升了1.1个百分点。

8月7日

国家互联网信息办公室发布《即时通信工具公众信息服务发展管理暂行规定》（业界俗称"微信十条"）。

8月18日

中央全面深化改革领导小组第四次会议审议通过了《关于推动传统媒体和新兴媒体融合发展的指导意见》，为媒体今后的发展明确了方向。

8月25日

全国中小学生学籍信息管理系统建设应用推进会召开，宣布中小学生学籍系统已全国联网并稳定运行。

同日，《互联网时代》纪录片开播，这是中国第一部、甚至也是全球电视机构第一次全面、系统、深入、客观解析互联网的大型纪录片，全片共10集，每集50分钟。

8月26～28日

2014年中国互联网大会在北京国际会议中心举行。具体话题涉及移动互联网、互联网金融、电子商务、大数据与云计算、可穿戴设备、智能交通、智能电视等多个领域。

8月28日

国务院发出通告，授权重新组建的国家互联网信息办公室负责全国互联网信息内容管理工作，并负责监督管理执法。

同日，工信部发布《关于加强电信和互联网行业网络安全工作指导意见》，明确今后一段时期网络安全工作定位、目标和重点。

9月19日

阿里巴巴集团首次公开募股(IPO)，价格确定为每股68美元，使之正式以融资额250亿美元的规模成为有史以来最大的IPO。

10月10日

李克强总理在柏林同德国总理默克尔共同发表《中德合作行动纲要：共塑创新》，就中德两国间多个领域合作达成了共识，并强调两国在"工业4.0"领域的具体合作内容。

10月16日

最高法对“奇虎诉腾讯垄断”纠纷上诉案宣判，驳回奇虎上诉请求，维持广东高院原判。此案判决确立了在互联网领域适用《反垄断法》的多个重要裁判标准，改变了各国在判定反垄断问题上采用美国芝加哥学派法理的惯例，也为中国互联网产业在三岔路口前做出了重大选择，预示着中国互联网将走向“平台化”发展道路，信息社会也将由“小生产”走向“大生产”。

10月20～23日

十八届四中全会召开，中国网络空间法治化进程加快，网络立法、司法执法并行并重，网络空间法治化的建设不仅仅在于为网络空间设规立矩，更长远的是为了引领和规范网络行为。一个清朗明净、发展有序的网络空间正在加速构建。

11月4日

由联合国工业发展组织主办的第四届全球CEO发展大会（Global CEO Conference 4th）在上海与第十六届中国工博会、第十届全球城市信息化论坛隆重联合开幕。

11月12日

阿里巴巴西溪园区报告厅巨型电子屏幕，天猫“双11”成交总额锁定在571.12亿元，新的网上零售交易纪录诞生。其中，移动交易额达到243亿元，物流订单2.78亿，总共有217个国家和地区被点亮。

11月17日

一个负责测量计算机运算速度的国际组织在美国发布了全球超级计算机500强最新排行榜，中国国防科技大学研制的“天河二号”超级计算机，以每秒33.86千万亿次的浮点运算速度获得四连冠。

11月19～21日

首届世界互联网大会在中国浙江乌镇举办。这是中国举办的规模最大、层次最高的互联网大会，也是世界互联网领域的高峰会议。第一次汇集全球网络界领军人物共商发展大计，第一次以千年古镇命名世界网络峰会。

11月24日

首届国家网络安全宣传周启动仪式在北京中华世纪坛举行，主题是“共建网络安全，共享网络文明”。中共中央政治局常委、中央书记处书记、中央网络安全和信息化领导小组副组长刘云山在启动仪式上发表讲话。

11月28日

2014年全国企业信息化大会在北京举行。会议由中国通信工业协会、企业信息化建设委员会、全国企业信息化大会组委会联合中国企业信息化网等共同主办。

12月2日

第七届中美互联网论坛在美国首都华盛顿举行，中央网络安全和信息化领导小组办公室主任、国家互联网信息办公室主任鲁炜出席论坛并发表主旨演讲。

12月4日

中国4G用户数已逼近6000万户（目前中移动已建成57万个基站、覆盖超过300个城市，4G用户超过5000万），而虚拟运营商发展到33家，用户超过100万。

12月11日

由工信部赛迪研究院主办，中国电子报社、中国信息化周报、中国工业评论杂志社承办的“2015年展望——2014年中国工业和信息化论坛”在北京举行，发布了我国工业和信息化领域的全系列预测研究报告。

12月25日

工业和信息化部发布了《关于向民间资本开放宽带接入市场的通告》。

2014年中国林业信息化大事记

1月6日

全国林业信息办主任会议暨智慧林业培训班成功召开。分析了林业信息化发展面临的新形势，总结了林业信息化全面推进暨信息办成立5年来的主要成果，研究了未来5年全国林业信息化重点工作，进行了智慧林业专题培训。

1月10日

办公自动化开启云服务。国家林业局办公自动化领域率先应用云计算技术，以国家林业局综合办公系统为云平台，通过林业专线为国家林业局有关直属单位、600多个用户提供软件级云服务。

1月15日

在2013年度央视网政务微博评选中，中国林业微博发布大厅荣获最具影响力政务微博平台。自2013年6月正式上线以来，汇集了50多个林业行业官方微博，至2013年年底，共发布微博数20000多条，微博被评论和转发次数达数十万，影响力日益扩大。

1月18日

建成北京市园林绿化局语音自动报送平台，实现森林有害生物和公园人流量等业务数据的快速采集、自动催报及统计汇总等功能。

1月25日

国家林业局信息办开展计算机网络信息安全大检查。

2月10日

北京市园林绿化局开发园林绿化资源移动监管小助手系统，实现园林绿化资源核心指标、数据、图件和政策等信息在系统上进行高效安全管理和发布。

3月7日

中国林业网推出中国植树节“春天去哪儿”专题。

3月12日

国家林业局信息办组织央视网等媒体开展“植树节”微访谈，与网友在线交流“绿化祖国•低碳行动”植树节相关话题。

3月21～23日

第五届（2014）中国智慧政务最佳实践暨2013年中国优秀政务平台推荐及综合影响力评估总结交流大会在北京召开，中国林业网被评为2014年度最具影响力政务网站，荣获

2014年度“中国政务网站领先奖”。

4月15日

湖北省林业行政审批平台在实现省、市、县一体化平台三级联动的基础上，完成全省林业电子公文传输系统和邮件系统建设。

5月8日

张家界国家森林公园数字标示标牌信息查询机在景区成功运用。除了有标识标牌的指路功能外，还可查询景点介绍、吃住行购信息、游客公告、法规宣传、图片欣赏等八大版块实时信息。

5月12日

国家林业局邀请工业和信息化部副部长杨学山作“绿色大讲堂——大数据时代”专题讲座。

3～5月

广西、贵州、青海、浙江、宁夏、湖北、河南、深圳等地先后出台智慧林业发展规划或指导意见。

6月9日

四川温江智慧花木创立信息化品牌。建成综合数据平台、OA办公系统、产业信息化系统、花木指数系统、地理信息系统和花木信息中心，以及全国首家花木交易所，带动全市林产业快速发展。

6月14日

湖南省研制成功智慧油茶测土配方智能化决策系统，初步建立配方施肥专家系统的整体结构和功能。

6月17日

中国林业网推出“第二十个防治荒漠化与干旱日”专题，开展了“推进防沙治沙 建设美丽中国”专题访谈。

6月30日

中国林业网、国家生态网、美丽中国网主办，吉林省林业厅网站承办的第二届美丽中国大赛开始。大赛主题是“弘扬生态文化 共建美丽中国”。

7月8日

河北省林业厅建成省级林业部门网络办公一体化平台，实现机关各处室、直属各单位全部网上信息互通，上线用户由140人增加到700多人。

7月9～12日

国家林业局信息办在北京大学举办第二届林业CIO培训班。来自全国各省级和计划单列市林业信息化主管部门负责人等约50人参加了培训，工信部、北京大学、国家信息中心等单位的知名专家为学员做专题讲座，同时结合智慧林业建设实际进行了深入讨论。

7月19日

国家林业局信息办组织召开国家智能林业物联网应用示范工程推进暨中国物联网建设研讨会。

9月3日

中国林业网推出“生态红线保护行动”专题和“国家公园建设”专题。

9月18日

《国家林业局云计算平台建设项目初步设计》获批复。

吉林森工集团“吉森网视”上线运营。

9月23日

河南省林业厅营造林管理系统各业务日趋完善，荣获2014中国地理信息产业优秀工程银奖。

10月15日

湖南林业信息网全新改版上线，包括信息公开、在线服务、互动交流、网络电视、专题展示和服务热线等6大板块、60个二级栏目，网站以清新务实、便民亲民的崭新风貌展现在公众面前。

10月24日

林业物联网标准审查会在京召开，《林业物联网 第3部分 信息安全通用技术要求》等4个林业物联网国家标准通过审定。

10月27～28日

林业信息化标准宣贯培训班在国家林业局管理干部学院举办，来自各省（自治区、直辖市）林业厅（局）以及国家林业局信息办的业务骨干共60余人参加了培训。

10月28日

国家林业局信息办启动中国林业网智能搜索平台建设工作。

11月4日

中国林业网4.0版正式上线。新版网站采用了国际主流设计风格，构建了“纵向到底，横向到边，特色突出”的站群体系，形成了全周期一站式在线服务和全媒体信息发布格局。日信息发布量达100多万字，日访问量达100多万人次，展现了中国林业网全新魅力。

11月6日

贵阳市建成贵阳市林业数据中心机房和森林资源管理展示平台、森林防火地理信息系统、森林资源管理信息系统等智慧林业信息系统。

11月26日

福建省林业厅对林政系统升级后，在全省推广试运行，重点实现与不同业务系统的对接。

11月18日

2014政府网站集约化建设与精品栏目管理经验交流会举行，国家林业局信息办主任李世东荣获“2014中国政府网站最佳管理者”，中国林业网获“2014中国政府网站精品栏目”。

11月19日

国家卫星林业遥感数据应用平台建设项目通过验收。

11月28日

中国林业网官方微视和移动客户端2.0开通运行，是继中国林业网官方微博、微信，定制“正分享”插件后，打造的“林业新媒体”。

12月1日

国家林业局内外网安全等级保护建设项目完成项目验收。

12月3日

在第十三届中国政府网站绩效评估结果发布暨经验交流会上，中国林业网（国家林业局政府网）综合排名列 72个部委网站第二名。这是在2013年综合排名第三的基础上，再次取得历史性突破。

12月12日

广州市绿化平台项目完成，形成绿化资源“天上看、地上管、网上查”三位一体的立体智慧监管新模式。

12月16日

山东省昌邑市建成包括林业有害生物检疫预警信息管理系统、业务信息管理系统、昌邑市木材加工运输动态监管系统、林木种苗资源管理系统、林木资源保护与利用系统等8个系统的“智慧林业”管理平台。

12月18日

中国花卉网站群扩建项目通过验收，共35个花卉子站在线运行。

12月19日

江西省林业厅森林资源管理信息系统通过验收并投入使用，完成全省森林资源数据库数据采集和入库工作，并研建全省林分生长模型。

12月30日

中国林业网子站数量突破3000个，位居国内前列，构建了“横向到边，纵向到底，特色突出”的站群体系。

12月31日

“中国林业大数据发展战略研究”项目正式启动。

2014年中国信息化发展水平评估报告

评估在2013年评估的基础上，对指标体系进行了优化调整，指标体系调整为一级指标3个，二级指标12个，三级指标20个。本报告依据新的指标体系和采集数据，在测算结果的基础上撰写完成。

一、综合分析

2014年全国信息化发展指数为66.56，比2013年增长了5.86。其中，网络就绪度指数为60.94，增长了10.05；信息通信技术应用指数为69.38，增长了3.05；应用效益指数为72.19，增长了3.11（见附表1-1和附图1-1）。

附表1-1　2013～2014年全国信息化发展指数情况比较

年　份	网络就绪度指数	信息通信技术应用指数	应用效益指数	信息化发展指数
2013年	50.89	66.33	69.08	60.7
2014年	60.94	69.38	72.19	66.56
增长量	10.05	3.05	3.11	5.86

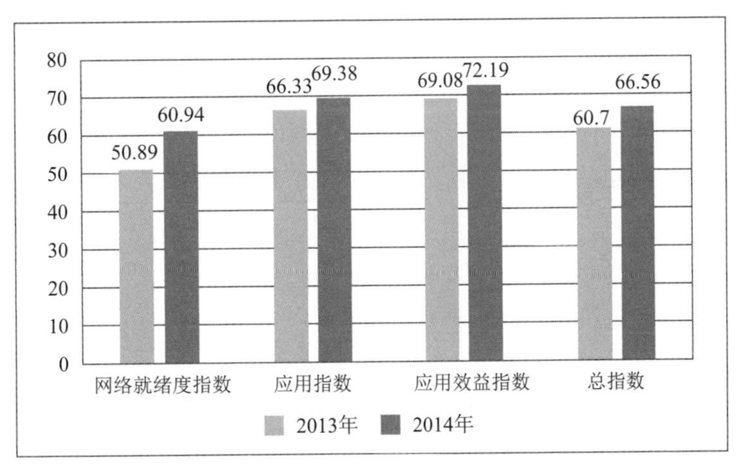

附图1-1　2013～2014年全国信息发展指数情况比较

2014年信息化发展指数增长最快前十名的省份为贵州、重庆、湖南、浙江、北京、安徽、辽宁、宁夏、四川、江西（附图1-2）。

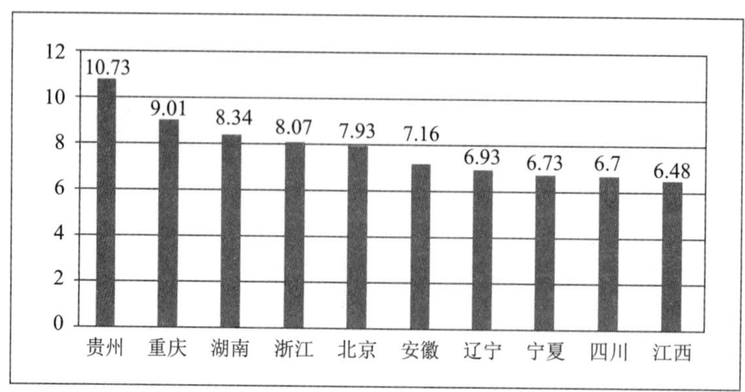

附图1-2　2014 年信息化发展指数增长最快前十名

2014 年网络就绪度指数增长最快前十名的省份为辽宁、北京、青海、西藏、湖南、宁夏、四川、河北、广西、安徽（附图1-3）。

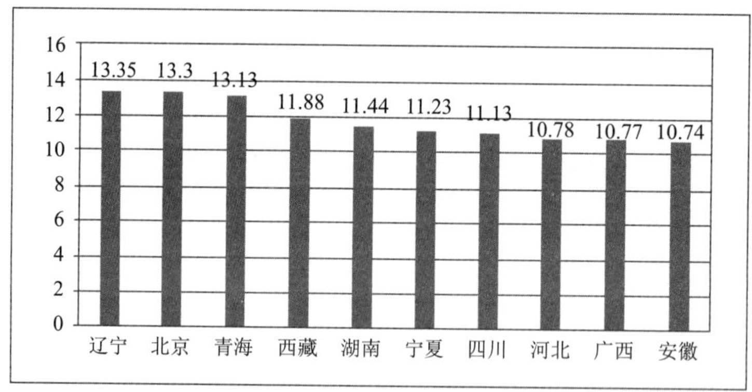

附图1-3　2014 年网络就绪度指数增长最快前十名

2014 年信息通信技术应用指数指数增长最快前十名的省份为贵州、重庆、湖南、浙江、安徽、湖北、江西、内蒙古、北京、四川（附图1-4）。

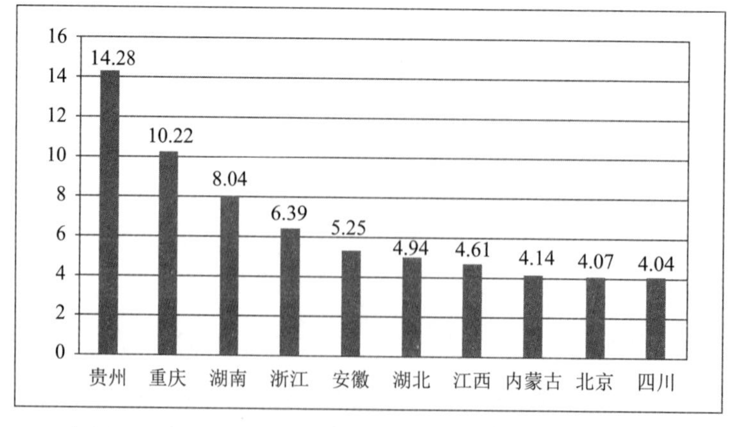

附图1-4　2014 年信息通信技术应用指数指数增长最快前十名

2014 年应用效益指数指数增长最快前十名的省份为浙江、贵州、陕西、天津、北京、广西、宁夏、福建、甘肃、安徽（附图1-5）。

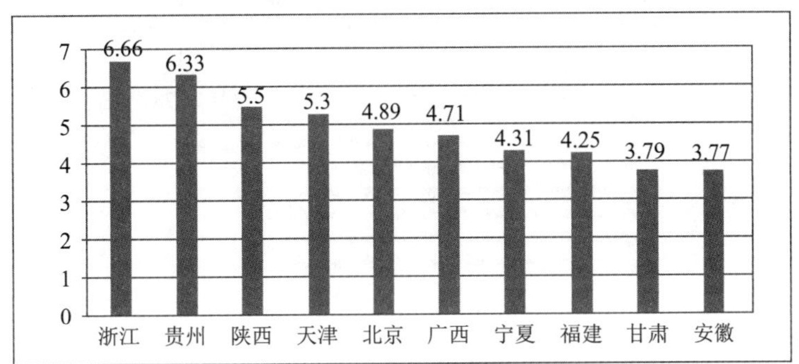

附图1-5　2014 年应用效益指数指数增长最快前十名

2013～2014年信息化发展指数东中西部地区差距见附表1-2。

附表1-2　2013～2014 年信息化发展指数东中西差距

年　份	东部地区	中部地区	西部地区
2013 年	71.63	57.59	52.76
2014 年	77.25	63.19	59.02
增　长	5.62	5.6	6.26

2014 年全国信息化发展水平评估各省（市）信息化发展指数和分指数如附图1-6和附表1-3所示 。

2014 年，我国信息网络加速完善，信息通信技术继续深化应用，信息化应用效益提升明显，全国信息化发展呈现以下几个特点：

一是信息化发展指数保持快速增长态势。2014年全国信息化发展指数比2013年增长了9.65%，高于同期GDP增速。其中，增长幅度超过8的有4个省份，分别为贵州、重庆、湖南、浙江；增长幅度在5以上的有20个省（市），增长幅度超过全国平均增长水平的有14个省份。

二是信息网络建设受政策驱动影响明显。在网络就绪度、信息通信技术应用、应用效益3个分指数中，网络就绪度指数增长7最快，2014年比2013年增长了10.05，增长率达到19.75%，31个省份的网络就绪指数增长幅度均超过7个点。这主要得益于国家政策强力支持宽带网络建设。2013年，国家发布了《关于促进信息消费扩大内需的若干意见》、《“宽带中国”战略及实施方案》。工信部制定了《信息化和工业化深度融合专项行动计划（2013～2018 年）》，组织实施了“宽带中国2013专项行动”，住建部组织开展193个

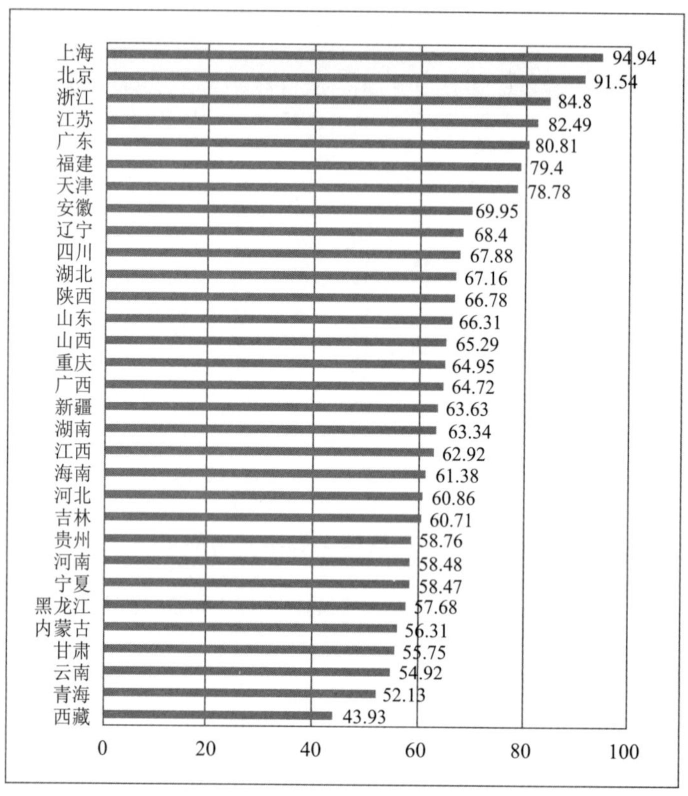

附图1-6　2014年全国信息化发展水平评估各省市信息化发展指数

附表1-3　2014 年全国信息化发展水平评估各省（市）信息化发展指数

序号	省份	网络就绪度指数	信息通信技术应用指数	应用效益指数	信息化发展指数
1	上海	88.45	96.77	104.25	94.94
2	北京	86.65	88.85	106.68	91.54
3	浙江	77.21	83.6	102.35	84.8
4	江苏	76.43	78.53	102.55	82.49
5	广东	71.22	84.87	91.89	80.81
6	福建	72.87	84.37	82.56	79.4
7	天津	71.03	66.49	118.85	78.78
8	安徽	55.46	82.27	74.27	69.95
9	辽宁	65.07	64.4	83.04	68.4
10	四川	59.18	74.74	71.56	67.88

（续表）

序号	省份	网络就绪度指数	信息通信技术应用指数	应用效益指数	信息化发展指数
11	湖北	60.52	70.88	72.99	67.16
12	陕西	56.94	69.59	80.87	66.78
13	山东	59.19	63.55	86.07	66.31
14	山西	61.81	69.25	64.34	65.29
15	重庆	57.53	64.55	80.57	64.95
16	广西	59.29	75.18	54.64	64.72
17	新疆	58.93	73.46	53.39	63.63
18	湖南	54.77	70.16	66.83	63.34
19	江西	53.41	73.48	60.83	62.92
20	海南	59.43	68.43	51.2	61.38
21	河北	63.25	57	63.81	60.86
22	吉林	59.03	56.36	72.76	60.71
23	贵州	47.51	73.69	51.41	58.76
24	河南	53.04	60.46	65.42	58.48
25	宁夏	58.59	62.27	50.65	58.47
26	黑龙江	52.36	56.71	70.27	57.68
27	内蒙古	54.24	51.93	69.2	56.31
28	甘肃	47.58	67.53	48.52	55.75
29	云南	50.55	63.1	47.31	54.92
30	青海	56.02	50.16	48.28	52.13
31	西藏	41.47	48.08	40.53	43.93
	全国值	60.94	69.38	72.19	66.56

智慧城市试点。这些政策有力地促进了各地信息网络基础设施的演进升级。

三是东部和中部地区信息化发展水平差距基本保持不变，东中地区与西部地区的差距小幅缩小。2014年，东部和中部地区的信息化发展指数增长幅度均为5.6，西部地区增长幅度达6.26，明显高于东部和中部地区。这主要得益于国家大力支持西部地区开发建设，加大了对西部地区的财政转移支付力度，促使西部地区网络基础设施建设和信息通信技术应用大幅提升。

另外，依据新的指标体系，对2013年信息化发展水平进行了重新测算。2013年全国信息化发展指数和分指数如附图1-7和附表1-4所示。

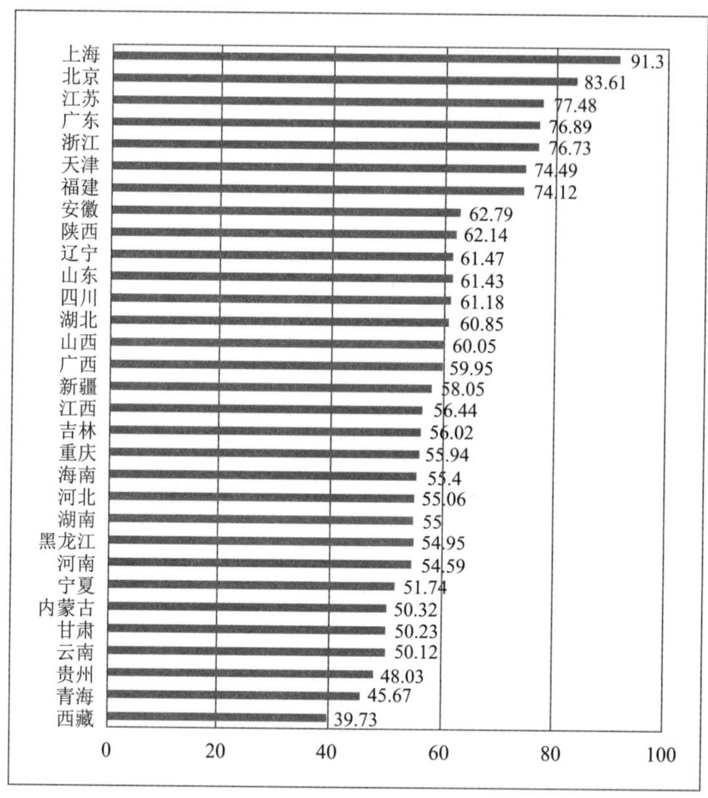

附图1-7　2013 年全国信息化发展水平评估各省市信息化发展指数

附表1-4　2013 年全国信息化发展水平评估各省（市）信息化发展指数

序号	省份	网络就绪度指数	信息通信技术应用指数	应用效益指数	信息化发展指数
1	上海	81.28	94.88	104.16	91.3
2	北京	73.53	84.78	101.79	83.61
3	江苏	66.7	75.7	102.59	77.48
4	广东	61.78	86.05	88.78	76.89
5	浙江	66.76	77.21	95.69	76.73
6	天津	64.03	65.42	113.55	74.49
7	福建	64.72	81.42	78.31	74.12

（续表）

序号	省份	网络就绪度指数	信息通信技术应用指数	应用效益指数	信息化发展指数
8	安徽	44.72	77.02	70.5	62.79
9	陕西	49.21	68.44	75.37	62.14
10	辽宁	51.72	61.8	80.31	61.47
11	山东	48.72	63.31	83.11	61.43
12	四川	48.05	70.7	68.4	61.18
13	湖北	51.26	65.94	69.87	60.85
14	山西	51.14	67.25	63.47	60.05
15	广西	48.52	76.4	49.93	59.95
16	新疆	48.27	71.24	51.23	58.05
17	江西	43.65	68.87	57.16	56.44
18	吉林	50.25	54.96	69.69	56.02
19	重庆	46.91	54.33	77.24	55.94
20	海南	49.23	65.05	48.45	55.4
21	河北	52.47	54.59	61.19	55.06
22	湖南	43.33	62.12	64.11	55
23	黑龙江	44.49	57.54	70.71	54.95
24	河南	43	62.24	62.49	54.59
25	宁夏	47.36	58.83	46.34	51.74
26	内蒙古	44.28	47.79	67.45	50.32
27	甘肃	39.24	63.97	44.73	50.23
28	云南	42.53	60.53	44.49	50.12
29	贵州	38.11	59.41	45.08	48.03
30	青海	42.89	48.13	46.3	45.67
31	西藏	29.59	50.27	38.92	39.73
	全国值	50.89	66.33	69.08	60.7

二、网络就绪度分析

2014年全国网络就绪度指数为60.94，各省（市）网络就绪度指数如附图1-8和附表1-5所示。

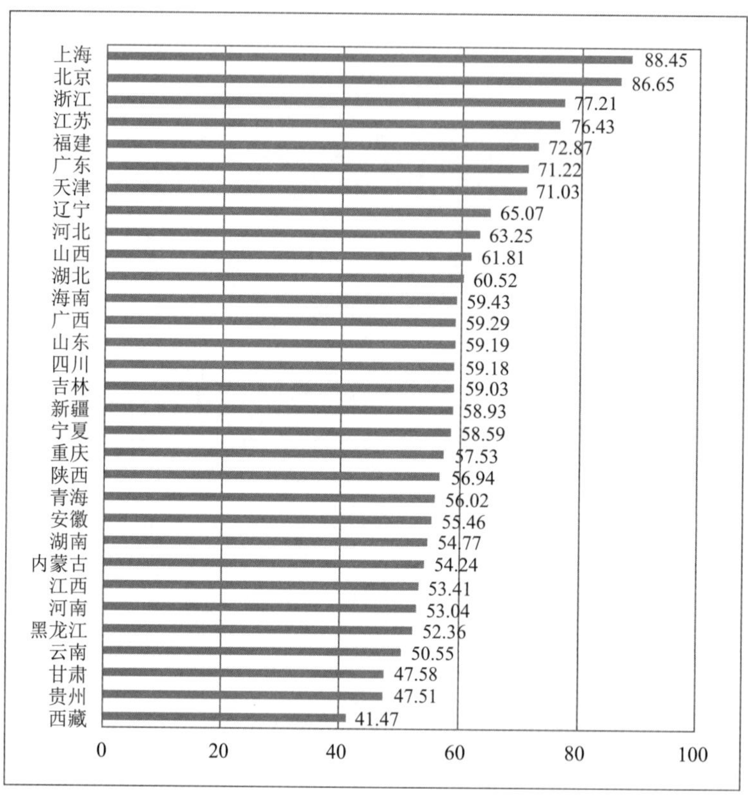

附图1-8　2014 年各省（市）网络就绪度指数

附表1-5　2014年各省（市）网络就绪度指数

序号	省份	智能终端普及指数	有线电视发展指数	光纤发展指数	宽带普及指数	宽带速率指数	网络就绪度指数
1	上海	102.13	68.73	108.34	75.13	79.56	88.45
2	北京	100.65	70.39	92.44	85.63	76.58	86.65
3	浙江	88.67	70.8	72.13	77.81	72.2	77.21
4	江苏	81.03	79.16	71.57	76.81	73.1	76.43
5	福建	84.03	56.44	66.64	76.28	74.04	72.87
6	广东	90.68	63.24	46.9	77.06	71.35	71.22

（续表）

序号	省份	智能终端普及指数	有线电视发展指数	光纤发展指数	宽带普及指数	宽带速率指数	网络就绪度指数
7	天津	81.88	59.85	70.79	67.28	69.84	71.03
8	辽宁	74.52	66.93	44.06	69.61	68.31	65.07
9	河北	66.16	45.83	57.82	70.76	70.6	63.25
10	山西	67.38	49.42	52.66	68.23	66.86	61.81
11	湖北	65.6	59.44	36.82	70.01	69.2	60.52
12	海南	63.26	51.61	41.02	72.79	65.57	59.43
13	广西	62.2	51.19	43.47	67.22	69.61	59.29
14	山东	71.59	48.48	31.71	67.92	70.48	59.19
15	四川	59.07	55.26	48.43	59.78	72.42	59.18
16	吉林	66.79	60.27	38.84	61.58	70.02	59.03
17	新疆	62.08	37.98	53.21	69.77	65.57	58.93
18	宁夏	64.54	51.55	40.45	66.35	66.8	58.59
19	重庆	66.03	54.24	26.6	69.93	67.89	57.53
20	陕西	68.54	53.85	19.2	71.67	67.77	56.94
21	青海	59.29	44.69	43.63	64.15	64.7	56.02
22	安徽	59.01	44.69	37.04	62.39	70.5	55.46
23	湖南	58.19	48.94	28.33	65.88	70.19	54.77
24	内蒙古	67.38	43.49	27	58.92	68.43	54.24
25	江西	58.02	52.95	22.23	63.49	69.08	53.41
26	河南	61.14	39.77	26	64.62	68.31	53.04
27	黑龙江	61.86	52.14	15.63	60.19	69.55	52.36
28	云南	54.49	45.03	22.34	60.52	68.01	50.55
29	甘肃	55.42	35.96	15.4	57.58	68.66	47.58
30	贵州	55.13	43.22	14.64	56.45	65.14	47.51
31	西藏	46.23	0	22.97	60.97	65.63	41.47
	全国值	68.48	51.79	43.04	67.64	69.55	60.94

从评估结果来看，网络就绪度指数从2013年50.89增长到了2014年60.94，增长了10.05。2014年全国所有省份网络就绪度指数增长幅度都在7以上，其中有17个省网络就绪度指数增长幅度都在10以上，增长幅度超过全国平均增长水平的有16个省。

上海、北京、浙江、江苏、福建、广东、天津等7省（市）网络就绪度指数均超过了70，这些省（市）2014年大幅度推进宽带普及11提速工程，光纤入户率、移动宽带普及率和网速都有大幅提升。甘肃、贵州、西藏等3省网络就绪度指数均低于50，这些地区主要是原有网络信息基础设施水平比较差，虽然也在推进宽带普及提速，但受限于经济实力，用户规模没有跟上去。

2013 年全国网络就绪度指数为50.89，各省（市）网络就绪度指数如附图1-9和附表1-6所示。

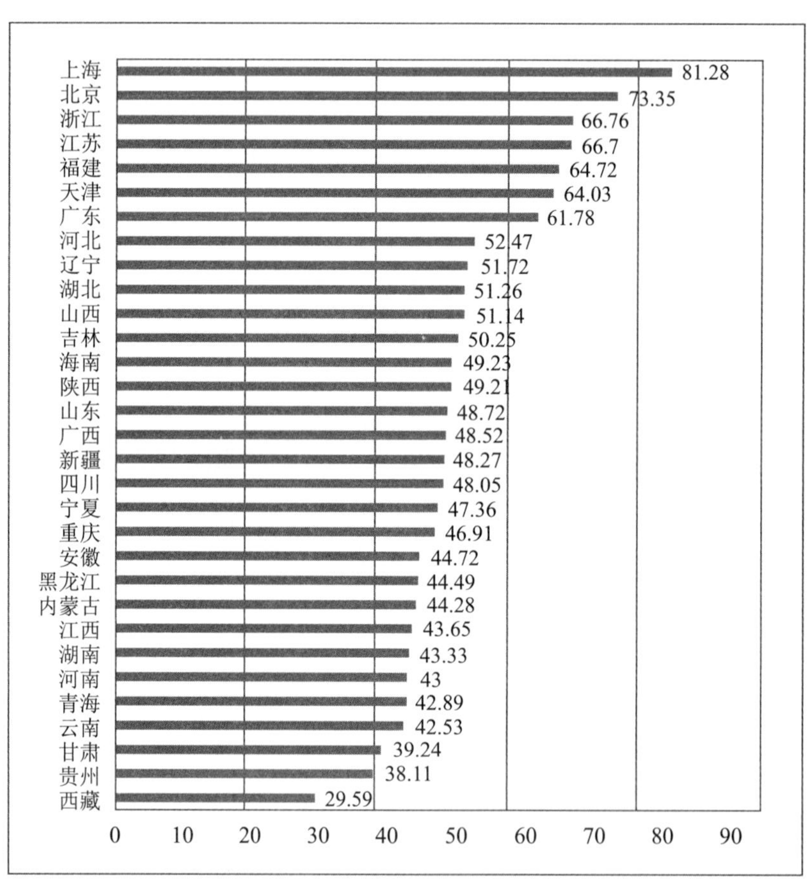

附图 1-9 2013 年各省（市）网络就绪度指数

附表1-6 2013年各省（市）网络就绪度指数

序号	省份	智能终端普及指数	有线电视发展指数	光纤发展指数	宽带普及指数	宽带速率指数	网络就绪度指数
1	上海	99.03	67.38	95.11	69.26	67.71	81.28
2	北京	97.33	67.25	66.15	73.97	54.54	73.35
3	浙江	84.33	70.02	54.17	66.82	54.9	66.76
4	江苏	77.8	77.07	51.04	67.42	59.97	66.7
5	福建	80.85	56.69	53.07	66.48	60.5	64.72
6	天津	81.3	61.07	58.75	60.18	53.82	64.03
7	广东	85.16	63.39	26.85	69.37	58.68	61.78
8	河北	62.82	42.33	34.53	59.15	58.41	52.47
9	辽宁	70.68	62.14	12.79	61.18	49.69	51.72
10	湖北	64.2	61.77	18.09	56.2	55.41	51.26
11	山西	63	48.93	30.58	59.35	50.31	51.14
12	吉林	63.53	59.87	19.31	54.4	53.23	50.25
13	海南	59.43	47.77	21.75	62.52	51.75	49.23
14	陕西	65.49	50.85	9.51	59.82	56.75	49.21
15	山东	67.6	47.54	8.62	58.44	56.4	48.72
16	广西	58.12	51.76	24.99	55.15	50.99	48.52
17	新疆	58.99	37.06	32.35	55.55	51.9	48.27
18	四川	54.33	57.05	21.65	51.4	56.47	48.05
19	宁夏	61.42	51.04	16.84	51.01	53.89	47.36
20	重庆	61.34	53.85	11.39	56.66	49.46	46.91
21	安徽	55.35	35.17	22.71	52.51	52.79	44.72
22	黑龙江	57.06	48.49	3.45	50.82	60.5	44.49
23	内蒙古	64.16	44.63	2.9	50.55	54.26	44.28
24	江西	54.3	49.41	8.5	50.87	53.96	43.65
25	湖南	54.98	43.2	10.08	51.77	53.67	43.33
26	河南	55.09	38.74	8.05	54.01	55.05	43

（续表）

序号	省份	智能终端普及指数	有线电视发展指数	光纤发展指数	宽带普及指数	宽带速率指数	网络就绪度指数
27	青海	57.11	43	17.98	48.83	43.99	42.89
28	云南	49.1	47.42	10.14	49.65	55.9	42.53
29	甘肃	50.96	34.08	7.72	43.27	55.97	39.24
30	贵州	49.03	44.17	6.08	43.36	46.7	38.11
31	西藏	42.29	0	4.61	44.94	45.56	29.59
	全国值	64.72	50.42	24.83	56.61	54.29	50.89

（一）智能终端普及指数

2014年全国智能终端普及指数为68.48，各省（市）智能终端普及指数情况如附图1-10和附表1-7所示。

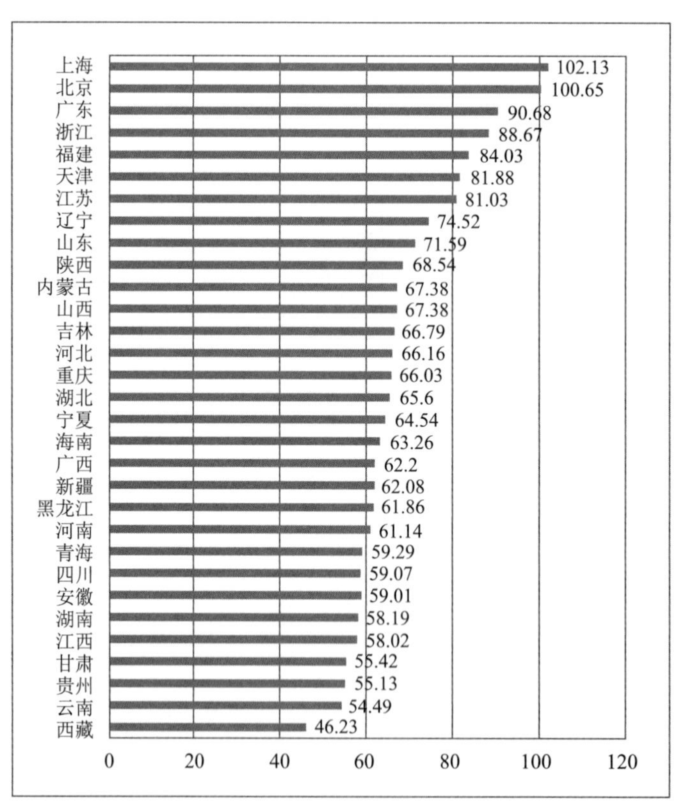

附图1-10　2014 年各省（市）智能终端普及指数

附表1-7 2014年各省（市）智能终端普及指数表

序号	省份	数值	序号	省份	数值	序号	省份	数值
1	上海	102.13	11	山西	67.38	21	黑龙江	61.86
2	北京	100.65	12	内蒙古	67.38	22	河南	61.14
3	广东	90.68	13	吉林	66.79	23	青海	59.29
4	浙江	88.67	14	河北	66.16	24	四川	59.07
5	福建	84.03	15	重庆	66.03	25	安徽	59.01
6	天津	81.88	16	湖北	65.6	26	湖南	58.19
7	江苏	81.03	17	宁夏	64.54	27	江西	58.02
8	辽宁	74.52	18	海南	63.26	28	甘肃	55.42
9	山东	71.59	19	广西	62.2	29	贵州	55.13
10	陕西	68.54	20	新疆	62.08	30	云南	54.49
—	—	—	—	—	—	31	西藏	46.23

2013年全国智能终端普及指数为64.72，各省（市）智能终端普及指数情况如附图1-11和附表1-8所示。

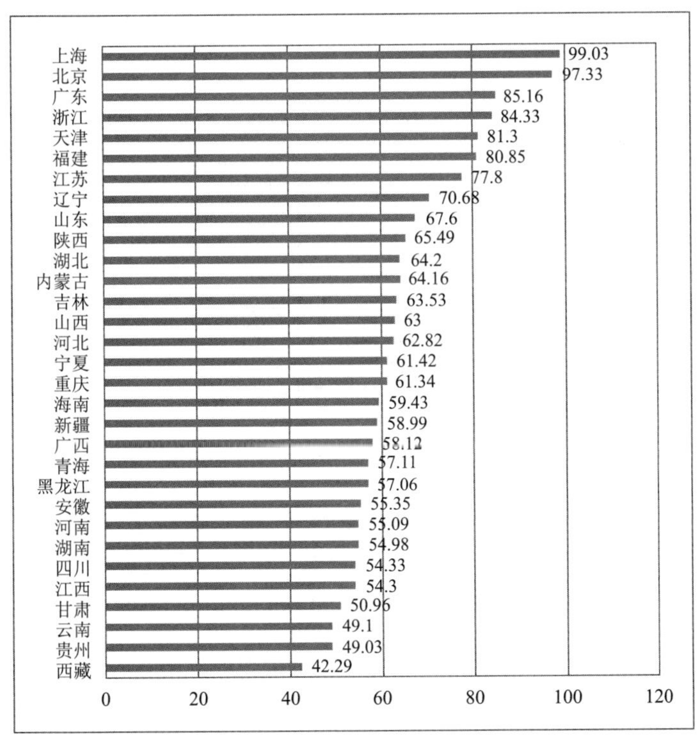

附图1-11 2013 年各省（市）智能终端普及指数

附表1-8　2013年各省（市）智能终端普及指数表

序号	省份	数值	序号	省份	数值	序号	省份	数值
1	上海	99.03	11	湖北	64.2	21	青海	57.11
2	北京	97.33	12	内蒙古	64.16	22	黑龙江	57.06
3	广东	85.16	13	吉林	63.53	23	安徽	55.35
4	浙江	84.33	14	山西	63	24	河南	55.09
5	天津	81.3	15	河北	62.82	25	湖南	54.98
6	福建	80.85	16	宁夏	61.42	26	四川	54.33
7	江苏	77.8	17	重庆	61.34	27	江西	54.3
8	辽宁	70.68	18	海南	59.43	28	甘肃	50.96
9	山东	67.6	19	新疆	58.99	29	云南	49.1
10	陕西	65.49	20	广西	58.12	30	贵州	49.03
—	—	—	—	—	—	31	西藏	42.29

（二）有线电视发展指数

2014 年全国有线电视发展指数为51.79，各省（市）有线电视发展指数情况如附图1-12和附表1-9所示。

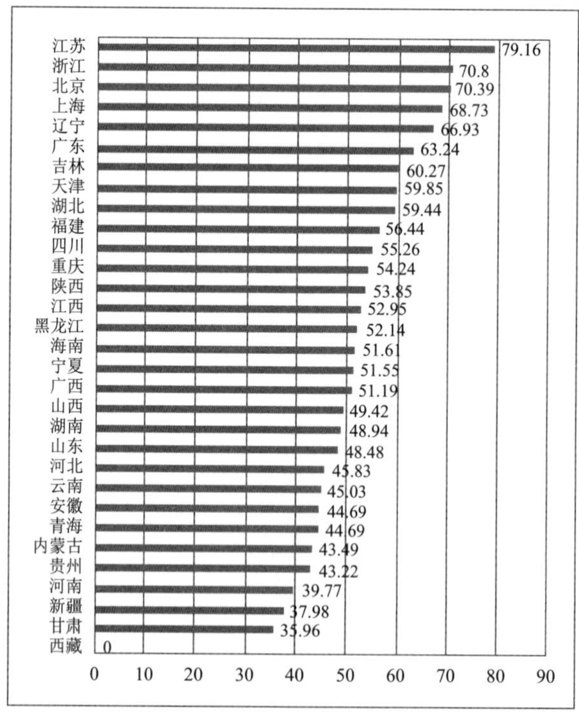

附图1-12　2014 年各省（市）有线电视发展指数

附表1-9　2014年各省（市）有线电视发展指数表

序号	省份	数值	序号	省份	数值	序号	省份	数值
1	江苏	79.16	11	四川	55.26	21	山东	48.48
2	浙江	70.8	12	重庆	54.24	22	河北	45.83
3	北京	70.39	13	陕西	53.85	23	云南	45.03
4	上海	68.73	14	江西	52.95	24	青海	44.69
5	辽宁	66.93	15	黑龙江	52.14	25	安徽	44.69
6	广东	63.24	16	海南	51.61	26	内蒙古	43.49
7	吉林	60.27	17	宁夏	51.55	27	贵州	43.22
8	天津	59.85	18	广西	51.19	28	河南	39.77
9	湖北	59.44	19	山西	49.42	29	新疆	37.98
10	福建	56.44	20	湖南	48.94	30	甘肃	35.96
—	—	—	—	—	—	31	西藏	0

2013 年全国有线电视发展指数为50.42，各省（市）有线电视发展指数情况如附图1-13和附表1-10所示。

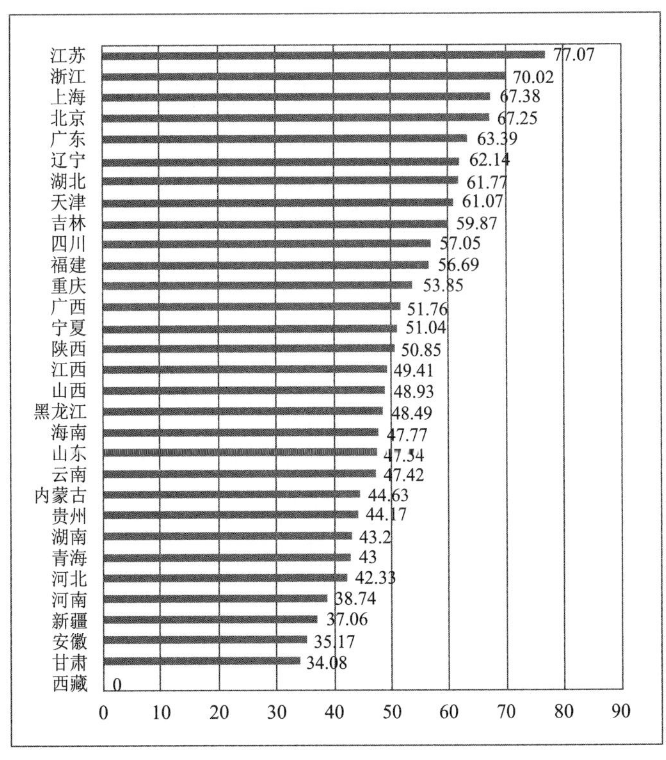

附图1-13　2013 年各省（市）有线电视发展指数

附表1-10　2013年各省（市）有线电视发展指数

序号	省份	数值	序号	省份	数值	序号	省份	数值
1	江苏	77.07	11	福建	56.69	21	云南	47.42
2	浙江	70.02	12	重庆	53.85	22	内蒙古	44.63
3	上海	67.38	13	广西	51.76	23	贵州	44.17
4	北京	67.25	14	宁夏	51.04	24	湖南	43.2
5	广东	63.39	15	陕西	50.85	25	青海	43
6	辽宁	62.14	16	江西	49.41	26	河北	42.33
7	湖北	61.77	17	山西	48.93	27	河南	38.74
8	天津	61.07	18	黑龙江	48.49	28	新疆	37.06
9	吉林	59.87	19	海南	47.77	29	安徽	35.17
10	四川	57.05	20	山东	47.54	30	甘肃	34.08
—	—	—	—	—	—	31	西藏	0

（三）光纤发展指数

2014年全国光纤发展指数为43.04，各省（市）光纤发展指数情况如附图1-14和附表1-11所示。

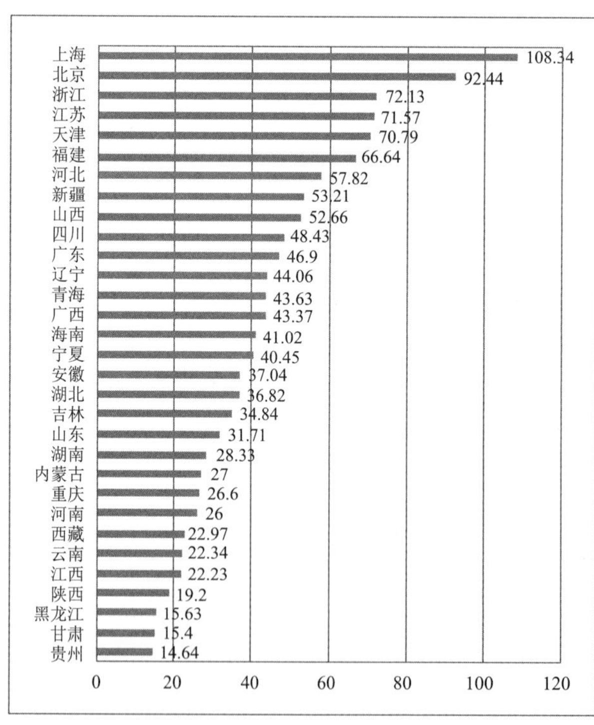

附图1-14　2014 年各省（市）光纤发展指数

附表1-11　2014年各省（市）光纤发展指数

序号	省份	数值	序号	省份	数值	序号	省份	数值
1	上海	108.34	11	广东	46.9	21	湖南	28.33
2	北京	92.44	12	辽宁	44.06	22	内蒙古	27
3	浙江	72.13	13	青海	43.63	23	重庆	26.6
4	江苏	71.57	14	广西	43.47	24	河南	26
5	天津	70.79	15	海南	41.02	25	西藏	22.97
6	福建	66.64	16	宁夏	40.45	26	云南	22.34
7	河北	57.82	17	安徽	37.04	27	江西	22.23
8	新疆	53.21	18	湖北	36.82	28	陕西	19.2
9	山西	52.66	19	吉林	34.84	29	黑龙江	15.63
10	四川	48.43	20	山东	31.71	30	甘肃	15.4
—	—	—	—	—	—	31	贵州	14.64

2013年全国光纤发展指数为24.83，各省（市）光纤发展指数情况如附图1-15和附表1-12所示。

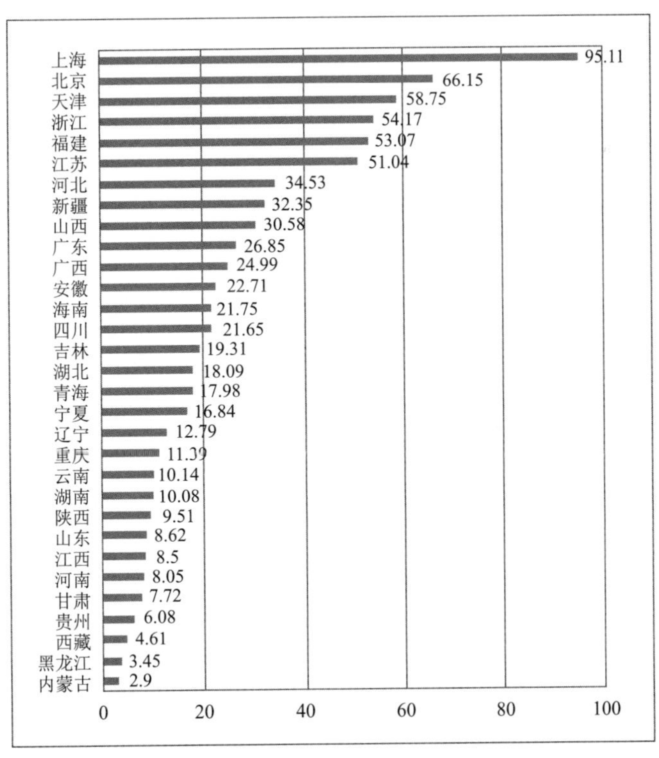

附图1-15　2013 年各省（市）光纤发展指数

附表1-12 2013年各省（市）光纤发展指数

序号	省份	数值	序号	省份	数值	序号	省份	数值
1	上海	95.11	11	广西	24.99	21	云南	10.14
2	北京	66.15	12	安徽	22.71	22	湖南	10.08
3	天津	58.75	13	海南	21.75	23	陕西	9.51
4	浙江	54.17	14	四川	21.65	24	山东	8.62
5	福建	53.07	15	吉林	19.31	25	江西	8.5
6	江苏	51.04	16	湖北	18.09	26	河南	8.05
7	河北	34.53	17	青海	17.98	27	甘肃	7.72
8	新疆	32.35	18	宁夏	16.84	28	贵州	6.08
9	山西	30.58	19	辽宁	12.79	29	西藏	4.61
10	广东	26.85	20	重庆	11.39	30	黑龙江	3.45
—	—	—	—	—	—	31	内蒙古	2.9

（四）宽带普及指数

2014年全国宽带普及指数为67.64，各省（市）宽带普及指数情况如附图1-16和附表1-13所示。

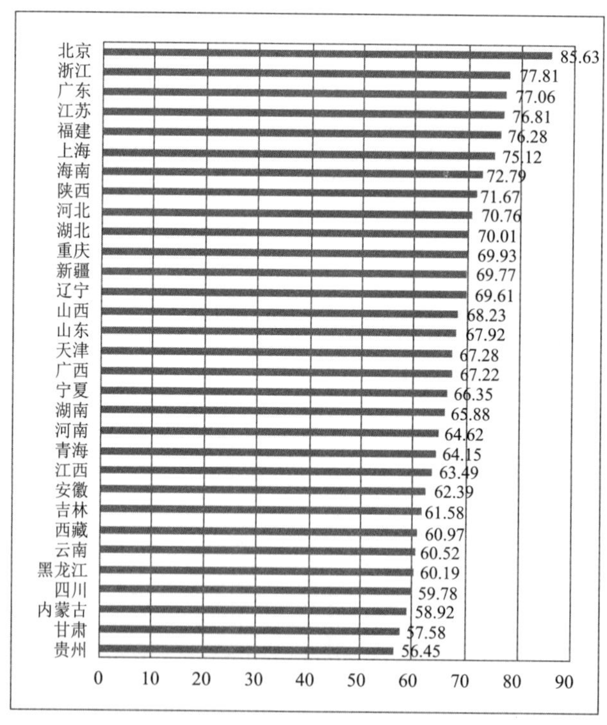

附图1-16 2014 年各省（市）宽带普及指数

附表1-13　2014年各省（市）宽带普及指数

序号	省份	数值	序号	省份	数值	序号	省份	数值
1	北京	85.63	11	重庆	69.93	21	青海	64.15
2	浙江	77.81	12	新疆	69.77	22	江西	63.49
3	广东	77.06	13	辽宁	69.61	23	安徽	62.39
4	江苏	76.81	14	山西	68.23	24	吉林	61.58
5	福建	76.28	15	山东	67.92	25	西藏	60.97
6	上海	75.13	16	天津	67.28	26	云南	60.52
7	海南	72.79	17	广西	67.22	27	黑龙江	60.19
8	陕西	71.67	18	宁夏	66.35	28	四川	59.78
9	河北	70.76	19	湖南	65.88	29	内蒙古	58.92
10	湖北	70.01	20	河南	64.62	30	甘肃	57.58
—	—	—	—	—	—	31	贵州	56.45

2013年全国宽带普及指数为56.61，各省（市）宽带普及指数情况如附图1-17和附表1-14所示。

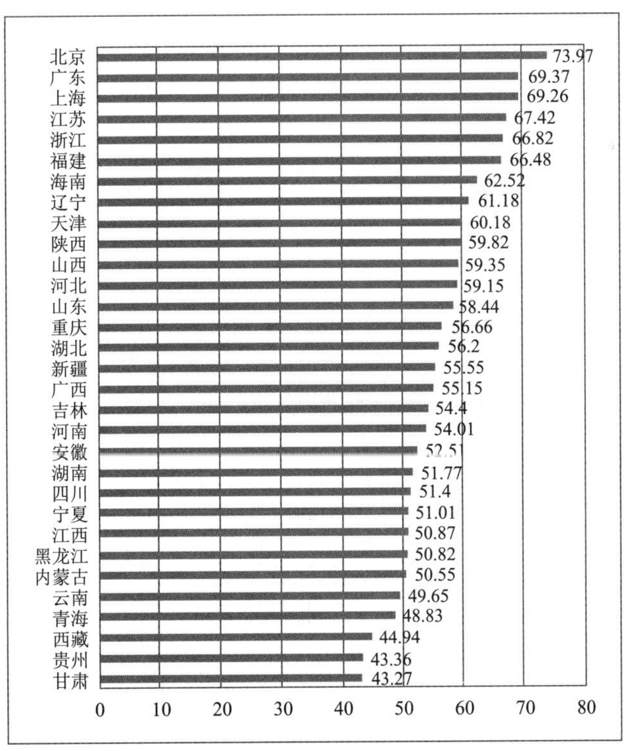

附图1-17　2013年各省（市）宽带普及指数

附表1-14　2013年各省（市）宽带普及指数

序号	省份	数值	序号	省份	数值	序号	省份	数值
1	北京	73.97	11	山西	59.35	21	湖南	51.77
2	广东	69.37	12	河北	59.15	22	四川	51.4
3	上海	69.26	13	山东	58.44	23	宁夏	51.01
4	江苏	67.42	14	重庆	56.66	24	江西	50.87
5	浙江	66.82	15	湖北	56.2	25	黑龙江	50.82
6	福建	66.48	16	新疆	55.55	26	内蒙古	50.55
7	海南	62.52	17	广西	55.15	27	云南	49.65
8	辽宁	61.18	18	吉林	54.4	28	青海	48.83
9	天津	60.18	19	河南	54.01	29	西藏	44.94
10	陕西	59.82	20	安徽	52.51	30	贵州	43.36
—	—	—	—	—	—	31	甘肃	43.27

（五）宽带速率指数

2014年全国宽带速率指数为69.55，各省（市）宽带速率指数情况如附图1-18和附表1-15所示。

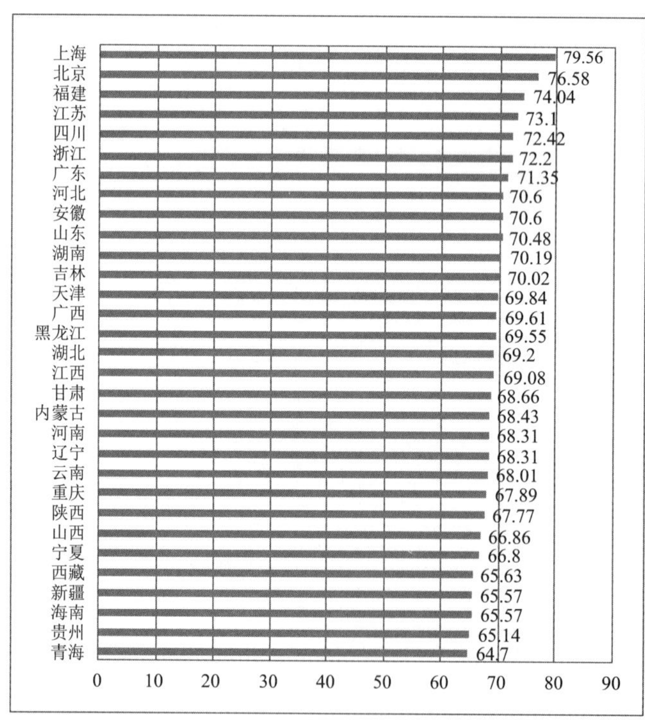

附图1-18　2014 年各省（市）宽带速率指数

附表1-15　2014年各省（市）宽带速率指数

序号	省份	数值	序号	省份	数值	序号	省份	数值
1	上海	79.56	11	湖南	70.19	21	河南	68.31
2	北京	76.58	12	吉林	70.02	22	云南	68.01
3	福建	74.04	13	天津	69.84	23	重庆	67.89
4	江苏	73.1	14	广西	69.61	24	陕西	67.77
5	四川	72.42	15	黑龙江	69.55	25	山西	66.86
6	浙江	72.2	16	湖北	69.2	26	宁夏	66.8
7	广东	71.35	17	江西	69.08	27	西藏	65.63
8	安徽	70.6	18	甘肃	68.66	28	海南	65.57
9	河北	70.6	19	内蒙古	68.43	29	新疆	65.57
10	山东	70.48	20	辽宁	68.31	30	贵州	65.14
—	—	—	—	—	—	31	青海	64.7

2013年全国宽带速率指数为54.29，各省（市）宽带速率指数情况如附图1-19和附表1-16所示。

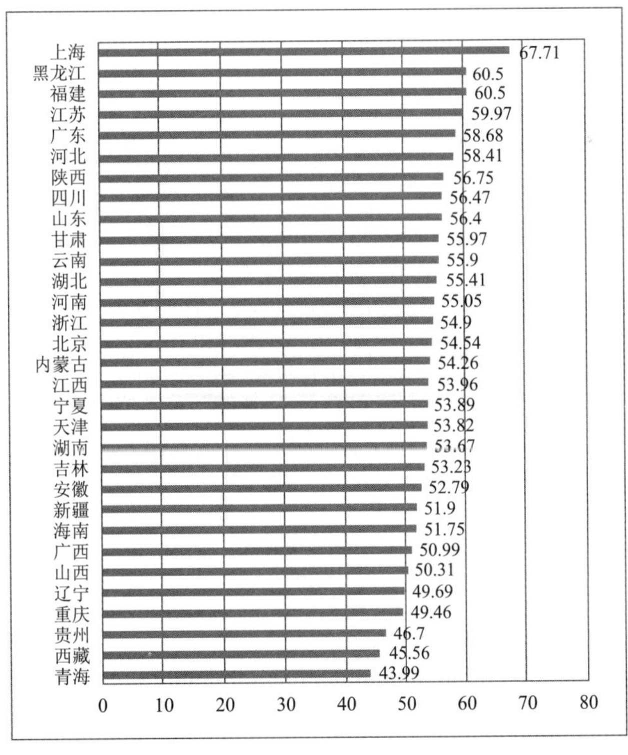

附图 1-19　2013 年各省（市）宽带速率指数

附表1-16　2013年各省（市）宽带速率指数

序号	省份	数值	序号	省份	数值	序号	省份	数值
1	上海	67.71	11	云南	55.9	21	吉林	53.23
2	福建	60.5	12	湖北	55.41	22	安徽	52.79
3	黑龙江	60.5	13	河南	55.05	23	新疆	51.9
4	江苏	59.97	14	浙江	54.9	24	海南	51.75
5	广东	58.68	15	北京	54.54	25	广西	50.99
6	河北	58.41	16	内蒙古	54.26	26	山西	50.31
7	陕西	56.75	17	江西	53.96	27	辽宁	49.69
8	四川	56.47	18	宁夏	53.89	28	重庆	49.46
9	山东	56.4	19	天津	53.82	29	贵州	46.7
10	甘肃	55.97	20	湖南	53.67	30	西藏	45.56
—	—	—	—	—	—	31	青海	43.99

三、信息通信技术应用分析

2014年全国信息通信技术应用指数为69.38，各省（市）信息通信技术应用指数如附图1-20和附表1-17所示。

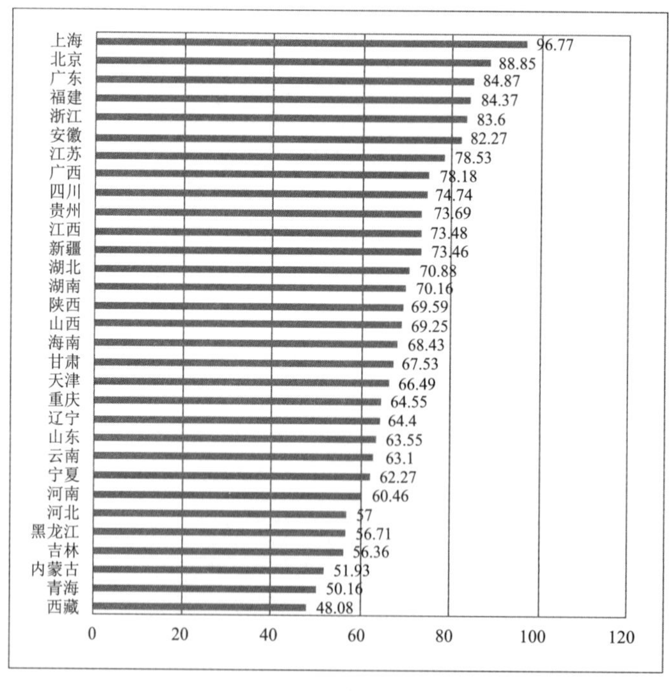

附图1-20　2014 年各省（市）信息通信技术应用指数

从评估结果来看，信息通信技术应用指数从 2013 年的66.33增长到了2014年的69.38，增长了3.05。其中，增长幅度在10以上的省份有两个省，分别为贵州和重庆；增长幅度在3以上的省份有13个省，均超过平均增长水平；增长幅度超过全国平均增长水平的有13个省。

上海、北京、广东、福建、浙江、安徽等6省（市）信息通信技术应用指数超过了80，主要原因在于此类地区2013年大力推进企业两化融合和大力发展电子商务，企业信息化应用水平和居民电子商务应用水平都有显著提升。河北、黑龙江、吉林、内蒙古、青海、西藏等6省（市）信息通信技术应用指数均低于60分，主要原因在于企业应用水平和政务应用水平远低于全国水平。

附表1-17　2014 年各省（市）信息通信技术应用指数

序号	省份	企业应用指数	政务应用指数	居民应用指数	信息通信技术应用指数
1	上海	87.07	79.88	110.07	96.77
2	北京	88.41	82.97	92.01	88.85
3	广东	86.99	75.5	88.49	84.87
4	福建	70.56	81.96	92.47	84.37
5	浙江	90.01	57.49	93.45	83.6
6	安徽	82.35	69.79	88.48	82.27
7	江苏	92.58	61.82	79.86	78.53
8	广西	82.81	57.22	80.35	75.18
9	四川	61.09	78.03	79.91	74.74
10	贵州	67.37	55.91	85.75	73.69
11	江西	76.04	53.58	82.15	73.48
12	新疆	78.2	51.62	82.01	73.46
13	湖北	67.09	76.4	70.01	70.88
14	湖南	63.52	83.56	66.78	70.16
15	陕西	40.64	70.53	83.58	69.59
16	山西	75.39	52.98	74.32	69.25
17	海南	67.53	78.62	63.78	68.43
18	甘肃	66.43	54.22	74.73	67.53
19	天津	70.18	47.37	74.2	66.49
20	重庆	61.4	48.81	74	64.55

（续表）

序号	省份	企业应用指数	政务应用指数	居民应用指数	信息通信技术应用指数
21	辽宁	34.83	61.68	80.54	64.4
22	山东	67.47	56.39	65.17	63.55
23	云南	40.44	57.8	77.09	63.1
24	宁夏	56.46	33.41	79.6	62.27
25	河南	84.63	35.41	60.89	60.46
26	河北	53.9	37.49	68.31	57
27	黑龙江	54.38	40.97	65.75	56.71
28	吉林	47.49	38.96	69.49	56.36
29	内蒙古	27.77	52.61	63.68	51.93
30	青海	43.6	51.62	52.7	50.16
31	西藏	30.93	28.25	66.56	48.08
	全国值	65.08	58.48	76.97	69.38

2013年全国信息通信技术应用指数为66.33，各省（市）信息通信技术应用指数如附图1-21和附表1-18。

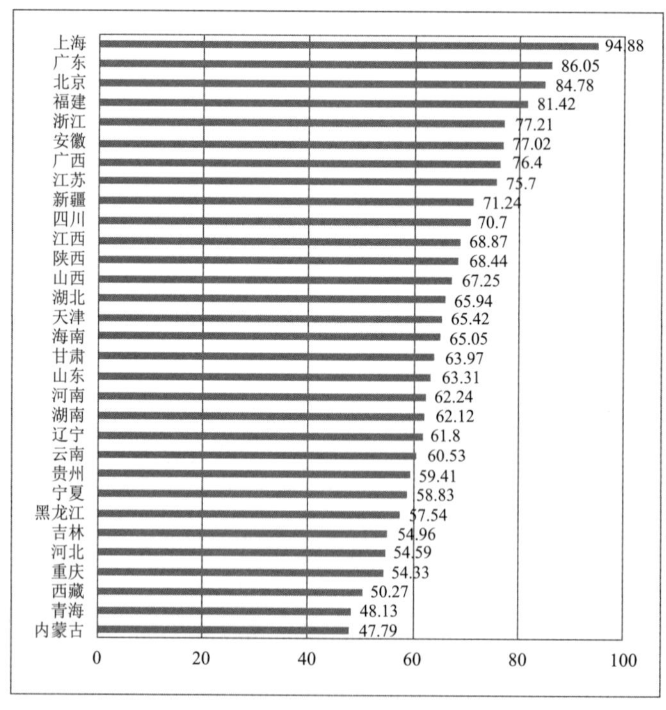

附图1-21　2013年各省（市）信息通信技术应用指数

附表1-18　2013年各省（市）信息通信技术应用指数

序号	省份	企业应用指数	政务应用指数	居民应用指数	信息通信技术应用指数
1	上海	85.23	83.85	105.22	94.88
2	广东	99.4	81.17	81.82	86.05
3	北京	82.04	85.06	86	84.78
4	福建	70.3	78.66	88.36	81.42
5	浙江	61.57	70.62	88.32	77.21
6	安徽	72.5	77.11	79.23	77.02
7	广西	93.91	67.44	72.12	76.4
8	江苏	88.65	72.24	70.95	75.7
9	新疆	78.15	56.39	75.22	71.24
10	四川	49.15	80.38	76.63	70.7
11	江西	62.51	65.78	73.6	68.87
12	陕西	35.84	80.97	78.47	68.44
13	山西	76.53	64.34	64.06	67.25
14	湖北	63.49	76.52	61.88	65.94
15	天津	57.24	75.11	64.67	65.42
16	海南	66.21	83.62	55.18	65.05
17	甘肃	64.05	61.33	65.25	63.97
18	山东	63.74	71.78	58.86	63.31
19	河南	80.54	60.69	53.87	62.24
20	湖南	41.96	82.53	61.99	62.12
21	辽宁	27.38	69.66	75.07	61.8
22	云南	32.96	73.58	67.79	60.53
23	贵州	35.5	58.58	71.78	59.41
24	宁夏	49.28	42.37	71.84	58.83
25	黑龙江	47.62	70.9	55.81	57.54
26	吉林	31.15	64.84	61.92	54.96

（续表）

序号	省份	企业应用指数	政务应用指数	居民应用指数	信息通信技术应用指数
27	河北	45.83	58.5	57.01	54.59
28	重庆	38.3	60.69	59.16	54.33
29	西藏	34.73	49.48	58.44	50.27
30	青海	33.1	64.45	47.47	48.13
31	内蒙古	26.31	57.81	53.53	47.79
	全国值	57.91	69.24	69.08	66.33

（一）企业应用指数

2014年全国企业应用指数为65.08，各省（市）企业应用指数情况如附图1-22和附表1-19所示。

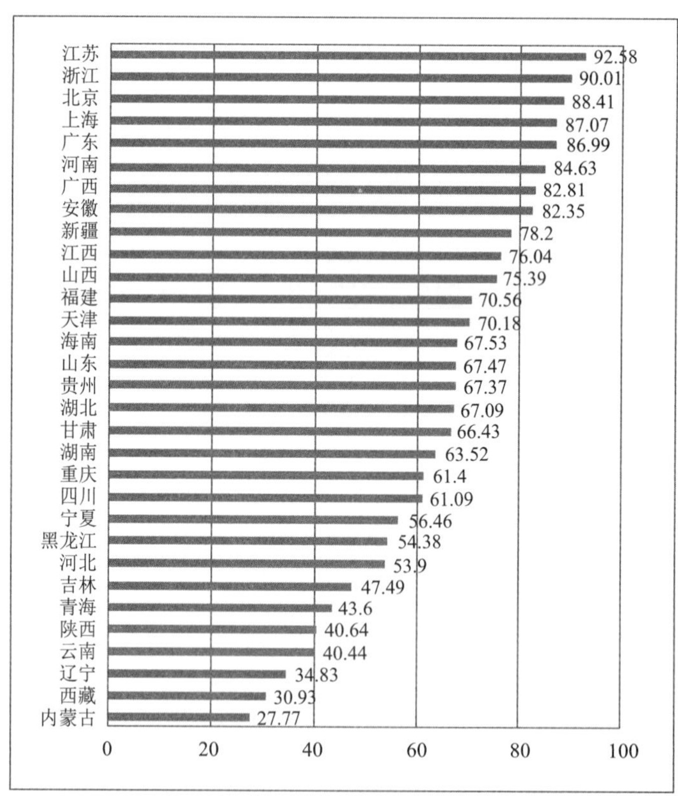

附图1-22　2014年各省（市）企业应用指数

附表1-19　2014年各省（市）企业应用指数

序号	省份	数值	序号	省份	数值	序号	省份	数值
1	江苏	92.58	11	山西	75.39	21	四川	61.09
2	浙江	90.01	12	福建	70.56	22	宁夏	56.46
3	北京	88.41	13	天津	70.18	23	黑龙江	54.38
4	上海	87.07	14	海南	67.53	24	河北	53.9
5	广东	86.99	15	山东	67.47	25	吉林	47.49
6	河南	84.63	16	贵州	67.37	26	青海	43.6
7	广西	82.81	17	湖北	67.09	27	陕西	40.64
8	安徽	82.35	18	甘肃	66.43	28	云南	40.44
9	新疆	78.2	19	湖南	63.52	29	辽宁	34.83
10	江西	76.04	20	重庆	61.4	30	西藏	30.93
—	—	—	—	—	—	31	内蒙古	27.77

2013年全国企业应用指数为7.91，各省（市）企业应用指数情况如附图1-23和附表1-20所示。

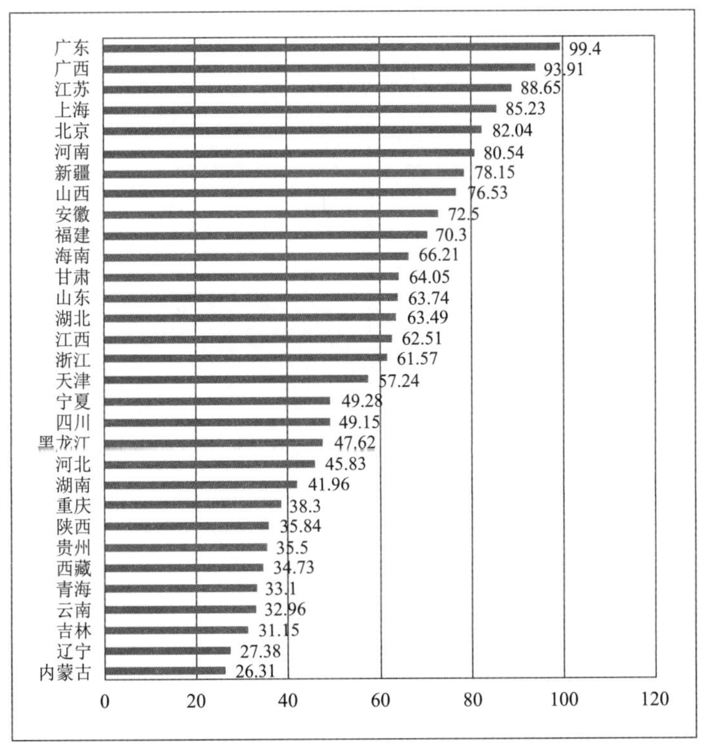

附图1-23　2013年各省（市）企业应用指数

附表1-20　2013年各省（市）企业应用指数

序号	省份	数值	序号	省份	数值	序号	省份	数值
1	广东	99.4	11	海南	66.21	21	河北	45.83
2	广西	93.91	12	甘肃	64.05	22	湖南	41.96
3	江苏	88.65	13	山东	63.74	23	重庆	38.3
4	上海	85.23	14	湖北	63.49	24	陕西	35.84
5	北京	82.04	15	江西	62.51	25	贵州	35.5
6	河南	80.54	16	浙江	61.57	26	西藏	34.73
7	新疆	78.15	17	天津	57.24	27	青海	33.1
8	山西	76.53	18	宁夏	49.28	28	云南	32.96
9	安徽	72.5	19	四川	49.15	29	吉林	31.15
10	福建	70.3	20	黑龙江	47.62	30	辽宁	27.38
—	—	—	—	—	—	31	内蒙古	26.31

（二）政务应用指数

2014年全国政务应用指数为58.48，各省（市）政务应用指数情况如附图1-24和附表1-21所示。

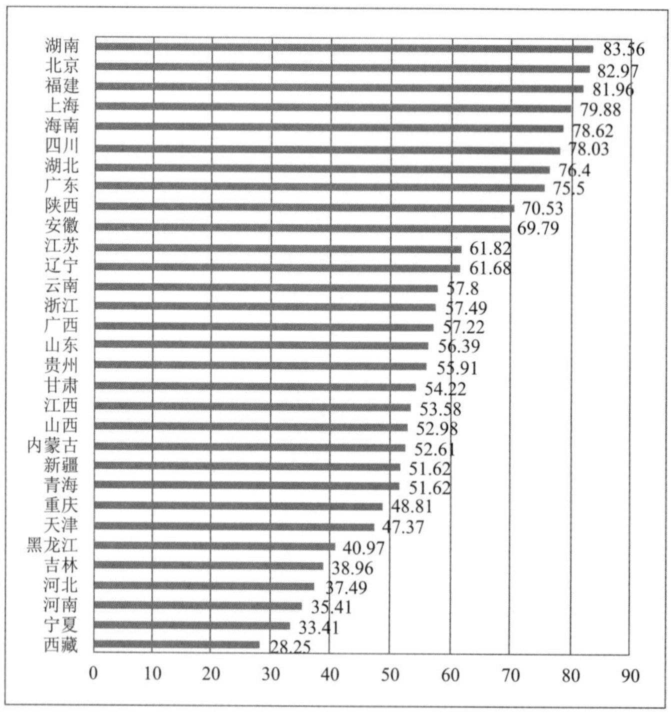

附图1-24　2014年各省（市）政务应用指数

附表1-21 2014年各省（市）政务应用指数表

序号	省份	数值	序号	省份	数值	序号	省份	数值
1	湖南	83.56	11	江苏	61.82	21	内蒙古	52.61
2	北京	82.97	12	辽宁	61.68	22	青海	51.62
3	福建	81.96	13	云南	57.8	23	新疆	51.62
4	上海	79.88	14	浙江	57.49	24	重庆	48.81
5	海南	78.62	15	广西	57.22	25	天津	47.37
6	四川	78.03	16	山东	56.39	26	黑龙江	40.97
7	湖北	76.4	17	贵州	55.91	27	吉林	38.96
8	广东	75.5	18	甘肃	54.22	28	河北	37.49
9	陕西	70.53	19	江西	53.58	29	河南	35.41
10	安徽	69.79	20	山西	52.98	30	宁夏	33.41
—	—	—	—	—	—	31	西藏	28.25

2013年全国政务应用指数为69.24，各省（市）政务应用指数情况如附图1-25和附表1-22所示。

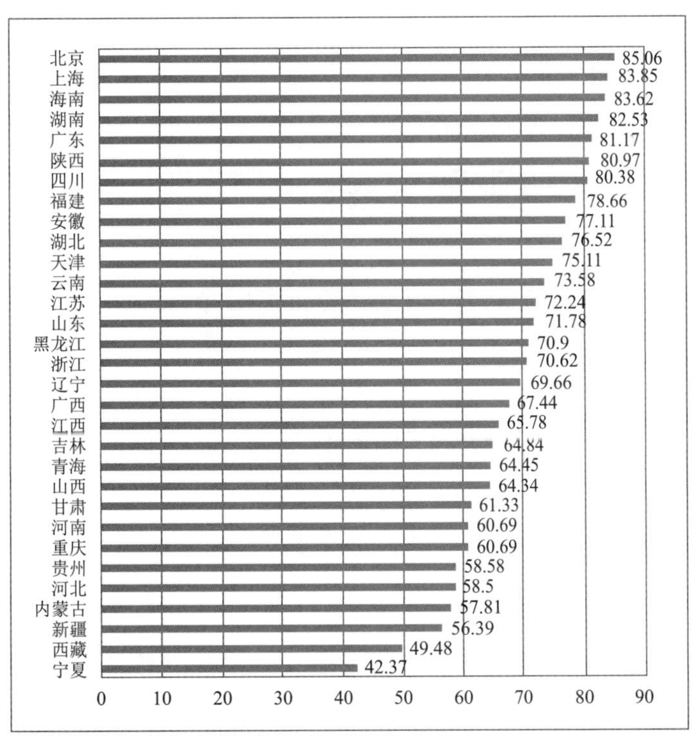

附图1-25 2013年各省（市）政务应用指数

附表1-22　2013年各省（市）政务应用指数

序号	省份	数值	序号	省份	数值	序号	省份	数值
1	北京	85.06	11	天津	75.11	21	青海	64.45
2	上海	83.85	12	云南	73.58	22	山西	64.34
3	海南	83.62	13	江苏	72.24	23	甘肃	61.33
4	湖南	82.53	14	山东	71.78	24	重庆	60.69
5	广东	81.17	15	黑龙江	70.9	25	河南	60.69
6	陕西	80.97	16	浙江	70.62	26	贵州	58.58
7	四川	80.38	17	辽宁	69.66	27	河北	58.5
8	福建	78.66	18	广西	67.44	28	内蒙古	57.81
9	安徽	77.11	19	江西	65.78	29	新疆	56.39
10	湖北	76.52	20	吉林	64.84	30	西藏	49.48
—	—	—	—	—	—	31	宁夏	42.37

（三）居民应用指数

2014年全国居民应用指数为76.97，各省（市）居民应用指数情况如附图1-26和附表1-23所示。

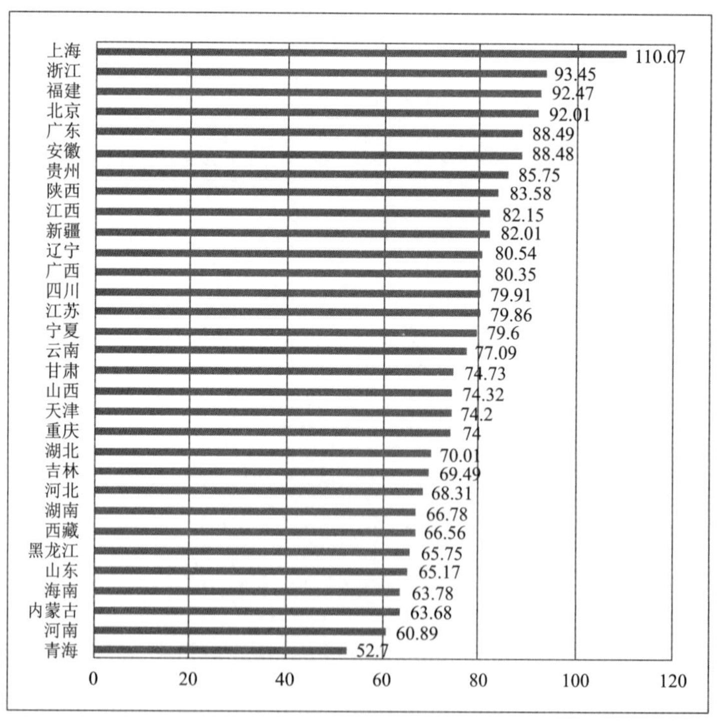

附图1-26　2014年各省（市）居民应用指数

附表1-23 2014年各省（市）居民应用指数

序号	省份	数值	序号	省份	数值	序号	省份	数值
1	上海	110.07	11	辽宁	80.54	21	湖北	70.01
2	浙江	93.45	12	广西	80.35	22	吉林	69.49
3	福建	92.47	13	四川	79.91	23	河北	68.31
4	北京	92.01	14	江苏	79.86	24	湖南	66.78
5	广东	88.49	15	宁夏	79.6	25	西藏	66.56
6	安徽	88.48	16	云南	77.09	26	黑龙江	65.75
7	贵州	85.75	17	甘肃	74.73	27	山东	65.17
8	陕西	83.58	18	山西	74.32	28	海南	63.78
9	江西	82.15	19	天津	74.2	29	内蒙古	63.68
10	新疆	82.01	20	重庆	74	30	河南	60.89
—	—	—	—	—	—	31	青海	52.7

2013年全国居民应用指数为69.08，各省（市）居民应用情况如附图1-27和附表1-24所示。

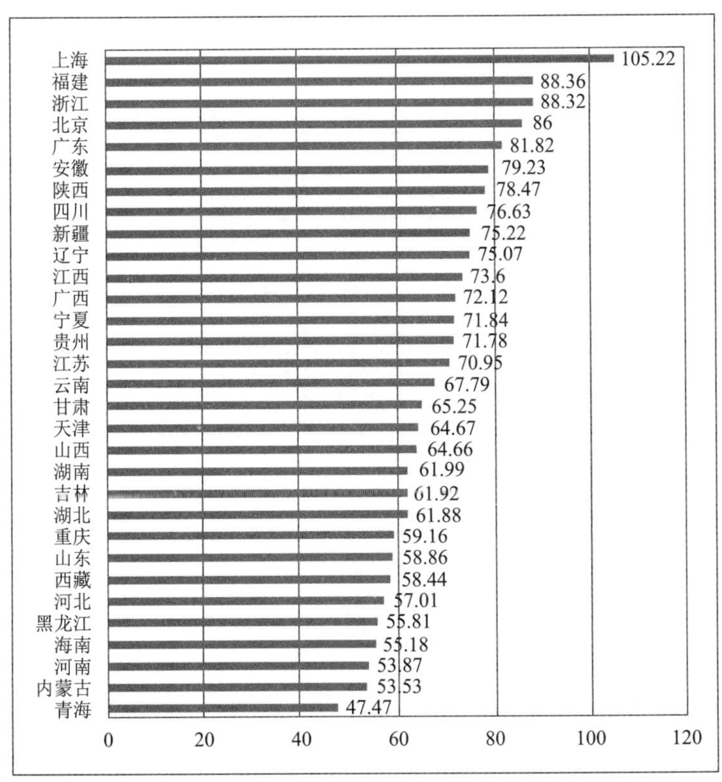

附图 1-27 2013 年各省（市）居民应用指数

附表1-24　2013 年各省（市）居民应用指数

序号	省份	数值	序号	省份	数值	序号	省份	数值
1	上海	105.22	11	江西	73.6	21	吉林	61.92
2	福建	88.36	12	广西	72.12	22	湖北	61.88
3	浙江	88.32	13	宁夏	71.84	23	重庆	59.16
4	北京	86	14	贵州	71.78	24	山东	58.86
5	广东	81.82	15	江苏	70.95	25	西藏	58.44
6	安徽	79.23	16	云南	67.79	26	河北	57.01
7	陕西	78.47	17	甘肃	65.25	27	黑龙江	55.81
8	四川	76.63	18	天津	64.67	28	海南	55.18
9	新疆	75.22	19	山西	64.06	29	河南	53.87
10	辽宁	75.07	20	湖南	61.99	30	内蒙古	53.53
—	—	—	—	—	—	31	青海	47.47

四、应用效益分析

2014年全国应用效益指数为72.19，各省（市）应用效益指数如附图1-28所示。

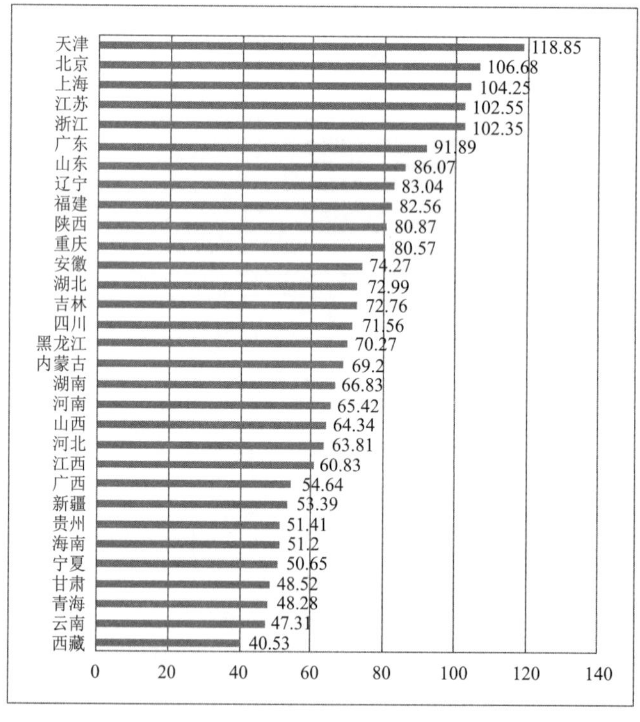

附图1-28　2014年各省（市）应用效益指数

从评估结果来看，应用效益增长从2013年的69.08增长到了2014年的72.19，增长了3.11。其中，增长幅度超过全国平均增长水平的有16个省份，增长幅度超过全国平均增长水平的有15个省份。

天津、北京、上海、江苏、浙江、广东等6省（市）应用效益指35数均超过了90，主要原因：一是在这些地区地区经济比较发达，劳动生产率和人均收入普遍比较高；二是IT企业云集，技术创新比较活跃；三是随着日益加重的雾霾，这些地区加快了对传统“三高”产业的转移和改造力度，节能降耗水平有了显著，见附表1-25。

附表1-25　2014年各省（市）应用效益指数

序号	省份	劳动生产率指数	技术创新指数	节能降耗指数	人均收益指数	应用效益指数
1	天津	132.12	100.33	131.62	111.31	118.85
2	北京	55.34	130.4	133.41	107.57	106.68
3	上海	107.8	107.32	96.22	105.67	104.25
4	江苏	90.07	146.38	78.31	95.45	102.55
5	浙江	76.39	154.9	87.17	90.95	102.35
6	广东	82.94	115.33	86.27	83.04	91.89
7	山东	78.16	85.34	99.62	81.15	86.07
8	辽宁	92.02	60.64	93.86	85.65	83.04
9	福建	78.41	88.32	81.05	82.46	82.56
10	陕西	73.45	88.05	93.69	68.28	80.87
11	重庆	58.03	102.11	93.74	68.38	80.57
12	安徽	52.21	116.5	72.5	55.89	74.27
13	湖北	67.43	73.66	82.66	68.2	72.99
14	吉林	84.69	39.29	94.27	72.79	72.76
15	四川	52.31	94.09	83	56.83	71.56
16	黑龙江	61.7	79.86	76.8	62.71	70.27
17	内蒙古	101.35	21.14	64.08	90.22	69.2
18	湖南	54.72	65.89	84.84	61.87	66.83
19	河南	57.62	64.35	80.81	58.88	65.42
20	山西	70.38	54.88	72.46	59.63	64.34

（续表）

序号	省份	劳动生产率指数	技术创新指数	节能降耗指数	人均收益指数	应用效益指数
21	河北	68.44	46.96	75.81	64.04	63.81
22	江西	59.31	51.57	76.44	56	60.83
23	广西	45.67	52	66.36	54.53	54.64
24	新疆	68.54	45.66	37.01	62.34	53.39
25	贵州	29.95	70.34	61.1	44.24	51.41
26	海南	31.88	35.79	76.89	60.22	51.2
27	宁夏	60.05	44.95	32.77	64.81	50.65
28	甘肃	38.86	60.02	49	46.2	48.52
29	青海	65.84	24.34	41.37	61.58	48.28
30	云南	34.31	45	62.65	47.3	47.31
31	西藏	10.46	14.51	88.52	48.64	40.53
	全国值	65.82	73.55	79.17	70.22	72.19

2013年全国应用效益指数为69.08，各省（市）应用效益指数如附图1-29和附表1-26所示。

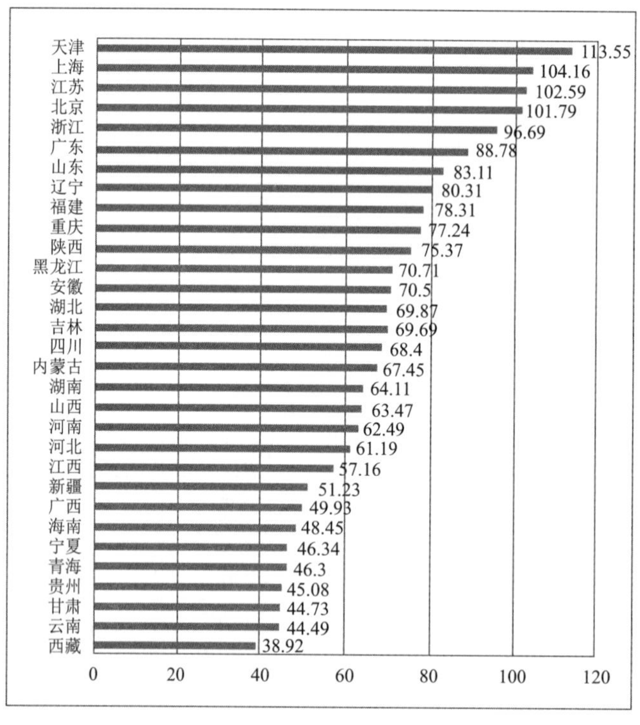

附图1-29　2013年各省（市）应用效益指数

附表1- 26　2013年各省（市）应用效益指数

序号	省份	劳动生产率指数	技术创新指数	节能降耗指数	人均收益指数	应用效益指数
1	天津	129.36	89.03	128.27	107.55	113.55
2	上海	108.02	110.72	95.2	102.71	104.16
3	江苏	89.14	153.18	77.18	90.87	102.59
4	北京	53.46	119.6	130.05	104.05	101.79
5	浙江	58.69	151.75	85.3	87.01	95.69
6	广东	80.44	112.42	83.07	79.2	88.78
7	山东	75.51	83.07	96.74	77.1	83.11
8	辽宁	88.63	60.06	91.11	81.43	80.31
9	福建	74.51	81.77	78.98	78	78.31
10	重庆	57.84	94.43	92.41	64.26	77.24
11	陕西	69.41	77.21	90.97	63.88	75.37
12	黑龙江	66.21	80.51	75.44	60.67	70.71
13	安徽	46.48	111.48	71.77	52.25	70.5
14	湖北	63.38	72.3	79.9	63.89	69.87
15	吉林	80.88	37.73	91.13	69.02	69.69
16	四川	49.91	90.25	80.12	53.3	68.4
17	内蒙古	101.67	17.13	63.58	87.41	67.45
18	湖南	51.63	64.68	82.06	58.06	64.11
19	山西	75.21	48.73	71.7	58.24	63.47
20	河南	56.14	59.57	78.57	55.66	62.49
21	河北	66.37	42.75	73.98	61.67	61.19
22	江西	55.73	44.83	75.8	52.26	57.16
23	新疆	67.75	37.93	40.79	58.44	51.23
24	广西	43.63	40.3	64.62	51.16	49.93
25	海南	30.7	31.51	74.83	56.74	48.45

（续表）

序号	省份	劳动生产率指数	技术创新指数	节能降耗指数	人均收益指数	应用效益指数
26	宁夏	57.58	34.1	32.24	61.45	46.34
27	青海	62.85	24.17	40.49	57.71	46.3
28	贵州	24.06	61.45	55.37	39.45	45.08
29	甘肃	36.84	52.17	47.05	42.87	44.73
30	云南	32.13	42.73	59.93	43.19	44.49
31	西藏	9.61	15.77	86.05	44.26	38.92
	全国值	63.35	69.14	77.25	66.57	69.08

（一）劳动生产率指数

2014年全国劳动生产率指数为65.82，各省（市）劳动生产率指数情况如附图1-30和附表1-27所示。

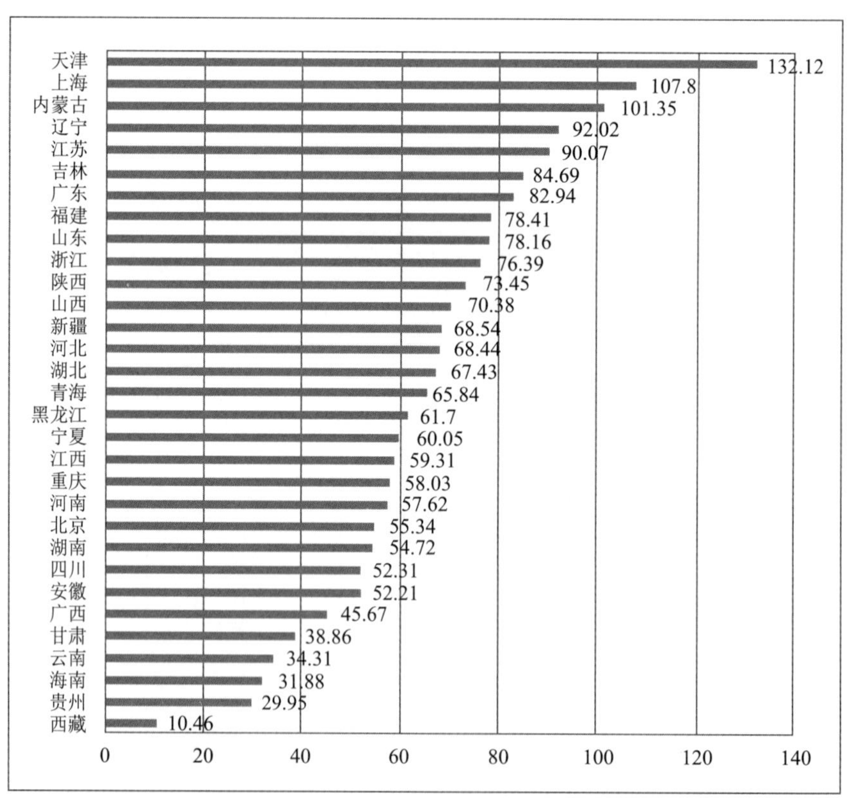

附图1-30　2014年各省（市）劳动生产率指数

附表1-27　2014年各省（市）劳动生产率指数

序号	省份	数值	序号	省份	数值	序号	省份	数值
1	天津	132.12	11	陕西	73.45	21	河南	57.62
2	上海	107.8	12	山西	70.38	22	北京	55.34
3	内蒙古	101.35	13	新疆	68.54	23	湖南	54.72
4	辽宁	92.02	14	河北	68.44	24	四川	52.31
5	江苏	90.07	15	湖北	67.43	25	安徽	52.21
6	吉林	84.69	16	青海	65.84	26	广西	45.67
7	广东	82.94	17	黑龙江	61.7	27	甘肃	38.86
8	福建	78.41	18	宁夏	60.05	28	云南	34.31
9	山东	78.16	19	江西	59.31	29	海南	31.88
10	浙江	76.39	20	重庆	58.03	30	贵州	29.95
—	—	—	—	—	—	31	西藏	10.46

2013年全国劳动生产率指数为63.35，各省（市）劳动生产率指数情况如附图1-31和附表1-28所示。

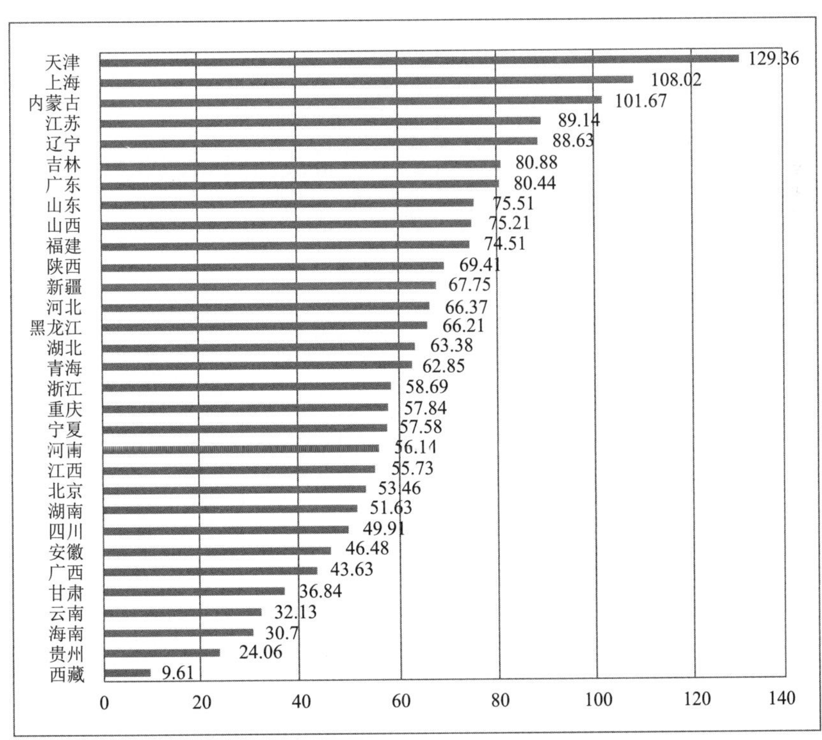

附图1-31　2013年各省（市）劳动生产率指数

附表1-28　2013 年各省（市）劳动生产率指数

序号	省份	数值	序号	省份	数值	序号	省份	数值
1	天津	129.36	11	陕西	69.41	21	江西	55.73
2	上海	108.02	12	新疆	67.75	22	北京	53.46
3	内蒙古	101.67	13	河北	66.37	23	湖南	51.63
4	江苏	89.14	14	黑龙江	66.21	24	四川	49.91
5	辽宁	88.63	15	湖北	63.38	25	安徽	46.48
6	吉林	80.88	16	青海	62.85	26	广西	43.63
7	广东	80.44	17	浙江	58.69	27	甘肃	36.84
8	山东	75.51	18	重庆	57.84	28	云南	32.13
9	山西	75.21	19	宁夏	57.58	29	海南	30.7
10	福建	74.51	20	河南	56.14	30	贵州	24.06
—	—	—	—	—	—	31	西藏	9.61

（二）技术创新指数

2014年全国技术创新指数为73.55，各省（市）技术创新指数情况如附图1-32和附表1-29所示。

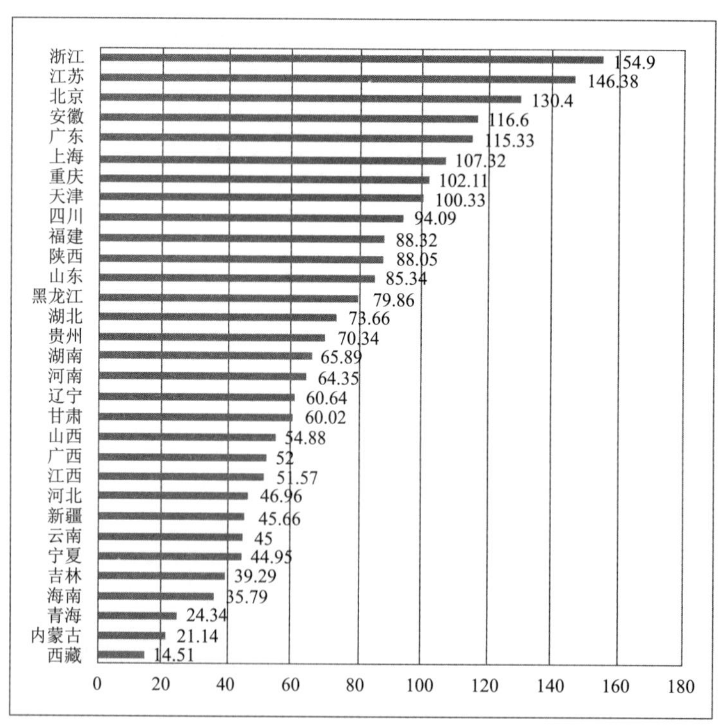

附图1-32　2014年各省（市）技术创新指数

附表1-29　2014年各省（市）技术创新指数

序号	省份	数值	序号	省份	数值	序号	省份	数值
1	浙江	154.9	11	陕西	88.05	21	广西	52
2	江苏	146.38	12	山东	85.34	22	江西	51.57
3	北京	130.4	13	黑龙江	79.86	23	河北	46.96
4	安徽	116.5	14	湖北	73.66	24	新疆	45.66
5	广东	115.33	15	贵州	70.34	25	云南	45
6	上海	107.32	16	湖南	65.89	26	宁夏	44.95
7	重庆	102.11	17	河南	64.35	27	吉林	39.29
8	天津	100.33	18	辽宁	60.64	28	海南	35.79
9	四川	94.09	19	甘肃	60.02	29	青海	24.34
10	福建	88.32	20	山西	54.88	30	内蒙古	21.14
—	—	—	—	—	—	31	西藏	14.51

2013年全国技术创新指数为69.14，各省（市）技术创新指数情况如附图1-33和附表1-30所示。

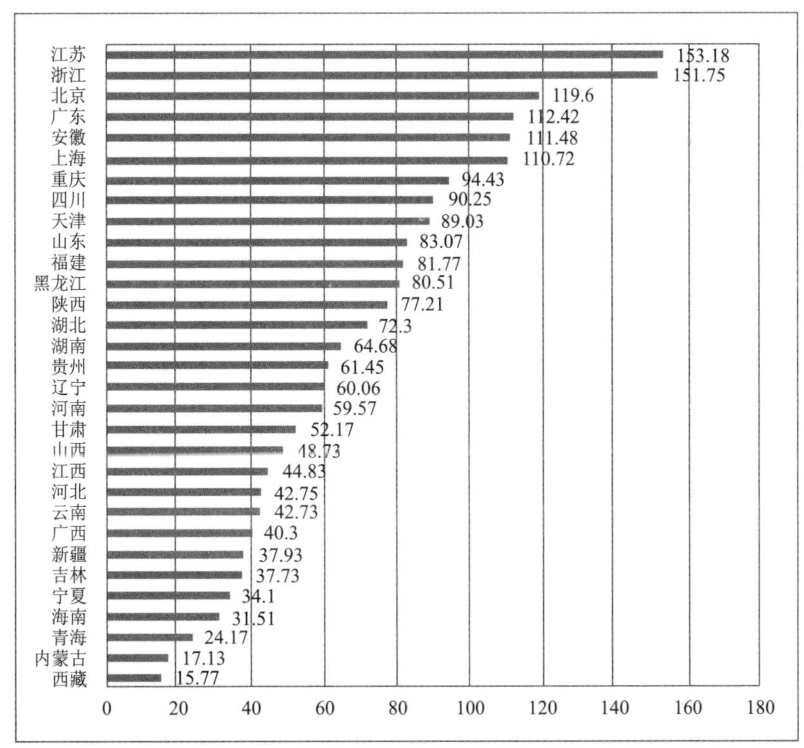

附图1-33　2013年各省（市）技术创新指数

附表1-30　2013年各省（市）技术创新指数

序号	省份	数值	序号	省份	数值	序号	省份	数值
1	江苏	153.18	11	福建	81.77	21	江西	44.83
2	浙江	151.75	12	黑龙江	80.51	22	河北	42.75
3	北京	119.6	13	陕西	77.21	23	云南	42.73
4	广东	112.42	14	湖北	72.3	24	广西	40.3
5	安徽	111.48	15	湖南	64.68	25	新疆	37.93
6	上海	110.72	16	贵州	61.45	26	吉林	37.73
7	重庆	94.43	17	辽宁	60.06	27	宁夏	34.1
8	四川	90.25	18	河南	59.57	28	海南	31.51
9	天津	89.03	19	甘肃	52.17	29	青海	24.17
10	山东	83.07	20	山西	48.73	30	内蒙古	17.13
—	—	—	—	—	—	31	西藏	15.77

（三）节能降耗指数

2014年全国节能降耗指数为79.17，各省（市）节能降耗指数情况如附图1-34和附表1-31所示。

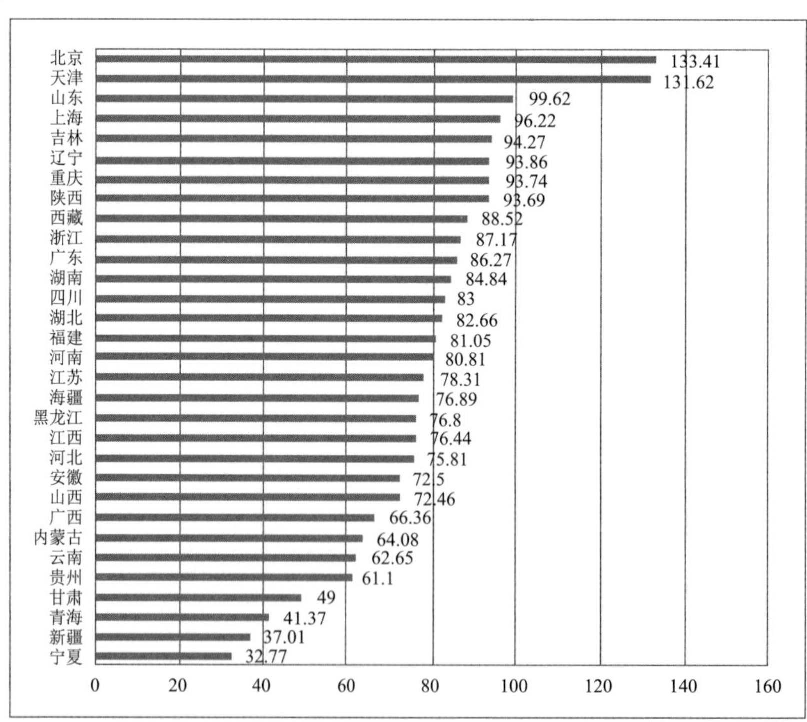

附图1-34　2014年各省（市）节能降耗指数

附表1-31 2014年各省（市）节能降耗指数

序号	省份	数值	序号	省份	数值	序号	省份	数值
1	北京	133.41	11	广东	86.27	21	河北	75.81
2	天津	131.62	12	湖南	84.84	22	安徽	72.5
3	山东	99.62	13	四川	83	23	山西	72.46
4	上海	96.22	14	湖北	82.66	24	广西	66.36
5	吉林	94.27	15	福建	81.05	25	内蒙古	64.08
6	辽宁	93.86	16	河南	80.81	26	云南	62.65
7	重庆	93.74	17	江苏	78.31	27	贵州	61.1
8	陕西	93.69	18	海南	76.89	28	甘肃	49
9	西藏	88.52	19	黑龙江	76.8	29	青海	41.37
10	浙江	87.17	20	江西	76.44	30	新疆	37.01
—	—	—	—	—	—	31	宁夏	32.77

2013年全国节能降耗指数为77.25，各省（市）节能降耗指数情况如附图1-35和附表1-32所示。

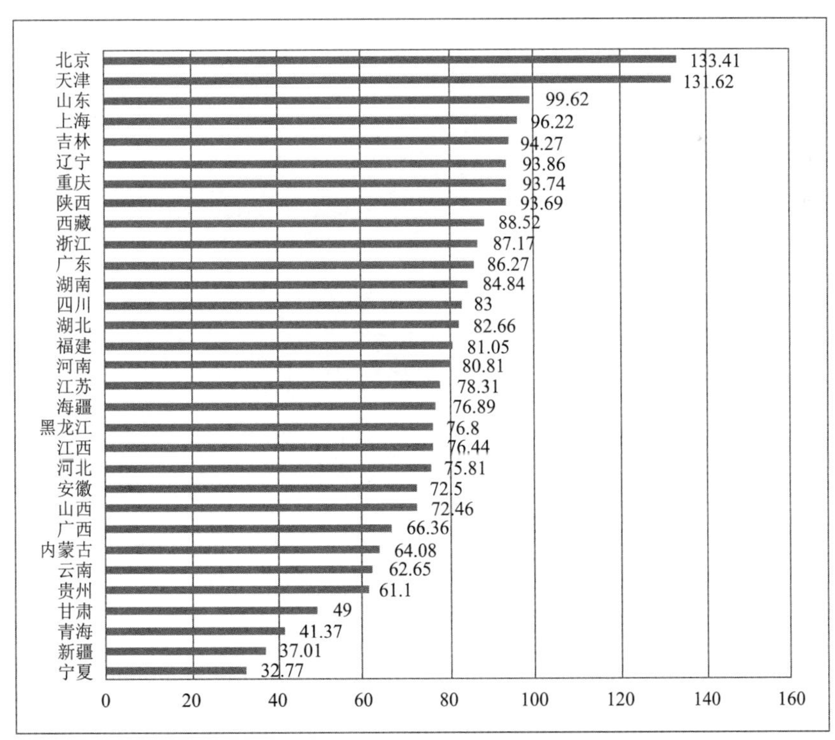

附图1-35 2013年各省（市）节能降耗指数

附表1-32　2013 年各省（市）节能降耗指数

序号	省份	数值	序号	省份	数值	序号	省份	数值
1	北京	130.05	11	广东	83.07	21	河北	73.98
2	天津	128.27	12	湖南	82.06	22	安徽	71.77
3	山东	96.74	13	四川	80.12	23	山西	71.7
4	上海	95.2	14	湖北	79.9	24	广西	64.62
5	重庆	92.41	15	福建	78.98	25	内蒙古	63.58
6	吉林	91.13	16	河南	78.57	26	云南	59.93
7	辽宁	91.11	17	江苏	77.18	27	贵州	55.37
8	陕西	90.97	18	江西	75.8	28	甘肃	47.05
9	西藏	86.05	19	黑龙江	75.44	29	新疆	40.79
10	浙江	85.3	20	海南	74.83	30	青海	40.49
—	—	—	—	—	—	31	宁夏	32.24

（四）人均收益指数

2014年全国人均收益指数为70.22，各省（市）人均收益指数情况如附图1-36和附表1-33所示。

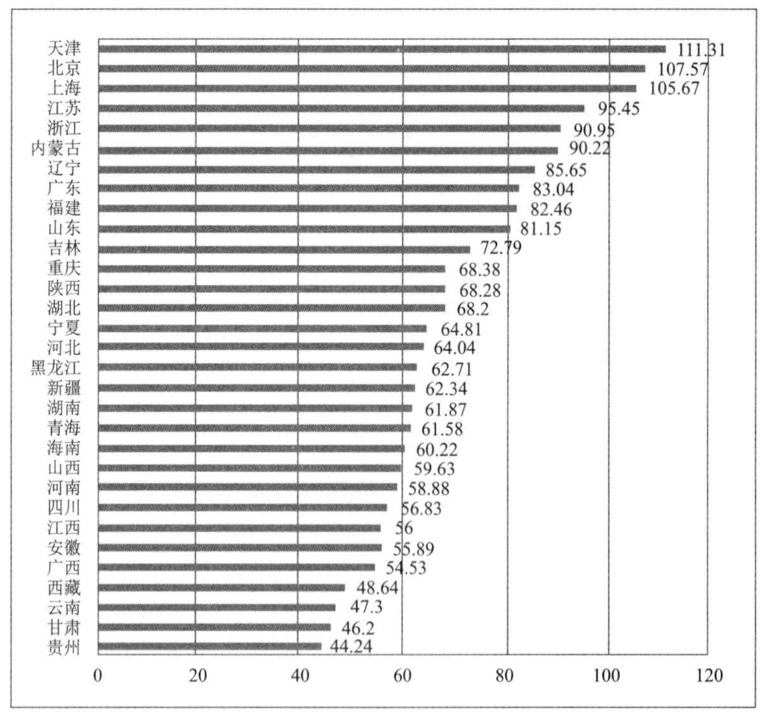

附图1-36　2014 年各省（市）人均收益指数

附表1-33　2014 年各省（市）人均收益指数

序号	省份	数值	序号	省份	数值	序号	省份	数值
1	天津	111.31	11	吉林	72.79	21	海南	60.22
2	北京	107.57	12	重庆	68.38	22	山西	59.63
3	上海	105.67	13	陕西	68.28	23	河南	58.88
4	江苏	95.45	14	湖北	68.2	24	四川	56.83
5	浙江	90.95	15	宁夏	64.81	25	江西	56
6	内蒙古	90.22	16	河北	64.04	26	安徽	55.89
7	辽宁	85.65	17	黑龙江	62.71	27	广西	54.53
8	广东	83.04	18	新疆	62.34	28	西藏	48.64
9	福建	82.46	19	湖南	61.87	29	云南	47.3
10	山东	81.15	20	青海	61.58	30	甘肃	46.2
—	—	—	—	—	—	31	贵州	44.24

2013年全国人均收益指数为66.57，各省（市）人均收益指数情况如附图1-37和附表1-34所示。

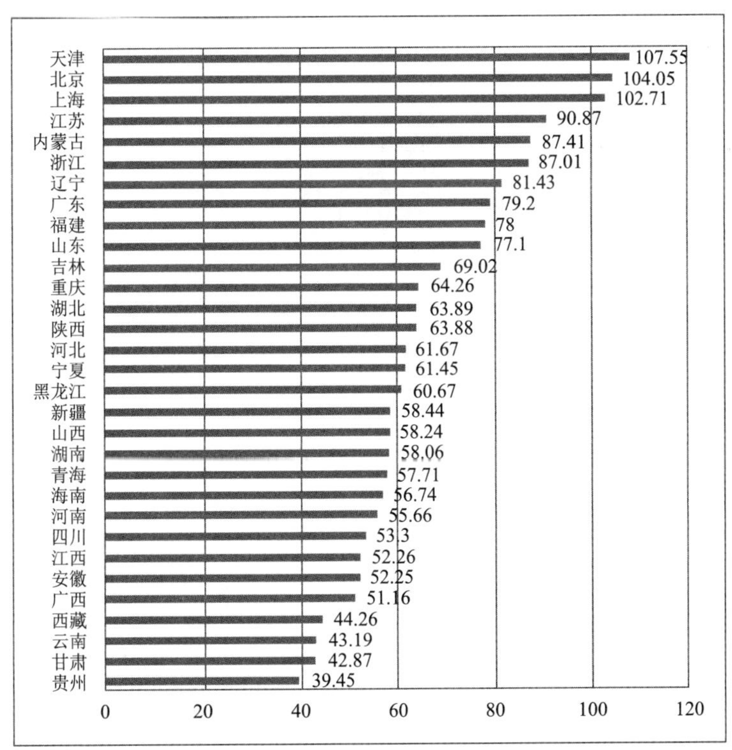

附图1-37　2013年各省（市）人均收益指数

附表1-34　2013年各省（市）人均收益指数

序号	省份	数值	序号	省份	数值	序号	省份	数值
1	天津	107.55	11	吉林	69.02	21	青海	57.71
2	北京	104.05	12	重庆	64.26	22	海南	56.74
3	上海	102.71	13	湖北	63.89	23	河南	55.66
4	江苏	90.87	14	陕西	63.88	24	四川	53.3
5	内蒙古	87.41	15	河北	61.67	25	江西	52.26
6	浙江	87.01	16	宁夏	61.45	26	安徽	52.25
7	辽宁	81.43	17	黑龙江	60.67	27	广西	51.16
8	广东	79.2	18	新疆	58.44	28	西藏	44.26
9	福建	78	19	山西	58.24	29	云南	43.19
10	山东	77.1	20	湖南	58.06	30	甘肃	42.87
—	—	—	—	—	—	31	贵州	39.45

（摘自中国电子信息产业发展研究院网站www.ccidgroup.com，2015年1月1日）

第35次中国互联网络发展状况统计报告（摘要）

1997 年，国家主管部门研究决定由中国互联网络信息中心（CNNIC）牵头组织有关互联网单位共同开展互联网行业发展状况调查，自 1997 年至今 CNNIC 已成功发布了 34 次全国互联网发展统计报告，本次报告是第 35 次报告。当前互联网已经成为影响我国经济社会发展、改变人民生活形态的关键行业，CNNIC 的历次报告则见证了中国互联网从起步到腾飞的全部历程，并且以严谨客观的数据，为政府部门、企业等各界掌握中国互联网络发展动态、制定相关决策提供了重要依据，受到各个方面的重视，被国内外广泛引用。

自 1998 年以来，中国互联网络信息中心形成了于每年 1 月和 7 月定期发布《中国互联网络发展状况统计报告》（以下简称《报告》）的惯例。第 35 次统计报告在保持对基础资源、网民规模、结构特征、接入方式和网络应用连续研究基础上，增加了 O2O、网络视频和网络游戏等热点专题研究。

一、基础数据

截至2014年12月，中国网民规模达6.49亿，全年共计新增网民3117万人。互联网普及率为47.9%，较2013年年底提升了2.1个百分点。

截至2014年12月，中国手机网民规模达5.57亿，较2013年年底增加5672万人。网民中使用手机上网人群占比由2013年的81.0%提升至85.8% 。

截至2014年12月，中国网民中农村网民占比27.5%，规模达1.78亿，较2013年年底增加188万人。

截至2014年12月，中国网民通过台式电脑和笔记本电脑接入互联网的比例分别为70.8%和43.2%；手机上网使用率为85.8%，较2013年年底提高4.8个百分点；平板电脑上网使用率达到34.8%；电视上网使用率为15.6% 。

截至2014年12月，48.6%的中国网民认同我国网络环境比较安全或非常安全；有 54.5%的中国网民对互联网上信息表示信任；60.0%的中国网民对于在互联网上分享行为持积极态度；有43.8%的中国网民表示喜欢在互联网上发表评论；53.1%的中国网民认为自身比较或非常依赖互联网。

截至2014年12月，我国域名总数为2060万个，其中“.CN”域名总数年增长为 2.4%，达到1109万，在中国域名总数中占比达53.8%；中国网站总数为335万，年增长 4.6%；国际出口带宽为4,118,663Mbps，年增长20.9%。

截至2014年12月，全国企业使用计算机办公的比例为90.4%，使用互联网的比例为78.7%，固定宽带使用率为77.4%。同时，开展在线销售、在线采购的比例分别为24.7%和22.8%，利用互联网开展营销推广活动的比例为24.2%。

二、趋势与特点

（一）中国网民规模增幅持续收窄，非网民转化难度进一步扩大。2014年，我国新增网民3117万人，增幅明显收窄。非网民的上网意愿持续下降，表示未来会上网的比例从2011年的16.3%下降到2014年的11.1%，网民规模的增速将继续减缓。非网民不上网的原因主要是不懂电脑、网络，比例为61.3%，互联网知识与应用技能的缺乏是造成网民与非网民之间互联网使用鸿沟的重要原因。

（二）互联网普及的地区差异大，农村地区亟需重视。我国在推进互联网全面普及的工作上取得显著成效，互联网普及率的省间差异从1997年的3.37下降到2014年的0.24，但发达省份与欠发达省份间差异仍较明显，进一步推动欠发达省份的互联网建设工作将成为一项长期工程。与此同时，尽管农村地区网民规模、普及率不断增长，但是城乡互联网普及率差异仍有扩大趋势，截至2014年12月城乡普及率差异达34个百分点，部分原因在于城镇化进程在一定程度上掩盖了农村互联网普及推进工作的成果，根本原因则是地区经济发展不平衡，妥善解决城乡数字鸿沟的方法仍然需要进一步探索创新。

（三）平板电脑成为网民重要上网设备，网络电视开启家庭娱乐新模式。平板电脑的娱乐性和便捷性特点使其成为网民的重要娱乐设备，2014年年底使用率已达34.8%，并在高学历（本科及以上学历网民使用率51.0%）、高收入人群（月收入5000元以上网民使用率43.0%）中拥有更高使用率；随着网络技术和宽带技术的发展，网络电视融传统电视和网络为一身，其共享性、智能性和可控性迎合现代家庭娱乐需求，逐渐成为一种新兴的家庭娱乐模式，截至2014年12月，网络电视使用率已达15.6%。

（四）即时通信的基础地位进一步稳固。即时通信作为第一大上网应用，在网民中的使用率继续上升，达到90.6%。2014年，手机端即时通信使用也一直保持着稳步增长的趋势。截至2014年12月，手机即时通信使用率为91.2%，较2013年年底提升了5.1个百分点。手机即时通信由于其随身、随时、拥有社交属性和可以提供用户位置的特点，自身定位逐渐从以前单一的通信工具演变成支付、游戏、O2O等高附加值业务的用户入口，以其庞大的用户基数为其他服务提供了巨大的潜在商业价值。

（五）手机旅行预订进入爆发增长期。2014年，中国网民手机商务应用发展大爆发，手机网购、手机支付、手机银行等手机商务应用用户年增长分别为63.5%、73.2%和 69.2%，远超其他手机应用增长幅度。而长期处于低位的手机旅行预订，2014年用户年增长达到194.6%，是增长最为快速的移动商务类应用。随着我国国民休闲体系的形成，手机旅行预订发展已经进入新阶段。

（六）互联网理财热度消减、规模稳定。截至2014年12月，购买过网络理财产品的网民规模达到7849万，较 2014 年6月增长1465万人。在网民中使用率为12.1%，较2014年6月使用率增长2个百分点。由于收益率下滑和中国股市回暖带来的分流作用，互联网理财已基本结束了其用户规模爆发式增长的态势，增速开始放缓，同时新产品扩容速度也有所放慢。

（七）企业互联网普及已达到较高水平，实际应用将随互联网商业模式创新发展有所突破。我国企业互联网基础设施普及工作已基本完成，在办公中使用计算机的比例基本保持在90%左右的水平上，互联网的普及率也保持在80%左右，在使用互联网办公的企业中，固定宽带的接入率也连续多年超过95%。但互联网实际应用水平仍存在很大的提升空间。一方面，是采取提升内部运营效率措施的企业比例较低；另一方面，营销推广、电子商务等外部运营方面开展互联网活动的企业比例较低，且在实际应用容易受限于传统的经营理念，照搬传统方法。随着各类互联网商业模式的发展，互联网与经济活动的全面结合深度、对传统商业模式的影响和改革程度将进一步扩大，传统企业与互联网企业的分界将越来越模糊，互联网将成为企业日常经营中不可分割的部分。

（八）一线城市O2O发展由增量向提质转变，全国医疗、家政O2O市场需求亟待释放。O2O企业在一线城市率先布局，通过迎合用户需求迅速集聚大量O2O用户的同时，用户较高的消费能力和互联网应用水平使得深度用户数量更多，一线城市O2O中度和重度用户占比共 39.2%，其O2O消费正在由数量增长向质量提升转变；二三线城市O2O业务布局正在逐步展开，巨大的消费潜力将使O2O市场进入增量增长阶段。餐饮、休闲伴随团购市场发展起步较早，O2O市场模式趋向于成熟，正在向服务精细化发展。与此同时，医疗和家政O2O的发展刚刚起步，用户需求较为强烈，未来将具有较大的发展潜力。

（九）手机超越 PC，成为收看网络视频节目的第一终端。2014 年，网络视频用户整体规模仍在增长，但使用率略有下降，手机视频的用户规模和使用率仍然保持增长态势，但增速已明显放缓，网络视频行业步入平稳发展期。近两年，用户在 PC端收看视频节目的比例在持续下降，而手机端的比例则在持续上升。截至2014年12月，71.9%的视频用户选择用手机收看视频，其次是台式电脑、笔记本电脑，使用率为71.2%，手机成为收看网络视频节目的第一终端。平板电脑、电视的使用率都在23%左右，是网络视频节目的重要收看设备。

（十）PC 网游仍是市场中坚，手机网游份额将进一步扩大，电视游戏成为新的市场热点。从用户规模、在线时长以及游戏收入等方面来看，PC网游吸引了最具价值的深度用户，仍然是游戏市场的中坚。但网民增长的整体放缓，人口结构导致的低龄网民的比例下降，以及PC网游用户随着年龄增长的自然流失，都是导致PC网游增长放缓的原因。而另一方面，PC网游也在不断探索着适合于自己的新商业模式。比如将线上游戏与线下活动、甚至电视节目相结合，竞技游戏与竞技体育相融合，逐步形成成熟的商业化运作模式，有望成为PC网游新的发展方向。手机游戏的爆发式增长在2014年上半年达到最高峰，下半年开始逐渐进入洗牌期，并表现出稳中有降的趋势，而预计2015年在延续这一趋势的同时，手机网游的份额将进一步扩大。2014年游戏主机的解禁政策使得电视游戏成为新的市场焦点。但从目前电视游戏市场的发展态势来看，未来1年内将迅速占领市场的不是游戏主机，而是互联网电视/盒子。互联网电视/盒子在用户规模、用户增长率、市场推广都要快于游戏主机，而面临成本、渠道、政策等诸多因素，游戏主机厂商仍持谨慎的观望态度，并没有急于推进。因此，预计2015年电视游戏市场将先由互联网电视、盒子引爆，而游戏主机还有较长的路要走。

（摘自中国互联网络信息中心www.cnnic.cn，2015年1月）

2014年我国物联网产业发展分析报告

摘要：

当前，以移动互联网、物联网、云计算、大数据等为代表的新一代信息通信技术（ICT）创新活跃，发展迅猛，正在全球范围内掀起新一轮科技革命和产业变革。物联网通过与其他ICT技术的不断融合，正加速与制造技术、新能源、新材料等其他领域的渗透。

近年来，在国家政策的大力扶持和业内企业的不断努力下，中国物联网产业持续良好发展势头。技术研发取得重大进展，标准体系不断完善，市场化应用稳步推进。与此同时，物联网产业在产业升级、节能减排、拉动就业等方面也发挥着重要作用。在"十二五"期间，中央政府仍将继续支持物联网产业的发展壮大，在项目审批、财政补贴、招商引资等方面予以扶持。

物联网产业在产业升级、节能减排、拉动就业等方面发挥着重要作用。我国物联网已初步形成了完整的产业体系，具备了一定的技术、产业和应用基础，在人口红利逐渐消失，人力成本快速上升的当前，物联网技术的应用是解决人力成本、提升运营效率的有效方式。2012年，我国物联网市场规模达到3650亿元，较2011年增长了38.9%。根据中国物联网研究发展中心预测，到2015年，我国物联网整体市场规模将达到7500亿元，年复合增长率约30%，市场前景巨大。

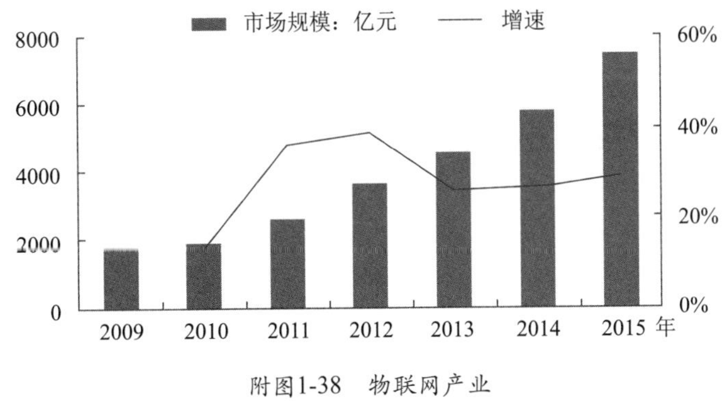

附图1-38 物联网产业

一、全球物联网产业发展状况

（一）发达国家把握物联网发展契机，积极进行产业战略布局。继美国政府提出制造业复兴战略以来，美国逐步将物联网的发展和重塑美国制造优势计划结合起来以期重新占领制造业制高点。

欧盟建立了相对完善的物联网政策体系，积极推动物联网技术研发。

德国联邦政府在《高技术战略2020行动计划》中明确提出了工业4.0理念。

韩国政府则预见到以物联网为代表的信息技术产业与传统产业融合发展的广阔前景，持续推动融合创新。

（二）物联网应用稳步发展，市场化机制正逐步形成。受各国战略引领和市场推动，全球物联网应用呈现加速发展态势，物联网所带动的新型信息化与传统领域走向深度融合，物联网对行业和市场所带来的冲击和影响已经广受关注。总体来看，全球物联网应用仍处于发展初期，物联网在行业领域的应用逐步广泛深入，在公共市场的应用开始显现M2M（机器与机器通信）、车联网、智能电网是近两年全球发展较快的重点应用领域。

M2M（Machine to Machine）是率先形成完整产业链和内在驱动力的应用。M2M市场非常活跃，发展非常迅猛。到2013年年底，全球M2M连接数达到1.95亿，年复合增长率为38%。目前，全球已有428家移动运营商提供M2M服务，在安防、汽车、工业检测、自动化、医疗和智慧能源管理等领域增长非常快。

车联网是市场化潜力最大的应用领域之一。车联网可以实现智能交通管理、智能动态信息服务和车辆智能化控制的一体化服务，正在成为汽车工业信息化提速的突破口。全球车载信息服务市场非常活跃，成规模的厂商多达数百家，最具代表性的全球化车载信息服务平台如通用的安吉星（OnStar）、丰田的G-book。截至2013年年底，安吉星已经在全球拥有超过660 万的用户。2014年1 月份，雪佛兰、AT&T 和OnStar宣布密切合作，通过AT&T的4G LTE 网络，由OnStar 为雪佛兰汽车提供基于HTML5 的应用程序商店服务，包括音乐、天气、新闻、汽车健康检测等多项内容。

全球智能电网应用进入发展高峰期。2013 年与智能电网配套使用的智能电表安装数量已超过7.6 亿只，到2020 年智能电网预计将覆盖全世界80%的人口。

（三）物联网技术创新活跃，IP化和语义化成为技术标准热点。全球各国不断深化物联网技术研究，围绕物联网的技术研究和创新持续活跃，同时也加速了物联网国际标准化进程。物联网体系架构对推动物联网规模和可持续发展具有重要意义而成为全球关注和推进的重点，多种短距离通信技术互补共存并面向重点行业领域特殊需求加快优化和适配，无线传感网方面跨异构传输机制的网络层和应用层协议成为研发热点，语义技术作为推进物联网感知信息自动识别处理和共享的基础而受到普遍重视，物联网与移动互联网在端管云多层融合协同发展。

（四）物联网产业加速发展，国际巨头瞄准物联网增长机遇。从全球看，物联网整体上处于加速发展阶段，物联网产业链上下游企业资源投入力度不断加大。基础半导体巨头纷纷推出适应物联网技术需求的专用芯片产品，为整体产业快速发展提供了巨大的推动力。应用领域业务融合创新带动产业发展势头明显，工业物联网、车联网、消费智能终端市场等已形成一定的市场规模，M2M更是成为全球电信运营企业重要的业务增长点。

二、中国物联网产业发展现状及特点

（一）我国物联网健康发展的政策环境日趋完善。经过几年的发展，我国物联网在技术研发、标准研制、产业培育和行业应用等方面已具备一定基础，但仍然存在一些制约物联网发展的深层次问题需要解决。为了推进物联网有序健康发展，我国政府加强了对物联网发展方向和发展重点的规范引导，不断优化物联网发展的环境。

（二）国内物联网应用发展进入实质性推进阶段。物联网的理念和相关技术产品已经广泛渗透到社会经济民生的各个领域，在越来越多的行业创新中发挥关键作用。物联网凭借与新一代信息技术的深度集成和综合应用，在推动转型升级、提升社会服务、改善服务民生、推动增效节能等方面正发挥重要的作用，在部分领域正带来真正的“智慧”应用。

1．物联网推动工业转型升级。物联网在钢铁冶金、石油石化、机械装备制造和物流等领域的应用比较突出，传感控制系统在工业生产中成为标准配置。例如，工程机械行业通过采用M2M、GPS和传感技术，实现了百万台重工设备在线状态监控、故障诊断、软件升级和后台大数据分析，使传统的机械制造引入了智能。采用基于无线传感器技术的温度、压力、温控系统，在油田单井野外输送原油过程中彻底改变了人工监控的传统方式，大幅度降低能耗，现已在大庆油田等大型油田中规模应用。物联网技术还被广泛用于全方位监控企业的污染排放状况和水、气质量监测，我国已经建立工业污染源监控网络。

2．物联网应用在农业领域激发出更高效的农业生产力。物联网可以应用在农业资源和生态环境监测、农业生产精细化管理、农产品储运等环节。例如，国家粮食储运物联网示范工程采用先进的联网传感节点技术，每年可以节省几个亿的清仓查库费用，并减少数百万吨的粮食损耗。

3．在交通运输方面利用物联网可以优化资源、提升效率。近几年，我国智能交通市场规模一直保持稳步增长，在智能公交、电子车牌、交通疏导、交通信息发布等典型应用方面已经开展了积极实践。智能公交系统可以实时预告公交到站信息，如广州试点线路上实现了运力客流优化匹配，使公交车运行速度提高，惠及沿线500万居民公交出行。

ETC 是解决公路收费站拥堵的有效手段，也是确保节能减排的重要技术措施，到2013年年底，全国ETC用户超过500万。交通部计划于2015年年底前完成ETC全国联网，主线公路收费站ETC覆盖率达到100%，ETC用户数量达到2000万。我国已有5个示范机场依托RFID等技术，实现了航空运输行李全生命周期的可视化跟踪与精确化定位，使工人劳动强度降低20%，分拣效率提高15%以上。

4．物联网在智能电网领域的应用相对成熟。国家电网公司已在总部和16 家省网公司建立了“两级部署、三级应用”的输变电设备状态监测系统，实现对各类输变电设备运行状态的实时感知、监视预警、分析诊断和评估预测。在用户层面，智能电表安装量已达到1.96亿只，用电信息自动采集突破2亿户。2014年国家电网将启动建设50座新一代智能变电站，完成100座变电站智能化改造，全年预计安装新型智能电表6000万只。南方电网的发展规划中也明确要推广建设智能电网，到2020年城市配电网自动化覆盖率达到80%。

5．物联网在民生服务领域大显身手。通过充分应用RFID、传感器等技术，物联网可以应用在社会生活的各个方面。例如，在食品安全方面，我国大力开展食品安全溯源体系建设，采用二维码和RFID标识技术，建成了重点食品质量安全追溯系统国家平台和5个省级平台，覆盖了35个试点城市，789家乳品企业和1300家白酒企业。目前，药品、肉菜、酒类和乳制品的安全溯源正在加快推广，并向深度应用拓展。在医疗卫生方面，集成了金融支付功能的一卡通系统推广到全国300多家三甲医院，使大医院接诊效率提高30%以上，加速了社会保障卡、居民健康卡等“医疗一卡通”的试点和推广进程。在智能家居方面，结合移动互联网技术，以家庭网关为核心，集安防、智能电源控制、家庭娱乐、亲情关怀、远程信息服务等于一体的物联网应用，大大提升了家庭的舒适程度和安全节能水平。

6．智慧城市成为物联网发展的重要载体。遍布城市各处的物联网感知终端构成城市的神经末梢，对城市运行状态进行实时监测，从地下管网监测到路灯、井盖等市政设施的管理，从高清视频监控系统到不停车收费，从水质、空气污染监测到建筑节能，从工业生产环境监控到制造业服务化转型，智慧城市建设的重点领域和工程，为物联网集成应用提供了平台。

（三）我国积极推进物联网自主技术标准和共性基础能力研究。物联网领域我国技术研发攻关和创新能力不断提升，在传感器、RFID、M2M、标识解析、工业控制等特定技术领域已经拥有一定具有自主知识产权的成果，部分自主技术已经实现一定产业应用；在物联网通用架构、数据与语义、标识和安全等基础技术方面正加紧研发布局。

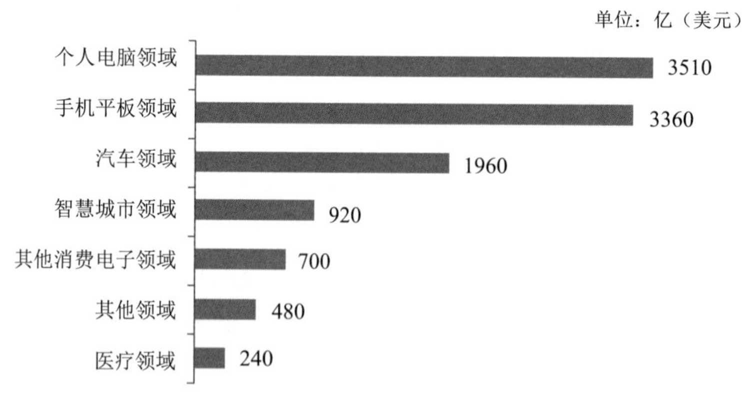

附图1-39　2020年物联网各领域市场价值预估

（四）物联网产业体系相对完善，局部领域获得突破。我国已经形成涵盖感知制造、网络制造、软件与信息处理、网络与应用服务等门类的相对齐全的物联网产业体系，产业规模不断扩大，已经形成环渤海、长三角、珠三角，以及中西部地区四大区域集聚发展的空间布局，呈现出高端要素集聚发展的态势。

三、物联网产业发展的机遇和趋势

（一）未来的发展机遇。全球范围内，物联网概念更加深入人心，物联网正成为经济社会绿色、智能、可持续发展的关键基础和重要引擎。随着物联网技术产品的不断成熟，物联网的潜力和成长性正逐步凸显，应用将加速渗透到生产和生活各个环节，市场规模不断扩大；产业潜力将加快释放市场化的资源配置机制逐步确立；物联网与传统产业的深度融合将加剧，并带来生产方式和生活方式的深刻变革。

1．M2M、车联网市场最具内生动力，商业化发展更加成熟。市场需求、成本、标准化、技术成熟度、商业模式是影响物联网应用规模化推广的主要因素，M2M和车联网市场内生动力强大，相关技术标准日趋成熟，全面推广的各方面条件基本具备，将成为物联网应用的率先突破方向。

2．物联网与移动互联网融合方向最具市场潜力，创新空间巨大。移动互联网与物联网是最具发展潜力的两大信息通信产业：移动互联网主要面向个人消费者市场，侧重于提供大众消费性、全球性的服务；而物联网主要侧重于行业性、区域性的服务。当前，移动互联网正进入高速普及期，成功的产品和服务模式不断向其他产业领域延伸渗透，而处于起步阶段的物联网，也开始融入移动互联网元素，移动互联网与物联网的结合成为物联网发展最有市场潜力和创新空间的方向。

3．行业应用仍将持续稳步发展，蕴含巨大提升空间。行业应用仍然是物联网发展的重要领域。在工业、农业、电力、交通、物流、安防、环保等行业领域，物联网应用提升的空间广阔。在各行业“十二五”发展规划中，均将应用物联网等信息通信技术提升行业信息化水平纳入其中。智能电网领域，物联网将应用在智能运行、智能控制和智能调度等环节，推动电网的效率提升。

农业领域应用物联网实现资源环境信息实时感知获取、农业生产过程管理的精细化以及农产品流通过程中的质量安全追溯，可以应对资源紧缺与生态环境恶化的双重约束，以及农产品质量安全等问题的严峻挑战。

交通领域的交通信息资源动态采集和共享应用，物流领域的分散物流资源的高度集约化管理和智能化配置，医疗卫生领域的社区医疗资源共享、医疗用品管理、远程医疗服务等各个方面，节能环保领域的生态环境监测、污染源监控、危险废弃物管理等方面，公共安全领域的药品和食品安全监控、城市和社区安全、重要设施安全保障等方面，网络化和智能化还处于起步阶段，对物联网技术的需求均比较迫切。

物联网深度应用将催生行业变革。近年来物联网技术不断用于国计民生重大领域，如食品溯源、粮食储运、油气野外运输、煤矿安全等。物联网多种技术手段，如传感、定位、标识、跟踪、导航等，可以实现动态、实时、无缝、全天候的监控，为行业实现精细化管理提供了有力的支撑，不仅大大提升管理能力和水平，而且能够改进行业运行模式，从技术的角度引发行业管理领域的革命，促使行业领域向着公平、开放、廉洁、高效、节约的方向发展。

（二）未来发展的四大趋势。

趋势一：中国物联网产业的发展是以应用为先导，存在着从公共管理和服务市场，到企业行业应用市场，再到个人家庭市场逐步发展成熟的细分市场递进趋势。

目前，物联网产业在中国还是处于前期的概念导入期和产业链逐步形成阶段，没有成熟的技术标准和完善的技术体系，整体产业处于酝酿阶段。此前，RFID 市场一直期望在物流零售等领域取得突破，但是由于涉及的产业链过长，产业组织过于复杂，交易成本过高，产业规模有限，成本难于降低等问题使得整体市场成长较为缓慢。

物联网概念提出以后面向具有迫切需求的公共管理和服务领域，以政府应用示范项目带动物联网市场的启动将是必要之举。进而随着公共管理和服务市场应用解决方案的不断成熟、企业集聚、技术的不断整合和提升逐步形成比较完整的物联网产业链，从而将可以带动各行业大型企业的应用市场。待各个行业的应用逐渐成熟后，带动各项服务的完善、流程的改进，个人应用市场才会随之发展起来。

趋势二：物联网标准体系是一个渐进发展成熟的过程，将呈现从成熟应用方案提炼形成行业标准，以行业标准带动关键技术标准，逐步演进形成标准体系的趋势。

物联网概念涵盖众多技术、众多行业、众多领域，试图制定一套普适性的统一标准几乎是不可能的。物联网产业的标准将是一个涵盖面很广的标准体系，将随着市场的逐渐发展而发展和成熟。在物联网产业发展过程中，单一技术的先进性并不一定保证其标准一定具有活力和生命力，标准的开放性和所面对的市场的大小是其持续下去的关键和核心问题。随着物联网应用的逐步扩展和市场的成熟，哪一个应用占有的市场份额更大，该应用所衍生出来的相关标准将更有可能成为被广泛接受的事实标准。

趋势三：随着行业应用的逐渐成熟，新的通用性强的物联网技术平台将出现。

物联网的创新是应用集成性的创新，一个单独的企业是无法完全独立完成一个完整的解决方案的，一个技术成熟、服务完善、产品类型众多、应用界面友好的应用，将是由设备提供商、技术方案商、运营商、服务商协同合作的结果。随着产业的成熟，支持不同设备接口、不同互联协议、可集成多种服务的共性技术平台将是物联网产业发展成熟的结果。

物联网时代，移动设备、嵌入式设备、互联网服务平台将成为主流。随着行业应用的逐渐成熟，将会有大的公共平台、共性技术平台出现。无论终端生产商、网络运营商、软件制造商、系统集成商、应用服务商，都需要在新的一轮竞争中寻找各自的重新定位。

趋势四：针对物联网领域的商业模式创新将是把技术与人的行为模式充分结合的结果。

物联网将机器人社会的行动都互联在一起，新的商业模式出现将是把物联网相关技术与人的行为模式充分结合的结果。中国具有领先世界的制造能力和产业基础，具有五千年的悠久文化，中国人具有逻辑理性和艺术灵活性兼具的个性行为特质，物联网领域在中国一定可以产生领先于世界的新的商业模式。

四、我国物联网产业发展的不足

物联网对各国经济和社会发展都具有非常重要的战略作用。物联网的深度应用，将催生各个行业领域的创新，带来深刻的发展变革。但在ICT 产业整体快速发展的时代，与技术、应用、模式创新层出不穷、产业格局风云变幻的移动互联网等产业相比，物联网当前的发展则显得较为缓慢。

（一）产业集中度低，边界模糊，物联网发展脉络难以把握。物联网产业链条长且分散。物联网每个产业环节都有众多的中小企业或者少数大企业，但缺乏能够凝聚产业形成发展合力、具有产业引领和绝对话语权的灵魂企业。在移动互联网领域，国内外均形成了一批对产业链有强大影响力和凝聚力的领袖企业。而在物联网领域，无论国际还是国内，都找不到真正的产业“大佬”，产业集中度低且行业进入门槛低，导致市场表面繁荣但未能形成规模效益，政府和企业虽大量投入但产出不明显，物联网应用成本居高不下。

物联网产业边界模糊。物联网是信息技术与信息产业的高度集成，构建在已经存在多年的产业基础之上。物联网产业边界模糊，造成部分产业统计没有依据，统计难度大。以物联网核心产业之一的传感器为例，我国传感器产业已经发展了几十年，形成了千亿产值的规模，但真正属于物联网产值范畴的却无法准确统计。由于物联网产业难以从原有产业中剥离，造成部分产业统计水分偏大，不利于准确判断物联网产业发展的客观状况和发展规律。

（二）应用规模化和产业化水平的矛盾突出，大规模应用的临界点尚未到来。现阶段，物联网的应用规模化和技术产业水平存在矛盾。一方面，在应用开展的初期，部分产品功能单一、价格昂贵，产品精度和可靠性无法满足要求，难以推动形成规模应用和产品普及。另一方面，没有规模化的应用无法带动产业化水平的真正提升，部分技术仅仅停留在实验室层面、仿真层面，不能真正通过产品化发挥作用和创造价值。

在物联网产业链的多数环节，我国企业的研发能力和产业化水平相对国外发达国家仍然存在差距。特别是基于传感器和传感网的应用，其规模化和产业化水平之间的矛盾则非常突出。部分高端传感器，例如，对水质、土壤进行监测的传感器，一个进口传感器价格可能在10万元以上，现阶段不可能进行规模化应用，而国内的传感器或者生产能力不具备，或者精度达不到应用要求。

（三）行业定制性强，物联网实现革命式突破发展难度大。物联网可以应用在经济社会生活的各个行业领域，而行业需求的差异性要求企业需要深入了解行业特点、明确行业要解决的关键问题、为行业进行定制性的设备研发和软件开发，一定程度上增大了企业研发的难度。同时，行业的差异性也带来了标准化的难度增大，产品无法实现有效互通。

感知层面，各个行业需要感知的对象不同，需要采集的物理世界信息不同，造成了传感器的差异，例如用于环境监测的传感器和用于农业土壤监测的传感器是无法通用的。信息处理层面，各行业的基础信息不同，需要分析和决策的内容不同，因此尚没有一种通用的数据分析和智能决策软件能够适用于所有行业。行业的多样性和强定制性，使得物联网技术与产业发展在现阶段难以聚焦以实现集中跨越式突破。

五、我国物联网产业发展的机遇

我国正处于新型工业化、信息化、城镇化、农业现代化同步发展的新时期，信息通信技术在经济转型升级发展、产业结构优化调整方面正发挥着前所未有的作用。物联网作为我国战略性新兴产业的重要组成，正与其他信息技术融合渗透，进入深化发展的新阶段。我国物联网自2009年以来起步发展，在物联网技术研发、标准研制、产业培育和行业应用等方面已经具备一定基础，亟需抓住新一轮的科技革命和产业革命的重要机遇，加快战略部署和专项行动计划实施，推动技术和应用创新，释放物联网潜力，深化物联网应用，推动物联网的健康可持续发展。

（一）发挥市场主导作用，形成物联网自循环的内生发展动力。充分激发市场活力，依托科技创新体制改革，建立以企业为主体、市场为导向、产学研用相结合的创新体系，增强物联网发展的内生动力。优化国家资金配置，发挥企业作为创新主体和市场主体的作用，鼓励企业加大技术研发力度，加强产业链上下游的多方协作，推动商业模式和服务模式等方面的创新，形成互利共赢的局面。

在行业应用领域，进一步挖掘市场需求，探索商业模式。推动物联网在各个行业的渗透，深化在工业、农业和服务业的应用，充分发挥物联网在推动传统行业转型升级的重要作用，带动形成物联网产业的规模发展。

在个人应用领域，推动形成物联网自循环发展。以面向公众的应用为突破口，通过规模发展带来突破性效应。对于感知节点采集上来的大量物的信息，借助与移动互联网的融合，通过应用创新为个人提供特色服务，以此突破规模化瓶颈，推动物联网自身的持续性发展。

（二）坚持应用先行，实现物联网的层次化、有序化推进。充分按照“需求牵引，应用先导，确保安全”的原则，面向重点行业和重点民生领域，选择工业、农业、节能环保、商贸流通、交通能源、公共安全、社会事业、城市管理、安全生产、国防建设等重点领域，深化物联网应用。

结合技术和产业化的水平，坚持层次化推进。优先在技术产业相对成熟、发展潜力大的领域开展应用推广工作，以规模化的物联网应用市场带动技术、标准、产业、政策等进一步完善。在技术和产业化尚未成熟的领域，在确保自主创新技术突破和产品满足应用需求的前提下，循序渐进发展。在技术相对稳定而产业化能力不足的领域，应首先提升生产能力，扩大产品产量，改善产品的工艺、质量，以适应应用规模化推广的高标准和低成本要求。

（三）强化创新驱动，优化物联网发展的配套环境。坚持创新驱动，提高创新层次。开展核心技术和关键产品的基础性研发，推动自主创新技术产品的研制，在物联网重大基础设施、重要业务系统加强安全自主可控软硬件的应用。加强融合创新，创新服务模式和商业模式，培育新型业态。

坚持物联网发展的自主可控，加强防护管理，建立健全监督、检查和安全评估机制，有效保障物联网信息采集、传输、处理、应用等各环节的安全可控。

积极探索物联网产业链上下游协作共赢的新型商业模式，推动物联网公共服务平台建设，推动标准体系建设，加强信息系统间的资源共享和业务协同，强化数据处理和综合应用，推动物联网持续健康发展。

六、结论

物联网本身并不是全新的技术，而是在原有基础上的提升、汇总和融合。物联网作为一种融合发展的技术，其产业在自身发展的同时，同样会带来庞大的产业集群效应。据保守估计，传感技术在智能交通、公共安全、重要区域防入侵、环保、电力安全、平安家居、健康监测等诸多领域的市场规模均超过百亿甚至千亿。据预测，到2020年，物物互联业务与现有人人互联业务之比将达到30：1，物联网产业将有可能成为下一个万亿级的产业。美国《福布斯》杂志评论未来的物联网将比现有的Internet大得多，市场前景将远远超过计算机、互联网、移动通信等市场。

总体而言，全球物联网发展还处于初级阶段，但已具备较好的基础。未来几年，全球物联网市场规模将出现快速增长，2010年全球物联网产业规模超过1000亿美元，据估计，2013年将超过1700亿美元，年增长率接近30%。其中，微加速度计、压力传感器、微镜、气体传感器、微陀螺等器件也已在汽车、手机、电子游戏、生物医疗、传感网络等消费领域得到广泛应用，大量成熟技术和产品的诞生为物联网大规模应用奠定了基础。

随着发达国家和地区纷纷出台物联网相关政策进行战略布局，希望在新一轮信息产业发展中抢占先机，全球物联网产业将呈现快速增长的态势，这样的增长态势持续下去，未来10年全球的物联网无疑都将实现数量和质量的飞跃，实现大规模普及和商用，走进普通人家。

（摘自中国企业网www.d1net.com，2014年11月23日）

中国移动互联网调查研究报告

第一节　调查介绍

一、研究方法

（一）调查对象。中国有手机的6岁及以上常住居民，且最近半年使用过手机接入互联网的手机网民。

（二）调查规模。本次调查截止时间为2014年6月，成功样本量共为3000个，覆盖中国大陆一至五线城市。其中，涉及规模数据采用 CNNIC 第 34 次中国互联网调查项目执行，样本量30000个。

（三）调查样本分布。电话调查的目标总体是中国大陆（除港、澳、台三地）手机网民。

CNNIC 随机抽取华北、东北、华东、华南、华中、西北、西南 7 大区域内的各级城市。

根据城市所有电话局号，通过随机生成电话号码的方式，抽取手机用户进行访问。样本满足在置信度为 95%时，估计的最大允许绝对误差小于 5%。

（四）调查内容。本报告主要是从网民角度研究中国移动互联网各产业的发展从而了解中国移动互联网的整体发展状况，包括以下内容：中国手机网民发展规模及结构特征；中国手机网民手机上网行为状况；中国手机网民手机应用行为状况；中国手机网民手机商业行为状况；中国手机网民手机终端使用状况；中国手机网民手机网络使用状况。

（五）调查方式。通过计算机辅助电话访问系统（CATI）进行调查。

（六）调查随机性和准确性控制方法

拨打号码的随机生成由 CNNIC 研究人员完成，以保障抽取样本的随机性。完成调查后，电话调查公司须提供所有电话的拨打明细情况给 CNNIC，进行抽查。

为避免接通率对随机性的影响，对号码无法接通的情况，采取至少拨打三遍的方式。为避免访员个人观点对访问造成影响，规定不需要读出的选项一律不加以任何提示，并追问到位。

电话调查结束后对数据进行了预处理、核对了变量的取值和变量之间的逻辑关系等，对于不合格样本予以整体删除处理。

二、报告定义

移动互联网：广义上是指用户使用手机、上网本、笔记本电脑等移动终端，通过移动网络获取移动通信网络服务和互联网服务；狭义上是指用户使用手机终端，通过移动网络浏览互联网站和手机网站，获取多媒体、定制信息等其他数据服务和信息服务。本报告中移动互联网均采用狭义定义。

移动互联网网民：过去半年内，使用手机、平板电脑等便携式终端设备，通过GPRS、3G、WiFi等无线网络访问过互联网/移动互联网的用户。本报告中移动互联网网民均指使用手机终端访问互联网的网民。

智能手机：指的是具有独立操作系统，可以由用户自行安装软件、游戏等第三方应用程序的手机。目前主流的操作系统包括：Symbian（S60 及以上）、iOS、Android、Windows（包括基于Windows CE内核的系统、Windows Phone 7等）、Linux、Blackberry OS等。部分手机，比如 MTK平台的手机，虽然可以支持安装 Java 版本的程序，但由于其功能简单，应用程序扩展性较差，并不属于智能手机。

智能手机网民：最近半年内，使用智能手机访问过互联网/移动互联网的用户。

App：互联网应用与服务可以简称为App（Application），就是可以在手机终端运行的软件，也叫手机应用程序。类似电脑上的软件，安装在手机桌面后，单击一下桌面的软件图标即可进入查看内容，不需要登录浏览器访问网址这些复杂的步骤。

手机应用商店：由互联网企业、运营商、终端设备厂商和手机操作系统提供商开发的手机应用软件服务平台，手机用户可以在平台上下载手机应用。既包括腾讯应用宝、豌豆荚、安卓市场等以手机应用下载为主，也包括360手机助手、腾讯手机管家等手机应用下载占据较大用户流量的手机应用软件服务平台。

手机应用商店用户：在手机应用商店上浏览并下载过手机应用的手机网民。

第二节　报告摘要

一、手机网民规模及用户属性

截至2014年6月底，我国手机网民规模为5.27亿，较2013年底增加2699万人。

我国网民中使用手机上网的人群占比进一步提升，由2013年的81.0%提升至83.4%，手机网民规模首次超越传统PC网民规模。

我国手机网民以男性为主导，但性别分布差距有所缩小。截至2014年6月，我国手机网民中的男女比例为55.9∶44.1。

我国手机网民以年轻用户为主体，但在高年龄段群体的分布有所增加。年龄为30岁及以下的手机网民在总体手机网民中占比达60%；40岁以上群体占比为16.1%，相比2013年6月增加了1.9个百分点。

低学历水平人群是我国手机网民的主要人群。初中学历和高中、中专、技校学历的手机网民占比分别为35.7%和31.7%，构成手机网民的主体。

我国手机网民中月收入在3000元以上的人群占比明显提升，达34.0%，相比2013年6月增长3个百分点，这与我国居民收入的增长趋势相符。

城镇用户是我国移动互联网发展的主力，在手机网民中的比例达72.4%，高出乡村手机网民比例44.8个百分点。

我国手机网民以学生群体占比最大，为24.9%。

二、手机网民基本上网行为状况

手机网民对手机上网的黏性进一步增加。87.8%的手机网民每天至少使用手机上网一次，其中，66.1%手机网民每天使用手机上网多次。

手机网民使用手机上网的时长不断增加。每天上网4小时以上的重度手机网民比例达36.4%，相比2013年增加了16.4个百分点。其中，每天实时在线的手机比例为21.8%。

手机上网常态化特征进一步明显。手机网民最常使用手机上网的场所为卧室/宿舍和工位/教室，占比分别为88.2%和49.7%，相比2013年6月增加显著。

越来越多用户从PC端向手机端转移，挤占电脑上网时间和传统媒体时间，对传统 PC产生较大冲击。55%的手机网民因为使用手机减少了对电脑的使用。

三、手机网民手机应用行为状况

2013年至2014年，各类手机应用的用户规模和使用率均保持一定增长，发展稳定。其中，电子商务类应用和娱乐类应用表现突出，手机应用逐渐从碎片化的沟通、信息类应用向时长长的娱乐、商务类应用发展，并通过手机打车、手机地图等应用加大对社会生活服务的渗透力度。

电子商务类应用整体行业发展态势良好，手机支付是发展亮点。随着线上与线下渠道的打通及多类移动应用的服务带动，手机支付呈现爆发式增长，用户规模增长和使用率增长在所有手机应用中均最高。商务类应用在手机支付的拉动下，正历经跨越式发展，在网络应用中地位愈发重要，手机网上支付、手机网络购物、手机网上银行和手机网上预订应用网民规模年增长速度均超过 100%。

手机地图用户规模保持快速增长。根据调查，截至2014年6月，我国手机地图用户在手机网民中的渗透率达46.9%，相比2013年增长了11.5个百分点。

截至2014年6月，我国手机打车软件的用户规模为4908万，在手机网民中占比为9.3%。

二维码作为移动互联网的入口地位增加，用户使用率不断提升。截至2014年6月，我国手机网民中使用二维码的用户比例为42.1%。

手机应用商店已成为我国手机软件下载的主要途径，发展迅速。最近半年，下载过手机软件的用户中，74.6%通过手机应用商店进行下载。

我国云存储应用目前处于起步阶段，用户规模尚待进一步提升。截至2014年6月，我国手机网民中有38.3%对个人云存储服务有所了解，仅15.8%手机网民使用过个人云存储服务。

四、手机网民手机商业行为状况

我国手机网民对移动互联网产品的付费意愿依旧较低，但相比2013年有所提升。根据调查，25.2%的用户过去半年为手机应用付过费，相比2013年15.4%增加了近10个百分点。其中，手机游戏类应用是手机网民付费最多的手机网络应用，占比高达62.0%。

我国手机网民对广告的接触或点击有所增加，只有31.9%的手机网民没有注意过手机上的广告，相比2013年降低了近20个百分点。相比应用付费而言，近7成手机网民更倾向于通过手机广告来避免付费。

我国手机网民对手机应用的信息开放程度相对较高。开启信息推送、位置共享和实名注册的用户占比分别为27.7%、24.7%和41.6%。

五、手机网民手机终端使用状况

我国手机网民中有54.1%比例拥有两个以上手机。

我国手机网民常用手机中，以苹果、三星占比最高，分别为21.2%和18.4%。

我国智能手机已形成较大用户规模，市场占有率趋于饱和。截至2014年6月底，我国智能手机网民规模达4.8亿，相比2013年2月增长了1.5亿，在手机网民中占比达91.1%。35.3%的手机网民未来一年计划购买智能手机，购买智能手机时考虑的主要因素为操作和功能方面，占比分别为42.0%和35.8%。

六、手机网民手机网络使用状况

目前，我国手机网民中90%以上采用包月流量形式。其中，每月30～100M的用户占比最大，在整体手机网民的比例为21.0%。

近 60%的手机网民每月消耗的手机流量超出了标准套餐流量。

对手机网民的手机上网首选接入方式进行调查发现，WiFi相比传统手机上网方式更受手机网民偏爱，占比达55.3%。且发现5成以上用户在WiFi网络中的手机上网时长占总体手机上网时长一半以上。

第三节 手机网民发展规模及结构特征

一、手机网民规模

截至2014年6月，我国手机网民规模达5.27亿，较2013年底增加2699万人，网民中使用手机上网的人群占比进一步提升，由2013年的81.0%提升至83.4%，手机网民规模首次超越传统 PC 网民规模。

手机网民规模在2013年全年激增8009万之后，潜在手机网民已被大量转化，手机网民在整体网民中的占比已经处于相当高位，未来一段时间我国手机网民增长将主要依靠创新类移动应用迎合非手机网民潜在网络需求来拉动（见附图16-1）。

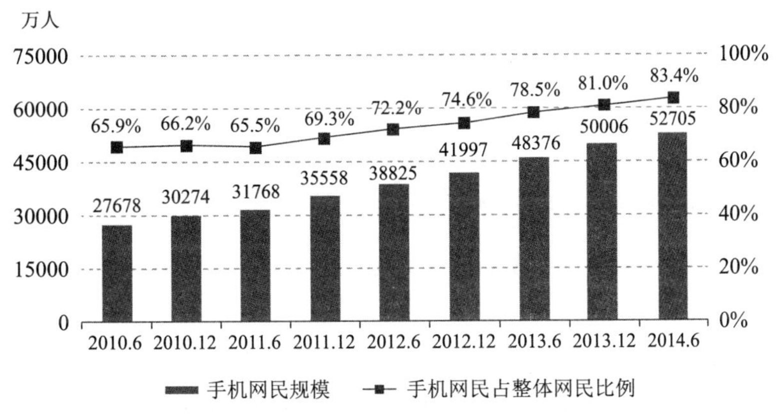

附图6-1 中国手机网民规模及其占网民比例

2014年上半年，我国网民中使用手机上网的比例继续保持增长，从81.0%上升至83.4%，增长2.4个百分点，通过台式电脑和笔记本电脑上网的网民比例略有下降，2014年我国网民使用手机上网比例首次超过传统PC上网比例（80.9%），手机作为第一大上网终端设备的地位更加巩固（见附图6-2）。

二、手机网民属性结构

（一）性别结构。目前，我国手机网民以男性为主导，但性别分布差距有所缩小。根

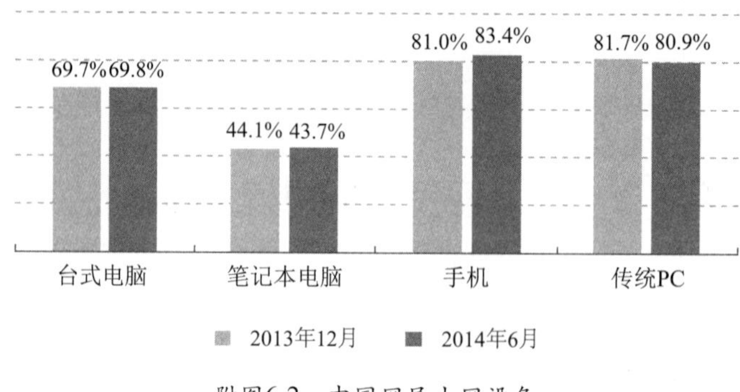

附图6-2　中国网民上网设备

据调查，截至 2014年6月，我国手机网民中的男女比例为55.9∶44.1，男性比例明显高于女性，性别比例差距为11.8个百分点，相比2013年6月减少了2.8个百分点（见附图6-3）。

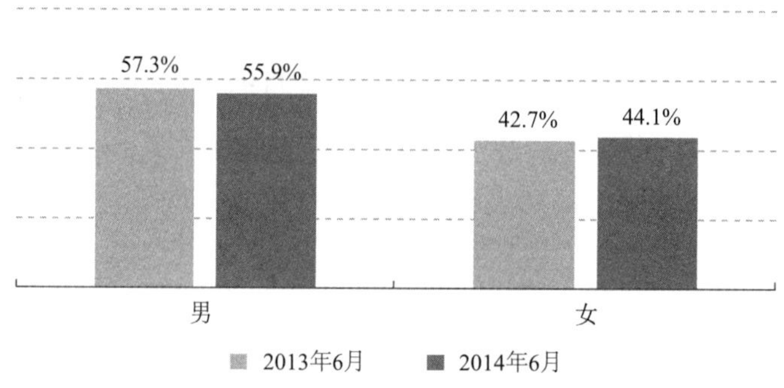

附图6-3　2013年6月～2014年6月手机网民性别结构比较

（二）年龄结构。我国手机网民以年轻用户为主，但在高年龄段群体的分布有所增加。根据调查，年龄为30岁及以下的手机网民在总体手机网民中占比达60%。其中，以20～29岁年龄段手机网民占比最大，为33.4%。我国手机网民向高龄群体的渗透进一步加大，40岁以上群体占比为16.1%，相比2013年6月增加了1.9个百分点（见附图6-4）。

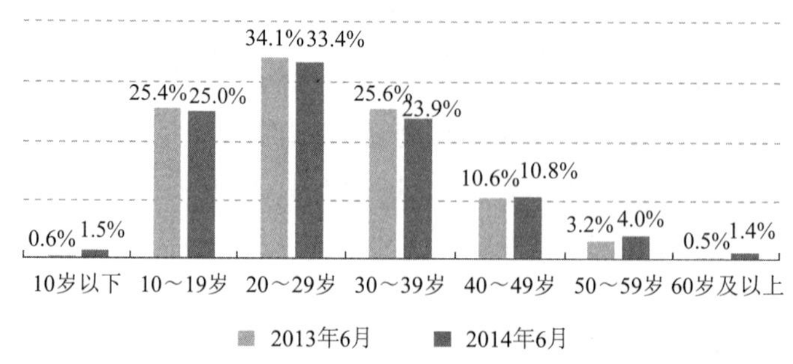

附图6-4　2013年6月～2014年6月手机网民年龄结构比较

（三）学历结构。低学历水平人群是我国手机网民的主要群体。其中，初中学历和高中/中专/技校学历的手机网民占比分别为35.7%和31.7%，构成手机网民的主体。与整体网民相比，我国手机网民的学历水平相对较高，大专及以上学历人群在手机网民中的占比为21.6%，相比该学历段人群在整体网民中的占比更大（见附图6-5）。

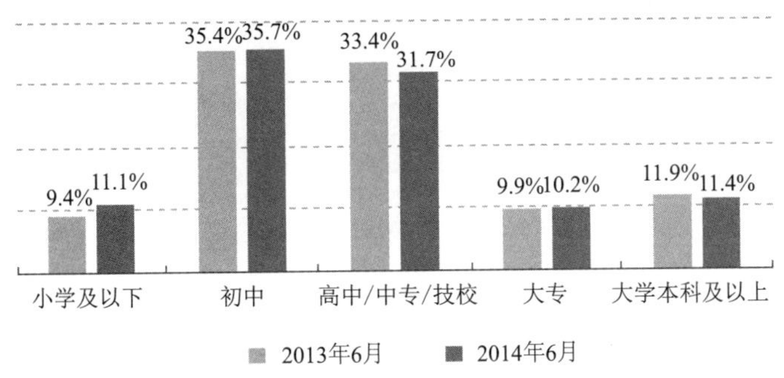

附图6-5 2013年6月～2014年6月手机网民学历结构比较

（四）收入结构。我国手机网民中月收入在3000元以上的人群占比明显提升，达34.0%，相比2013年6月增长3个百分点，这与我国居民收入的增长趋势相符（见附图6-6）。

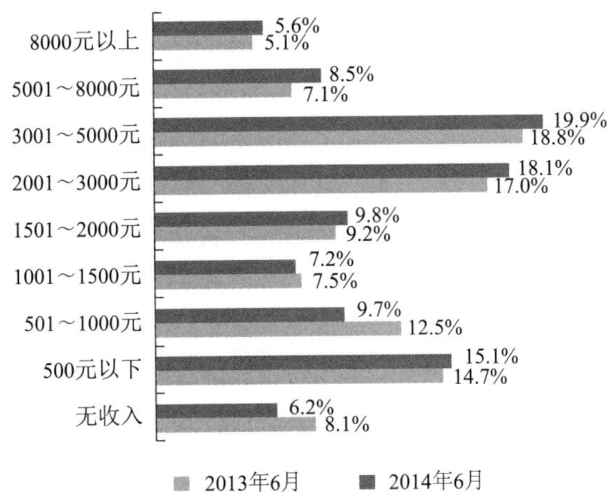

附图6-6 2013年6月～2014年6月手机网民收入结构比较

（五）城乡结构。城镇用户是我国移动互联网发展的主力，在手机网民中的占比达72.4%，高出乡村手机网民占比44.8个百分点。随着城市化进程的加大，我国手机网民中的乡村用户占比将进一步缩小（见附图6-7）。

（六）职业结构。我国手机网民职业分布与整体网民的职业分布基本相似，以学生群体占比最大，为24.9%。但随着学生群体中手机网民普及逐渐饱和，手机增长动力逐渐向非学生群体转移。相比2013年6月，学生群体在手机网民中的占比下降了4个百分点，个体

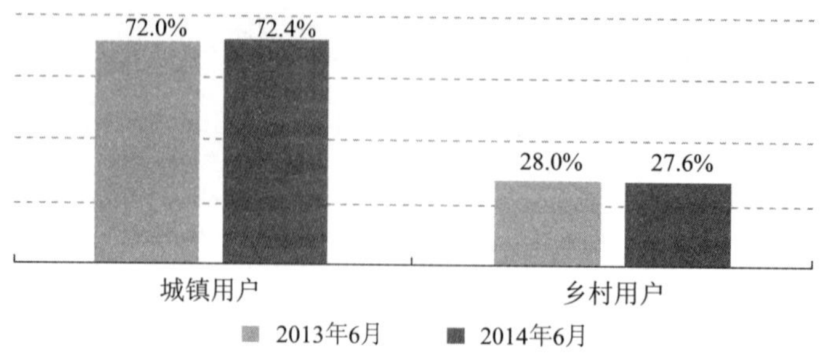

附图6-7　2013年6月～2014年6月手机网民的城乡结构比较

户、自由职业者和企业公司一般职员的占比则有所上升，占比分别为22.1%和12.8%（见附图6-8）。

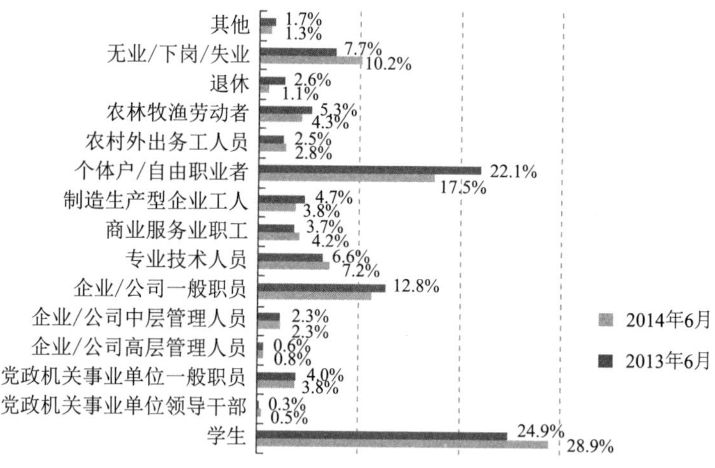

附图6-8　2013年6月～2014年6月手机网民的职业结构比较

第四节　手机网民手机上网行为状况

一、手机网民手机上网频率

我国手机网民手机上网黏性进一步增加。根据调查，87.8%的手机网民每天至少使用手机上网一次。其中，66.1%的手机网民每天使用手机上网多次。各类手机应用软件几乎覆盖了生活的各个方面，带给手机网民便利，增加了手机的使用黏性（见附图6-9）。

二、手机网民手机上网时长

随着智能手机的普及和移动应用的丰富，手机网民每天使用手机上网的时长不断增

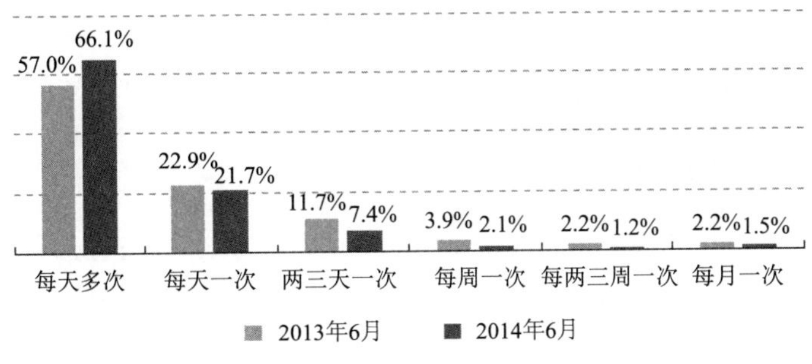

附图6-9　我国手机网民手机上网频率

加。根据调查，我国手机网民中每天手机上网 4 小时以上的重度手机网民比例达 36.4%，相比2013 年增加了 16.4 个百分点。其中，每天实时在线的手机网民在整体手机网民中占比为21.8%（见附图6-10）。

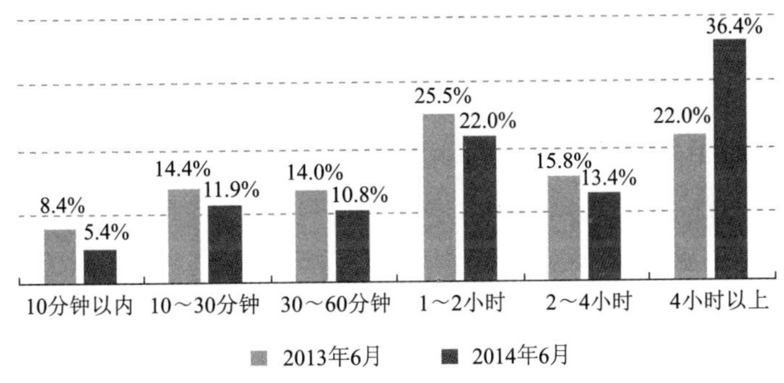

附图6-10　我国手机网民每天手机上网时长

三、手机网民手机上网场所

手机上网常态化特征进一步明显。对我国手机网民最常使用手机上网的场所进行调查发现，在卧室/宿舍和工位/教室的手机上网比例较高，分别为 88.2%和 49.7%，相比 2013

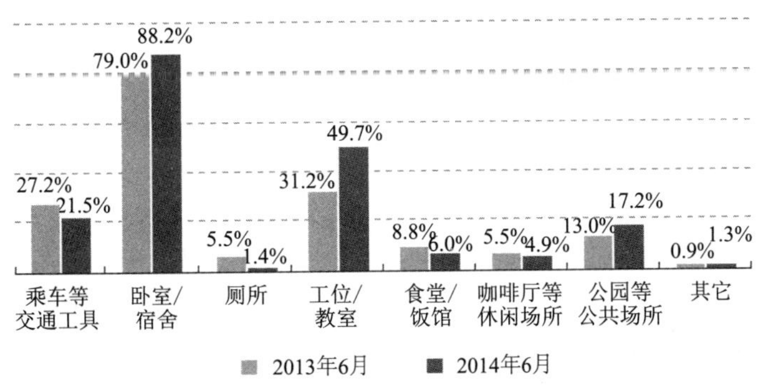

附图6-11　我国手机网民最常使用手机上网的场所

年 6月增加显著，而在交通工具、休闲场所等场所的占比则有所减少，说明手机上网已逐渐从碎片化向常态化转变，成为日常的一种生活方式（见附图6-11）。

四、手机上网对电脑上网的影响

随着智能手机上良好的视频、阅读体验，使得越来越多用户从 PC 端向手机端转移，挤占电脑上网时间和传统媒体时间，对传统 PC 产生较大冲击。根据调查，55%的手机网民认为使用手机减少了其对电脑的使用。其中，手机端社交聊天和娱乐类应用对电脑端的冲击最大，极大减少了电脑端上这两类应用的使用。

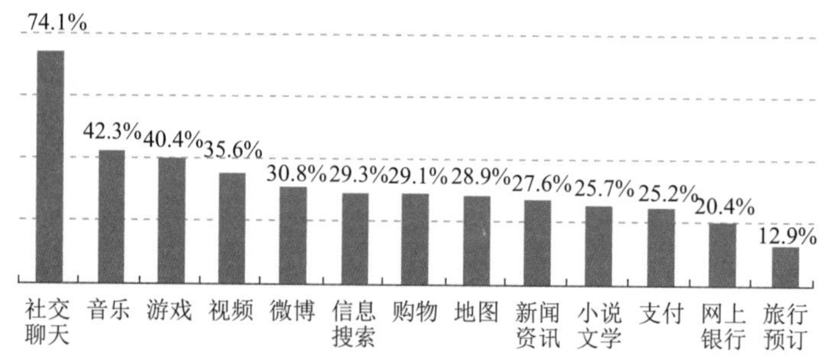

附图6-12　各应用上手机使用减少电脑使用的情况

第五节　手机网民手机应用行为状况

一、手机网民对各类手机应用使用情况

随着移动智能设备的加速普及，移动应用对网民渗透不断加大，全方位改变网民的生活习惯，对人们的信息、社交、娱乐和购物等各方面产生重要影响。2013 年至 2014 年，各类手机应用的用户规模和使用率均保持一定增长，发展稳定。其中，电子商务类应用和娱乐类应用表现突出，手机应用逐渐从碎片化的沟通、信息类应用向时长较长的娱乐、商务类应用发展，并通过手机打车、手机地图和手机支付等应用加大对社会生活服务的渗透（见附表6-1）。

交流沟通类应用依然是手机的主流应用，在所有应用中用户规模和使用率均第一。其中，手机即时通信进一步增长成为主导，社交网站等传统应用的用户规模则继续下降，移动社交逐渐向单一应用聚合。

信息获取类应用作为手机网民获取各类信息的主要方式，满足手机网民日常基本信息

附表6-1　手机网民对各类手机软件使用情况

	2014年6月		2013年6月		
应用	用户规模（万）	网民使用率	用户规模（万）	网民使用率	年增长率
手机即时通信	45921	87.1%	39735	85.7%	15.6%
手机搜索	40583	77.0%	32431	69.9%	25.1%
手机网络新闻	39087	74.2%	31356	67.6%	24.7%
手机网络音乐	35462	67.3%	24388	52.6%	45.4%
手机网络视频	29378	55.7%	15961	34.4%	84.1%
手机网络游戏	25182	47.8%	16128	34.8%	56.0%
手机网络文学	22211	42.1%	20370	43.9%	9.0%
手机网上支付	20509	38.9%	7911	17.1%	159.2%
手机网络购物	20499	38.9%	7636	16.5%	168.5%
手机微博	18851	35.8%	22951	49.5%	-17.9%
手机网上银行	18316	34.8%	7236	15.6%	153.1%
手机邮件	14827	28.1%	12641	27.3%	17.3%
手机社交网站	13387	25.4%	19565	42.2%	-31.6%
手机团购	10220	19.4%	3131	6.8%	226.4%
手机旅行预订	7537	14.3%	3493	7.5%	115.8%

需求，用户规模和使用率仅次于手机即时通信，发展保持稳定。其中，手机搜索引擎随着各大品牌手机搜索App的推出、手机浏览器等多渠道推广及各类应用的用户导流，其用户规模在保持高位情况下依然增长强劲。

电子商务类应用整体行业发展态势良好，手机支付是亮点。随着线上与线下渠道的打通及多类移动应用的服务带动，手机支付呈现爆发式增长，用户规模增长和使用率增长在所有手机应用中均最高。商务类应用在手机支付的拉动下，正历经跨越式发展，在网络应用中地位愈发重要，手机网上支付、手机网络购物、手机网上银行和手机网上预订应用网民规模年增长速度均超过100%，带动整体互联网商务类应用增长。

休闲类娱乐应用继续保持稳定增长，成为手机网民的一种日常基础娱乐方式。其中，WiFi覆盖提升、3G成熟和4G开展等，直接提升了手机网民对手机视频和手机音乐等高流量娱乐类应用的使用，这两类应用在娱乐类应用中的用户规模增长也相对更快。

二、典型手机应用的使用情况

（一）**手机地图**。手机地图用户规模保持增长。根据调查，截至2014年6月，我国手机地图用户在手机网民中的渗透率达46.9%，相比2013年增长了11.5个百分点。手机地图用户的增长，一方面在于智能手机的普及，极大切合手机用户外出随时随地查询位置服务的需求；另一方面在于传统地图厂商和互联网厂商加大对手机地图的布局和宣传，促使更多网民了解并使用。

目前，我国手机地图市场竞争激烈，各大地图服务商纷纷借助多产品联动运营对用户展开争夺。根据调查，百度地图以63.7%的用户使用率排名首位，高德地图以32.4%的用户使用率排名第二，两者占据近八成的市场份额。

随着国内经济发展，普通大众对交通出行和本地生活服务的需求不断增加，手机地图中各类生活服务功能也逐步丰富，但用户对手机地图中生活服务功能使用习惯尚未完全建立，未来，加大用户对手机地图中生活服务功能的使用，真正实现从工具应用向移动位置生活服务平台转型，是各大手机地图厂商竞争的重点（附图6-13）。

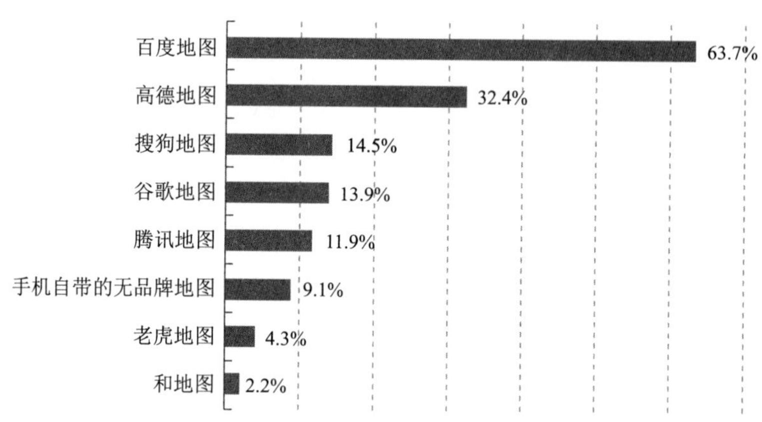

附图6-13　手机地图用户市场份额情况

随着用户对手机地图考虑因素的多元化，手机地图服务商在产品功能和用户体验上的挑战难度也不断加大。根据调查，中国手机地图用户在选择地图时主要考虑的两大因素是地图定位和线路导航的准确性，占比分别为47.8%和39.7%。此外，产品运行速度和信息服务的全面性也成为用户选择手机地图品牌的另外两个重要因素。未来，手机地图的信息更新、产品运行和生活服务等将共同成为决定手机地图竞争力的综合指标，也意味着中小企业和新进企业的进入难度将进一步加大（附图6-14）。

经过近几年的发展，手机地图已经成为移动互联网发展的重要入口，成为联通线上线下的重要平台。根据调查，除了路线导航（64.5%）、地点查找（58.7%）、定位（57.6%）和线路规划（49.6%）等传统地图功能使用外，结合生活服务和社交服务功能的使用也逐渐增多。尤其是结合地理位置和团购的周边美食餐饮服务，占比为40.8%。未来，手机地图的一站式服务还将成为手机地图发展的重点，推动手机地图向生活服务平台的进一步转型，各大地图服务商也将继续加大本地生活服务投入力度，如附图6-15所示。

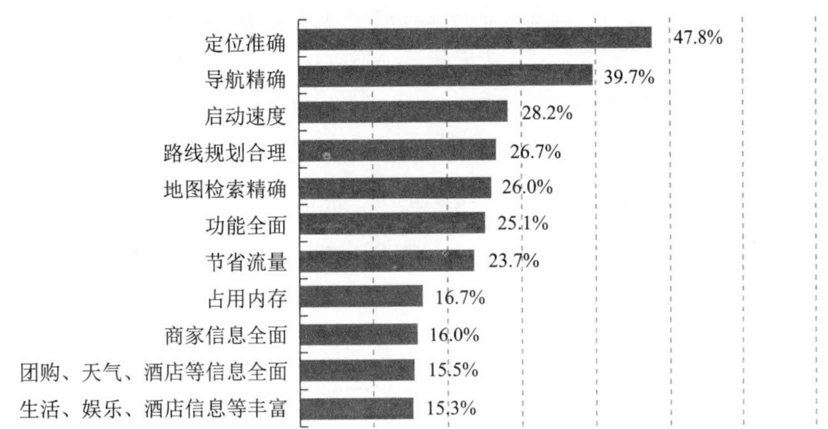

附图6-14 手机地图用户选择手机地图时的考虑因素

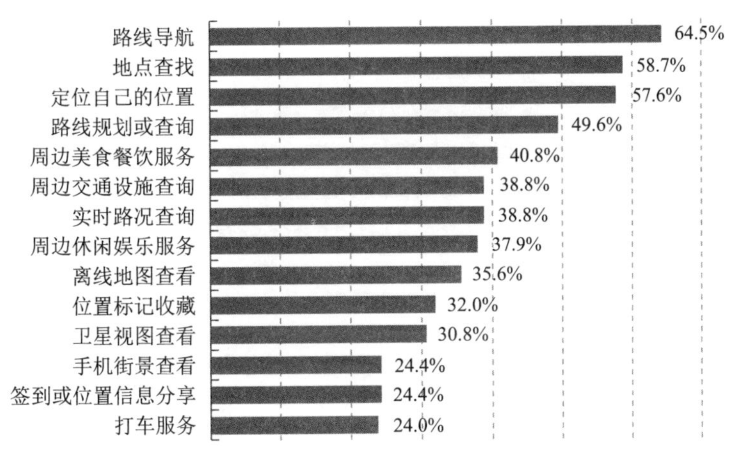

附图 6-15 手机地图用户在手机地图上使用的功能

智能手机的快速普及和应用的丰富，也使得手机对传统汽车服务市场产生了较大影响。对拥有汽车且使用汽车导航的用户进行调查发现，21.4%的用户认为使用手机地图减少了其对车载导航的使用。手机功能日趋完善对汽车传统服务带来的巨大冲击，将促使汽车联网服务的发展，手机屏幕和车载屏幕也将进一步打通。

（二）手机打车。自 2012 年手机打车应用开始出现，仅两年发展便获得一定用户市场规模，引起政府及社会各界的广泛关注，各大传统互联网公司也纷纷进入打车应用市场以期通过打车应用来拓展自身服务。根据调查，截至 2014 年 6 月，我国手机打车软件的用户规模为 4908 万，在手机网民中占比为 9.3%。虽然手机打车软件相对其他手机软件使用率较低，但作为单一工具类手机应用，加之发展时间尚短，接近 10%的用户比例已体现出一定的市场潜力。

经历前期近百款手机打车应用竞争热潮之后，我国手机打车软件市场发展开始逐渐趋于稳定。主流手机打车软件通过与互联网巨头合作，利用支付、地图和社交产品等带来巨大用户流量。同时，手机打车软件作为生活服务细分市场有效促进了对应合作企业移送支付产业的发展。

手机打车软件的出现为手机网民的出行提供了便捷，节省了乘客的打车时间。对手机打车软件用户的使用体验进行调查发现，88.5%用户对手机打车软件的使用体验表示肯定。尤其表现在叫车成功率高上这一点上，占比为 75.2%。但是在打车功能上大部分用户认为还有较大的改善空间，占比为 60%。未来，打车应用在满足用户快速便捷打车这一核心需求外，还可加大对手机打车服务的拓展，为用户提供更多元化的出行服务（附图6-16）。

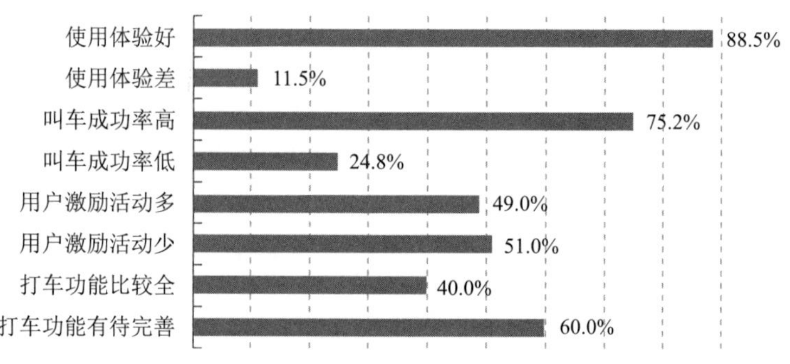

附图6-16　用户对手机打车软件的使用体验

（三）手机二维码。随着二维码成为众多手机应用的标配，其作为移动互联网的入口地位增加，用户使用率不断提升。根据调查，截至 2014 年 6 月，我国手机网民中使用二维码的比例为 42.1%。二维码方便快捷，备受手机网民喜爱，不仅成为网页访问、购物和社交等各类应用的重要入口，也成为各大企业重要的营销方式，渗透至线下媒体和社会生活的各个场所，用户市场潜力较大。

对手机网民使用二维码的行为进行调查，发现二维码用户扫码行为主要集中在社交、购物和网站访问上，占比分别为 52.8%、42.3%和 37.4%。二维码的增长最开始源于微信等应用的带动，通过扫描添加好友、访问公众账号，初步培养用户使用二维码的习惯。随后，二维码逐渐拓展至更多场景，如购物、获取优惠券等，进一步强化了用户的使用习惯，成为连接线上线下商业模式的重要切入点（附图6-17）。

二维码简单直接的输入方式，适合移动互联网时代随时随地获取信息的特点，使其成为各大企业进行宣传营销的重要方式，用户也倾向于通过扫描各类媒介上的二维码来获取企业信息、产品信息和优惠活动等。对用户扫描二维码的媒介进行调查，发现对产品包

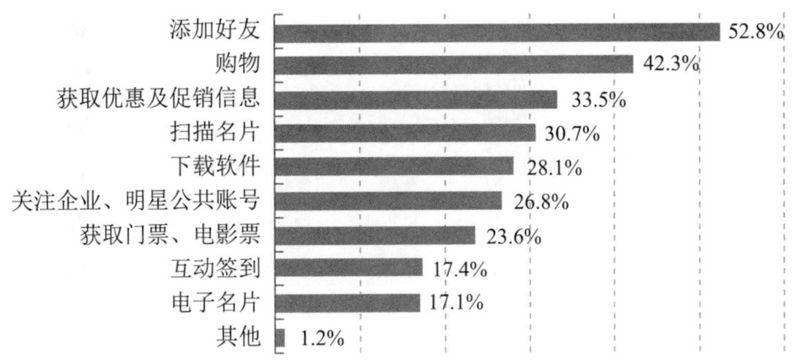

附图6-17 手机网民使用二维码的场景

装上的扫描最多，占比 58.0%。此外，用户在各传统媒体和户外媒体上的二维码扫描也较多，比例均超过 20%，这说明二维码使用无处不在，已成为各行业宣传营销的重要手段，而这些传统媒体的线下传播也进一步带动了二维码用户规模的增加（附图6-18）。

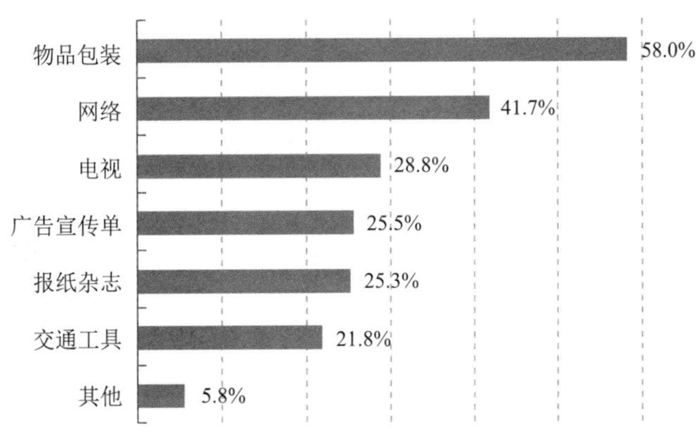

附图6-18 手机网民扫描二维码的媒介

（四）手机应用商店。手机应用商店简化了手机软件下载流程，促使越来越多手机网民通过应用商店进行软件下载，发展迅速。根据调查，最近半年下载过手机软件的用户中，74.6%通过手机应用商店进行下载，手机应用商店已成为我国手机软件下载的主要途径。此外，值得注意的是，通过手机浏览器在线应用商店和手机搜索引擎下载这两种方式的用户比例也较高，占比分别为41.1%和39.8%。手机浏览器和搜索引擎在手机端的入口作用和PC习惯的迁移，使其拥有较大的用户优势，成为手机应用软件分发的又一重要方式，具备较大用户的规模（附图6-19）。

目前，我国手机应用商店的用户市场形成3个阵营。第一阵营，用户市场份额大于30%，主要是百度、360和腾讯等传统互联网企业；第二阵营，用户份额为10%～30%，主要是豌豆荚、手机自带应用商店及App Store等；第三阵营，用户份额小于10%，以传统运

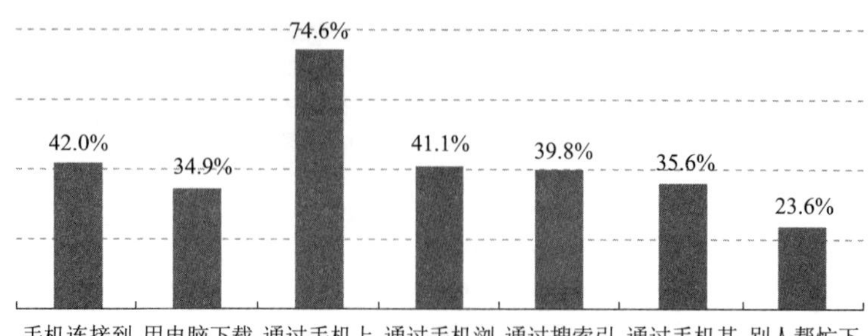

附图6-19 手机网民下载手机应用软件的方式

营商的手机应用商店为主。

百度、360和腾讯在手机应用商店中的用户市场份额分列前三，占比分别为61.3%、45.7%和 36.0%。传统互联网巨头借助已有的用户优势及多渠道布局，占据较大的市场份额，掌握了应用分发市场的话语权，使得中小应用商店进入难度进一步加大。

第二阵营，豌豆荚的市场份额为 20.7%，在独立手机第三方应用平台中的市场份额最高，成为未来互联网巨头扩大自身应用分发能力并购或投资的重点对象；手机自带应用市场的用户占比为 17.3%，占据一定用户份额，中小手机应用开发者在第一分发阵营进入门槛相对较高的情况下，可适当加大对手机自带应用商店的关注（附图6-20）。

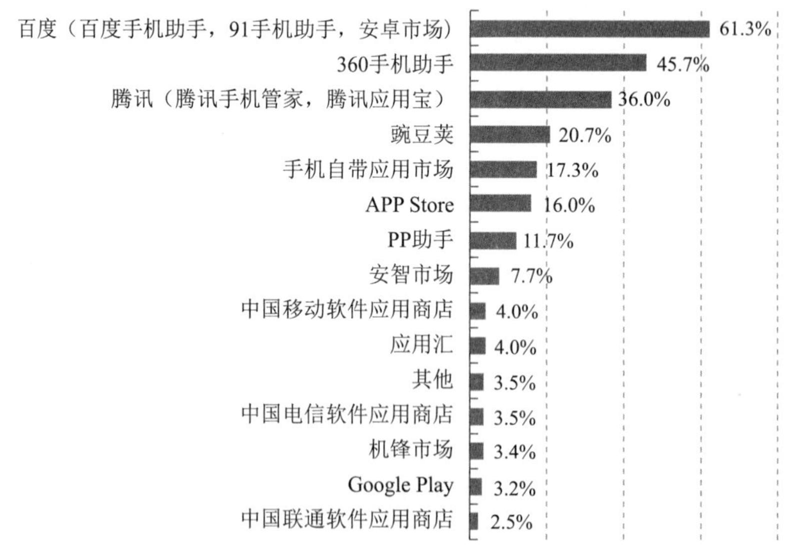

附图6-20 手机应用商店的用户市场份额

（五）手机云存储。尽管目前云盘类应用和笔记类应用纷纷上线，但用户的使用行为习惯并未形成，我国云存储应用尚处于起步阶段，用户规模有待进一步提升。根据调查，截至 2014 年 6 月，我国手机网民中有 38.3%对个人云存储服务有所了解，仅 15.8%的手机网民最近半年内使用过个人云存储应有服务。

针对使用过云存储应用的用户进行调查发现，我国手机网民使用云存储的目的主要在于存储、同步和分享。其中，存储备份短信、通讯录等资料的比例最高，占比为 78.4%；多终端同步的比例为 53.3%；分享的比例相对较低，为 34.1%。未来，随着移动信息的爆发式增长和用户多终端拥有率的提升，用户进行资料存储和信息同步的需求将进一步提升，直接带动对云存储应用的使用。此外。系统软硬件技术的逐步成熟和移动网络的快速发展，为用户随时随地进行同步和分享提供了良好的支持环境，促进云存储行业的整体发展。预计，未来个人云存储服务市场将快速发展，市场竞争更加激烈的同时个人云存储服务产品也更加多元化（附图6-21）。

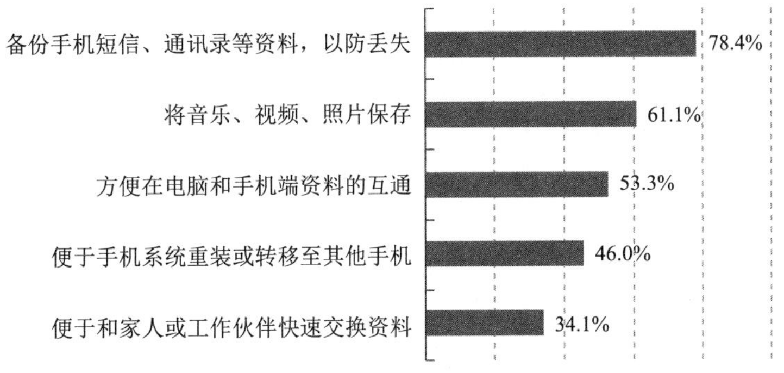

附图6-21 手机网民使用云存储应用的用途

对用户而言，影响其选择云存储应用产品的因素中，安全性、便捷性和容量是三个最主要的因素，占比分别为 50.5%、46.7%和 33.8%（附图6-22）。用户在云存储应用中上传文档、视频和照片等各类信息，这些隐私数据一旦被泄露将对个人造成直接伤害，因此，安全成为所有因素中用户核心的考虑点。但在目前收费盈利模式较为困难的情况下，中国大部分企业涉足云存储在于通过获取用户数据进行大数据分析和拓展其他业务，因此，如何合理平衡用户的安全隐私需求和云存储数据的商业用途，是各大云存储应用服务企业的核心考虑点。

与个人使用手机云存储服务用途相类似，在个人考虑选择云存储服务的因素中，分享这一因素占比相对较低。未来，加大用户对云存储服务的分享行为的培养，通过社交元素的引进来推动个人云存储服务的发展将成为各大企业发力的一个重要方面。

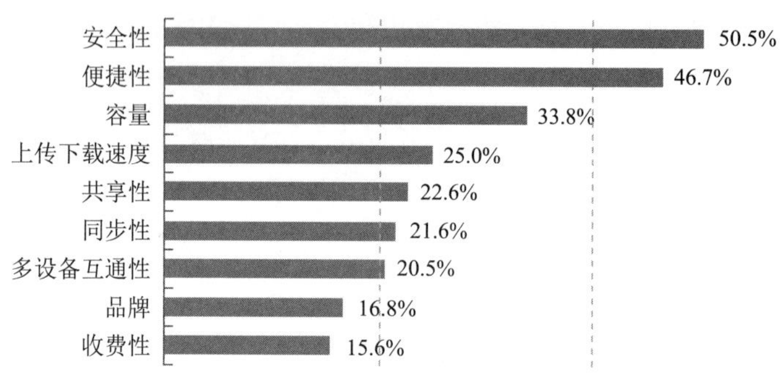

附图6-22　手机网民选择云存储应用的主要考虑因素

第六节　手机网民手机商业行为状况

一、手机网民网络付费行为

我国手机网民对移动互联网产品的付费意愿依旧较低，但相比 2013 年有所提升。根据调查，25.2%的用户过去半年为手机应用付过费，相比 2013 年 15.4%增加了近 10 个百分点。对没有付费的用户进一步调查，发现其中有 48.5%的人未来愿意为手机应用付费。经过近几年的用户培养，中国的增值服务市场有所发展，潜力较大（附图6-23）。

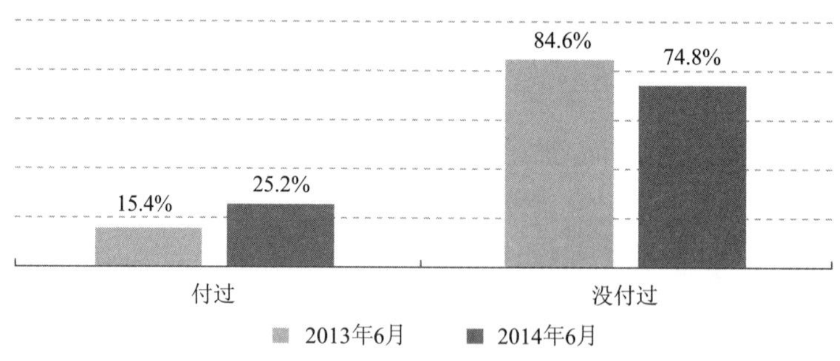

附图6-23　手机网民网络付费情况

手机游戏类应用是手机网民付费最多的手机网络应用，占比高达 62.0%。其次为社交聊天类和手机小说阅读类应用，比例分别为 33.9%和 30.8%。手机游戏和手机小说付费延续了PC 端的用户付费习惯，是目前手机增值服务市场的主要盈利点（附图6-24）。

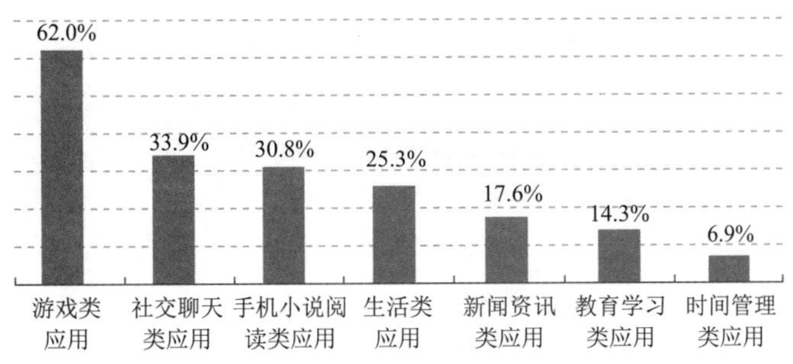

附图6-24 手机网民付费的网络服务类型

针对没有付过费的手机网民进行调查，发现其未来对偏生活实用类信息付费意愿较高，其中，对教育学习类和生活类应用有付费意愿的用户占比分别为33.3%和32.2%。这部分未付费用户更倾向于实用性的内容消费，但我国移动互联网企业对生活型内容消费增值服务的开发力度尚待提高。未来，应加大对生活类增值服务内容的开发，拓展手机端游戏之外商业消费模式，以进一步促进我国手机增值服务市场的发展提高手机付费人群比例（附图6-25）。

综合上述手机网民付费服务和未来愿意付费服务的调查，可以发现游戏娱乐类应用和生活实用类应用是未来手机增值服务的两大主要方向。

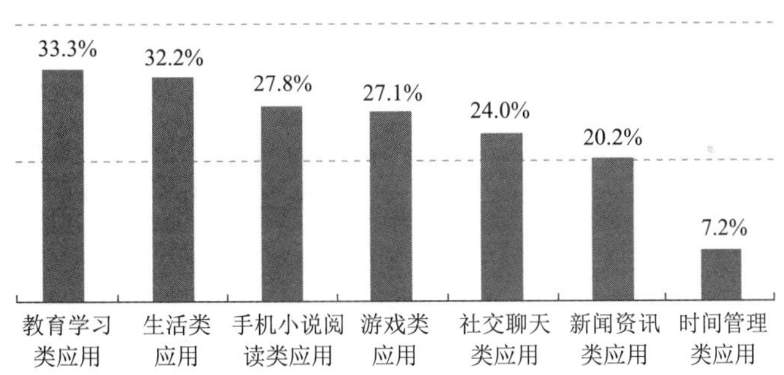

附图6-25 手机网民未来愿意付费的网络服务类型

在付费方式上，手机网民更偏好软件一次性付费，占比为47.0%，其次为软件包月收费，比例为36.6%。从数据结果来看，目前我国手机网民对于内容付费的意愿相对较低（附图6-26）。

二、手机网民广告接受度

从手机广告的接触情况来看，我国手机网民对广告的接触或访问量有所增加，只有31.9%的手机网民没有注意过手机上的广告，相比 2013 年降低了近 20 个百分点。手机广告接触度的增加，说明我国手机广告效果相比以往有所增加，一方面在于手机网民对手机各

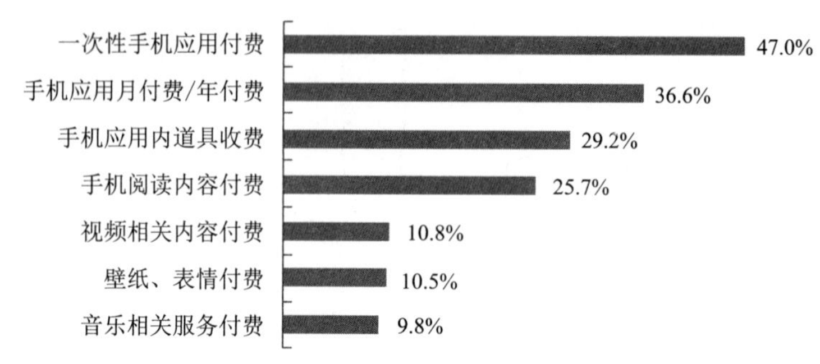

附图6-26 手机网民偏好的手机应用付费方式

应用的使用频率的增加直接提升了手机广告的呈现力度，增加了广告的到达率；另一方面在于广告主通过加大对目标人群的分析力度，提升了广告投放的精准度，吸引了核心人群的注意。

但手机网民对广告的主动点击比例依然较低，仅有33.1%手机网民访问过手机广告，如何让目标用户看见广告并进行主动单击，是未来手机广告考虑的重点（附图6-27）。

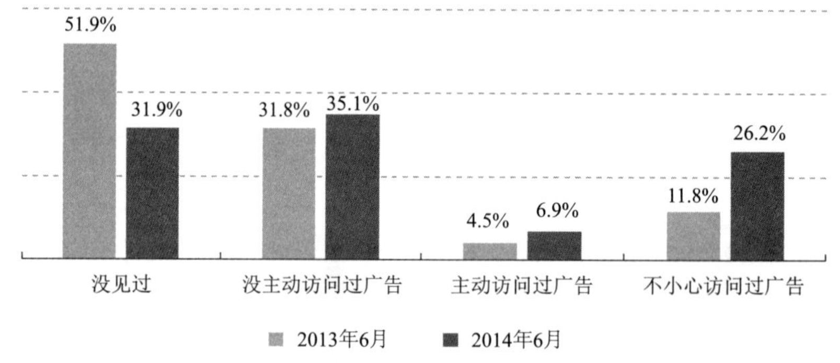

附图6-27 手机网民的手机广告接触度

虽然手机网民对手机广告的注意力度有所增加，但对手机广告的接受度依然较低。根据调查，只有 15.4%的用户表示无所谓，32.4%的用户表示只要不影响正常使用即可，更多

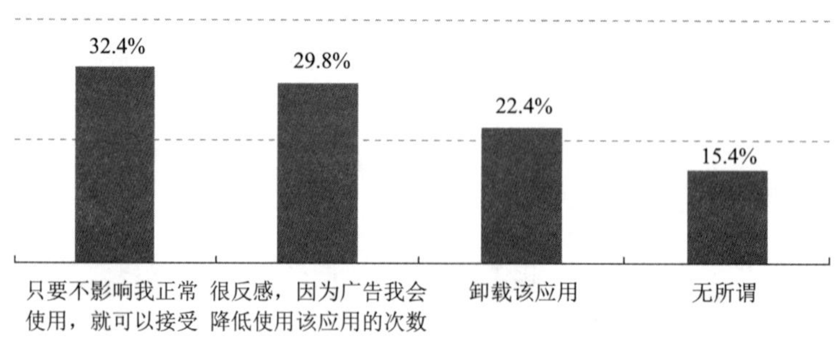

附图6-28 手机广告对手机广告的态度

的手机用户对手机广告则是持否定的态度，甚至有22.4%的用户表示会卸载该应用（附图6-28）。

相比应用付费而言，近七成手机网民更倾向于通过手机广告来避免付费。未来很长一段时间，基于广告的后向收费将依然是我国移动互联网的主流商业盈利模式，针对用户的前向收费商业模式发展还需时日。

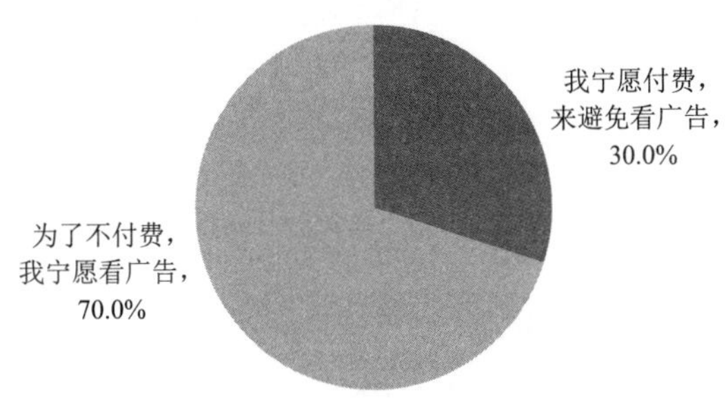

附图6-29　手机网民对广告的接受度

三、手机网民信息开放程度

根据手机网民的用户属性和行为特征进行有目的的数据分析，然后基于位置信息进行目标广告推送是未来广告精准化发展的主要思路。对我国手机网民对手机应用的信息开放程度进行调查发现，开启信息推送、位置共享和实名注册的用户占比分别为27.7%、24.7%和41.6%。总体而言，我国手机网民对手机应用的信息开放程度相对较高（见附图6-30）。

对手机网民手机中接受信息推送、位置共享和实名注册的应用在整体应用中的占比进行调查，比例分别为 20.3%、21.8%和 21.1%（附图6-31）。

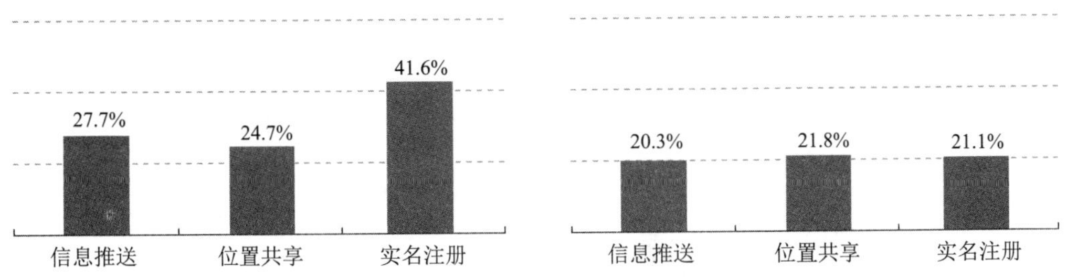

附图6-30　手机网民对手机应用的开放程度　附图6-31　手机网民开放信息应用在整体应用的占比

第七节　手机网民手机终端使用状况

随着智能手机功能的不断更新和移动网络的不断发展，我国手机网民对手机各项性能的要求也不断提升，更换或同时拥有不同品牌或网络运营商手机的用户比例逐渐增大。根据调查，我国手机网民中拥有两个以上手机的比例高达54.1%（附图6-32）。

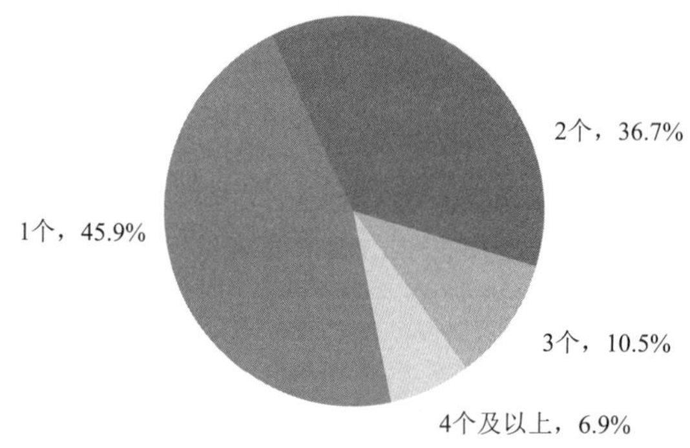

附图6-32　中国手机网民拥有手机个数比例

针对手机网民常用手机进行调查发现，我国手机网民常用手机中以苹果、三星占比最高，分别为21.2%和18.4%。随着国内手机品牌同时发力高端和低端市场，且更加注重品牌创新，逐渐受到较多用户青睐，其中以华为、小米和联想在手机网民常用手机市场份额中占比相对较高，分别为8.6%、8.1%和7.1%。诺基亚手机用户常用比例则进一步下降，仅为4.4%（附图6-33）。

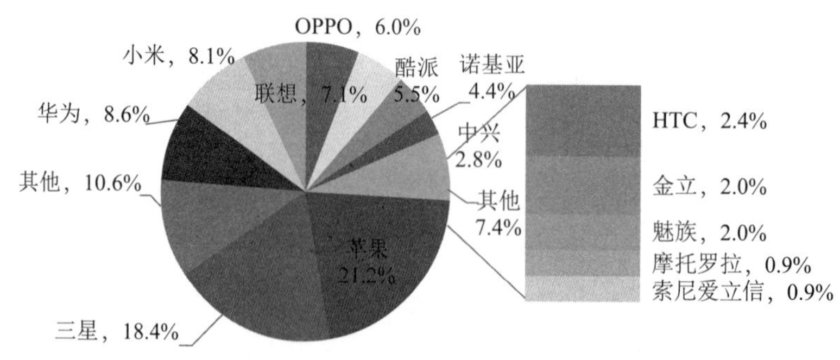

附图6-33　中国手机网民常用手机的手机品牌

我国智能手机已形成较大用户规模，市场占有率趋于饱和。截至 2014 年 6 月底，我国智能手机网民规模达 4.8 亿，相比 2013 年 2 月增长了 1.5 亿，在手机网民中占比达 91.1%，智能手机成为我国移动互联网发展的重要载体。随着智能手机用户的逐渐触顶，未来我国智能手机增速将呈减缓趋势，进入稳定态势（附图 6-34）。

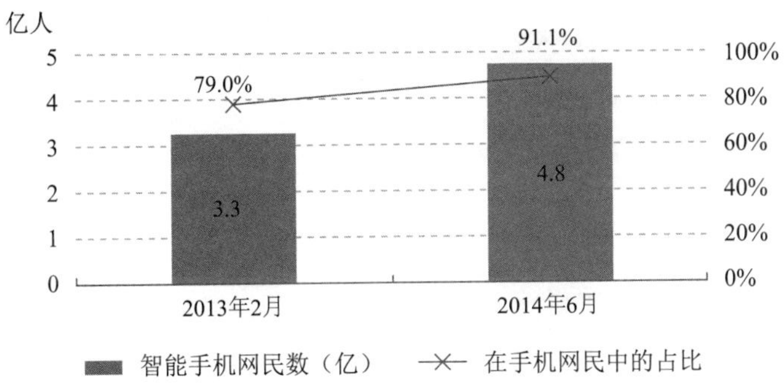

附图6-34 我国智能手机网民规模及在手机网民中的占比

对未来购买计划购买智能手机的网民进行调查，发现有35.3%的手机网民未来一年计划购买智能手机，购买智能手机时考虑的主要因素为操作和功能方面，占比分别为42.0%和35.8%，而对于由于手机网络的发展而进行更换手机的考虑则相对较低，其中为了支持4G更换手机的用户占比为5.2%，高于为了支持3G更换手机的用户占比1.7%。一方面，说明3G手机销售将进一步下降，三大运营商应逐步从3G手机向4G手机推广发展来带动用户量的增长；另一方面，因为4G网络而更换手机的用户比例也较低，说明手机网民对4G的认知和网络优势认识有待进一步提高，三大运营商在4G网络建设的同时还应加大对用户4G网络的普及和宣传（附图6-35）。

线下渠道依旧是我国手机网民购买手机的主要途径，手机品牌店购买和大型超市商场购买的比例分别为50.8%和24.4%。线上购买和运营商活动购买的比例有所增加，分别为17.7%和17.5%。未来，随着网络购物环境的逐步完善和网络电商活动力度的不断加大，线

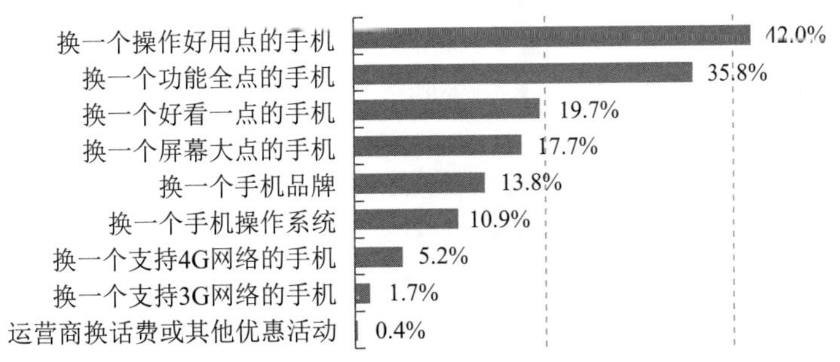

附图6-35 我国手机网民未来考虑购买智能手机的主要因素

上购买的比例还将进一步增加。而三大运营商在终端补贴均有所下调的情况下，若想增加用户购买比例，还应进一步加大业务创新对用户形成吸引（附图6-36）。

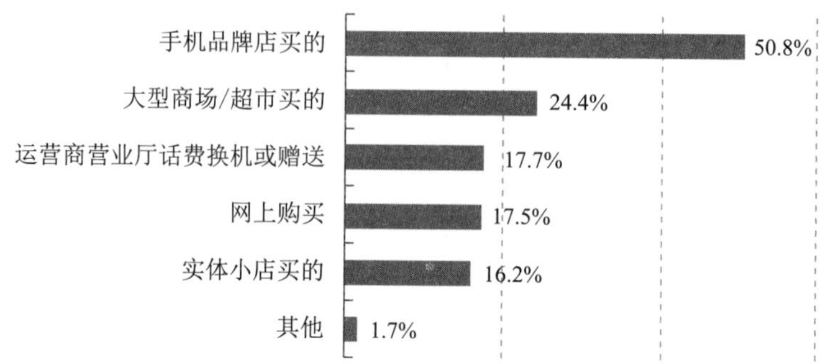

附图6-36　手机网民购买手机的主要渠道

第八节　手机网民手机网络使用状况

一、手机网民流量形式

随着手机网络应用发展，手机网民上网黏性增加，对手机流量的需求也相应增加。根据调查，目前我国手机网民中90%以上采用包月流量形式。其中，每月30～100M的用户占比最大，在整体手机网民的比例为21.0%，仅能满足较低流量需求的基本网络操作，对于高流量的视频等应用需求满足能力有限。未来，随着智能手机应用的进一步丰富、网络资费的不断下调，尤其随着虚拟运营商的进入促使传统运营商流量业务的改革创新，将共同推动手机网民每月手机流量的增加（附图6-37）。

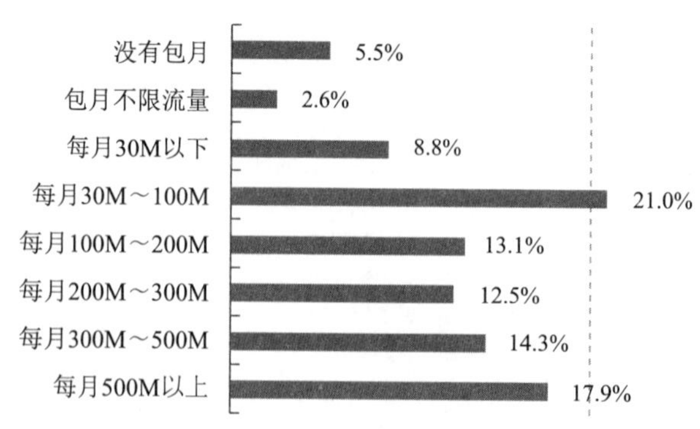

附图6-37　手机网民每月上网流量形式

智能手机应用的丰富及对社会生活渗透的加大，促使手机网民对手机上网黏性增加，也不知不觉中增加了用户的上网流量需求。根据调查，近60%的手机网民每月消耗的手机流量超出标准套餐流量（附图6-38）。

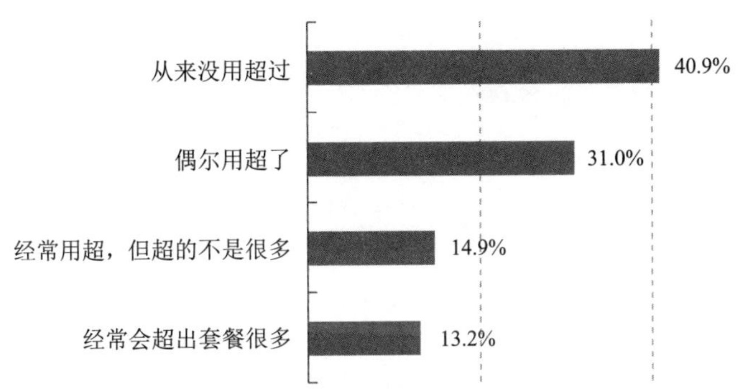

附图6-38 手机网民每月上网流量使用情况

二、手机网民对WiFi网络的使用

对手机网民的手机上网首选接入方式进行调查发现，首选WiFi条件下上网的手机网民在整体手机网民中占比55.3%，占据绝对主导。大部分手机网民每月手机上网超过手机流量，而WiFi则没有流量限制且稳定性强，能极大满足用户的网络需求。未来，伴随着WiFi基础设施的不断完善和各大互联网企业布局WiFi市场，WiFi形式接入移动互联网的用户比例还将进一步提升，并逐渐成为手机网民使用手机上网时的最主要接入方式。

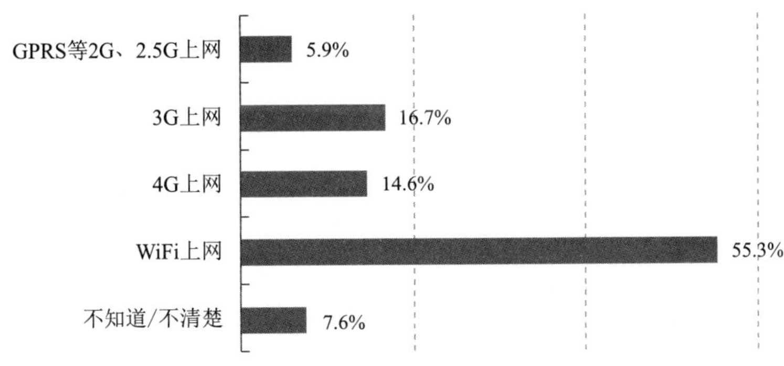

附图6-39 手机网民首选的网络接入方式

WiFi形式接入移动互联网的用户比例还将进一步提升，并逐渐成为手机网民使用手机上网时的最主要接入方式。

对使用WiFi进行手机上网的手机网民进行调查，发现五成以上用户使用WiFi手机上网的时长在总体手机上网时长中超过一半。WiFi的使用，一方面源于公共场所WiFi覆盖热点的增加；另一方面源于简便式无线路由器大规模进入家庭，促使越来越多用户享受到WiFi这种高速快效的网络接入方式，并养成使用WiFi进行手机上网的习惯。WiFi的高效性和不限流量，极大促进了手机网民对移动互联网的使用，尤其是对各类大数据应用的使用（附图6-40）。

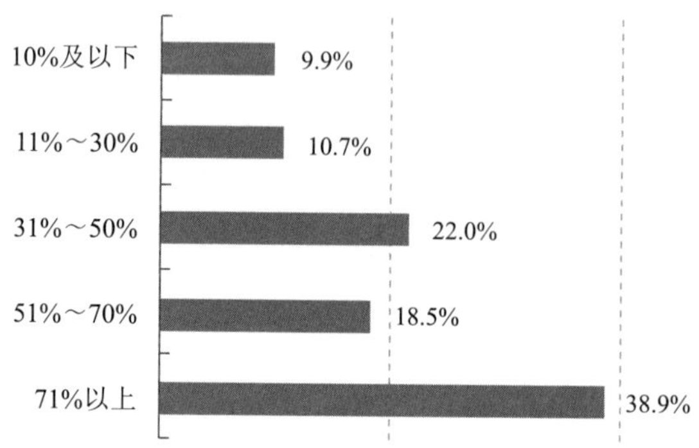

附图6-40　WiFi上网在手机网民上网时间中的占比

第九节　总结

一、智能机市场趋于饱和，手机网民增长呈现疲态

我国智能手机已形成较大用户规模，市场占有率趋于饱和。截至2014年6月底，我国智能手机网民规模达4.8亿，相比2013年2月增长了1.5亿，在手机网民中占比达91.1%，智能手机成为我国移动互联网发展的重要载体。但随着智能手机用户的逐渐触顶，未来我国智能手机增速将呈减缓趋势，进入稳定态势。

随着功能机换机潮接近尾声，智能手机市场逐渐趋于饱和，也意味着通过智能设备普及所带动原有PC网民向手机网民的转化阶段基本结束。潜在手机网民已被大量转化，2014年上半年手机网民规模增长呈现疲态。截至2014年6月底，我国手机网民规模达5.27亿，较2013年底增加2699万人，仅增长了5.4个百分点，低于往年用户规模增长速度。未来，手机网民增长将主要依靠创新类移动应用迎合非手机网民潜在网络需求拉动。

二、移动上网常态化，对社会生活服务渗透进一步加大

随着智能手机的普及和移动应用的丰富，手机上网常态化特征进一步明显，手机网民使用手机上网的时长不断增加，使用频率进一步上升。根据调查，我国手机网民每天上网

4小时以上的重度手机网民比例达36.4%，相比2013年增加了16.4个百分点。其中，每天实时在线的手机比例为21.8%。87.8%的手机网民每天至少使用手机上网一次。其中，66.1%手机网民每天使用手机上网多次。

手机应用软件的丰富性，几乎覆盖了生活的各个方面，对社会生活服务的渗透进一步加大。例如，手机支付与消费者生活紧密结合，拓展了更多的应用场景，通过各类App与社会服务广泛融合，如零售餐饮、生活缴费、大众理财等，带动移动电子商务高速发展的同时对手机网民影响程度加大。此外，手机地图、手机打车等移动应用与本地化服务相结合，成为连接线上线下的重要平台，对手机网民的交通出行、娱乐餐饮带来较大便利，增加手机网民对手机应用的使用黏性，加大移动互联网对社会生活服务的渗透力度。

三、手机网民付费意愿有所上升，商业潜力逐步释放，但广告模式依然是主流

我国手机网民对移动互联网产品的付费意愿依旧较低，但相比2013年有所提升。根据调查，25.2%的用户过去半年为手机应用付过费，相比2013年15.4%增加了近10个百分点。对没有付费的用户进一步调查，发现其中有48.5%的人未来愿意为手机应用付费。经过近几年的用户培养，中国的增值服务市场有所发展，商业潜力逐步释放。

但相比应用付费，近七成手机网民表示更倾向于通过接收手机广告来避免付费情况。未来很长一段时间，基于广告的后向收费将依然是我国移动互联网的主流商业盈利模式，针对用户的前向收费商业模式的发展还需时日。

四、平台化壁垒形成，行业格局基本稳定，中小企业竞争难度加大

在2013、2014年移动互联网高速发展，传统企业、互联网企业等纷纷加入移动互联网行业，促使移动互联网市场蓬勃发展的同时市场竞争环境更加激烈。尤其随着各大互联网企业强强联合，巨头战略投资或并购的基本完成，打造各自的生态圈。行业壁垒逐步形成，中小企业进入难度进一步加大，移动互联网市场的创业将趋于理性发展。

随着竞争格局逐渐稳定，行业集中度的提高，互联网企业逐渐从前期的用户抢夺思路向发展期的用户经营思路发展，深耕差异化创新，加大用户流量变现的速度。预计，更多细分领域的服务将出现，尤其本地化服务和移动互联网的结合将进一步深化。此外，基于位置服务和用户数据的移动营销也将进一步完善。

（摘自中国互联网络信息中心网站www.cnnic.cn，2014年8月）

2014中国大数据发展分析报告

中国大数据市场将进入高速发展时期。大数据真正的价值体现在从海量且多样的内容中提取用户行为、用户数据、特征并转化为数据资源，对数据资源进一步加以挖掘和分析，增强用户信息获取的便利性。

一、 国内外大数据的发展状况及应用

（一）大数据已深耕于经济领域且创造了巨大的经济价值

美国的大数据产业已经创造了巨大的价值，具体表现在以下方面。

1．大数据使美国医疗服务质量得到提高。对于医疗服务的提供方和支付方来说，在减少医疗成本的同时不断提高医疗质量和效率仍然是一个难以实现的目标，而这也是改善民生的重大机遇。2010年，全美医疗支出占国内生产总值的17.9%，比2000年增长13.8%。而且，某些慢性疾病如糖尿病的患病率正在增加，正在消耗更多的医疗资源。

对这些疾病和其他相关健康服务的管理将深刻地影响国家的福祉。在这方面大数据可以发挥作用。为在广大人群中取得最有效的医疗效果，更多地使用电子健康记录（电子健康档案），并与新的分析工具相结合，将提供挖掘信息的机会。研究人员可以利用信息寻找有效的统计趋势，并依据真实的医疗服务质量开展医疗评估。

2．大数据使美国的交通更加便利。通过完善信息和自动驾驶功能，大数据有可能在许多方面彻底改变交通的面貌。开车的人多，交通堵塞就多，其后果是浪费能源，造成全球气候变暖，耗费时间和金钱。手持设备、车辆和道路上的分布式传感器则可以提供实时交通信息。这些信息，再加上更好的自动驾驶功能，可以使驾驶更安全，交通堵塞更少。智能汽车日益互联的新型交通生态系统有可能彻底改变道路使用方式。

3．大数据使美国的教育质量得到提升。大数据可以对美国教育及其在全球经济中的竞争力产生深远影响。例如，通过深入跟踪和分析学生的在线学习活动——精细至每个鼠标点击动作，研究人员能够确定学生的学习方式和提高学习的方法。这种分析可以针对成千上万的学生进行，而不是孤立的小型研究。课程和教学方法，无论是在线的，还是传统的，都可以根据大规模分析所收集到的信息进行修订。

4．大数据提高了美国的征税效率。由于迅速发现异常的能力日益增加，政府税务部门可以缩小“税收缺口”，即纳税人应付税款与其自愿缴税额之间的差额，并且对于那些试图进行不当纳税申报的人，会深刻地改变他们的行为方式。大多数税务机构实行“自愿缴

税与追讨欠税并举”的模式。在这种模式下，它们接受纳税人的纳税申报单并办理退税，并对一部分纳税申报单进行抽查，以找出有意或无意欠税的情况。

大数据则能够提高欺诈检测的水平，在纳税申报之初就揭露违规情况，减少问题退税的发放。资料表明，在医疗领域每年产生3000亿美元的潜在价值；在公共管理部门，每年产生2500亿美元的潜在价值；在个人位置数据领域，每年产生1000亿美元的市场；在零售业能够增加60%的营业额；在制造业部门，能够降低50%的产品开发及装配成本。

5．大数据在欧洲公共管理部门得到深入应用。大数据在OECD组织中的欧洲国家公共管理部门创造了1500亿～3000亿欧元或更高的潜在经济价值，这些经济价值主要通过政府公共管理机构开支的减少、转移支付的下降及税收的增加来实现。三是全球大数据人才需求将上升并且出现供需缺口。Gartner咨询公司预测，2015年，大数据人才需求达到440万人，人才需求缺口将达到三分之一。

（二）欧美等发达国家把数据资产上升到国家信息战略高度

1．美国已经布局大数据产业。美国政府将大数据视为强化美国竞争力的关键因素之一，把大数据研究和生产计划提高到国家战略层面。2012年3月，美国奥巴马政府宣布投资2亿美元启动“大数据研究和发展计划”，这是继1993年美国宣布“信息高速公路”计划后的又一次重大科技发展部署。美国政府认为大数据是“未来的新石油与矿产”，将“大数据研究”上升为国家意志，对未来的科技与经济发展必将带来深远影响。

以美国科学与技术政策办公室（OSTP）为首，国土安全部、美国国家科学基金会、国防部、美国国家安全局、能源部等已经开始了与民间企业或大学开展多项大数据相关的各种研究开发。美国政府为之拨出超过2亿美元的研究开发预算。奥巴马指出，通过提高从大型复杂的数字数据集中提取知识和观点的能力，承诺帮助加快在科学与工程中的步伐，改变教学研究，加强国家安全。

据悉，美国国防部已经在积极部署大数据行动，利用海量数据挖掘高价值情报，提高快速响应能力，实现决策自动化。而美国中央情报局通过利用大数据技术，将分析搜集的数据时间由63天缩减到27分钟。

2012年5月美国数字政府战略发布，更是提出要通过协调化的方式，所有部门共同提高收集、储存、保留、管理、分析和共享海量数据所需核心技术的先进性，并形成合力；扩大大数据技术开发和应用所需人才的供给。以信息和客户为中心，改变联邦政府工作方式，为美国民众提供更优公共服务。

2．欧盟及日韩将会紧随其后。继美国率先开启大数据国家战略先河之后，欧盟、日本及韩国等国家也将跟进，预计不久相应的战略举措也将出台。数据规模及运用数据的能力将成为综合国力的重要组成部分，对数据的占有和控制也将成为国家间争夺的焦点。

法国政府为促进大数据领域的发展，将以培养新兴企业、软件制造商、工程师、信息

系统设计师等为目标，开展一系列的投资计划。法国政府在其发布的《数字化路线图》中表示，将大力支持“大数据”在内的战略性高新技术，法国软件编辑联盟曾号召政府部门和私人企业共同合作，投入3亿欧元资金用于推动大数据领域的发展。

法国生产振兴部部长ArnaudMontebourg、数字经济部副部长FleurPellerin和投资委员LouisGallois在第二届巴黎大数据大会结束后的第二天共同宣布了将投入1150万欧元用于支持7个未来投资项目。这足以证明法国政府对于大数据领域发展的重视。法国政府投资这些项目的目的在于“通过发展创新性解决方案，并将其用于实践，来促进法国在大数据领域的发展”。众所周知，法国在数学和统计学领域具有独一无二的优势。

日本为了提高信息通信领域的国际竞争力、培育新产业，同时应用信息通信技术应对抗灾救灾和核电站事故等社会性问题，日本总务省于2012年7月新发布“活跃ICT日本”新综合战略，今后日本的ICT战略方向备受关注。其中最为关注的是其大数据政策（从各种各样类型的数据中，快速获得有价值信息的能力），日本正在针对大数据推广的现状、发展动向、面临问题等进行探讨，以期对解决社会公共问题做出贡献。

2013年6月，安倍内阁正式公布了新IT战略——“创建最尖端IT国家宣言”。该宣言全面阐述了2013～2020年期间以发展开放公共数据和大数据为核心的日本新IT国家战略，提出要把日本建设成为一个具有“世界最高水准的广泛运用信息产业技术的社会”（附图7-1）。

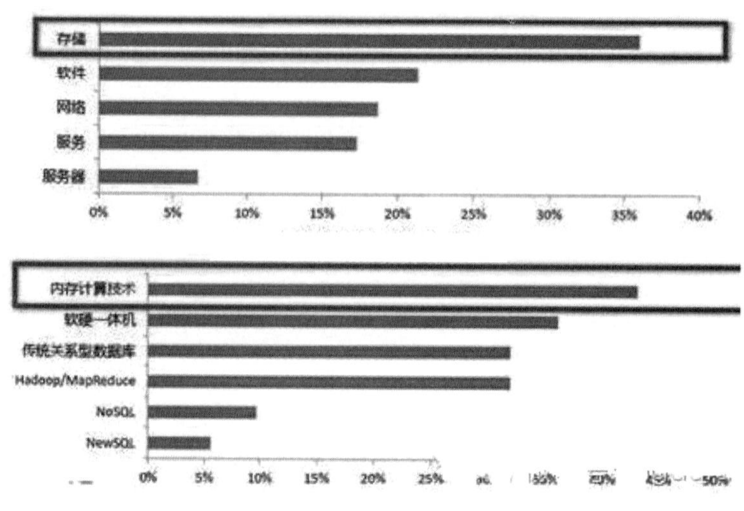

附图7-1　大数据市场的产品需求和技术需求

（三）我国大数据的国家战略

争夺新一轮技术革命制高点的战役已经打响，中国政府在美国提出《大数据研究和发展计划》的2012年也批复了“十二五国家政务信息化建设工程规划”，总投资额估计在几百亿，专门有人口、法人、空间、宏观经济和文化等五大资源库的五大建设工程。我国的开放、共享和智能的大数据的时代已经来临。

2012年8月份国务院制定了促进信息消费扩大内需的文件，推动商业企业加快信息基础设施演进升级，增强信息产品供给能力，形成行业联盟，制定行业标准，构建大数据产业链，促进创新链与产业链有效嫁接。

同时，构建大数据研究平台，整合创新资源，实施“专项计划”，突破关键技术。大力推进国家发改委和中科院基础研究大数据服务平台应用示范项目，广东率先启动大数据战略推动政府转型，北京正积极探索政府公布大数据供社会开发，上海也启动大数据研发三年行动计划。

当前，在政府部门数据对外开放，由企业系统分析大数据进行投资经营方面，上海无疑是先行一步。2014年5月15日，上海市自2014年起推动各级政府部门将数据对外开放，并鼓励社会对其进行加工和运用。

根据上海市经信委印发的《2014年度上海市政府数据资源向社会开放工作计划》，目前已确定190项数据内容作为2014年重点开放领域，涵盖28个市级部门，涉及公共安全、公共服务、交通服务、教育科技、产业发展、金融服务、能源环境、健康卫生、文化娱乐等11个领域。

其中市场监管类数据和交通数据资源的开放将成为重点，这些与市民息息相关的信息查询届时将完全开放。这意味着企业运用大数据在上海“掘金”的时代来临，企业投资和上海民生相关的产业如交通运输、餐饮等，可以不再“盲人摸象”。

在立足国家战略和产业政策推动大数据收集和分析技术快速发展的同时，我们也应清醒地认识到避免数据垄断和保护数据安全的重要性，及早开展相关法律法规的探讨和研究。

伴随着大数据时代的来临，世界各国对数据的重视提到了前所未有的高度。套上大数据的光环后，原本那些存放在服务器上平淡无奇的陈年旧数一夜之间身价倍增。按照世界经济论坛报告的看法，“大数据为新财富，价值堪比石油”。正如大数据之父维克托所预测，“虽然数据还没有被列入企业的资产负债表，但这只是一个时间问题。”

今天的国家将大数据视为国家战略，并且在实施上，也已经进入到企业战略层面，这种认识已经远远超出当年的信息化战略。我们上面介绍了许多国外的动态，末了自然也要落脚到本国，思考本国可能采取的发展道路。但是，尚未见到网络安全战略和信息化发展战略全文，我们也不妨先总结国外的情形，以便进行比较。

2014年2月27日中央网络安全和信息化领导小组宣告成立，组长习近平指出，没有网络安全就没有国家安全，没有信息化就没有现代化。建设网络强国，要有自己的技术，有过硬的技术；要有丰富全面的信息服务，繁荣发展的网络文化；要有良好的信息基础设施，形成实力雄厚的信息经济；要有高素质的网络安全和信息化人才队伍；要积极开展双边、多边的互联网国际交流合作。

开发大数据资源的能力将影响未来国家的核心竞争力。我国不能幻想走在别人修好的道路，更不能等靠，只能依赖自身能力加速前行，这种能力就是将数据转化为信息和知识的速度与技术，而这种转化速度和技术，则决定了大数据技术能力的高低。

二、我国大数据的发展趋势及误区

（一）我国大数据的发展趋势

在全球经济、技术一体化的今天，我国IT行业已经开启了大数据的起航之旅，大数据已经在经济领域发挥重要作用。据预测，2012年，政府、互联网、电信、金融等领域市场规模占据近一半的市场份额。大数据在主要经济领域的发展趋势如下：

1．大数据在经济预警方面发挥重要作用。在2008年金融危机中，阿里平台的海量交易记录预测了经济指数的下滑。2008年年初，阿里巴巴平台上整个买家询盘数急剧下滑，预示了经济危机的来临。数以万计的中小制造商及时获得阿里巴巴的预警，为预防危机做好了准备。

2．大数据分析成为市场营销的重要手段。与传统的市场研究方法不同，大数据的市场研究方法不再局限于抽样调查，而是基于几乎全样本空间。例如，百度拥有中国最大的消费者行为数据库，覆盖95%的中国网民，搜索市场占比达87%。百度基于最真实的用户行为数据和多维度研究工具，帮助宝洁精准地定位了消费者的地域分布、兴趣爱好等信息，根据百度分析的结论，宝洁适时地调整了营销策略。

3．大数据在临床诊断、远程监控、药品研发等领域发挥重要作用。我国目前已经有十余座城市开展了数字医疗。病历、影像、远程医疗等都会产生大量的数据并形成电子病历及健康档案。基于这些海量数据，医院能够精准地分析病人的体征、治疗费用和疗效数据，可避免过度及副作用较为明显的治疗，此外还可以利用这些数据进行实现计算机远程监护，对慢性病进行管理等。

4．大数据为金融领域的客户管理、营销管理及风险管理提供重要支撑。大数据能够解决金融领域海量数据的存储、查询优化及声音、影像等非结构化数据的处理。金融系统可以通过大数据分析平台，导入客户社交网络、电子商务、终端媒体产生的数据，从而构建客户视图。依托大数据平台可以进行客户行为跟踪、分析，进而获取用户的消费习惯、风险收益偏好等。针对用户这些特性，银行等金融部门能够实施风险及营销管理。

当前，我国正处在全面建成小康社会征程中，工业化、信息化、城镇化、农业现代化任务很重，建设下一代信息基础设施，发展现代信息技术产业体系，健全信息安全保障体系，推进信息网络技术广泛运用，是实现四化同步发展的保证。大数据分析对我们深刻领会世情和国情，把握规律，实现科学发展，做出科学决策具有重要意义。

中国人口居世界首位，将会成为产生数据量最多的国家，但我们对数据保存不够重视，对存储数据的利用率也不高。此外，我国一些部门和机构拥有大量数据却不愿与其他部门共享，导致信息不完整或重复投资。政府应通过体制机制改革打破数据割据与封锁，应注重公开信息，应重视数据挖掘。美国联邦政府建立统一数据开放门户网站，为社会提供信息服务并鼓励挖掘与利用。

（二）我国大数据行业的误区

误区一：只有搞大数据技术开发的，才是真正“圈内人”。笔者曾经参加过若干会议，70%是偏技术的，在场的都是国内各个数据相关项目经理和技术带头人，大家讨论的话题都是在升级CDH版本的时候有什么问题，在处理Hive作业的时候哪种方式更好，在Storm、Kafka匹配时如何效率更高，在Spark应用时内存如何释放这些问题。

所以，真正的大数据“圈内人”至少要包含以下几种人：

（一）业务运营人员。

（二）架构师。

（三）投资人。

（四）科学家。

（五）工程师。

（六）跟风者。

误区二：只有大数据才能拯救世界。

大数据目前的技术和应用都是在数据分析、数据仓库等方面，主要针对OLAP（Online Analytical System），从技术角度来说，包含两方面：一方面是批量数据处理（包括MR、MPP等），另一方面实时数据流处理（Storm、内存数据库等）。

在此基础上，部分场景又发现MR框架或实时框架不能很好地满足近线、迭代的挖掘需要，故又产生了目前非常火的基于内存数据处理Spark框架。很多企业目前的大数据框架是，一方面以Hadoop2.0之上的Hive、Pig框架处理底层的数据加工和处理，把按照业务逻辑处理完的数据直接送入到应用数据库中；另一方面以Storm流处理引擎处理实时的数据，根据业务营销的规则触发相应的营销场景。同时，用基于Spark处理技术集群满足对于实时数据加工、挖掘的需求。

以上描述可以看出，大数据还没有进入真正的交易系统，没有在OLTP（Online Transactionsystem）方面做出太大的贡献。至于很多文章把大数据和物联网、泛在网、智慧城市都联系在一起，我认为大数据不过是条件之一，其余的OLTP系统是否具备，物理网络甚至组织架构都是重要因素。

最后，大数据处理技术，如Google的Dataflow或成熟如Hadoop2.0、数据仓库、Storm等，本质上都是数据加工工具，对于很多工程师来说，只需要把数据处理流程弄清楚就可以了，在这个平台上可以用固定的模版和脚本进行数据加工已经足够。毕竟数据的价值

70%以上是对业务应用而言的，一个炫词对于业务如果没有帮助，终将只是屠龙之术。任何技术、IT架构都要符合业务规划、符合业务发展的要求，否则技术只会妨碍业务和生产力的发展（见附图7-2）。

随着时代变迁，作为数据行业的一员，我们每个人都在不同的角色之间转换，今天你可能是科学家，明天就会变成架构师，今天的工程师也会变成几年后的科学家，部分人还终将步入跟风者的行列。

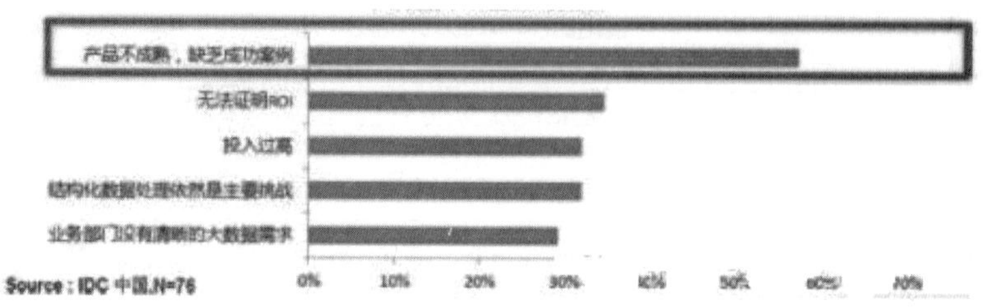

附图7-2　大数据市场的阻碍因素

三、我国大数据发展的机遇和困境

（一）大数据迎来大发展的机遇。大数据的快速发展，使它成为IT领域的又一大新兴产业。据中央财经大学中国经济管理研究院博士张永力估算，国外大数据行业约有1000亿美元的市场，而且每年都以10%的速度在增长，增速是软件行业的两倍。我国2012年大数据市场规模大约4.7亿元，2013年增速将达到138%，达到11.2亿元，产业发展潜力非常巨大。

1．政府积极介入推动。2009年，联合国启动“全球脉动计划”，借大数据推动落后地区发展。2012年1月，世界经济论坛年会把“大数据、大影响”作为重要议题。美国从开放政府数据、开展关键技术研究和推动大数据应用三方面布局大数据产业。美国在开放政府上非常积极，通过Data.gov开放37万个数据集，并开放网站的API和源代码，提供上千个数据应用。除了推动本国政府数据开放，美国倡导发起全球开放政府数据运动，已有41个国家响应。美国政府还投资两亿美元促进大数据核心技术研究和应用，把大数据放在与集成电路、互联网同等重要的位臵，从国家层面推进。

2．资本市场也对大数据钟爱有加。2012年4月，大数据分析公司Splunk高调宣传大数据，引发投资者关注。12月初，为企业市场提供Hadoop解决方案的创业公司Cloudera获得6500万美元融资，估值约为7亿美元。近期，高盛联席主席斯科特。斯坦福说：“投资大数据及其运用回报率最高”。大数据领域的企业并购热度也在上升，单笔平均并购金额方面，大数据超过云计算位居IT领域榜首，在总并购额上也位居第二。

3．人才需求巨大。据一家国际咨询公司，盖特纳咨询公司预测大数据将为全球带来440万个IT新岗位和上千万个非IT岗位。麦肯锡公司预测美国到2018年需要深度数据分析人才44万～49万，缺口14万～19万人；需要既熟悉本单位需求又了解大数据技术与应用的管理者150万，这方面的人才缺口更大。中国是人才大国，但能理解与应用大数据的创新人才更是稀缺资源。

4．各方积极参与。大数据的火爆，也带动了国内学术界、产业界和政府对大数据的热情。2011年以来，中国计算机学会、中国通信学会先后成立了大数据委员会，研究大数据中的科学与工程问题，科技部的《中国云科技发展“十二五”专项规划》和工信部的《物联网“十二五”发展规划》等都把大数据技术作为一项重点予以支持。

其中，工信部发布的物联网“十二五”规划上，把信息处理技术作为4项关键技术创新工程之一被提出来，其中包括了海量数据存储、数据挖掘、图像视频智能分析，这都是大数据的重要组成部分。而另外3项关键技术创新工程，包括信息感知技术、信息传输技术、信息安全技术，也都与“大数据”密切相关（附图7-3）。

应用方面，中国三大通信运营商都在结合自身业务情况，积极推进大数据应用工作，并取得了较好的进展。电子商务企业阿里巴巴提出要做中国数据分析第一平台，通过掌握的企业交易数据，借助大数据技术自动分析判定是否给予企业贷款，全程不会出现人工干预。据透露，截至目前阿里巴巴已经放贷300多亿元，坏账率约0.3%左右，大大低于商业银行。

研发企业方面，我国能够处理大数据的企业并不是很多。北京永洪科技在这方面做得不错。永洪科技在大数据、分布式计算、数据分析等领域具备核心竞争力、自主创新并拥有多项发明专利。推出的Z系列产品在大数据的应用分析中在国际上也是领先的。

大数据的热潮触发了一场思想启蒙运动，使得“大数据是资产，不是包袱”、“要拿数据说话”等观念逐步深入人心，改变了以往不重视数据积累，不相信数据分析等认识。有了这种思维模式的改变，大数据的应用就有了希望。

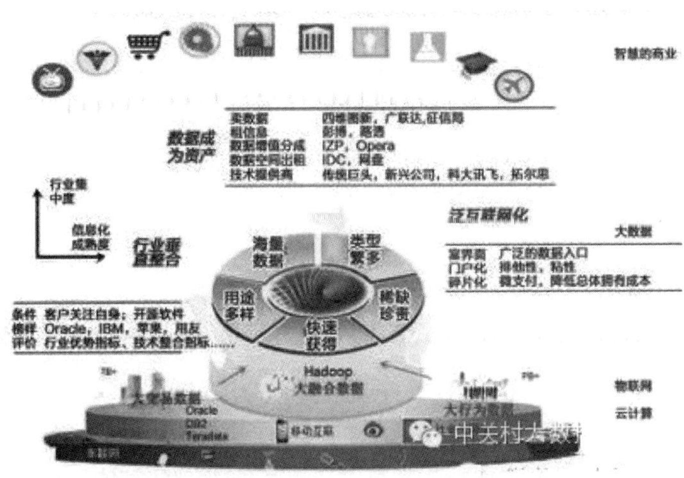

附图7-3 大数据时代的三大发展趋势和投资方向

（二）大数据落地面临的困难。应该说，从全球来看，对大数据认识、研究和应用还都处于初期阶段。特别是对我国来说，大数据真正落地，还需要迈过三道坎。

1．数据是否足够丰富和开放。丰富的数据源是大数据产业发展的前提。而我国数字化的数据资源总量远远低于美欧，每年新增数据量仅为美国的7%，欧洲的12%，其中政府和制造业的数据资源积累远远落后于国外。就已有有限的数据资源来说，还存在标准化、准确性、完整性低，利用价值不高的情况，这大大降低了数据的价值。

同时，我国政府、企业和行业信息化系统建设往往缺少统一规划和科学论证，系统之间缺乏统一的标准，形成了众多"信息孤岛"，而且受行政垄断和商业利益所限，数据开放程度较低，以邻为壑、共享难，这给数据利用造成极大障碍。制约我国数据资源开放和共享的一个重要因素是政策法规不完善，大数据挖掘缺乏相应的立法，无法既保证共享又防止滥用，一方面欠缺推动政府和公共数据的政策，另一方面数据保护和隐私保护方面的制度不完善抑制了开放的积极性。因此，建立一个良性发展的数据共享生态系统，是我国大数据发展需要迈过去的第一道坎。

2．是否掌握强大的数据分析工具。要以低成本和可扩展的方式处理大数据，这就需要对整个IT架构进行重构，开发先进的软件平台和算法。这方面，国外又一次走在我们前面。特别是近年来以开源模式发展起来的Hadoop等大数据处理软件平台，及其相关产业已经在美国初步形成。

而我国数据处理技术基础薄弱，总体上以跟随为主，难以满足大数据大规模应用的需求。如果把大数据比作石油，那数据分析工具就是勘探、钻井、提炼、加工的技术。我国必须掌握大数据关键技术，才能将资源转化为价值。应该说，要迈过这道坎，开源技术为我们提供了很好的基础。

3．管理理念和运作方式能否适配数据化决策。大数据开发的根本目的是以数据分析为基础，帮助人们做出更明智的决策，优化企业和社会运转。哈佛商业评论说，大数据本质上是"一场管理革命"。大数据时代的决策不能仅凭经验，而真正要"拿数据说话"。因此，大数据能够真正发挥作用，深层次看，还要改善我们的管理模式，需要管理方式和架构的与大数据技术工具相适配。这或许是我们最难迈过的一道坎了（附图7-4）。

四、对我国发展大数据产业的建议

大数据有巨大的社会和商业价值，就看会不会挖掘，是否善于运用数据分析的结果。同时，它又是一个应用驱动性很强的服务，要做好大数据产业，为经济发展提供更大的动力，需要从以下几人方面入手。

（一）建立一套运行机制。大数据建设是一项有序的、动态的、可持续发展的系统工程，必须建立良好的运行机制，以促进建设过程中各个环节的正规有序，实现统合，搞好

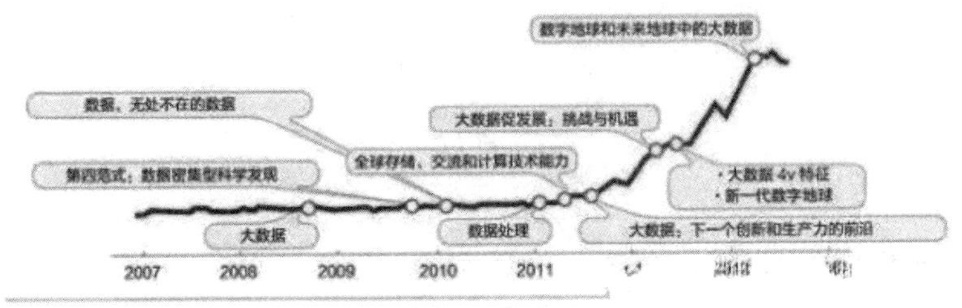

附图7-4　大数据发展趋势

顶层设计。

（二）规范一套建设标准。没有标准就没有系统。应建立面向不同主题、覆盖各个领域、不断动态更新的大数据建设标准，为实现各级各类信息系统的网络互连、信息互通、资源共享奠定基础。

（三）搭建一个共享平台。数据只有不断流动和充分共享，才有生命力。应在各专用数据库建设的基础上，通过数据集成，实现各级各类指挥信息系统的数据交换和数据共享。

（四）培养一支专业队伍。大数据建设的每个环节都需要依靠专业人员完成，因此，必须培养和造就一支懂指挥、懂技术、懂管理的大数据建设专业队伍。

五、结论

目前，大数据在电信、智慧城市、电子商务及社交娱乐等行业已经出现规模化应用，中国大数据市场将进入高速发展时期。大数据真正的价值体现在从海量且多样的内容中提取用户行为、用户数据、特征并转化为数据资源，对数据资源进一步加以挖掘和分析，增强用户信息获取的便利性，实现从产品价值导向到以客户体验价值为中心导向的转换，客户体验的提升也正是激发信息消费的根本原因。

中国信息消费市场规模量级巨大，增长迅速。在网络能力的提升、居民消费升级和四化加快融合发展的背景下，新技术、新产品、新内容、新服务、新业态不断激发新的消费需求，而作为提升信息消费体验的重要手段，大数据将在行业领域获得广泛应用。

大数据已经渗透到各个行业和业务职能领域，成为重要的生产因素，大数据的演进与生产力的提高有着直接的关系。随着网速的大幅提升，数据也将迎来爆发式增长，快速获取、处理、分析海量、多样化的交易数据、交互数据与传感数据，从而实现信息再价值化，对大数据的利用将成为企业提高核心竞争力和抢占市场先机的关键。大数据因其巨大的商业价值正在成为推动信息产业变革的新引擎。

中国发展大数据，具有得天独厚的优势，主要体现在我国的特殊的国情，拥有独特的位势和经济社会高速稳定发展，给大数据及其应用带来了巨大的发展空间。大数据在我国各领域和不同行业的应用潜力巨大、机遇重大。大数据的核心技术进展和大数据应用有可能带来我国新兴战略性产业发展的新机遇。

（摘自中国社会科学网www.cssn.cn，2014年11月4日）

"北斗"卫星导航系统发展报告

一、引言

卫星导航系统能够为地球表面和近地空间的广大用户提供全天时、全天候、高精度的定位、导航和授时服务，是拓展人类活动、促进社会发展的重要空间基础设施。卫星导航正在使世界政治、经济、军事、科技、文化发生革命性的变化。

中国有着悠久的历史和光辉灿烂的文化，是人类文明的重要发源地之一。中国自古就利用北斗七星来辨识方位，并发明了世界上最早的导航装置一司南，促进了人类文明的发展；今天，"北斗"卫星导航系统（以下简称"北斗"系统）将成为中国对人类社会的又一贡献。

20世纪80年代初，中国开始积极探索适合国情的卫星导航系统。2000年，建成"北斗"卫星导航试验系统，标志着中国成为继美、俄之后世界上第三个拥有自主卫星导航系统的国家。2012年12月，正式向亚太地区提供服务。2020年左右，将向全球提供服务。

"北斗"系统的建设、运行和应用管理，由多个部门共同参与。国家有关部门联合成立了中国卫星导航系统管理办公室，归口管理"北斗"系统建设、应用推广与产业化的有关工作。同时，成立了专家委员会和专家组，充分发挥专家作用，实施科学化管理与决策。

"北斗"系统的建设与发展将满足国家安全、经济建设、科技发展和社会进步等方面的需求，维护国家权益，增强综合国力。"北斗"系统将致力于为全球用户提供稳定、可靠、优质的卫星导航服务，并与世界其他卫星导航系统携手，共同推动全球卫星导航事业的发展，促进人类文明和社会进步，服务全球，造福人类。

二、系统概述

"北斗"系统是我国自主建设、独立运行，并与世界其他卫星导航系统兼容共用的全球卫星导航系统。该系统由空间星座、地面控制和用户终端三大部分组成。

空间星座部分由5颗地球静止轨道（GEO）卫星和30颗非地球静止轨道（Non-GEO）卫星组成。GEO卫星分别定点于58.75°（E）、80°（E）、110.5°（E）、140°（E）和160°（E）。Non-GEO卫星由27颗中圆地球轨道（米EO）卫星和3颗倾斜地球同步轨道（IGSO）卫星组成。其中，米EO卫星轨道高度21500千米，轨道倾角55°，均匀分布在3个轨道面上；IGSO卫星轨道高度36000千米，均匀分布在3个倾斜地球同步轨道面上，轨道倾角55°，3颗IGSO卫星星下点轨迹重合，交叉点经度为118°（E），相位差120°。

地面控制部分由若干主控站、时间同步/注入站和监测站组成。主控站的主要任务包括收集各时间同步/注入站、监测站的观测数据，进行数据处理，生成卫星导航电文，向卫星注入导航电文参数，监测卫星有效载荷，完成任务规划与调度，实现系统运行控制与管理等；时间同步/注入站主要负责在主控站的统一调度下，完成卫星导航电文参数注入、与主控站的数据交换、时间同步测量等任务；监测站对导航卫星进行连续跟踪监测，接收导航信号，发送给主控站，为导航电文生成提供观测数据。

用户终端部分是指各类“北斗”用户终端，包括与其他卫星导航系统兼容的终端，以满足不同领域和行业的应用需求。

“北斗”系统的时间基准为北斗时（BDT）。BDT采用国际单位制（SI）秒为基本单位连续累计，不闰秒，起始历元为2006年1月1日协调世界时（UTC）00：00：00。BDT通过中国科学院国家授时中心保持的UTC，即UTC（NTSC）与国际UTC建立联系，BDT与UTC的偏差保持在100纳秒以内（模1s）。BDT与UTC之间的闰秒信息在导航电文中播报。“北斗”系统的坐标框架采用中国2000大地坐标系统（CGCS2000）。

“北斗”系统建成后将为全球用户提供卫星定位、测速和授时服务，并为我国及周边地区用户提供定位精度优于1米的广域差分服务和120个汉字/次的短报文通信服务。其主要功能和性能指标如下。

- 主要功能：定位、测速、单双向授时、短报文通信。
- 服务区域：全球。
- 定位精度：优于10米。
- 测速精度：优于0.2米/秒。
- 授时精度：20纳秒。

三、系统发展

（一）**系统规划**。按照“质量、安全、应用、效益”的总要求，坚持“自主、开放、兼容、渐进”的发展原则，遵循“先区域、后全球”的总体思路，“北斗”系统正在按照“三步走”的发展战略稳步推进。具体发展步骤如下：

第一步，“北斗”卫星导航试验系统。

1994年，中国启动“北斗”卫星导航试验系统建设；2000年相继发射2颗“北斗”导航试验卫星，建成“北斗”卫星导航试验系统，成为世界上第三个拥有自主卫星导航系统的国家；2003年发射第三颗“北斗”导航试验卫星，进一步增强了“北斗”卫星导航试验系统性能。

“北斗”卫星导航试验系统由空间星座、地面控制和用户终端三大部分组成。空间星座部分包括3颗GEO卫星，分别定点于80°（E）、110.5°（E）和140°（E）赤道上空。地面控制部分由地面控制中心和若干标校站组成，地面控制中心主要完成卫星轨道确定、电离层校正、用户位置确定及用户短报文信息交换等任务；标校站主要为地面控制中心提供距离观测量和校正参数。用户终端部分由手持型、车载型和指挥型等各种类型的终端组成，具有发射定位申请和接收位置坐标信息等功能。“北斗”卫星导航试验系统主要功能和性能指标如下。

- 主要功能：定位、单双向授时、短报文通信。
- 服务区域：中国及周边地区。
- 定位精度：优于20米。
- 授时精度：单向100纳秒，双向20纳秒。
- 短报文通信：120个汉字/次。

第二步，“北斗”系统区域服务。

2004年中国启动“北斗”系统工程建设，2012年年底完成5颗GEO卫星、5颗IGSO卫星和4颗MEO卫星组网，具备区域服务能力。“北斗”系统区域服务的主要功能和性能指标如下。

- 主要功能：定位、测速、单双向授时、短报文通信。
- 服务区域：中国及周边地区。
- 定位精度：平面10米，高程10米。
- 测速精度：优于0.2米/秒。
- 授时精度：单向50纳秒，双向20纳秒。
- 短报文通信：120个汉字/次。

第三步，“北斗”系统全球服务（见附图8-1）。

2014年开始，继续开展后续组网卫星发射，提升区域服务性能，并向全球扩展。到

附图8-1 “北斗”导航卫星示意图

2020年左右，共将发射约40颗“北斗”导航卫星，完成覆盖全球的系统建设目标。

（二）系统现状。截至2012年10月25日，“北斗”系统已成功发射16颗卫星，并于2012年年底组网运行，形成区域服务能力，面向我国及周边大部分地区提供无源定位、导航和授时等服务。“北斗”系统给亚太地区带来了更多的导航卫星资源，通过与其他系统兼容使用，可提供更可靠、稳定的服务。目前，“北斗”系统运行连续、稳定，服务区域内的系统性能满足指标要求，部分地区性能优于指标要求。

为了让用户更好地了解“北斗”系统，让该系统更好地服务用户，中国卫星导航系统管理办公室于2012年12月27日公布了“北斗”卫星导航系统空间信号接口控制文件（1.0版），于2013年12月27日公布了“北斗”卫星导航系统公开服务性能规范（1.0版）以及“北斗”卫星导航系统空间信号接口控制文件（2.0版）。中、英文两种版本文档可在北斗政府网站（http://www.beidou.gov.cn）查看下载。

其中，“北斗”卫星导航系统公开服务性能规范（1.0版）详细描述了系统总体构成、空间信号特征及性能指标、系统服务性能特征及性能指标等。“北斗”卫星导航系统空间信号接口控制文件（2.0版）定义了“北斗”系统公开服务信号B1I/B2I的卫星与用户终端之间的接口关系，明确了“北斗”系统所采用的坐标和时间系统，规范了B1I/B2I信号结构和基本特性参数以及测距码等相关内容，给出了“北斗”导航电文。该文件的公布标志着“北斗”系统成为首个拥有两个民用频点并已经形成服务能力的系统。国内外相关企业将可据此开发“北斗”双频高精度接收机，使用户享受到精度更高的导航服务。

四、系统应用

自“北斗”系统提供服务以来，我国卫星导航应用在理论研究、应用技术研发、接收机制造及应用与服务等方面取得了长足进步。随着“北斗”系统建设和服务能力的发展，已形成了基础产品、应用终端、系统应用和运营服务比较完整的应用产业体系。国产“北斗”核心芯片、模块等关键技术全面突破，性能指标与国际同类产品相当。相关产品已逐步使用推广到交通运输、海洋渔业、水文监测、气象预报、森林防火、通信时统、电力调度、救灾减灾等诸多领域，正在产生广泛的社会和经济效益。特别是在南方冰冻灾害、四川汶川、芦山和青海玉树抗震救灾、北京奥运会以及上海世博会期间发挥了重要作用。

- 在交通运输方面 “北斗”系统广泛应用于重点运输过程监控管理、公路基础设施安全监控、港口高精度实时定位调度监控等领域。

- 在海洋渔业方面 基于“北斗”系统，为渔业管理部门提供船位监控、紧急救援、信息发布、渔船出入港管理等服务。

- 在水文监测方面 成功应用于多山地域水文测报信息的实时传输，提高灾情预报的准确性，为制订防洪抗旱调度方案提供重要支持。

● 在气象预报方面 成功研制一系列气象测报型"北斗"终端设备，启动"大气海洋和空间监测预警示范应用"，形成实用可行的系统应用解决方案，实现气象站之间的数字报文自动传输。

● 在森林防火方面成功应用于森林防火，定位与短报文通信功能在实际应用中发挥了较大作用。

● 在通信时统方面成功开展"北斗"双向授时应用示范，突破光纤拉远等关键技术，研制出一体化卫星授时系统。

● 在电力调度方面成功开展基于"北斗"的电力时间同步应用示范，为电力事故分析、电力预警系统、保护系统等高精度时间应用创造了条件。

● 在救灾减灾方面基于"北斗"系统的导航定位、短报文通信以及位置报告功能，提供全国范围的实时救灾指挥调度、应急通信、灾情信息快速上报与共享等服务，显著提高了灾害应急救援的快速反应能力和决策能力。

中国正在制定一系列加强卫星导航应用的政策。作为战略性新兴产业，"北斗"系统应用推广工作得到了国家部委和地方政府大力支持。2013年8月，国务院发布《关于促进信息消费扩大内需的若干意见》，明确将"北斗"应用作为国家重点培育的信息消费领域予以支持。2013年9月，国务院发布了《国家卫星导航产业中长期发展规划》，从国家层面对卫星导航产业长期发展进行了总体部署。

"北斗"系统助推中国卫星导航与位置服务产业开始进入新纪元，后续将为民航、航运、铁路、金融、邮政、国土资源、农业、旅游等行业提供更高性能的定位、导航、授时和短报文通信服务。

五、国际交流与合作

"北斗"系统贯彻中国对外方针政策，围绕中国建设卫星导航系统的基本任务和战略目标，统筹国内外市场和资源，开展积极务实的国际交流与合作。按照中国卫星导航系统发展的总体部署，分阶段、有重点地开展国际交流与合作。卫星导航的国际交流与合作应在平等互利、优势互补、取长补短、和平利用、共同发展以及公认的国际法原则的基础上进行。

中国在卫星导航领域的国际交流与合作始于20世纪90年代，近20年来，开展了多种形式的国际活动，取得了广泛的成果。"北斗"系统坚持开放合作、资源共享的发展思路，秉承"中国的北斗、世界的北斗"的发展理念，与已经拥有卫星导航系统的国家开展密切的交流和协商，推动全球卫星导航系统间的兼容与互操作；与未拥有卫星导航系统的国家开展广泛的沟通与合作，与其共享卫星导航发展成果。

1994年，在国际电信联盟（ITU）的框架下，启动了"北斗"系统的频率协调工作。根据系统建设规划和进展，为“北斗”系统申报卫星网络资料，分阶段、有步骤、有重点地开展国际频率协调工作。积极与欧洲、美国和俄罗斯等开展双边频率协调，并积极参与世界无线电通信大会以及ITU研究组、工作组会议。2012年，我国派出代表团参加了世界无线电通信大会，积极推动S频段无线电卫星测定业务全球扩展，为卫星导航系统争取新的可用频段，并与各国代表一起努力，成功将S频段（2483.5～2500MHz）推动成为新的卫星导航频段。

作为全球卫星导航系统国际委员会（ICG）重要成员，参加了历次ICG大会和ICG供应商论坛，并于2007年成为该组织确定的四大核心供应商之一。在第六届ICG大会上，发起国际全球导航卫星系统（G纳秒S）性能监测评估、“北斗”/ GNSS应用演示与用户体验活动（BADEC）等倡议，推动成立国际GNSS监测评估子工作组、应用子工作组，并担任这两个子工作组的联合主席。2012年11月，中国主办了第七届ICG大会，来自16个国家和地区以及18个国际组织的200余名代表参加了会议，会议推进议题20余项，并首次发表了全球卫星导航系统共同宣言。

与世界其他卫星导航系统开展了以兼容与互操作为核心的广泛交流与合作，在系统性能监测评估、服务性能规范等方面开展合作，共同努力为世界提供更好的服务。

与部分亚太地区国家建立了卫星导航领域合作机制，在精细农业、防灾减灾、交通旅游和教育培训、系统监测评估等方面开展广泛合作。在巴基斯坦、韩国等国家成功举办“北斗亚太行”活动，将“北斗东盟行”纳入中国与东盟建立战略合作伙伴关系十周年系列活动。2013年5月，在中国与巴基斯坦两国领导人的见证下，中巴双方签署了关于“北斗”系统应用合作的协议。

鼓励和支持国内科研机构、企业、高等院校和社会团体，在国家有关政策的指导下，在兼容与互操作、卫星导航标准、坐标框架、时间基准、应用开发和科学研究等方面与世界各有关国家和相关国际组织开展交流、协调与合作，积极推动开展国际GNSS开放服务监测与评估服务、“北斗”/GNSS国际应用演示与用户体验等工作，加快推动“北斗”系统进入国际民航组织、国际海事组织和第三代移动通信标准化伙伴项目等，推动卫星导航技术发展，提高系统服务性能。

积极承办、组织和参与卫星导航国际学术交流活动。自2010年起，每年举办面向国际的中国卫星导航学术年会等相关学术交流活动，并邀请各大卫星导航系统供应商和相关国际组织代表和专家参加，使国际社会更好地了解“北斗”、应用“北斗”。

中国政府重视卫星导航领域的人才培养，积极推动并开展国际GNSS教育培训工作，已建立北斗国际交流培训中心。在联合国外空事务办公室支持下，已经建成联合国附属空间科技教育区域中心。

六、结束语

"北斗"系统的快速发展，得益于中国综合国力的提升和经济的持续发展。中国将一如既往地推动卫星导航系统建设和产业发展，鼓励运用卫星导航新技术，不断拓展应用领域，满足人们日益增长的多样化需求；积极推动国际交流与合作，实现"北斗"系统与世界其他卫星导航系统的兼容与互操作，为全球用户提供高性能、高可靠的定位、导航与授时服务。

（中国卫星导航系统管理办公室， 摘自百度文库wenku.baidu.com， 2014年4月）

2014年中国社交类应用用户行为研究报告

摘要

一、中国社交类应用市场现状及变化

覆盖率：即时通信在整体网民中的覆盖率为89.3%，社交网站（包含QQ空间）覆盖率为61.7%，微博覆盖率为43.6%。

用户特征：微博用户呈年轻化、高收入、高学历的趋势，即时通信用户年龄相对较大，社交网站用户学历、收入相对较低。

用户重合度：社交网站、微博、即时通信这三类应用既有社交类应用的基本属性，又有其各自的特点，社交网站、即时通信偏于沟通、交流、互动，微博则更偏向信息传播，让人们从中获取新闻资讯，三类应用互为补充。33.7%的网民同时使用社交网站、微博和即时通信工具这三类产品来满足他们不同的需求，用户的重合度高。

二、中国网民各社交类应用使用行为

使用功能：以QQ空间为代表的社交类网站，用户主要用它来上传照片、发布更新状态、发布日志/评论，以微信为代表的即时通信工具，用户主要用它来聊天或者是关注朋友圈，这两类应用主要是用来沟通、交流、互动，认识更多的朋友，维系当前的熟人关系，而对微博的使用主要是关注和参与新闻热点话题、关注关注感兴趣的人及与其发起互动交流，微博社交媒体的属性凸显。

社交圈子：从社交关系的强弱来看，微信、社交网站的联系人更倾向于强关系，朋友、同学、亲人/亲戚、同事出现在联系人名单中的比例都在70%以上。社交关系较强，彼此之间有现实感情维系，信任度高、影响深，美中不足的是传播速度慢。微博的联系人更倾向于弱关系，现实生活中的朋友、同学、亲人/亲戚、同事、老师/领导等强关系联系人出现比例低于微信和社交网站，而明星这种极弱关系联系人出现的比例较高。社交关系弱，信息的传播呈现点对面的趋势，传播速度快，加之微博平台有效的监督机制，明星大V和垂直行业的V用户一起充分发挥“意见领袖”的作用，实现传播速度和质量的双重保证。

三、社交类应用对相关产业的影响

社交类应用与新闻资讯类网站：社交类应用普及后，网民网上收看新闻资讯的渠道从单一的新闻资讯类媒体转变成以新闻资讯类网站为主体，微博、社交网站并存的格局。当用户网上浏览新闻资讯时，除了新闻资讯类网站以及新闻客户端外， 21%的网民会通过微博关注新闻，13.9%的网民会通过社交网站关注时下发生的热点问题。

社交类应用与网络购物：当前网民的社交购物意愿和意识还不高，23.8%的网民愿意分享购物信息，35.8%的网民愿意购买别人推荐的产品。网民的社交购物习惯尚需不断培育，才能发展壮大。

社交类应用与网络视频： 65.8%的网络视频用户会在微博或社交网站里收看别人推荐的视频，55.1%的人愿意在微博或社交网站里点击进入视频网站收看视频。社交类应用可作为推广网络视频的重要渠道。

四、社交类应用商业化现状

社交类应用的商业化：从网民对商业化产品的参与程度来看，社交网站、微博、微信这三类产品的商业化模式呈不同特征，社交网站的商业化主打站内购物和付费游戏，微博的商业化产品最丰富，目前用户参与较多的是周边信息搜索和站内广告，微信用户的商业化产品参与偏重于公众号的订阅和扫一扫购买商品。

社交类应用商业化对用户体验的影响：64.5%的微博用户认为微博的商业化活动对使用体验没有影响，社交网站的这一比例为56.7%，微博商业化对用户体验的影响相对较小。

第一节　研究设计

一、研究背景

社交类应用指的是带有社交元素的互联网应用，包括社交网站（SNS）、微博客、即时通信等垂直应用。社交类应用产生至今，一直是互联网应用主角，并且在不断变化发展之中。

早期的社交网站（比如人人网、开心网等）曾经在覆盖人数、使用时长上都居各互联网应用的前列，近两年在内外因的作用下，面临较大冲击，用户之间的更新少、互动少、原创内容少，再加之各个社交网站都有自己的用户定位，用户状态改变后，就容易脱离原来的关系链，导致社交网站用户流失。在这个过程中，传统的个人空间网站成功转型为社交网站，依靠其庞大的用户流量资源，带动大量应用开发者获得丰厚的收入，空间用户的特点也让它成为某些类别的商品以及游戏推广时可以依托的又一强势渠道。

至今，微博在中国的发展已有5年历史，微博已经成为人们重要的信息来源之一，同时也是社会重要的信息传播渠道，政府、企业、公众人物都使用微博来进行营销或舆论引导。随着其他社交应用的发展，微博成功将自己转型为社会化媒体，充分发挥自己的社交媒体优势。

2014 年，社交类应用继续强势发展，通过他们了解好友动向、分享各类信息、购物、完成各类支付成为许多人重要的生活方式。

鉴于社交类应用发展跌宕起伏、变化较快，社交类应用商业化加速，有必要对其整体情况以及发展轨迹进行研究。为此，CNNIC开展了2014年中国社交类应用用户行为研究，供政府、企业以及研究机构参考。

二、研究方法

（一）调查样本分布。调查的目标总体是中国大陆（除港、澳、台三地）网民。CNNIC随机抽取华北、东北、华东、华南、华中、西北、西南7大区域内的一级城市5个、二级城市7个、三级城市7个、四级城市7个。调查最终获得样本量2932个，由以下两部分组成：

1. 固定电话样本。根据城市所有固定电话局号，通过随机生成电话号码的方式，形成固定电话样本，抽取用户进行访问，最终样本量为1472个。

2. 手机样本。根据城市所有手机局号，生成一定数量的四位随机数，形成手机样本，抽取用户进行访问，最终样本量为1460个。

（二）调查时间。从2014年4月20日到2014年5月10日。

（三）调查方式。通过计算机辅助电话访问系统（CATI）进行调查。

三、术语定义

（一）社交类应用。是泛指以社交功能为基础的互联网应用，包括狭义的社交网站、微博、即时通信工具、博客等互联网垂直应用。

（二）社交网站。社交网站是指狭义的社交网站，即与Facebook形态和功能类似的、基于用户真实社交关系从而为用户提供一个沟通、交流平台的社交网站，这些网站一般鼓励用户尽可能提供真实信息。在中国这类网站主要包括QQ空间、朋友网、人人网、开心网、豆瓣网、微视、啪啪等。

（三）移动社交网站。指通过手机、平板电脑等移动设备访问上述社交网站，访问手段即包括通过网页访问，也包括通过上述网站专门为移动终端推出的客户端。

（四）微博。即微博客（Micro Blog）的简称，是一个基于用户关系的信息分享、传播以及获取平台，用户可以通过Web、WAP以及各种客户端组建个人社区，以140字左右的文字更新信息，并实现即时分享。

（五）即时通信类应用。又被称作聊天软件、聊天工具、即时通信工具等，英文为Instant Messaging，简称IM，指能够通过有线或者无线设备登录互联网，实现用户间文字、音频或者视频等实时沟通方式的软件。

第二节　中国社交类应用现状

一、社交类应用简介

“社交”指社会上人与人的交际往来，是人们运用一定的方式传递信息、交流思想，以达到某种目的的社会活动。互联网诞生后，人们的部分社交活动从线下转移到了线上，针对人们的社交需求而推出的互联网应用也较多。“社交类应用”泛指具有社交功能的互联网应用，包括社交网站、微博、即时通信工具、博客、论坛等，本次报告重点研究当前使用较为频繁的社交网站、微博、即时通信工具。

本报告提及的“社交网站”是指狭隘的社交网站概念，即与Facebook形态和功能类似、基于用户线下社交关系而诞生、旨在为用户提供一个沟通交流平台的社交网站，在中国这类网站主要包括QQ空间、朋友网、人人网、开心网、豆瓣网等。

本报告提及的“微博”即微博客（MicroBlog）的简称，是一个基于用户关系的信息分享、传播以及获取平台，用户可以通过 Web、WAP以及各种客户端组建个人社区，以140字左右的文字更新信息，并实现即时分享。本报告把微博从一般意义上的社交网站分离，单独研究，主要因为微博晚于一般意义上的社交网站诞生，其发展速度以及使用行为与社交网站相比都有较大的不同，放在一起分析难以反应各自发展趋势。

随着即时通信工具的发展，部分工具已经从传统满足人们聊天社交功能的基础上，发展成为用户全方位的社交活动平台。此外，专门针对移动设备开发的移动即时通信工具（Mobile Instant Messaging，MIM）也应运而生，并且产生了巨大影响。

二、社交类应用的整体覆盖率

在三大类社交应用中，整体网民覆盖率最高为即时通信，其次为社交网站，最后为微博。即时通信（IM）在整体网民中的覆盖率达到了89.3%，即时通信工具一直是网民重要的互联网应用之一，传统的聊天工具QQ、阿里旺旺等是网民互联网交流沟通的重要工具，近年来伴随移动互联网的快速发展，针对移动设备而推出的移动即时通信工具也迅速普及，微信、易信、来往等工具纷纷出现。

社交网站（包含QQ空间）覆盖率为61.7%，尽管传统社交网站近年来活跃度呈现下降趋势，但由于QQ空间转型成一般意义上的社交网站，整体来看覆盖率仍较为广阔。

2009年8月，新浪微博上线，并迅速成长为中国最具影响力的微博。在新浪微博的带动下，综合门户网站微博、垂直门户微博、新闻网站微博、电子商务微博、SNS微博、独立微博客网站纷纷成立，甚至电视台、电信运营商也开始涉足微博业务。中国真正进入微博时代，微博市场进入激烈的竞争状态。自2012年下半年起，微博市场开始出现转折，腾讯将社交战略中心转移，搜狐、网易微博一直没有新动作，新浪微博逐渐成为微博的代名词。

本次调查结果显示，在我国网民中，微博覆盖率为43.6%，新浪微博的渗透率居各微博之首（附图9-1）。

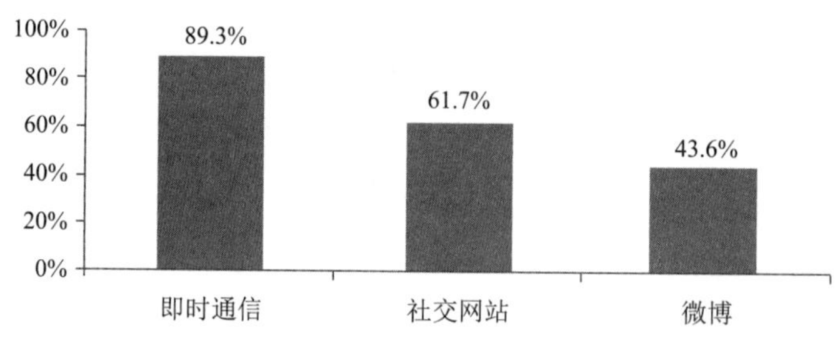

附图9-1　2014年中国各社交类应用覆盖率

三、社交类应用的用户结构

从三类社交应用的用户结构来看，微博用户呈年轻化、高收入、高学历的趋势，即时通信用户年龄相对较大，社交网站用户学历、收入相对较低。

（一）年龄结构。年龄结构上，微博用户最为年轻，68.2%的用户年龄在30岁以下，30岁以上的用户占比为31.8%；即时通信工具的使用者相对大众化，用户年龄结构与整体网民的结构最为相似（附图9-2）。

用户年龄结构差异，导致用户在使用行为上也有差异，使得针对不同应用的营销策略和广告策略都会有所不同。

（二）收入结构。整体来说，即时通信、微博用户的收入水平相对较高，社交网站收入水平相对较低。近年来，随着QQ空间的转型，社交网站用户群体向大众群体转移，收入层次有下降的趋势。

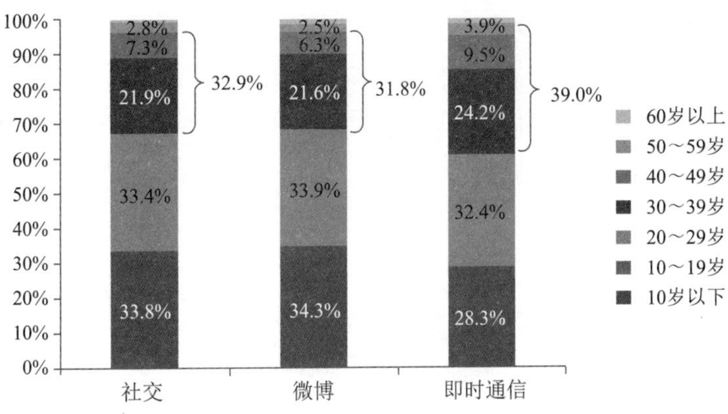

附图9-2　社交类应用用户的年龄结构

即时通信用户中，42.6%的用户月收入在 3000 元以上，微博的相应比例为 42.5%，社交网站的相应比例为 39.9%（附图9-3）。

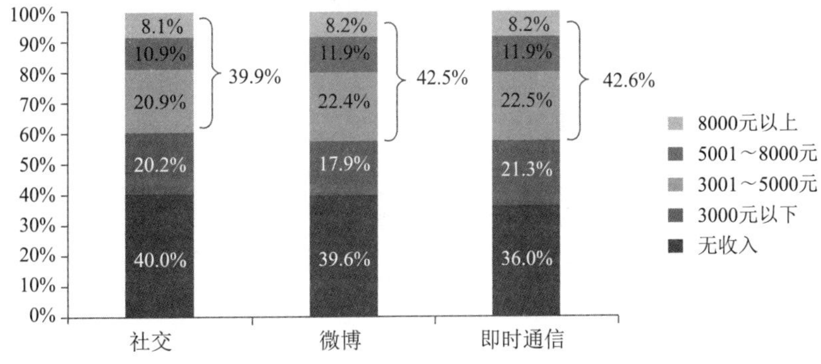

附图9-3　社交类应用用户的收入结构

（三）学历结构。从调查样本的学历结构来看，微博高学历用户比重相对较大，大专及以上用户比例为49.9%；即时通信工具次之，大专及以上用户比例为 46.7%；最后为社交网站，大专及以上用户比例为 45.6%（附图9-4）。

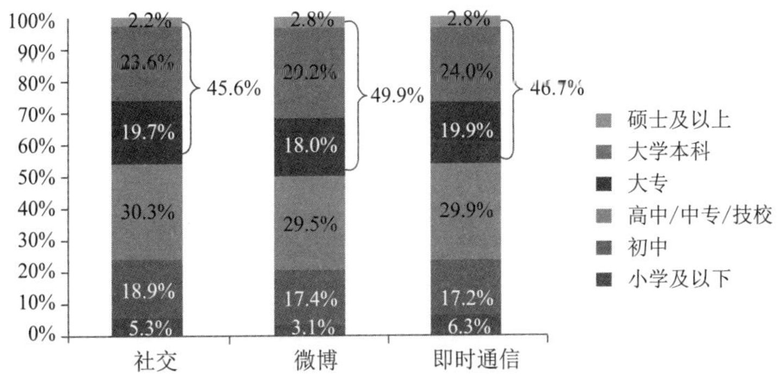

附图9-4　社交类应用用户的学历结构

（四）社交类应用用户重合度。社交网站、微博、即时通信这三类应用既有社交类应用的基本属性，又有其各自的特点，社交网站、即时通信偏于沟通、交流，微博则更偏向信息传播，人们习惯从中获取新闻资讯，三类应用互为补充。本次调查的结果显示，33.7%的网民同时使用社交网站、微博和即时通信工具这三类产品来满足他们各个层次的需求，用户的重合度高（附图9-5）。

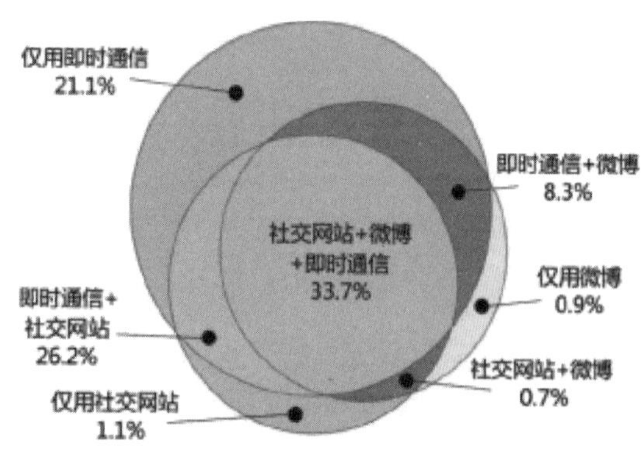

附图 9-5　社交类应用的用户重合度

第三节　中国网民各社交类应用使用行为

一、社交网站使用行为

（一）　社交网站渗透率。社交网站整体用户覆盖率为61.7%，与2013年基本持平，这主要得益于QQ空间的高覆盖。过去半年使用过QQ空间的用户比例为57.3%，遥遥领先于其他社交网站；其次为人人网，过去半年使用过的用户比例为16.4%；朋友网、开心网、豆瓣网覆盖率分别位列第三、四、五位（附图9-6）。

从用户经常访问的社交网站类型来看，QQ空间一枝独秀，54%的网民经常访问QQ空间，其他社交网站用户的忠诚度相对较低。

（二）使用功能。社交网站有两个主要功能：一方面是认识更多的人；另一方面就是维系当前的熟人关系。调查结果显示，用户在社交网站上使用较多的功能依次为上传照片、发布/更新状态、发布日志/日记/评论、分享/转发信息、看视频/听音乐，这些内容的使用比例都在 60%以上，这些都是社交网站的基本功能，各个功能之间的使用率无明显差异（附图9-7）。

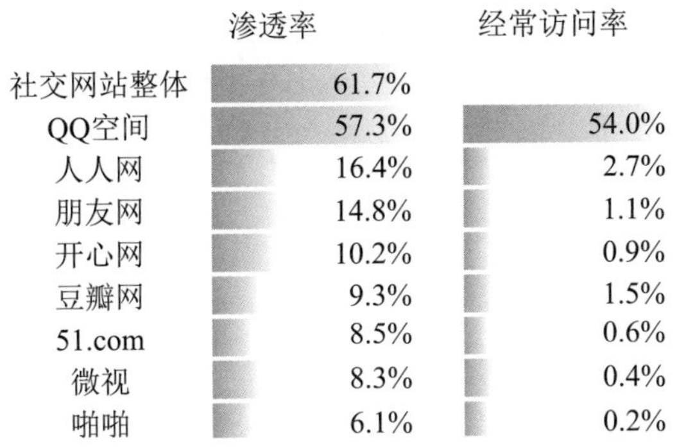

	渗透率	经常访问率
社交网站整体	61.7%	
QQ空间	57.3%	54.0%
人人网	16.4%	2.7%
朋友网	14.8%	1.1%
开心网	10.2%	0.9%
豆瓣网	9.3%	1.5%
51.com	8.5%	0.6%
微视	8.3%	0.4%
啪啪	6.1%	0.2%

附图9-6　主要社交网站渗透率

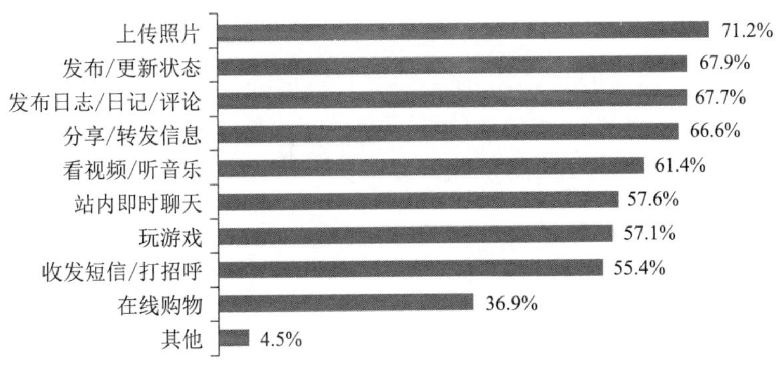

附图9-7　网民使用社交网站功能

（三）站内联系人。社交网站联系人中，同学、现实生活中的朋友占比最高，在 88%左右；其次是亲人或亲戚，关注比例为 75.6%，同事的关注比例为 68.4%，排在第四位。本次调查的几大社交网站，都是基于熟人关系链的在线交互，因此在社交网站的联系人中，以同学、同事、亲朋好友为主（附图9-8）。

（四）使用频次。从用户对社交网站的使用频率来看，57.9%的用户每天都会使用社交网站，另外有 20%以上的用户每周都会访问 2 次以上，用户黏性较强（附图9-9）。

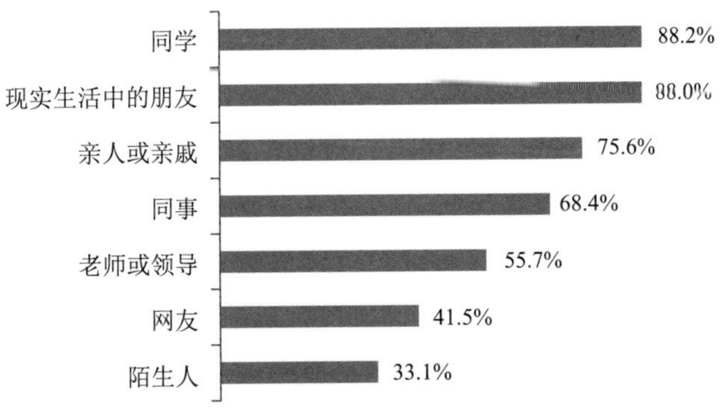

附图9-8　社交网站站内联系人

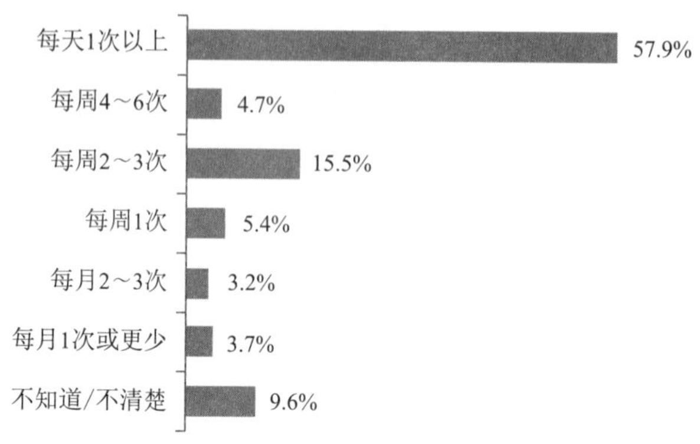

附图9-9 社交网站用户的使用频率

（五）使用设备。手机成为人们访问社交网站的主要设备，90.1%的用户会用手机访问社交网站。社交网站平台供应商们应加强在移动端的布局，产品设计要符合移动端的特征，让用户有更好的使用体验，以增强用户黏性（附图9-10）。

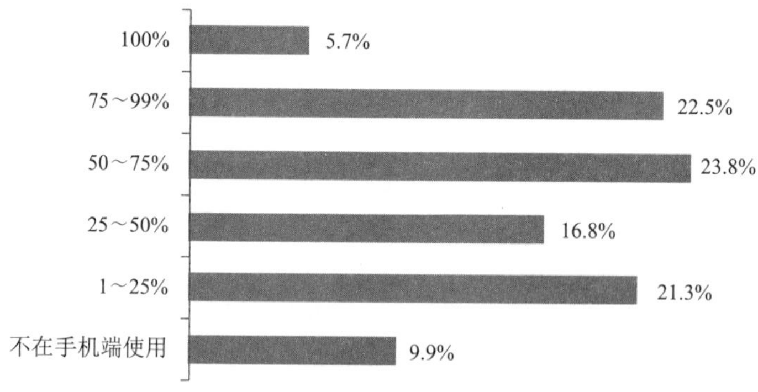

附图9-10 网民手机端使用占社交网站总时长的比例

二、微博使用行为

（一）微博渗透率。过去半年中，43.6%的网民使用过微博，其中使用过新浪微博的网民比例最高，为28.4%，21.7%的网民经常访问新浪微博，用户忠诚度高（附图9-11）。

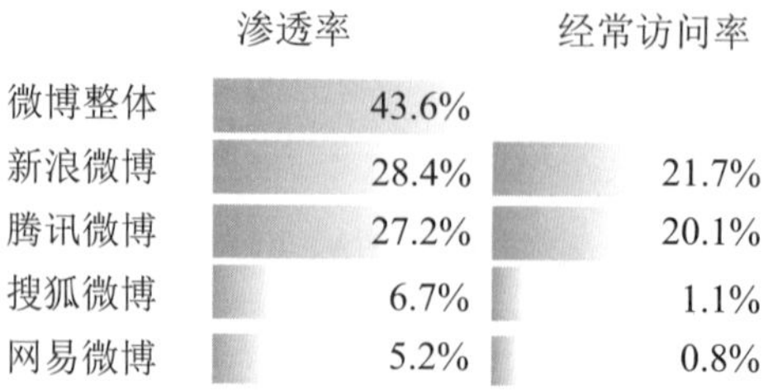

	渗透率	经常访问率
微博整体	43.6%	
新浪微博	28.4%	21.7%
腾讯微博	27.2%	20.1%
搜狐微博	6.7%	1.1%
网易微博	5.2%	0.8%

附图9-11 微博渗透率

（二）使用功能。传统媒体时代，信息内容的传播是人们通过阅读、收看、收听之类的订阅方式，多个人从少数信息源获得信息的。在微博这样的社会化媒体出现之后，信息内容的传播是通过人与人之间的“关注”、“被关注”网络，一层层传播开来。这种传播方式覆盖面广、速度快，同时有信任关系的存在，信息的被接受程度比较好。

从对微博功能的使用情况来看，新浪微博用户对微博主要功能的使用率较高，与整体相比，新浪微博用户活跃度更高。

80.3%的新浪微博用户通过新浪微博关注新闻/热点话题，新浪微博已经成为一个大众舆论平台，成为人们了解时下热点信息的主要渠道之一；68.1%的新浪微博用户关注感兴趣的人，60.3%的新浪微博用户主动发微博（分享/转发信息），另外 50%左右的新浪微博用户在微博上发照片、看视频/听音乐，各种需求均可以在新浪微博上实现，新浪微博成为他们生活中的一个主要沟通交流平台（附图9-12）。

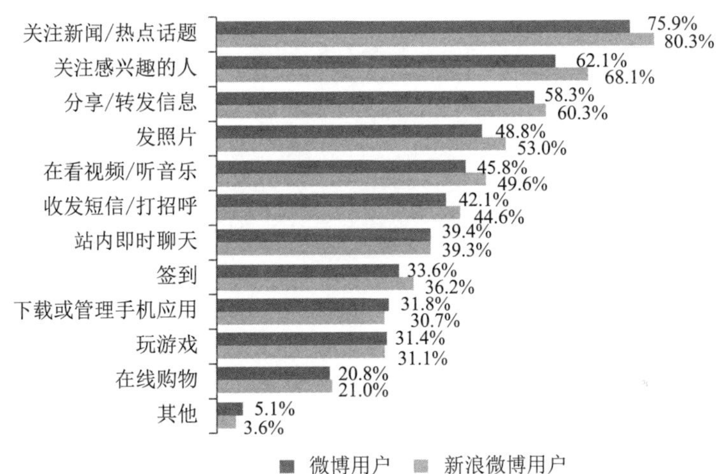

附图9-12　网民使用微博功能

微博天生就是一个传播和媒体的工具。微博消息发布后，会经历一个相对较慢的传播过程，而当用户转发积累到某个点的时候，会出现一个非常快速的增长的过程。这是典型的“蒲公英式”传播，尤其是凭借大V的号召力，可以完成非常广泛的传播，但它又影响到同时其他微博帮助传播，而这些微博都拥有一定数量的粉丝量，其本身就有很大的传播率，迅速形成信息洪流，快速传播。

微博用户之所以选择微博来关注新闻/热点话题，主要的原因是微博的快速响应速度和话题的高关注度，这两个因素获得了一半以上的认同。对于新浪微博用户来说，这两个因素的提及率都在60%以上。在传播速度和传播深度上，微博都比传统的新闻媒体有天然的优势，而新浪微博一直都是各类重大新闻事件的首发源头。每逢遇到社会重大事件，新浪微博上的内容发送量都会出现显著上涨。

此外，微博用户对“事件/话题发展脉络清晰”、“相关事件机构/个人反应及时”、“机构/专家权威性高”等原因的提及率分别为44.3%、29.2%、28.2%，新浪微博用户对以上因素的提及率比整体水平高出5个百分点以上。微博时代，信息的传播变得简单，谣言也随之蔓延，而且速度更快、杀伤力更强，用户对新浪微博平台信息整合性、及时性、权威性的认可，从另一方面也体现了微博辟谣的效果。正是由于微博的这种“自净性”，微博平台才变得可信任（附图9-13）。

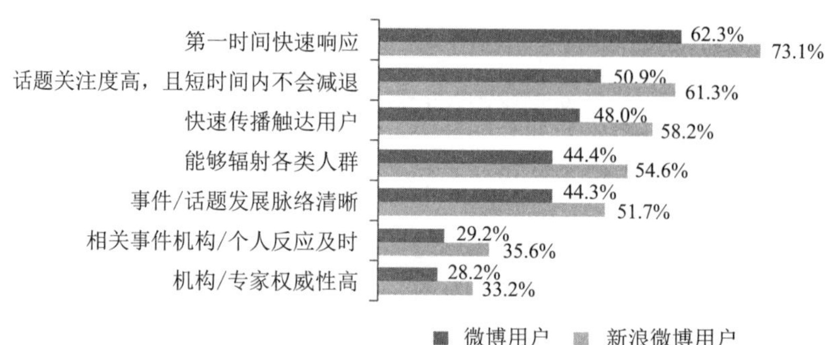

附图9-13　从微博上获取新闻/热点话题的原因

（三）站内联系人。微博联系人中，现实生活中的朋友、同学占比最高，均在 70%以上；其次是同事、明星，50%以上的微博用户会关注。

与社交网络不同，微博除了熟人关系链的在线交互外，还有基于生人网络弱关系链和虚拟空间相关性的社交关系模式。在微博中，我们除了与现实生活中的朋友进行互动外，还会关注明星大 V、垂直行业 V 用户，形成一个非常庞大的追随网络，还会因为对某一话题的关注，而迅速走到一起，从而造成很大的传播效应，这也是微博社交媒体属性的一个重要基因（附图9-14）。

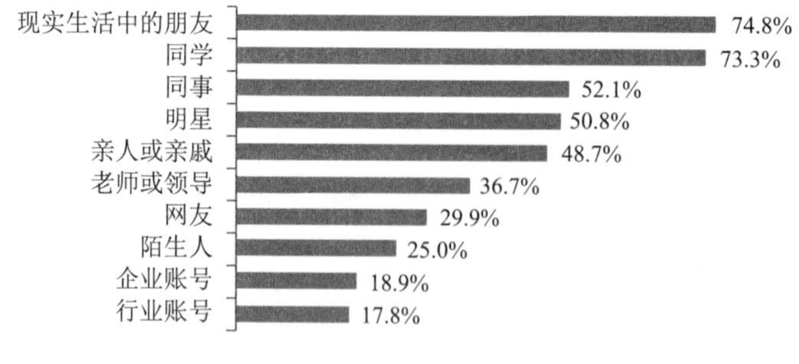

附图9-14　微博联系人

（四）使用频次与时长。用微博会形成习惯，本次调查中，31.4%的微博用户会每天使用微博，另外有近 25%的用户每周会登录微博两次以上，微博成为他们生活中一个非常重要的社交媒体（附图9-15）。

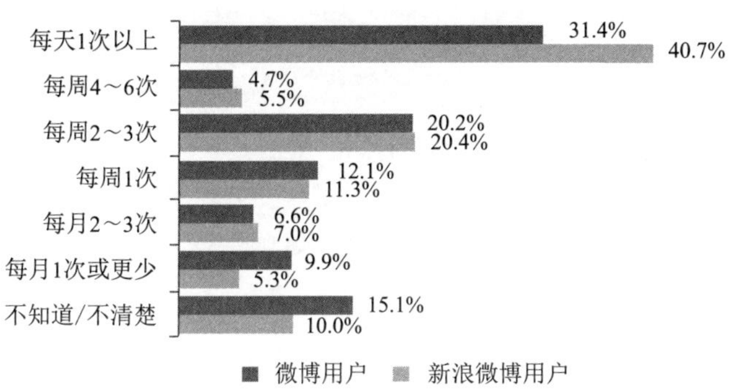

附图9-15　微博用户的使用频率

新浪微博用户中，40.7%的用户每天都会登陆微博，25.9%的用户每周会登录两次以上，用户活跃度和用户黏性均高于微博用户整体。

从每次的使用时长来看，34.4%的用户每次登录的使用时长在11～30分钟，此外有24%的用户每次登陆的使用时长在半小时以上，用户黏性较强（附图9-16）。

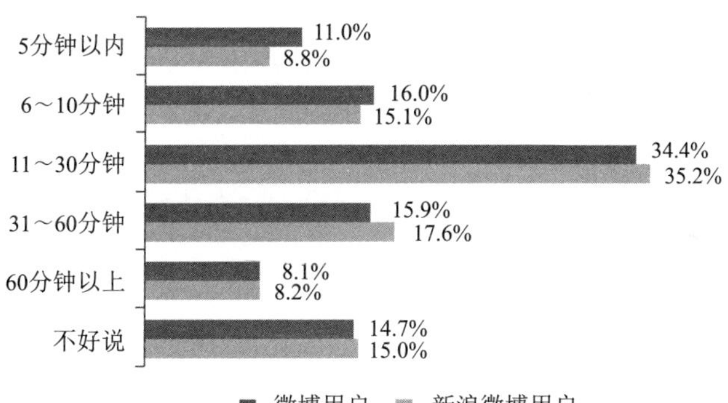

附图9-16　微博用户的使用时长

与整体微博用户相比，新浪微博用户每次登录时长在10分钟以内的用户占比较低，时长在 10 分钟以上的用户占比较高，整体的使用时长相对较长。

（五）使用设备。随着智能手机的普及和移动互联网的发展，手机成为人们刷微博的主要设备之一，近85%的微博用户会在手机端使用微博，近90%的新浪微博用户用手机上微博，随时关注微博动态，随时参与微博话题，新浪微博是他们移动互联生活中重要的一环（附图9-17）。

（六）微博对当下社会的影响。微博作为新兴媒体，除了其社交媒体的属性外，还有很大的服务价值。很多政府机关、名人、新闻媒体纷纷开通微博，与网民展开互动。政府方面主要利用微博征求民众意见，让民众自由发表观点建议，尽力在民众心中树立亲民民

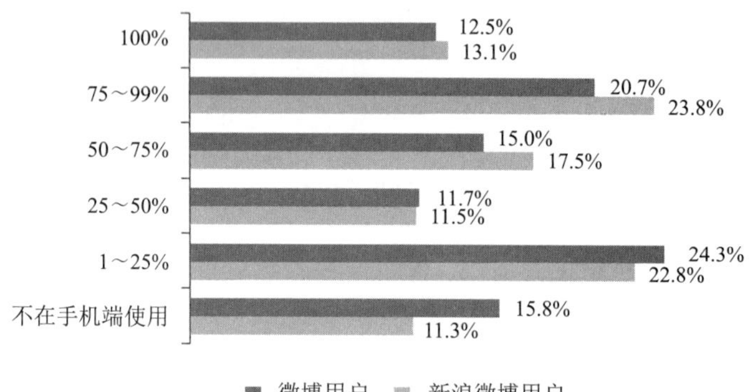

附图9-17　网民手机端使用微博占总时长的比例

主形象，名人们通过微博发表自己正面积极有趣的信息以获得更多支持，新闻媒体则利用微博发表精短新闻消息以扩大知名度。总体而言，微博对当下社会的影响主要集中在“让新闻资讯传播更加便捷”（78.2%）、是“最直接展示个人意见的平台”（71%）、“能推动公益事业的发展”（68%）、“对政府政务透明起到推动作用”（64.4%）（附图9-18）。

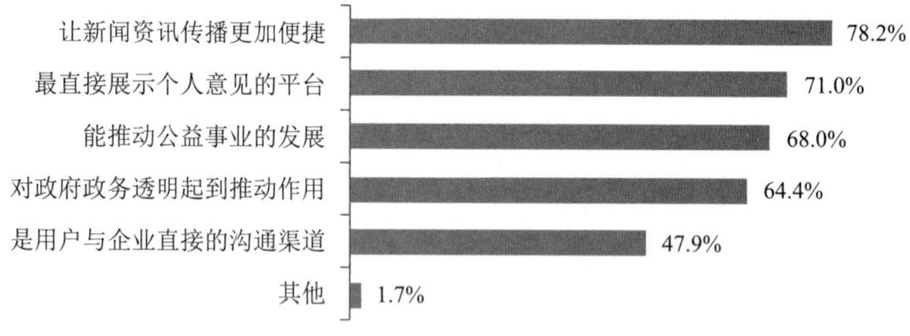

附图9-18　微博对当下社会的影响

三、即时通信工具使用行为（主要以微信为代表）

（一）即时通信工具渗透率。过去半年中，89.3%的用户使用过即时通信工具，其中使用过 QQ 的用户比例接近 80%，领先于其他即时通信工具；其次为微信，过去半年使用过的用户比例为 65%；阿里旺旺、YY/YY 语音、陌陌的覆盖率都在 10%以上，分别位列第三、四、五位。QQ、微信的用户忠诚度较高（附图9-19）。

（二）微信使用功能。微信最早的出发点和核心就是社交工具，与他人交流沟通是微信用户最主要的目的，网民在微信上使用较多的内容分别为文字聊天、语音聊天，两者使用比例均在 80%以上。此外，使用朋友圈的比例为 77%、群聊天的比例为 61.7%，社交因素在微信应用里表现较强（附图9-20）。

微信用户关注的公共账号中， 41.5%的微信用户会关注媒体类账号，微信是用户获取新闻资讯的一个重要手段；此外，明星名人、行业资讯的关注度也都在 20%以上（附图9-21）。

	渗透率	经常访问率
即时通信工具	89.3%	
QQ	77.8%	72.5%
微信	65.0%	55.3%
阿里旺旺	20.7%	9.2%
YY或YY语音	14.8%	6.9%
陌陌	10.2%	4.8%
飞信	9.8%	3.2%
QQ Talk	5.6%	2.8%
人人桌面	4.2%	0.3%
米聊	2.9%	0.1%
易信	2.7%	0.7%
来往	2.7%	0.4%
Line（连我）	1.8%	0.5%
Skype	1.8%	0.5%
微米	1.5%	0.1%
Whats-app	0.6%	0.1%

附图9-19　即时通信工具渗透率

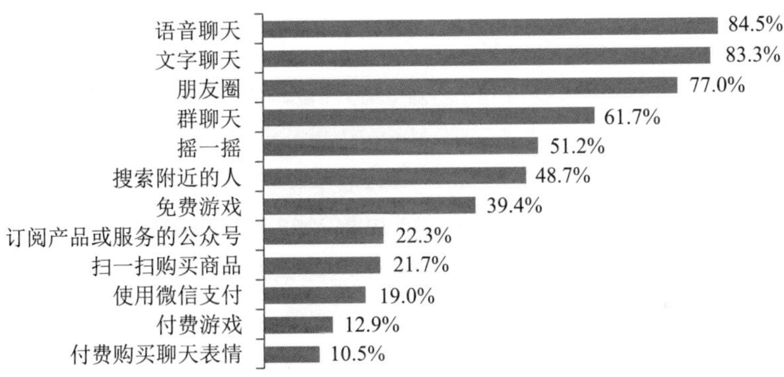

附图9-20　网民使用微信内容

目前，微信支付的功能涉及打车、话费充值、彩票、购物、公益等多方面，从本次调查的结果来看，微信支付的各项业务中，知名度最高的是嘀嘀打车，52.3%的微信用户表示知道嘀嘀打车，29.1%的微信用户使用过嘀嘀打车。2014年伊始，嘀嘀打车与快的打车的烧钱

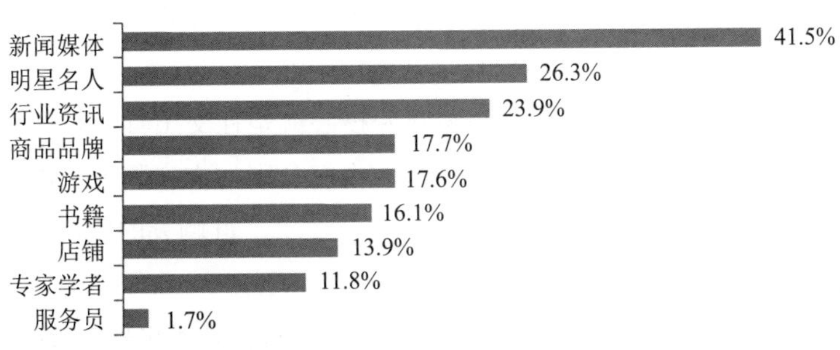

附图9-21　网民微信公共账号关注度

补贴大战，给这两个打车软件积累了大量的用户；手机话费充值的知名度为51.8%，排在第二位，使用率为32.6%，排在首位；Q币充值的知名度为 40.7%，排在第三（附图9-22）。

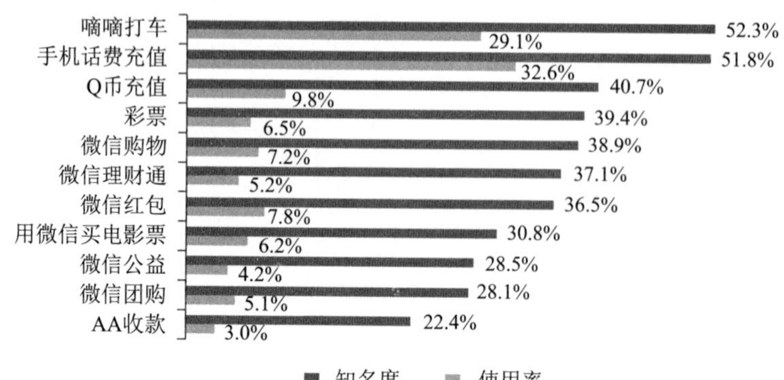

附图9-22　微信支付内容的知名度和使用率

（三）　微信站内联系人。微信也是基于熟人关系链的在线社交，微信联系人中，主要有现实生活中的朋友、同学、亲人/亲戚、同事，占比在 70%～90%（附图9-23）。

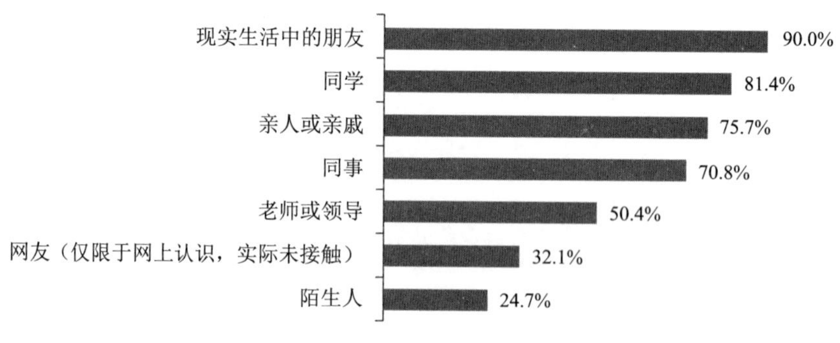

附图9-23　微信联系人

（四）微信使用频次。从微信的使用频次来看，31.4%的用户每天都使用微信，此外有24.9%的用户每周使用两次以上（附图9-24）。

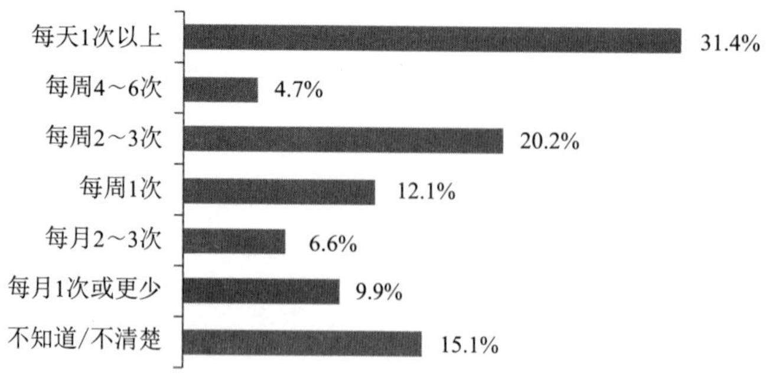

附图9-24　微信用户的使用频率

四、各社交应用用户使用行为差异

（一）使用功能差异。社交网站、微博、微信虽然同属于社交类应用，但满足的是用户不同层次的需要，用户在使用不同产品时，使用的功能也完全不一样。

以 QQ 空间为代表的社交类网站，用户主要用它来上传照片、发布更新状态、发布日志/评论，以微信为代表的即时通信工具，用户主要用它来聊天或者是关注朋友圈，这两类应用主要是用来沟通、交流，维系当前的熟人关系，而对微博的使用主要是关注新闻热点话题和关注感兴趣的人，微博社交媒体的属性凸显（附图9-25）。

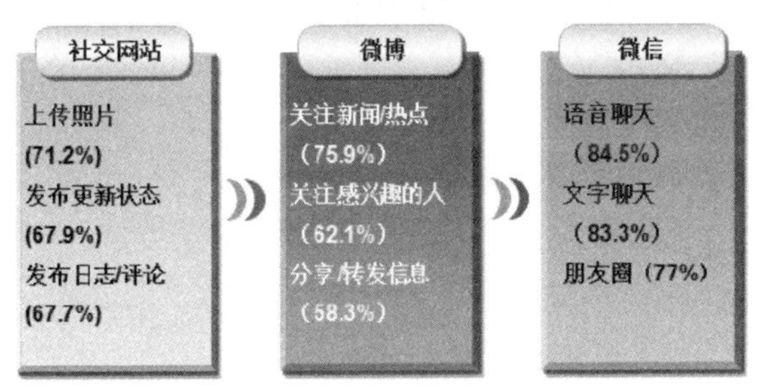

附图9-25　不同社交应用主要使用功能

（二）社交圈子差异。根据美国社会学家格兰诺维特提出的人际关系理论，人际关系网络可以分为强关系网络和弱关系网络两种。强关系是指个人的社会网络同质性较强，即交往的人群从事的工作、掌握的信息都是趋同的，并且人与人的关系紧密，有很强的情感因素维系着人际关系。反之，弱关系的特点是个人的社会网络异质性较强，即交往对象可能来自各行各业，因此可以获得的信息也是多方面的，并且人与人关系并不紧密，也没有太多的感情维系。格兰诺维特认为，关系的强弱决定了个人获得信息的性质以及个人达到其行动目的的可能性（附图9-26）。

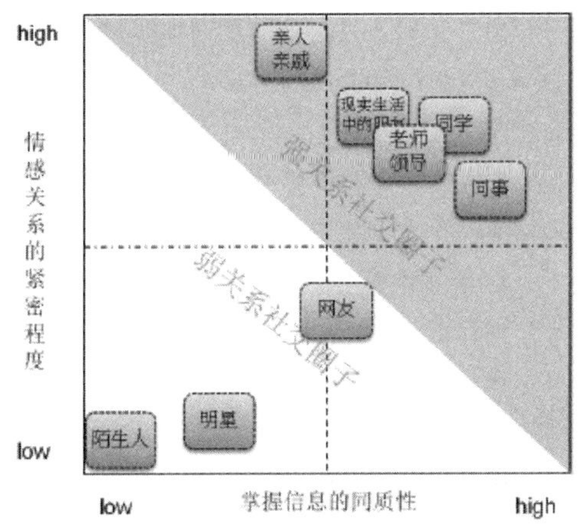

附图9-26　社交应用中各类联系人关系图

依据这种理论，把互联网网民的社交网络各联系人区分如下：依据掌握信息的同质性程度和双方情感关系的紧密程度两个维度，把社交应用中的各类联系人划分成强关系社交圈子（蓝色图块）和弱关系社交圈子（白色图块）。

强关系社交圈子有：现实生活中的朋友、亲人/亲戚、老师/领导、同学、同事等，这些圈子个人关系较为紧密，或者接触的人群或掌握信息较为相似。

弱关系的圈子有：陌生人、明星、网友（仅限于网上接触并未在现实生活中接触的朋友）等群体。

社交关系弱，信息的传播呈现点对面的趋势，传播速度快，加之微博平台有效的监督机制，明星大 V 和垂直行业的 V 用户一起充分发挥“意见领袖”的作用，实现传播速度和质量的双重保证。

社交关系较强，彼此之间有现实感情维系，信任度高、影响深，美中不足的是传播速度慢，在营销中可以带来再次消费与口碑效应。

依据上面的划分，三种社交应用里不同人群出现的比例如附图9-27所示。

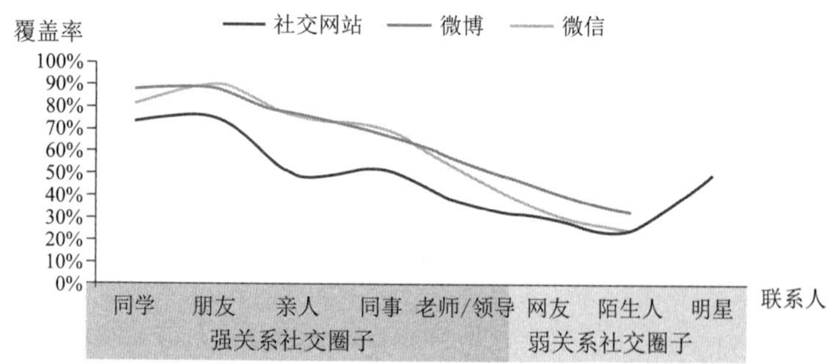

附图9-27　三类社交应用中各类联系人覆盖率

从社交关系的强弱来看，微信、社交网站的联系人更倾向于强关系，微博的联系人更倾向于弱关系。

微信、社交网站的强关系体现在：现实生活中的朋友、同学出现在联系人名单中的比例都在 80%以上，亲人/亲戚出现的比例在 75%以上，同事出现的比例在 70%左右，老师/领导出现的比例在 50%～60%。

微博的弱关系体现在：现实生活中的朋友、同学、亲人/亲戚、同事、老师/领导等强关系联系人出现比例低于微信和社交网站，而明星这种极弱关系联系人出现的比例较高。

第四节　社交类应用对相关产业的影响

一、社交类应用与新闻资讯

社交类应用普及后，网民网上收看新闻资讯的渠道从单一的新闻资讯类媒体转变成以新闻资讯类网站为主体，微博、社交网站并存的格局。

当用户网上浏览新闻资讯时，除了新闻资讯类网站以及新闻客户端外， 21%的网民会通过微博关注新闻，13.9%的网民会通过社交网站关注时下发生的热点问题（附图9-28）。

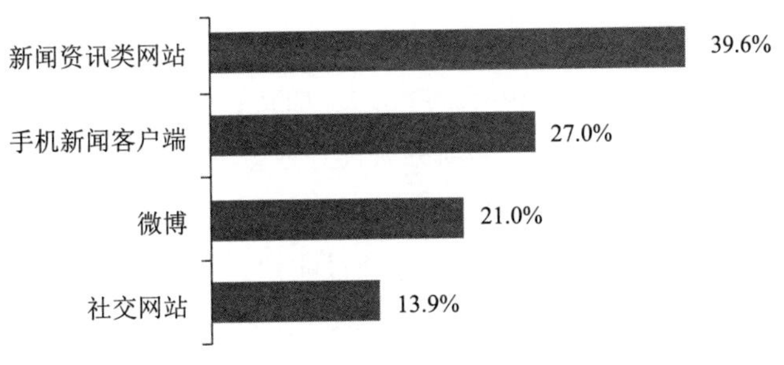

附图9-28　网民网上获取新闻资讯的渠道

网民之所以使用社交类应用收看新闻资讯，是因为社交类应用能从多方面满足网民接触新闻的需求。首先，62.0%的网民表示“喜欢看大家都关注的热点新闻”，社交类应用的属性决定了进入关系圈内进行分享的话题多是圈内热点或共同关注、感兴趣的热点，如微博搜索热点、社交网站热点话题推荐等，网民通过这些渠道能更快的接触到正在发生的热点事件（附图9-29）。其次，45.2%的网民喜欢看短新闻，微博能很好地满足网民此类需求。最后，还有 41.9%的网民喜欢看别人转发的新闻，20.9%的人喜欢看到新闻后转发到社交类应用上面，20.1%的网民喜欢看新闻后做评论，而社交类应用能很好地满足网民这些需求。

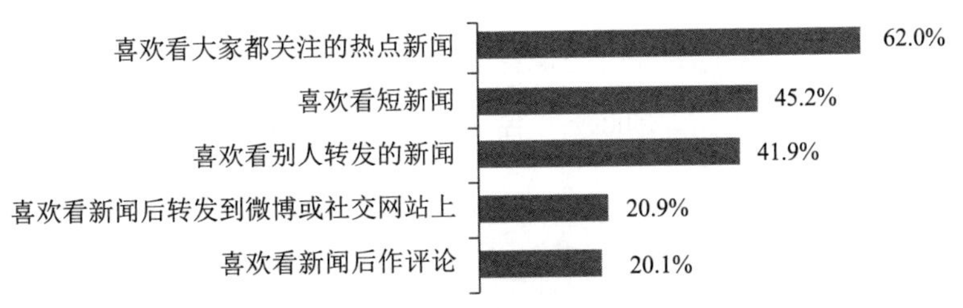

附图9-29　社交类应用满足网民新闻资讯需求情况

对于社交类网民来说，需要关注热门事件或话题时，首选的社交平台是新浪微博，提及率为 17%，其次是论坛/贴吧，提及率为 6.3%，与新浪微博之间拉开较大差距，再次是人人网和豆瓣网，用户从这两个渠道关注热门事件或话题的比例较小（附图9-30）。

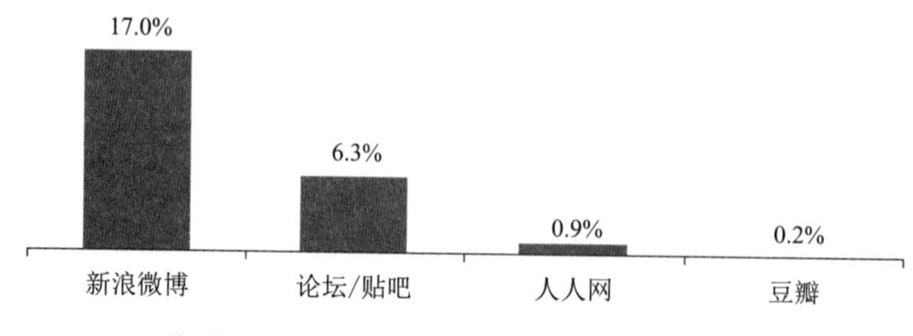

附图9-30 网民关注热门事件或话题的首选平台

二、社交类应用与网络购物

社交类应用的基础在于人与人之间的关系和交互，这样的关系可能是亲戚朋友同事同学等亲近关系，也可能是兴趣爱好相同或经历类似的感情共鸣关系，还可能是有信任感的意见领袖。电商企业通过这些关系中的部分人推荐或分享传播购物信息，将带动整个社交圈子里的人对企业和产品的认知和信任，最终转化为销售。

当前网民分享购物信息的比例较低，导致通过购物分享传递购物信息的力度不大。在有过网上购物经历的网民人群中，仅有 3.5%的网络购物网民常常分享购物信息，19.8%的人偶尔分享购物信息，两者之和仅占 23.3%，高达 76.7%的网络购物网民从不分享购物信息（附图9-31）。

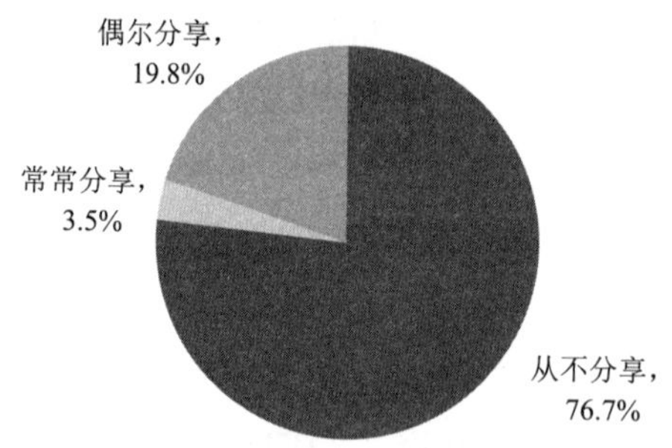

附图9-31 网购用户分享购物信息意愿

与2013年同期相比，愿意分享购物信息的网民占比上升了3.7个百分点，在商家的推动下，在部分意见领袖及关系亲近者的参与下，越来越多的网民认可并分享购物信息。

当前网民购买别人推荐的产品的意愿不高。仅有 35.8%的网络购物网民表示会购买别人推荐的产品，64.2%的人表示不会购买（附图9-32）。

愿意购买的比例与去年同期相比提升了7.6个百分点，经过不断的实践和市场教育，越来越多的网民已经逐步认可分享在社交应用上的购物信息并对这些信息产生了信任。

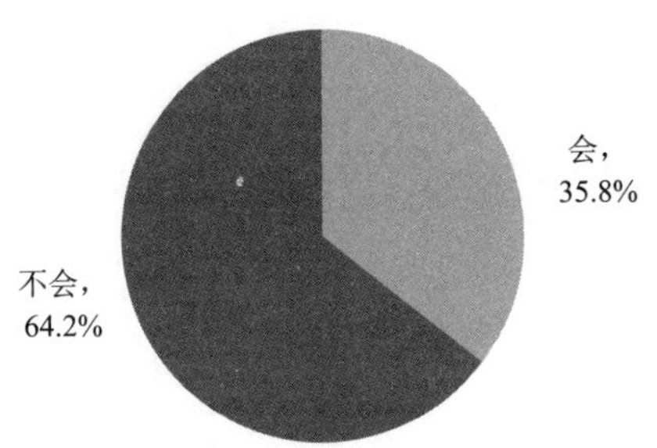

附图9-32　网购用户接受别人推荐产品程度

三、社交类应用与网络视频

网络视频是流媒体的代表性产品，随着我国基础宽带的建设、智能手机的普及和移动网络的升级，网络视频的传播渠道已经发生了深刻的改变。不少企业将社交应用作为推广网络视频的重要渠道，以争取更大范围的覆盖、更精准的达到目标受众。用户的分享是网络视频通过社交应用推广的重要前提（附图9-33）。

调查数据显示，网络视频用户中，有35.8%的人分享或转发过网络视频，其中6.1%的人常常分享网络视频，29.7%的人偶尔分享，分享过的网络视频的用户比例高于分享过购物信息的比例，与2013年调查结果相比上升了3.1个百分点（附图9-34）。

同时，65.8%的网络视频用户会在微博或社交网站里收看别人推荐的视频。

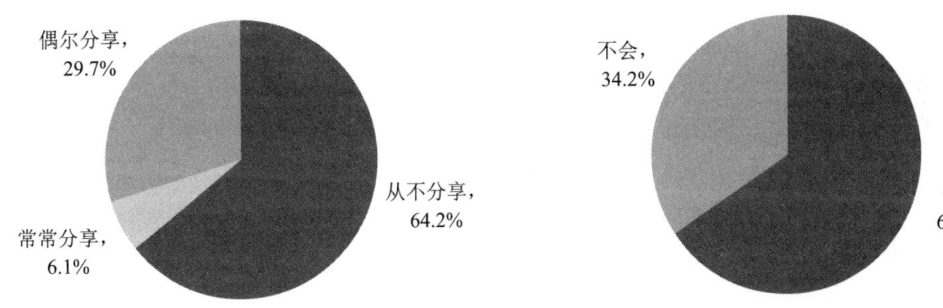

附图9-33　网络视频用户视频分享情况　　附图9-34　网络视频用户收看他人分享的视频的情况

最后，愿意在微博或社交网站里点击进入视频网站收看视频的比例也较高，达到了55.1%。由于网民在微博和社交网站里分享和收看视频的积极性较高，网络视频企业可通过视频推荐、确认核心人物转发等多种方式促进用户在社交网站里收看视频，从而增加视频的覆盖率、点击率，提升网络视频网站的流量（附图9-35）。

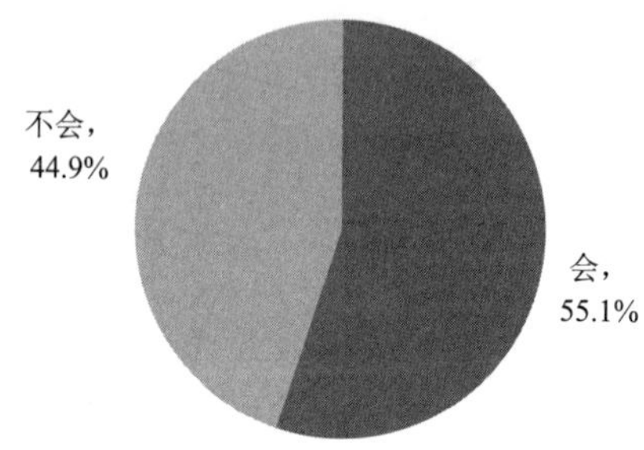

附图9-35　网络视频用户从社交网站点击进入视频网站的意愿

第五节　社交类应用的商业化

一、网民商业产品的参与程度

从网民对商业化产品的参与程度来看，社交网站、微博、微信这三类产品的商业化模式呈不同特征，社交网站的商业化主打站内购物和付费游戏，微博的商业化产品最丰富，目前用户参与较多的是周边信息搜索和站内广告，微信用户的商业化产品参与偏重于公众号的订阅和扫一扫购买商品（附图9-36）。

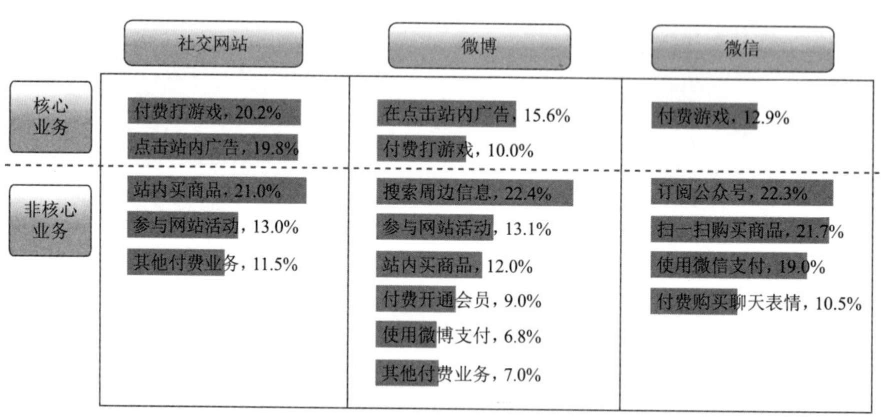

附图9-36　各社交应用网民对商业活动的参与程度

二、社交类应用商业化对网民使用体验的影响

社交类应用商业化行为，尤其是发布广告等内容，势必会影响用户体验，如何在盈利和用户体验方面做好平衡，是社交类应用商业化过程中尤其要注意的问题。就当前商业化

举措对网民体验的影响方面，64.5%的微博用户认为微博的商业化活动对使用体验没有影响，社交网站的这一比例为56.7%，相对而言，微博商业化对用户的体验影响较小（附图9-37）。

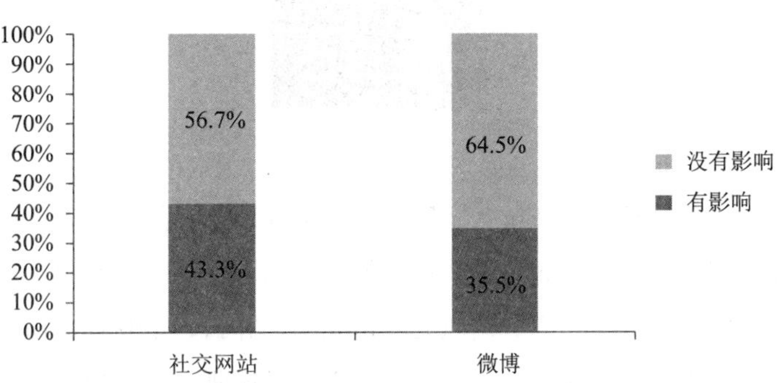

附图9-37　社交类应用商业活动对网民的影响

（摘自中国互联网络信息中心www.cnnic.cn，2014年8月22日）

后 记

《中国林业信息化发展报告2015》是全国林业信息化工作者集体智慧的结晶。在这里向为《报告》做出重要贡献的各地信息化战线领导同志表示衷心感谢，他们是：强健、李果丰、刘凤庭、常光明、乔云、栾胜宽、杨克杰、孙龚林、傅兵、蓝晓光、汪炳瑜、王宜美、郭家、吴庆刚、张继敬、陈年山、吴剑波、彭尚德、蒋桂雄、黄金城、王声斌、陶智全、黄永昌、刘一丹、郭林豫、范民康、张肃斌、邓尔平、李月祥、李东升、赵宝军、贾玉霞、李文达、于子君、杨江勇、胡振华、栾景玉、郭仕涛、皇甫伟国、张剑鸣。

《报告》认真总结了各地成果和做法，在这里一并向各地参加撰写人员表示感谢，他们包括赵艳香、吴西、张翠欣、胡晋焘、滕飞、高彦、薛利、郑实、胡春凌、李祥、徐浩、曾安全、肖胜、肖南、魏娟、来芳、袁传武、陈锦标、兰欣欣、何聪、戴维立、钟祥清、李王刚、王锐、岳志磊、焦国锋、张廷峰、刘维栋、汤文正、李春勇、赵日洪、袁健、韩晓宇、李宝全、董理、胡振华、蒋海滨、姜胜勇、李飞峰、王炳贵等。最后，向关注林业信息化发展和为林业信息化建设做出贡献的各界人士表示衷心感谢！

编者

2015年9月